Mark S. Kinzer / Thomas Schumacher / Jan-Heiner Tück (Hg.)

Jesus – der Messias Israels?

Jesus – der Messias Israels?

Messianisches Judentum und christliche Theologie im Gespräch

Herausgegeben von
Mark S. Kinzer, Thomas Schumacher und
Jan-Heiner Tück (Hg.)
unter Mitarbeit von
Bernard Mallmann

FREIBURG · BASEL · WIEN

Dieses Buch ist mit der großzügigen Unterstützung des
Hochschulrats der Universität Freiburg (Schweiz) und
des Biblischen Departements der Universität Freiburg (Schweiz)
veröffentlicht worden.

© Verlag Herder GmbH, Freiburg im Breisgau 2023
Alle Rechte vorbehalten
www.herder.de
Umschlaggestaltung: Verlag Herder
Umschlagmotiv: © kiwihug / unsplash
Satz: SatzWeise, Bad Wünnenberg
Herstellung: CPI books GmbH, Leck
Printed in Germany
ISBN Print 978-3-451-39481-2
ISBN E-Book (PDF) 978-3-451-82970-3

Inhalt

Vorwort 9
Mark S. Kinzer – Thomas Schumacher – Jan-Heiner Tück

Geleitwort 11
Christoph Kardinal Schönborn

Zum Gespräch zwischen jüdisch-messianischer Bewegung und christlicher Theologie. Eine Bestandsaufnahme 13
Bernard Mallmann – Jan-Heiner Tück

Die messianischen Juden – ein „nach vorne weisendes Zeichen". Ein Gespräch mit Walter Kardinal Kasper 24
Jan-Heiner Tück

Ecclesia ex circumcisione und *ex gentibus*. Die Kirche als trinitarisches Ökosystem des Lobpreises 44
R. Kendall Soulen

Grundlegende Verhältnisbestimmung

Einführung in die messianisch-jüdische Wirklichkeit 63
Richard Harvey

Wer sind die hebräischen Katholiken heute? 100
David M. Neuhaus SJ

Der Ort der Begegnung mit Jesus-gläubigen Juden in der Geschichte des katholisch-jüdischen Dialogs 109
Christian M. Rutishauser SJ

Der Ort der Begegnung mit Messianischen Juden in der Geschichte des jüdisch-protestantischen Dialogs 128
Hanna Rucks

Das Messianische Judentum und die Hermeneutik der
kanonischen Dialogizität 146
Ludger Schwienhorst-Schönberger

Christologie – Der jüdische Jesus

Jesus, Messias aus Israel und für Israel
Neutestamentliche Perspektiven 175
Michael Theobald

Zur Bewahrung der Identität bei Lukas und Paulus
Antwort auf Michael Theobald 197
Henk Bakker

Das Judesein Jesu und seine Bedeutung für die Christologie . 202
Helmut Hoping

Der jüdische Christus, sein Volk und die Torah
Antwort auf Helmut Hoping 215
Markus Bockmuehl

Post-substitutionstheoretische Messianologie
Der gegenwärtige und zukünftige jüdische König 221
Mark S. Kinzer

Der eschatologische König für das eine Volk aus Juden und
Heiden. Antwort auf Mark S. Kinzer 235
Bernard Mallmann

Bilaterale Ekklesiologie

Verbunden in Verschiedenheit
Pluralität als Wesensmerkmal frühchristlicher Ekklesiologie . 247
Thomas Schumacher

Verbunden in Verschiedenheit
Antwort auf Thomas Schumacher 265
Markus Tiwald

Das Judenchristentum wertschätzen
Lehren aus der „Trennung der Wege" 272
Etienne Vetö

Antwort auf Etienne Vetö 295
Mariusz Rosik

Abkehr vom Substitutionsdenken und Wiederentdeckung der
ecclesia ex circumcisione. Ekklesiologische Reflexionen
angesichts des messianischen Judentums 304
Ursula Schumacher

Die Wiederentdeckung der *Kirche aus den Völkern*
angesichts des messianischen Judentums
Antwort auf Ursula Schumacher 328
James Earle Patrick

Wiederherstellung der *ecclesia ex circumcisione?* 338
Antoine Lévy OP

Die Kirche aus Juden und Heiden
Antwort auf Antoine Lévy 352
David Rudolph

Eschatologie – Das Land und das Volk Israel

Post-substitutionstheoretische Eschatologie
Jesus auf dem Ölberg willkommen heißen 365
Mark S. Kinzer

Jerusalem und die Sendung zu den Völkern
Antwort auf Mark S. Kinzer 378
Piotr Oktaba OP

Plädoyer für ein katholisch-theologisches Bekenntnis zu Israel 385
Gavin D'Costa

Antwort auf Gavin D'Costa 401
Jennifer M. Rosner

Parusie, Land und 1000jähriges Friedensreich
Muss die Domestizierung des Chiliasmus durch Augustinus
revidiert werden? 407
Jan-Heiner Tück

Antwort auf Jan-Heiner Tück 426
Ulrich Laepple

Die Autorinnen und Autoren 433

Vorwort

Der vorliegende Band dokumentiert ein internationales Symposium an der Universität Wien, das im Juli 2022 stattgefunden hat und dem Gespräch zwischen christlicher Theologie und Vertretern des messianischen Judentums gewidmet war. Namhafte Theologinnen und Theologen aus den USA, aus Israel und unterschiedlichen Ländern des gesamten europäischen Raums sind zusammengekommen, um über das Verhältnis zwischen messianisch-jüdischer Bewegung und christlichen Kirchen nachzudenken und theologisch kontroverse Themen zu diskutieren. Dabei war eine Vielfalt von Perspektiven von vornherein eingeplant. Die versammelten Theologinnen und Theologen stammten aus unterschiedlichen Glaubenstraditionen (messianisch-jüdisch, katholisch, lutherisch, reformiert, freikirchlich) und theologischen Diskurskulturen. Dennoch wurde ein dezidiert akademisches Diskursforum gewählt, um der Frage nachzugehen, was es heißt, wenn Juden Jesus als den Messias Israels bekennen und bewusst an einer mehr oder weniger Tora-observanten Lebensweise festhalten. Hat dies Rückwirkungen auf christliche Theologie? Wie kann die Konstellation von messiasgläubigen Juden und Kirche bestimmt werden? Wie verorten sich messianisch-jüdische Gläubige selbst im Verhältnis zum Christentum in seinen pluralen Ausprägungen? Welche neuen Impulse können von diesem Gespräch ausgehen? Welche Überhangfragen gilt es in Zukunft vertieft in den Blick zu nehmen? Bei aller Unterschiedlichkeit verband die Teilnehmerinnen und Teilnehmer des Symposiums der gemeinsame Glaube an Jesus von Nazareth, den Messias Israels und der Völker, die Überzeugung vom Wirken des Heiligen Geistes in der Geschichte sowie die Absage an antijudaistische Substitutionstheologien und judenmissionarische Aktivitäten. Dankbar blicken wir auf die freundschaftliche Grundatmosphäre und die kritisch-konstruktive Gesprächskultur bei dem Symposium zurück.

Die Planung und Durchführung des Symposiums wäre nicht möglich gewesen ohne die Vorarbeit und Unterstützung der interdisziplinären Arbeitsgruppe, die von Johannes Fichtenbauer im Auftrag von Christoph Kardinal Schönborn moderiert wird. Aus den Überlegungen dieser Arbeitsgruppe ist der kleine Band „Jesus, König der Juden? Messianisches Judentum, Judenchristen und Theologie jenseits der Substitutionslehre"[1] hervorgegangen, der in mehreren Sprachen publiziert wurde und das Symposium thematisch vorbereiten sollte. Bei der Planung und Durchführung des Symposiums haben viele wache Köpfe und helfende Hände mitgewirkt. Ein besonderer Dank gilt Dr. Bernard Mallmann, der federführend die Organisation der Tagung in die Hand genommen und auch die Drucklegung dieses Bandes maßgeblich begleitet und koordiniert hat, aber auch Dr. Dorothee Bauer, Michaela Feiertag, Johannes Fichtenbauer, Ann Friemel, Dr. Johannes Cornides und Florian Vorisek, die dabei tatkräftig geholfen haben. Christoph Kardinal Schönborn hat für die Teilnehmer des Symposiums einen großzügigen Empfang im Erzbischöflichen Palais ausgerichtet und eindrücklich von seinen Erfahrungen im Dialog mit Messianischen Juden berichtet. Dem Kardinal danken wir für diese Geste der Verbundenheit. Allen Referentinnen und Referenten, die teils weite Wege auf sich genommen haben, um nach Wien zu kommen und das Symposium durch ihre Beiträge zu bereichern, danken wir nicht minder. Zudem wäre die deutsche Publikation nicht zustande gekommen ohne die Übersetzung der englischsprachigen Beiträge. An dieser Stelle seien Dr. Johannes Cornides, John David Martin, Dr. James Earle Patrick, Martin Rösch und Dr. Markus Roser genannt, durch deren Engagement der vorliegende Band eine breite Öffentlichkeit erreichen kann. Ebenso freuen wir uns über die unkomplizierte und konstruktive Zusammenarbeit mit Dr. Stephan Weber, dem Lektor des Herder Verlags. Wir hoffen, dass dieser Band dem akademischen Gespräch zwischen messianisch-jüdischer Bewegung und christlicher Theologie in ihren unterschiedlichen Ausgestaltungen wertvolle theologische Anstöße geben kann.

Mark S. Kinzer – Thomas Schumacher – Jan-Heiner Tück

---

[1] James Earle Patrick (Hg.), *Jesus, König der Juden? Messianisches Judentum, Judenchristen und Theologie jenseits der Substitutionslehre*, Wien 2021 (Übersetzung ins Englische, Französische und Polnische).

Zum Geleit

Das Zweite Vatikanische Konzil hat den Grundstein für eine erneuerte Beziehung zwischen Christentum und Judentum gelegt. Die Erklärung „Nostra Aetate" ruft in Erinnerung, dass die Wurzeln des Christentums im Judentum liegen. Die christliche Kirche darf diesen Wurzelstamm, der sie trägt, nie vergessen. Der ökumenische Dialog mit dem Judentum ist ihr daher bleibend aufgegeben. Viele Initiativen haben seither den jüdisch-christlichen Dialog vertieft.

Daneben erstarkte eine besondere Verbindung zwischen Judentum und Christentum. Seit dem 19. Jahrhundert gibt es immer mehr Juden, die Jesus nicht nur als ihren Bruder im Glauben oder einen jüdischen Rabbi sehen, sondern in ihm den erwarteten Messias erkennen. Dieses Messianische Judentum lebt die Treue zur Tora und ihren Geboten und glaubt der prophetischen Botschaft, dass Jesus der Messias ist, der kommen wird. Seit dem Jahr 2000 gibt es eine Verständigungsgruppe zwischen der katholischen Kirche und der jüdisch-messianischen Bewegung. Ich bin dankbar, dass ich ihr einige Jahre lang angehören und Georges Kardinal Cottier als Leiter von katholischer Seite folgen durfte. In den vielen Begegnungen sind Freundschaften sowie ein Verständnis und eine große Wertschätzung füreinander gewachsen.

Als eine Frucht der Gespräche fand im Juli 2022 an der Universität Wien das Symposium „Jesus – also the Messiah for Israel? Messianic Jewish Movement and Christianity in Dialogue" statt. Erstmals konnte das wichtige Thema des Messianischen Judentums auch akademisch beleuchtet werden. Wissenschaftlerinnen und Wissenschaftler aus der ganzen Welt kamen zusammen, um die Themenfelder der Christologie, Ekklesiologie und Eschatologie aus christlicher und messianisch-jüdischer Perspektive zu reflektieren.

Ich danke allen, die zum Gelingen dieses Symposions beigetragen haben. Möge dieser Sammelband helfen, den begonnenen Weg fortzusetzen und das Gespräch zwischen Christen und Juden zu ver-

Zum Geleit

tiefen, im Vertrauen auf die Verheißung, dass am Ende „Gott alles in allem" (1 Kor 15,28) sein wird.

Mit herzlichen Segenswünschen

+ Christoph Kardinal Schönborn
Wien, im Dezember 2022

Zum Gespräch zwischen jüdisch-messianischer Bewegung und christlicher Theologie
Eine Bestandsaufnahme
Bernard Mallmann – Jan-Heiner Tück

„Das Christentum ist unlöslich an das Judentum gebunden. Löst es sich davon ab, so hört es auf, es selbst zu sein [...]."
Jean-Marie Lustiger[1]

Das Wiener Symposium, das dem Gespräch zwischen Akteuren der messianisch-jüdischen Bewegung und Jesus-gläubigen Juden auf der einen Seite und christlichen Theologien auf der anderen Seite gewidmet war, stand unter dem Titel *Jesus – der Messias auch für Israel?* Bewusst ist das Thema des Symposiums nicht als These, sondern als Frage formuliert. Jesus ist der Messias aus Israel, das steht fest (vgl. Joh 4,22; vgl. Röm 1,3; Mt 1,1-16), aber ob er auch der Messias für Israel ist, ist eine offene und viel diskutierte Frage. Bei der Erörterung dieser Frage kann nicht davon abgesehen werden, dass es mehr und mehr Juden gibt, die ohne Missionstätigkeit der Kirche zum Glauben an Jesus als dem Messias Israels kommen. Das ist kein Anlass zu christlichem Triumphalismus. Im Gegenteil, es wäre absurd, das Judentum in seinen unterschiedlichen Spielarten zu einem lebendigen Anachronismus zu erklären und einen torafrommen Lebensstil für heilsgeschichtlich obsolet zu halten. Bereits der Jesusgläubige Paulus hebt mit den Worten, dass ganz Israel gerettet werde (vgl. Röm 11,26) sowie die Gnadengaben und die Berufung Gottes unwiderruflich seien (vgl. Röm 11,28-29), die bleibende theologische Bedeutung Israels hervor. Daran kann und darf christliche Theologie nicht rütteln. Sie hat alle Formen der Substitutionstheologie, die Israel zu einer heilsgeschichtlich überholten Größe erklären, abzuweisen und antijüdische Spuren in Theologie, Liturgie und

---

[1] Jean-Marie LUSTIGER, „Christentum unlöslich an Judentum gebunden", in: DERS., *Wagt den Glauben. Artikel, Vorträge, Predigten, Interviews 1981–1984* (ThRom 14), übers. v. H. U. v. BALTHASAR, Einsiedeln 1986, 79–86, 84.

Katechese selbstkritisch aufzuarbeiten und zu tilgen. Die bleibende Erwählung Israels hat christliche Theologie – zumal nach der Shoah – gegen Anfeindungen zu verteidigen und zu schützen. Papst Johannes Paul II. brachte 1986 in der Synagoge in Rom das Verhältnis von Judentum und Christentum in das viel zitierte Wort:

> Die Kirche Christi entdeckt ihre „Bindung" zum Judentum, indem sie sich auf ihr eigenes Geheimnis besinnt (vgl. NA 4). Die jüdische Religion ist für uns nicht etwas „Äußerliches", sondern gehört in gewisser Weise zum „Inneren" unserer Religion. Zu ihr haben wir somit Beziehungen wie zu keiner anderen Religion. Ihr seid unsere bevorzugten Brüder und, so könnte man gewissermaßen sagen, unsere älteren Brüder.[2]

Das Jüdische in der Kirche gehört somit zu ihrer eigenen Identität. Was das Zweite Vatikanische Konzil damit in Erinnerung ruft, war allerdings nicht immer in der Geschichte der Kirche eine Selbstverständlichkeit. Allerdings wissen sich heute viele Dialogforen diesem Anspruch verpflichtet und ringen im Respekt voreinander um den Weg, den die Verheißungen Gottes seinem Volk aus Juden und Heiden gegeben hat. Die Person Jesu Christi ist hierbei nicht nur das Bindeglied, sondern auch der Streitpunkt im Ringen um die Tiefe des Reichtums, der Weisheit und der Erkenntnis Gottes (vgl. Röm 11,33). Für wen halten Juden und Christen diesen Jesus von Nazareth?

Das Judesein Jesu ist inzwischen ein fester Topos in der Christologie der Gegenwart.[3] Der Schrecken der Shoah hat in christlicher Theologie zu einem Umdenken und Schritt für Schritt zu einer *puri-*

---

[2] JOHANNES PAUL II., *Ansprache beim Treffen mit der jüdischen Gemeinde in der Synagoge von Rom* am 13. April 1986, in: https://www.vatican.va/content/john-paul-ii/de/speeches/1986/april/documents/hf_jp-ii_spe_19860413_sinagoga-roma.html.

[3] Vgl. Helmut HOPING, *Jesus aus Galiläa – Messias und Gottes Sohn*, Freiburg i. Br. ²2019, Josef WOHLMUTH, *An der Schwelle zum Heiligtum. Christliche Theologie im Gespräch mit jüdischen Denkern*, München – Wien – Zürich 2007, Jan-Heiner TÜCK (Hg.), *Die Beschneidung Jesu. Was sie Juden und Christen heute bedeutet*, Freiburg i. Br. 2020, Kayko Driedger HESSELEIN, *Dual Citizenship: Two Natures Christologies and the Jewish Jesus*, London 2015; Barbara U. MEYER, *Jesus the Jew in Christian Memory: Theological and Philosophical Explorations*, Cambridge 2020, Susannah HESCHEL, *Der jüdische Jesus und das Christentum. Abraham Geigers Herausforderung an die christliche Theologie*, Berlin 2001, Ulrich LAEPPLE, *Judenchristen, Messianische Juden und die EKD im christlich-jüdischen Gespräch von 1945 bis heute*, in: Theologisch Beiträge 50 (2019), 431–454.

ficazione della memoria geführt.[4] Es waren vor allem getaufte Christen, die im Nationalsozialismus die Gräueltaten an jüdischen Mitbürgern begangen haben. Nicht selten sympathisierten kirchliche Würdenträger mit dem Nazi-Regime. Der Tagungsort Wien gibt mit Theodor Kardinal Innitzer auch hierfür ein bedenkenswertes Beispiel. Der Wiener Erzbischof begrüßte im Frühjahr 1938 den so genannten Anschluss Österreichs an das Dritte Reich und unterschrieb eine Grußnote mit „Heil Hitler". Auch wenn Innitzer danach deutliche Distanzierungssignale setzte und im Oktober 1938 im Wiener Stephansdom Christus als „unseren einzigen Führer" bezeichnete, bleibt seine Rolle historisch umstritten.[5] Der Wiener Kardinal gründete allerdings während des Krieges im Dezember 1940 die „Erzbischöfliche Hilfsstelle für nichtarische Katholiken", die sich materiell, sozial und seelsorgerlich um getaufte Juden kümmerte. Einige hundert Juden konnten durch diese Unterstützung ins Ausland emigrieren. In den Jahrzehnten nach dem Zweiten Weltkrieg wurde sich die Katholische Kirche ihrer moralischen Hypotheken nach und nach bewusst. Besonders das Zweite Vatikanische Konzil hat mit der Erklärung *Nostra Aetate* einen entscheidenden Anstoß gebracht:

Obgleich die jüdischen Obrigkeiten *(auctoritates Iudaeorum)* mit ihren Anhängern auf den Tod Christi gedrungen haben *(mortem Christi urserunt)*, kann man dennoch die Ereignisse seines Leidens weder allen damals lebenden Juden ohne Unterschied *(indistincte)* noch den heutigen Juden zur Last legen.
   Gewiss ist die Kirche das neue Volk Gottes *(novus populus Dei)*, trotzdem darf man die Juden nicht als von Gott verworfen *(a Deo reprobati)* oder verflucht *(maledicti)* darstellen, als wäre dies aus der Heiligen Schrift zu folgern. Darum sollen alle dafür Sorge tragen, dass niemand in der Katechese oder bei der Predigt des Gotteswortes etwas lehre, das mit der evangelischen Wahrheit und dem Geiste Christi nicht im Einklang steht.

Dieser kurze Abschnitt[6] darf zurecht als Wendemarke im Verhältnis zwischen Judentum und katholischer Kirche angesehen werden und

---

[4] Vgl. INTERNATIONALE THEOLOGENKOMMISSION, *Erinnern und Versöhnen. Die Kirche und die Verfehlungen in ihrer Vergangenheit*, herausg. und komment. von Gerhard Ludwig MÜLLER, Freiburg i. Br. 2000.
[5] Vgl. Jan-Heiner TÜCK, *Crux. Über die Anstößigkeit des Kreuzes*, Freiburg i. Br. 2023, 258–269.
[6] Vgl. zu Bedeutung und Grenze von Nostra Aetate 4: Stefan SCHREIBER –

ist bis heute Grundlage vieler Dialogbemühungen. Die Erklärung zum Judentum war allerdings nicht ein Votum der Vorbereitungskommission des Konzils oder ein Wunsch von Bischöfen, sondern sie geht auf Papst Johannes XXIII. persönlich zurück, der seit seiner Zeit in Bulgarien und in der Türkei im persönlichen Kontakt mit Juden stand.[7] Vom Roncalli-Papst wird berichtet, „daß er, als er die Bilder von den Bulldozern sah, die in den gerade befreiten Nazi-Todeslagern die jüdischen Leichen in Massengräber schoben, ausgerufen habe: ‚Das ist der Leib Christi.'"[8] Als besonderer Anstoß ist hier ein Gespräch mit dem jüdisch-französischen Historiker Jules Isaac (1877–1963) in Erinnerung zu rufen, der im Vorfeld des Konzils dem Papst drei Bitten vorbrachte: (1) alle ungerechten Aussagen über Israel in der christlichen Lehre sollen einer kritischen Revision unterzogen werden; (2) die abwegige Legende, dass die Diaspora, also die Zerstreuung der Juden als Strafe für die Kreuzigung Jesu gewertet werde, müsse richtig gestellt werden und (3) die Aussagen aus dem Trienter Katechismus solle in Erinnerung gerufen werden, welche die Schuld am Tod Jesu nicht dem jüdischen Volk, sondern „unseren Sünden" zuspreche. *Nostra Aetate* hat diesen Bitten entsprochen und damit der nachkonziliaren Theologie wichtige Impulse mit auf den Weg gegeben. Besonders die gegenwärtige Exegese stellt heraus, dass nicht das als jesuanisch zu gelten habe, was sich vom damaligen Judentum abhebt, sondern das, was in Kontinuität zum jüdischen Glauben steht. Katholischer Theologie, die sich dem Zweiten Vatikanischen Konzil verpflichtet weiß, ist es damit aufgetragen, jegliche Form einer Substitutionstheologie abzulehnen.

Aber hat Jesus Christus auch für Juden etwas zu bedeuten? Oder sollte man die Christologie im jüdisch-christlichen Gespräch eher

---

Thomas SCHUMACHER (Hg.), *Antijudaismen in der Exegese? Eine Diskussion 50 Jahre nach Nostra Aetate*, Freiburg i. Br. 2015; Michael THEOBALD, *Der Prozess Jesu. Geschichte und Theologie der Passionserzählungen* (WUNT 486), Tübingen 2022, 17–27.

[7] Vgl. Dorothee RECKER, *Die Wegbereiter der Judenerklärung des Zweiten Vatikanischen Konzils. Johannes XXIII., Kardinal Bea und Prälat Österreicher – eine Darstellung ihrer theologischen Entwicklung*, Paderborn 2007, bes. 103–200, sowie das Kapitel *Gottes Konsul*, in: Peter HEBBLETHWAITE, *Johannes XXIII. Das Leben des Angelo Roncalli*, Zürich u. a. 1986, 215–256.

[8] Michael WYSCHOGROD, *Inkarnation aus jüdischer Sicht*, in: Evangelische Theologie 55 (1995) 13–28, hier 24.

ausklammern, um nicht unangenehme Erinnerungen an antijudaistische und triumphalistische Christologien zu wecken? Seit dem 19. Jahrhundert gibt es eine Geschichte der „Heimholung Jesu" in das Judentum.[9] Auch hier entsteht das Bewusstsein, dass der „Bruder Jesus" (Schalom Ben-Chorin) in der jüdischen Tradition lebte und sie voll und ganz teilte.

Der Titel der Wiener Tagung *Jesus – auch der Messias Israels?* spielte an auf die These von den beiden parallelen Heilswegen. Sie besagt, das ersterwählte Volk Israel komme zum Heil durch die Tora, die Kirche aus den Völkern durch Jesus Christus! „Wir bekennen, dass der Bund Gottes mit dem jüdischen Volk einen Heilsweg zu Gott darstellt – auch ohne Anerkennung Jesu Christi", heißt es programmatisch in einem Dokument des Gesprächskreises „Juden und Christen" beim Zentralkomitee der deutschen Katholiken.[10] Kann es aber aus christlicher Sicht zwei Gottesvölker geben? Soll es in der einen Heilsgeschichte zwei parallele Heilswege für Israel und die Völker geben? Wäre Gott dann nicht, nach einer pointierten Bemerkung Robert Spaemanns, „ein Bigamist"?[11]

Die gemeinsame Überzeugung aller Teilnehmer des Symposiums war es, dass Gott Israel erwählt hat und dass Israel im ungekündigten Bund steht. Jede Form der *theology of replacement* wird daher entschieden zurückgewiesen. Die These vieler Kirchenväter von der Bestrafung und Verwerfung Israels sowie der Ersetzung des alten Gottesvolkes durch die Kirche, das neue Israel, ist revisionsbedürftig. Israel ist nicht verworfen, wie Paulus im Römerbrief sagt. Gott kann nicht als wiederverheirateter Geschiedener betrachtet werden, der

---

[9] Vgl. Walter HOMOLKA, *Der Jude Jesus – Eine Heimholung*. Mit einem Geleitwort von Jan-Heiner Tück, 5. erneut durchgesehene Aufl., Freiburg i. Br. 2021.
[10] GESPRÄCHSKREIS „JUDEN UND CHRISTEN" BEIM ZENTRALKOMITEE DER DEUTSCHEN KATHOLIKEN (Hg.), *Nein zur Judenmission – Ja zum Dialog zwischen Juden und Christen* vom 9. März 2009, 5. Vgl. dazu Hubert FRANKEMÖLLE, *Nein zur Judenmission – Ja zum Dialog: Zur Erklärung des Gesprächskreises „Juden und Christen" beim ZdK von 2009*, in: Cath(M) 64 (2010) 212–229; Wilhelm BREUNING, *Nein zur Judenmission – ja zum Dialog zwischen Juden und Christen*, in: Florian BRUCKMANN – René DAUSNER (Hg.), *Im Angesicht der Anderen. Gespräche zwischen christlicher Theologie und jüdischem Denken*, FS Josef Wohlmuth, Paderborn 2013, 125–140.
[11] Robert SPAEMANN, *Gott ist kein Bigamist*, F.A.Z. vom 20. April 2009.

seine erste Frau entlässt, um eine neue zu heiraten, wie der Exeget Dieter Böhler SJ angemerkt hat.[12]

Eine weitere Überzeugung aller Teilnehmer des Symposiums war es, dass das verbreitete kanonische Narrativ von Schöpfung, Fall, Erlösung und Vollendung erweitert werden muss durch die Berücksichtigung der Bundesgeschichte mit Israel. Diese Bundesgeschichte ist nicht die überholte Vorgeschichte der Kirche; vielmehr muss die bleibende theologische Dignität Israels als „Gottes Augapfel" anerkannt werden.[13] Die Geschichte des erwählten Volkes Israel hat für die Kirche eine theologische Bedeutung.

Die Überzeugung, dass der Jude Jesus von Nazareth der Messias Israels und der Völker ist, trägt darüber hinaus einen Index der Verheißung: Er ist gekommen – und er wird wiederkommen, um das Getrennte zu vereinen und das Reich der Vollendung aufzurichten. Auch wenn das *Wie* und das *Wann* dem eschatologischen Vorbehalt unterliegen, besteht für Juden und Christen die Hoffnung, dass die Verheißung Gottes sich erfüllen und er „alles in allem" sein wird (vgl. 1 Kor 15,28).

Damit eng verzahnt ist die Überzeugung, dass die Kirche des Anfangs Kirche aus Juden und Heiden war. Die *ecclesia ex gentibus* aber hat die *ecclesia ex circumcisione* schon in den ersten Jahrhunderten immer mehr zurückgedrängt und schließlich marginalisiert und vergessen. Die Wiederkehr des Verdrängten durch Jesus-gläubige Juden im 19. Jahrhundert und die messianisch-jüdische Bewegung im 20. Jahrhundert ist daher ein deutungsbedürftiges Zeichen, das im gemeinsamen Gespräch zwischen messianischen Juden und christlichen Theologen weiter zu bedenken ist. Hier war es wiederum eine gemeinsame Überzeugung der Teilnehmer, dass ein theologisches Gespräch nicht dazu führen kann, die Kirche des Anfangs aus *ecclesia ex gentibus* und *ecclesia ex circumcisione* wiederherzustellen, sondern dass nach einem fruchtbaren Zueinander im Respekt vor der Geschichte gefragt werden muss. Die konkrete Ausgestaltung der ekklesiologischen Verortung des Messias-gläubiger Juden ist eine kontroverse Frage, die noch weiter vertieft werden muss.

---

[12] Dieter BÖHLER, *Durften die Christen Israel gegen die Kirche austauschen?*, in: Johannes ARNOLD (Hg.), *Sind Religionen austauschbar? Philosophisch-theologische Positionen aus christlicher Sicht*, Münster 2011, 1–25.
[13] Vgl. Jan-Heiner TÜCK, *Gottes Augapfel. Bruchstücke zu einer Theologie nach Auschwitz*, Freiburg i. Br. ²2016.

Nun ist ein solches Gespräch keineswegs selbstverständlich. Als sich herumsprach, dass an der Universität Wien ein internationales Symposium mit messianischen Juden geplant sei, gab es Stirnrunzeln und kritische Rückfragen unter Kolleginnen und Kollegen. Messianische Juden, so wurde eingewandt, würden von anderen Spielarten des Judentums nicht mehr als Juden anerkannt, sie stünden im Ruf, andere Juden zu missionieren.[14] Der Großteil der christlichen Kirchen lehnt die Judenmission aus theologischen Gründen ab. Israel steht voll und ganz in der Heilsgnade Gottes. Aber auch seitens des Judentums gibt es dagegen vehemente Vorbehalte. So sei an Abraham J. Heschels Wort gegenüber Augustin Kardinal Bea erinnert, Judenmission sei „spiritueller Brudermord". Allen Dialogpartnern muss daher bewusst sein, dass eine Judenmission theologisch, aber auch christologisch nicht zu rechtfertigen ist. Zuletzt hat nochmals die vatikanische Kommission für die religiösen Beziehungen zum Judentum 2015 die Ablehnung einer Judenmission unterstrichen:

Es ist leicht zu verstehen, dass die sogenannte „Judenmission" für Juden eine sehr heikle und sensible Frage darstellt, weil sie in ihren Augen die Existenz des jüdischen Volkes selbst betrifft. Diese Frage erweist sich auch für die Christen als heikel, weil für sie die universale Heilsbedeutung Jesu Christi und folglich die universale Sendung der Kirche von grundlegender Bedeutung sind. Die Kirche ist daher verpflichtet, den Evangelisierungsauftrag gegenüber Juden, die an den einen und einzigen Gott glauben, in einer anderen Weise als gegenüber Menschen mit anderen Religionen und weltanschaulichen Überzeugungen zu sehen. Dies bedeutet konkret, dass die katholische Kirche keine spezifische institutionelle Missionsarbeit, die auf Juden gerichtet ist, kennt und unterstützt.[15]

Vor diesem Hintergrund ist es nicht unproblematisch, dass es innerhalb der messianisch-jüdischen Bewegung Bestrebungen gibt, die Judenmission praktizieren. Sie wollen nicht nur ihr Lebenszeugnis an

---

[14] Vgl. Peter VON DER OSTEN-SACKEN, *Ein Empfehlungsbrief Christi? Zur Debatte um Judenmission, Judenchristen und messianische Juden*, in: Hubert FRANKEMÖLLE – Josef WOHLMUTH (Hg.), *Das Heil der Anderen. Problemfeld „Judenmission"* (QD 238), Freiburg i. Br. 2010, 77–112.
[15] KOMMISSION FÜR DIE RELIGIÖSEN BEZIEHUNGEN ZUM JUDENTUM, „Denn unwiderruflich sind Gnade und Berufung, die Gott gewährt" (Röm 11,29). Reflexionen zu theologischen Fragestellungen in den katholisch-jüdischen Beziehungen aus Anlass des 50-jährigen Jubiläums von Nostra aetate (Nr. 4) vom 10. Dezember 2015 (Vapos 203), Bonn 2016, Nr. 40.

Jesus als Messias vor ihren Glaubensgeschwistern ablegen, sondern aktiv für die Hinwendung des ganzen Judentums zum Christusbekenntnis einstehen. Umso mehr ragt unter den Messias-gläubigen Juden der Theologe und Rabbi Mark S. Kinzer heraus. In seinem Buch *Postmissionary Messianic Judaism* legt er aus jüdischem Quellen dar, weshalb sich das messianische Judentum als ein Judentum verstehen kann und muss, das über die Judenmission hinausgegangen ist.[16] Messianisches Judentum sollte sich gegenüber den eigenen Geschwistern in der Treue zur Tora nicht missionarisch, sondern einzig bezeugend verhalten. Ein weiterer Einwand gegen das Symposium war, dass das Messianische Judentum eine heterogene Gruppe sei, die in sich unterschiedliche, oft evangelikale Strömungen vereine. Der akademische Austausch mit ihnen gefährde den erreichten Stand des jüdisch-christlichen Gesprächs, auch der Päpstliche Rat für die Einheit der Christen und die besonderen Beziehungen zum Judentum habe bislang keine offiziellen Beziehungen zu messianischen Juden aufgenommen. Das Umdenken, das nach dem Schock der Shoah in den Kirchen eingesetzt habe, habe aus Feinden endlich Geschwister werden lassen. Das dürfe nicht gefährdet werden.

Unsere Antwort auf diese auf den ersten Blick nachvollziehbaren Einwände war, dass messianische Juden mit uns Christen im Bekenntnis zu Jesus als Messias und Christus übereinkommen. Das ist ein grundlegendes gemeinsames Band, das nicht aus dialogstrategischen Gründen ausgeklammert oder ignoriert werden sollte. Überdies wächst die in sich vielgestaltige messianisch-jüdische Bewegung seit den späten 1960er-Jahren kontinuierlich an und kann schon allein religionssoziologisch nicht mehr übergangen werden – Schätzungen sprechen von 150 – 250.000 Anhängern. Weiter ist mit Johann Baptist Metz, dem Begründer der neuen politischen Theologie, der Grundsatz der anamnetischen Solidarität mit den jüdischen Opfern ernst zu nehmen.[17] Auch messianische Juden haben Familienmitglieder in der Shoah verloren, auch sie sind in den Horizont einer anamnetischen Theologie hineinzunehmen. Die Ausgrenzungen und Stigmatisierungen, die messianische Juden vielfach er-

---

[16] Mark S. KINZER, *Postmissionary Messianic Judaism: redefining Christian engagement with the Jewish people*, Grand Rapids 2005.
[17] Vgl. Johann Baptist METZ, *Memoria passionis. Ein provozierendes Gedächtnis in pluralistischer Gesellschaft* (Gesammelte Schriften 4), Freiburg i. Br. 2017.

fahren, sollten Christen nicht befördern; es kann nicht ihre Aufgabe sein, den innerjüdischen Konflikt zu verdoppeln. Eine Theologie der Ausgrenzung und Verachtung hat es in den Kirchen viel zu lang gegeben! Es ist ja ein denkwürdiges Phänomen, nach Joseph Kardinal Ratzinger (1927–2022) sogar ein „eschatologisches Zeichen", dass immer mehr Juden ohne Einfluss der christlichen Kirchen zum Glauben an Jesus, den Messias Israels und der Völker, gelangen. Bereits im Jahr 2000 ist daher von Papst Johannes Paul II. (1978–2005) eine theologische Studiengruppe eingerichtet worden, die ihre Arbeit zunächst unter Georges Kardinal Cottier (1922–2016) aufgenommen, dann unter Christoph Kardinal Schönborn fortgesetzt hat, der die Leitung bis 2020 innehatte. Als Ort für die Tagung wurde daher Wien gewählt, wo Peter Hocken und Johannes Fichtenbauer seit Jahren wertvolle Vorarbeiten[18] für den Dialog mit den messianischen Juden geleistet haben. Das Wiener Symposium entspricht schließlich dem ausdrücklichen Wunsch von Papst Franziskus, das Gespräch zwischen christlicher Theologie und messianisch-jüdischer Bewegung inhaltlich zu vertiefen.

Die Themen, die auf dem Symposium diskutiert wurden, berühren, wie dem Inhaltsverzeichnis genauer zu entnehmen ist, nach einer Einführung zum Messianischen Judentum aus den unterschiedlichen Konfessionen[19] Fragen der Christologie, der Ekklesiologie und der Eschatologie.

(1) Jesus, der „König der Juden", war zugleich ein „Diener der Beschneidung", wie Paulus im Römerbrief schreibt. Was bedeutet die jüdische Identität Jesu für die Christologie? Das Judesein Jeus ist ja gerade in der deutschsprachigen Theologie lange verdrängt oder zur Zeit des Dritten Reiches, wo Konstruktionen eines „arischen Jesus" aufkamen, sogar ausdrücklich geleugnet worden. Christliche Theologie muss sich der Aussage verpflichtet fühlen, dass Jesus „jüdisches

---

[18] Peter HOCKEN, *The challenges of the Pentecostal, Charismatic, and Messianic Jewish movements. The tensions of the spirit*, Aldershot 2009, DERS., *Azusa, Rome, and Zion: Pentecostal faith, Catholic reform, and Jewish roots*, Eugene 2016; Johannes FICHTENBAUER, *The Mystery of the Olive Tree*, Nottingham 2019.

[19] Vgl. u. a. EVANGELISCHE KIRCHE IN DEUTSCHLAND (Hg.), *Judenchristen – jüdische Christen – „messianische Juden". Eine Positionsbestimmung des Gemeinsamen Ausschusses „Kirche und Judentum" im Auftrag des Rates der EKD*, Hannover 2017, heruntergeladen von https://www.ekd.de/ekd_de/ds_doc/Messianische_Juden.pdf.

Fleisch"[20] wurde. Das hat Auswirkungen auf die exegetische und systematische Christologie.

(2) Die Kirche des Anfangs ist Kirche aus Juden und Heiden. Maria, die Zwölf und Paulus waren Juden, die toraobservant gelebt haben. Die *ecclesia ex gentibus* hat aber in den ersten Jahrhunderten die *ecclesia ex circumcisione* marginalisiert, ja mit disziplinarischen Maßnahmen nach und nach ausgeschlossen. Was bedeutet es, dass durch die messianisch-jüdische Bewegung und Jesus-gläubige Juden das Vergessene und Verlorene wiederkehrt? Das Verschwinden der *ecclesia ex circumcisione* ist nicht nur ein Phantomschmerz, sondern eine klaffende Wunde in der Ekklesiologie. Wie kann sie geheilt werden? Das *parting of the ways* ist eine Geschichte wechselseitiger Absetzung und Abgrenzung, die zu Konstruktionen des Judentums und des Christentums geführt hat. Die geschichtlichen Grenzmarkierungen können mit Blick auf das biblische Zeugnis neu bedacht werden. Die konstitutive Rückverwiesenheit der Kirche auf Israel darf auch die Frage nach dem Ort der Christus-gläubigen Juden in der Kirche nicht außer Acht lassen. Kann eine Kirche, die mit zwei Lungenflügeln atmet, mit Mark Kinzer als „bilaterale Ekklesiologie in Solidarität mit Israel" näher gefasst werden?[21]

(3) Schließlich leben messianische Juden wie charismatische Christen in freudiger Erwartung, dass Jesus, der Messias, bald wiederkommen wird. Sie deuten die Rückkehr vieler Juden in das Land Israel und die wachsende Präsenz messianischer Juden in Jerusalem als Vorzeichen der Parusie. Ohne in einen politischen Messianismus abzugleiten, der meint, das finale Szenario der Heilsgeschichte ausbuchstabieren zu können, ist die neu aufbrechende Parusieerwartung eine produktive Irritation für die christlichen Kirchen, in denen der Ruf „Maranatha" beinahe verstummt ist. Augustinus hat gelehrt, dass das 1000jährige Reich die Zeit der Kirche zwischen der ersten und der zweiten Ankunft Christi sei. Mit dieser These hat er den Chiliasmus domestiziert – eine Position, die Eingang in lehramtliche

---

[20] Karl BARTH, *Kirchliche Dogmatik* IV/1: Die Lehre von der Versöhnung, Zürich 1953, 181. Schon 1946 sagt Barth gegen theologische Bemühungen, den jüdischen Wurzelgrund Jesu zu leugnen: „Jesus war notwendig Jude." DERS., *Dogmatik im Grundriß*. Vorlesungen gehalten im Sommersemester 1946 an der Universität Bonn, Zürich 1947, 87.
[21] Vgl. Mark S. KINZER, *Postmissionary Messianic Judaism* (s. Anm. 15); Antoine LÉVY, *Jewish Church. A Catholic Approach to Messianic Judaism*, Landham 2021.

Aussagen gefunden hat. Ist aber christliche Theologie nicht aufgerufen, diese Position zu überdenken? Sind historische Ereignisse wie die Gründung des Staates Israel und die Rückkehr vieler Juden in das Land Israel nicht auch geschichtstheologisch bedeutsam? Können sie als Gottes Treue zu Israel interpretiert werden?

Den Beiträgen, die auf dem Symposium vorgetragen wurden, ist ein ausführliches Gespräch mit Walter Kardinal Kasper vorangestellt. Der langjährige Präsident des Rates zur Förderung der Einheit der Christen war intensiv in das Gespräch mit dem Judentum involviert. Er ist als Spezialist im jüdisch-christlichen Gespräch anerkannt und hat sich in seinen theologischen Arbeiten intensiv mit Fragen der Christologie und Ekklesiologie auseinandergesetzt.[22] Aus dieser Perspektive beleuchtet er die Themen, die auf dem Symposium behandelt und kontrovers diskutiert wurden.

Das Symposium *Jesus – auch der Messias für Israel?* war das erste akademische Forum im europäischen Raum, das sich dem vielgestaltigen Phänomen des Messianischen Judentums interkonfessionell widmete. Hierbei konnte naturgemäß noch nicht die Ernte eines Gesprächsprozesses eingefahren werden, vielmehr sollte auf die Bedeutung des Gesprächs zwischen Christus-gläubigen Juden und Christen aufmerksam gemacht und Themenfelder des theologischen Diskurses vermessen werden. Der vorliegende Band, ein Zwischenergebnis dieser Dialog-Bemühungen, möchte dazu einladen, die Beiträge der Autorinnen und Autoren weiter zu bedenken. Ein nächster Schritt wird es sein, das Dialogformat institutionell zu verstetigen. Für die christlichen Kirchen ist der Dialog mit dem Judentum in seinen unterschiedlichen Ausprägungen nicht eine Form des interreligiösen Gesprächs, sondern besitzt eine ökumenische Dimension. Die Auseinandersetzung mit den Juden, die Jesus als den Messias Israels bekennen, kann dieses Gespräch bereichern, ja die Hoffnung freisetzen, dass das „Ur-Schisma", von dem Erich Przywara gesprochen hat, möglicherweise überwunden werden kann. Allen aber, Juden und Christen, ist hierbei der Glaube an den einen und wahren Gott (vgl. Dtn 6,4–6) gemeinsam.

---

[22] Vgl. Walter Kasper, *Jesus der Christus* (WKGS 3), Freiburg i. Br. 2007; Ders., *Kirche und Gesellschaft* (WKGS 16,1–2), Freiburg i. Br. 2019; Ders., *Juden und Christen – das eine Volk Gottes*, Freiburg i. Br. 2020.

Die messianischen Juden – ein „nach vorne weisendes Zeichen"
Ein Gespräch mit Walter Kardinal Kasper

Jan-Heiner Tück

An der Universität Wien hat soeben eine internationale Tagung zum Gespräch zwischen christlicher Theologie und messianischem Judentum stattgefunden. Das Gespräch ist delikat, da die messianischen Juden gewissermaßen zwischen allen Stühlen sitzen. Offizielle Vertreter des Judentums sprechen ihnen ab, Juden zu sein, da sie an Jesus den Messias glauben. Die christlichen Kirchen bleiben reserviert, da sie die Errungenschaften des jüdisch-christlichen Dialogs nicht gefährden wollen. Auch die Päpstliche Kommission für die besonderen Beziehungen zum Judentum hat, wenn ich recht sehe, bislang keine offiziellen Kontakte aufgenommen. Warum?

Kardinal Kasper: Wie Sie zurecht sagen: Ich war in dem Jahrzehnt von 1999 bis 2010 Präsident der Päpstlichen Kommission für die religiösen Beziehungen mit den Juden. Es war die spannendste und herausforderndste Zeit meines gesamten beruflichen Lebens.[1] Das Zweite Vatikanische Konzil (1962–1965) hatte nach schwierigen Auseinandersetzungen mit der Erklärung *Nostra aetate* (1965) im Verhältnis zwischen Juden und Christen eine der erstaunlichsten Neuorientierungen in der 2000-jährigen Geschichte der Kirche vollzogen und alle Formen des Antisemitismus der Vergangenheit wie der Gegenwart verurteilt.

Die Trennung zwischen Juden und Christen ist nach Erich Przywara das „Urschisma" der Kirchengeschichte; nach den Worten von Kardinal Christoph Schönborn ist sie „die tiefste Wunde am Leib Christi". Aus dem Schisma wurde eine Jahrhunderte lange Entfremdung, ja Verachtung, Unterdrückung und Verfolgung. Sie erreichten ihren Tiefpunkt während des Zweiten Weltkriegs (1939–1945) in der Shoah, dem vom nationalsozialistischen Staat geplanten, organisierten und kaltblütig durchgeführten Versuch der Vernichtung des euro-

---

[1] Dazu ausführlicher in: Walter KASPER, *Juden und Christen – das eine Volk Gottes*, Freiburg i. Br. 2020, 13–19.

Die messianischen Juden – ein „nach vorne weisendes Zeichen"

päischen Judentums, dem etwa sechs Millionen Juden zum Opfer fielen. Der Schock über dieses himmelschreiende Verbrechen führte nach 1945 in fast allen Kirchen zu einer grundlegenden Neubesinnung *(metanoia)* und zu einer tiefen Umkehr *(teshuva)*.[2]

Die 1974 von Papst Paul VI. errichtete Kommission für das religiöse Gespräch mit den Juden hat die Aufgabe, die Last einer Jahrhunderte langen, weithin dunklen Geschichte aufzuarbeiten und auf der vom Konzil gelegten Grundlage ein neues Miteinander von Juden und Christen zu fördern. Der Aufbau eines neuen ehrlichen Dialogs und einer vertrauensvollen Zusammenarbeit verlangten besonders von uns Christen Rücksicht und Sensibilität für den jüdischen Partner.

Wir einigten uns darauf, unsere Unterschiede gegenseitig zu respektieren, in den Gesprächen aber von dem auszugehen, was uns gemeinsam ist: Der Glaube an den einen Gott und Schöpfer sowie die Zehn Worte (Zehn Gebote) und deren Bedeutung für den gemeinsamen Einsatz für eine bessere und menschlichere Welt. Trotz manchen Schwierigkeiten kamen wir insgesamt gut voran. Bei Papst Johannes Paul II., der als erster Papst am 13. April 1986 die römische Großsynagoge besuchte, fanden wir kraftvolle Unterstützung. Inzwischen gehören freundschaftliche Begegnungen und Dialoge zwischen Juden und Christen auf allen Ebenen weltweit zum Alltag der meisten christlichen Kirchen. Aus Feinden wurden Freunde.

Für diese Entwicklung kann man nur dankbar sein – und die Rückbesinnung auf das Gemeinsame ist nach der Geschichte der „Verfeindung" und „Verfreundung" bleibend wichtig. Dennoch beginnt das wirkliche Gespräch zu stocken, wenn Differenzen irenisch ausgeklammert bleiben. Die jüdische Reserve, theologische Lehrfragen anzugehen, und das christliche Votum für einen „christologischen Besitzverzicht" werden durch die messianischen Juden, die sich offen zu Christus bekennen, in Frage gestellt. Das ist für das weitergehende Gespräch durchaus eine theologische Provokation – oder?

---

[2] Eine Ausnahme bilden manche neueren, evangelikalen Gemeinschaften, die freilich nicht als reformatorische Kirchen gelten können. Die Einstellung unter den orthodoxen Kirchen ist unterschiedlich und trägt leider teilweise antisemitische Züge.

Kardinal Kasper: Ja, die grundlegende Frage, die uns trennt, war mit der Fokussierung auf das Gemeinsame nicht berührt. Für die dem *Jewish Word Congress* nahestehenden orthodoxen und konservativen jüdischen Partner gehörte das Nein zur Messianität Jesu zur jüdischen Identität, für Christen dagegen war und ist die Glaubensüberzeugung konstitutiv, dass Jesus der Christus, d. h. der erwartete Messias, der Sohn Gottes und das Heil der Welt ist. Für das jüdische Selbstverständnis konnte es darum ein messianisches Judentum nicht geben. Noch mehr, da die Erinnerung an frühere Zwangskatechesen im jüdischen Bewusstsein noch immer lebendig war, bestand bei vielen Juden der Verdacht, dass der Dialog womöglich nichts anderes sein könnte als Mission bzw. Proselytismus mit anderen Methoden. Diese Gefahr schien vielen Juden noch gefährlicher als die Shoah. Die Shoah drohte die physische Existenz des Judentums auszulöschen, der Dialog über Jesu Messianität und erst recht das messianische Judentum wurde und wird teilweise noch von vielen Juden als Gefahr für die religiöse und kulturelle Identität des Judentums als das auserwählte Volk Gottes und damit als Gefahr einer neuen Art von Holocaust wahrgenommen.

Wegen der sehr ausgeprägten Sensibilität des Judentums war der Päpstlichen Kommission für den Dialog mit den Juden ein direkter Kontakt mit den messianischen Juden nicht möglich. Doch das konnte kein grundsätzliches Gesprächsverbot bedeuten. Da ich wusste, dass sich Kardinal Christoph Schönborn in einem informellen Dialog mit den Messianischen Juden befasst, ließ ich mich ohne in irgendeiner Weise selbst tätig zu werden durch einen seiner Mitarbeiter über diesen jüngeren Zweig des Judentums informieren. Alles hat und braucht seine Zeit.

Wie würden Sie das Gespräch mit den messianischen Juden im Panorama der gewandelten Beziehungen zum Judentum heute einordnen? Sollte die Katholische Kirche darüber nachdenken, ein offizielles Gesprächsformat aufzusetzen?

Kardinal Kasper: Es handelt sich, wie ich inzwischen weiß, um eine relativ kleine, aber wachsende und ernstzunehmende, in sich pluralistische Gruppe von Juden, welche von der besonderen Erwählung des jüdischen Volkes überzeugt sind und an der Thora, dem jüdischen Gesetz festhalten, aber an Jesus als den erwarteten Messias und Retter der Welt glauben. Statistisch ist es nicht leicht, sie zahlenmäßig zu erfassen, man schätzt zwischen 150.000 und 250.000 Mitglieder.[3]

Es hat zu allen Zeiten Juden gegeben, welche sich taufen ließen und Christen geworden sind. Doch um solche Konvertiten geht es bei den messianischen Juden nicht. Sie halten an der jüdischen Sabbat- und Festtagspraxis wie am jüdischen Gesetz fest. Sie dürfen auch nicht mit dem Judenchristentum der ersten Jahrhunderte gleichgesetzt werden, die meist als Ebioniten (wörtlich: die Armen) bezeichnet werden und von den Kirchenvätern wegen ihrer adoptianischen Christologie und ihrer legalistisch an der jüdischen Thora orientierten Lebensweise bekämpft wurden. Die messianischen Christen sind erst im 19. Jahrhundert aus der evangelikalen Judenmission, nach dem Zweiten Weltkrieg meist in einem evangelikalen Kontext oder als „Neugeborene" aus einem säkularen Kontext hervorgegangen.

Durch das Zweite Vatikanische Konzil und die durch die Kirchenkonstitution (LG 16) schon vorbereitete Erklärung *Nostra aetate* (NA 4) hat sich die Gesprächssituation von katholischer Seite wesentlich verbessert. Die katholische Kirche anerkennt die Erwählung und besondere heilsgeschichtliche Stellung des jüdischen Volkes an. Obwohl die Mehrzahl der Juden das Evangelium von Jesus als dem Christus, d. h. dem Messias nicht angenommen hat, ist Israel noch immer das von Gott erwählte und geliebte Volk: „Seine Gnadengaben und seine Berufung sind unwiderruflich." Die Mehrheit der Theologen hat die von den Kirchenvätern entwickelte Theorie des *supersessionism* aufgegeben, wonach Israel wegen seines Unglaubens an Jesus als den Messias seine ursprüngliche Erwählung verloren hat, die dann auf die Kirche übergegangen ist, sodass die Kirche das neue Israel, das neue Volk Gottes ist.

Es besteht also eine breite Grundlage für das Gespräch über die Grundanliegen der messianischen Christen. Joseph Ratzinger und Christoph Schönborn erinnern an das Wort des Apostels Paulus, dass am Ende ganz Israel zum Glauben kommt und gerettet wird

---

[3] Neben der üblichen Übersichtsliteratur hat mich besonders das Bändchen von James E. Patrick (Hg.), *Jesus König der Juden? Messianisches Judentum, Judenchristen und Theologie jenseits der Substitutionslehre*, Wien 2021, angesprochen. Einen umfassenden Überblick bietet der ehemalige Präsident der Messiah Jewish Alliance Richard Harvey, *Mapping Messianic Jewish Theology. A Constructive Approach,* London 2009.

(Röm 11,12.26) und stellen die messianischen Juden in einen eschatologischen Kontext. Sie sehen in ihnen ein schöpferisches Werk des Hl. Geistes. Sind sie also gleichsam ein Vortrupp der von den Propheten verheißenen eschatologischen Völkerwallfahrt auf den Zion? (vgl. Jes 2,2–5; Mich 4,1–3) Auch wenn man mit solchen geschichtstheologischen Deutungen vorsichtig sein soll, wird man die messianischen Juden als ein erfreuliches Zeichen der Zeit betrachten, über das sich weiter nachzudenken lohnt.

Die wachsende Bewegung der messianischen Juden ist pluriform. Bei aller Vielgestaltigkeit kommen messianische Juden darin überein, dass sie sich zu Jesus als dem Messias bekennen. Die Frage ist freilich, was verstehen sie unter ‚messianisch'? Mit Begriffen wie ‚Messias', ‚messianisch', ‚messianische Bewegung' wird ja recht Unterschiedliches verbunden.

Kardinal Kasper: In der Tat, die entscheidende Frage ist: Was bedeutet messianisch bei den messianischen Juden? ‚Messias' und ‚messianisch' sind sowohl in der Bibel als auch im heutigen Sprachgebrauch vielschichtige Begriffe, die Gutes erhoffen, aber auch Böses befürchten lassen können. Es gibt falsche Propheten, vor denen Jesus ausdrücklich warnt. Sie kommen wie harmlose Schafe daher, in Wirklichkeit sind sie reißende Wölfe (Mt 7,15). Messias-Gestalten treten meist in Krisensituationen auf; sie haben visionäre Vorstellungen und werden als charismatische Führer und Retter gesehen, wecken Begeisterung und reißen die Massen mit. Doch wohin? Wie die Geschichte zeigt, leider oft in den Abgrund. Sie können aber auch einen Ausweg aus der Krise weisen.

Vor allem die Bibel gilt als ein messianisches Buch, und das Judentum als messianische Religion. Doch die biblische Messias-Theologie ist vielschichtig; sie ist eine Theologie im Werden. Schon früh taucht der noch dunkle Spruch des Bileam (Num 24,17) und die Weissagung des Nathan auf, der den ewigen Bestand des Hauses David vorhersagt (2 Sam 7,12–16). Die Schrift-Propheten und die Psalmen nehmen diese Hoffnung auf. Die Propheten üben harte Kritik am Versagen Davids und erst recht an der Untreue seiner Nachfolger und künden das Gericht Gottes an. Im babylonischen Exil wurde es Wirklichkeit. Die messianische Hoffnung schien gescheitert. Doch Gott ist treu. Er musste neu ansetzen und hat einen neuen Exodus, eine glückliche Rückkehr nach Jerusalem geschenkt (vgl. Jes 40 f.; 43 ff.). Nach der Rückkehr wurde die Wiederherstellung des

Hauses Davids und das Kommen der Gestalt eines neuen, mit dem Geist gesalbten Messias zu einer der vielfältigen Messias-Hoffnungen jener Zeit.

Und diese vielgestaltigen Messias-Hoffnungen bilden dann die Folie für die Christologie?
Kardinal Kasper: Ja, die Ankündigung der Geburt Jesu und der Geburtsort, die Davidstadt Bethlehem, sind ganz von dieser Hoffnung geprägt (vgl. Lk 1,32 f.; Lk 2,4). Jesus selbst nahm in seinem öffentlichen Auftreten den Messias-Titel nicht für sich in Anspruch. Er grenzte sich von allen Macht- und Herrscherallüren ab und verstand sein Auftreten und sein Geschick im Sinn des Lieds vom leidenden Gottesknecht im zweiten Jesaja-Buch (Jes 53). Er ist nicht gekommen, um sich bedienen zu lassen, sondern um zu dienen und sein Leben hinzugeben als Lösegeld für die vielen (vgl. Mk 10,42–45). Entsprechend hat Jesus das Messias-Bekenntnis des Petrus (Mt 16,16) sofort mit dem Hinweis auf sein bevorstehendes Leiden und seine Auferstehung korrigiert (Mt 16,21).

Erst beim Prozess vor dem Hohen Rat und vor Pilatus wird die Messias-Frage explizit gestellt. Seine Gegner benützen sie dazu, Jesus als angeblichen Königsprätendenten gegen den Kaiser in Stellung bringen zu können (Mt 27,11; Joh 18,33; 19,12.14.19). Pilatus durchschaut das Spiel, dreht den Spieß um und macht sich wie seine Soldateska lustig über diesen König der Juden. Der Kreuzestitel „Jesus von Nazareth König der Juden" (Mk 15,26 par; Joh 19,19) ist bei Pilatus als Spott gemeint und bringt doch das Wesentliche von Jesu Königtum zum Ausdruck. Jesus ist der König am Kreuz; das Kreuz ist sein Thron. Die Erhöhung am Kreuz wird im vierten Evangelium zu seiner Erhöhung zur Rechten Gottes und zu seiner Einsetzung als Sohn Gottes in Macht (Röm 1,3 f.). Er ist herabgestiegen und wird als solcher erhöht (Phil 2,6–11). Der neutestamentliche Messias-Titel schließt den Herabstieg, die Kenosis in die Niedrigkeit ein, er schließt die Auferstehung und die Erhöhung und Jesu Gottessohnschaft ein. Mit diesem Bekenntnis beginnt und endet das Evangelium nach Markus (Mk 1,1; 15,39).

Die jüdische Jesus-Forschung hat Jesus als „galiläischen Chassid" und „Bruder" in das semantische Universum Israels „heimgeholt", zugleich aber Reserven gegen Begriffe der neutestamentlichen Christologie wie Prä-

existenz, Inkarnation, Kenosis und Erhöhung geltend gemacht. Hier geht das messianische Judentum nun deutlich andere Wege …

Kardinal Kasper: Schauen wir uns die unterschiedlichen Positionen an, dann finden wir dort Formen adoptianischer Christologie, aber es finden sich ebenso Aussagen, und sie scheinen die Mehrheit zu sein, welche auf dem Boden der katholischen, der orthodoxen und der reformatorischen Theologie stehen. Mehrheitlich wenden sich die messianischen Juden gegen die Auffassungen der modernen liberalen wie postmodernen Leben-Jesu-Forschung, für die Jesus nur der galiläische Wanderprediger oder der große Bruder ist. Sie bejahen die Auferstehung und die Gottheit Jesu. Einer ihrer führenden Theologen spricht sich klar und unmissverständlich für die Vereinbarkeit seines Messias-Verständnisses mit dem Konzil von Nizäa (325) aus[4], dessen 1700jähriges Jubiläum alle in der altkirchlichen Tradition stehenden Kirchen in wenigen Jahren feiern werden.

Es ist auf den ersten Blick ein Paradox: Es sind ausgerechnet Juden, die uns an das Zentrum christlichen Bekenntnisses und an unsere gemeinsame christliche Tradition erinnern. Doch ein wesentlicher Unterschied bleibt. Der Anlass der Auseinandersetzung Jesu mit seinen Gegnern war zunächst nicht der Messias-Anspruch, sondern Jesu vollmächtige Auslegung der Thora, konkret des Sabbatgebots und der Reinheitsvorschriften. Bei Paulus geht es besonders im Galaterbrief wieder um diesen Streit und um die Freiheit des Christen vom jüdischen Gesetz: „Zur Freiheit hat uns Christus befreit. Bleibt daher fest und lasst euch nicht von neuem das Joch der Knechtschaft auferlegen." Und: „In Christus kommt es nicht mehr darauf an beschnitten oder unbeschnitten zu sein" (Gal 5,1.6). Freiheit bedeutete weder für Jesus noch für Paulus individualistische Beliebigkeit. Sie wird wirksam in der Liebe (Gal 5,6). Die Erfüllung des Gesetzes Christi besteht darin, dass einer die Last des anderen trägt (Gal 6,2). Die Liebe zu Gott und zum Nächsten ist das alles zusammenfassende Gebot (Mk 12,28–32) und die Erfüllung des Gesetzes (Röm 13,10). Dieses Verständnis der christlichen Freiheit ist in Bezug auf die messianischen Juden der springende und alles bestimmende Punkt der Unterscheidung.

---

[4] Mark S. KINZER, *Ist Jesus von Nazareth noch immer König der Juden? Neutestamentliche Christologie und das jüdische Volk*, in: James E. PATRICK (Hg.), *Jesus König der Juden?* (s. Anm. 3), 49–62, bes. 60f.

Sie haben das Konzil von Nizäa (325) erwähnt, welches das Verhältnis von Vater und Sohn durch den nichtbiblischen Begriff ‚homo-ousios' bestimmt hat, um gegen den arianischen Subordinatianismus Position zu beziehen. In der messianisch-jüdischen Bewegung gibt es Vorbehalte gegenüber der hellenistischen Terminologie der altkirchlichen Konzilien. Sie würden das biblische Erbe verdecken. Dem Diktum Karl Barths, dass das Wort Gottes nicht ganz allgemein Mensch, sondern „jüdisches Fleisch" geworden ist, stimmen messianische Juden hingegen zu und unterstreichen die jüdische Wurzel der Christologie. Was bedeutet das Judesein Jesu für die Christologie heute?

Kardinal Kasper: Nicht nur die messianischen Juden, auch christliche Theologen kritisieren heute besonders in der Trinitätslehre die hellenistische Terminologie der altkirchlichen Konzilien und viele Christen können damit nur noch wenig anfangen. Man darf freilich, wenn man die Hellenisierung des Christentums kritisiert, nicht übersehen, dass Jerusalem schon zur Zeit Jesu eine hellenistische Stadt war, Galiläa war weithin zweisprachlich und unter den Urchristen kam es, wie das Beispiel des Erzmärtyrers Stephanus zeigt, schon früh zu Auseinandersetzungen zwischen den Hellenisten und den Hebräern (Apg 6,1).

Paulus selbst stammte aus Tarsus in Kleinasien, damals ein Zentrum hellenistischer Kultur. So kann es nicht überraschen, dass sich auch Paulus hellenistischer Begrifflichkeit bediente, wenn er sagt, dass das Gesetz den Heiden von Natur aus *(physei)* ins Herz, d.i. ins Gewissen *(syneidesis)* geschrieben ist (Röm 2,14f.). In seiner Rede auf dem Areopag zu Athen spricht er von Heiden, die Gott suchen, die ihn ertasten und finden zu können, und bezieht sich dafür auf den heidnischen Dichter Arat von Soloi (vgl. Apg 17,27f.).

Wichtig ist vor allem, dass das hebräische Alte Testament zwischen 250 und 100 v. Chr. ins Griechische übersetzt und so durch die Septuaginta verbreitet wurde. Das Neue Testament ist in griechischer Sprache geschrieben. Jesus selbst hat zwar aramäisch gesprochen; wir haben aber seine Worte nur in griechischer Sprache. Bereits Philo von Alexandrien (14/10 v. Chr. – 40 n. Chr.), der das jüdische Denken mit Hilfe hellenischer Philosophie zu erklären suchte, war bei den frühen griechischen Kirchenvätern geschätzt.

Heute ist die hellenistische Begrifflichkeit vielen nicht mehr verständlich. Darum greifen heute manche Theologen wieder auf hebräische Sprachelemente oder auf Denkangebote jüdischer Philosophen zurück, um den christlichen Glauben neu verständlich zu machen.[5] Christliche Theologen wie messianische Juden stehen hier, denke ich, vor demselben hermeneutischen Problem einer Neuübersetzung der biblischen Sprache wie der hellenistischen Sprachwelt der Tradition.

Hinter dem hermeneutischen Problem, das zugleich ein eminent pastorales Problem ist, tut sich das tiefere Sachproblem auf, auf das Karl Barth zurecht hingewiesen hat. Gott ist nicht in einem allgemeinen Sinn Mensch geworden, er ist *sarx* d. h. schwaches Fleisch (Joh 1,14) geworden, ein jüdischer Mensch, und ist damit in ein Volk eingetreten, das schon vor der Christianisierung der Antike verhasst und verachtet war. Der Antisemitismus hat ja schon vorchristliche Wurzeln. Als Jude gehörte Jesus einem teils hoch geschätzten, teils aber auch verachteten Volk am Rand des römischen Imperiums an. Dieses Judesein Jesu ist keine nebensächliche und letztlich gleichgültige Angelegenheit, wie Karl Rahner fälschlich meinte. Durch sein Jude-sein ist Jesus in die Heilsgeschichte Gottes mit Abraham und Mose und in das Geschlecht Davids eingetreten. Jesus verbindet in seiner Person Juden und Christen. Der heute leider wiederauflebende Antisemitismus, der eigentlich als Antijudaismus bezeichnet werden müsste, trifft damit nicht nur die Juden, sondern vielmehr auch die Christen.

Isoliert man Jesus von seinem Judesein und spricht man von Jesu Menschsein nur in einer allgemeinen abstrakten Weise, dann desinkarniert man ihn. Man gerät dann in die gnostische Gefahr einer ahistorischen Spiritualisierung der Christologie und damit des Christentums insgesamt.[6] Dieser Versuchung ist die Kirche schon früh entgegengetreten. Sie hat die heils-geschichtliche jüdische Verankerung Jesu und des christlichen Glaubens an Jesus den Christus festgehalten, indem sie das *natus ex Maria virgine* aus dem Geschlecht Davids (Lk 1,27; Röm 1,2) ins Credo aufnahm und die vom jüdischen Gesetz vorgeschriebene Beschneidung Jesu acht Tage nach seiner Geburt (Lk 2,21) zu einem auch christlichen liturgischen Fest

---

[5] Beispielhaft seien genannt: Martin Buber, Franz Rosenzweig, Hermann Cohen, Walter Benjamin, Max Horkheimer, Theodor W. Adorno, Hannah Arendt, Hans Jonas, Emmanuel Levinas, Jacques Derrida u. a.

[6] Johannes CORNIDES, *Der Preis des Verlustes der Juden für die Kirche. Christliche Lehre als Geschichte des Vergessens*, in: James E. PATRICK (Hg.), *Jesus, König der Juden?* (s. Anm. 3), 37–47, 43 f.

machte, das bis zur nachkonziliaren Liturgiereform am Oktavtag von Weihnachten begangen wurde.[7]

Jesus ist Sohn einer virgo israelitica *(Augustinus). Durch die Beschneidung am achten Tag wird er im Sinne Barths als Jude markiert. Das erinnert an die jüdische Wurzel der Christologie. Zugleich reicht aber schon das Wirken Jesu über die Grenzen Israels hinaus, ja Christen sprechen Christus universale Bedeutung zu. Ist das nicht eine Provokation?*

Kardinal Kasper: Das Christentum ist bleibend in der konkreten Geschichte des Heils verwurzelt und darum konstitutiv mit dem Judentum verbunden. Und doch ist Jesus als Mensch wie alle Menschen ein *concretum universale*, dessen Stammbaum Lukas bis Adam zurückführt (Lk 3,37) und den Paulus als „neuen Adam" bezeichnet (1 Kor 15,22). Schon während seines irdischen Lebens hat Jesus die Grenze zu den Nichtjuden überschritten und sich dem Hauptmann von Kafarnaum (Mt 8,5-13), der syro-phönizischen Frau (Mt 15,21-28) und der Samariterin am Jakobsbrunnen (Joh 4,1-26) zugewandt. Am Ende hat er seine Jünger zu allen Völkern der Welt (Mt 28,19f.; Lk 24,47; Apg 1,8) und zu allen Geschöpfen (Mk 16,15-18) ausgesandt.

Paulus ist bei seinen Missionsreisen jeweils zuerst zu den Juden gegangen (Röm 1,16), verstand sich aber als Heiden- bzw. Völkerapostel (Apg 9,15; Röm 1,6; Gal 2,7-9), der den Juden ein Jude, den Gesetzlosen ein Gesetzloser war. Er wusste sich gebunden an das Gesetz Christi und ist um des Evangelium willen alles für alle geworden (1 Kor 9,20-23). Das ist christliche Freiheit: Verwurzelt in der Geschichte des ersten Bundesvolkes und doch offen für alle Völker. Die Unterscheidung zwischen Juden und Nichtjuden sowie die ethnischen, sozialen und geschlechtlichen Unterscheidungen sind durch die Taufe in Christus relativiert (Gal 3,28; 1 Kor 12,13; Röm 1,14). Das bedeutet für uns, dass wir nicht an die hellenistisch-lateinische Kultur gefesselt sind und Christen auch nicht pointiert Deutsche Christen sein können. Christliche Konkretheit und – im ursprüng-

---

[7] Zur Wiedereinführung dieses Festes vgl. Jan-Heiner TÜCK, *Beschneidung Jesu. Ein Zeichen gegen die latente Israelvergessenheit der Kirche*, in: DERS. (Hg.), *Beschneidung Jesu. Was sie Juden und Christen heute bedeutet*, Freiburg i. Br. 2019, 27-60.

lichen Sinn des Wortes verstandene – katholische Universalität gehören unlösbar zusammen.

Die Kirche ist „Kirche aus Juden und Heiden". Aber die ecclesia ex gentibus hat, abgekürzt gesagt, die ecclesia ex circumcisione in den ersten Jahrhunderten immer mehr marginalisiert und schließlich verdrängt. Nun gibt es seit den 1960er immer mehr Jesus-gläubige Juden, die ohne den Einfluss der Kirche zum Glauben an Jesus den Messias kommen. Würden Sie darin eine Wiederkehr der ecclesia ex circumcisione *sehen?*

Kardinal Kasper: Man kann diese Frage nur in einem größeren heilsgeschichtlichen Zusammenhang beantworten. Nach Augustinus gibt es die Kirche seit dem gerechten Abel *(ecclesia ab Abel iusto)*. Das Zweite Vatikanum hat diese Sichtweise übernommen (LG 2). Die Kirchenväter haben darum von „heiligen Heiden" wie Abel, Henoch u. a. gesprochen. Nach dem Zeugnis des Neuen Testaments will Gott, das Heil aller Menschen, und er will es in Jesus Christus, der der Mittler zwischen Gott und den Menschen ist (1 Tim 2,4). Schon Adam weist typologisch auf den neuen Adam, der Jesus Christus ist, voraus (Röm 5,14; vgl. 1 Kor 15,22). Christus ist der Erstgeborene der ganzen Schöpfung; alles ist in ihm, durch ihn und auf ihn hin geschaffen (Kol 1,15 f.), er ist Schlüssel, Mittelpunkt und Ziel der ganzen Menschheitsgeschichte (GS 10).

Alles, was sich in der Welt an Gutem und Wahrem findet wird von der Kirche als Vorbereitung für die Frohbotschaft und als Gabe dessen geschätzt, der jedem Menschen voranleuchtet (LG 16; vgl. NA 1 f.). Darum kann man in den nichtchristlichen Religionen, auch wenn sie das Bild Gottes entstellen (Röm 1,21 ff.), von einer verborgenen anonymen Gegenwart Christi, seines Lichts und seiner Kraft sprechen. So kann das Konzil sagen: „Wer nämlich das Evangelium Christi und seiner Kirche ohne Schuld nicht kennt, Gott aber aus ehrlichem Herzen sucht, seinen im Anruf des Gewissens erkannten Willen unter dem Einfluss der Gnade in der Tat zu erfüllen trachtet, kann das Heil erlangen" (LG 16).

Mit Abraham beginnt eine neue heilsgeschichtliche Epoche. Gott tritt aus seiner Anonymität heraus und spricht Menschen wie Abraham (Jes 41,8; Jak 2,23) und Mose (Ex 33, 11) wie seine Freunde an (DV 2).[8] Abraham wird aus seinem Volk und aus seiner angestamm-

---

[8] Zu den abrahamitischen Religionen zählen auch die Muslime. Sie leiten ihre

ten Heimat herausgerufen. Es wird ihm die Verheißung zuteil, Vater eines großen Volkes zu sein; in ihm sollen alle Geschlechter der Erde Segen erlangen (Gen 12,1–3 u. a.). Abraham wird so zum Nomaden des Glaubens und auf einen Weg mit Gott gerufen. So tritt nun zur Gotteserkenntnis aus der kosmischen Ordnung die geschichtliche Offenbarung und der Glaube als Weg mit Gott auf Hoffnung hin, die oft Hoffnung gegen alle Hoffnung ist (Röm 4,18).

Diese Hoffnung gilt besonders dem Bundesvolk Israel, dem Gott durch Mose am brennenden Dornbusch verheißen hat, es aus dem Sklavenhaus Ägypten heraus in ein Land zu führen und zu begleiten, in dem Milch und Honig fließen (Ex 3,4–12). Am Sinai erwählt Gott Israel zu seinem Eigentumsvolk, zu einem Reich von Priestern und ein heiliges Volk (Ex 19,6). Der Bundesschluss geschieht durch die Besprengung mit dem Bundesblut (Ex 24), das im Neuen Testament zum Vorzeichen des am Kreuz vergossenen Bluts des Neuen Bundes wird (Lk 22,20; 1 Kor 11,25). Zeichen des Bundes soll bei Mose wie bei Abraham die Beschneidung sein (Ex 12,48 f.).

Im Neuen Testament hat die Geschichte Israels und sein Zug durch die Wüste typologisch auf Christus und die Kirche vorausweisende Bedeutung (1 Kor 10,1–6). Das führte bei den Kirchenvätern zur typologischen Exegese, welche das Alte Testament als Vorauszeichen des Neuen Bundes deutet und diesen vom Alten Bund her als dessen überbietende Erfüllung versteht.[9] Das alttestamentliche Volk Gottes wird so zum Vorauszeichen der neutestamentlichen *ecclesia ex circumcisione*. Durch seine auf Christus vorausweisende Funktion kommt ihm für das Christentum eine konstitutive einmalige Bedeutung zu, die nicht durch andere Religionen, etwa den Hinduismus oder Buddhismus, ersetzt werden kann.

Man darf freilich nicht in den Fehler verfallen, das nachbiblische und damit das heutige Judentum auf das Alte Testament zu reduzieren. Man muss unterscheiden zwischen dem vorchristlichen alttesta-

---

abrahamitische Abstammung von Ismael, dem Sohn der Hagar, der Magd der Sara, ab (vgl. Gen 16), sie kennen die Beschneidung und erwarten den Tag des Gerichts, an dem Gott alle Menschen auferweckt und ihnen vergilt. Sie verehren Gott durch Gebet, Almosen und Fasten (vgl. NA 3).

[9] Die typologische Exegese wurde besonders von Jean DANIÉLOU, *Sacramentum futuri*, Beauchesne 1950, Henri DE LUBAC, *Der geistige Sinn der Schrift*, Einsiedeln 1952 u.a. wiederentdeckt und erneuert. Hans Urs von Balthasar, Joseph Ratzinger u.a. haben dieses Anliegen aufgegriffen.

mentlichen Judentum, auf das sich das Neue Testament bezieht, und dem mit Jesus und seiner Zeit gleichzeitigen Judentum, dessen Führer sich gegen Jesus als den Christus entschieden haben, und schließlich dem nachbiblischen rabbinischen und talmudischen Judentum, das unabhängig von der Kirche und ihr gegenüber kritisch sich über das biblische Judentum hinaus weiterentwickelt hat. Heute versteht sich das Judentum entweder als ashkenasisches oder sephardisches und je nach dem u. a. als orthodoxes, konservatives, oder als reformorientiertes liberales oder auch als säkulares Judentum.

Als *ecclesia ex circumcisone* bezeichnet man das Judenchristentum, das aus Juden besteht, die aus der Beschneidung kommend sich zu Jesus Christus bekehrt haben, getauft wurden und Kirche Jesu Christi geworden sind. Über sie spricht Paulus, wenn er sagt, die Unter-scheidung von Juden und Griechen habe in Christus, d. h. mit der Taufe ihre Bedeutung verloren (Gal 3,3.26–29; 5,6; 1 Kor 12,13; Kol 3,11). Der Epheserbrief reflektiert das Verhältnis der Heidenchristen *(ecclesia ex gentibus)* zu den Judenchristen. Christus „vereinigte die beiden Teile und riss durch sein Sterben die trennende Wand der Feindschaft nieder. Er hob das Gesetz samt seinen Geboten und Forderungen auf, um die zwei zu einer Person und zu dem einen neuen Menschen zu machen. Er stiftete Frieden und versöhnte die beiden durch das Kreuz mit Gott in einem einzigen Leib. Er hat in seiner Person die Feindschaft getötet [...] Ihr seid jetzt also nicht mehr Fremde ohne Bürgerrecht, sondern Mitbürger der Heiligen und Hausgenossen Gottes" (Eph 2,14–16.19).[10]

Wie aber würden Sie vor dem Hintergrund dieser wichtigen Passage aus dem Epheserbrief das Phänomen der messianischen Juden bewerten? Kann man in ihnen eine Art Wiederkehr der in der Geschichte verloren gegangenen ecclesia ex circumcisione *sehen?*

Kardinal Kasper: Es ist offenkundig, dass sich diese Aussagen nicht übertragen lassen auf das Verhältnis der heutigen Kirche zu den heutigen Juden außerhalb der Kirche, die als *ecclesia ex gentibus* fast ausschließlich aus den alten wie aus den neuen Heiden hervorgegangen ist. Sie lassen sich ebenfalls nicht übertragen auf das Verhältnis der Kirche zu den messianischen Juden. Sie sind ein neues

---

[10] Vgl. Rudolf SCHNACKENBURG, *Der Brief an die Epheser* (EKK, Bd. 10), Neukirchen-Vluyn 1982, 104–127; 332–339.

Phänomen, das es so damals nicht gab. Sie bekennen Jesus als den Messias, halten aber an der Verbindlichkeit des alttestamentlich-jüdischen Gesetzes fest und haben damit den Schritt vom Judentum zum Christentum und zur Kirche nicht getan. Darum sind sie auch nicht mit den Christen zu verwechseln, die Paulus im Galaterbrief hart kritisiert, weil sie rückfällig geworden sind und wieder nach der Thora leben (Gal 1,6–8; 2).

Die messianischen Juden sitzen gewissermaßen zwischen allen diesen Stühlen. Sie lassen sich nicht vereinnahmen, und man soll das auch nicht versuchen. Sie leisten als eine neue Variante des Judentums einen eigenen Beitrag. Sie zeigen, dass auch das Judentum nicht einfach eine fertige Größe ist. Sie wollen, wenn ich sie recht verstehe, nicht die geschichtliche Wiederherstellung des alten Judenchristentums sein, sondern sie verstehen sich als Zeugen der von Paulus verkündeten eschatologischen Hoffnung der Versöhnung von Juden und Christen am Ende der Zeit (Röm 11,12.25–26).[11] Sie ist ausschließlich Tat Gottes und schließt darum jede Form von aktiver kirchlicher Judenmission und Proselytismus aus.[12] Es wird zwar immer wieder einzelne Juden geben, die aus freier Entscheidung Christen werden. Das sind persönliche Entscheidungen, die beide

---

[11] Zur Auslegung Michael THEOBALD, *Der Römerbrief*, Stuttgart 2000, 276–282.
[12] Die Frage der Judenmission wurde akut, als Papst BENEDIKT XVI. 2007 den vorkonziliaren Ritus der Form der Eucharistiefeier unter bestimmten Bedingungen erlaubte. Die vorkonziliare Karfreitagsliturgie enthielt die Fürbitte für die *perfidi Iudaei*, die seit dem Konzil nicht mehr angemessen war. Der Papst schlug eine neue Formel vor, welche bei den Juden das Missverständnis hervorrief, das vorgeschlagene Gebet sei ein Aufruf zur Judenmission oder könne zumindest so verstanden werden (vgl. dazu Helmut HOPING, *Jesus aus Galiläa. Messias und Gottes Sohn*, Freiburg i. Br. 2019, 358–363). Das Ergebnis eines ausführlichen Gesprächs mit dem Papst, bei dem er auf die Position von Bernhard von Clairvaux verwies (vgl. Walter KASPER, *Juden und Christen* [s. Anm. 1] 43 f.), war, dass zwar der einzelne Christ vor Juden seinen Glauben bezeugen muss, dass es aber keine kirchlich autorisierte Mission unter den Juden geben kann. Der Papst bat mich in diesem Sinn einen Artikel für den *Osservatore Romano* zu schreiben. Obwohl Benedikt XVI. bestätigte, dass der Artikel unser Gespräch getreu wiedergab, gab es mit der Veröffentlichung in der Kurie zunächst noch einiges Hin und Her. Aus Anlass des 50-Jahr-Jubiläums von *Nostra aetate* konnte die Kommission für die religiösen Beziehungen zu den Juden 2015 auf der Grundlage dieses Textes die Erklärung „*Denn unwiderruflich sind Gnade und Berufung, die Gott gewährt" (Röm 11, 27)* veröffentlichen. Die Frage der Judenmission kann damit im Grundsatz als erledigt gelten.

Seiten aufgrund der Religionsfreiheit anerkennen müssen. Zu einer Wiederherstellung des Judenchristentums können und wollen sie nicht führen.

Aber müsste der Verlust der ecclesia ex circumcisione *nicht noch weiter bedacht werden? Hat die Verdrängung der Judenchristen aus der* ecclesia ex gentibus *die katholische Kirche nicht verwundet? Stellt das „Ur-Schisma" zwischen Israel und Kirche die Lehre des Konzils nicht in Frage, dass die Kirche Jesu Christi in der katholischen konkret verwirklicht und eben nicht in Fragmente zerbrochen ist (vgl. LG 8:* „subsistit in"*)?*

Kardinal Kasper: Das Ende der Kirche aus dem Judentum ist zweifellos eine tiefe schmerzliche Wunde am Leib Christi. Die Kirche wurde von ihrer Wurzel (Röm 11,16–24) entfremdet und so in ihrer Lebenskraft geschwächt. Von Fragmentierung würde ich nicht sprechen. Das von Jesus verkündete Kommen des Reiches Gottes ist in seiner vollendeten Gestalt erst im Kommen, doch im Heiligen Geist schon anfanghaft Wirklichkeit (vgl. LG 3). So ist die Kirche Christi, wenngleich sie tief verwundet ist und ihre volle Verwirklichung bis zur Versöhnung mit dem jüdischen Volk noch aussteht, schon wirklich da.[13]

Wir können das eschatologische Kommen des Reiches Gottes nicht durch eigenes Tun heraufführen, wir können es als Gott vorbehaltene eschatologische Tat nur demütig erhoffen und erbeten. Wir können uns aber an der Heilung der Wunde „abarbeiten", indem wir uns der jüdischen Wurzel bewusst werden, unsere gemeinsame Verwurzelung konkret zu leben uns bemühen und aus der jüdischen Wurzel Kraft zur Erneuerung ziehen. Die Kirche braucht das Judentum; es ist allein durch seine Existenz Mahnung nicht hochmütig zu sein: Denn nicht wir tragen die Wurzel, die Wurzel trägt uns (vgl. Röm 11,18).

Für messianische Juden ist die Hoffnung geschichtlich konkret. Sie sehen in der Rückkehr vieler Juden in das Land ihrer Väter ein Zeichen der Treue

---

[13] Die amtliche deutsche Übersetzung des *subsistit in* (LG 8) mit *verwirklicht* ist problematisch, denn das Wort *verwirklicht* unterstellt, dass die Kirche abgeschlossen und fertig wirklich ist. Richtiger wäre es zu sagen: „Die Kirche Jesu Christi ist in der katholischen Kirche konkret wirklich", d. h. sie ist wirklich da und doch im Blick auf das voll verwirklichte Reich Gottes noch unterwegs.

Gottes zu seinem Volk und erwarten, dass christliche Gesprächspartner sich dazu verhalten. Wer sagt, dass Israel im ungekündigten Bund steht, müsse eigentlich auch die mit diesem Bund gegebene Landverheißung anerkennen, so die Erwartung. Ohne einem politischen Messianismus das Wort zu reden, könnte man das Land als sakramentale Wirklichkeit verstehen und im Sinne der dreifachen Unterscheidung des Aquinaten sagen:[14] *Als* signum rememorativum *erinnert die Sammlung der zerstreuten Kinder des Hauses Israel an die vielfältigen Landverheißungen des Alten Bundes. Als* signum demonstrativum *wäre die Heimkehr der Exilierten in das Land zugleich Zeichen der Bundestreue Gottes zu Israel. Schließlich läge in diesem denkwürdigen Vorgang auch ein* signum prognosticum, *insofern mit der anfänglichen Realisierung der Landverheißung ein Überschuss verbunden ist, der auf die Heimat im Himmel verweist. Wie würden Sie diese sakramentale Deutung des Landes Israel beurteilen?*

Kardinal Kasper: Mit dieser Frage stoßen wir auf ein schwieriges und konfliktgeladenes Problem, bei dem die theologischen Kontroversen eng mit hochpolitischen Streitfragen verknüpft sind.[15] Auch wenn man unterscheiden muss zwischen dem verheißenen Land, *eretz Israel,* und der Staatlichkeit, dem Staatsgebiet, der Verfassung und Politik des Staates Israel, muss man anerkennen, dass die Juden nach den bitteren Erfahrungen der Shoah von uns Christen verständlicher Weise auch in politischen Fragen Solidarität mit ihrem Land erwarten und dass wir allem neu aufkommenden Antisemitismus kraftvoll widerstehen.

Die Landverheißung ist im Alten Testament grundlegend (vgl. Gen 15.18–21; 17,8; Ex 3,8 u. a.) und sie ist für das Judentum überlebenswichtig. Auch bei Christen weckt das Land, das früher Palästina hieß und heute großenteils den Staat Israel umfasst, tiefe religiöse Gefühle. Es ist für Christen das „Heilige Land", in dem schon Abraham unterwegs war, das dem Mose und seinem Volk verheißen wurde, in dem die Propheten wirkten und David König war; für Christen ist es das Land, in dem Jesus geboren wurde, öffentlich gewirkt hat, gestorben und auferstanden ist, und das Land, in dem die christliche Urgemeinde zu Hause war. Für jeden christlichen Be-

---

[14] Vgl. THOMAS VON AQUIN, *Summa theologiae* III, q. 6 a. 3.
[15] Vgl. zum Folgenden die zusammenfassende Darstellung bei Helmut HOPING, *Jesus aus Galiläa* (s. Anm. 12), 348–358.

sucher ist es beeindruckend, zu den eigenen Wurzeln zurückzukehren, auf den Spuren Jesu zu wandern und die biblischen Texte an den Orten zu lesen und zu meditieren, wo sich all das zugetragen hat. So ist das Heilige Land auch für Christen *signum rememorativum* kath'exochen. Es hält das Bewusstsein des gemeinsamen Erbes von Juden und Christen und die bleibende Verbindung der Christen mit dem ersten Bundesvolk wach.

Die Rückkehr und Heimkehr vieler jüdischer Exilanten ins Land ihrer Väter ist eine Folge der Shoah und muss darum gerade uns Deutsche nachdenklich machen. Nach der fürchterlichen Erfahrung der Shoah suchten viele Juden im Land ihrer Väter ein Land, in dem sie in Frieden nach eigenen Gesetzen und Bräuchen leben und sich auch verteidigen können. Sie betrachten die Tatsache, dass sie überleben und ins Land ihrer Väter zurückkehren und sich dort niederlassen durften als Zeichen der Bundestreue Gottes zu seinem Volk. Uns Christen hat die Shoah und die Rückkehr vieler Juden in ihr Land neu die Augen geöffnet für die unverbrüchliche Geltung des Bundes Gottes mit seinem Volk und die bleibende Bedeutung, die er auch für Christen hat. Auch wir sind Erben dieses Bundes und darum Anwälte des Volkes dieses Bundes und seines ihm verheißenen Landes. Das schließt Respekt ein gegenüber der Observanz der Thora, der jüdischen religiösen Feste, Riten und Gebräuche. Paulus: „Das Gesetz ist heilig und das Gebot ist heilig, gerecht und gut" (Röm 7,12).

Wer die konkreten Umstände der Inbesitznahme des Landes kennt, wer zudem die schweren Konflikte, die ungelösten Probleme, nicht zuletzt das große Leid, das Nichtjuden erfahren haben, die das Land verlassen mussten, kennt, der wird es, auch wenn er die Rückkehr der Juden ins Land ihrer Väter als ein denkwürdiges Zeichen von Gottes Vorsehung und Treue sieht, als ein vieldeutiges Zeichen sehen und darum zurückhaltend sein mit einer demonstrativ sakramentalen Deutung. Der Heilige Stuhl hat darum den Staat Israel völkerrechtlich anerkannt, jedoch keine theologische, geschweige denn sakramentale Deutung gegeben. Die Bezeichnung sakramental kommt theologisch nur wenigen ganz bestimmten von Jesus Christus eingesetzten, mit wirksamen Worten begleiteten heils-vermittelnden kirchlichen Symbolhandlungen zu. Selbst von der Kirche sagt das Zweite Vatikanische Konzil vorsichtig nur, sie sei „gleichsam ein Sakrament" (*veluti sacramentum*; LG 1). Die Heimkehr vieler jüdischer Exilanten kann darum höchstens in einem sehr analogen Sinn als sakramental bezeichnet werden, wobei der Unterschied größer ist als die Ähnlichkeit.

Bei den vorchristlichen kultischen jüdischen Riten spricht das Neue Testament und die christliche Tradition von einer *praefiguratio* des Kommens Christi und der Sakramente der Kirche. Das gilt vor allem von alttestamentlichen Opfern in Bezug auf das Kreuzesopfer, von der Beschneidung in Bezug auf die Taufe und vom jüdischen Pascha-Mahl in Bezug auf die Eucharistie; ihnen allen wird ein auf Christus hin prognostischer Sinn zuerkannt. Die alttestamentlichen Opfer haben mit dem Kommen Jesu ihre Heilsbedeutung verloren.[16] Da die Sakramente jedoch im Hinblick auf die eschatologische Ankunft (Parusie) Jesu Christi in Herrlichkeit ihrerseits eine prognostische Bedeutung haben, kommt vor allem der Beschneidung und dem Pascha-Mahl nach wie vor eine auf die Parusie bezogene prognostische Bedeutung zu.

Die Parusie ist ein wichtiges Thema. Messianische Juden sind von einer freudigen Erwartung des Kommens des Herrn bewegt, die in auffälligem Kontrast zur Erwartungsmüdigkeit vieler Christen heute steht. Dadurch sind Sie ein inkarnierter Widerspruch zu der These, dass der Messias auch von Juden gar nicht mehr erwartet werde,[17] und werfen die Frage auf, ob jüdische Messiaserwartung und christliche Parusiehoffnung am Ende zusammenkommen.

Kardinal Kasper: Ich denke, die Bibel ist ein einziges Nein zu dieser postmodernen Erwartungsmüdigkeit. Sie ist ein einziges *Adieu tristesse*! Es war die liberale Theologie, welche bei Juden wie Christen das eschatologische Büro geschlossen und gemeint hat, man könne es durch innerweltliche humanistische, pazifistische, sozialistische, existenzialistisches u. a. Zukunftsutopien ersetzen. Aus dieser Traumtänzerei sind wir in der Zwischenzeit unangenehm aufgeweckt worden. Wir können uns nicht an den eigenen Haaren aus dem Sumpf, in dem wir stecken, herausziehen.

---

[16] In diesem Sinn wird man die Aussagen in Hebr 8,6f. und 8,13 zu verstehen haben.
[17] Vgl. Walter HOMOLKA – Juni HOPPE – Daniel KROCHMALNIK, *Der Messias kommt nicht. Abschied vom jüdischen Erlöser*, Freiburg i. Br. 2022.

Juden und Christen, denen die Bibel doch das Buch des Lebens ist, setzen ihre Hoffnung auf Gott und erwarten den Messias am Ende der Zeiten als den Retter, der Frieden (schalom) stiftet zwischen den Völkern und im Kosmos. Zu diesem universalen, kosmischen Frieden gehört auch die Versöhnung von Juden und Christen. Nach Paulus wird, wenn die Heiden in voller Zahl das Heil erlangt haben, ganz Israel *(pâs Israel)* zum Glauben kommen und gerettet werden (Röm 11,12.26). Die Christen glauben, den kommenden Messias in Jesus zu kennen und ihn dann wiederzuerkennen. Die Juden werden bei der eschatologischen Parusie den bereits gekommenen, von ihnen aber verkannten Jesus von Nazareth erstmals als Messias erkennen und anerkennen.

Das bedeutet keinen zweiten Heilsweg für Juden außer und neben Jesus Christus. In ihm allein ist Heil (Apg 4,12; 1 Tim 2,5). *Solus Christus!* Er ist unser Friede (Eph 2,14). Doch aufgrund des uns unerforschlichen Ratschlusses Gottes (Röm 11,33) gehen Juden und Christen diesen einen eschatologischen Heilsweg in unterschiedlicher Weise, oder wie das Konzil sagt, „Schulter an Schulter" (NA 4). Sie sind gleichsam Glaubensgeschwister und bilden als unterschiedliche Weggemeinschaften das eine Volk Gottes. Es ist ein wichtiger Beitrag der messianischen Juden, darauf wieder aufmerksam gemacht zu haben. Damit erinnern sie uns, dass auch wir als Kirche noch unterwegs sind und der Vollendung in der ewigen Heimat erst entgegen gehen. Die Kirche ist nicht das Ziel unseres Weges. Sie ist nie fertig und nicht endgültig. Das widerspricht zu Recht mancherlei kirchlichem Triumphalismus.

Wir können uns von der alles Begreifen übersteigenden, eschatologischen Wirklichkeit keine konkrete Vorstellung machen und können davon nur in Bildern sprechen. Im Grund können wir nur sagen, dass am Ende Gott alles in allem sein wird (1 Kor 15,28). Das bedeutet keine Spiritualisierung unserer Hoffnung. Denn sie besagt, dass am Ende alle Wirklichkeit, die Geschichte jedes einzelnen wie die der Völker, in besonderer Weise die des auserwählten Volkes zur Vollendung kommen. Sie werden durch das Gericht Gottes gereinigt in verklärter Weise und in die endgültige Wirklichkeit eingehen.

Dieser universale Friede kann weder von den Juden noch von der Kirche und schon gar nicht von irgendwelchen innerweltlichen Mächten vorweggenommen oder gewaltsam herbeigeführt werden. Darum schließt Paulus seine Überlegungen, mit denen auch ich schließen möchte: „Alles ist aus Gott, und durch ihn und auf ihn hin ist die ganze Schöpfung" (Röm 11,36). Wir dürfen, ohne damit je fertig zu sein, Gott in allen Dingen finden und uns mit unseren jüdischen Brüdern und Schwestern gemeinsam auf den Weg zu Gott machen.

Ecclesia ex circumcisione und *ex gentibus*
Die Kirche als trinitarisches Ökosystem des Lobpreises

R. *Kendall Soulen*

Ihr Heiden, freut euch mit seinem Volk! (Röm 15,10)

„In den ersten Zeiten der Kirche gab es […] so genannte Judenchristen und Heidenchristen, die *ecclesia ex circumcisione* und die *ecclesia ex gentibus*, eine Kirche aus dem Judentum, die andere aus den Heiden, die aber beide die eine und einzige Kirche Jesu Christi bildeten." Diese Aussage entstammt dem Dokument „Denn unwiderruflich sind Gnade und Berufung, die Gott gewährt Röm 11,29".[1] Die Tatsache, dass sie in der Vergangenheitsform steht, könnte den Eindruck erwecken, dass die kirchliche Unterscheidung zwischen Juden und Nichtjuden ausschließlich der Vergangenheit der Kirche angehört. Das ist jedoch nicht der Standpunkt des Dokuments selbst. Dies wird deutlich, wenn es später heißt: „Es ist und bleibt eine qualitative Bestimmung der Kirche des Neuen Bundes, dass sie Kirche aus Juden und Heiden ist, auch wenn das quantitative Verhältnis von Juden- und Heidenchristen zunächst einen anderen Eindruck erwecken mag."[2] Laut diesem Dokument *wurde* also die „eine und einzige Kirche Jesu Christi" nicht nur einst aus der *ecclesia ex circumcisione* und der *ecclesia ex gentibus* gebildet, sondern sie *wird* es weiterhin. Das ist eine äußerst wichtige Aussage, der ich von ganzem Herzen zustimme. Aber die herausfordernde Frage ist die folgende: *Warum* sollte dies der Fall sein? Was hat dies mit dem Wesen der Kirche auf sich, das die Unterscheidung zwischen Juden und Nichtjuden zu einem Aspekt ihrer „qualitativen Definition" macht und

---
[1] KOMMISSION FÜR DIE RELIGIÖSEN BEZIEHUNGEN ZUM JUDENTUM, *„Denn unwiderruflich sind Gnade und Berufung, die Gott gewährt* (Röm 11,29). Reflexionen zu theologischen Fragestellungen in den katholisch-jüdischen Beziehungen aus Anlass des 50jährigen Jubiläums von *Nostra aetate* (Nr. 4)", Verlautbarungen des Apostolischen Stuhls 203, 10. Dezember 2015, Nr. 15.
[2] Ebd., Nr. 43.

nicht nur zu einem kontingenten Ausdruck ihrer historischen Ursprünge?

In diesem Beitrag möchte ich eine mögliche Antwort auf diese Frage vorschlagen: Die Kirche existiert immerwährend als *ecclesia ex circumcisione* und *ecclesia ex gentibus*, weil sie die eschatologische Erstlingsfrucht eines globalen *Ökosystems des Lobpreises* ist, das im Leben der Heiligen Dreifaltigkeit wurzelt. Um diese Antwort zu erläutern, werde ich eine zeitgenössische Charakterisierung der Kirche heranziehen, die in der neueren ökumenischen Theologie an Bedeutung gewonnen hat, wonach die Kirche „das Volk Gottes", „der Leib Christi" und „der Tempel des Heiligen Geistes" ist.[3] Seit der bahnbrechenden Erörterung des Zweiten Vatikanischen Konzils *De populo Dei* in *Lumen Gentium* bietet der Titel „Volk Gottes" den Christen einen Kontext, in dem sie über die Verwurzelung der Kirche in der Erwählung des jüdischen Volkes durch Gott nachdenken können. Ergänzend dazu möchte ich vorschlagen, dass „der Tempel des Heiligen Geistes" uns dazu anregt, über das Wesen der Kirche als Sammlung aller Völker der Erde nachzudenken. Schließlich bewegt uns das Bild vom „Leib Christi", die Kirche als eine *differenzierte Einheit* von Juden und Nichtjuden zu begreifen, in der die für Israel und die Völker charakteristischen Formen der Verherrlichung Gottes zu einem einzigen gemeinsamen Ganzen unter der Führung Christi vereint sind.

Die Kirche als ein Ökosystem des Lobpreises

Lassen Sie mich meine Ausführungen mit einem Text von Irenäus von Lyon beginnen. In der *Apostolischen Verkündigung* stellt Irenäus die These auf, dass der eine Gott, der alle Dinge geschaffen und gestaltet hat, auf unterschiedliche Weise mit den Menschen in Beziehung tritt:

[...] [zu den] Gläubigen aber wie ein Vater. Denn am Ende der Zeiten hat er den Bund der Kindschaft geöffnet; den Juden ist (Gott) aber wie ein Herr und Gesetzgeber, denn in den mittleren Zeiten, da die Menschheit Gott vergessen

---

[3] Siehe z.B. ÖKUMENISCHER RAT DER KIRCHEN (Genf), *Wesen und Auftrag der Kirche – Ein Schritt auf dem Weg zu einer gemeinsamen Auffassung*, Faith and Order Paper 198, sowie vorangegangene Erklärungen.

und sich von ihm entfernt hatte und abtrünnig geworden war, hat er sie durch das Gesetz in Dienst gebracht, damit sie erführen, daß sie einen Herrn haben, Schöpfer und Weltgründer [...]. Den Heiden aber ist (Gott) wie ein Schöpfer und Allherrscher, zugleich auch wie ein Ernährer und Brotgeber und König und Richter.[4]

Nach Irenäus bezieht sich der eine Gott auf drei verschiedene Arten auf die Menschheit, die durch den besonderen „Namen" oder das „Gesicht" gekennzeichnet sind, welches Gott diesem Teil der Menschheit zeigt. Für die „Gläubigen" ist Gott „Vater", für die Juden „Herr und Gesetzgeber" und für die Heiden „Schöpfer und Allmächtiger".

Eine beiläufige Lektüre der Passage könnte den Eindruck erwecken, Irenäus sei der Meinung, dass Gottes unterschiedliche Haltungen gegenüber der Menschheit zu drei sich nicht überschneidenden Erfahrungen mit Gott führen. Wenn das der Fall wäre, dann würde eine Person, die Gott „als Vater" kennenlernte, indem sie in den „Bund der Adoption" eintrat, aufhören, Gott so zu kennen und zu erfahren, wie sie es zuvor als Jude oder als Nicht-Jude getan hatte. Außerdem würden Juden und Nicht-Juden Gott auf eine Weise kennen, die nichts miteinander zu tun hat. Eine sorgfältige Lektüre zeigt jedoch, dass Irenäus dies nicht so sieht. Unmittelbar vor dem obigen Abschnitt schreibt Irenäus:

Der Vater wird aber vom Geist Höchster und Allherrscher und Herr der Heerscharen genannt, damit wir Gott erkennen, daß dieser selbst Schöpfer des Himmels und der Erde und der ganzen Welt und Bildner der Engel und der Menschen und Herr von allem ist, durch den alles das geworden ist und von dem alles ernährt wird; barmherzig, gnädig und huldreich, gut, gerecht, Gott aller, der Juden sowohl als auch der Heiden, als auch der Gläubigen, der Gläubigen aber wie ein Vater.[5]

Diese Passage macht deutlich, dass Irenäus unter der Identität des Vaters auch die „Namen" oder „Gesichter" versteht, die Gott sowohl den Juden als auch den Nicht-Juden zeigt. Irenäus' Gegner Markion hatte die Selbstoffenbarung des Vaters als Ankündigung eines bis dahin völlig unbekannten Gottes verstanden. Im Gegensatz dazu versteht Irenäus sie so, dass sie das einbezieht, was Juden und

---

[4] IRENÄUS VON LYON, *Demonstratio apostolicae praedicationis – Über die Darlegung der apostolischen Verkündigung*, 8, (FC8/1), übersetzt und eingeleitet von Norbert Brox, Freiburg i. Br. 1993, 37.
[5] Ebd.

Nicht-Juden aufgrund von Gottes Güte gegenüber allen Menschen bereits wirklich über Gott wissen. Zu diesem Wissen gehört der Glaube an Gott als Schöpfer, der Juden und Nicht-Juden gemeinsam ist, auch wenn Irenäus in unserem ersten Abschnitt jeweils leicht unterschiedliche Vokabeln verwendet, um diesen Glauben auszudrücken. Dazu gehören aber auch die besonderen Namen, welche in der Schrift mit dem den Juden offenbarten „Antlitz Gottes" verbunden sind, wie „Allerhöchster" und „Herr der Heerscharen". (Wie die meisten patristischen Theologen scheint Irenäus den persönlichen Eigennamen Gottes, das unausgesprochene Tetragramm, nicht gekannt zu haben, aber er ist sich der besonderen Bedeutung des in der Bibel verbreiteten Titels „HERR" bewusst.) Zusammenfassend lässt sich sagen, dass Irenäus und Markion darin übereinstimmen, dass die Anrede Gottes als „Vater" ein Unterscheidungsmerkmal der Kirche ist, aber sie sind sich nicht einig über die Bedeutung des Begriffs selbst. Für Markion hängt die eigentliche Vaterschaft des Vaters gleichsam davon ab, dass der Name charakteristische jüdische und heidnische Vorstellungen über Gott ausschließt, während für Irenäus das Gegenteil zutrifft. Für Irenäus zeigt sich die Vaterschaft des Vaters darin, dass er mit gleichem Recht Träger von Namen ist, die bereits von Israel und den Völkern gekannt und gepriesen werden.

Ich denke, Irenäus' Verständnis der Beziehung der Kirche zu Juden und Nicht-Juden ist von eleganter Einfachheit. Die Kirche steht in kritischer Solidarität mit beiden Gruppen, sie teilt deren unterschiedliche Sichtweisen auf Gottes Namen und Güte und verbindet sie gleichzeitig im Licht ihrer eigenen. Die Kirche ist sozusagen ein Ökosystem des Lobpreises, das sich aus verschiedenen Bereichen der Gottesverehrung zusammensetzt, welche sich im „Bund der Adoption" überschneiden und sich gleichzeitig in einer Weise nach außen erstrecken, die allen Menschen gemeinsam ist.

Mein Vorschlag ist zwar nicht so elegant wie jener des Irenäus, aber in seinen Grundzügen ist er ähnlich einfach gehalten. Ich schlage vor, dass wir, wenn wir die Kirche als das Volk Gottes, den Leib Christi und den Tempel des Geistes beschreiben, ihren Charakter aus verschiedenen Blickwinkeln als ein „Ökosystem des Lobpreises" beleuchten, das im Leben der Dreifaltigkeit verwurzelt ist, deren Personen die Fülle der göttlichen Namen auf charakteristisch unterschiedliche Weise tragen.

- Als Volk *Gottes* ist die Kirche in besonderer Weise mit der ersten Person der Dreifaltigkeit verbunden, die gemeinhin als der Vater bezeichnet wird. Aber gerade als erste Person ist der Vater auch der ursprüngliche Träger des Tetragramms, des *persönlichen Eigennamens*, den der HERR dem Mose am brennenden Dornbusch offenbarte (Ex 3,15). Aus dieser Perspektive ist das Ökosystem des Lobpreises der Kirche geprägt von ihrer kritischen Solidarität mit dem jüdischen Volk und dem „Bereich des Gottesdienstes", welcher ihm ursprünglich und unwiderruflich gehört. Denn von allen Völkern der Erde ist allein das jüdische Volk bei seinem eigenen Namen gerufen worden, um als gemeinsames Zeugnis für die Herrlichkeit des Eigennamens des Vaters zu leben. Mit der Gesamtheit Israels stimmt die Kirche in das Bekenntnis ein: *Höre, Israel! Der HERR, unser Gott, der HERR ist einzig.* (Dtn 6,4) Ausgehend von der *ecclesia ex circumcisione* bekennt die Kirche auch, dass Jesus von Nazareth Anteil an der Würde des göttlichen Namens hat: […] *so haben doch wir nur einen Gott, den Vater … und einen Herrn, Jesus Christus* (1 Kor 8,6). Weil die Kirche bekennt, dass Jesus Christus der ursprüngliche Empfänger des Namens des Vaters ist (Joh 17,11 f.; Phil 2,9), trennt eine menschlich unüberbrückbare Kluft ihr Bekenntnis von dem des normativen Judentums. Trotz dieser Kluft lebt die Kirche in der Zuversicht, dass die Treue des HERRN zum göttlichen Namen durch Jesus Christus letztlich nicht nur zum Heil der *ecclesia ex circumcisione*, sondern zum Heil *ganz Israels* (Röm 11,26) führen wird.
- Als Tempel des *Heiligen Geistes* ist die Kirche in besonderer Weise mit der Dritten Person der Trinität verbunden, der Person, deren einzigartige hypostatische Identität durch *Gattungsnamen* bezeichnet wird (z. B. „Heilig", „Geist", „Liebe", „Gabe" usw.). Aus dieser Perspektive wird das Ökosystem des Lobpreises der Kirche durch ihre kritische Solidarität mit den im Entstehen begriffenen Bereichen der Gottesverehrung geprägt, die bereits unter allen Völkern der Erde vorhanden sind. Im Gegensatz zu Israel werden die Völker *nicht* mit ihrem persönlichen Eigennamen angerufen; nichtsdestoweniger liefert ihr spirituelles und profanes Leben die Gattungsbezeichnungen, welche die Kirche in neuer Bedeutung gebraucht und im Lobpreis der Heiligen Dreifaltigkeit einsetzt. Diese Umwidmung kommt besonders in der *ecclesia ex gentibus* zum Ausdruck, welche die eschatologische Sammlung der Völker

inmitten der Völker ist. Vereint mit der *ecclesia ex circumcisione* übernimmt die *ecclesia ex gentibus* eine besondere Verantwortung für die Ausführung des Auftrags, das Evangelium zu verkünden, damit alle Völker bekennen können: [...] *wir hören sie in unseren Sprachen Gottes große Taten verkünden.* (Apg 2,11)

– Als Leib Christi ist die Kirche in besonderer Weise mit der zweiten Person der Dreifaltigkeit verbunden, die in der kirchlichen Taufliturgie durch die Verwendung des Verwandtschaftsbegriffs „Sohn" (Mt 28,19) identifiziert wird. Wie die Metapher des Leibes unterstreicht das Vokabular der Verwandtschaft die wesentliche Verbundenheit derer, die voneinander unterschieden sind und bleiben. Als Sohn des Vaters und Haupt seines Leibes, der Kirche (Eph 5,23), vollzieht Jesus Christus in seiner charakteristischen Redeweise ein differenziertes „Ökosystem des Lobpreises". Jesus spricht zu und über den, zu dem er betet, und verwendet dabei verwandtschaftliche Bezeichnungen, Eigennamen und Gattungsnamen („*Vater* unser, geheiligt werde dein *Name*, dein *Reich* komme!"). Genauso nimmt der Leib Christi, die Kirche, als gemeinsames Ökosystem des Lobpreises, das sowohl aus Juden als auch aus Nicht-Juden, sowohl aus der *ecclesia ex circumcisione* als auch aus der *ecclesia ex gentibus* besteht, Gestalt an (vgl. 1 Kor 12,12 f.). Was den Leib Christi zu einem leuchtenden Zeichen der neuen Schöpfung macht, ist, dass er Juden und Nicht-Juden in die kindliche Anrede Christi an Gott als „Vater" in einer Weise einbezieht, die ihre unterschiedlichen Formen des Lobpreises vervollkommnet, aber nicht zerstört (Lk 2,32; Röm 15,9–12).

Lassen Sie mich dieses Schema näher erläutern:

Die Kirche als Volk Gottes:
Solidarität mit Israel als Lobpreis des Namens des HERRN

> *Dann sehen alle Völker der Erde,*
> *dass der Name des HERRN über dir ausgerufen ist,*
> *und fürchten sich vor dir.* (Dtn 28,10)

Seit Augustinus ist es ein Gemeinplatz der westlichen Theologie zu sagen, dass nur der Sohn und der Heilige Geist eine Mission haben. Der Vater hat keine Mission, weil er nicht gesandt ist. Was die Tradition jedoch manchmal übersieht, ist, dass der „missionslose" Vater ein *Ziel* hat, um dessentwillen er den Sohn und den Geist *in der Fülle der Zeit* (Gal 4,4) gesandt hat. Wir müssen dieses Ziel natürlich als die Rettung der gefallenen Menschheit von Sünde und Tod beschreiben. Aber es reicht nicht aus, das Ziel des Vaters nur als Rettungsmission zu bezeichnen. Wir gehen noch ein gutes Stück weiter, wenn wir mit Augustinus behaupten, dass der Zweck der Sendung des Sohnes und des Geistes durch den Vater in der Zeit darin besteht, ihren Ursprung in der Ewigkeit zu offenbaren. Die Sendung des Sohnes offenbart seine ewige Zeugung aus dem Vater, so wie die Sendung des Geistes dessen ewige Herkunft aus dem Vater und dem Sohn offenbart. Aber auch das reicht nicht aus, um die höchsten Gipfel der Bibel zu erreichen, wie Augustinus sie sieht. Denn die Offenbarung der ewigen Hervorgänge [des Sohnes und des Geistes] dienen dazu, den ewigen Vater, d. h. den ursprungslosen Ursprung göttlichen Lebens, zu offenbaren. Darin liegt die ewige Glückseligkeit der Geschöpfe. Das Dekret *Ad gentes* (über die Missionstätigkeit der Kirche) des Zweiten Vatikanischen Konzils bringt dies sehr schön auf den Punkt:

> So wird endlich der Ratschluss des Schöpfers, der den Menschen nach seinem Bild und Gleichnis erschaffen, wahrhaft erfüllt, wenn alle, die an der menschlichen Natur teilhaben, in Christus durch den Heiligen Geist wiedergeboren, in einmütigem Schauen der Herrlichkeit Gottes sagen können: „Vater unser". (*Ad Gentes* 7)

Wenn wir die Absicht des Vaters auf diese Weise verstehen, sehen wir die Heilsgeschichte im größten Maßstab als eine majestätische Einheit, die *a Patre ad Patrem* verläuft, vom Vater als dem ursprungslosen Ursprung des göttlichen Lebens zum Vater als dem letzten Ziel des Lobpreises der Geschöpfe.[6]

Ich halte dies für eine überzeugende Darstellung der Einheit der Heilsgeschichte im größten Maßstab. Dennoch finde ich einen Haken an der Sache. Gerade wenn wir die Heilsgeschichte in der Totale beschreiben, werden wir durch „eine einseitige Verwendung des Verwandtschaftsvokabulars von „Vater, Sohn und Geist" verführt. Denn nach dem übereinstimmenden Zeugnis beider Testamente ist es einfach nicht möglich zu sagen, *wer* der Vater ist, ohne den *persönlichen*

---

[6] Zur Offenbarung des Vaters als Zweck der göttlichen Missionen siehe Lewis AYRES, *Augustine and the Trinity*, Cambridge 2010, 181–188.

Eigennamen des Vaters zu nennen. Und der Eigenname des Vaters ist nicht „Vater". Er ist das heilige Tetragramm. Weil der Vater der ursprüngliche Träger dieses Namens ist, preist ihn die Heilige Schrift allgegenwärtig als den HERRN oder, in der für das Judentum und das Neue Testament charakteristischen umschreibenden Sprache, als den *Hochgelobten* (Mk 14,61), die *Macht* (Mk 14,62), die *erhabene Herrlichkeit* (2 Petr 1,17) usw. Wenn das Ziel der Schöpfung die Erkenntnis der Ersten Person in der unaussprechlichen Einzigartigkeit ihrer hypostatischen Identität ist, dann müssen wir sagen, dass das väterliche Ziel, das der Heilsgeschichte zugrunde liegt, die Verherrlichung Gottes des Vaters *als Träger des unausgesprochenen Tetragramms* ist. Das konziliare Dokument *Ad gentes* hätte seinen Standpunkt mit noch größerer biblischer Präzision dargelegt, wenn es mit den Worten geschlossen hätte:

So wird endlich der Ratschluss des Schöpfers, der den Menschen nach seinem Bild und Gleichnis erschaffen, wahrhaft erfüllt, wenn alle, die an der menschlichen Natur teilhaben, in Christus durch den Heiligen Geist wiedergeboren, in einmütigem Schauen der Herrlichkeit Gottes sagen können: „Vater unser, *geheiligt werde dein Name!"*

Diese Verfeinerung unseres Verständnisses des Ziels der Heilsgeschichte hat wichtige Auswirkungen für das Verständnis des Zwecks der Erwählung Israels durch Gott. Nach Maimonides gehört das Tetragramm zu Gottes Seite der Unterscheidung zwischen Ewigkeit und Zeit: Es erklärt auf eine von Gottes Beziehung zur Schöpfung unabhängige Weise, wer Gott ist.[7] Gleichzeitig macht die Bibel Seite für Seite deutlich, dass zwischen Gott als Träger dieses Namens und dem Volk, das unter dem Eigennamen „Israel" bekannt ist, eine besondere Beziehung besteht. Diese Beziehung besteht nicht aus Notwendigkeit, sondern aus Gnade. Gottes freie Erwählung Israels ist das Ergebnis von Gottes Wunsch, namentlich bekannt zu sein. Um dieses Namens willen formt Gott ein Volk aus dem unfruchtbaren Schoß Saras und aus dem Chaos der Knechtschaft, damit Gott durch Werke der unerschütterlichen Liebe und Treue nicht nur im Himmel, sondern auch durch Männer und Frauen auf der Erde mit seinem Namen verherrlicht wird. Die Verheißungen, der Exodus, die Gabe der Torah, die Feste: All diese Gaben (vgl. Röm 9,4) stehen

---

[7] Moses MAIMONIDES, *Führer der Unschlüssigen*. Übersetzung und Kommentar v. Adolf Weiß, Berlin ³1923/24, Buch 1, Kap. 60–62.

im Dienst der Gestaltung Israels als Volk, dessen gemeinsames Leben die Herrlichkeit des HERRN bezeugt (vgl. Röm 15,9 f.).

Wenn Christen sich die Heilsgeschichte als *a Patre ad Patrem* ohne das Tetragramm vorstellen, gehen sie auf dem Weg zum Neuen Testament oft schnell durch das Alte. Das alttestamentliche „Volk Gottes" wird zu einer amorphen, diffusen Größe, der es an definierenden Merkmalen und einem eigenen Namen mangelt. In dieser Sichtweise erscheint die *ecclesia ex circumcisione* (wenn man sich überhaupt an sie erinnert) als eine historische Zufälligkeit ohne tiefes Fundament in den Ratschlüssen Gottes. Karl Barth erkannte die Gefahr, das Alte Testament zu übersehen. Er versuchte das Problem zu korrigieren, indem er argumentierte, dass Gott Israel zu dem besonderen Zweck erwählt hat, Gottes „Nein!" gegen die sündige Menschheit zu bezeugen.[8] Aber hier greift Barths Interpretation viel zu kurz. Der Zweck der Erwählung Israels war ursprünglich *positiv*, nicht negativ: zur Ehre des Namens des Vaters, des Tetragramms, zu leben. Deshalb hat der Bund Gottes mit Israel auch kein „Verfallsdatum". Denn im Gegensatz zu Gottes „Nein!" ist die Identität des Vaters als ursprünglicher Träger des Tetragramms unendlich (vgl. Offb 22,6). Die Kirche Jesu Christi kann daher nur insofern „Volk Gottes" sein, als sie an dem „Bereich des Gottesdienstes" teilhat, welchen Gott bereits zwischen sich und dem gesamten jüdischen Volk errichtet hat, unabhängig von dessen Haltung gegenüber dem Evangelium (vgl. Röm 9–11).

Auch aus diesem Grund hat die *ecclesia ex circumcisione* einen festen Vorrang im Ökosystem des Lobpreises, welches das Leben der Kirche Jesu Christi ausmacht. Diese Priorität ist eine Frage der Reihenfolge und nicht des Ranges. Jesus Christus erfüllt den Bund Gottes mit Israel, und zwar nicht in dem Sinne, dass er ihn beendet, sondern in dem Sinne, dass er das Lobopfer in seiner eigenen Person vervollkommnet. Das Johannesevangelium stellt Jesus als denjenigen dar, der das tiefste Geheimnis des Tetragramms offenbart, indem er es als *deinen Namen, den du mir gegeben hast* (vgl. Joh 17,11 f.), offenbart. Dieses Bekenntnis trennt die *ecclesia ex circumcisione* vom Mainstream-Judentum und dem größten Teil des jüdischen Volkes. Aus christlicher Sicht kann diese Trennung jedoch nicht das Band

---

[8] Zu den Stärken und Grenzen von Barths Israellehre siehe Berthold KLAPPERT, *Israel und die Kirche: Erwägungen zur Israellehre Karl Barths*, München 1980.

zerreißen, das die *ecclesia ex circumcisione* mit dem jüdischen Volk verbindet, und auch nicht die Berufung aufheben, die ihm eigen ist. Die Taufe „ordnet Israels Berufung eschatologisch neu Jesus Christus zu"[9], dem ewigen Empfänger des unausgesprochenen Namens des Vaters. Aber auf diese Weise bestätigt die Taufe Israels ursprüngliche Berufung, den Namen des Herrn zu verherrlichen, und hebt sie nicht auf. Weil die Taufe die Juden in ihrer Berufung bestätigt, den Namen des Vaters zu preisen, sind sie von ihrer Konstitution her am besten geeignet, die ganze Kirche darin zu führen, dem Vater im Namen Jesu ein Lob zu bringen, das die Form hat: „Der *HERR* ist Gott!" (vgl. Röm 15,9). Hier übernimmt die *ecclesia ex circumcisione* zu Recht die Führung im antiphonalen „Ruf und Antwort", der das Leben der Kirche als Ökosystem des Lobpreises kennzeichnet.[10]

Zugleich gibt es, so glaube ich, eine weitere Dimension des kirchlichen Ökosystems des Lobpreises, für welche die *ecclesia ex gentibus* von ihrer Anlage her am besten geeignet ist, die Führung zu übernehmen. Dies bringt mich zu einer Betrachtung der Kirche als Tempel des Heiligen Geistes.

Die Kirche als Tempel des Geistes: Solidarität mit den Völkern zum Lob „unseres Gottes"

> *HERR der Heerscharen ist sein Name.*
> *Der Heilige Israels ist dein Erlöser,*
> *Gott der ganzen Erde wird er genannt.* (Jes 54,5)

Wenn nach Augustinus der Vater „Alpha" und „Omega" der Heilsgeschichte ist, so ist ihr Zentrum die sichtbare Sendung des Sohnes und jene des Geistes durch den Vater in der „Fülle der Zeit" (vgl. Gal 4,4). Diese beiden Ereignisse bilden gleichsam das *novum* des Neuen Bundes, aber sie zeichnen sich laut Augustinus durch einen unterschiedlichen Grad an Neuheit aus. Während die Neuheit der Inkar-

---

[9] Matthew LEVERING, „Thomas Aquinas on Law and Love", in: *Angelicum* 94/2 (2017) 413–441.
[10] Zum antiphonalen Muster von „Call and Response" als einer unverwechselbaren afrikanischen und afroamerikanischen Form des Lobpreises und der kulturellen Produktion siehe Patricia LIGGINS HILL (Hg.), *Call And Response: The Riverside Anthology Of The African American Literary Tradition*, Boston 1997.

nation *absolut* ist (denn davor wurde der Sohn nicht „gesandt"), stellt die Aussendung des Geistes am Pfingsttag eine *relative* Neuheit zu den zuvor in der Heilsgeschichte stattgefundenen Aussendungen dar, wie Augustinus bemerkt: „Wenn der Heilige Geist vorher noch nie gesandt worden wäre, womit waren dann die Propheten erfüllt, als sie redeten?"[11] Augustinus identifiziert die Neuartigkeit der Geistessendung mit dem Gebrauch der Sprachen „aller Völker" zur Verkündigung des Evangeliums.

Denn nirgends lesen wir, dass die Menschen, als der Heilige Geist auf sie herabkam, in Sprachen gesprochen haben, die sie nicht kannten, wie es damals geschah, als sein Kommen durch sinnfällige Symbole geoffenbart werden sollte, welche kundtun sollten, dass der ganze Erdkreis und alle Völker mit ihren verschiedenen Sprachen durch das Geschenk des Heiligen Geistes zum Glauben an Christus kommen werden.[12]

Augustinus macht an derselben Stelle deutlich, dass das pfingstliche *Novum* in Kontinuität zu dem steht, was der Geist zuvor im „prophetischen Lied" von Psalm 19 über die Sprachen des Volkes verkündet hatte: „So sollte das Psalmenwort in Erfüllung gehen: *Nicht Reden sind es noch Worte, deren Laute nicht vernehmlich wären; über die ganze Erde hin dringt ihr Schall und bis an die Grenzen des Erdkreises ihr Wort.*" (vgl. Ps 19,3 f.)[13] Am Pfingsttag verwirklichte der Geist die „doxologische Bestimmung", welche die Sprachen der Völker bereits vor Pfingsten besaßen. „Alle Völker" waren vorherbestimmt, das Evangelium in ihren eigenen Sprachen zu hören und zu verkünden und auf diese Weise die Heilige Dreifaltigkeit zu verherrlichen.

Patristische Theologen wie Eusebius bezeichneten das Wirken Gottes unter den Völkern vor der Inkarnation als *praeparatio evangelica*. In Anlehnung an Augustinus denke ich jedoch, dass wir dieses Werk angemessener als *„praeparatio Pentecostae"* bezeichnen könnten. Im Lichte des Pfingstfestes erkennt die christliche Deutung Zeichen von Gottes gnädiger Ordnung des Lebens der Völker in Vorbereitung auf Pfingsten. Gott eröffnet die *preparatio Pentecostae* vor

---

[11] Augustinus, de Trin 4.5.29, deutsch in: Des heiligen Kirchenvaters Aurelius Augustinus fünfzehn Bücher über die Dreieinigkeit aus dem Lateinischen übersetzt und mit Einleitung versehen von Michael Schmaus, BKV 2. Reihe, Band 13, Kempten – München 1935, 182.
[12] Ebd.
[13] Ebd.

dem Sündenfall mit dem Segen „Seid fruchtbar und mehret euch und *füllet die Erde*" (Gen 1,28) und bekräftigt sie in der Welt nach dem Sündenfall in der Völkertafel (Gen 10) und der Geschichte von Babel (Gen 11). Aus dieser „heidenzentrierten" Perspektive betrachtet, betrifft sogar Gottes an Abraham ergangene Verheißung den Segen für die Völker (Gen 12,3; vgl. Jes 19,24f.). Im Neuen Testament ist ein Schlüsseltext, der diese Perspektive vertritt, die Predigt des Paulus an die Athener:

Er hat aus einem einzigen Menschen das ganze Menschengeschlecht erschaffen, damit es die ganze Erde bewohne. Er hat für sie bestimmte Zeiten und die Grenzen ihrer Wohnsitze festgesetzt. Sie sollten Gott suchen, ob sie ihn ertasten und finden könnten; denn keinem von uns ist er fern. Denn in ihm leben wir, bewegen wir uns und sind wir; wie auch einige von euren Dichtern gesagt haben: Wir sind von seinem Geschlecht. (Apg 17,26–28)

Hier beleuchtet Paulus die gesamte Heilsgeschichte von der Schöpfung bis zu Christus in einer Weise, die das Heilswirken Gottes unter den Heiden in den Vordergrund stellt, und zwar bis zu dem Punkt, an dem Gottes Volk Israel *zurücktritt* hinter die Geschichte von Gottes großzügiger und gerechter (wenn auch verborgener und geheimnisvoller) Vorsehung für seine *Völker*. Schließlich nimmt das Buch der Offenbarung dieselbe Perspektive in ihre Vision der neuen Schöpfung auf, wenn es *eine große Schar aus allen Nationen und Stämmen, Völkern und Sprachen* ankündigt: *Niemand konnte sie zählen. […] Sie riefen mit lauter Stimme und sprachen: ‚Die Rettung kommt von unserem Gott [!], der auf dem Thron sitzt, und von dem Lamm'* (Offb 7,9f.).

Ein wichtiges Thema des christlichen Kanons, das mit einer „Heiden-im-Vordergrund-Perspektive" gelesen wird, ist das des eschatologischen Tempels Gottes. Für unsere Zwecke ist entscheidend, dass es gerade die Anwesenheit von *Nicht-Juden* ist, die den Tempel Gottes als *eschatologisch* kennzeichnet. Das Alte Testament führt dieses Thema ein (Ps 96,7f.; Jes 2,2f.; 25,6; 56,6f.; 66,23; Jer 3,17; Mi 4,1f.; Sach 14,16), und im Neuen Testament wird es weiterentwickelt. Auf dem Konzil von Jerusalem (vgl. Apg 15) liefert Jakobus die entscheidende Begründung für die Aufnahme von Nicht-Juden *als Nicht-Juden* in die Gemeinschaft Jesu, indem er an die Prophezeiung erinnert, dass „die zerfallene Hütte Davids" (d.h. die Stiftshütte) wieder aufgebaut wird und offen ist für *alle Völker, über denen mein*

Name ausgerufen ist (Apg 15,16–17; vgl. Am 9,11–12 LXX).[14] Die gleiche gedankliche Verbindung finden wir in Eph 2,11–22 und 1 Petr 2,4–10, beides Schlüsselstellen für das Thema der Kirche als Tempel Gottes, der in der Kraft des Geistes aufgebaut ist.

Wenn die Anwesenheit von Nicht-Juden *als* Nicht-Juden die *conditio sine qua non* für die Kirche als eschatologischem Tempel Gottes ist, dann haben diese auch ihren charakteristischen Beitrag zum Lob- und Dankopfer der Kirche zu leisten. Im vorigen Abschnitt habe ich vorgeschlagen, dass wir die tiefste Grundlage der Erwählung Israels in seiner Berufung zur Verherrlichung der Ersten Person der Dreifaltigkeit, des ursprünglichen Trägers des göttlichen Namens, erkennen. Nun möchte ich etwas Ähnliches in Bezug auf die Nicht-Juden vorschlagen, die aus allen Völkern unter dem Himmel in die Kirche aufgenommen wurden. Bedenken wir, dass, während das Tetragramm und „Israel" unübersetzbare Eigennamen sind, „Gott" und „die Völker" übersetzbare Substantive sind, welche in jeder Kultur, in der sie vorkommen, eine spezifische sprachliche Form annehmen. Nicht-Juden schmücken den eschatologischen Tempel mit Lobpreis, wie nur sie es können, indem sie „unserem Gott" (vgl. Offb 7,10) den Reichtum an Sprache, Kultur und Vorstellungen darbringen, den der Geist im Leben aller Völker, Stämme und Nationen vorbereitet hat. Wenn Israels Berufung Früchte trägt, wenn es den Völkern zuruft: „*Der HERR* ist Gott!", dann trägt das verborgene Wirken des Geistes unter den Völkern Früchte, wenn die nicht-jüdischen Nachfolger Jesu als Antwort rufen: „Der HERR *ist Gott!*" Hier können wir „Gott" als Platzhalter für eine unerschöpfliche Fülle von Gattungsnamen verstehen, die als Lobpreis-Namen der Dreifaltigkeit umfunktioniert werden, wie „*Sat, Cit* und *Ananda*" (Abhishiktananda); „*Dao, De, Qi*" (Paul S. Chung); „Eltern-Ahne, Bruder-Ahne, Heiliger Geist" (Charles Nyamiti), „Berggipfel, kühle Luft, Frische" (Lam Thien Loc), und so weiter.

---

[14] Vgl. Richard BAUCKHAM, „James and the Gentiles (Acts 15.13–21)", in: Ben WITHERINGTON III (Hg.), *History, Literature and Society in the Book of Acts*, Cambridge 1996, 154–184.

Die Kirche als Leib Christi:
Die Solidarität von Juden und Nicht-Juden
zum Lobe Gottes des Vaters

Gepriesen sei der Gott und Vater unseres Herrn Jesus Christus. Er hat uns [...] im Voraus dazu bestimmt, seine Söhne zu werden durch Jesus Christus [...] Alles hat er ihm zu Füßen gelegt und ihn, der als Haupt alles überragt, über die Kirche gesetzt. Sie ist sein Leib [...] er ist unser Friede. Er vereinigte die beiden Teile [„die Beschneidung" und die „Nicht-Beschneidung"] und riss die trennende Wand der Feindschaft in seinem Fleisch nieder. (Eph 1,3.5.22 f.; 2,14)

Der Ausdruck „Leib Christi" unterscheidet sich in einem wichtigen Punkt von den beiden kirchenbezogenen Motiven, die wir bereits betrachtet haben. Vor der Inkarnation gab es bereits ein „Volk Gottes", das für den Lobpreis des Eigennamens Gottes bestimmt war, nämlich die Juden, ein Volk, das durch seinen Namen einzigartig für diesen Zweck bestimmt war. Ich habe darauf hingewiesen, dass in analoger Weise schon vor der Ausgießung des Geistes in Apg 2 bereits im Verborgenen der Geist unter den Völkern wirkte und sie darauf vorbereitete, den eschatologischen „Tempel des Geistes" mit Lobpreis zu schmücken, indem sie gebräuchliche, in ihren Sprachen heimische Substantive verwendeten. Im Gegensatz dazu gab es vor der Menschwerdung keinen „Leib Christi". Die Inkarnation selbst ist die Art und Weise, wie die Zweite Person der Dreifaltigkeit einen menschlichen Leib erwirbt, um den herum die Kirche zum ersten Mal als sein gemeinsamer Leib in der Welt gebildet werden kann. Wenn wir die Kirche als „Leib Christi" bezeichnen, implizieren wir, dass die beispiellose Neuheit und das Mysterium, das in erster Linie der Inkarnation zukommt, in zweiter Linie und in abgeleiteter Weise auch der Kirche zukommt. Als Körperschaft, die durch den Leib und das Blut Christi versammelt ist und von ihm genährt wird, existiert die Kirche als eine Erweiterung der Inkarnation und macht sie – wenn auch unvollkommen – für die Welt sichtbar.

Die besondere Stellung des „Leibes Christi" unter den drei kirchenbezogenen Bildern spiegelt sich in gewisser Weise in der besonderen Stellung wider, die „der Vater und der Sohn und der Heilige Geist" (vgl. Mt 28,19) in der trinitarischen Sprache der Kirche einnehmen. Es ist bekannt, dass das Vokabular der göttlichen Verwandtschaft im Neuen Testament eine größere Rolle spielt als im

Alten Testament. Diese Tatsache hat einige Theologen zu der Annahme veranlasst, der neue christliche Name für Gott sei „Vater, Sohn und Heiliger Geist". Sie nehmen an, dass dieser „neue" Name das Tetragramm ablöst und eine Vorrangstellung gegenüber den doxologischen Dreiklängen aus dem Leben der Völker, wie „*Sat, Cit und Ananda*" und „*Dao, De, Qi*", einnimmt. Tatsächlich betrachtet diese Sichtweise den Leib Christi als eine „doxologische Monokultur", eine Verwandtschaftsgemeinschaft, die ausschließlich aus Christen besteht, die „Vater, Sohn und Heiliger Geist" als Namen ihres Gottes verehren. Eine solche Sichtweise hat keinen Platz für eine bleibende Unterscheidung zwischen der *ecclesia ex circumcisione* und *ex gentibus* im Leib Christi.

Um dieser Gefahr vorzubeugen, ist es notwendig, ein Verständnis für die ganze „Länge und Breite, Höhe und Tiefe" (vgl. Eph 3,18) des Geheimnisses der Inkarnation zu entwickeln. Eine wichtige Möglichkeit, dies zu tun, besteht darin, sich an der charakteristischen Art und Weise zu orientieren, in der Jesus Christus zu und über Gott gesprochen hat. Als das fleischgewordene Wort wendet sich Jesus von Nazareth an den, zu dem er betet, und benutzt dabei eine Palette verschiedener Wortarten:

> Unser *Vater*! (verwandtschaftlicher Begriff)
> Geheiligt werde dein *Name*! (das Tetragramm, ein unübersetzbarer Eigenname)
> Dein *Reich* komme! (übersetzbares Hauptwort)

Wie Irenäus erkannte und Markion nicht erkannte, eröffnet die kindliche Anrede Gottes als „Vater", die Jesus gebrauchte, einen weiten Raum, der alle Arten von Namen *einschließt*, die Gott verwendet hat, um seine Güte gegenüber Juden und Nicht-Juden auszudrücken. Die kindliche Anrede Jesu ist keine Monokultur, sondern ein Element in einem differenzierten Ökosystem der Gottesverehrung, dessen Wurzeln bis in die Ewigkeit reichen und dessen Reichweite alle Menschen aller Zeiten und Orte umfasst (vgl. Joh 1,4.9). Die Inkarnation ist sozusagen das Fleisch gewordene „lexikalische Ökosystem" Gottes, um die gesamte Menschheit in einem differenzierten Ökosystem des Lobpreises zu versammeln.

Ich schlage vor, dass dieses Verständnis der Inkarnation unser Verständnis davon prägen sollte, was es für die Kirche bedeutet, der

Leib Christi zu sein, die Verlängerung der Inkarnation in der Welt. Als Leib Christi ist die Kirche die zeitliche und räumliche Ausdehnung Jesu Christi, ihres Hauptes, der Inkarnation des Wortes Gottes, im Medium des schwachen menschlichen Fleisches. So wie die kindliche Anrede Jesu an Gott als „Vater" einen weiten Raum eröffnet, der die Namen einschließt, die Gott verwendet hat, um seine Güte gegenüber Juden und Nicht-Juden auszudrücken, so ist auch die Kirche selbst keine Monokultur, sondern ein differenziertes Ökosystem des Lobpreises, das die Formen des Lobpreises einschließt, zu denen die Vorsehung Juden und Nicht-Juden ausgestattet hat. Die Kirche ist das Volk Gottes, da die *ecclesia ex circumcisione* in kritischer Solidarität mit dem Volk Israel als Ganzem die Führung übernimmt und im Namen der ganzen Kirche verkündet: „*Der HERR* ist Gott!" Die Kirche ist der Tempel des Geistes, da die *ecclesia ex gentibus* in kritischer Solidarität mit den Völkern der Welt im Namen der ganzen Kirche antwortet: „Der HERR ist *Gott*!" Die Kirche ist der Leib Christi, da in ihr die *ecclesia ex circumcisione* und die *ecclesia ex gentibus* im antiphonalen Wechsel von Anruf und Antwort das Lob des „Vaters der Lichter" (vgl. Jak 1,17) darbringen. Die Differenzierung zwischen Juden und Nicht-Juden ist kein vorübergehendes Merkmal im Leben der Kirche, sondern das leuchtende Zeichen ihrer messianischen Identität sowohl in der Zeit (Apg 15) als auch in der Ewigkeit (Offb 7,1–17.21).[15]

Aus dem Englischen übersetzt von Johannes Cornides und Martin Rösch.

---

[15] Für eine ausführlichere Darstellung der trinitarischen Grundlage dieses Vorschlags und seiner systematischen Implikationen siehe R. Kendall SOULEN, *Irrevocable: The Name of God and Unity of the Christian Bible*, Minneapolis 2022.

Grundlegende Verhältnisbestimmung

Einführung in die messianisch-jüdische Wirklichkeit[1]

Richard Harvey

Wenn die Realität „der Zustand der Dinge, wie sie tatsächlich existieren, im Gegensatz zu einer idealistischen oder fiktiven Vorstellung von ihnen"[2] ist, mit welcher Art von Realität haben wir es dann zu tun, wenn es um die messianischen Juden und das messianische Judentum geht, und wie können wir die Art und Qualität ihrer Existenz angemessen beschreiben?

Die messianisch-jüdische Realität kann von verschiedenen Blickwinkeln aus betrachtet werden, die alle zu unserem Verständnis dieses ungewöhnlichen „Zustandes der Dinge" beitragen. Die Existenz messianischer Juden wirft heute Fragen sowohl für die Theorie der sozialen Identität als auch für die theologische Ontologie und Anthropologie auf. Religiöse Identität ist sozial konstruiert, sie kann mit sozialwissenschaftlichen Ansätzen wie der Phänomenologie, Anthropologie und Sozialpsychologie betrachtet werden. Das messianische Judentum kann als historisches Phänomen beschrieben werden, das aus der Geschichte der Interaktion von Judentum und Christentum hervorgegangen ist. Und es kann als eine theologische Realität verstanden werden, als Zeichen Gottes fortwährender Erwählung Israels (des jüdischen Volkes) und als prophetischer Hinweis auf Gottes Absichten für Israel und alle Völker durch den Messias Jeschua als Beweis für den „aus Gnade geretteten Überrest".

Für diejenigen von uns, die an der theologischen Bedeutung des messianischen Judentums als einer Realität interessiert sind, die für unser Verständnis des Jüdisch-Seins des Christentums, der Beziehung zwischen der Kirche und dem jüdischen Volk und der Auswir-

---

[1] Dieses Kapitel ist eine überarbeitete Fassung des in Wien gehaltenen Vortrags. Das begleitende Video, die Powerpoint-Folien und das Video sind verfügbar unter: https://www.youtube.com/watch?v=qfyacXMLbSA&ab_channel =Psalm133 und https://www.dropbox.com/s/kl978a76elnz9tg/Messianic%20f %20Jewish%20Reality%20VIenna%20110722.pptx?dl=0

[2] „Reality", Oxford English Dictionary Online, https://www.lexico.com/definition/reality (05/2022).

kungen des messianischen Judentums auf die jüdisch-christlichen Beziehungen, die Post-Substitutionstheologie und das zeitgenössische Verständnis der Schnittstelle zwischen jüdischer und christlicher Identität relevant ist, stellt das messianische Judentum eine Herausforderung für unsere Kategorien und Verständnisweisen dar.

In diesem Beitrag beschränken wir uns auf einen Überblick über das moderne Phänomen des messianischen Judentums, mit den Leitfragen, wie sie im Programm vorgestellt werden. Ich überlasse es den anderen Beiträgen in diesem Band, auf die weiteren Fragen einzugehen, die sich ergeben.

1. Wer sind die messianischen Juden?

Das messianische Judentum ist die Religion des jüdischen Volkes, das an Jesus (Jeschua) als den verheißenen Messias glaubt. Es ist eine jüdische Form des Christentums und eine christliche Form des Judentums, die die Grenzen und Überzeugungen beider Religionen herausfordert. Die messianisch-jüdische Bewegung bezieht sich auf die zeitgenössische Bewegung, eine erneuerte Form des Judenchristentums der frühen Kirche. Messianische Juden konstruieren eine neue soziale und religiöse Identität, die sie gemeinschaftlich in messianisch-jüdischen Gemeinden und Synagogen sowie in ihren individuellen Überzeugungen und Praktiken zum Ausdruck bringen. Seit den frühen 1970er Jahren haben die große Zahl jüdischer Menschen, die zum Glauben an Jesus gekommen sind, und das Phänomen des messianischen Judentums mehrere Fragen zur jüdischen und christlichen Identität und Theologie aufgeworfen.[3]

Die Verwendung der Begriffe „messianisch" und „Jude" werfen eine Fülle von definitorischen Herausforderungen und methodologischen Fragen auf.[4] Für die Zwecke dieses Beitrags werden die Begriffe „messianisch" und „jüdisch" so verstanden, dass sie sich auf jüdische Menschen beziehen, die Jesus (Jeschua) als ihren Messias annehmen. Ich folge dem Verständnis von jüdischer Identität des

---

[3] Richard HARVEY, *Mapping Messianic Jewish Theology: A Constructive Approach*, Carlisle 2008, 1–2. – dt. Richard HARVEY, *Messianisch-jüdische Theologie verstehen: Erkundung und Darstellung einer Bewegung*, Frankfurt/M. 2016.

[4] Ebd., 8–12.

Demographen Sergio DellaPergola. Er unterscheidet zwischen der jüdischen Kernbevölkerung, der angeschlossenen, der erweiterten und der wählbaren Bevölkerung.
- Jüdische Kernbevölkerung – diejenigen, die sich selbst als Juden betrachten und alles andere ausschließen.
- Die verbundene jüdische Bevölkerung umfasst die jüdische Kernbevölkerung und zusätzlich diejenigen, die sich selbst als teilweise jüdisch bezeichnen oder einen jüdischen Hintergrund von mindestens einem jüdischen Elternteil haben.
- Die erweiterte jüdische Bevölkerung umfasst die jüdische verbundene Bevölkerung und diejenigen, die angeben, einen jüdischen Hintergrund, aber kein jüdisches Elternteil zu haben, sowie alle Nicht-Juden, die in Haushalten mit Juden leben.
- Berechtigte jüdische Bevölkerung – berechtigt zur Einwanderung nach Israel gemäß dem Rückkehrgesetz.[5]

Es gibt keine einheitliche Terminologie zur Beschreibung jüdischer Jesusgläubiger oder zur Unterscheidung von anderen, die in ähnlicher Weise sowohl mit jüdischen als auch mit christlichen Gemeinschaften verbunden sind. Wie Gershon Nerel beobachtet hat, lautet der Eintrag für *yehudim meshichiim* in der Ausgabe 2003 des Even-Shoshan: „Juden, die sich in ihrer Nationalität und Loyalität zum Staat Israel als jüdisch bezeichnen, in ihrer Religion aber Christen sind".[6]

---

[5] Sergio DellaPergola, „World Jewish Population 2019", in: Arnold Dashefsky – Ira M. Sheskin (Hg.), *The American Jewish Year Book, 2019*, 119, Cham 2019, 263–353 (online in der Berman Jewish DataBank, www.jewishdatabank.org), 11. DellaPergola verwendet auch eine weitere Kategorie, Juden einer anderen Religion, womit er diejenigen meint, die zwar jüdisch sind, sich aber einer anderen Religionsgemeinschaft angeschlossen haben; er schließt messianische Juden in diese Kategorie ein.

[6] Zitiert nach: Gershon, Nerel *Kesher* (2012): 6/25, 27. Weitere Informationen zu Begriffen für jüdische Jünger Jeschuas finden Sie unter: Harvey (2016), 8–12. – Stokes fasst zusammen: „Eine Einigung auf Definitionen in der messianisch-jüdischen Bewegung zu finden, ist aufgrund des dezentralen und fließenden Charakters der Bewegung problematisch. Gegenwärtig gibt es keine vereinbarten Definitionen, obwohl einige versucht haben, spezifische Taxonomien vorzuschlagen. – Stokes in: Harvey (2016), 8. – In ähnlicher Weise bemerkt Kinzer: „Nach einem Vierteljahrhundert des Bestehens hätte man hoffen können, dass das messianische Judentum über Fragen der grundlegenden Selbstdefinition hinausgekommen wäre. Leider ist das nicht der Fall. Unsere Be-

Kerry Warchawsky verweist auf drei mögliche Bedeutungen des Begriffs „messianischer Jude":
1. Der Glaube an einen Messias, wozu die Chabad-Anhänger von Rabbi Menachem Schneerson, die Anhänger von Rabbi Nachman von Braslav und einige Siedlergruppen gehören.
2. Eine jüdische Person, die an Jeschua als Messias glaubt.
3. Eine jüdische Person, die an Jeschua als Messias glaubt und die Bedeutung einer jüdischen Identität und eines jüdischen Lebensstils bejaht und versucht, diese beizubehalten. (Nichtjuden, auf die diese Beschreibung zutrifft, werden als „messianische Gojim" bezeichnet).[7]

Wie Cynthia Baker feststellte und Wissenschaftler, die auf dem Gebiet der Judaistik arbeiten, sehr wohl wissen, gibt es erhebliche definitorische, methodologische, orthographische und semantische Probleme im Zusammenhang mit den Substantiven Jude, Juden und dem Adjektiv jüdisch, ganz zu schweigen von der zusätzlichen spezifischen Verwendung des Adjektivs messianisch, das sich auf den christlichen Christus bezieht und daher im Englischen groß geschrieben wird.[8] Für die Zwecke dieser Abhandlung werden im Allgemeinen die Begriffe Messianischer Jude/Messianisches Judentum verwendet, sowie einige andere Alternativen wie Jüdische Jünger Jeschuas oder Jüdische Jeschua-Gläubige/Jeschua-gläubige Juden.[9]

Der Begriff „messianischer Jude" kann sich also auf mehrere verschiedene Gruppen beziehen:
- Christen mit jüdischem Hintergrund, die sich nicht als Juden identifizieren – ein allgemeiner Begriff.
- Alle sich selbst als solche identifizierenden jüdischen Nachfolger Jesu – in den etablierten Kirchen mit unterschiedlichem Ausmaß an jüdischer Identität und Ausdruck.[10]

---

wegung kämpft immer noch mit grundlegenden Identitätsfragen." Mark S. Kinzer, The Nature of Messianic Judaism, in: Harvey (2016), 9.

[7] Keri WARSHAWSKY, *Returning to Their Own Borders: A Social Anthropological Study of Contemporary Messianic Jewish Identity in Israel*, Dissertation, Hebrew University of Jerusalem, 2008, 48.

[8] Cynthia BAKER, *Jew*, Rutgers, 2017.

[9] Jüngste Umfragen bestätigen, dass der Begriff „messianischer Jude" heute die beliebteste Bezeichnung ist, mit der sich jüdische Jünger Jesu selbst beschreiben. Siehe Harvey, Jewish followers of Jesus in the UK, 2022.

[10] Für diesen Beitrag schließen wir auch nicht die anderen ein, die sich selbst

Einführung in die messianisch-jüdische Wirklichkeit

- Selbstidentifizierende Mitglieder messianisch-jüdischer Gemeinden/Denominationen, die die Tora einhalten (Definition nach *Union of Messianic Jewish Congregations*[11])
- Jüdische Anhänger Jesu in Synagogen und jüdischen Gemeinden – geheime Gläubige.

Die *Union of Messianic Jewish Congregations* definiert das messianische Judentum als:

eine Bewegung jüdischer Gemeinden und Gruppen, die sich zu Jeschua, dem Messias, bekennen und die die Bundesverantwortung für jüdisches Leben und jüdische Identität annehmen, die in der Tora verwurzelt ist, in der Tradition zum Ausdruck kommt und im Kontext des Neuen Bundes erneuert und angewendet wird. Zu den messianisch-jüdischen Gruppen können auch Menschen mit nichtjüdischem Hintergrund gehören, die sich berufen fühlen, am Leben und Schicksal des jüdischen Volkes teilzuhaben. Wir verpflichten uns, diese Definition in unseren Gemeinden und unseren gemeinsamen Einrichtungen zu verwirklichen.[12]

Das messianische Judentum ist eine jüdische Form des Christentums und eine christliche Form des Judentums, eine kulturelle, religiöse und theologische Ausdrucksform, die in den letzten Jahren von einer wachsenden Zahl von Juden weltweit angenommen wurde, die an Jeschua (Jesus) als den verheißenen Messias glauben. Das messianische Judentum findet seinen Ausdruck in messianischen Gemeinden und Synagogen sowie in der individuellen Lebensweise messianischer Juden, die ihre jüdische Identität mit dem Glauben an Jesus verbinden. Sie sind zwar in ihren Überzeugungen und Ausdrucks-

---

als jüdische oder israelische Jünger Jeschuas bezeichnen, wie z. B. hebräische Katholiken, Juden in den orthodoxen Kirchen oder Juden in anderen christlichen neuen religiösen Bewegungen. Siehe Harvey: „Jew, Jews. New Christian Movements", Encyclopedia of the Bible and Its Reception, 179–180. Diese Definition schließt auch israelische Christen mit unsicherem jüdischen Status aus, wie z. B. Migranten aus der ehemaligen Sowjetunion (FSU) in Israel nach 1989, Flüchtlinge und andere, die es vorziehen, ihre christliche Religion in einem Land mit ausdrücklich jüdischem Charakter eindeutig „christlich" zu halten. Diese Definition schließt auch keine „heimlichen Gläubigen" oder diejenigen ein, die eine „Insider-Bewegung" innerhalb anderer jüdischer religiöser Identitäten bilden.

[11] https://www.umjc.org/defining-messianic-judaism (05/2022).
[12] Union of Messianic Jewish Congregations Theology Committee 2005, „Defining Messianic Judaism", https://www.umjc.org/defining-messianic-judaism (05/2022).

formen nicht einheitlich, aber die Mehrheit hält sich an orthodoxe christliche Überzeugungen über die Einzigartigkeit und Gottheit Christi, die Dreifaltigkeit, die Autorität der Heiligen Schrift usw., während sie ihre Überzeugungen in einem jüdischen kulturellen und religiösen Kontext zum Ausdruck bringen, der die fortdauernde Erwählung Israels (des jüdischen Volkes) und die fortdauernden Absichten Gottes für sein Volk bekräftigt.[13]

2. Wann hat die messianisch-jüdische Bewegung begonnen?

Es hat immer jüdische Jesusgläubige gegeben, seit der Zeit der frühen Kirche. Diese „Anhänger des Weges" oder Nazarener waren den Kirchenvätern bekannt und wurden von ihnen akzeptiert (Hieronymus, Justin der Märtyrer, Epiphanius), aber als sich das Judentum und das Christentum im 4. Jahrhundert als getrennte Wege herausbildeten (Boyarin), wurde es für die kirchlichen und rabbinischen Autoritäten zunehmend unannehmbar, die Legitimität jüdischer Ausdrucksformen des Glaubens an Christus zuzulassen. Jüdische Jesusgläubige wurden wegen ihres Glaubens an die Dreifaltigkeit und die Göttlichkeit Jesu Christi aus der Synagoge ausgeschlossen und von der Kirche wegen der fortgesetzten Ausübung jüdischer Bräuche geächtet; man nannte sie Ebioniten (die Armen) und verdächtigte sie der Gesetzlichkeit und des christologischen Adoptianismus.

Kleine Gruppen von Judenchristen lebten im Osten weiter, und jüdische Konvertiten zum Christentum fanden inmitten einer antisemitischen europäischen Kirche Schutz durch Einrichtungen wie das *Domus Conversorum* (Haus der Konvertiten), das durch königliches Mäzenatentum unterhalten wurde. Doch erst mit der modernen Missionsbewegung und dem Interesse an der Missionierung des jüdischen Volkes entstand wieder eine Bekenntnisgemeinschaft von Judenchristen.

Im Jahr 1809 regte Joseph Samuel Christian Frey, Sohn eines Rabbiners aus Posen in Ungarn, die Gründung der Londoner Gesellschaft zur Förderung des Christentums unter den Juden an, aus der sich der kirchliche Dienst am jüdischen Volk entwickelte. Im Jahr

---

[13] Dieser Absatz fasst die Einleitung zu HARVEY, *Messianisch-jüdische Theologie* (s. Anm. 3), 1–13, zusammen.

1813 versammelte Frey 41 hebräische Christen, um die Beni Abraham (Kinder Abrahams) zu gründen, die erste unabhängige hebräische christliche Vereinigung. Ermutigt durch den kirchlichen Dienst am jüdischen Volk und andere jüdische Missionen gründete die wachsende Zahl der „hebräischen Christen", wie sie sich selbst nannten, ihre eigene *Hebrew Christian Alliance of Great Britain* (1866), *Hebrew Christian Prayer Union* (1882) und *International Hebrew Christian Alliance* (1925).

1883 gründete Joseph Rabinowitz die „Israeliten des Neuen Bundes" in Kischinew, Bessarabien. Er hielt Gottesdienste in Hebräisch und Jiddisch ab, und die Nachricht von seinen Aktivitäten förderte das Wachstum der hebräischen christlichen Kirchen weltweit. Mark John Levy setzte sich unermüdlich für die Gründung der Internationalen Hebräischen Christlichen Allianz ein. Er versuchte erfolgreich, von der Episkopalkirche in den USA die Genehmigung zu erhalten, dass jüdische Christen weiterhin jüdische Bräuche wie Sabbat, Beschneidung und Kaschrut einhalten durften, wurde aber von seinen hebräischen Mitchristen abgelehnt, die dies als Judaisierung und Rückkehr zum Gesetz ansahen.

Sie entwickelten ihre eigenen Liturgien und hebräischen christlichen Kirchen in Europa, Palästina und den USA. Im Vereinigten Königreich hielt Paul Levertoff, ein chassidischer Jude, der anglikanischer Pfarrer wurde, in den 1920er Jahren das „Mahl des Heiligen Königs" ab, eine Kombination aus jüdischer und christlicher Liturgie.

Am Ende des 19. Jahrhunderts schätzte man auf der Grundlage von Taufstatistiken, dass über eine Million Juden Christen geworden waren, viele aus Gründen der Assimilation und Emanzipation aus den Ghettos in die europäische Gesellschaft mit Zugang zu Handel, Bildung und weltlicher Gesellschaft.[14] Dennoch gab es eine beachtliche Anzahl von Persönlichkeiten wie Alfred Edersheim, Adolph Saphir, Augustus Neander und Bischof Samuel Schereschewsky, die neben dem Glauben an Christus auch Aspekte ihrer jüdischen Identität bewahren wollten und sowohl ein Segen für die Kirche als auch ein Zeugnis für ihr Volk waren.

---

[14] Der jüdische Missionshistoriker de le Roi berichtet von 224.000 Taufen auf der Grundlage von Kirchenbüchern. Johannes F. A. de le Roi, *Judentaufen im 19. Jahrhundert: ein statistischer Versuch*, Leipzig 1890, 56.

Nach dem Zweiten Weltkrieg, dem Holocaust und der Gründung des Staates Israel waren die jüdischen Jesusgläubigen einer neuen Generation bestrebt, ihre ethnischen Wurzeln wiederzuentdecken und ihren Glauben aus einer jüdischen Perspektive auszudrücken. Im Gefolge der Jesus-Bewegung der 1970er Jahre entwickelte sich „Jews for Jesus" von einem Slogan auf den Straßen von San Francisco zu einer Organisation jüdischer Missionare für ihr Volk. Zur gleichen Zeit förderte die *Messianic Jewish Alliance of America* die Gründung messianischer Gemeinden und Synagogen. In Israel entdeckte eine neue Generation von gebürtigen Israelis (Sabras) den Messias und gründete hebräischsprachige Gemeinden. Mit Beginn des 21. Jahrhunderts gibt es ein internationales Netzwerk messianischer Gruppen, die konfessionelle, theologische und kulturelle Vielfalt zum Ausdruck bringen, aber im Glauben an Jeschua geeint sind, daher der Name Yachad BeYeshua.[15]

Messianische Juden halten in unterschiedlichem Maße den Sabbat ein, befolgen die kosheren Speisegesetze, beschneiden ihre Söhne und feiern die jüdischen Feste, wobei sie Jesus und die Kirche in der Apostelgeschichte als ihr Modell und Vorbild betrachten. Sie feiern das Passahfest, um zu zeigen, dass Jeschua als Passahlamm gekommen ist, und praktizieren die Taufe, die mit der jüdischen Mikwe (rituelles Bad) verbunden ist. Sie feiern ihre eigenen Gottesdienste, die auf dem Synagogengottesdienst basieren, mit Lesungen aus der Tora und dem Neuen Testament. Unter Verweis auf die Lehre des Paulus in Römer 9–11 und seine Praxis auf seinen Missionsreisen lehnt ihre Hermeneutik der Schrift den traditionellen christlichen Antijudaismus („die Juden haben Christus getötet") und der Substitutionstheologie (die Kirche ersetzt Israel als „neues Israel") ab und plädiert für Formen der Thora-Beachtung, die die Gegenwart des gläubigen Überrestes inmitten des ungläubigen Israel als Zeugnis für den Messias bezeugen.

---

[15] https://www.yachad-beyeshua.org/.

3. Welche Gemeinsamkeiten und Unterschiede gibt es zwischen messianischen Juden?

Die messianisch-jüdische Theologie hat sich im Lichte ihres protestantisch-evangelikalen Hintergrunds und ihrer Auseinandersetzung mit jüdischen Anliegen entwickelt. Die lehrmäßigen Aussagen messianisch-jüdischer Organisationen sind einheitlich orthodox, werden jedoch häufig in jüdischen statt hellenistischen Denkformen ausgedrückt und sind enger mit jüdischen Konzepten und Schriftlesungen verbunden. Viele messianische Juden stehen unter dem Einfluss der charismatischen Bewegung, obwohl sich immer mehr für einen formelleren Gottesdienststil entscheiden, der sich auf das jüdische Gebetbuch und die üblichen liturgischen Merkmale wie das Tragen des Gebetschals (Tallit) und die Verwendung von Thorarollen stützt.

Messianische Juden sind sich im Allgemeinen darin einig, dass sie Jeschua (Jesus) als Messias, Herrn, Retter und menschgewordenen Sohn Gottes anerkennen. Sie bekräftigen die Autorität der Heiligen Schrift. Sie haben unterschiedliche Ansichten über den Stellenwert der Sakramente und die Rolle und Autorität der jüdischen und christlichen Tradition. In der Diaspora kommt ihre jüdische Identität durch jüdische kulturelle und religiöse Praktiken zum Ausdruck, während in Israel eher eine säkulare und zivile israelische Identität gepflegt wird. Sie unterscheiden sich in Bezug auf die Eschatologie, die Rolle der Tora, ihre Beziehungen zu den größeren jüdischen und christlichen Gemeinschaften und die Art ihres Zeugnisses. Ihre Eschatologie ist unterschiedlich, tendiert aber zu einer prämillenaristischen Sichtweise mit einer starken Loyalität gegenüber dem Staat Israel sowohl in politischer als auch in prophetischer Hinsicht.

Mark Kinzer definiert die messianisch-jüdische Theologie nach ihrer Form und ihren Hauptanliegen:

Messianisch-jüdische Theologie ist diszipliniertes Nachdenken über Gottes Wesen, Willen und Wirken sowie über Gottes Beziehung zu Israel, zu den Völkern und der gesamten Schöpfung im Lichte von Gottes unwiderruflicher Erwählung Israels zu einem Königreich von Priestern und einem heiligen Volk und Gottes schöpferischem, offenbarendem und erlösendem Wirken im Messias Jeschua.

Die messianisch-jüdische Theologie wurzelt in der göttlichen Offenbarung (Tora), wird im Kontext des jüdischen Gemeinschaftslebens und der jüdischen Tradition sowie im respektvollen Gespräch mit der gesamten christlichen theologischen Tradition betrieben und durch Gebet, Welterfahrung und alle verfügbaren Quellen menschlichen Wissens und Verständnisses geprägt.[16]

Richard Harvey beschreibt die messianisch-jüdische Theologie als eine Theologie, die im Dialog mit dem Judentum und dem Christentum entstanden ist, die in der Diskussion zwischen reflektierenden Gläubigen, die sich mit dem messianischen Judentum befassen, verfeinert wurde und die sich zu einer neuen theologischen Tradition entwickelt hat, die auf den beiden erkenntnistheoretischen Prioritäten der fortdauernden Erwählung des jüdischen Volkes und der Anerkennung Jesu als auferstandenem Messias und menschgewordenem Sohn Gottes beruht.[17]

Wie bei den jüdischen Theologien im Allgemeinen konzentriert sich die messianisch-jüdische Theologie auf die traditionellen Organisationskategorien Gott, Tora und Israel, die noch erweitert werden um die Lehre von Gott und die Lehre von Jeschua, die Rolle der Tora in Theorie und Praxis und das Wesen und Schicksal Israels (des jüdischen Volkes).

Die messianische Bewegung ist ein klassisches Beispiel für die Kontextualisierung von Theologie und ethnotheologischer Bildung. Während die Bewegung heranreift, bietet sie ein Anschauungsbeispiel für die Herausforderungen und Möglichkeiten der Mission in einer dem Evangelium gegenüber resistenten Kultur, in der die christliche Botschaft seit 2.000 Jahren falsch verstanden wird. Einige messianische Juden würden messianische Gemeinden als das wirksamste Missionsinstrument befürworten, aber dem steht das Faktum entgegen, dass die Mehrheit der jüdischen Jesusgläubigen durch das Zeugnis ihrer christlichen Freunde in den etablierten Kirchen zum Glauben kommen. Einige würden argumentieren, dass alle jüdischen Jesusgläubigen Tora-observant bleiben (oder werden) sollten, da sie sonst für ihr Volk verloren wären, aber auch diese Ansicht wird von der Mehrheit der messianischen Juden nicht akzeptiert, die mit ihrer Zugehörigkeit zur Weltkirche zufrieden sind. Sie sehen ihre Freiheit im Messias so, dass sie wählen können, wie sehr sie sich mit verschiedenen Formen des Judentums und der jüdischen Identität

---

[16] Mark S. KINZER, *The Shape of Messianic Jewish Theology (Session 1): What Is Messianic Jewish Theology?*, MJTI Lecture, Fuller Theological Seminary 2005, 1.
[17] Richard HARVEY, *Mapping* (s. Anm. 3), 262.

identifizieren. Was das Zeugnis angeht, so unterscheiden sich die messianischen Juden in ihrem Stil und ihrer Strategie. Eine unbekannte Zahl von ihnen, oft „heimliche Gläubige", bleiben aktive Mitglieder in nicht-messianischen Synagogen, aber diese Option ist nicht typisch. Andere sind durch öffentlichkeitswirksame Auftritte auf den Straßen der Großstädte, durch Stände auf New-Age-Festivals in Israel und durch Treffen mit israelischen Touristen auf dem Hippiepfad in Indien sehr präsent. Andere bevorzugen ein weniger offensichtliches Engagement innerhalb der jüdischen Gemeinschaft durch den Beitritt zu kommunalen Organisationen und durch den täglichen Kontakt mit Freunden und Familie. Eine wachsende Zahl messianischer Juden erkennt ihre missionarische Berufung, ein „Licht für die Völker" und ein Segen für die ganze Kirche zu sein, und sucht nach Wegen, die Kirche über den Reichtum ihres Erbes und die jüdischen Wurzeln ihres Glaubens aufzuklären und herauszufordern.

Die messianisch-jüdische Theologie ist eine neu entstehende Theologie. Die von dem reformjüdischen Theologen Byron Sherwin aufgestellten Kategorien der Authentizität, Kohärenz, Zeitgemäßheit und gemeinschaftlichen Akzeptanz, die eine gültige jüdische Theologie charakterisieren, sind auf sie anwendbar und dienen als Leitlinien für ihre Entwicklung.[18] Die Authentizität der messianisch-jüdischen Theologie zeigt sich darin, dass sie zwar sowohl aus der jüdischen als auch aus der christlichen theologischen Tradition schöpft, aber gerade dabei ist, ihre eigene Position zu formulieren. Sie beginnt, mit ihrer eigenen „inneren Stimme" zu sprechen. Ihr Anspruch auf Authentizität wird nur dann anerkannt werden, wenn sie auf die lauteren Stimmen der beiden größeren theologischen Traditionen, zwischen denen sie um Gehör ringt, wirksam antwortet. Indem sie ihre eigene authentische „theologische Stimme" findet und artikuliert, wird sie die Grenzlinien herausfordern, die traditionell das Judentum vom Christentum getrennt haben.

Die Kohärenz der messianisch-jüdischen Theologie in der Reflexion der beiden epistemischen Prioritäten der Messianität Jesu und der Erwählung Israels (des jüdischen Volkes) muss noch systematisch und umfassend dargelegt werden. Wenn diese beiden Kernaussagen in kreativer Spannung zueinander stehen, bieten sie einen frucht-

---

[18] Byron L. Sherwin, *Toward a Jewish Theology: Methods, Problems and Possibilities*, Lewiston 1992, 9.

baren Boden für die Ausarbeitung einer kohärenten Theologie. Die zu behandelnden methodologischen Fragen stellen eine erhebliche Herausforderung für ein solches Projekt dar. Fragen nach der Art der Quellen, Normen, Methoden, Inhalte und Ergebnisse einer solchen systematischen messianisch-jüdischen Theologie warten auf die Erstellung eines umfassenden Werks auf einem Niveau, das bisher von keinem Einzelnen innerhalb der messianischen Bewegung erreicht wurde. Seit 2009 wurde sowie eine Reihe von Versuchen unternommen, die theologischen Diskussionen innerhalb der messianisch-jüdischen Welt zu organisieren, wie z. B. das Borough Park Symposium und Helsinki Consultation[19] sowie eine Reihe von Zeitschriften und Büchern, die von einzelnen und mehreren Autoren zu den für die messianisch-jüdische Theologie relevanten Themen veröffentlicht wurden.[20]

Die Aktualität der messianisch-jüdischen Theologie ist ebenfalls ein Problem. Die Schriften aus der Entstehungszeit in den 1970er und 1980er Jahren sind im neuen Jahrtausend nicht mehr so relevant wie damals, als sie das Denken der Pioniere der Bewegung zum Ausdruck brachten. Die von Mark Kinzer und der Hashivenu-Gruppe[21] vorgeschlagenen post-formativen Positionen haben noch keine allgemeine Unterstützung gefunden. Die Fragen, die die heutige jüdische Gemeinschaft und ihr messianisches Kontingent beschäftigen, sind so dringend wie eh und je. Jüdische Identität, das Überleben des jüdischen Volkes, die Frage Israels und das Kommen des Messias sind Themen, die die messianisch-jüdische Theologie in angemessener, konstruktiver und überzeugender Weise in einem zeitgenössischen Kontext behandeln muss.

Die kommunale Akzeptanz der messianisch-jüdischen Theologie ist von entscheidender Bedeutung, da das Wachstum und die Reife

---

[19] http://helsinkiconsultation.squarespace.com/helsinki-consultation/.
[20] Siehe: The Borough Park Papers (2012): Symposium I: The Gospel and the Jewish People; Symposium II: The Deity of Messiah and the Mystery of God; Symposium III: How Jewish Should the Messianic Jewish Community Be?, New York. – David J. RUDOLPH – Joel WILLETTS, *Introduction to Messianic Judaism: Its Ecclesial Context and Biblical Foundations*, Grand Rapids 2013; Kesher: A Journal of Messianic Judaism, online verfügbar: https://www.kesherjournal.com/ (10/2019); David J. RUDOLPH, „What is Messianic Judaism?", https://www.messianicjudaism.net/ (10/2019).
[21] http://hashivenu.org/ (10/2019).

der messianischen Bewegung von ihrer Akzeptanz der messianisch-jüdischen Theologie im Lichte der sich verändernden Bedürfnisse und Kontexte abhängt. Damit die messianisch-jüdische Theologie von der messianischen Gemeinschaft und den breiteren jüdischen und christlichen Gemeinschaften, mit denen sie interagiert, akzeptiert wird, muss sie Antworten liefern, die zufriedenstellend, relevant und für zukünftige Generationen anwendbar sind. Mit Blick auf solche Bedenken hinsichtlich Authentizität, Kohärenz, Zeitgemäßheit und gemeinschaftlicher Akzeptanz wird der gegenwärtige Stand der messianisch-jüdischen Theologie nun durch eine Charakterisierung der verschiedenen theologischen Strömungen innerhalb der messianischen Bewegung untersucht.

4. Eine Typologie der messianisch-jüdischen Theologien

In meiner Doktorarbeit *Mapping Messianic Jewish Theology* habe ich versucht, die Konturen und die Vielfalt der theologischen Auffassungen innerhalb der modernen messianisch-jüdischen Bewegung zu diesen Themen zu „kartieren", und eine achtfache Typologie der unterschiedlichen theologischen Strömungen innerhalb einer sich entwickelnden theologischen Tradition vorgeschlagen.[22]

Gegenwärtig gibt es keinen Konsens oder eine einheitliche Theologie des messianischen Judentums. Hier schlagen wir eine Typologie vor, um die Pluralität der messianisch-jüdischen Theologie zu beschreiben. Frühere Studien haben verschiedene Strömungen innerhalb der messianischen Bewegung festgestellt, und diese kurz diskutiert.

David Stern beschrieb eine Reihe von Zukunftsoptionen für messianische Juden, die auf „Idealtypen" des messianischen Judentums und des hebräischen Christentums basieren.[23] Seine Optionen sind „Ultimativer messianischer Jude" (UMJ), „Ultimativer hebräischer Christ" (UHC) und eine Reihe von begrenzteren Möglichkeiten innerhalb dieser beiden Hauptkategorien: „Ultimativ jüdisch, aber begrenzte messianische Möglichkeiten" (UJLM); „Ultimatives hebräisches Christentum von heute" (UHCT); „Gegenwärtige Grenze des

---

[22] Richard HARVEY, *Messianisch-jüdische Theologie* (s. Anm. 3), 264–276.
[23] David STERN, *Messianic Jewish Manifesto*, Clarksville 1988, 234–238.

hebräischen Christentums" (PLHC); „Gegenwärtige Grenze des messianischen Judentums" (PLMJ). Er stellt die Frage: „Wenn du ein messianischer Jude bist, in welche Richtung gehst du dann?" Die Diskussion ist unbefriedigend, da die messianische Bewegung damals erst im Entstehen begriffen war und es ihr an theologischer Entwicklung mangelte. Sterns Raster konstruiert eine dualistische und antithetische Beziehung zwischen „hebräischem Christentum" und „messianischem Judentum". Als einer der führenden Vertreter des messianischen Judentums in den 1970er Jahren ist er bemüht, das messianische Judentum vom hebräischen Christentum abzugrenzen, und seine Verwendung der Metapher von Eltern und Kind vereinfacht die Fragen zu stark und polarisiert die Alternativen, ohne die Natur der damit verbundenen theologischen Fragen zu formulieren.

Mark Kinzer unterscheidet zwischen dem „missionarischen" und dem „postmissionarischen" messianischen Judentum.[24] Das „missionarische messianische Judentum" entwickelte sich aus dem hebräischen Christentum und den Judenmissionen. Es wurde von Einzelpersonen wie Joseph Rabinowitz und Organisationen wie „Jews for Jesus" formuliert. Es wurde dann in den 1970er und 1980er Jahren von der Messianic Jewish Alliance of America und der Union of Messianic Jewish Congregations vertreten. Kinzer formuliert fünf Grundsätze, die das postmissionarische messianische Judentum vertritt, und bewertet, inwieweit sie von anderen vertreten werden.[25] Diese sind: Israels unwiderrufliche Erwählung und sein Bund; die normative Kraft der grundlegenden jüdischen Praxis (Einhaltung der Tora); die Gültigkeit der rabbinischen Tradition; eine „bilaterale Ekklesiologie", die die fortdauernde Stellung des jüdischen Volkes als Volk Gottes in Partnerschaft mit der Ekklesia der Völker akzeptiert; und nationale Solidarität mit Israel. Dies ermöglicht es Kinzer, zwischen dem neuen „postmissionarischen" Paradigma, das er vorschlägt, und anderen früheren Formen zu unterscheiden.

Sowohl Stern als auch Kinzer verwenden ein dualistisches Konzept, nämlich das des hebräischen Christentums und des messianischen Judentums (Stern) und in jüngerer Zeit das des „missionari-

---

[24] Mark S. KINZER, *Postmissionary Messianic Judaism: Redefining Christian Engagement with the Jewish People*, Grand Rapids 2005.
[25] Ebd. 293.

schen" und des „postmissionarischen" messianischen Judentums (Kinzer). Sterns Ziel ist es, für das „messianische Judentum" gegenüber dem „hebräischen Christentum" zu argumentieren, und Kinzer favorisiert das „postmissionarische messianische Judentum" gegenüber dem „missionarischen messianischen Judentum". Beide vereinfachen die Komplexität der messianisch-jüdischen Theologie für ihre eigenen argumentativen Zielsetzungen und ohne die beträchtlichen theologischen Unterschiede innerhalb der messianisch-jüdischen Theologie näher zu erläutern. Daher ist eine neue Typologie erforderlich.

Acht Typen der messianisch-jüdischen Theologie

Die vorliegende Typologie ist vorsichtiger und weniger dualistisch als die von Stern und Kinzer. Sie zeichnet eher sich entwickelnde „Strömungen" nach als klar definierte „Schulen" der Theologie innerhalb des messianischen Judentums. Die Gruppierungen sind etwas willkürlich und es gibt einige Überschneidungen, aber es werden führende Stimmen identifiziert, die repräsentativ für jede Strömung sprechen. Die verwendeten Methoden, Kriterien und Annahmen werden charakterisiert; ebenso die Struktur und Organisation ihres Denkens; ihre Hauptanliegen und Schwerpunkte; die Einflüsse und Ressourcen, aus denen sie in der jüdischen und christlichen Theologie schöpfen; das Ausmaß, in dem sie den Prozess des Theologisierens reflektieren und sich dessen bewusst sind; die Kontexte und Gruppierungen, mit denen sie verbunden sind, und die mögliche Zukunft ihres Denkens.

Die Ansichten der einzelnen Strömungen über das Wesen Gottes, den Messias, die Tora in Theorie und Praxis und die Zukunft Israels werden dort, wo sie angesprochen wurden, zusammengefasst. Die Typen der messianisch-jüdischen Theologie beginnen mit denjenigen, die dem protestantischen Evangelikalismus, aus dem die messianische Bewegung hervorgegangen ist, am nächsten stehen am einen Ende des Spektrums und reichen bis hin zu denjenigen, die ihre Kernidentität im „jüdischen Sozialraum" und in den jüdischen religiösen und theologischen Normen verorten.

Typ 1 – Jüdisches Christentum, christozentrisch und reformiert (Maoz)

Dieser Typ von messianisch-jüdischer Theologie kann als christliche Verkündigung mit begrenzter kultureller und sprachlicher Übersetzung in einen jüdischen Bezugsrahmen charakterisiert werden. Baruch Maoz versteht sich als ethnokultureller „jüdischer" Christ im Dialog mit denjenigen in der messianischen Bewegung, die für eine Rückkehr zu einem religiösen „Judentum" eintreten.[26] Maoz geht von den Voraussetzungen des reformierten Protestantismus aus und steht dem rabbinischen Judentum sehr kritisch gegenüber. Seine Theologie ist darauf ausgerichtet, den Fehler des messianischen Judentums zu korrigieren, der darin besteht, christliche Grundwerte durch die Annahme des rabbinischen Judentums zu kompromittieren.

Maoz' Gotteslehre spiegelt die christliche Orthodoxie wider, wobei er sich kaum mit jüdischen theologischen Anliegen auseinandersetzt. Seine Christologie kommt in den Glaubensbekenntnissen zum Ausdruck und wird in der reformierten Dogmatik dargelegt. Das Gesetz ist in Christus erfüllt, wobei die jüdische Observanz nur dann erlaubt ist, wenn sie mit der neutestamentlichen Praxis übereinstimmt. Das wichtigste theologische Anliegen ist die Erhebung Jesu zum Messias, die Einzigartigkeit seines Erlösungswerkes und die damit verbundene Herausforderung des rabbinischen Judentums. Das Judentum und die jüdische Identität dürfen die Autorität Christi, wie sie in der Heiligen Schrift offenbart ist, nicht schmälern. Das hermeneutische System ist das der protestantischen Reformation und des konservativen Evangelikalismus.

Maoz hat eine starke politische Loyalität gegenüber dem Staat Israel, rechtfertigt dies aber mit der nationalen und kulturellen Identität. Er steht dem Prämillenarismus kritisch gegenüber und nimmt in Sachen Eschatologie eine agnostische Haltung ein. Maoz' Denken mit seinem christlich-reformierten theologischen Schwerpunkt, seiner nicht-charismatischen und anti-rabbinischen Haltung spricht diejenigen an, die sich auf die Heilige Schrift, wie sie in der reformatorischen Tradition ausgelegt wird, konzentrieren. Im Land Israel

---

[26] Vgl. Baruch MAOZ, *Judaism is not Jewish: A Friendly Critique of the Messianic Movement*, Fearn 2003. – Vgl. Stan TELCHIN, *Messianic Judaism is not Christianity: A Loving Call to Unity*, Grand Rapids 2004.

sind solche Ansichten bei denjenigen beliebt, die mit den eher oberflächlichen Elementen der messianischen Bewegung unzufrieden und von engagierteren Formen der Tora-Befolgung unbeeindruckt sind. Die Herausforderung für Maoz' Ansatz wird darin bestehen, eine angemessene, kohärente Lehre von Israel und eine Theologie der Kultur zu entwickeln, die ein ethno-kulturelles „Jüdisch-Sein" nicht künstlich vom religiösen „Judentum" trennt. Maoz' willkürliche Unterscheidung zwischen den beiden ist problematisch und hat keine breitere Akzeptanz gefunden.[27]

Typ 2 – Dispensationalistisches hebräisches Christentum (Fruchtenbaum)

Arnold Fruchtenbaum ist der führende Theologe in dieser Gruppe, dessen Ausdruck des Jüdisch-Seins und der jüdischen Identität innerhalb der Parameter des Dispensationalismus[28] definiert werden.[29] Die Gestalt von Fruchtenbaums Theologie wird durch eine systematische und programmatische Anwendung der Dispensationalismus-Lehre und -Methode auf existenzielle Fragen der jüdischen Identität und des Glaubens an Jesus bestimmt.

Fruchtenbaums Gott ist der Gott des protestantischen Evangelikalismus, artikuliert im Modus des revidierten Dispensationalismus, mit wenig Raum für spekulatives Denken oder Kontextualisierung.[30] Es gibt keine Verwendung für rabbinische oder jüdische Traditionen, es sei denn, sie bestätigen und illustrieren die biblische Offenbarung, wie sie durch eine dispensationalistische Hermeneutik reflektiert wird. Die orthodoxe Christologie wird durch eine konservative evan-

---

[27] Vgl. Richard HARVEY, „Judaism is Not Jewish [by Baruch Maoz]: A Review", in: *CWI Herald* (Sommer 2003), http://www.banneroftruth.org/pages/articles/article_detail.php?490 (10/2007).
[28] Anm. des Übersetzers: Unter Dispensationalismus wird ein theologisches System verstanden, das die Geschichte – ausgehend von einer literalen Auslegung der Bibel – in mehrere Zeitabschnitte untergliedert. Hierbei spielen besonders die prophetischen Schriften eine wichtige Rolle.
[29] Arnold FRUCHTENBAUM, *Hebrew Christianity: Its Theology, History and Philosophy*, Tustin 1983. – Vgl dazu: Barry LEVENTHAL; Louis GOLDBERG und Louis LAPIDES.
[30] Zur Unterscheidung zwischen klassischer, revidierter und progressiver Dispensationslehre siehe: Craig BLAISING – Darrell L. BOCK, *Progressive Dispensationalism*, Grand Rapids 1993.

gelikale Linse betrachtet. Es gibt einige Versuche der Übersetzung in jüdische kulturelle Kontexte, aber es wird eher eine wörtliche als eine dynamische Äquivalenz angestrebt. Der abrahamitische Bund ist im Messias erfüllt, und die Tora, die als das mosaische Gesetz verstanden wird, an ein Ende gekommen. Die Ausübung derjenigen nationalen und kulturellen jüdischen Elemente, die dem Neuen Testament nicht widersprechen, ist erlaubt, aber die rabbinische Neuinterpretation der Tora und ihre Autoritätsansprüche sind falsch.

Fruchtenbaums Anliegen ist eine wirksame Verankerung der Evangeliumsverkündigung im jüdischen Kontext mit einer starken eschatologischen Agenda des Dispensationalismus, der mit Gewissheit auf die baldige Wiederkunft Christi, die Entrückung, die Trübsal und das Tausendjährige Reich vorausblickt. Dies ist der Schwerpunkt und das Zentrum seines Systems.

Mit dieser klar definierten theologischen Grundlage, der hermeneutischen Methode und dem eschatologischen Schema spricht Fruchtenbaums artikulierte Darstellung diejenigen an, die nach einem klaren theologischen System suchen. Die Kombination aus politischer Unterstützung für Israel und einem starken eschatologischen Schwerpunkt wird die messianische Bewegung weiterhin beeinflussen. Sie enthält jedoch auch die Schwächen des Dispensationalismus: seine hermeneutischen Methoden, seine Mischung aus Rationalismus, Romantik und Geschichtsbewusstsein des 19. Jahrhunderts und das Problem, dass Israel und die Kirche zwei Völker Gottes sind. Diese werden sich bei der Mehrheit der messianischen Juden nicht durchsetzen, und sie werden nach Alternativen suchen.

Typ 3 – Israelisch-national und restauratorisch (Nerel)

Die Theologie von Gershon Nerel manifestiert sich in seinen historischen Studien über jüdische Gläubige in der frühen Kirche und im 19. und frühen 20. Jahrhundert. Sein theologisches System liegt eher implizit als explizit in seinen Erzählungen über die Geschichte der jüdischen Gläubigen an Jeschua vor. Er hat noch keine systematische Darstellung seiner Theologie vorgelegt. Dennoch steht er stellvertretend für viele israelische messianische Juden, die ihre Nähe zum Christentum in klar formulierten Glaubensbekenntnissen zum Ausdruck bringen und eine Form des messianischen Judentums praktizieren, die hebräischsprachig und in der modernen israelischen Gesellschaft und Kultur verwurzelt ist, die aber der rabbinischen Orthodoxie als religiösem System wenig Bedeutung beimisst. Kulturell, ethnisch und national identifizieren sie sich, wie die Mehrheit der säkularen Israelis, mit Israel und seinen Bestrebungen als Staat, dienen in der Armee, leben in Kibbuz und Moschaw und lassen ihre Kinder das israelische Schulsystem durchlaufen.

Das Herzstück von Nerels Theologie ist die eschatologische Bedeutung nicht nur der modernen zionistischen Bewegung und der Rückkehr in das Land, sondern auch die Wiederherstellung der jüdischen Jesusgläubigen in Israel, um die ursprüngliche apostolische Kirche von Petrus und Jakobus zu erneuern. Für Nerel hat dies erhebliche Auswirkungen auf die Gestalt und die Einheit der Kirche und fordert sie heraus, sich von Substitutionstheologie und Antijudaismus zu lösen. Die Gläubigen an Jeschua haben eine besondere „eschatologische geistliche Autorität". Sie fordern Israel auf, die bevorstehende Wiederkunft seines Messias anzuerkennen, und rufen die Juden in aller Welt auf, in Vorbereitung auf die Endzeit Alija zu machen. Angesichts von Antisemitismus und Substitutionstheologie ist Nerels messianisches Judentum ein kraftvoller prophetischer Aufruf an Israel und die Völker, zu erkennen, was Gott heute tut. Sein theologisches System befasst sich nicht mit den Feinheiten lehrhafter Formeln, sondern mit einer klaren pragmatischen Einbindung in ein Erneuerungsprogramm. Die Tatsache, dass das messianische Judentum nicht auf eine zwanzig Jahrhunderte alte Tradition zurückblicken kann, ist ein eindeutiger Vorteil bei der Entwicklung seiner Theologie.

Gerade die Tatsache, dass die Gemeinden des messianischen Judentums nicht auf eine zwei Jahrtausende alte Tradition zurückblicken können, hilft ihnen, die Brücke zwischen sich selbst und dem Modell des messianischen Judentums aus dem ersten Jahrhundert, wie es im Neuen Testament dargestellt wird, zu finden.[31]

Es besteht eine deutliche Ähnlichkeit zwischen der messianischen Bewegung der jüdischen Jesusgläubigen und der modernen zionistischen Bewegung. Im Grunde genommen betonen beide Bewegungen die Idee, eine historische Kluft zwischen der modernen Zeit und der biblischen Zeit zu überbrücken. Sie weisen nämlich bewusst den Vorwurf zurück, dass sie ana-

---

[31] Nerel GERSHON, „Modern Assemblies of Jewish Yeshua-Believers between Church and Synagogue", in: Stanley N. GUNDRY (Hg.), *How Jewish is Christianity? Two Views on the Messianic Movement*, Grand Rapids 2003, 106.

chronistische Ansätze pflegen. Zeitgenössische jüdische Jesus-Gläubige und Mainstream-Zionisten bringen das gegenteilige Argument vor, dass sie immer noch ein natürliches Recht darauf haben, die letzten zwei Jahrtausende zu überspringen und sich direkt auf die vorexilische Periode in Israels Geschichte zu beziehen.[32]

Nerels theologische Methode und Form verbindet die unabhängige evangelikale Strömung der früheren Generation messianischer Juden, die in den 1950er Jahren mit der Gründung des Staates Israel und der zionistischen Bewegung Alija machten, mit jüdischer politischer Aktion und christlicher Eschatologie. Seine Eschatologie ist prämillenaristisch, aber er vermeidet die Systematisierung des Dispensationalismus. Seine realisierte Eschatologie betont die Bedeutung des Wiederauftauchens messianischer Juden im Land. Dies könnte in Zukunft ein wichtiger Faktor werden, wenn die messianische Bewegung in Israel wächst und größere politische und prophetische Bedeutung erlangt.

Typ 4 – Neutestamentliche Halacha, Charismatiker und Evangelikale (Juster, Stern)

Der populärste Typus der messianisch-jüdischen Theologie innerhalb der messianischen Bewegung ist der von David Stern und Daniel Juster, die für eine „neutestamentliche Halacha" innerhalb einer Spielart jüdischen Glaubens eintreten, die evangelikal und charismatisch ist.[33] Sie hat dominierenden Einfluss innerhalb der Union of Messianic Jewish Congregations und verbindet den Glauben an Jesus als Messias mit der jüdischen Tradition. Sie bringt die christliche Orthodoxie innerhalb einer jüdischen kulturellen und religiösen Matrix zum Ausdruck und sieht eine prophetische und wiederherstellende Rolle für das messianische Judentum bei der Erneuerung sowohl des Judentums als auch des Christentums. Ihr

---

[32] Nerel GERSHON, „Primitive Jewish Christians in the Modern thought of Messianic Jews", in: Simon C. MIMOUNI (Hg.), *Le Judéo-Christianisme Dans Tous Ses États: Actes Du Colloque De Jérusalem 6–10 Juillet 1998*, Paris 2001, 399–425.
[33] Daniel JUSTER, *Jewish Roots: A Foundation of Biblical Theology for Messianic Judaism*, Rockville 2013. – Weitere Teilnehmer: Burt Yellin; Barney Kasdan und mehrheitlich die Leiter der Union of Messianic Jewish Congregations und der Messianic Jewish Alliance of America.

theologisches System ist eine eklektische Kombination aus evangelischer Innovation und traditioneller jüdischer Observanz.

Die Tora wird im Lichte Jeschuas neu definiert, und die mündliche Tora wird im Lichte des Neuen Testaments kritisch bewertet. Die messianische Bewegung gehört zur Bewegung der Wiederherstellung der ganzen Kirche und ist Teil Israels. Die historisch-prämillenaristische Eschatologie bringt die dringende Erwartung dessen, was Gott im Land und unter dem Volk Israel bewirkt.

Die Erlösung erfolgt nur durch den Glauben an Jeschua. Dennoch ist Israel nach wie vor das Volk Gottes, und seine künftige Errettung ist gesichert. Bis es soweit ist, ist ein evangelikales Zeugnis unerlässlich, aber es muss auf eine Weise geschehen, die kulturell sensibel ist und zeigt, dass die messianische Bewegung Teil der jüdischen Gemeinschaft ist und nicht von ihr getrennt ist oder außerhalb von ihr steht. Die Heilige Schrift ist die höchste Autorität, muss aber kontextabhängig ausgelegt und angewendet werden, gemäß dem von Glasser, Goble und Hutchens entwickelten Ansatz der *Fuller School of World Mission*. Die mündliche Tora kann helfen, die neutestamentliche Halacha zu verstehen und auszulegen. Die Tora, die zu beachten ist, ist die von Jeschua und seinen Nachfolgern, mit einigen angemessenen Anpassungen für die heutige Zeit.

Die Zukunft dieser Strömung innerhalb der Bewegung ist vielversprechend, da sie den Mittelweg zwischen jüdischen und christlichen Einflusssphären einnimmt. Sie hat in vielen messianischen Gemeinden, vor allem in den USA, Anklang gefunden und verbindet einen lebendigen charismatischen Glaubensausdruck mit einer „Tora-positiven" Einstellung zur jüdischen Tradition. Ihre theologische Integrität und Authentizität muss jedoch erst noch deutlich gemacht und die Spannung zwischen Tradition und Innovation überwunden werden. Die bahnbrechenden Aussagen von Juster und Stern in der prägenden Zeit der 1970er und 1980er Jahre müssen noch konsolidiert werden. Es bleibt abzuwarten, wie die Kombination aus charismatischem Evangelikalismus und *New Covenant Torah Observance* von der nächsten Generation in Israel und den USA angenommen wird.

Typ 5 – Traditionelles Judentum und der Messias (Schiffman, Fischer, Berkowitz)

Mehrere unabhängige Denker können zwischen Stern und Juster auf der einen Seite und Kinzer und Hashivenu auf der anderen Seite eingeordnet werden. Sie lassen sich nicht ohne Weiteres zuordnen, da sich ihr Denken noch nicht vollständig herausgebildet hat und es schwierig ist, ihren Beitrag genau zu lokalisieren. Dennoch bringen John Fischer und Michael Schiffman in den USA und Ariel Berkowitz, David Freedman und Arye Powlinson in Israel Perspektiven ein, die sowohl „Tora-positiv" sind als auch die rabbinische Tradition anerkennen, ohne dass sie von Kinzer und der Hashivenu-Gruppe in vollem Umfang bestätigt werden.[34] Die Systematisierung ihrer Ansichten ist unvollständig, und ihre theologische Reflexion bedarf noch weiterer Abstraktion. Sie praktizieren eine halachische Orthopraxie, die vom Glauben an Jesus geprägt ist. Es ist möglich, dass sich aus dieser noch uneinheitlichen Gruppe neue Strömungen der messianisch-jüdischen Theologie herausbilden werden. Während sie der jüdischen Orthodoxie nahe stehen, sieht ihre Offenbarungslehre die rabbinische Tradition nicht als inspiriertes, gottgegebenes Mittel zur Erhaltung des jüdischen Volkes an (wie dies Kinzer tut), aber ihre Einhaltung der rabbinischen Halacha ist stärker als die von Juster und Stern.

Powlinson bringt eine neue Spiritualität in sein Denken ein, und Freedman und Berkowitz bringen eine neue Ausrichtung auf die Tora ein, die sie, wenn auch nicht in der Praxis, so doch im Prinzip den Völkern zugänglich macht.[35] Fischer nähert sich der Tora von seinem eigenen orthodoxen jüdischen Hintergrund aus, aber mit den Augen eines neutestamentlichen Nachfolgers von Jeschua. Diese Gruppe hat orthodoxe christliche Überzeugungen beibehalten, wobei sie sich mit traditionellen jüdischen Ansichten und Einwänden über das Wesen Gottes, des Messias und der Tora auseinandersetzt. Ihre Eschatologie ist prämillenaristisch. Die Einhaltung der

---

[34] David FRIEDMAN, *The Relationship of Yeshua and the First Century CE Messianic Jewish Community to the Mitzvot of the Mosaic Covenant*, Dissertation, California Graduate Scholl of Theology 1992.

[35] Arye POWLISON, „Rabbinic Judaism as a Background to Scripture", in: Tishrei 32,2, (05/2003). Unter: Yeshua and Limits of Rabbinic Authority. http://www.familyrestorationmagazine.org/tishrei032.htm. (06/2003)

Tora folgt der Orthodoxie, erlaubt aber auch eine Neuformulierung, wo dies angebracht ist. Die Heilige Schrift wird im Lichte der rabbinischen Tradition gelesen, steht aber als maßgebliche Offenbarung weiterhin an erster Stelle. Die sich abzeichnende Form dieser Theologie ist nicht klar, könnte aber zu einem „messianischen Chassidismus" mit einem möglicherweise orthodoxeren jüdischen Ausdruck führen.

Typ 6 – „Postmissionarisches messianisches Judentum" (Kinzer, Nichol, Sadan)

Das „postmissionarische messianische Judentum" von Mark Kinzer bietet das Potenzial für ein programmatisches theologisches System. Indem er substitutionstheologische Lesarten der Schrift bekämpft, um für die fortdauernde Erwählung Israels und die Legitimität eines Tora-befolgenden messianischen Judentums zu argumentieren, bedient sich Kinzer postliberaler[36] und postkritischer jüdischer und christlicher theologischer Ressourcen. Sein Verständnis der Offenbarung Gottes durch die Heilige Schrift und die jüdische Tradition erkennt die Bedeutung der jüdischen und christlichen Glaubensgemeinschaften an, durch die diese Offenbarung vermittelt wird. Ekklesiologie und Soteriologie orientieren sich an seinem bilateralen Verständnis (in Anlehnung an Karl Barth) von der Gemeinschaft Gottes, die sowohl aus dem „ungläubigen" Israel als auch aus der Kirche besteht, wobei Jesus in beiden gegenwärtig ist, für die *ekklesia*

---

[36] Der Postliberalismus begann als Reaktion auf den theologischen Liberalismus. Karl Barths Reaktion auf die protestantische liberale Theologie des 19. und frühen 20. Jahrhunderts wurde von einigen seiner Anhänger in den USA aufgegriffen und führte zu einer neuen Auseinandersetzung mit der Bibel, der kirchlichen Tradition und der zeitgenössischen Kultur. Diese verortete sich zwischen den Bezeichnungen „liberal" und „konservativ". Zu den wichtigsten postliberalen Theologen gehören George Lindbeck, Hans Frei und Stanley Hauerwas, und die akademischen Zeitschriften *First Things* und *Pro Ecclesia* sind repräsentativ für das postliberale Denken. Der Postliberalismus wendet sich gegen den Relativismus und Rationalismus des theologischen Liberalismus, mit einer wohlwollenden Auslegung der Bibel und der kirchlichen Tradition, aber mit einer Offenheit gegenüber der theologischen Ökumene, der Existenz und dem Einfluss anderer Religionen und der Auseinandersetzung mit der zeitgenössischen Kultur. Siehe: Richard HARVEY, *Shaping the Aims and Aspirations of Jewish Believers*, Mishkan 48 (2006) 18-21.

sichtbar, von Israel aber nur teilweise anerkannt. Dieses „reife messianische Judentum" wird in der Absichtserklärung von Hashivenu zusammengefasst:

> Unser Ziel ist ein reifes messianisches Judentum. Wir streben einen authentischen Ausdruck jüdischen Lebens an, der die wesentliche Kontinuität mit der jüdischen Tradition bewahrt. Das messianische Judentum wird jedoch von dem Glauben angetrieben, dass Jeschua von Nazareth der verheißene Messias ist, die Fülle der Tora. Ein ausgereiftes messianisches Judentum ist nicht einfach Judentum plus Jeschua, sondern eine integrierte Nachfolge Jeschuas durch traditionelle jüdische Formen und die moderne Praxis des Judentums in und durch Jeschua.[37]

Es ist klar, dass Kinzers Einflüsse und Überzeugungen ihn außerhalb des Mainstreams des protestantischen Evangelikalismus stellen, insbesondere der konservativen Variante, die oft in früheren Formen des messianischen Judentums zu finden ist. Seine Affirmation von der Autorität und Inspiration der Heiligen Schrift wird durch den Respekt vor den jüdischen Auslegungstraditionen, den Einfluss der kritischen und postkritischen Bibelwissenschaft und der postliberalen Theologie gemildert.

Kinzer plädiert für Solidarität mit der jüdischen Gemeinschaft.[38] Er ermutigt zu einer wohlwollenden Identifikation mit den religiösen und kulturellen Anliegen des Judentums, wie sie im nordamerikanischen Kontext anzutreffen sind. Der primäre Identifikationsort ist „innerhalb der jüdischen Gemeinschaft", damit die messianischen Juden „jüdische Enkelkinder haben". Ein Ziel ist es, den Vorwurf der Assimilation zu entkräften, der den jüdischen Jesusgläubigen von der jüdischen Gemeinschaft gemacht wird.

Das „postmissionarische messianische Judentum" ist eine Möglichkeit, die Spannung zwischen der Verkündigung Jesu als Messias und der Bewahrung des jüdischen Glaubens, der jüdischen Praxis und der jüdischen Identität zu bewältigen. Diese Bedenken spiegeln die Herausforderungen wider, vor denen die messianische Bewegung weltweit steht, während sie theologisch, spirituell, gemeinschaftlich und persönlich reifer wird. Kinzers Antwort ist ein messianisches Judentum, das in seiner Liturgie und Praxis an das konservative Ju-

---

[37] http://www.hashivenu.org/what_is.htm (03/2006).
[38] Weitere Mitglieder dieser Gruppe sind Stuart Dauermann, Paul Saal, Rich Nichol, Jason Sobel und der New England Halachic Council.

dentum anknüpft und den Glauben an Jeschua in den Kontext der Loyalität und Identität zum „jüdischen Raum" integriert.

Kinzer sieht Jesus als göttlich, aber innerhalb eines Judentums, das der Möglichkeit der Göttlichkeit und der Inkarnation des Gottessohnes nicht abgeneigt ist. Die historischen christlichen Formulierungen der Trinität sind im jüdischen Kontext unzureichend, weil sie vom Hellenismus durchdrungen sind. Es sind neue postkritische Formulierungen erforderlich, die aus der jüdischen Tradition hervorgehen und als mögliche Verstehenszugänge des Wesens Gottes anerkannt werden. Die Schriften des Judentums und des Christentums sind beide inspiriert und müssen im Rahmen einer nicht-ersatztheologischen Wertschätzung der kanonischen und gemeinschaftlichen Kontexte, in denen sie entstanden sind, interpretiert werden.

Die Tora wird im Lichte der orthodoxen und konservativen Halacha befolgt, mit einigen Modifikationen. Jüdische Gläubige integrieren somit den messianischen Glauben in das traditionelle synagogale Leben und bezeugen den Messias eher durch die Präsenz einer Gemeinschaft innerhalb der jüdischen Gemeinschaft als durch einen offensichtlichen Appell an Einzelpersonen von außen.

Kinzers Ansatz ist der theologisch kreativste Vorschlag, der in den letzten Jahren im messianischen Judentum entstanden ist, aber es bleibt abzuwarten, wie viel Akzeptanz er in der Gemeinschaft finden wird. In seiner Methode und Ausdrucksweise baut er auf dem nordamerikanischen konservativen Judentum auf und entfernt sich deutlich von den evangelikalen Grundlagen, denen ein Großteil des messianischen Judentums noch immer anhängt. Ihre theologische Artikulation ist zwar tiefgründig, findet aber möglicherweise keinen Anklang in weiten Teilen der messianisch-jüdischen Bewegung.[39]

Typ 7 – Rabbinische Halacha im Licht des Neuen Testaments (Shulam)

Joseph Shulam bringt eine israelische Form des messianischen Judentums zum Ausdruck, die sich der Mittel des orthodoxen Judentums bedient. Shulam ruft dazu auf, „messianisch-jüdische Halacha

---

[39] Kinzers Arbeit *Postmissionary Messianic Judaism* (s. Anm. 21) war Gegenstand wichtiger Diskussionen und Rezensionen in: Mishkan 48 (2006) und Kesher 20 (2006).

zu machen" und die „Nabelschnur" zu durchtrennen, die das messianische Judentum mit den christlichen Konfessionen verbindet. Er liest die Heilige Schrift innerhalb des prägenden hermeneutischen Rahmens der jüdischen Tradition. Sein Ziel ist es, der Kirche die jüdischen Wurzeln ihres Glaubens durch eine Reihe von Kommentaren zu den jüdischen Quellen der neutestamentlichen Schriften zu vermitteln.[40]

Das Projekt ist unvollständig, und es ist nicht klar, wie eine solche Theologie formuliert werden soll. Shulams Hauptanliegen ist es, die vorbereitenden Barrieren von zwanzig Jahrhunderten nicht-jüdischer Lektüre der Heiligen Schrift zu beseitigen. Sein Ruf nach einer messianischen Halacha ist eine Reaktion auf die „Entjudung" des messianischen Judentums. Er plädiert zwar für eine Rückkehr zur Halacha, aber es ist nicht klar, in welcher Form dies geschehen wird. Er steht jedoch für einen authentischen und in Israel ansässigen Ausdruck einer jüdischen Orthodoxie, die mit orthodoxen christlichen Überzeugungen hinsichtlich der Person Jesu verbunden ist. Seine Perspektive ist eine, die innerhalb des Spektrums der messianisch-jüdischen Theologie anerkannt werden sollte, und es ist möglich, dass andere seinen Schwerpunkten folgen werden.[41]

Shulam distanziert sich vom Mainstream-Christentum (und dem „gentilisierten" Christentum) und verortet sich selbst im jüdischen sozialen und religiösen Raum. Er verbindet das messianische Judentum mit mystischen Traditionen im Judentum, die zu einer Stärkung seines Glaubens führen. Rabbinische und sogar mystische Traditionen sind Teil des Offenbarungsprozesses und müssen im Gleichgewicht mit der Heiligen Schrift gehalten werden. Shulams theologisches System basiert auf einer midraschischen Herangehensweise an die Heilige Schrift, einer von David Flusser beeinflussten Lesart des Neuen Testaments und einem bestimmten Ausdruck der jüdischen mystischen Tradition (Kabbalah), die in seinen Gesamtansatz einfließt.

---

[40] Joseph SHULAM – Hilary LE CORNU, *A Commentary of the Jewish Roots of Romans*, Baltimore 1997.
[41] Shulams Position wird noch dadurch erschwert, dass immer wieder behauptet wird, seine Christologie sei nicht ganz orthodox. Es wurde auf sein schriftliches Werk Bezug genommen und nicht auf unbestätigte mündliche Äußerungen, die ihm zugeschrieben werden.

Typ 8 – Messianisch-rabbinische Orthodoxie (Brandt, Marcus)

Elazar Brandt vertritt eine Form des messianischen Judentums, die der rabbinischen Orthodoxie nahe steht, jedoch eine Minderheitenposition innerhalb der messianischen Bewegung darstellt. Er ist überzeugt, dass messianische Juden

> alle Anstrengungen unternehmen, um den vier Säulen der jüdischen Existenz verpflichtet zu bleiben, die uns immer zusammengehalten haben – G-tt,[42] Land, Volk und Tora. Die Geschichte zeigt immer wieder, dass Gruppen, die eine dieser Verpflichtungen aufgegeben haben, schnell von der Bildfläche verschwunden sind.[43]

Sein Eintreten für die Einhaltung der Tora ist so stark, dass er feststellen kann:

> Ich wage zu behaupten, dass es weniger gefährlich ist, dem falschen Messias zu folgen als der falschen Tora.[44]

Die Autorität der Tora, die für ihn durch die rabbinische Tradition interpretiert wird, beeinflusst seine Christologie:

> Der rechtmäßige Messias wird nach Jerusalem kommen, wo sein Thron errichtet wird und wo er Israel und die Völker mit Gerechtigkeit gemäß der Tora regieren wird. Es gibt keinen Messias, der die Tora nicht hält und sein Volk nicht lehrt, dies zu tun. Wenn Jeschua die Tora nicht hält und lehrt, dann ist er nicht der Messias – nicht für Israel und auch nicht für andere.[45]

Dies veranlasst ihn, alle Formen der Substitutionstheologie abzulehnen.

> So etwas wie einen Messias, der nicht der Messias Israels ist, gibt es nicht. Ein Messias, der Israel ablehnt und eine andere Volksgruppe erwählt, ist nicht der in der Bibel verheißene Messias.[46]

Messianische Juden haben keinen Sonderstatus innerhalb ihres Volkes als „treuer Rest" (Röm 9–11), sondern nehmen ihren Platz inner-

---

[42] Brandt folgt einem orthodoxen jüdischen Brauch, das Wort „Gott" nicht auszuschreiben.
[43] Elazar BRANDT: E-Mail-Nachricht an den Verfasser, 26. Februar 2007. Um eine genaue Darstellung von Brandts Ansichten zu gewährleisten und weil er nur wenige Stellungnahmen zu diesen Fragen veröffentlicht hat, wird hier ausführlich darauf verwiesen.
[44] Ebd.
[45] Ebd.
[46] Ebd.

halb der Gläubigen in ganz Israel ein. Sie können aufgrund ihres Glaubens an Jeschua keinen Sonderstatus als „Überrest" beanspruchen, da dies andere, die nicht an ihn glauben, entmündigen würde.

Juden, die behaupten, Jeschua zu folgen und seine Tora perfekter zu kennen und zu leben als andere Juden, und die auf dieser Grundlage behaupten, das „wahre Israel" oder der „wahre Überrest Israels" zu sein, sind nicht weniger im substitutionstheologischen Lager als Christen, die glauben, dass G-tt Israel verworfen und stattdessen sie erwählt hat.[47]

Brandts Soteriologie schließt ganz Israel ein.

Das „Israel", das heute durch die Straßen Jerusalems und die Städte im ganzen Land geht, und die Juden, die außerhalb des Landes identifizierbar sind, sind das Israel, das G-tt bis zur Erlösung führen wird. Darauf hat er seinen Namen mit einem Eid gesetzt. Dazu gehören Haredis[48] und Säkulare, Konservative und Reformierte ebenso wie Zionisten und Ungebundene. „Ganz Israel soll gerettet werden", sagte Paulus. Wenn G-tt dieses Versprechen nicht einhält, dann ist er nicht G-tt. Er hat es selbst gesagt.[49]

Brandts Hermeneutik fordert eine Rückkehr zur halachischen Orthodoxie. Für Brandt bedeutet dies, dass er sich von einem „vergeistigenden und phantasierenden" Zugang zur Bibel verabschiedet und zu „wörtlicher Auslegung und Gehorsam" zurückkehrt. Juden, die an Jeschua glauben, bleiben Juden. Sie sind aufgerufen, Buße zu tun, nicht indem sie „persönliche Sünden bereuen", sondern indem sie zum Bund zurückkehren und „unserem Gott, unserem Land, unserem Volk und unserer Tora treu bleiben". Was das Zeugnis der messianischen Juden gegenüber ihrem Volk angeht:

Unser bestes Zeugnis gegenüber unserem eigenen Volk wird sein, wenn wir zeigen können, dass wir dies tun, weil wir Jeschua begegnet sind. Stattdessen haben wir unser Bestes getan, um zu zeigen, dass wir unseren Bund mit den vier Säulen [Gott, Land, Volk und Tora] gebrochen haben, seit wir Jeschua getroffen haben. Welchen Grund gibt es heute oder in der Vergangenheit für unser Volk, uns anders zu sehen?[50]

---

[47] Ebd.
[48] *Haredi* ist ein modernes hebräisches Adjektiv, abgeleitet von dem biblischen Verb *hared* (vgl. Jes 66,2.5), das mit „[jemand, der] vor dem Wort Gottes zittert" übersetzt wird. Das Wort bezeichnet eine von Ehrfurcht geprägte Furcht, den Willen Gottes zu erfüllen (Anm. d. Übers.).
[49] Ebd.
[50] Ebd.

Dieser Typus befindet sich am äußersten Ende des Kontinuums und bringt eine Tendenz zum Ausdruck, sich auf Kosten der christlichen Bekenntnisse und Spezifika wieder dem Judentum anzunähern. Uri Marcus vertritt eine revidierte Adoptions-Christologie, Elazar Brandt fühlt sich innerhalb der jüdischen Orthodoxie wohler, und ultra-orthodoxe Chassidim, die zum Glauben an Jesus kommen, bleiben in ihren Gemeinden und praktizieren als „heimliche Gläubige", unsichtbar für Außenstehende, als Teil einer „Insider-Bewegung".

Wie Brandt distanziert sich Marcus vom „hellenistischen" und „heidnischen" Christentum. Marcus schließt sich den orthodoxen jüdischen Ansichten über die Unteilbarkeit und Einzigartigkeit des göttlichen Wesens an, was die Möglichkeit der Trinität ausschließt. Seine dispensationale, prämillenaristische Eschatologie und ihre charismatische Ausprägung stehen jedoch in engem Zusammenhang mit dem christlichen Zionismus, und seine Leugnung der Trinität und der Inkarnation hat in christlich-zionistischen und messianisch-jüdischen Kreisen Kontroversen ausgelöst.

Für Marcus ist Jesus der menschliche Messias, der keinen Anspruch auf die Gottheit erhoben hat und nicht göttlich ist. Die Heilige Schrift wird im Kontext der rabbinischen Tradition gelesen, die die Ergebnisse einer solchen Lektüre beeinflusst und prägt. Die rabbinische Halacha wird akzeptiert, und es gibt wenig offene Verkündigung. Auch wenn die Theologie dieser Strömung noch nicht umfassend oder systematisch artikuliert worden ist, handelt es sich um eine einflussreiche, wenn auch heterodoxe Gruppe innerhalb der messianischen Bewegung. Ohne eine klarere Definition der Bedeutung Jeschuas ist es wahrscheinlich, dass diese Gruppe für einige einen Weg zurück in die jüdische Orthodoxie darstellt und dass eine wachsende Zahl messianischer Juden die Bezeichnung „orthodox" oder „einfach jüdisch" annehmen wird.

5. Was sind die tatsächlichen Fakten und Zahlen?

Weltweit gibt es etwa 150.000 jüdische Jesusgläubige, nach konservativen Schätzungen 100.000 in den USA, etwa 15.000–30.000 in Israel, der Rest verteilt sich auf die etwa 14 Millionen jüdischen Menschen weltweit. In den USA gibt es über 200 messianische Gruppen, in Israel etwa 280.

Weltweite Bevölkerungsschätzung der jüdischen Jünger Jesu (2020)

Land	Gesamt-bevölkerung	jüdische Kern-bevölkerung	Law of Return Population (LRP)[51]	davon Mitglieder etablierter Kirchen[52]	Jesus-gläubige Juden[53]	Messian.-Jüd. Gemeinden (MJG)	Gottes-dienstteil-nehmer	Messian. Juden in Messian.-Jüd. Gemeinden
Welt (100 %)[54]	**7.691 Mi-o.**	**14.787.200**	**23.809.100 (0,2 %)**	**476.282**	*150.000*	**511**	**37.873**	**15.635**
N- und S-Amerika	**1.011 Mi-o.**	**6.466.900**	**13,416,700 (1.3 %)**	**268,330**	*120,000*	**181**	**10,185**	**3,001**
USA (39 % aller messian. Juden)	329 Mio.	5.700.000	12.00 0.000 (3,6 %)	240.000/ (870.771[55])	*100.000*	166	9.535	2.851

[51] Sergio DELLAPERGOLA, „World Jewish Population, 2020", *American Jewish Year Book* 2020, Cham 2020, 273–370. Zur „Law of Return Population" (LRP) gehören Personen, welche aufgrund ihrer jüdischen Vorfahren die israelische Staatsbürgerschaft erwerben können (Anm. d. Übers.).

[52] Schätzungen sind *kursiv* gedruckt. Für Gläubige mit jüdischem Hintergrund in Kirchen verwenden wir eine vorsichtige Schätzung von 2 % der LRP, da abgesehen von Israel die breitere Bevölkerung in diesen Ländern traditionell christlich ist, aber es gibt auch andere Schätzungen wie die der Glaser/Lifeway-Umfrage 2018 (siehe unten). Für Israel sind einige Schätzungen mehr als doppelt so hoch wie die hier genannte Zahl.

[53] Geschätzt 10–30 % der LRP in traditionellen Kirchen.

[54] Sergio DELLAPERGOLA, „World Jewish Population, 2020" (s. Anm.), 273–370.

[55] Mitch GLASER, „How Many Jewish Believers in Yeshua are there in the World Today?" Vortrag gehalten auf dem Messianic Leaders Roundtable, Phoenix, 12.–14.11.2018; https://www.academia.edu/39721916/How_Many_Jewish_Believers_in_Yeshua_are_there_in_the_World_Today (05/2022), 12: „Diese Zahl beläuft sich hochgerechnet auf 870.771 und spiegelt eine Lifeway-Formel wider, die besagt, dass 16 % der erwachsenen US-Bevölkerung evangelischen Glaubens sind – fast 40 Millionen Men-schen (6/2016 https://www.census.gov/

Einführung in die messianisch-jüdische Wirklichkeit

Land	Gesamt-bevölkerung	jüdische Kern-bevölkerung	Law of Return Population (LRP)	davon Mitglieder etablierter Kirchen	Jesus-gläubige Juden	Messian. Jüd. Gemeinden (MJG)	Gottes-dienstteil-nehmer	Messian. Juden in Messian.-Jüd. Gemeinden
Union der messianisch-jüdischen Gemeinden 65 Gemeinden / 3.000 Gottesdienstteilnehmer / 1.000 messian. Juden							
MJAA 101 Gemeinden / 6.535 Gottesdienstteilnehmer / 1.851 messian. Juden							
Kanada (2.7%)	37 Mio.	393.000	700.000 (1,9%)	14,000	2.000	10	400	*100*[56]
Mittel- und Südamerika inkl. Karibik[57]	644,5 Mio.	373.800	716.300 (0,1%)	14.330	2.000	5	250	*50*[58]
Israel (46%)[59]	9,1 Mio.	6.773.400	7.220.700 (79%)	144.410	15.000	284	15.323	**8.125**[60]

popdock/). Die Lifeway-Analysten haben diese Bevölkerungsgruppe dann mit dem Prozentsatz derjenigen multipliziert, die angaben, mindestens einen jüdischen Eltern- oder Großelternteil zu haben, was genauer gesagt 2,1817% betrug, um die Zahl 870.771 zu ermitteln. Legt man die breitere Pew-Schätzung von 7,8 Millionen jüdischen Erwachsenen in den USA zugrunde, sowohl nach ethnischer Zugehörigkeit als auch nach Religion (was noch näher erläutert werden wird), so würde der Prozentsatz erwachsener amerikanischer Juden mit evangelikalen Überzeugungen etwa 12% betragen".

[56] Schätzung: Andrew Barron.
[57] Länder mit großer LRP sind Argentinien (360.000), Brasilien (180.000), Mexiko (65.000), Uruguay (28.000), Chile (28.000), Panama (13.000) und Venezuela (14.000), aber diese haben keine bekannten messianisch-jüdischen Gemeinden.
[58] International Alliance of Messianic Congregations and Synagogues (IAMCS).
[59] Staat Israel (de jure), einschließlich Judäa-Samaria, zur Vollständigkeit der jüdischen Bevölkerungszahlen.
[60] David SERNER – Alex GOLDBERG, *Jesus-Believing Israelis: Exploring Messianic Fellowships*, Jerusalem 2022; vgl. Erez SOREF, *Findings of New Research on the Messianic Movement in Israel*, https://www.oneforisrael.org/bible-based-teaching-from-israel/findings-of-new-research-on-

Land	Gesamt-bevölkerung	jüdische Kern-bevölkerung	Law of Return Population (LRP)	davon Mitglieder etablierter Kirchen	Jesus-gläubige Juden	Messian.-Jüd. Gemeinden (MJG)	Gottes-dienstteil-nehmer	Messian. Juden in Messian.-Jüd. Gemeinden
Europa[61] (9%)	**829 Mio.**	**1.329.400**	**2.820.800 (0,3%)**	**56.420**	**10.000**	**205**	**11.700**	**4.300**
Frankreich (3%)[62]	64,8 Mio.	448.000	750.000 (1,2%)	15.000	1.500	10	800	60
Russland (1%)	146,7 Mio.	155.000	600.000	12.000	1.500	20	2.000	1.000[63]
Vereinigtes Königreich (2%)	66,8 Mio.	292.000	410.000	10.649[64] 8.200	1.200	15	600	60

the-messianic-movement-in-israel/; DERS., „The Messianic Jewish Movement in Modern Israel", in: Mitch GLASER (Hg.): *Israel, the Church and the Middle East* Grand Rapids 2018, 144–48. Soref schätzt 30.000–60.000 messianische Juden in 300 Gemeinden. Nur in Israel gibt es mehr jüdische als nichtjüdische Gottesdienstteilnehmer in den messianisch-jüdischen Gemeinden (53%). In Russland liegt der Anteil bei 50%, in den USA bei 28,5% und in Frankreich bei nur 7,5%. Dass jüdische Mitglieder in MJCs in der Minderheit sind, kann Auswirkungen auf die Entwicklung eines authentisch jüdischen Gemeindelebens und einer authentischen Theologie haben.

[61] 28 EU-Mitgliedstaaten, plus ehem. Sowjetunion (einschließlich ganz Russland), plus sonstiges Europa. Die Türkei hat eine LRP von 23.000, aber keine bekannte messianisch-jüdische Gemeinde. Länder mit einer LRP unter 9.500 sind nicht aufgeführt (z. B. in absteigender Reihenfolge: Tschechien, Bulgarien, Griechenland, Irland, Slowakei, Portugal; zu den Ländern mit 500 Juden oder weniger gehören die Kanalinseln, Nordmazedonien, Malta und Slowenien.

[62] Joshua Turnil: E-mail, 20.06.2022.

[63] Paula JUNTILLA, „Europe and Messianic Congregations: A brief summary", in: *Euroopan juutalaisten kuts*, Paula JUNTILLA – Harri KRÖGER (Hg.), Keruuu 2013; persönliche E-Mail von Maxim Ammosov (Moskau); Patmos; Keymedia-Mitarbeiter (2013).

[64] JUNTILLA, „Europe" (s. Anm. 64).

Land	Gesamt-bevölkerung	jüdische Kern-bevölkerung	Law of Return Population (LRP)	davon Mitglieder etablierter Kirchen	Jesus-gläubige Juden	Messian-Jüd. Gemeinden (MJG)	Gottes-dienstteil-nehmer	Messian. Juden in Messian.-Jüd. Gemeinden
Deutschland (0,8%)	83,1 Mio.	118.000	275.000[65]	5.500	500	25	1500	500[66]
Ukraine	42 Mio.	45.000	200.000	4.000	2.000	100	5000	2.000[67]
Ungarn	9,8 Mio.	47.200	130.000 (1,3%)	2.600	200	1	30	10[68]
Niederlande	17,3 Mio.	29.800	63.000	1.260	200	15	500	50[69]
Italien	60,3 Mio.	27.300	48.000	960	30	1	30	10[70]
Belgien	11,5 Mio.	29.000	45.000	900	100	2	30	50[71]
Weißrussland	9,5 Mio.	8.500	33.000	660	250	10	1000	200[72]

[65] Laut Sergio DELLAPERGOLA („World Jewish Population 2013", in: *The American Jewish Year Book 2013*, Arnold DASHEFSKY – Ira M. SHESKIN (Hg.), Bd. 113, Dordrecht 2013, 279–358, besteht Deutschlands jüdische Kernbevölkerung (2013 um 118.000) bis auf etwa 5–6.000 aus Einwanderern aus dem Gebiet der ehemaligen Sowjetunion; wenn man nicht praktizierende Juden mitzählt, sind es gegen 250.000.
[66] Vladimir PIKMAN, E-mail: 25.06.2022.
[67] Roger Finch, Messianic Bible Institute, Odessa 2013, via Paula Juntilla.
[68] Kata Tar, Budapest, 10. August 2022.
[69] Juntilla, E-Mail von Renaldo van de Schuur (Israel and the Bible).
[70] Ebd.; Dr. Ron Diprose; Anja Kolehmainen (Finnish Lutheran Folksmission).
[71] JUNTILLA, Europe.
[72] Ebd.

Land	Gesamt-bevölkerung	jüdische Kern-bevölkerung	Law of Return Population (LRP)	davon Mitglieder etablierter Kirchen	Jesus-gläubige Juden	Messian.-Jüd. Gemeinden (MJG)	Gottes-dienstteil-nehmer	Messian. Juden in Messian.-Jüd. Gemeinden
Schweden	10,3 Mio.	15.000	30.000	600	70	0	0	50
Schweiz	8,6 Mio.	18,500	28.000	560	60	1	30	10[73]
Spanien	47 Mio.	11,800	20.000	400	40	0	0	50
Österreich	8 Mio.	10,300	20.000	400	50	1	50	10
Rumänien	19 Mio.	9,200	20.000	400	40	0	0	200
Lettland	1,9 Mio.	4,800	16.000	320	30	3	100	30[74]
Polen	38 Mio.	3,200	10.000	200	20	0	0	0
Litauen	2,8 Mio.	2,400	10.500	210	25	1	30	10[75]
Dänemark	5,8 Mio.	6,400	9.500	190	20[76]	0	0	0

[73] Stephen Pacht, Swiss Messianic Jewish Alliance.
[74] Ebd.
[75] Ebd.
[76] Ebd.

Land	Gesamt-bevölkerung	jüdische Kern-bevölkerung	Law of Return Population (LRP)	davon Mitglieder etablierter Kirchen	Jesus-gläubige Juden	Messian. Jüd. Gemeinden (MJG)	Gottes-dienstteil-nehmer	Messian. Juden in Messian.-Jüd. Gemeinden
Afrika, Asien, Oceanien[77] **(1.5 %)**	**5,842 Mi-o.**	**217.500**	**350.900**	**7.010**	**700**	**4**	**200**	**60**
Australien (0,8%)	25 Mio.	118.000	160.000	3.200	300	2	100	30
Südafrika	58,6 Mio.	52.300	85.000	1.700	200	2	100	30
Welt (100%)	**7,691 Mi-o.**	**14.787.200**	**23.809.100**	**476.180**	**150.000**	**674**	**37.408**	**15.486**[78]

---

[77] Ohne Russland und die Türkei; Israel ist unabhängig aufgeführt. Andere Länder mit großer LRP sind Aserbaidschan (20.500), Iran (13.000), Neuseeland (10.500), Usbekistan (10.000) und Kasachstan (9.500), aber diese Länder haben keine bekannten messianisch-jüdischen Gemeinden. In allen anderen, einschließlich Indien und China, liegt die LRP unter 9.500.
[78] Die Tabelle wurde mit Hilfe von James Patrick und Andrew Smith erstellt.

Die Zahlen und demographischen Daten der messianischen Juden und messianischen Gemeinden weltweit müssen noch systematisch zusammengestellt werden. In der nachstehenden Tabelle werden verschiedene Methoden zur Schätzung dieser Zahlen verwendet, die unterschiedlich zuverlässig sind. In Anlehnung an die Methoden des Demographen Sergio DellaPergola zur Schätzung der jüdischen Weltbevölkerung verwenden wir die Schätzungen für die Personen mit einem jüdischen Großelternteil, die nach dem Rückkehrgesetz die israelische Staatsbürgerschaft erhalten können. Ein Teil der zur Rückkehr berechtigten Juden ist schätzungsweise Mitglied in Kirchen. Anschließend wird die Zahl derer, die sich selbst als jüdische Jünger Jesu in den etablierten Kirchen definieren, erhoben. Wir verwenden dann die verfügbaren Daten aus nationalen Erhebungen über messianische Gemeinden, die deren allgemeine Besucherzahl und die Zahl der einzelnen jüdischen Jünger Jesu in ihnen angeben. Auch wenn diese Zahlen auf unterschiedliche Weise zusammengestellt werden, gibt es vernünftige Gründe, sie als Schätzung der Zahl der messianischen Juden in messianischen Gemeinden weltweit zu präsentieren.

Schlussfolgerung

Die messianisch-jüdische Realität umfasst weniger als zwei Prozent der jüdischen Weltbevölkerung von fünfzehn Millionen, was wiederum weniger als 0,02 % der Weltbevölkerung von 7,6 Milliarden Menschen entspricht. Und doch ist die Bewegung heute, nach zweitausend Jahren, eine Realität, und zwar wegen eines einzigen jüdischen Mannes, des Messias Jeschua. Es war Samuel Taylor Coleridge, der sagte, dass „das Symbol an der Wirklichkeit teilhat, die es begreifbar macht".[70]

Wir existieren, um Israel und allen Völkern die Wirklichkeit Jeschuas, des Messias Israels und Erlösers aller Völker, zu vermitteln. Für den Verfasser dieses Beitrags ist die messianisch-jüdische Reali-

---

[70] William SHEED, The Complete Works of Samuel Taylor Coleridge Bd. I, New York 1853, 437, in: Mary RAHME, Coleridge's Concept of Symbolism in: Studies in English Literature, 1500-1900, Bd. 9/4, Nineteenth Century, Autumn 1969, 619–632, 621.

tät eine zutiefst persönliche Realität. Ich gehöre zu einer Gruppe, die sich als jüdische Anhänger des Messias Jesus versteht. Die Dimensionen meines persönlichen Hintergrunds, meiner Erziehung und religiösen Bildung als assimilierter, liberaler britischer Jude deutscher und russisch-polnischer Abstammung in Verbindung mit meiner Erfahrung und meinem Glauben an Jeschua (Jesus) als Messias Israels und Erlöser aller Völker fordern mich heraus, dieses Gefühl der Berufung zu leben und zum Ausdruck zu bringen – ein ungewöhnliches Geschenk, das ich vom Allmächtigen erhalten habe.[71] Die moderne messianisch-jüdische Bewegung ist eine junge Bewegung, aber sie versucht, in der heutigen Welt die uralte Frage zu beantworten: „Was bedeutet es, Jude zu sein und an Jesus zu glauben?"

Aus dem Englischen übersetzt von Johannes Cornides und Markus Roser.

---

[71] Richard Harvey, *But I'm Jewish!* (San Francisco, 1996). Available online at https://www.dropbox.com/s/khpam9p1xgqnrz5/BIJ.pdf?dl=0.

Wer sind die hebräischen Katholiken heute?

David M. Neuhaus SJ

Die beiden Gesprächspartner in diesem Band scheinen messianische Juden und Christen zu sein. Als jemand, der sich selbst als jüdischer Katholik definiert, bin ich mir nicht sicher, wo ich da hineinpasse. Aber eben dies, nehme ich an, ist ein wichtiger Teil einer theologischen, theoretischen Diskussion und nicht nur eine persönliche Frage der Identität. Eine weitere Vorbemerkung: ich bin mir bewusst, dass es einen falschen Eindruck erwecken kann, wenn ich (nur) von Katholiken spreche, als ob alle Juden in der Kirche, innerhalb des Leibes Christi, Katholiken seien. Das hieße, die wichtigen Einzelpersonen und Gemeinschaften zu ignorieren, die es in den orthodoxen und östlichen Kirchen gibt, ebenso wie in den anderen kirchlichen Gemeinschaften, die aus der Reformation hervorgegangen sind, und in jenen, die evangelikal sind.

Definitionen

Zu den vielen Aspekten der Neuausrichtung des Diskurses der katholischen Kirche über Juden und Judentum nach dem Zweiten Vatikanischen Konzil in den 1960er Jahren gehört auch der Wandel, den die katholische Kirche in den vergangenen Jahrzehnten in Bezug auf die jüdische Identität derjenigen vollzogen hat, die katholisch geworden sind. Früher wurde ein getaufter Jude als Ex-Jude bezeichnet, der seine jüdische Identität am Taufbecken aufgegeben hatte. Juden waren nun Katholiken, und die jüdische Identität sollte abgelegt werden. In unserer Zeit jedoch können Juden, die in die katholische Kirche hinein getauft werden, ihre jüdische Identität nicht nur behalten, sondern sogar feiern. Papst Johannes Paul II. beschrieb 1987 in seiner Ansprache an die jüdische Gemeinde in Köln die emblematische jüdische Katholikin Edith Stein als „eine Tochter Israels, die als Katholikin mit Jesus und als Jüdin mit ihrem Volk verbunden blieb."[1]

---

[1] JOHANNES PAUL II., *Ansprache an die Mitglieder des Zentralrats der Juden* vom

Wer sind die hebräischen Katholiken heute?

In seiner Predigt anlässlich der Heiligsprechung von Edith Stein im Jahr 1998 erklärte Johannes Paul II.: „Sie verstand, dass es für sie sehr wichtig war, eine Tochter des auserwählten Volkes zu sein und Christus nicht nur geistig, sondern auch durch das Blut anzugehören."[2]

Obwohl es nur wenige Katholiken gibt, die Juden sind, ist die Gruppe sehr vielfältig. Aus institutioneller Sicht sind die beiden bekanntesten Vereinigungen, welche katholische Juden zusammenführen, das St.-Jakobus-Vikariat für hebräischsprachige Katholiken in Israel (im Volksmund als „*Kehilla*" bekannt) und die *Association of Hebrew Catholics* (Vereinigung der Hebräischen Katholiken), die vor allem in der englischsprachigen jüdischen Diaspora aktiv ist. Interessanterweise gehören zu den Gründungsmitgliedern beider Strukturen zwei jüdische Katholiken, die im Kloster Stella Maris in Haifa Karmeliter wurden, Daniel (Oswald) Rufeisen (1922–1998) und Elias (John) Friedman (1916–1999). Die unterschiedlichen Perspektiven, welche diese beiden emblematischen Persönlichkeiten kennzeichnen, zeigen die große Vielfalt, die unter den jüdischen Katholiken zu finden ist. Diese Vielfalt drückt sich sogar in der Wahl der Terminologie aus: „hebräischsprachiger Katholik" oder „hebräischer Katholik". Ich selbst werde den Begriff „jüdisch-katholisch" vorziehen und hoffe, dass die Unterschiede im Folgenden deutlich werden.

Während die katholische Kirche heute die jüdische Identität der jüdischen Katholiken feiert, haben sie selbst, wie alle anderen Juden auch, ständig mit dem Dilemma zu kämpfen, was es bedeutet, heute jüdisch zu sein. Ein Jude ist nach dem Religionsgesetz das Kind einer jüdischen Mutter oder jemand, der zum Judentum konvertiert. Ist das Jude-Sein heute in erster Linie eine religiöse Realität, oder ist es eine nationale/kulturelle/ethnische Realität? Es wäre zweifellos richtig, bis zum Beginn der Moderne vom jüdischen Volk als einer religiösen Realität zu sprechen. Damals definierte die Halacha (die jüdische Religionspraxis) die jüdische Identität. Die Moderne hat allerdings nicht nur die Einheitlichkeit der Praxis innerhalb der traditionellen jüdischen Identität durch die Entstehung verschiedener Strömungen des Judentums (Ultra-Orthodoxie, moderne Ortho-

---

1. Mai 1987: https://www.vatican.va/content/john-paul-ii/de/speeches/1987/may/documents/hf_jp-ii_spe_19870501_cons-centrale-ebrei.html.
2 JOHANNES PAUL II., *Predigt zur Heiligsprechung von Edith Stein* am 11. Oktober 1998: https://www.vatican.va/content/john-paul-ii/de/homilies/1998/documents/hf_jp-ii_hom_11101998_stein.html.

doxie, konservatives Judentum, Reformjudentum usw.) zerstört, sondern auch eine jüdisch-säkulare Ablehnung der traditionellen religiösen Praxis insgesamt hervorgebracht. Kann man jedoch behaupten, jüdisch zu sein, wenn man eine andere Religion praktiziert? Dies war der Standpunkt von Rufeisen in seinem Prozess vor dem Obersten Gerichtshof in Israel Anfang der 1960er Jahre.

Während unter den Juden heute wenig Einigkeit darüber herrscht, was einen Juden ausmacht, behaupte ich, dass sich zwei wichtige Elemente in der Identität des heutigen Juden herausgebildet haben: ein Gefühl der Volkszugehörigkeit und ein Gefühl der gemeinsamen Geschichte. Diese beiden Elemente sind entscheidender als die Religion, wenn es darum geht, Juden heute zu vereinen, wo doch die Mehrheit der Juden keine Form der traditionellen Religion praktiziert. Während das Element der Torah früher den Kern der Identität bildete, haben heute die Begriffe *'Am* (Volk) und *Eretz* (Land) die Torah weitgehend in den Schatten gestellt. Unter den jüdischen Katholiken gibt es einige wenige, die Aspekte des halachischen jüdischen Lebens (Schabbat, Kaschrut usw.) beibehalten, doch die große Mehrheit derjenigen, die ihre jüdische Identität beanspruchen, tun dies in einem modernen Sinne: „Wenn ein säkularer Jude, der wenig oder nichts von der jüdischen Tradition praktiziert, jüdisch sein kann, warum dann nicht ich?"

Jude sein in der Kirche

Wie dem auch sei – was bedeutet es, heute in der Kirche Jude zu sein? Welchen Status hat der jüdische Katholik als Jude? Ich würde annehmen, dass kein Katholik ein Problem mit einem jüdischen Katholiken hat, der auf seiner oder ihrer nationalen, ethnischen, soziologischen oder kulturellen jüdischen Identität besteht. Sowohl Rufeisen als auch Friedman waren stark zionistisch eingestellt und betrachteten den Staat Israel als eine neue Periode in der jüdischen Geschichte, welche die Juden, die sich in ihrem Staat sicher fühlen, für Christen und das Christentum öffnen könnte. Sie hatten jedoch unterschiedliche Auffassungen davon, was es bedeutet, in der Kirche Jude zu sein.

Einerseits glaubten Rufeisen und andere Gründer der *Kehilla*, dass sie die alte „Kirche aus der Beschneidung", die Gemeinschaft des Heiligen Jakobus in Jerusalem, wiederherstellten, eine Gemeinschaft von Juden, die an Jesus glauben, ohne aufzuhören, Juden zu sein. Rufeisen sagte zum Beispiel: „Für mich war die Annahme des Christentums ein jüdischer Schritt."[3] Er würde darauf bestehen, dass seine Hinwendung zu Jesus als Messias von seiner jüdischen Identität durchdrungen war, ein Schritt, der jenem der ersten jüdischen Jünger Jesu ähnelt. Aus theologischer Sicht wollten die Gründer der *Kehilla*, dass der Ausdruck ihres Glaubens an Jesus als Messias jüdisch war, nicht nur tief in den Schriften Israels verwurzelt, sondern auch in den Ausdrucksformen des jüdischen Volkes über die Jahrhunderte hinweg formuliert und somit in der hebräischen Sprache zu Hause, in einer mehrheitlich jüdischen Gesellschaft, und in einem Staat, der sich als jüdisch definierte. Was die Gläubigen der *Kehilla* zusammenbringt, ist ihr gemeinsamer Gebrauch der hebräischen Sprache und ihre Beheimatung in der jüdischen Gesellschaft. Dies ist ein eher säkulares und modernes Verständnis von Jüdisch-Sein.

Andererseits bestand Friedman darauf, dass der hebräische Katholik ein Israelit sei, ein Mitglied des Volkes Israel, dass aber jüdische Tradition, Praxis und Glaube, die auf der jüdischen Religion beruhen und durch die Offenbarung Christi nicht erleuchtet wurden, für den hebräischen Katholiken nicht mehr angemessen seien. Er schrieb in seinem Werk *Jewish Identity*: „Ein Israeli, der sich heute dem christlichen Glauben anschließt, ist kein Judenchrist. Judenchristen besuchten nicht nur die Synagoge bis zu ihrer Vertreibung um das Jahr 80 der christlichen Zeitrechnung, sie glaubten auch, dass das Gesetz Moses noch gültig sei."[4] Überreste der jüdischen Kultur sollten nur beibehalten werden, um Juden zu ermutigen zu konvertieren, ohne Angst zu haben, ihre spezifische nationale Identität zu verlieren. Die Einhaltung des Sabbats oder das Pessach-Mahl könnten im katholischen Kontext von Katholiken jüdischer Herkunft praktiziert werden, um ihre israelische Identität zum Ausdruck zu bringen. In einem 2010 veröffentlichten Interview des Schirmherrn der Vereinigung, Kardinal Raymond Burke, mit David Moss, dem Präsidenten der *Association of Hebrew Catholics*, stellte Burke klar, dass traditionelle jüdische Praktiken erlaubt sind, weil sie im Licht

---

[3] Vgl. Nechama Tec, *In the Lion's Den. The Life of Oswald Rufeisen*, Oxford 1990, 168.
[4] Elias Friedmann, *Jewish Identity*, New York 1987, 65.

Christi ausgeübt werden.[5] Das Interview unterstreicht nachdrücklich, dass getaufte hebräische Katholiken weiterhin zu den Auserwählten Gottes gehören und als Erben des historischen Israel einen besonderen Platz einnehmen. In dem langen Interview wird jedoch kein Wort über den Status von Juden gesagt, die nicht an Christus glauben. In dem Faltblatt, das die *Association of Hebrew Catholics* vorstellt, heißt es allerdings: „Das tragische Exil des nachchristlichen Judentums war auf seinen Unglauben, seine Weigerung, die Göttlichkeit Jesu anzuerkennen, zurückzuführen. Das Wissen darum sollte die hebräischen Katholiken dazu veranlassen, diese Situation durch ihre beispielhafte Orthodoxie zu überwinden."[6] – Erwartet werden hier also orthodoxer katholischer Glaube und katholische Praxis.

Katholisch sein in Israel

Wenn jüdische Katholiken inmitten der jüdischen Gesellschaft leben, sei es in Israel oder in der Diaspora – welche Beziehung haben sie dann zu ihren jüdischen Brüdern und Schwestern, die Jesus nicht als Messias annehmen? Wiederum charakterisiert (oder vielleicht karikiert) unsere emblematische Verwendung der beiden Stella Maris-Karmeliter die Vielfalt.

Rufeisen und die Gründer der *Kehilla* förderten eine Beziehung des Dialogs mit Juden, auch mit religiösen Juden, und verzichteten auf jegliche Form der Missionierung. In diesem Sinne hat in den letzten Jahren eine Partnerschaft zwischen der *Kehilla* und einer Synagogengemeinde in Jerusalem, *Kehillat Zion,* stattgefunden, die nicht nur gemeinsame soziale Aktionen, sondern auch Studien umfasst. Die Mitglieder der beiden *Kehillot* besuchen die liturgischen Gottesdienste der jeweils anderen Gemeinde ohne Synkretismus, sondern im Geiste von Respekt und Dialog. Eine ähnliche Verbrüderung, wenn auch weniger häufig, wurde zwischen der *Kehilla* in Beer-

---

[5] David Moss, „An interview with Archbishop Raymond Burke on the occasion of the AHC conference of October 1–3, 2010", in: *The Hebrew Catholic* 88 (2010–2011) 34–35.
[6] Vgl. https://www.hebrewcatholic.net/wp-content/uploads/2013/07/Presenting-AHC.pdf.

scheba und einer örtlichen Synagoge hergestellt. Zweifellos wird dieser Dialog dadurch erleichtert, dass sich die *Kehilla* als katholische Gemeinde präsentiert, die Hebräisch spricht, und nicht als jüdisch-katholische Gemeinde.

Die *Kehilla* hat die traumatischen Beziehungen zwischen Juden und Christen durch die Jahrhunderte hindurch hervorgehoben und erkannt, dass Mission in jeder Form Teil des Problems ist. Sie ist bestrebt, eine liebevolle Präsenz der Kirche inmitten des Volkes Israel zu verkörpern. Auf ihrer Website beschreibt die *Kehilla*, dass sie „die Beziehungen zwischen Juden und Christen stärken, das Bewusstsein der Kirche für ihre jüdischen Wurzeln und die jüdische Identität Jesu und seiner Apostel schärfen" und „das Bewusstsein der Juden in Israel für die Geschichte, die Lehre und den Beitrag der katholischen Kirche zur Gesellschaft schärfen" will.[7] Unsere Gläubigen sind voll in das Leben der israelisch-jüdischen Gesellschaft und in das Leben der katholischen Kirche eingebunden." Diese liebevolle Präsenz ist eine, in der sich Juden im Idealfall nicht durch Bekehrungsbemühungen bedroht fühlen, sondern sich zu Hause fühlen und die jüdischen, hebräischen und israelischen Konturen der *Kehilla* erkennen. Im Hirtenbrief, der zum 60-jährigen Bestehen der *Kehilla* veröffentlicht wurde, heißt es: „Seid stets bereit, jedem Rede und Antwort zu stehen, der von euch Rechenschaft fordert über die Hoffnung, die euch erfüllt" (1 Petr 3,15).[8] Zeugnis ersetzt in der *Kehilla* Mission und impliziert Dialog.

Die *Association of Hebrew Catholics* vermeidet zwar das Wort „Mission", verwendet aber das Wort „Zeugnis" als Synonym für „Mission". In der Eröffnungserklärung auf ihrer Website heißt es: „Wenn Sie katholisch sind, hoffen wir, dass Sie motiviert sind, mehr zu erfahren und mit uns an dieser Aufgabe zusammenzuarbeiten. Wenn Sie jüdischer Herkunft sind, hoffen wir, dass Sie sich uns anschließen, um ein kollektives Zeugnis des jüdischen Volkes für Jesus und seine Kirche zu geben."[9] Das kollektive Zeugnis besteht darin, dass Juden zu Juden über Christus sprechen und sie ermutigen, sich der Gemeinde anzuschließen – eine traditionell missionarische Haltung.

---

[7] Vgl. https://www.catholic.co.il/?cat=sjv&view=article&id=10171.
[8] Vgl. https://www.catholic.co.il/?cat=docs&view=article&id=11368&m=Vicariate.
[9] Vgl. https://www.hebrewcatholic.net/about-the-ach/welcome-message/.

In dieser Debatte hat sich eine neue Stimme zu Wort gemeldet: Antoine Lévy mit seinem Hauptwerk *Jewish Church: A Catholic Approach to Messianic Judaism*.[10] In diesem Band setzt sich Lévy mit dem messianisch-jüdischen Theologen Mark S. Kinzer auseinander und plädiert für die Integration des messianischen Judentums in die katholische Kirche, um nicht nur Katholizität für die Kirche (nicht nur Heiden, sondern auch Juden), sondern auch Universalität für die Juden (nicht nur Juden, sondern auch Heiden) zu erreichen. Lévy schreibt: „Ein messianischer Jude im konfessionellen Sinne des Wortes ist Mitglied einer Bewegung, die nicht zu ihrer vollen katholischen Verwirklichung gelangen wird, solange diese Bewegung unabhängig von der Gesamtkirche existiert. Ein katholischer Jude – oder auch ein (christlich-)orthodoxer Jude – ist Mitglied einer Kirche, die noch weit von ihrer vollen messianischen Verwirklichung entfernt ist, weil ihre jüdische Komponente noch unzureichend manifestiert ist."[11] Lévys Beschreibung der jüdischen Kirche, die er sich vorstellt, stimmt bis zu einem gewissen Grad mit den Ideen der *Association of Hebrew Catholics* überein, zurückhaltend ist sie jedoch gegenüber der rabbinischen Tradition, obgleich sie im besonders durch den Nationalismus definierten jüdischen Volk verwurzelt ist. Er schreibt: „Der Qualitätssprung, der von der Offenbarung Christi ausgeht, kann das messianische Judentum nur aus dem traditionellen Rahmen der Synagoge herausführen. Die Wahrheit ist, dass, wenn jüdische Jünger nicht in derselben Weise Jünger Jeschuas sein können wie ihre nicht-jüdischen Brüder, weil sie Juden sind, sie auch nicht in derselben Weise religiös jüdisch sein können wie ihre jüdischen Brüder, weil sie Jünger Jeschuas sind."[12]

---

[10] Antoine Lévy, *Jewish Church: A Catholic Approach to Messianic Judaism*, Lanham 2021.
[11] Ebd. 5.
[12] Ebd. 195.

Schlussfolgerung

Am Ende dieses Beitrags möchte ich eine persönliche Reflexion anstellen. Als jüdischer Katholik pflege ich eine doppelte Zugehörigkeit: zur Kirche und zum jüdischen Volk. Ich gebe mich nicht damit zufrieden, einfach ein hebräisch sprechender Katholik zu sein. Ich liebe die hebräische Sprache, die ich bewusst angenommen und mir zu eigen gemacht habe. Ich bin jedoch kein Zionist, und der jüdische Nationalismus entspricht weder meinem Verständnis von der Berufung des jüdischen Volkes noch der Lehre der katholischen Kirche. Gleichzeitig bin ich kein hebräischer Katholik, denn ich versuche, das Judentum aus der Perspektive religiöser Juden zu verstehen, die nicht an Jesus glauben, und bin der Meinung, dass sie die Kirche in religiöser und spiritueller Hinsicht viel zu lehren haben.

Ich bin ein jüdischer Katholik und bekenne mich zu einer doppelten Identität. Ich fühle mich nicht nur im jüdischen Volk zu Hause, sondern auch in seinen Synagogen. Die religiöse Sprache, die Liturgie und die Feste sind Teil meines Erbes, eines Erbes, das ich ignorierte, bevor ich katholisch wurde, und als Katholik wiederentdeckte. Ich fühle mich in der katholischen Kirche zu Hause, wo ich nicht nur Jesus, den Messias, sondern auch seinen Vater, den Gott Israels, entdeckt habe. Da ich mich in der Kirche und in der Synagoge zu Hause fühle, bin ich klarerweise manchmal beiden verdächtig. Dies aber ist eher ein Privileg als eine Last. Vielleicht wäre ich in früheren Jahrhunderten als „Judaisierer" auf dem Scheiterhaufen verbrannt oder aus der Synagoge vertrieben worden, weil ich zu den *minim* (Häretikern) gehörte. Ich weiß, dass ich in dieser Berufung nicht allein bin.

Ich versuche nicht, Judentum und Christentum in einem bequemen Synkretismus zu vereinen. Vielmehr möchte ich die Gemeinschaft mit meinem Volk in seiner religiös verstandenen Berufung und Bestimmung bewahren. Gleichzeitig versuche ich, Jesus innerhalb der katholischen Kirche zu folgen. Seit dem Zweiten Vatikanischen Konzil ruft die katholische Kirche dazu auf, den Tag zu erwarten, den nur Gott kennt, an dem Juden und Christen zusammenkommen und ein vereintes Volk Gottes werden. Ich glaube, dass wir, die jüdischen Katholiken, eingeladen sind, Zeichen dieser lange erwarteten eschatologischen Konvergenz zu sein. Ich unterstreiche die Worte aus NA 4: „Zusammen mit den Propheten und demselben

Apostel Paulus erwartet die Kirche jenen Tag, den Gott allein kennt, an dem alle Völker den Herrn mit einer einzigen Stimme ansprechen und ihm *Schulter an Schulter dienen* (Zefanja 3,9) werden."[13]

Aus dem Englischen übersetzt von Johannes Cornides und Martin Rösch.

---

[13] Zweites Vatikanisches Konzil, Erklärung *Nostra Aetate* über das Verhältnis der Kirche zu den nichtchristlichen Religionen, Nr. 4.

Der Ort der Begegnung mit Messianischen Juden in der Geschichte des jüdisch-katholischen Dialogs

Christian M. Rutishauser SJ (München)

Wirft man einen ersten Blick auf den jüdisch-katholischen Dialog, wie er sich im 20. Jahrhundert entwickelt hat, so stellt man fest, dass Jesus-gläubige Juden bzw. messianisches Judentum darin kein Thema sind. Ausnahmen sind die hebräisch-sprachigen Gemeinden in Israel, die jedoch kaum international wahrgenommen werden und dann aber die Doppelidentität von Edith Stein, die als getaufte Jüdin von den Nazis ermordet wurde.[1] Auch eine Bekehrung Israels zu Christus als endzeitliches Geschehen wurde im Dialog nicht zum Thema, obwohl die röm.-kath. Kirche in ihrer Erneuerung der Israeltheologie auf Röm 9–11 zurückgreift, also auf die Stelle, an der Paulus von der Rettung Israels am Ende der Zeiten spricht (11,26). Im Unterschied zu evangelischen Kreisen, die die zionistische Rückkehr nach Eretz Israel eschatologisch deuten und in diesem Zusammenhang eine Bekehrung von Juden zu Christus erwarten, blickt die katholische Theologie gemäß *Hinweise zur korrekten Darstellung von Juden und Judentum in der Predigt und in der Katechese der katholischen Kirche* (1985)[2] mit einem säkularen Blick auf den Nahostkonflikt. Die Fragen des Dialogs waren vielmehr jene nach der bleibenden Bedeutung des Judentums post Christum und jene nach der Taufe von Juden, insofern sie Adressaten des universalen Heilsanspruchs

---

[1] https://www.lpj.org/diocese/saint-james-vicariate.html; Waltraud HERBSTRITH, *Edith Stein – ihre wahres Gesicht? Jüdisches Selbstverständnis – Christliches Engagement – Opfer der Shoa* (Forum Religionsphilosophie 3), Münster 2006; Elisabeth ENDRES, *Edith Stein. Christliche Philosophin und jüdische Märtyrerin*, München 1987; Susanne GOTTLÖBER, *Das Fremde im Eigenen – die Auseinandersetzung mit der jüdischen Identität. Edith Stein und Simone Weil im Vergleich*, in: Hanna-Barbara GERL-FALKOVITZ – René KAUFMANN – Hans Rainer SEPP (Hg.), *Europa und seine Anderen. Emmanuel Levinas. Edith Stein. Józef Tischner* (Religionsphilosophie. Diskurse und Orientierungen 5), Dresden 2010, 179–189.
[2] https://www.dbk.de/fileadmin/redaktion/veroeffentlichungen/arbeitshilfen/AH_044.pdf, hier: VI,25.

Christi sind. Ein vertiefter Blick entdeckt jedoch, dass katholisch getaufte Juden einen wesentlichen Beitrag zum Zustandekommen des jüdisch-katholischen Dialogs geleistet haben. Einige wenige haben auch seit dem Konzil darüber nachgedacht, welches ihr Platz in der erneuerten Theologie des Judentums sein könnte. Mit dem vatikanischen Dokument zu 50 Jahre *Nostra aetate* „Denn unwiderruflich sind Gnade und Berufung, die Gott gewährt (Röm 11,29)" spricht denn die offizielle Theologie auch zum ersten Mal explizit davon, dass die Kirche aus Juden und Heiden bestehe.[3] Aus diesen Beobachtungen ergibt sich für meinen Beitrag ein dreigliedriger Aufbau: Zuerst blicken wir auf katholisch getaufte Juden, die den jüdisch-katholischen Dialog auf den Weg gebracht haben (1). Danach fragen wir, wie sich die Überzeugung von der bleibenden Bedeutung Israels und die Frage der Judenmission, die aus dem universalen Heilsanspruch Jesu Christi hervorgeht, im jüdisch-katholischen Dialog entwickelt haben (2). Schliesslich werfen wir einen Blick auf das genannte vatikanische Dokument sowie auf Daniel Rufeisen und Kardinal Lustiger, die als katholisch getaufte Juden in den hebräisch-sprachigen Gemeinden Israels den Keim einer *ecclesia ex circumcisione* sehen (3).

1. Katholisch getaufte Juden als Katalysatoren im jüdisch-christlichen Dialog

Bekanntlich haben seit dem Mittelalter über die frühe Neuzeit bis ins 19. Jahrhundert hinein katholisch getaufte Juden eine gewichtige Rolle gespielt, sei es im christlichen Antijudaismus, sei es in den friedvollen bis aggressiven Bekehrungsversuchen von Juden. Für das 13. Jahrhundert sei exemplarisch an die Talmudverbrennungen in Paris und an die Zwangsdeputation von Barcelona im Juli 1263 erinnert.[4] In Paris konvertierte Nicholas Donin, ein französischer Jude, und erhob in einer Schrift 35 Anklagepunkte gegen den Talmud, der den christlichen Glauben verunglimpfe. Mit päpstlicher Autorität organisierte er danach 1240 ein Streitgespräch zwischen

---

[3] https://www.dbk.de/fileadmin/redaktion/diverse_downloads/presse_2015/Vatikandokument-50-Jahre-Nostra-aetate.pdf (Nr. 43).
[4] Robert CHAZAN, *From Anti-Judaism to Anti-Semitism. Ancient and Medieval Christian Constructions of Jewish History*, Cambridge MA 2016, 136–169.

christlichen Theologen und vier Rabbinern, die gleichsam als Zeugen anwesend sein mussten. In den Jahren danach kam es zu den Talmudverbrennungen. In Barcelona wiederum war ein getaufter Jude mit Namen Paulus, der Dominikaner geworden war, ein Hauptakteur, als sich Rabbi ben Nachman gegen die Aussage verteidigen musste, der Talmud beweise selbst, dass Jesus der Messias sei. Die Verteidigung muss Nachmanides gut gelungen sein, doch zwei Jahre später wurde er gezwungen, Aragon zu verlassen, weil die Dominikaner ihm vorwarfen, er verbreite falsche Protokolle des Gesprächs. Im 16. Jahrhundert wiederum übte der jüdische Konvertit Anthonius Margaritha mit seinem 1530 veröffentlichten Buch „Der gantz jüdisch Glaub" entscheidenden Einfluss auf Martin Luther aus.[5] Seine Darstellung der jüdischen Bräuche und der synagogalen Liturgie als gotteslästerlich bestärkte den Reformator in seinem Antijudaismus. Der 1540 gegründete Jesuitenorden wiederum, in den spanische Conversos strömten – bis zu einem Viertel der Gesellschaft Jesu dürften in den ersten Jahrzenten jüdischer Herkunft gewesen sein, was zu schweren internen Spannungen führte –, unterstützte die Ghettoisierung der Juden im Kirchenstaat, die Papst Paul IV. ab 1555 einleitete.[6] Im 19. Jahrhundert wiederum gründeten die beiden Brüder Theodore und Alphonse Ratisbonne, die einer jüdischen, assimilierten Bankiersfamilie aus Strassburg entstammten, nach ihrer Konversion zur katholischen Kirche die *Kongregation der Schwestern und Brüder Notre-Dame de Sion* zur Bekehrung von Juden. Erst nach dem Ersten Weltkrieg und später nach der Shoah sollten diese Ordensleute mehr und mehr zu Pionieren des jüdisch-christlichen Dialogs werden.[7]

Im gesellschaftlichen Kontext des rassisch begründeten Antisemitismus, wie er sich seit dem späten 19. Jahrhundert ausbreitete, begannen katholisch getaufte Juden das jüdische Volk nämlich anders zu sehen. Obwohl getauft, waren sie selbst vom Antisemitismus bedroht und wollten ihren Volksgenossen helfen. Sie lernten auch

---

[5] Thomas KAUFMANN, *Luthers „Judenschriften"*, Tübingen 2011, 130.175 f.
[6] Robert MARYKS, *The Jesuit Order as a Synagogue of Jews. Jesuits of Jewish Ancestry and Purity-of-Blood Laws in the Early Society of Jesus*, Leiden – Boston 2010, 41–156; Marc RASTOIN, *Du même sang que Notre Seigner. Juifs et jésuites aux débuts de la Compagnie*, Montarouge 2011, 63–128; 275–300.
[7] Olivier ROTA, *Les Pères de Sion. Une vocation spécifique assumée avec difficulté (1925–1970)*, in: Sens 3 (2009) 184–196.

das Judentum theologisch neu zu verstehen, wie ich an drei Beispielen zeigen möchte: Paul Démann,[8] am 18. Juli 1912 in assimilierter Familie in Budapest geboren, beginnt Architektur zu studieren, wendet sich bald dem Christentum zu und lässt sich 1934 taufen. 1937 tritt er in die *Kongregation von Notre Dame de Sion* ein und wird Student der Jesuitenhochschule St. Albert in Löwen. Es folgen elf Jahre Theologie mit Schwerpunkt Exegese und die Priesterweihe 1944. In den Kriegsjahren schliesst er sich dem belgischen Widerstand an, versteckt und rettet Juden. Nach dem Krieg beginnt er eine Doktorarbeit zu Röm 9-11, die er nie beenden wird. In seinem Denken verbindet er jedoch das Geheimnis der Rettung Israels am Ende der Zeit mit drei ekklesiologischen Reflexionen: Erstens mit der Ekklesiologie eines Yves Congar, der die Kirche als Volk Gottes begriff. Zweitens mit der Kirche als Mysterium, wie sie in der Enzyklika *Mystici corporis* von Pius XII. gezeichnet wird. Und drittens mit der ökumenischen Einsicht, dass die eine Kirche Christi in konfessionelle Kirchen zerteilt ist.[9] So bestimmt er das Verhältnis der Kirche zum Judentum nicht mehr missionarisch, sondern als ein Urschisma, das allen Kirchenspaltungen vorausliegt, während am Ende der Zeit das Judentum die sich wiederfindende Katholizität der Kirche herstelle. 1952 formuliert Démann zur *Woche der Einheit der Christen*: „Or les juives ne sont pas des chrétiens. Et pourtant, ils ne sont pas non plus un peuple de mission, un peuple encore étrangé au peuple de Dieu. S'ils ne sont pas des chrétiens séparés, ils seront bien des membres séparés du peuple de Dieu; mais des membres séparés de lui par une rupture qui ne s'est pas produit comme les autres, dans l'Eglise déjà formée, mais au moment même de sa naissance au sein de l'ancien Peuple de Dieu."[10] Die Verbindung des jüdisch-christlichen Verhältnisses mit der kirchlichen Ökumene legt er in zahlreichen Artikeln in den *Cahiers Sioniens* dar, die er von 1951-1955 selbst herausgibt. Sie ist sein genuiner theologischer Beitrag. Die *Cahiers* sind eine Publikation des von ihm gegründeten Zentrums für Studien und Dokumentation zur Erneuerung der jüdisch-christlichen Beziehung in Paris. Das Zentrum kann als Vorläuferin des

---

[8] Vgl. Hommage à Paul Démann, Themenheft, Sens (2) 2006.
[9] Olivier ROTA, *Dépasser les cadres du philosémitisme. La vision œcuménique de Paul Démann*, in: Les Archives Juives 1 (2007) 121-123.
[10] Ebd., 124.

Service d'information et de documentation judéo-chrétien (SIDIC) gesehen werden, das die *Kongregation von Notre Dame de Sion* im Anschluss an die Erklärung *Nostra aetate* im November 1965 in Rom gegründet hat. Auch Démanns Beiträge in dem von Getrud Luckner 1948 gegründeten *Freiburger Rundbrief* sind gekennzeichnet durch „sein Bekenntnis zur jüdischen Wurzel des Christentums und damit zur tragenden Bedeutung der Bundesschrift des Judentums für die Bibel des Christentums einerseits und seine Überzeugung von der untrennbaren Einheit der Glaubensgemeinschaft, der Ökumene, andrerseits."[11] Mit Jules Isaak befreundet, den er an der Dringlichkeitskonferenz zur Bekämpfung des Antisemitismus auf dem Seelisberg 1947 kennenlernte, arbeitete Démann also kontinuierlich an einer neuen christlichen Sicht auf das Judentum. Beide waren überzeugt, dass die Kirche ihre Lehre über Israel grundlegend erneuern müsse und wurden so zu Wegbereitern von *Nostra aetate*.

Ein weiterer Wegbereiter ist Johannes Österreicher.[12] 1904 in eine mährisch jüdische Familie hineingeboren, wurde er von der lokalen zionistischen Jugendbewegung geprägt. Durch die Begegnung mit Max Josef Metzger, den die Nationalsozialisten 1944 ermorden sollten, begann er sich für das Christentum zu interessierten. 1924 lässt er sich röm.-kath. taufen. Für seine Eltern ist dies ein schwerer Schlag. Nach dem Theologiestudium in Graz und Wien wird er 1927 zum Priester geweiht und arbeitet als Seelsorger in Niederösterreich und Wien. 1934 ist er Mitbegründer des Wiener Paulus-Werks und erster Redaktor von dessen Zeitschrift *Die Erfüllung*. Ziele sind die Bekämpfung des Antisemitismus und die Verbesserung des gegenseitigen Verständnisses von Juden und Christen. Die Bekehrung von Juden gehört auch dazu. Als sich Österreicher später gegen Bekehrungen und für einen jüdisch-christlichen Dialog ausspricht, wird ihm jüdischerseits deshalb Misstrauen entgegenbracht.[13] 1938 flüchtet er über die Schweiz nach Paris, erhebt aber auch da seine Stimme im Rundfunk gegen den Nationalsozialismus.

---

[11] Petrus BSTEH, *Paul Démann und Jules Isaac – zwei Freunde im jüdisch-christlichen Dialog*, in: Religionen unterwegs 2 (2016) 25.
[12] Ausführlich: Dorothee RECKER, *Die Wegbereiter der Judenerklärung des Zweiten Vatikanischen Konzils. Johannes XXIII., Kardinal Bea und Prälat Österreicher – eine Darstellung ihrer theologischen Entwicklung*, Paderborn 2007, 310-399.
[13] Johannes ÖSTERREICHER, *The Apostolate to the Jews, 1948*, in: FrRu I 1/2 (1949), 42f.

In seinem Buch *Rassenhass ist Christushass* vertritt er die These, Hitlers Judenvernichtung richte sich letztlich auch gegen die Kirche, da sich der Antisemitismus gegen das jüdisch-christliche Menschenbild an sich wende.[14] Schliesslich geht Österreicher 1940 ins US-Exil. Nach dem Krieg avanciert er zum Pionier des jüdisch-christlichen Dialogs. 1953 gründet er das *Institute for Judeo-Christian Studies* an der *Seaton Hall Universitiy* in Newark, New Jersey. In den Jahren 1955 bis 1970 gibt er fünf Bände des Jahrbuches *The Bridge. A Yearbook of Judeo-Christian Studies* heraus. Als Mitarbeiter von Kardinal Bea hat er großen Einfluss auf die Textentwicklung von *Nostra aetate*. In den dabei entstehenden Konflikten versucht er zu vermitteln, vor allem gegenüber den Bischöfen aus der arabischen Welt, die von einer jüdischen Unterwanderung des Konzils ausgingen. Seit seiner „Bittschrift" von 1960 argumentiert er für eine Einheit der Heilsgeschichte, gemäß der die Kirche bereits mit Abraham ihren Anfang nimmt und so nur im engen Zusammenhang mit dem Judentum verstanden werden könne.[15] Er plädiert dafür, dass die Patriarchen und Propheten des Alten Testaments in der Kirche als Heilige in der Liturgie gefeiert werden, wie es im Jerusalemer Patriarchat der Fall ist. Als neues Israel trete die Kirche zum alten Israel hinzu: „Nicht nur um des Wohls der Juden willen, sondern auch wegen des geistlichen Fortschritts der Gläubigen und der Bezeugung der vollkommenen Einheit, die die Kirche aus Juden und Heiden war, ist und stets sein wird, erbitten wir die Zustimmung zu unseren Voten."[16]

Anders wirkte sich die Bekehrung zur Kirche der niederländischen Jüdin Sophie van Leer, geboren 1872, aus.[17] Ihre Mutter brachte ihr eine jüdisch-orthodoxe Haushaltsführung bei. Ihr Vater lebte ihr einen religiös-utopischen Sozialismus vor, der jüdische, freimaurerische und christliche Elemente verband. Ab 1914 sucht van

---

[14] Dorothee RECKER, *Die Wegbereiter* (s. Anm. 12), 370–380.
[15] Clemens THOMA, *Johannes M. Oesterreicher. Prediger gegen den Nationalsozialismus und Wegbereiter von Nostra aetate*, in: Freiburger Rundbrief. Neue Folge, 4 (2004), 261–267.
[16] Johannes ÖSTERREICHER, *Kommentierende Einleitung zu* Nostra aetate, in: LThK, Das Zweite Vatikanische Konzil, Kommentare II, Freiburg 1967, 416.
[17] Ausführlich: Theo SALEMINK, *Katholische Identität und das Bild der jüdisch ‚Anderen'. Die Bewegung Amici Israel und ihre Aufhebung durch das Heilige Offizium im Jahre 1928*, in: Zeitschrift für Theologie und Kulturgeschichte, 1 (2006), 91–105.

Leer Anschluss in der expressionistischen Kunstszene Berlins. Durch den Ersten Weltkrieg verstört, wandelt sie sich jedoch zur asketischen Anarchistin und wird in der Münchner Räterepublik inhaftiert. Als ihr die Hinrichtung droht, gelobt sie, zum katholischen Glauben zu konvertieren, wenn sie überlebe. Kurz nach der Freilassung lässt sie sich taufen, nimmt den Vornamen Franziska an und erlebt dabei auch eine Stärkung ihres jüdischen Selbstbewusstseins. Den katholischen Glauben verbindet sie mit einer zionistischen Erlösungshoffnung. Sie besucht ihre jüngere Schwester Clara 1924 im Kibbuz Beth Alpha, muss ihn aber nach einem halben Jahr verlassen, da sie unter den Kibbuzbewohnern zu missionieren begonnen hat. Die Idee eines katholischen Kibbuz sollte sie ihr Leben lang weiterverfolgen. Von Kardinal Faulhaber gefördert, gelingt es ihr, 1926 zusammen mit ihrem Taufvater, dem Franziskaner Laetus Himmelreich, der inzwischen Sekretär der *Propaganda Fidei* im Vatikan geworden war, und mit dem Kreuzherrn Anton van Asseldonk das *Opus sacerdotale Amici Israel* zu gründen.[18] In den nur zwei Jahren seiner Existenz gehörten ihm 3000 Priester, 328 Bischöfe und 19 Kardinäle an. Sie sollten für die Bekehrung der Juden beten. Wie andere philosemitische Zirkel, die in Frankreich und Deutschland angesichts des grassierenden Antisemitismus wuchsen,[19] geht es den *Amici Israel* jedoch „nicht nur um eine Bekehrungsoffensive oder lediglich eine Gebetsvereinigung, sondern [sie] stellte zugleich eine Initiative dar, die den katholischen Antisemitismus bekämpfen, die Liturgie verändern und eine reale Unterstützung für die Juden und das Judentum – und sogar für den Zionismus – erreichen wollte."[20] Die Initiative der *Amici Israel*, das *perfidis* aus der Karfreitagsfürbitte für die Juden zu streichen, führt schließlich zur Verurteilung ihrer Schrift *Pax super Israel* und sollte zur Auflösung der Vereinigung führen, wie der Historiker Hubert Wolf detailreich nachgezeichnet hat.[21] Van Leer selbst entwickelt in den 1930er Jahren ein katholisch-chiliastisches Denken. Mystisch veranlagt und ge-

---

[18] Thomas BRECHENMACHER, *Der Vatikan und die Juden. Geschichte einer unheiligen Beziehung vom 16. Jahrhundert bis zur Gegenwart*, München 2005, 154–163.
[19] Jim BERNAUER, *Jesuit Kaddisch. Jesuits, Jews and the Holocaust Remembrance*, Notre Dame 2020, 78–96.
[20] Theo SALEMINK, *Katholische Identität* (s. Anm. 17), 94.
[21] Hubert WOLF, *Papst und Teufel. Die Archive des Vatikan und das dritte Reich*, München 2008, 95–143.

nährt, versteht sie sich als „Zwillingsschwester Jesu", glaubt zusammen mit van Asseldonk als neue Eva und neuer Adam im Land Israel leben zu müssen und interpretiert die zionistische Rückkehr ins Land nun explizit als endzeitliches Geschehen, in dem Israel schließlich als Ganzes gerettet werden solle. Eine paulinisch-eschatologische Geschichtsinterpretation, wie sie in vielen evangelikalen Kreisen bis heute wirksam ist, lässt sie zur Zeit der Geschichte auf Judenmission verzichten.[22]

An den drei präsentierten Beispielen lässt sich Folgendes ablesen:
1. Das Phänomen von getauften Juden, die sich nicht mehr gegen das Judentum wenden, ihm vielmehr einen positiven Stellenwert in der Heilsgeschichte zusprechen und immer mehr auf aktive Konversionsbemühungen verzichten, ist ein neues Phänomen der Moderne. 2. Auffallend ist, dass bei den präsentierten Biographien der Konversion zum Katholizismus nicht ein vertiefter jüdisch-orthodoxe Lebensvollzug vorausgeht. Konversion war keine Abkehr von einem rabbinischen Judentum. Konversion bedeutete, erst zu einem Glauben zu finden und ein säkulares, nationalistisches oder sonst utopisch-ideologisches Weltbild zurückzulassen. So war van Leers Weltbild von einer eklektischen, utopisch-mystischen Erlösungshoffnung genährt. Démann stammte aus einem assimilierten Elternhaus. Österreichers Jugend war vom Zionismus geprägt, der die hebräische Bibel als Geschichtsbuch und als nationale Bibliothek las. Ähnliches wäre von Daniel Rufeisen oder Kardinal Lustiger zu sagen, auf die wir noch zu sprechen kommen. Lustiger unterstreicht, dass seine Taufe keine Preisgabe der jüdischen Identität war, sondern dass er diese durch die christliche Katechese vielmehr in seiner Bedeutung erst erfasst habe.[23] 3. Nicht nur ein säkulares Judentum, sondern auch der Antisemitismus der Moderne prägt die Existenz der jüdischen Konvertiten zur Kirche. Sie setzen sich auch nach der Konversion für ihre jüdischen Volksgenossen ein und zeigen ihre Solidarität mit ihnen. Sie wissen, dass der antisemitische Hass einer Rassenideologie entspricht, vor der die Taufe sie nicht schützt. Die katho-

---

[22] Poorthuis MARCEL, *Eine Jüdin und ein Priester als neuer Adam und neue Eva im Heiligen Land. Die Mystik der Sophie (Francisca) van Leer (1892–1953)*, in: Anja MIDDELBECK-VARWICK – Markus THURAU (Hg.): *Mystikerinnen der Neuzeit und Gegenwart*, Frankfurt/M. 2009, 102 f.
[23] Kardinal Jean-Marie LUSTIGER, *Gotteswahl. Im Gespräch mit Jean-Louis Missika und Dominique Wolton*, Augsburg 2002, 51–53.

lisch getauften Juden erheben dabei ihre Stimme aber nicht nur gegen die Antisemiten, sondern auch gegen den kirchlichen Antijudaismus. 4. Die Überzeugung, auf Judenmission zu verzichten, setzt sich bei den getauften Juden erst langsam durch. Thérèse Andrevon-Gottstein unterscheidet in Bezug auf die Haltung gegenüber der Judenmission denn auch zwei Gruppen von Konvertiten, die als Vorläufer des jüdisch-christlichen Dialogs bezeichnet werden können:[24] Zunächst die Konvertiten des 19. Jahrhunderts bis zum ersten Weltkrieg, die am missionarischen Aufbruch ihrer Zeit Teil hatten und das Judentum schätzend zu seiner Vollendung führen wollten. Dann die zweite Generation, die angesichts des gesellschaftlich um sich greifenden Antisemitismus sowie angesichts der historischen Erforschung des neutestamentlichen Judentums und der ökumenischen Bewegung das Judentum neu schätzen lernten. Auch als getaufte Katholiken verstanden sie sich weiterhin als jüdisch. 5. Auf jeden Fall helfen sie den Katholiken, die Juden in ihrem Selbstverständnis zu verstehen und machen der Kirche mehr und mehr den jüdischen Charakter des Neuen Testaments bewusst. Sie werden so zu Wegbereitern des jüdisch-katholischen Dialogs. Dies sollte in Erinnerung gerufen werden, vor allem angesichts der Tatsache, dass getaufte Juden und messianisches Judentum im Dialog nach dem Konzil, kaum mehr eine Rolle spielen und auch ausgegrenzt werden.

2. Die bleibende Erwählung Israels und die Frage der Judenmission

Weder in der vorkonziliaren Theologie noch im jüdisch-katholischen Dialog, der sich nach dem Konzil entfaltet hat, stellte sich die Frage nach einem besonderen Platz für Juden, die an Christus glauben, in der Kirche. Im vorkonziliaren Denken waren getaufte Juden getauften Heiden gleichgestellt. Aus welcher Nation oder Religion ein Mensch kommen mochte, nach der Taufe war jeder gleicherweise römisch-katholisch. Theologisch spielte das Judentum keine Rolle mehr. Wenn getaufte Juden in der Kirchengeschichte benachteiligt wurden, wie zum Beispiel die Conversos im Spanien der frühen

---

[24] Les précurseurs catholiques d'une pensée nouvelle face à Israël dans sa permanence, (unveröffentlicht).

Neuzeit, so war dies soziologisch und psychologisch begründet. Seitdem die Judenchristen in der Spätantike ausgestorben sind, gab es aus der Perspektive der Kirche nur noch Juden oder Christen. Auch der jüdisch-katholische Dialog seit *Nostra aetate* ist ein Dialog zwischen zwei Glaubensgemeinschaften. Getaufte Juden kommen nicht eigens vor. Auf Mission wurde aus pragmatischen Gründen weitgehend verzichtet und das Judentum als Volk Gottes neu gewertet. So war zum Beispiel Kardinal Lustiger nach Ritus und ethischer Verpflichtung ein Katholik wie jeder andere, auch wenn er seine jüdische Herkunft explizit unterstrich.[25] In seinem historischen Rückblick bezeichnet *Nostra aetate* die Apostel und Jünger Jesu auch nicht als Jesus-gläubige Juden, sondern spricht korrekt davon, dass sie dem jüdischen Volk entstammen und demzufolge Juden sind: „Auch hält sie [die Kirche] sich gegenwärtig, dass aus dem jüdischen Volk die Apostel stammen, die Grundfesten und Säulen der Kirche, sowie die meisten jener ersten Jünger, die das Evangelium Christi der Welt verkündet haben." Nach der Promulgation von *Nostra aetate* mussten sich zwei Grundvoraussetzungen durchsetzen und theologisch präzisiert werden, damit sich der jüdisch-katholische Dialog überhaupt entwickeln konnte: Einerseits die Begründung der bleibend, positiven Bestimmung des Judentums im christlichen Heilsnarrativ und andrerseits ein Verzicht auf die traditionelle, aktive Mission bzw. Evangelisierung unter den Juden. Beide Fragen sind entscheidend, um heute Jesus-gläubige Juden und messianisches Judentum im Horizont des jüdisch-christlichen Dialogs zu verorten.

Was die erste Fragestellung betrifft, so orientiert sich *Nostra aetate* 4 nicht mehr an der patristischen Theologie, die verschiedenen Formen der Substitutionslehre umfasst, sondern an Röm 9–11. Paulus spricht darin bekanntlich von der bleibenden Erwählung Israels und davon, dass am Ende der Zeiten, wenn alle Völker zu Gott gefunden

---

[25] Die Gedenktafel an ihn in der Kathedrale Notre-Dame von Paris lautet: „Ich bin als Jude geboren. Ich trage den Namen meines Großvaters väterlicherseits, Aron. Christ geworden durch den Glauben und die Taufe, bin ich doch Jude geblieben, wie es auch die Apostel geblieben sind. Meine heiligen Patrone sind der Hohepriester Aron, der heilige Apostel Johannes, die heilige Maria voll der Gnade. Von Seiner Heiligkeit Papst Johannes Paul II. zum 139. Erzbischof von Paris ernannt, wurde ich am 27. Februar 1981 in dieser Kathedrale inthronisiert und habe meinen gesamten Dienst hier verrichtet. Wer hier vorbeigeht, möge für mich beten." https://cardinals.fiu.edu/bios1983.htm#Lustiger.

haben, Israel auf geheimnisvolle Weise als Ganzes gerettet werde (Röm 11,25–32). Diese Theologie schlägt sich in der Neuformulierung der Karfreitagsfürbitte für die Juden nieder: „Erhöre das Gebet deiner Kirche für das Volk, das du als erstes zu deinem Eigentum erwählt hast: Gib, dass es zur Fülle der Erlösung gelangt." Positiv gefasst wurde die bleibende Erwählung Israels in der katholischen Theologie seit den 1980er Jahren im Begriff des „nie gekündigten Bundes". Papst Johannes Paul II. prägte ihn. Er hat Eingang in den Römischen Katechismus gefunden (Nr. 121). Daraus ergab sich die viel diskutierte Frage, wie sich einerseits die Bundesschlüsse innerhalb der Hebräischen Bibel und anderseits der Alte und der Neue Bund, den die Christen durch ihre doppelte Bibel begründet sehen, zueinander verhalten.[26] In dieser Diskussion, die hier nicht dargestellt werden kann, entwickelten sich zwei katholische Grundpositionen.[27] Einerseits diejenige der jüdisch-katholischen Dialoggremien, die auch die *Vatikanische Kommission für die religiösen Beziehungen mit dem Judentum* mit ihrem Dokument „Denn unwiderruflich sind Gnade und Berufung, die Gott gewährt (Röm 11,29)" vertritt. Es gebe zwar nur einen einzigen Bund Gottes, dem andere Bünde zugeordnet sind (Nr. 32). Das Judentum stelle dennoch zur Zeit der Geschichte eine eigene Heilsgröße dar, wenn auch kein von der Kirche unabhängiger Heilsweg (Nr. 35). Anderseits entwickelt sich die Position von Dogmatikern, die sich stärker an der Kontinuität der Tradition orientierten. Der Aufsatz von Papst em. Benedikt von 2018 steht prominent für sie. Benedikt spricht von der Substitution einzelner Elemente der alttestamtlichen durch die neutestamentliche Ordnung,[28] orientiert sich wieder an der augustinischen Variante des heilsgeschichtlichen Narrativs und bezeichnet den Begriff des „nie

---

[26] Hubert FRANKEMÖLLE, *Der ungekündigte Bund? Antworten des Neuen Testaments* (QD 172), Freiburg – Basel – Wien 1998; John T. PAWLIKOWSKI – Hayim Goren PERELMUTER (Hg.), *Reinterpreting Revelation and Tradition. Jews and Christians in Conversation*, Wisconsin 2000.
[27] Didier POLLEFEYT, *Unrevoked Covenant – Revoked Consensus – Indestructible Love? The Reception of Nostra aetate 4 in Jewish-Catholic Relations*, in: Dries BOSSCHAERT – Johan LEEMANS (Hg.), ‚*Res opportunae nostrae aetatis'. Studies on the Second Vatican Council offered to Mathijs Lamberigts*, Leuven – Paris – Bristol 2020, 483–498.
[28] Joseph RATZINGER/BENEDIKT XVI., *Gnade und Berufung ohne Reue. Anmerkungen zum Traktat „De Judaeis"*, IKaZ 47 (2018), 387–406.

gekündigten Bundes" als ungeeignet bzw. unzureichend für eine Theologie des Judentums.[29] Beide Position muss ich hier unkommentiert stehen lassen. Die bleibende Bedeutung Israels und der Stellenwert des „nie gekündigten Bundes", dem das Judentum seine theologische Dignität und Identität auch *post Christum* verdankt, werden jedoch mitentscheiden, welchen Status Jesus-gläubige Juden und messianisches Judentum im Horizont des jüdisch-katholischen Verhältnisses und in der Kirche zugemessen wird.

Zur zweiten Fragestellung, der Judenmission: Sie ist für den jüdisch-katholischen Dialog insofern relevanter, als sie jüdische Existenz unmittelbarer betrifft. So wie getaufte Juden für Katholiken nichts anderes als Christen waren, so ist aus jüdischer Perspektive ein *meshummad*, ein zum christlichen Glauben Abgefallener, eigentlich kein Jude mehr. So sehr, halachisch gesehen, ein Jude immer jüdisch bleibt, selbst wenn er sich atheistisch gibt oder dem Buddhismus anhängt, so sehr ist er ein dem Volk Verlorener, wenn er sich taufen lässt. Angesichts der leidvollen Geschichte der zwanghaften Judenmission durch die Kirche ist dies psychologisch verständlich. Das Drama der Konversion lässt sich an allen Familiengeschichten ablesen, selbst an denjenigen Familien der im 20. Jahrhundert Konvertierten, die ein positives Verhältnis zu ihrer Herkunft bewahrten.[30]

So war bei der Geburt des offiziellen jüdisch-katholischen Dialogs durch das Konzil der Verzicht auf Judenmission eine *conditio sine qua non*, die die jüdischen Dialogpartner forderten. Als Beispiel sei Abraham J. Heschel in Erinnerung gerufen, der sich auf das Dialogangebot der Kirche einließ, in seinem Aufsatz *No Religion is an Island* aber deutlich unterstrich, Judenmission verletze die personale Würde der Juden und verunmögliche den Dialog.[31] Berühmt geworden ist dann auch seine Aussage gegenüber Kardinal Bea, christliche Judenmission, wie er sie in einem Textentwurf des Konzils zu einer Judenerklärung vorfand, sei „spiritueller Brudermord". Er selbst würde die Vergasung in Auschwitz der Konversion zum Christentum vor-

---

[29] Ebd.
[30] Schalom GOLDMAN, *Jewish-Christian Difference and Modern Jewish Identity. Seven Twentieth-Century Converts*, New York – London 2015.
[31] Abraham J. HESCHEL, *No Religion is an Island*, in: Union Seminary Quarterly Review 2 (1966) 117–134.

ziehen.[32] Josef Dov Soloveitchik argumentierte in seinem Aufsatz vom Februar 1964, die Debatten um die Judenerklärung des Konzil verfolgend, Glaubenswahrheiten würden eben absolute Verpflichtungen gegenüber Gott beinhalten, weswegen ein Dialog, der theologische Positionen verhandle, nicht geführt werden könne.[33] Vor allem traute er der Kirche nicht zu, dass sie dem Judentum auf Augenhöhe begegne und es als eigenständige, lebendige Glaubensgemeinschaft anerkenne, wozu er vor der Entstehung von *Nostra aetate* auch allen Grund hatte.

Die Debatten zur Mission gegenüber Juden im jüdisch-katholischen Dialog seit *Nostra aetate* können hier nicht dargestellt werden. Erinnert sei nur daran, dass die Frage zum ersten Mal 1977 beim *International Liaison Committee* (ILC) diskutiert wurde, eine öffentliche Debatte sich aber erst 2002 am Dokument *Reflections on Covenant and Mission* vom amerikanischen *National Council of Synagogues* und dem *Committee for Ecumenical and Interreligious Affairs* der US-Bischöfe entzündete. Darin heißt es an entscheidender Stelle: „Der Begriff Mission in seinem eigentlichen Sinn bezieht sich auf die Bekehrung von falschen Göttern und Götzen zu dem wahren und einen Gott, der sich in der Heilsgeschichte mit seinem erwählten Volk offenbart hat. Mission im strengen Sinn kann also nicht in Bezug auf Juden verwendet werden, die an den wahren und einen Gott glauben."[34] Nicht Mission, sondern Dialog müsse also das jüdisch-christliche Verhältnis bestimmen. Als Papst Benedikt 2009 die Karfreitagsfürbitte für die Juden zum Gebrauch im tridentinischen Ritus, den er außerordentlich wieder erlaubte, neu formulierte, argumentierte das *Zentralkomitee der Katholiken und Juden* in Deutschland mit dem Positionspapier *Nein zur Judenmission – Ja zum Dialog zwischen Juden und Christen*[35] ähnlich. Kardinal Walter Kasper griff in die Diskussion ein, Juden sollten zum Neuen Bund geführt werden, auch wenn dies für sie etwas anderes bedeute als für die Nicht-

---

[32] Reuven KIMELMAN, *Rabbis Josef B. Soloveitchik and Abraham Joshua Heschel on Jewish-Christian Relations*, in: The Edah Journal 4:2 (2004) 6.
[33] Joseph Dov SOLOVEITCHIK, *Confrontation*, in: Tradition 2 (1964) 5–28.
[34] http://www.usccb.org/beliefs-and-teachings/ecumenical-and interreligious/ jewish/upload/Reflections-on-Covenant-and-Mission.pdf Römisch-katholische Überlegungen, Abschnitt: „Evangelisierung und das jüdische Volk".
[35] https://www.ag-juden-christen.de/erklaerung-nein-zur-judenmission-ja-zum-dialog-zwischen-juden-und-christen/.

Juden.³⁶ Auch Kardinal Lehmann äußerte sich und fasste dabei seine Überlegungen in zehn Punkten zusammen.³⁷ Er schrieb, eine spezifische Judenmission gehöre nicht in die missionarische Theologie der röm.-kath. Kirche, da die Trennung Israels vom Heil nur partiell und vorübergehend sei. Seine Erlösung sei im nie widerrufenen Bund verankert, auch wenn das Judentum keinen unabhängigen Heilsweg darstelle. 2015 formulierte das vatikanische Dokument „Denn unwiderruflich sind":

> Aus dem christlichen Bekenntnis, dass es nur einen Heilsweg geben kann, folgt aber in keiner Weise, dass die Juden von Gottes Heil ausgeschlossen wären [...] Die Kirche ist daher verpflichtet, den Evangelisierungsauftrag gegenüber Juden, die an den einen und einzigen Gott glauben, in einer anderen Weise als gegenüber Menschen mit anderen Religionen und weltanschaulichen Überzeugungen zu sehen. Dies bedeutet konkret, dass die katholische Kirche keine spezifische institutionelle Missionsarbeit, die auf Juden gerichtet ist, kennt und unterstützt. (Nr. 36; 40)

In der Verteidigung seines oben genannten Aufsatzes von 2018 schließt sich Papst em. Benedikt schließlich der Interpretation von Mt 28 an, der Auferstandene habe als jüdischer Messias mit Blick auf die Welt der Völker gesprochen, als er seinen Taufbefehl äußerte. Daraus folgert er: „Für Israel galt und gilt daher nicht Mission, sondern der Dialog darüber, ob Jesus von Nazareth der ‚Sohn Gottes, der Logos' ist."³⁸

Bei unterschiedlicher theologischer Akzentsetzung und der differenzierten Debatte kann zusammenfassend gesagt werden: Die katholische Theologie hält an einem universalen Heilsanspruch Christi fest, anerkennt aber den besonderen Status des Judentums, da es bereits im Bund mit Gott steht. Israel hat bis ans Ende der Zeit eine geheimnisvolle eigene Berufung. Der traditionelle Missionsauftrag, die Menschen durch Christus zum Gott der Bibel zu führen, ist an die Heiden gerichtet. Verpflichtung zum Dialog, nicht Mission be-

---

³⁶ Adam GREGERMAN, *The Desirability of Jewish Conversion to Christianity in Contemporary Catholic Thought*, in: Horizons 45 (2018) 4-24.
³⁷ Kardinal Karl LEHMANN, *Judenmission. Hermeneutische und theologische Überlegungen zu einer Problemanzeige im jüdisch-christlichen Gespräch*, in: Hubert FRANKEMÖLLE – Josef WOHLMUTH (Hg.), *Das Heil der Anderen. Problemfeld Judenmission* (QD 238), Freiburg – Basel – Wien 2010, 165–167.
³⁸ Joseph RATZINGER/BENEDIKT XVI., *Nicht Mission, sondern Dialog*, HK 12 (2018), 14.

stimmt das jüdisch-christliche Verhältnis. Wie dieser Dialog aber zu gestalten ist, bleibt die Frage. Zudem bleibt eine Spannung zwischen Dialog und Evangelisierung bestehen. Auch die Reflexion darüber, worin ein christlicher Anspruch gegenüber dem Judentum besteht, ist in den letzten fünf Jahren weitergegangen.[39] Für Jesus-gläubige Juden, die heute katholisch sind, bedeutet es auf jeden Fall, die bleibende theologische Bedeutung Israels anzuerkennen und auf aktive, traditionelle Mission unter Juden zu verzichten. *Post-supersessionist* und *post-missionary* sind die beiden Bedingungen für Jesus-gläubige Juden und messianisches Judentum im Horizont des jüdisch-katholischen Dialogs.

3. Ecclesia ex circumcisione

Das vatikanische Dokument „Denn unwiderruflich sind" will auf die Spannung im katholischen Lehrgebäude eine Antwort geben, die dadurch entstanden ist, dass einerseits der Alte Bund Gottes mit Israel weiterhin als heilsbedeutsam und unwiderrufen geglaubt wird und andrerseits das zentrale Glaubensbekenntnis zu Christus, dem einzigen und universalen Heilsmittler, nicht relativiert werden darf. Es wendet sich daher ausführlich der Verhältnisbestimmung von Altem und Neuem Bund sowie von Judentum und Christentum zu. In Nr. 43, dem letzten Paragrafen des systematischen Textteils, wird zum ersten Mal in einem offiziellen kirchlichen Text zum Dialog davon gesprochen, dass die Kirche konstitutiv aus Juden und Heiden bestehe. Damit sind explizit Jesus-gläubige Juden angesprochen. Wenn wir den Paragrafen ansehen, zeigt sich, dass sich die Aussage jedoch weniger ihnen als vielmehr der Verhältnisbestimmung von Juden und Christen gilt. Trotzdem können wir daraus einiges schließen:

Es ist und bleibt eine qualitative Bestimmung der Kirche des Neuen Bundes, dass sie Kirche aus Juden und Heiden ist, auch wenn das quantitative Verhältnis von Juden- und Heidenchristen zunächst einen anderen Eindruck

---

[39] Vgl. Christian RUTISHAUSER, *Christliche Mission gegenüber Juden neu überdacht. Weiterführende Reflexionen zum vatikanischen Dokument „Denn unwiderruflich sind Gnade und Berufung, die Gott gewährt" (Röm 11,29)*, in: KuI 36 (2021), 23–26.

erwecken mag. Ebenso wie nach Tod und Auferstehung Jesu Christi nicht zwei Bünde beziehungslos nebeneinander stehen, gibt es auch nicht unverbunden „das Bundesvolk Israel" neben „dem Volk Gottes aus den Völkern". Vielmehr ist die bleibende Rolle des Bundesvolkes Israel im Heilsplan Gottes dynamisch zu beziehen auf das „Volk Gottes aus Juden und Heiden – geeint in Christus", den die Kirche als den universalen Schöpfungs- und Heilsmittler bekennt. Im Kontext des universalen Heilswillens sind alle Menschen, die das Evangelium Christi noch nicht empfangen haben, auf das Gottesvolk des Neuen Bundes hingeordnet: „In erster Linie jenes Volk, dem der Bund und die Verheißungen gegeben worden sind und aus dem Christus dem Fleische nach geboren ist (vgl. Röm 9,4–5), dieses seiner Erwählung nach um der Väter willen so teure Volk: die Gaben und Berufung Gottes nämlich sind ohne Reue (vgl. Röm 11,28–29) (LG 16).

Das Judentum wird also nicht nur zur Kirche aus den Heiden in Beziehung gesetzt, sondern zu einer Kirche, die wesentlich „aus Juden und Heiden" besteht. Der Text führt nicht weiter aus, wie Juden und Heiden innerhalb der Kirche zueinander stehen. Die Sprache orientiert sich an Eph 2 und benutzt diese qualitative Bestimmung von Kirche, um das Verhältnis von Judentum und Christentum zu bezeichnen. Da letzteres aber auf jeden Fall an- und abgrenzend sowie „hingeordnet" ist, kann zurückgeschlossen werden, dass Heiden und Juden nicht als Individuen in der einen katholischen Kirche unterschiedslos aufgehen, wie dies vorkonziliar der Fall war, sondern als Gruppen ihre je eigene Stellung bewahren. Jesus-gläubige Juden sind in der Kirche den anderen, den Heiden-Christen zugeordnet und umgekehrt. Dies würde der neutestamentlichen Stoßrichtung entsprechen, dergemäß Juden- und Heidenchristen miteinander Tischgemeinschaft haben, jedoch auch unterschieden bleiben. Nicht nur die Auseinandersetzung in Apg 15,1–29 zeugt davon, sondern auch die Evangelien, die Brotgeschichten für die Völker (Mt 15: sieben Körbe bleiben übrig) und für die Juden (Mt 14: zwölf Körbe bleiben übrig) nebeneinander stellen. Matthäus kennt neben der Aussendungsrede des Auferstandenen an alle Völker (Mt 28) auch eine Sendung der Jünger ausschließlich an das Haus Israel (Mt 10).[40]

---

[40] Vgl. Christian RUTISHAUSER, „The Old Unrevoked Covenant" and „Salvation for All Nations in Christ" – Catholic Doctrines in Contradictions?, in: Philip A. CUNNINGHAM – Joseph SIEVERS – Mary C. BOYS et a. (Hg.), Christ Jesus and the Jewish People Today. New Explorations of Theological Interrelationships, Grand Rapids/ Cambridge 2011, 229–250.

Anders gewendet: Zwar spricht das vatikanische Dokument bei dieser qualitativen Bestimmung der Kirche nicht von einer *ecclesia ex circumcisione* und einer *ecclesia ex gentibus*. Da es aber im historischen Teil die Begriffe verwendete (Nr. 15) und im systematischen Teil den bleibenden und besonderen Status des Judentums auch *post Christum* anerkennt, der das jüdisch-katholische Verhältnis mitbegründet, wird man schließen dürfen, dass Jesus-gläubige Juden in der Kirche als Gemeinschaft einen eigenen Status besitzen. Der Bund mit Israel ist nicht ein Bund mit dem einzelnen Juden, sondern mit dem Kollektiv Israel, das auch in der Kirche, im neuen Bund, seine Bedeutung behält. Ein spekulativer wie auch visionärer Entwurf, wie eine „jüdische Kirche" in Kommunion mit der röm.-kath. Kirche aussehen könnte, hat Antoine Lévy kürzlich vorgelegt.[41] Für den jüdisch-katholischen Dialog hat es zur Folge, dass Juden nicht nur auf jüdischer, sondern auch auf katholischer Seite anzutreffen sind, nicht in dem Geist, wie wir ihn in der Geschichte angetroffen haben, sondern wie ihn dieser Beitrag entfaltete. Die Dialogsituation also wird komplexer.

Ich schließe mit einem Blick auf Selbstverständnis und Theologie von Daniel Rufeisen (1922–1998) und Kardinal Lustiger (1926–2007). Beide haben nach dem Konzil an einer „jüdischen Kirche" innerhalb der katholischen Kirche zu arbeiten begonnen. Sie sahen ihren Keim in den hebräischen Pfarreien in Israel gelegt. P. Daniel[42] bezeichnete sich als Jude katholischen Glaubens. Die Entwicklung der hebräisch-sprachigen Gemeinden im jungen Staat Israel ergab sich für ihn aus dem Impuls des *ad fontes* und der Inkulturation des Glaubens, wie sie das Konzil forderte.[43] Zudem blieb für ihn die Entdeckung der Judenchristen in der neutestamentlichen und frühkirchlichen Forschung nicht eine historische Einsicht. Vielmehr stellte er sich und seine Gemeinden in ihre Kontinuität, auch wenn ihm be-

---

[41] *Jewish Church. A Catholic Approach to Messianic Judaism*, New York – London 2021.
[42] Zur Biographie und seinem Kampf um die Staatsbürgerschaft in Israel als getaufter Jude siehe: Christian Rutishauser, *Daniel Rufeisen und die Frage nach jüdisch-christlicher Identität*, in: Ulrich Winkler (Hg.), Religion zwischen Mystik und Politik. „Ich lege mein Gesetz in sie hinein und schreibe es auf ihr Herz." (Jer 31,33) (JThF 35), Münster 2020, 295–316.
[43] Nechama Tec, *In the Lion's Den. The Life of Oswald Rufeisen*, Oxford 1990, 235.

wusst war, dass nicht alle seine Gemeindemitglieder jüdischer Herkunft sind. Das Feiern der Liturgie in einem Hebräisch, das viele Gemeinsamkeiten mit dem Hebräischen der rabbinischen Tradition aufweist, wurde bewusst als Brücke zum Judentum gewählt. In seiner Pfarreiarbeit grenzte sich Pater Daniel von jüdisch-messianischen Bewegungen ab, wie sie aus den USA nach Israel kamen. Er sei weder amerikanisch noch protestantisch. Er wolle der katholischen Kirche vielmehr ihre Universalität zurückgeben und sie aus dem Korsett der römischen Reichskirche befreien. Diese habe die Judenchristen in der Antike verdrängt. Das semitische Christsein müsse in der röm.-kath. Kirche wieder Platz finden.[44] Dieses Anliegen trug er Papst Johannes Paul II. 1984 in einer Audienz in Rom vor[45] und warb dabei auch für die Anerkennung des Staates Israel durch den Vatikan.

Seither haben sich die hebräisch/röm.-kath. Gemeinden entwickelt. Sie sind heute dem St. Jakobus-Vikariat, das Teil des lateinischen Patriarchats von Jerusalem ist, unterstellt. In ihrer Selbstdarstellung heisst es: „Our Vicariate gathers the Hebrew speaking Catholics who live in Israel, those belonging to the Jewish people together with those coming from the nations, including a number of local Christians and migrants."[46] Neben der Glaubensweitergabe in einer nicht-christlichen Gesellschaft, dem Einsatz für Frieden und Gerechtigkeit und dem Dialog mit Juden und Muslimen wird eine vierte Herausforderung genannt:

Serving as a bridge between the Universal Church and the people of Israel: The Vicariate works to strengthen the relationship between Jews and Christians, sharpening the Church's awareness of its Jewish roots and of the Jewish identity of Jesus and his apostles. The Vicariate seeks to sharpen the awareness of Jews in Israel with regard to the history, teaching and contribution of the Church to society. Our faithful are engaged fully in the life of Israeli Jewish society and in the life of the Catholic Church.[47]

Ähnlich entfaltete Kardinal Lustiger seine Sicht der jüdischen Präsenz in der röm.-kath. Kirche, freilich auf einer internationalen Ebene handelnd. Er entwickelte eine katholisch-jüdische Dialogtätigkeit

---

[44] Ebd., 240.
[45] Ebd., 244.
[46] https://catholic.co.il/?cat=sjv&view=article&id=10171 (5.9.2022).
[47] Ebd.

zwischen Frankreich und Nordamerika. Seine Initiativen waren dabei nicht immer mit dem Vatikan abgestimmt. Er hatte zum Ziel, das gegenseitige Verstehen zu fördern und das Leiden der Shoah aufzuarbeiten, wozu er P. Patrick Desbois anhielt, der seither in der Ukraine Pionierarbeit leistet.[48] Lustiger sah den Antisemitismus aus dem Geist der Aufklärung erstehen, weniger aus dem christlichen Antijudaismus.[49] Während letzterer um ein geistiges Erbe rivalisiere, sei der Moderne ein theologisches Erbe an sich unerträglich. Die Kontinuität zwischen alt- und neutestamentlicher Tradition, die er im jüdisch-katholischen Dialog betont, sieht er auch erst durch das aufklärerische, lineare Fortschrittsdenken zerbrechen.[50] Seit 1951 besuchte Lustiger alljährlich Israel und verfolgte das Wachsen der Hebräischen Gemeinden. Wie Rufeisen stellt Lustiger sie in Kontinuität mit dem Judenchristentum der Antike. Es wäre falsch zu behaupten, die Juden hätten Jesus als Messias nicht anerkannt, da Juden die Urkirche bildeten, diese später aber durch die Byzantiner und schliesslich durch den Islam zerstört worden sei.[51] Christus habe aber den jüdischen Glauben für die ganze Menschheit geöffnet, wozu eine jüdische Urkirche notwendig war – und auch heute ist: „Heiden können nur dann an den Messias glauben, wenn Israel wenigstens zum Teil durch den Glauben seinen eigenen Messias, den Sohn Gottes, anerkannt hat."[52] In den Hebräischen Gemeinden sieht Lustiger daher einen senfkornartigen Neuanfang einer *ecclesia ex circumcisione*. „Sollte nämlich Gott gewähren, dass sie ihre Identität innerhalb der Kirche findet, wäre das für den Glauben aller eine unschätzbare Gnade."[53]

---

[48] Patrick Desbois, *La Shoah par balles. La mort en plein jour*, Paris 2019.
[49] Jean-Marie Lustiger, *Gotteswahl* (s. Anm. 23), 83–93.
[50] Vgl. Kardinal Jean-Marie Lustiger, *Die Verheißung. Vom Alten zum Neuen Bund*, Augsburg 2003, 117–127.
[51] Jean-Marie Lustiger, *Gotteswahl* (s. Anm. 23), 96 f.
[52] Ebd., 105.
[53] Jean-Marie Lustiger, *Die Verheissung* (s. Anm. 50), 142.

Der Ort der Begegnung mit Messianischen Juden in der Geschichte des jüdisch-protestantischen Dialogs

Hanna Rucks

Einleitung

Der Titel dieses Beitrags wirft erst einmal die Frage auf: Was verstehen wir unter „jüdisch-protestantischem Dialog", welche jüdisch-protestantischen Gespräche meinen wir, wenn wir von „jüdisch-protestantischem Dialog" sprechen? Ich konzentriere mich in diesem Beitrag ausschließlich auf den „offiziellen" Dialog, wie er in Arbeitsgruppen und anderen Plattformen der institutionalisierten Landeskirchen gepflegt wird und in kirchlichen Verlautbarungen, Schriften und Büchern von „Dialog-Theologen" Ausdruck findet. Was den regionalen und geschichtlichen Rahmen dieses Artikels betrifft: Es kommt der jüdisch-protestantische Dialog in Deutschland in den Blick, wie er nach dem Zweiten Weltkrieg entstand.

1. Der jüdisch-protestantische Dialog in Deutschland nach 1945 und die Mitwirkung jesusgläubiger Juden in diesem Dialog

Aufgerüttelt durch die Shoah hat die deutsche Theologie seit dem Zweiten Weltkrieg angefangen, das Verhältnis von Kirche und Judentum neu zu durchdenken und zu beschreiben. Jesusgläubige Juden haben dabei in verschiedener Hinsicht eine wichtige Rolle gespielt. Sie haben direkt nach dem Krieg das Thema des kirchlichen Antisemitismus auf besondere Weise in die Kirchen getragen.

Denn in den ersten zwei, drei Jahren nach dem Krieg stellten ausländische christliche Hilfsorganisationen, judenmissionarische Organisationen sowie der Ökumenische Rat der Kirchen – u.a. in der Person von Adolf Freudenberg – immer wieder die Frage nach der Unterstützung der sogenannten „Judenchristen".[1] Adolf Freuden-

---

[1] Vgl. Siegfried HERMLE, *Evangelische Kirche und Judentum – Stationen nach*

berg war der Sekretär der Flüchtlingskommission des ÖRK und selbst mit einer jesusgläubigen Jüdin verheiratet.[2] Während Juden, die Mitglieder von Synagogen waren, von jüdischer Seite unterstützt wurden, bekamen jesusgläubige Juden von dort keine Hilfe. Über der praktischen Frage der Verteilung von Hilfsgütern mussten sich – auf ausländischen Druck hin – das Hilfswerk der EKD sowie mit ihr verbundene kirchliche Hilfsstellen mit der eigenen Haltung gegenüber jesusgläubigen Juden und dem eigenen Antisemitismus befassen. Ein mehrere Jahre schwelender innerkirchlicher Konflikt führte mit der Zeit zu einem stärkeren Bewusstsein für die besondere kirchliche Verantwortung jesusgläubigen Juden gegenüber und zu einer ersten Bewusstmachung des eigenen Antisemitismus. Aber nicht nur in dieser Hinsicht spielten jesusgläubige Juden bei der innerkirchlichen Entwicklung, den kirchlichen Antisemitismus aufzuarbeiten und ein neues Verhältnis zu Israel zu finden, eine wichtige Rolle. Sondern auch als Mitgestalter dieses Prozesses. Der jüdisch-protestantische Dialog in Deutschland wurzelt nämlich in Impulsen, die nach der Shoah und dem Ende des Zweiten Weltkrieges von judenmissionarischen Organisationen ausgingen.[3] Zwar rief die EKD auf ausländischen Druck hin 1947 ein Referat für Israelfragen ins Leben – Otto von Harling, der im judenmissionarischen Feld verwurzelt war, wurde als Referent berufen. Doch weit wegweisender war ein anderer Impuls, der aus Kreisen der Judenmission kam: Karl-Heinrich Rengstorf gründete 1948 auf Anregung des „International Committee on the Christian Approach to the Jews" einen deutschen Zweig dieser Organisation unter dem Namen „Deutscher Evangelischer Ausschuss für den Dienst an Israel". Von diesem Ausschuss, der schon bald auch von der EKD unterstützt wurde und unter deren Schirmherrschaft stand, gingen schnell erste Anregungen zu einer Neuorientierung im Blick auf Kirche und Israel aus. K.-H. Rengstorf sammelte zur Gründung des Ausschusses erst judenmissionarische Organisationen.[4] Da in ihnen häufig auch jesusgläubige Juden aktiv waren, gehörten Christen jüdischer Herkunft von Beginn an natür-

---

1945, Göttingen 1990, 70–96. So auch im Folgenden, wenn nicht anders vermerkt.
[2] Vgl. Uta GERDES, *Ökumenische Solidarität mit christlichen und jüdischen Verfolgten. Die CIMADE in Vichy-Frankreich 1940–1944*, Göttingen 2005, 59.
[3] Vgl. Siegfried HERMLE, *Evangelische Kirche* (s. Anm. 1), 195 ff.
[4] Vgl. ebd., 205 f.

licherweise zum Dunstkreis der Menschen, die die Arbeit dieses Ausschusses mitgestalteten. Der Ausschuss verlor bereits innerhalb der ersten Monate seine eindeutig judenmissionarische Ausrichtung: Da auch Vertreter von Hilfswerken für nicht-christliche Juden eingeladen werden sollten, verschob sich die Themensetzung weg von Missionsfragestellungen.[5] Praktische Fragen wie Flüchtlingsunterstützung traten ebenfalls bald in den Hintergrund; der Ausschuss wurde in den kommenden Jahren das wichtigste Gremium im Blick auf die Entwicklung einer neuen deutschen Israeltheologie in den Landeskirchen. Solche inneren Entwicklungen des Ausschusses taten der Mitwirkung jesusgläubiger Juden aber keinen Abbruch: Auf der ersten großen Tagung vom Oktober 1948 hören wir von 9 Judenchristen unter den 80 Tagungsteilnehmern[6], auf der zweiten Tagung war mit Hans Ehrenberg ein jesusgläubiger Jude sogar unter den Referenten[7]. Rengstorf, der den Ausschuss leitete, führte zudem eine weitreichende Neuerung ein: Er lud bereits für die Oktober-Tagung 1948 mit Rabbiner Leo Baeck einen jüdischen Referenten ein – dieser Ansatz der Mitwirkung von Vertretern der jüdischen Seite etablierte sich. So kam es in diesem Ausschuss zu Gesprächen mit Juden statt über sie. Es herrschte ein Geist, in dem aufeinander gehört wurde, in dem Differenzen genannt werden und Umdenken stattfinden konnte. So jedenfalls beschrieb es Heinz David Leuner, der Europasekretär der Internationalen Hebräisch-Christlichen Allianz, der ebenfalls bald zu diesen Tagungen hinzustieß.[8] Liest man die Berichte in der Zeitschrift „Der Zeuge", ein von Leuner herausgegebenes Blatt der hebräisch-christlichen Allianz, so herrschte nicht nur bei ihm, sondern auch unter zentralen jüdischen Figuren des Dialoges die Auffassung vor, dass Judenchristen eine Brücke, d.h. eine vermittelnde Rolle in der Neufindung des Verhältnisses von Christen und Juden einnehmen.[9]

---

[5] Vgl. ebd., 214f.
[6] Vgl. ebd., 221.
[7] Vgl. ebd., 228f.
[8] Vgl. Heinz D. LEUNER, *Studientagung*, in: Der Zeuge 12 (1954), 19f. Vgl. auch DERS., *Kirche und Judentum*, in: Der Zeuge 10 (1953), 16f.
[9] Vgl. Heinz D. LEUNER, *Judenchristen als Brücke zwischen Israel und Ökumene*, in: Der Zeuge 13 (1954), 3; vgl. Alfred RUEFF, *Judenchristen im Lichte jüdischen Schrifttums des 20. Jahrhunderts*, in: Der Zeuge 25 (1961), 14–18, 17.

Auf Anregung eines jesusgläubigen Juden, nämlich Pfarrer Fritz Majer-Leonhard, sowie von Adolf Freudenberg kamen Anliegen des Ausschusses zum Deutschen Evangelischen Kirchentag.[10] 1952 bot Freudenberg auf dem Kirchentag eine erste israeltheologische Veranstaltung an. Der Deutsche Evangelische Ausschuss für den Dienst an Israel hat ab 1953 dann viermal auf den deutschen evangelischen Kirchentagen Veranstaltungen organisiert, die das Thema Kirche und Israel in den Blick nahmen. Allerdings haben die Organisatoren zu diesen Veranstaltungen im Rahmen des Kirchentages nie Referenten von jüdischer Seite eingeladen. 1956 hörte das Engagement des Ausschusses auf den Kirchentagen auf – allerdings entschloss sich die Kirchentagsleitung kurz darauf, die Thematik selbst in die Hand zu nehmen. Unter anderem unter der Beteiligung von Freudenberg kam es zur Gründung der bis heute in der Bevölkerung bekanntesten[11] Arbeitsgruppe des jüdisch-protestantischen Dialogs: der „Arbeitsgemeinschaft Juden und Christen beim Deutschen Evangelischen Kirchentag". In ihr wirkten von Anfang an auch Vertreter der Synagoge mit – sowie Heinz David Leuner. Er war mit dem jüdischen Rabbiner Robert Rafael Geis, ebenfalls Mitglied der Arbeitsgruppe, eng befreundet.[12] Diese Arbeitsgemeinschaft hat 1961 eine wegweisende Erklärung für den jüdisch-protestantischen Dialog verabschiedet. In der Erklärung der Arbeitsgruppe heißt es unter anderem:

Juden und Christen sind unlösbar verbunden. Aus der Leugnung dieser Zusammengehörigkeit entstand die Judenfeindschaft in der Christenheit. Sie wurde zu einer *Hauptursache* (Hervorh. im Original, so auch im Folgenden) der Judenverfolgung. Jesus von Nazareth wird verraten, wenn Glieder des jüdischen Volkes, in dem er zur Welt kam, als Juden mißachtet werden. Jede Form von Judenfeindschaft ist *Gottlosigkeit* und führt zur Selbstvernichtung. […] Wo Juden unter uns leben, sind wir verpflichtet, ihr Leben und Wohlergehen nach *bestem Vermögen* zu fördern. Auch muß von uns Deutschen alles getan werden, was dem Aufbau und dem Frieden des *Staates Israel* und seiner arabischen Nachbarn dient. Wir wünschen, daß Entschädigungsverfahren gegenüber ehemals „Rasseverfolgten" mit besonderer Dringlichkeit

---

[10] Vgl. Siegfried HERMLE, *Evangelische Kirche* (s. Anm. 1), 251–262. So auch im Folgenden.
[11] Vgl. ebd., 11.
[12] Vgl. Ulrich LAEPPLE, *Nicht nur den Juden die Kirche, sondern der Kirche die Juden erklären". Heinz David Leuner – Judenchrist und Brückenbauer (1906 bis 1977)*, in: Theologische Beiträge 38 (4–5/2007) 223–238, 231; 238.

und Großzügigkeit aufgenommen bzw. beendet werden. Der materiellen Entschädigung muß aber auch eine *neue Gesinnung* entsprechen. In Deutschland ist die sogenannte Judenfrage heute vor allem eine Frage nach der Zukunft der Deutschen. [...] Gegenüber der falschen, in der Kirche jahrhundertelang verbreiteten Behauptung, Gott habe das Volk der Juden verworfen, besinnen wir uns neu auf das Apostelwort: „Gott hat sein Volk nicht verstoßen, das er zuvor ersehen hat" (Röm 11,2). Eine neue Begegnung mit dem von Gott erwählten Volk wird die Einsicht bestätigen oder neu erwecken, daß Juden und Christen gemeinsam aus der *Treue Gottes* leben, daß sie ihn preisen und ihm im Lichte der biblischen Hoffnung überall unter den Menschen dienen.[13]

2. Begegnung mit Messianischen Juden in theologischen Entwürfen von deutschen Dialog-Theologen

Jesusgläubige Juden traf man in den Anfängen des jüdisch-protestantischen Dialogs in Deutschland allerdings nicht nur physisch innerhalb dieser Dialog-Plattformen und hörte sie mit eigenen Beiträgen. Man konnte ihnen auch in theologischen Entwürfen begegnen. Einer sei hier genannt und zwar jener des deutschen Theologen Peter von der Osten-Sacken. Er hat in sein theologisches Denken die Existenz jesusgläubiger Juden aufgenommen und ihnen eine zentrale Rolle zugedacht. 1982 schrieb von der Osten-Sacken in seinem Werk „Grundzüge einer Theologie im christlich-jüdischen Gespräch" über die gegenwärtigen Messianischen Juden und stellte die Frage, ob das Wort in Joh 4,22 – „das Heil kommt von den Juden" – nicht auch eine gegenwärtige ekklesiologische Bedeutung habe.[14] Dies, weil „die Schar der Juden, die ans Evangelium glaubt, d.h. der Judenchristen oder – wie sich diejenigen protestantischer Konfession zunehmend nennen – der Messianischen Juden, in unserem Jahrhundert in Einheit mit dem Leidensweg des jüdischen Volkes für die Kirche zu einer Realität mit unverwechselbaren Konturen geworden ist."[15] Und: Die Kirche habe „ungeachtet der jeweils aktuellen

---

[13] Zitiert nach Heinz D. LEUNER, *Juden und Christen gehören zusammen*, in: Der Zeuge 26 (1961), 13 f.
[14] Hanna RUCKS, *Messianische Juden. Geschichte und Theologie der Bewegung in Israel*, Neukirchen-Vluyn 2014, 487–490. So auch im Folgenden.
[15] Peter VON DER OSTEN-SACKEN, *Grundzüge einer Theologie im christlich-jüdischen Gespräch*, München 1982, 144.

Situation und Auseinandersetzung, um ihrer selbst und ihres Evangeliums willen allen Grund, sich der fundamentalen Bedeutung ihres judenchristlichen Teils in der Diaspora wie im Land Israel bewußt zu werden."[16] Dies aus drei Gründen: Sie seien die „ekklesiologisch nicht wegdenkbare Brücke zwischen Israel und den Völkern mit dem spezifischen Auftrag, jene unlösliche Zusammengehörigkeit zwischen beiden gerade auch angesichts des Evangeliums zu bezeugen und einzuprägen."[17] Außerdem kommt den neutestamentlichen Zusammenhängen im Blick auf das Judenchristentum Bedeutung zu, weil ein solches nicht einfach nur ein historisches Relikt, sondern eine gegenwärtige Realität ist.[18] Zuletzt seien die Judenchristen das erste Argument des Paulus gegen die Verwerfung des jüdischen Volkes – und damit gegen die Substitutionslehre; von der Osten-Sacken identifiziert sie mit dem in Röm 11 erwähnten „heiligen Rest" aus Israel. Die völkerchristlichen Kirchen sollten daher dankbar sein, dass es judenchristliche Gruppen gibt „als Zeichen für die Treue Gottes – in erster Linie seiner Treue ihr selbst gegenüber."[19] Es sei die Aufgabe der Kirche zu helfen, die Einsamkeit der Judenchristen mitzutragen – von der jüdischen Seite als Apostat ausgestoßen, werden sie von christlicher Seite häufig als „Ketzer" und „Judaisierer" gebrandmarkt. Es sei die „… Aufgabe der Völkerkirchen […], nicht etwa die judenchristliche Identität aufzuheben, vielmehr den umstrittenen, angefochtenen und im dargelegten Sinne vereinsamten Repräsentanten Israels in der Gemeinde Jesu Christi gerade bei der Ausprägung ihrer Identität zu helfen …"[20]

3. Die Wende: Das Verschwinden jesusgläubiger Juden aus dem jüdisch-protestantischen Dialog in Deutschland

Doch diese Worte aus den 1980er-Jahren blieben nicht von der Osten-Sackens letztes Wort über Messianische Juden. An seinen Veröffentlichungen lässt sich eine markante Wende beobachten, die

---
[16] Ebd., 148.
[17] Ebd., 149 f.
[18] Vgl. ebd., 150 f.
[19] Ebd., 153 f.
[20] Ebd., 155.

nicht nur bei ihm, sondern überhaupt innerhalb des jüdisch-protestantischen Dialogs stattgefunden hat. 2010 veröffentlichte von der Osten-Sacken einen Artikel mit dem Titel: „Ein Empfehlungsbrief Christi?". Hier setzt von der Osten-Sacken beim Thema Judenmission an. Er zeigt auf, wie Judenmission auf jüdischer Seite wahrgenommen wird und wie durch judenmissionarische Aktivitäten das christlich-jüdische Verhältnis, das sich in den letzten Jahrzehnten aufgebaut hat, aufs Spiel gesetzt wird.[21] Dabei hebt er hervor, dass das Phänomen der Messianischen Juden von dem der Judenmission nicht zu trennen sei – u. a., weil die Messianischen Juden in Deutschland (die von der Osten-Sacken vor allem im Blick hat) „zu einem nennenswerten Teil noch in den Staaten der ehemaligen Sowjetunion durch evangelikale judenmissionarische Organisationen aus dem In- und Ausland angeworben" wurden.[22] Nach einem Blick in die Geschichte[23] geht von der Osten-Sacken auf die gegenwärtige messianisch-jüdische Bewegung ein und stellt ausführlicher dar, wie Michael Wyschogrod die Bewegung einstuft.[24] Dieser vertritt die Auffassung, dass ein judenchristlicher Weg darum für die jüdische Seite nicht akzeptabel sei, weil sich jesusgläubige Juden in der Regel innerhalb von zwei bis drei Generationen dem Judentum entfremdet haben. Erst wenn die Kirche dazu bereit sei, dass jesusgläubige Juden ihre jüdische Identität auf Dauer bewahren könnten – was für Wyschogrod Toraobservanz miteinschließt, die er vom Neuen Testament her als Pflicht für jesusgläubige Juden versteht –, würde sich etwas ändern. Diesem Ansatz von Wyschogrod widerspricht von der Osten-Sacken in dem Punkt, dass er von der Schrift her keine Pflicht zur Toraobservanz für jesusgläubige Juden sieht, wohl aber die Möglichkeit, Toragebote zu halten. Außerdem gehe Wyschogrod auf ein Problem nicht ein: Das Neue Testament lasse offen, wie das Zusammenleben von Juden und Nichtjuden in einer Gemeinde aussehen könnte und müsste – unter Beibehaltung der je eigenen Identität. Von der Osten-Sacken stellt die Frage, ob ein Zusammenleben dieser

---

[21] Vgl. Peter VON DER OSTEN-SACKEN, *Ein Empfehlungsbrief Christi? Zur Debatte um Judenmission, Judenchristen und messianische Juden*, in: Hubert FRANKENMÖLLE – JOSEF WOHLMUTH (Hg.), *Das Heil der Anderen. Problemfeld „Judenmission"* (QD 238), Freiburg i. Br. 2010, 77–112, 77–81.
[22] Ebd., 80.
[23] Vgl. ebd., 81–88.
[24] Vgl. ebd., 88–92.

Art überhaupt denkbar ist. Dieses Problem sowie Wyschogrods Beobachtung, dass jesusgläubige Juden über kurz oder lang in den Kirchen aufgehen, führt von der Osten-Sacken zur Einsicht, dass „sich die Frage judenchristlicher oder messianisch-jüdischer Gemeinden für die Kirchen ernsthaft überhaupt nur oder zumindest in erster Linie in Verbindung mit dem Staat Israel" stelle.[25] Nur in diesem Zusammenhang scheine es für jesusgläubige Juden dauerhaft möglich, eine jüdische Identität zu bewahren. Darum seien die Messianischen Juden in Deutschland, auf die er im Folgenden zu sprechen kommt, nicht zukunftsträchtig.[26] Außerdem erwähnt von der Osten-Sacken am Rande liturgische Aspekte der messianisch-jüdischen Gemeinde von Wladimir Pikman in Berlin und ein messianisch-jüdisches Glaubensbekenntnis, in dem es unter anderem heißt: „Wir glauben, dass messianisches Judentum heute die Fortsetzung des biblischen, rechtmäßigen Judentums ist."[27] Dies kommentiert er wie folgt:

Es mag dahingestellt sein, worauf sich dieser maßlose Anspruch messianischer Juden gründet, mit dem sie sich an die Stelle des in 2000 Jahren gewachsenen und bewährten jüdischen Lebens setzen, während sie es gleichzeitig liturgisch und rituell ausbeuten. Eins jedoch scheint unabweislich: Nach den in den letzten Jahrzehnten kirchlicherseits landauf, landab erfolgten ausdrücklichen Absagen an jede Form des zerstörerischen Substitutionsanspruchs (die angebliche Ersetzung Israels durch die Kirche) können sich die Kirchen spätestens hier nur aufs Deutlichste von den messianischen Juden distanzieren.[28]

Es stellt sich bei diesen Ausführungen dem überraschten Lesenden natürlich die Frage: Was ist zwischen 1982 und 2010 geschehen, dass die Einordnung und Wahrnehmung jesusgläubiger Juden eine so fundamentale Veränderung in Kreisen des jüdisch-protestantischen Dialogs erfahren hat? Ich möchte es thesenartig so formulieren: Die Kreise des offiziellen jüdisch-protestantischen Dialogs in Deutschland schafften es nicht, mit den theologischen und ekklesiologischen Veränderungen, die unter jesusgläubigen Juden in den letzten fünfzig Jahren eingetreten sind, mitzugehen. Programmatisch für die Veränderungen unter jesusgläubigen Juden, die hier gemeint sind,

---

[25] Ebd., 92.
[26] Vgl. ebd., 92–97.
[27] Ebd., 96.
[28] Ebd., 96 f.

steht der Namenswechsel der „International Hebrew Christian Alliance" in „International Messianic Jewish Alliance". Zentral für das Verständnis der Entwicklungen ist: In Deutschland fand nie ein innerer Wandlungsprozess von „Hebräischen Christen" statt, die sich nach und nach als „Messianische Juden" identifizierten oder deren Kinder plötzlich eine messianisch-jüdische Identität leben wollten. Die „hebräisch-christliche" Bewegung, die den jüdisch-protestantischen Dialog in Deutschland mitbegründet hatte, starb – wegen Überalterung und Auswanderung[29] – und verlor damit ihren Platz in den jüdisch-protestantischen Dialogkreisen. Der Wandel von „hebräisch-christlich" zu „messianisch-jüdisch" fand im Ausland statt und als in den 1990er-Jahren plötzlich Messianische Juden aus der ehemaligen Sowjetunion in Deutschland auftauchten, prallten Welten aufeinander. Denn nun waren die gegenwärtigen, in Deutschland existierenden jesusgläubigen Juden plötzlich keine „Hebräischen Christen" mehr, sondern Messianischen Juden; darüber hinaus waren es Sowjetjuden – und nicht deutsche Juden: Eine zusätzliche interkulturelle Herausforderung. Was die Veränderung von hebräisch-christlich zu messianisch-jüdisch in den Dialogkreisen an Spannungen hervorruft, kann man an von der Osten-Sackens Ausführungen ablesen.

Da ist zum einen das Thema eigener jüdisch-christlicher Gemeinden, eine Idee, die von der Osten-Sacken zwar theologisch nicht in Frage stellt; aber er äußert doch große Bedenken im Blick auf die konkrete Ausgestaltung einer solchen Identität und die Möglichkeit eines solchen Ansatzes in Deutschland und an anderen Orten der Diaspora. Im Blick auf das Thema „eigene Gemeinden" hatte er wohl auch schon 1982 Bedenken, ob sich dies in der Diaspora verwirklichen ließe – er weist in seinem Buch „Grundzüge" mit großem Verständnis auf eine Diskussion innerhalb der internationalen hebräisch-christlichen Allianz aus dem Jahr 1937 hin. Die Allianz hatte damals die Gründung eigener „judenchristlicher" Gemeinden abgelehnt, für das Land Israel aber im Sinne einer noch zu gründenden einheimischen Kirche befürwortet.[30] Zudem: Nicht nur die internationale hebräisch-christliche Allianz, sondern auch die deutschen jesusgläubigen Juden im jüdisch-protestantischen Dialog nach dem

---

[29] Vgl. Ulrich LAEPPLE, *Heinz David Leuner* (s. Anm. 12), 238, Fußnote 44.
[30] Vgl. Peter VON DER OSTEN-SACKEN, *Grundzüge* (s. Anm. 15), 146.

Zweiten Weltkrieg distanzierten sich von der Idee eigener Gemeinden deutlich. Die Erfahrungen der 12 Jahre Nationalsozialismus ließen sie davon Abstand nehmen. Von Majer-Leonhard z.B. gibt es einen Brief an die „First Hebrew Christian Synagogue" in Los Angeles, die in den Nachkriegsjahren für „Judenchristen" Geld spendete, um ihnen die Gründung eigener Gemeinden zu ermöglichen. Majer-Leonhard reagierte auf diesen Spendenimpuls mit der Aussage, ein solcher Weg sei für den deutschen Kontext völlig verkehrt, weil man hier in die entgegengesetzte Richtung arbeiten müsse. Nach dem Ausschluss von jesusgläubigen Juden aus deutschen Kirchen versuche man, die Einheit von jesusgläubigen Juden und Völkerchristen hervorzuheben. Die Erfahrung der 12 Jahre Nationalsozialismus habe gezeigt: Wenn jesusgläubige Juden irgendwo haben Hilfe bekommen können in diesen Jahren, dann doch noch bei Kirchen.[31] Aber nicht nur diese Lebenserfahrung, die Majer-Leonhard selbst gemacht hatte, sondern auch der kirchliche Antisemitismus der Nazizeit wird die Idee eigener „judenchristlicher" Gemeinden „verunmöglicht" haben. Nach dem Ausschluss von „nicht-arischen Christen" aus völkerchristlichen Kirchen während der Nazizeit hätte ein solcher Weg wie eine Bestätigung des kirchlichen Antisemitismus gewirkt. Dass „die neuen jesusgläubigen Juden", nämlich die „Messianischen Juden", eigene Gemeinden ins Leben riefen, war für jesusgläubige Juden innerhalb der jüdisch-protestantischen Dialogkreise der ersten Jahrzehnte in Deutschland sicherlich eine theologische Anfechtung.[32] All das hinterlässt möglicherweise bis heute Spuren in der Wahrnehmung der messianisch-jüdischen Bewegung innerhalb der Dialog-Kreise: Zweifel an der Richtigkeit von eigenen „jüdisch-christlichen" Gemeinden – mindestens für die Diaspora-Situation – mag mit ein Grund sein, dass von Vertretern des Dialoges bis heute Anfragen an „messianisch-jüdische Gemeinden" zu hören sind, wie hier bei von der Osten-Sacken.

Ein weiterer Punkt, der sich in von der Osten-Sackens Ausführungen zeigt: Die „neue" messianisch-jüdische Bewegung, die sich in den 70er-Jahren v.a. in Amerika und Israel etablierte und später die messianisch-jüdische Bewegung in der ehemaligen Sowjetunion

---

[31] Vgl. Siegfried HERMLE, Evangelische Kirche (s. Anm. 1), 149f.
[32] Vgl. Heinz D. LEUNER, *Die Idee der Allianz*, in: Der Zeuge 3-4 (1951), 1-5, hier 3-5.

mit ins Leben rief, war theologisch von christlichen Bewegungen beeinflusst, die im deutschen landeskirchlichen Kontext als „freikirchlich" eingestuft werden. Sie rufen bei manchen Dialog-Theologen in den Landeskirchen darum innere Abwehrreflexe hervor. Etwas überspitzt ausgedrückt: Die „Hebräischen Christen" des Dialog-Beginns waren „Landeskirchler", die „Messianischen Juden" sind „Freikirchler". Um es mit von der Osten-Sackens Worten zu sagen: „evangelikale judenmissionarische Organisationen" stünden hinter der messianisch-jüdischen Bewegung in Deutschland.[33] Das bedeutet: Konfliktmuster, die in Deutschland zwischen Landes- und Freikirchen ablaufen und in der Unterscheidung der Begriffe „evangelisch" und „evangelikal" spürbar werden, stehen nun plötzlich auch zwischen christlichen („landeskirchlichen", „evangelischen") Dialog-Theologen und („freikirchlichen", „evangelikalen") Messianischen Juden.

Ein dritter Punkt wird an von der Osten-Sackens Ausführungen deutlich. Nicht nur unter den jesusgläubigen Juden kam es im Laufe der Jahrzehnte zu Veränderungen. Auch der jüdisch-protestantische Dialog hat sich entwickelt. Die Ablehnung der „Judenmission" ist dabei zu einem ganz zentralen Thema geworden. Bereits 1982 äußerte von der Osten-Sacken Bedenken bei manchen Formen messianisch-jüdischer Mission. So schrieb er: „Noch auch kann es Ziel sein, zu applaudieren, wo judenchristliche Gruppen, wie anscheinend hier und da in den USA, einen ans Fanatische grenzenden Missionseifer an den Tag legen, der – wie einst und manchmal auch noch heute der heidenchristliche – mehr zerstört als aufbaut."[34] Gleichzeitig sprach er damals aber auch positiv von einen Zeugnisauftrag der „Judenchristen".[35] 2010 identifiziert er nun die messianisch-jüdische Bewegung völlig mit „Judenmission". Diese Identifizierung erschwert heute die Begegnung zwischen Messianischen Juden und jüdisch-protestantischen Dialogkreisen.

Ein weiterer Punkt ist zu nennen: Man spürt bei von der Osten-Sacken, aber auch in anderen Verlautbarungen, eine Angst vor der sozialen Konsequenz eines Einbezuges Messianischer Juden in den Dialog. Es besteht die Gefahr, durch einen Kontakt zu den Messianischen Juden die jüdischen Gesprächspartner zu verlieren bzw. ge-

---

[33] Peter VON DER OSTEN-SACKEN, *Empfehlungsbrief* (s. Anm. 21), 80.
[34] Peter VON DER OSTEN-SACKEN, *Grundzüge* (s. Anm. 15), 148.
[35] Vgl. ebd., 155f.

wachsenes Vertrauen aufs Spiel zu setzen.[36] Mit anderen Worten: Messianische Juden stellen Dialog-Theologen nicht nur vor theologische Herausforderungen, sondern auch vor soziale Schwierigkeiten.

Die praktische Folge ist, dass man die Messianischen Juden, die seit den 1990er-Jahren in Deutschland Heimat gefunden haben, bisher nicht in den offiziellen jüdisch-protestantischen Dialog aufgenommen hat. Allerdings ist anzumerken: Wie groß das Interesse unter Messianischen Juden in Deutschland ist, innerhalb der Dialogplattformen Raum zu bekommen und zu Gesprächen eingeladen zu sein, steht noch einmal auf einem anderen Blatt – aus Gesprächen weiß die Verfasserin, dass auch auf Seiten der Messianischen Juden teilweise sehr geringes Interesse vorhanden ist.

4. Annäherungen des jüdisch-protestantischen Dialogs an das Phänomen der Messianischen Juden

Dennoch haben sich Veränderungen ergeben: Auf dem Kirchentag in Stuttgart 2015 kam es erstmalig zu einem „Trialog" zwischen dem jüdischen Publizisten Micha Brumlik, dem Messianischen Juden Richard Harvey und einem Vertreter der Landeskirchen, Bischof Ralf Meister. Auch auf der Ebene der EKD nahm man sich des Themas an. Nachdem die EKD in ihren drei Erklärungen „Christen und Juden" aus den Jahren 1975, 1991, und 2000 nur am Rande auf das Thema der Messianischen Juden eingegangen ist,[37] hat der Gemeinsame Ausschuss für „Kirche und Judentum" im Auftrag des Rates der EKD 2017 eine Positionsbestimmung erarbeitet. Sie wurde ver-

---

[36] Vgl. Peter VON DER OSTEN-SACKEN, *Empfehlungsbrief* (s. Anm. 21), 78 f., der das kirchliche „Nein" zur Judenmission (und für ihn damit eben auch zu Messianischen Juden, wie sie sich nach seinem Verständnis in der Gegenwart zeigen) als Voraussetzung für den Dialog von jüdischer Seite her beschreibt. Vgl. auch EVANGELISCHE KIRCHE IN DEUTSCHLAND (Hg.), *Judenchristen – jüdische Christen – „messianische Juden". Eine Positionsbestimmung des Gemeinsamen Ausschusses „Kirche und Judentum" im Auftrag des Rates der EKD*, Hannover 2017, heruntergeladen von https://www.ekd.de/ekd_de/ds_doc/Messianische_Juden.pdf., 22 f.
[37] Sie widmet dem Thema im Anhang zur dritten Erklärung einige Gedanken bzw. stellt v. a. die Geschichte der messianisch-jüdischen Bewegung dar, vgl. KIRCHENAMT DER EKD (Hg.), *Christen und Juden I–III. Die Studien der Evangelischen Kirche in Deutschland 1975–2000*, Gütersloh 2002, 169–172.

öffentlicht unter dem Titel „Judenchristen – jüdische Christen – „messianische Juden".[38]

Das Papier beschreibt zuerst in vier Schritten die messianisch-jüdische Bewegung. Die Geschichte der Bewegung wird dargestellt – vor allem mit Blick auf Deutschland –, dann ihr „Erscheinungsbild", was Dinge wie Gottesdienstpraxis, Feier der Sakramente oder die Feste im Jahreszyklus einschließt. In einem nächsten Schritt umreißt das Papier kurz theologische Aspekte, insbesondere die Verhältnisbestimmung von Israel, jesusgläubigen Juden und Kirche, wie sie in zwei unterschiedlichen messianisch-jüdischen Entwürfen – jenem von Mark Kinzer („Postmissionary Judaism") und Alex Jacob („Enlargement Theology") – ausgearbeitet worden sind. Dann stellt das Papier dar, welche Kreise die messianisch-jüdische Bewegung unterstützen, wobei die drei Organisationen „Chosen People Ministries", „Evangeliumsdienst für Israel" (EDI) und „Arbeitsgemeinschaft für das messianisches Zeugnis an Israel" (AMZI) namentlich genannt werden. In diesem Zusammenhang erscheint ein erstes Mal eine theologische Kritik. Das Papier zitiert ein von der AMZI herausgegebenes Buch, dessen Autor Tuvay Zaretzky schreibt: „In den vollen Genuss des verheißenen Segens [...] kommen Juden wie auch Nichtjuden ... nur durch den Glauben an Jesus."[39] Dazu kommentiert die Positionsbestimmung:

Die Unterstützer wie die meisten messianisch-jüdischen Gemeinden selbst halten demnach das nicht-christusgläubige Judentum für defizitär und werfen ihm vor, den Messias Jesus nicht erkannt zu haben. Hierin liegt ein grundlegender Unterschied zu den Erklärungen der meisten Landeskirchen, die die Treue Gottes zu seinem Volk Israel betonen, indem sie diese nicht grundsätzlich an die Zustimmung von Juden zum Christusbekenntnis binden. Dies erklärt die hohe Sensibilität und Sorge jüdischer Gemeinden angesichts missionarischer Aktivitäten. Sie erwarten von den Kirchen eine deutliche Distanzierung von messianisch-jüdischen Gruppen und ihren christlich-evangelikalen Unterstützern, sofern diese die Legitimität der jüdischen Existenz in Zweifel ziehen, wenn diese nicht von einem Christusbekenntnis begleitet wird.[40]

---

[38] EVANGELISCHE KIRCHE IN DEUTSCHLAND, *Judenchristen – jüdische Christen – „messianische Juden"* (s. Anm. 36).
[39] Zitiert nach ebd., 15.
[40] Ebd., 16.

Es folgt in der „Positionsbestimmung" eine Deutung des Phänomens „Messianische Juden", indem v. a. zwei Fragen nachgegangen wird: Nämlich, ob messianisch-jüdische Gruppen und Gemeinden als jüdisch gelten können und ob man sie aus kirchlicher Perspektive als Teil der Gemeinde Christi verstehen kann. Für Letzteres werden Fragestellungen benannt, die Antwort geben können, z. B. ob es im Blick auf die Sakramente ein gemeinsames Verständnis im Sinn der Leuenberger Konkordie gibt und ob die Trinität – nicht in dogmatischen Formulierungen, aber im Sachgehalt – von messianisch-jüdischer Seite bejaht wird. Dazu heißt es: „Wenn sich im Kreuz das ewiggültige Wesen und die Wahrheit Gottes manifestiert, ist der Sachgehalt der trinitarischen Formeln im Zentrum bekannt."[41] Im Blick auf die Frage, ob man messianisch-jüdische Gruppen im Dialog als jüdische Gesprächspartner anerkennen kann, enthält sich das Papier einer Festlegung. Es sei nicht Aufgabe der christlichen Theologie festzulegen, wer zum Judentum gezählt werden könne und wer nicht.

Das Papier macht in seinen vier Schlusspunkten eine für unseren Zusammenhang sehr wichtige Aussage. Da heißt es:

In den letzten Jahrzehnten ist in Deutschland nicht zuletzt durch die Gesprächsbereitschaft jüdischer Partnerinnen und Partner in der Begegnung von Christen und Juden ein Vertrauensverhältnis gewachsen, für das wir dankbar sind. Wo hierzulande „messianisch-jüdische" Gemeinden und Gruppen als jüdische Dialogpartner in Anspruch genommen werden, entstehen auf allen Ebenen christlich-jüdischer Begegnung Irritationen, und gewachsenes Vertrauen wird zerstört. Nicht zuletzt deshalb wird die Evangelische Kirche im Blick auf durch „messianisch-jüdische" Gemeinden formulierte Ansprüche äußerste Zurückhaltung üben.[42]

Die Positionsbestimmung ist das umfassendste, was von Seiten der EKD zum Thema bisher gesagt und geschrieben wurde. Für die Erarbeitung der Positionsbestimmung wurden – das muss ebenfalls positiv vermerkt werden – auch Messianische Juden zum Gespräch eingeladen.[43] Das Papier öffnet einen Spalt breit die Türe für ein Gespräch mit Messianischen Juden. Dennoch sollen an dieser Stelle

---

[41] Ebd., 18.
[42] Ebd., 22 f.
[43] Vgl. Ulrich LAEPPLE, *Judenchristen, Messianische Juden und die EKD im christlich-jüdischen Gespräch von 1945 bis heute*, in: Theologisch Beiträge 50 (2019), 431–454, hier 450.

vier Kritikpunkte erwähnt werden, die dann in ein abschließendes Votum zum „Ort der Begegnung mit Messianischen Juden im jüdisch-protestantischen Dialog" münden.

Zuerst: Bei allem Bemühen um Sachlichkeit zeigt sich doch eine leicht tendenziöse Darstellung des „Phänomens Messianische Juden". „Messianische Juden" werden einmal mehr in eine sehr enge Verbindung mit dem Thema „Judenmission" gestellt und zwar in einer Art und Weise, die z. T. an der Grenze der sachlichen Richtigkeit kratzt. So beginnt das Vorwort mit der Aussage „,Jews for Jesus' („Juden für Jesus") oder auch ,Messianische Juden' ist die Selbstbezeichnung einer Bewegung, die seit den 70er Jahren in den USA und in Deutschland etwa seit Anfang der 90er Jahre aktiv ist."[44] Das ist faktisch falsch, „Jews for Jesus" ist der Name einer für ihre starke bis provokante Missionstätigkeit bekannte Organisation im Feld, keine weit verwendete Selbstbezeichnung; aber es ist eine von jüdischen Kritikern historisch verwendete Fremd- und Negativbezeichnung für die gesamte Bewegung.[45] Eine solche Identifizierung von „Jews for Jesus" mit „Messianischen Juden" löst darum bei halb informierten Menschen sofort eine Identifizierung von Messianischen Juden mit „Judenmission" aus. Um ein zweites Beispiel zu nennen: Im historischen Abriss heißt es u. a.: „Im 19. Jahrhundert begannen zugleich christliche Missionsgesellschaften, in Gebieten mit starker jüdischer Bevölkerung (Galizien, Ungarn und Südrussland) ,judenchristliche' Gemeinden zu gründen. Die Gemeinde der ,Israeliten des Neuen Bundes' von Joseph Rabinowitsch war von 1884 bis zur Shoah in Kischinew (heute Moldawien) tätig."[46] Weiter geht der Text auf die Gründung der Missionsgesellschaft „Chosen Peoples Ministries" ein. – In diesem Kontext liest sich der Satz zu Rabinowitschs Gemeinde, als handle es sich dabei um eine von einer judenmissionarischen Gesellschaft gegründete Gemeinde – oder eine Gemeinde, die sich als eine solche Organisation sah. Rabinowitschs Gemeinde war nun aber gerade eine ohne Berührung mit Missionsorganisationen gegründete „messianisch-jüdische Eintagsfliege".

---

[44] EVANGELISCHE KIRCHE IN DEUTSCHLAND, *Judenchristen – jüdische Christen – „messianische Juden"* (s. Anm. 36), 6.
[45] Vgl. Hanna RUCKS, *Messianische Juden* (s. Anm. 14), 249.
[46] EVANGELISCHE KIRCHE IN DEUTSCHLAND, *Judenchristen – jüdische Christen – „messianische Juden"'* (s. Anm. 36), 10.

Hier suggeriert der Kontext „missionarischere" Bilder, als sich die Dinge in der Realität abspielten. Abschließend sei zu diesem Kritikpunkt angemerkt: In der EKD-Studie aus dem Jahr 2000 wird die Geschichte der messianisch-jüdischen Bewegung erzählt, ohne dass die Worte „Mission" oder „Missionsorganisation" auftauchen.[47] Man kann die Geschichte des Messianischen Judentums ohne Zweifel unterschiedlich darstellen, verschiedene Faktoren führten zum Erwachen der Bewegung. Die Positionsbestimmung jedenfalls zeigt wenig von der Breite der Faktoren, sondern scheint bemüht, den missionarischen Anteil stark zu machen.

Der zweite Kritikpunkt bezieht sich auf die oben zitierte Aussage zur Haltung Messianischer Juden dem nicht-jesusgläubigen Judentum gegenüber.

> Die Unterstützer wie die meisten messianisch-jüdischen Gemeinden selbst halten demnach das nicht-christusgläubige Judentum für defizitär und werfen ihm vor, den Messias Jesus nicht erkannt zu haben. Hierin liegt ein grundlegender Unterschied zu den Erklärungen der meisten Landeskirchen, die die Treue Gottes zu seinem Volk Israel betonen, indem sie diese nicht grundsätzlich an die Zustimmung von Juden zum Christusbekenntnis binden.[48]

Gerade die vorangehenden Aussagen in der Positionsbestimmung machen deutlich, dass auch diese evangelikalen Unterstützer Messianischer Juden die Treue Gottes zu seinem Volk nicht an die Zustimmung zum Christusbekenntnis binden. Sagt die Verlautbarung doch explizit, dass sie die Erwählung Israels bekräftigen und die Substitutionslehre ablehnen. *Das* ist nicht der Punkt. Auch nicht, wie es der folgende Absatz ausdrückt, dass von messianisch-jüdischer Seite die Legitimität der jüdischen Existenz in Zweifel gezogen sei, wenn sie nicht von einem Christusbekenntnis begleitet sei. Das Störende, Abwertende dem rabbinischen Judentum gegenüber liegt irgendwie etwas anders – „voller Genuss des Segens" fehle, was heißt das genau? Es wäre an dieser Stelle sicher auch nicht ganz verkehrt gewesen, einen Hinweis darauf zu geben, dass innerjüdisch „Defizitbeschreibungen" verschiedener Richtungen untereinander nicht unnormal sind (Messianische Juden sind ja selbst massiven Defizitbeschreibungen von Seiten anderer Juden ausgesetzt, aber auch

---

[47] Vgl. KIRCHENAMT DER EKD, *Christen und Juden I–III* (s. Anm. 37), 170 f.
[48] EVANGELISCHE KIRCHE IN DEUTSCHLAND, *Judenchristen – jüdische Christen – „messianische Juden"* (s. Anm. 36), 16.

davon abgesehen muss man nur die Verwendung des Begriffs „jehudi amiti" verfolgen, um innerjüdische Defizitbeschreibungen vor Augen zu haben). Was unterscheidet die Haltung Messianischer Juden von jener orthodoxer, die liberale Juden ebenfalls als defizitär einstufen – in solchen Fragen wäre eine differenziertere und genauere Darstellung des Problematischen in messianisch-jüdischen Aussagen gegenüber dem nicht-jesusgläubigen Judentum hilfreich gewesen.

Der dritte Kritikpunkt bezieht sich auf den historischen Abriss. Es sticht ins Auge, dass jegliche Bezugnahme auf die deutsche hebräisch-christliche Allianz, andere judenchristlichen Initiativen in Deutschland vor dem Zweiten Weltkrieg (z.B. die Jerusalem-Kirche in Hamburg) und jeglicher Bezug auf die Shoah fehlt. Das ist insbesondere auffällig, da sich die Verlautbarung speziell mit der Situation in Deutschland beschäftigen will. Das heutige Messianische Judentum in Deutschland sähe anders aus, wenn nicht die Shoah die allermeisten hebräisch-christlichen Allianzen in Europa ausgelöscht hätte und die deutsche Allianz so geschwächt, dass sie später einging. Die Verlautbarung verpasst leider, kirchliches Versagen jener Zeit jesusgläubigen Juden gegenüber und daraus resultierende Verantwortung in der Begegnung mit Messianischen Juden zu benennen. Auch der Beitrag, den „Hebräische Christen" in den ersten Jahrzehnten zum jüdisch-protestantischen Dialog in Deutschland geleistet haben, wird leider mit keinem Wort erwähnt.

Zuletzt: Der Verlautbarung fehlt eine Differenzierung zwischen „Messianischen Juden" und „Messianischen Nichtjuden". Sie spricht von ganzen „messianisch-jüdischen Gruppen" und „messianisch-jüdischen Gemeinden". Exemplarisch wird das sichtbar in der Formulierung: „Wo hierzulande ‚messianisch-jüdische' Gemeinden und Gruppen als jüdische Dialogpartner in Anspruch genommen werden, entstehen auf allen Ebenen christlich-jüdischer Begegnung Irritationen, und gewachsenes Vertrauen wird zerstört. Nicht zuletzt deshalb wird die Evangelische Kirche im Blick auf durch ‚messianisch-jüdische' Gemeinden formulierte Ansprüche äußerste Zurückhaltung üben."[49] Natürlich ist es bei der gegenwärtigen Aufstellung messianisch-jüdischer Gemeinden in Deutschland schwierig, diese Gemeinden eindeutig als „jüdische" Gemeinden einzustufen, weil

---

[49] EVANGELISCHE KIRCHE IN DEUTSCHLAND, *Judenchristen – jüdische Christen – „messianische Juden"* (s. Anm. 36), 22f.

sie aus einer Mischung von jesusgläubigen Juden und jesusgläubigen Nichtjuden bestehen. Aber es wäre nicht nötig, immer von ganzen „Gruppen" zu sprechen. Dialogpartner sind in der Regel Einzelpersonen. Gerade wenn es um den Anspruch eines Gesprächspartners geht, als „Jude" mit Kirchenvertretern zu sprechen, dann ist seine jüdische Herkunft äußerst relevant. Die Folge der Nicht-Differenzierung ist, dass nach dem Papier mit beiden Gruppen gleich zu verfahren ist. Die Positionsbestimmung verleitet m. E. im Zweifelsfall Mitglieder deutscher Landeskirchen, die sich über Messianische Juden anhand der Verlautbarung informieren, dazu, jesusgläubigen Juden ihr Judentum abzusprechen, weil die bewährten jüdischen Gesprächspartner im Dialog (in der Regel Mitglieder in synagogalen Gemeinden) einem dazu raten. Das wäre ein aus historischen wie theologischen Gründen hoch problematischer Schritt.

Die eben zitierten Zeilen der Positionsbestimmung lassen eines darüber hinaus sehr deutlich werden: Waren die „Hebräischen Christen" nach 1945 für manche eine Brücke im jüdisch-protestantischen Dialog in Deutschland – und in das Entstehen des Dialogs involviert, so sind die Messianischen Juden der Gegenwart das Gegenteil. Sie erscheinen als Gefahr für den Dialog. Sie fehlen darum nicht nur im Dialog, sondern werden bewusst auch „draußen gehalten". Doch immerhin ist die Türe zum Gespräch mit Messianischen Juden durch die Positionsbestimmung der EKD von 2017 ein kleines bisschen geöffnet worden.

Das Messianische Judentum und die Hermeneutik der kanonischen Dialogizität

Ludger Schwienhorst-Schönberger

1. Hinführung

Die Exegese des Alten Testaments hat seit etwa fünfzig Jahren das Modell der Substitutionstheologie weitgehend hinter sich gelassen. Zumindest kann man das für große Teile der an Universitäten und kirchlichen Hochschulen gelehrten alttestamentlichen Bibelwissenschaft in Europa, den USA und denen von ihnen beeinflussten akademischen Institutionen sagen.

Substitutionstheologie begegnet in der biblischen Hermeneutik vor allem im Zusammenhang mit der Verhältnisbestimmung von Altem und Neuem Testament. In diesem Feld besagt sie, dass das Alte Testament durch das Neue Testament substituiert, also: ersetzt worden ist. Diese Basisaussage kann in verschiedene Richtungen variiert werden. Die im Alten Testament erzählte Geschichte kann als eine Vorgeschichte zu der im Neuen Testament erzählten Geschichte angesehen werden, das heißt: als historisch zwar durchaus interessant, theologisch aber weitgehend irrelevant.[1] Eine weitere, schärfere Variante dieses Modells stellt das sogenannte Kontrastmodell dar. Demnach wäre das im Alten Testament erzählte Geschehen nicht nur als eine dem Neuen Testament gegenüber vorläufige, sondern als eine diesem gegenüber gescheiterte Geschichte anzusehen; die ihr zu entnehmenden theologischen Gehalte stünden in einem Gegensatz zu dem, was im Neuen Testament offenbart wird. Als klassischer Vertreter dieser Richtung wäre wohl Markion zu nennen, der bekanntlich die Schriften des Alten Testaments als nicht zum christlichen Kanon gehörig ansah und aus dem Neuen Testament nur jene

---

[1] Verwiesen sei in diesem Zusammenhang auf die Diskussionen im Anschuss an die Thesen von Notger SLENCZKA, *Vom Alten Testament und vom Neuen. Beiträge zur Neuvermessung ihres Verhältnisses*, Leipzig 2017. Bernard MALLMANN, *Dekanonisierung des Alten Testaments? Rückfragen an Notger Slenczka aus Sicht katholischer Theologie*, Würzburg 2021.

Teile akzeptierte, die in einem – scheinbar – eindeutigen Gegensatz zum Alten Testament zu verstehen sind.

Seit den 1970-er Jahren lässt sich in der alttestamentlichen Bibelwissenschaft das breit angelegte Bemühen erkennen, diese und ähnliche Positionen zu überwinden. In der deutschsprachigen katholischen Exegese war vor allem mein Lehrer Erich Zenger maßgeblich daran beteiligt. Um jede Form der Marginalisierung des Alten Testaments bereits im Ansatz zu unterlaufen, plädierte er für die Substitution der Bezeichnung „Altes Testament" durch „Erstes Testament". Auf seinem Grabstein auf dem Zentralfriedhof in Münster steht: Erich Zenger (1939–2010) – Lehrer des Ersten Testaments.

Im Folgenden möchte ich zeigen, wie sich durch das Gespräch mit dem Messianischen Judentum die post-substitutionstheologischen Modelle der Verhältnisbestimmung von Altem und Neuem Testament noch einmal verändern könnten. Es geht also im Folgenden um drei Modelle:

(1) Das substitutionstheologische Modell der Verhältnisbestimmung von Altem und Neuem Testament.
(2) Das post-substitutionstheologische Modell der Verhältnisbestimmung von Altem und Neuem Testament (Erich Zenger, Christoph Dohmen).
(3) Das dem Gespräch zwischen der messianisch-jüdischen Bewegung und der christlichen Theologie angemessene Modell der Verhältnisbestimmung von Altem und Neuem Testament – ein Vorschlag.

2. Die Einheit der Schrift:
Hermeneutik der kanonischen Dialogizität

Es ist für unsere Fragestellung nicht nötig, alle drei Modelle ausführlich vorzustellen. Als Schüler von Erich Zenger und befreundeter Kollege von Christoph Dohmen habe ich große Sympathien für das zweite Modell, das – um es einmal ganz einfach zu sagen – die Eigenständigkeit des Alten Testaments im Rahmen der Biblischen Theologie betont und jede Form der Marginalisierung und Relativierung zurückweist. Doch es gibt einen Punkt, an dem ich mit diesem Modell nicht einverstanden bin. Und genau dieser Punkt betrifft das in meinen Augen berechtigte Anliegen, das dem Gespräch zwischen messianischen Juden und christlichen Theologen zugrunde liegt und das im Rahmen des Symposiums „Jesus – also the Messiah for Israel? Messianic Jewish Movement and Christianity in Dialogue" theologisch gestärkt und zur Diskussion gestellt werden soll.

In der zusammen mit dem Wiener Judaisten Günter Stemberger verfassten *Hermeneutik der Jüdischen Bibel und des Alten Testaments* entwirft Christoph Dohmen das Modell der *doppelten Leseweise des Alten Testaments*. Es richtet sich vor allem gegen jene Modelle, die im Rahmen der christlichen Theologie das Alte Testament von vornherein und ausschließlich christlich zu lesen beanspruchen. Demgegenüber spricht Dohmen von einer sowohl sachlich als auch zeitlich zu verstehenden „*Prae-Position* der Bibel Israels."[2] Nach Dohmen fordert „[g]erade die kanonische Anordnung von Altem und Neuem Testament [...] die Christen zu einer doppelten Leseweise des Alten Testaments auf [...] Sie ermöglicht und verlangt, das Alte Testament *auch* ohne christliche Interpretation zu lesen [...] Da die Bibel Israels als Altes Testament ohne christliche Interpretation oder Änderung dem Neuen Testament vorangestellt wurde, verlangt und erlaubt das erste Lesen des Alten Testaments den christlichen Kontext auszublenden, was vornehmlich durch ein Wahrnehmen der ursprünglichen (hebräischen und aramäischen) Texte möglich ist. Erst das zweite Lesen, das diese Texte in einen christlichen Interpretationszusammenhang stellt, muss den Text berücksichtigen, den die Autoren des Neuen Testaments benutzt haben. Das aber ist der griechische Text der LXX" (236). Das christliche Verständnis des Alten Testaments ist nach Dohmen selbstverständlich möglich, doch es stellt lediglich „eine – nicht die einzige – Interpretationsmöglichkeit der Bibel Israels dar" (237). Der traditionellen christlichen Exegese bescheinigt Dohmen eine hochproblematische „Israelvergessenheit". An deren Stelle setzt der Regensburger Alttestamentler eine Hermeneutik der Israelerinnerung: „Hermeneutik des Alten Testaments *ist* Israelerinnerung" (233). In einer „Hermeneutik des Alten Testaments, die *Israelerinnerung* ist", sieht Dohmen „*die* Chance christlicher Theologie im 21. Jahrhundert" (233).

---

[2] Christoph DOHMEN – Günter STEMBERGER, *Hermeneutik der Jüdischen Bibel und des Alten Testament*, Stuttgart ²2019, 171–175. Die Zahlen in Klammern in den folgenden Abschnitten beziehen sich auf die Seiten dieser Ausgabe. Vgl. dazu auch meine Rezension in: ThRev 117 (1/2021).

Dohmen betont, dass das Alte Testament nicht christlich erweitert, gekürzt oder bearbeitet wurde, was im Rahmen der Entstehung und Fortschreibung biblischer Schriften durchaus möglich gewesen wäre, sondern dass es „ohne christliche Interpretation oder Änderung dem Neuen Testament vorangestellt wurde" (236). Und eben dies verlangt, so Dohmen, dass es auch von Christen in einem ersten Akt *ohne* christliche Interpretation zu lesen ist.

An dieser Stelle möchte ich widersprechen oder zumindest doch Bedenken anmelden. Ist es tatsächlich in einem streng theologischen Sinn notwendig, dass das christliche Verständnis des Alten Testaments durch das jüdische Verständnis hindurchgehen *muss*, dass also das christliche Verständnis zwei Ebenen des Verstehens durchlaufen muss: eine jüdische und eine christliche? Im Hinblick auf das Thema unseres Symposiums verschärft sich die Frage: *Welches* jüdische Verständnis des Alten Testaments muss die christliche Theologie durchlaufen, bevor es zum genuin christlichen Verständnis kommen darf? Ein orthodox-rabbinisches, ein jüdisch-liberales oder vielleicht ein jüdisch-messianisches Verständnis? Die Position, die Dohmen vertritt, schließt im Grunde das messianisch-jüdische Verständnis als Horizont der Erstlektüre von vornherein aus, weil es keine Lektüre ohne Neues Testament ist. Das Messianische Judentum liest den TaNaK, das aus Tora, Nebi'im (Propheten) und Ketubim (Schriften) bestehende „Alte Testament" messianisch, und das heißt: im Lichte des im Neuen Testament bezeugten *Jeschua ha-Maschiach*, seines Lebens, seiner Lehre, seiner Taten, seines Sterbens und seiner Auferstehung. Bezeichnend dafür ist folgende für das Selbstverständnis des Messianischen Judentums typische Bibelausgabe, welche die Zweiteilung in Altes und Neues Testament ablehnt: *The Complete Jewish Study Bible*.[3] Ihr Leitgedanke ist die Einheit der Schrift („the Bible's Unity"): „The *Complete Jewish Bible* graphically presents this unity by eliminating all separation between the *Tanakh* and *B'rit Hadashah*. Most Christian translations insert a special title page to divide the Old Testament from the New and even number the pages separately, so that the book *Mattityahu* (Matthew) starts on the New Testament's own page 1. The *Complete Jewish Bible* divides the entire Bible into seven major sections: the *Torah,* the Prophets,

---

[3] Der vollständige Titel lautet: *The Complete Jewish Study Bible. Insights for Jews and Christians. Illuminating the Jewishness of God's Word*, Peabody 2016, ⁵2021.

the Writings, the Gospels, the Acts of the Emissaries (Apostles), the Letters, and the book of Revelation. Pagination is continuous. There is no need to collect the first three-quarters of the Bible into the ‚Old Testament' and the last quarter into the ‚New'. Rather, the Bible is presented as a seamless whole, a unified word of God, a complete Jewish bible for all humanity."[4]

Legt man nun diese Aufteilung und die mit ihr verbundene Hermeneutik zugrunde, dann ergibt die These von der Prae-Position der Bibel Israels keinen Sinn. Für das Messianische Judentum gibt es keine vom Neuen Testament getrennte Bibel Israels: „Thus the New Testament apart from the Old is heretical, and the Old Testament apart from the New is incomplete – two testaments, one Bible."[5] Für das Messianische Judentum ist das sogenannte Alte Testament „unvollständig"; deshalb wohl auch der provokative Titel: *The Complete Jewish Study Bible (CJB)* – wahrscheinlich in kritischer Anspielung an: *The Jewish Study Bible (JSB).*[6]

Mit dem Messianischen Judentum kommt ein zentrales Element der katholischen Bibelhermeneutik in pointierter Form wieder zur Geltung: die Einheit der Schrift. Unter dem Einfluss einiger Richtungen der historisch-kritischen Exegese ist dieser Gedanke weitgehend in Vergessenheit geraten oder sogar als exegetisch nicht mehr nachvollziehbar verworfen worden. Seit einigen Jahren ist das Thema jedoch Gegenstand konstruktiver Diskussionen.[7]

Vor diesem Hintergrund bedarf das von Dohmen vertretene hermeneutische Modell einer Fortschreibung. Denn ohne Berücksichtigung der Anfragen von Seiten des messianischen Judentums führt es zu der meines Erachtens problematischen Ansicht, das jüdisch-rabbinische, oder genauer gesagt: das jüdisch-nicht-messianische Verständnis sei näher am Sinn der alttestamentlichen Texte als das messianisch-jüdische. Das wiederum würde bedeuten, dass die messianischen Juden zwischen allen Stühlen sitzen: Entweder bleiben sie

---

[4] Ebd. XXX.
[5] Ebd.
[6] *The Jewish Study Bible. Torah – Nevi'm – Kethuvim*, hg. v. Adele BERLIN – Marc BRETTLER, Oxford 2004, ²2014.
[7] Vgl. Rudolph VODERHOLZER, *Die Einheit der Schrift und ihr geistiger Sinn. Der Beitrag Henri de Lubacs zur Erforschung von Geschichte und Systematik christlicher Bibelhermeneutik,* Freiburg i.Br. 1998. Ludger SCHWIENHORST-SCHÖNBERGER, *Die Einheit der Schrift ist ihr geistiger Sinn,* in: BiKi (3/2008) 179–183.

bei der nicht-christlichen Erstlektüre des Alten Testaments stehen und bleiben Juden oder sie gehen zur christlichen Zweitlektüre über und werden Christen. Tertium non datur. So möchte ich zu bedenken geben, ob nicht das gut gemeinte post-substitutionstheologische Modell der Verhältnisbestimmung von Altem und Neuem Testament, wie Dohmen es vertritt, das messianisch-jüdische Verständnis des Alten Testaments marginalisiert. Deshalb plädiere ich dafür, nicht mit der Gegenüberstellung von zwei fixierten Lesarten – einer jüdischen und einer christlichen – zu operieren, sondern offener an die Sache heranzugehen, indem man die Schriften des Alten Testaments unvoreingenommen liest und meditiert und das Gleiche dann auch mit dem Neuen Testament tut. Im Grunde wäre dies das Modell der *hermeneutischen Dialogizität*, oder mit Zenger gesprochen: der *Hermeneutik des kanonischen Diskurses*. „Konkret bedeutet dieses Programm, dass es keine *vorgegebene* Sinn- und Bedeutungspriorität des Neuen Testaments vor dem Alten Testament gibt und demnach auch keine Superiorität des Christentums gegenüber dem Judentum geben kann, wie christliche Theologie dies jahrhundertelang dekretiert hat." – Gegenüber Zenger möchte ich an dieser Stelle hinzufügen: et vice versa! Das gilt auch in umgekehrter Richtung! „Vielmehr geht es darum, die alttestamentlichen und die neutestamentlichen Stimmen so in einen wechselseitigen Diskurs zu bringen, dass sie sich gegenseitig erhellen."[8]

Ich plädiere also hinsichtlich der Verhältnisbestimmung von Judentum und Christentum für das Modell der Symmetrie. Dohmen hingegen vertritt das Modell der Asymmetrie. Er spricht von einer zeitlichen und sachlichen Priorität („zeitliches und sachliches Voraus") der Bibel Israels (149). Ob die dabei im Hintergrund stehenden historischen Rekonstruktionen richtig sind, ist in der Forschung durchaus umstritten. Ist das Christentum aus dem Judentum hervorgegangen, oder sind beide Geschwister einer gemeinsamen Mutter? Papst Johannes Paul II. nannte in seiner berühmten Ansprache in der Synagoge von Rom im Jahre 1986 die Juden „unsere älteren Brüder". Der Judaist Peter Schäfer spricht nicht mehr nur von der Entstehung des Christentums aus dem Judentum, sondern auch von der

---

[8] Erich ZENGER u. a., *Einleitung in das Alte Testament*. Neunte, aktualisierte Auflage herausgegeben von Christian FREVEL, Stuttgart 2016, 21.

„Geburt des Judentums aus dem Geist des Christentums."[9] Günter Stemberger nennt eine Reihe von Beispielen, die zeigen, dass rabbinische Schriftauslegung bisweilen auch auf das Christentum reagiert (117–119): „Es gibt eine Vielzahl von rabbinischen Texten, die mehr oder weniger deutlich als im Dialog mit christlichen Traditionen verstanden werden können […] So wie christliche Bibelauslegung schon sehr früh auch rabbinische Traditionen aufgenommen hat […], ist auch die jüdische Auslegung der heiligen Schriften nicht völlig isoliert zu sehen, sondern bezeugt immer wieder den Dialog mit dem Christentum" (119).

Weder dem jüdischen noch dem christlichen Verständnis des Alten Testaments respektive des TaNaK kommt ein *prinzipieller* Vorrang zu, so dass das eine auf das andere angewiesen wäre. Beide können viel voneinander lernen und in großem Respekt einander begegnen. Keines von beiden ist genötigt, den normativen Geltungsanspruch seines Verständnisses zu relativieren oder gar aufzugeben. Das jüdische wie das christliche Verständnis sind als gleichberechtigte, miteinander um die Wahrheit ringende Auslegungen der Heiligen Schrift zu verstehen.[10]

---

[9] Peter SCHÄFER, *Die Geburt des Judentums aus dem Geist des Christentums. Fünf Vorlesungen zur Entstehung des rabbinischen Judentums*, Tübingen 2010. Nach Christoph DOHMEN, *Der vierteilige Kanon der Heiligen Schrift. Eine Spurensuche mit Gregor dem Großen,* in: Georg BRAULIK – Agnethe SIQUANS – Jan-Heiner TÜCK (Hg.), *Dein Wort ist meinem Fuß eine Leuchte.* FS Ludger Schwienhorst-Schönberger, Freiburg i. Br. 2022, „ist dieser Gedanke ausschließlich im Blick auf die Entstehung des rabbinischen Judentums sinnvoll und richtig, losgelöst von dieser konkreten historischen Situation ergibt dieser Gedanke hingegen keinen Sinn."

[10] So sieht es auch das von der PÄPSTLICHEN BIBELKOMMISSION erstellte Schreiben: *Das jüdische Volk und seine Heilige Schrift in der christlichen Bibel* aus dem Jahre 2001. Darin heißt es, „dass die jüdische Lesung der Bibel eine mögliche Leseweise darstellt, die sich organisch aus der jüdischen Heiligen Schrift der Zeit des zweiten Tempels ergibt, in Analogie zur christlichen Leseweise, die sich parallel entwickelte. Jede dieser beiden Leseweisen bleibt der jeweiligen Glaubenssicht treu, deren Frucht und Ausdruck sie ist. So ist die eine nicht auf die andere rückführbar. Auf dem konkreten Feld der Exegese können die Christen gleichwohl viel von der jüdischen Exegese lernen, die seit mehr als zweitausend Jahren ausgeübt worden ist, und sie haben in der Tat im Laufe der Geschichte auch viel von ihr gelernt. Ihrerseits können sie hoffen, dass die Juden auch aus christlichen exegetischen Untersuchungen werden Gewinn ziehen können" (Nr. 22). Dohmen würdigt das Dokument der Bibelkommission, sieht aller-

3. Transformationen und Übergänge

Die *Hermeneutik der kanonischen Dialogizität* lässt sich im Rahmen zweier unterschiedlicher Lesemodelle realisieren, die einander nicht widersprechen, sondern sich ergänzen. Um ein Bild zu verwenden: im Modell eines Stromes und im Modell einer Kathedrale. Das Modell des Stromes orientiert sich am Lesefluss und an der erzählten Geschichte, das Modell der Kathedrale an dem in der Baugeschichte entstandenen Gebäude, an der gewordenen Gestalt, bei dem alle Teile für das Gefüge des Ganzen konstitutiv sind.

Wendet man das Modell des Stromes auf die Bibel an, so lässt sich sagen: Der Strom fließt mit unterschiedlichen Geschwindigkeiten, mal wird er breiter, mal enger und tiefer, es gibt Stromschnellen und Katarakte, aber letztlich ist es ein und derselbe Strom, der einer einzigen Quelle entspringt. Das gilt, aus christlicher Sicht, für das Alte wie das Neue Testament. Mit dem Neuen Testament beginnt also kein neuer Strom, sondern der aus der Tiefe der Geschichte kommende Strom nimmt im Neuen Testament einen sehr spezifischen Verlauf an, bleibt aber gleichwohl derselbe Strom, in den in gewisser Weise alles Vorangehende zusammenfließt. Im Modell des Lesens gesprochen: Im Neuen Testament wird die Geschichte (der Offenbarung Gottes) zu Ende erzählt.

Anhand dieses Modells möchte ich anhand dreier ausgewählter Themen zeigen, dass die Veränderungen, die mit dem Neuen Testament einsetzen, nicht prinzipiell anderer Art sind als diejenigen, die der Strom in seinem alttestamentlichen Verlauf genommen hat. Mit anderen Worten: Das in der Heiligen Schrift bezeugte religiöse Symbolsystem hat im Laufe seiner Geschichte tiefgreifende Änderungen

---

dings die Gefahr, dass es den „Asymmetriegedanken" aus dem Blick verliert (202). Mir dagegen scheint das Dokument richtig zu liegen, wenn es weder das christliche dem jüdischen noch das jüdische dem christlichen Verständnis der Schrift vor- oder unterordnet. Es dürfte auch dem christlich-jüdischen Dialog zugutekommen, einander auf Augenhöhe zu begegnen. Das von Dohmen entwickelte Modell der „doppelten Leseweise" hat die Stärke, das Alte Testament vor einer christologischen Vereinnahmung zu schützen. Dabei darf jedoch nicht übersehen werden, dass es für Christen eine vor-jesuanische Lesart gar nicht geben kann. Die Forderung, das Alte Testament „rein und unvermischt" zu lesen, die Dohmen in Anspielung an das Bekenntnis von Chalcedon erhebt (220), bedarf der Ergänzung durch das „ungetrennt und ungeteilt". Und genau das ist auch die Position des Messianischen Judentums.

durchlaufen; sie betreffen nicht nur den Übergang vom Alten zum Neuen Testament, sondern durchziehen die gesamte Geschichte des biblisch bezeugten Glaubens.

3.1 Königtum und Staat

Beginnend mit dem davidischen Königtum und der bald darauf erfolgenden (sogenannten) Reichsteilung war der Glaube Israels im Grunde eine Art von Staatsreligion. Religion und Staat waren im Nordreich Israel wie im Südreich Juda auf das Engste miteinander verbunden. Die Heiligtümer in Betel und Jerusalem waren Staatsheiligtümer. Diese Symbiose von Staat und Religion brach für das Nordreich im Jahre 722 v. Chr. und für das Südreich im Jahre 586 v. Chr. auseinander. Von einer kurzen Episode in der Makkabäerzeit einmal abgesehen, wurde sie in der Geschichte des Judentums nicht mehr aufgenommen. Einen Sonderfall stellt der moderne Zionismus mit der Gründung des Staates Israel dar, worauf ich jetzt nicht näher eingehen möchte. Worum es mir geht, ist Folgendes: Die mit der Symbiose von Staat und Religion verbundene Theologie des Königtums wurde nach dem Untergang des Staates einer tiefgreifenden Revision unterzogen. Vorbereitet wurde dieser Prozess von den vorexilischen Gerichtspropheten, insbesondere von Jeremia. Darin unterscheidet sich Israel grundlegend von den Religionen der politisch weitaus mächtigeren Nachbarvölker. Die bei ihnen anzutreffende enge Verbindung von Staat und Religion führte mit dem Untergang der Staaten auch zum Untergang der mit ihnen verbundenen Religionen. Anders verlief die Entwicklung in Israel (Juda). Um es auf den Begriff zu bringen: Der Staat ging zugrunde, die Religion überlebte. Aus der Theologie des Königtums in vorexilischer Zeit entstand in nachexilischer Zeit die Messiasidee, die Theologie eines messianischen Königtums. Innerhalb des Alten Testaments entstand ein konstruktiver Dialog zwischen der Königstheologie, die sich in Richtung einer Theologie des messianischen Königtums entwickelte, und einer Theologie des Königtums Gottes. Diese beiden Richtungen werden in der neueren Psalmenforschung gewöhnlich mit zwei aufeinander folgenden Redaktionsphasen des Psalters in Verbindung gebracht, dem messianischen Psalter (Ps 2–72) und dem theokratischen Psalter (Ps 2–100, bzw. Ps 1–150). Erich Zenger spricht von einem messianischen und einem theokratischen Horizont des Psalmenbuches.[11] Die *messianische* Perspektive wird vor allem durch die makrostrukturell gezielt positionierten Psalmen 2 (Eröffnung des 1. Psalmenbuches), 72 (Ende des 2. Psalmenbuches), 89 (Ende des 3. Psalmenbuches), 101 (Eröffnung der Davidkomposition nach der JHWH-Königtum-Komposition Ps 93–100), 110 (Ende der kleinen David-komposition Ps 108–110) und 144 (Ende der kleinen David-Komposition Ps 138–144) markiert; hinzu kommen die Königspsalmen 122, 127, 132, die um die Davidverheißung kreisen. Die königstheologische Linie des Psalters wird von einer *theokratischen* Perspektive durchwoben, zu der insbesondere die Psalmen 8, 19, 29, 45–48, 93–100 und 145 zu rechnen sind. Dieser Transformations- und Dialogprozess setzte bereits in der Entstehungsgeschichte des Alten Testaments ein. Im Neuen Testament wird er angesichts neuer geschichtlicher Ereignisse fortgeschrieben und ausgeweitet. *Hermeneutik der kanonischen Dialogizität besagt nun,* dass die in Spannung zueinander entstandenen und in der Gestalt des Kanons in Spannung zueinander stehenden Themen nicht gegeneinander ausgespielt, sondern im Rahmen einer theologischen Reflexion zueinander in Beziehung gesetzt werden. Will man die Trennung von Judentum und Christentum in einer sehr vereinfachenden Weise vor diesem Hintergrund beschreiben, dann wäre zu sagen, dass sich die Christen stärker in die Tradition des messianischen Psalters stellen („Jesus ist der Messias, der Gesalbte Gottes, der König Israels"), die Juden stärker in die Tradition des theokratischen Psalters („JHWH ist König").

3.2 Heiligtum und Opfer

Gut tausend Jahre lang gehörte die im Alten Testament bezeugte Religion zu den in der Antike weitverbreiteten Opferreligionen. Am Tempel zu Jerusalem wurde geopfert. In der Mitte der Tora steht das Buch Levitikus mit seinen zahlreichen Opfervorschriften und Priestergesetzen; im Zentrum des Buches Levitikus (Lev 16–17) findet sich das Ritual des großen Versöhnungstages. Nach einer Unter-

---

[11] Erich ZENGER, *Das Buch der Psalmen,* in: DERS. u. a., *Einleitung in das Alte Testament.* Neunte, aktualisierte Auflage herausgegeben von Christian FREVEL, Stuttgart 2016, 437.

brechung von etwa 70 Jahren wurde nach dem Ende des Exils der Tempel zu Jerusalem wieder aufgebaut und der Opfergottesdienst erneut aufgenommen. Trotz einer vor allem in prophetischen Kreisen immer wieder aufkommenden Kritik am Opferkult, war das Judentum eine Religion, in der der Opferkult eine zentrale Rolle spielte. Das spätnachexilische Buch des Propheten Maleachi bemüht sich um ein theologisch vertieftes Verständnis des Opfers. Mit der Zerstörung des zweiten Tempels im Jahre 70 n. Chr. brach diese Tradition endgültig ab. Erneut fand ein tiefgreifender Transformationsprozess statt. An die Stelle des (Tier-)Opfers im Tempel trat das „Opfer der Lippen". Die tief in der Religions- und Literaturgeschichte Israels verankerte Opfer- und Kulttheologie musste grundlegend neu konzipiert werden; sie fand in modifizierter Form Eingang in den Synagogengottesdienst. In der Tradition einer grundlegenden Umgestaltung des alttestamentlichen Opferkultes steht auch das Neue Testament, insbesondere der Hebräerbrief, aber auch die Erzählungen von der Tempelreinigung und der Deutung des Todes Jesu in den Evangelien und die Soteriologie der paulinischen Briefe. Auch hier also eine tiefgreifende Transformation sowohl innerhalb der nachbiblischen jüdischen Literatur als auch des Neuen Testaments. Beide Traditionen partizipieren damit an den religiösen Mutationen in der Spätantike, wie sie der Religionswissenschaftler Guy G. Stroumsa beschrieben hat.[12] Abgesehen von kleinen Splittergruppen gibt es meines Wissens im Judentum nicht das Bestreben, den Tempel wieder aufzubauen und den Opferkult wieder aufzunehmen – ein deutlicher Unterschied etwa zur Wiederaufnahme des Projektes „jüdischer Staat" im modernen Zionismus.

3.3 Landverheißung und Heimkehr

Ein heikles und im gegenwärtigen jüdisch-christlichen Dialog kontrovers diskutiertes Thema ist die Verheißung des Landes. Dass die Landverheißung in der Geschichte des Judentums eine bedeutende

---

[12] Guy G. STROUMSA, *Das Ende des Opferkultes. Die religiösen Mutationen der Spätantike*, Berlin ²2012. Zu der damit einhergehenden Transformation des alttestamentlichen Priestertums im Neuen Testament siehe die Ausführungen in Abschnitt 6 in diesem Beitrag.

Rolle spielt, dürfte unbestritten sein.[13] Nach dem Exil hat es immer Gruppen gegeben, die ins Land zurückgekehrt sind. Theologisch bedeutsam ist allerdings, dass die Tora nicht mit dem Einzug Israels in das Land der Verheißung endet, sondern mit dem Tod des Mose abrupt abbricht. JHWH zeigte Mose das ganze Land, doch betreten durfte er es nicht (Dtn 34,1–9).

Unmittelbar vor seinem Tod schaut Tobit in eine Zeit, da Jerusalem wieder aufgebaut sein wird „aus Saphir und Smaragd, seine Mauern aus Edelstein, seine Türme und Wälle aus reinem Gold" (Tob 13,17). Die Zeit des Exils ist für Tobit nicht mehr nur die Zeit, da Israel vom Herrn gezüchtigt wurde wegen all seiner Sünden (Tob 13,5), sondern auch die Zeit, da Israel Zeugnis ablegt vom wahren Gott „vor allen Völkern" im „Land der Verbannung" (Tob 13,3.8).

Die Sicht auf eine noch ausstehende Landnahme im Sinne der Sammlung und Heimkehr Israels prägt die Theologie des Landes, wie sie von der Endgestalt des Pentateuch her zu verstehen ist. Zwischen der (älteren) Verheißung einer (erstmaligen) Landnahme, wie sie an die Väter im Buch Genesis ergangen ist, und den Erzählungen von der (erstmaligen) Erfüllung dieser Verheißung im Buch Josua gab es möglicherweise einmal einen ursprünglichen literarischen Zusammenhang („Hexateuch"). Theologisch bedeutsam ist jedoch, dass dieser Zusammenhang durch die Redaktion des Pentateuch aufgesprengt wurde. Die jüdische Leseordnung der Tora endet im Buch Deuteronomium mit dem Blick auf das Land der Verheißung (Dtn 34,1–4) und hebt anschließend erneut mit der Schöpfungserzählung im Buch Genesis an. Die Gabe des Landes wird somit im „Basis-Mythos" Israels in eine noch ausstehende Zukunft gerückt. Die einmal erfolgte Landnahme unter Josua war nicht von Dauer. Die eigentliche und bleibende Landnahme Israels steht noch aus (vgl. Am 9,15; Jer 31,40; Ez 37,25). Damit ist die Tora unmittelbar auf die Sammlung Israels und die Heimkehr in das Land der Verheißung ausgerichtet (vgl. 2 Chr 36,22 f.). Diese wird als ein von Gott in Gang gesetztes Geschehen angesehen, bei dem Israel keine Gewalt anwenden wird. Auf der Linie dieses Verständnisses liegt die Selig-

---

[13] Hierzu und zum Folgenden vgl. Ludger SCHWIENHORST-SCHÖNBERGER, Art. *Land*, in: Michael FIEGER – Jutta KRISPENZ – Jörg LANCKAU (Hg.), *Wörterbuch alttestamentlicher Motive*, Darmstadt 2013, 299–305.

preisung der Bergpredigt: „Selig, die keine Gewalt anwenden, denn sie werden das Land erben" (Mt 5,5).

Offen ist in diesem Zusammenhang die Frage, was hier und in einigen anderen Texten, die von der Heimkehr und Sammlung Israels sprechen, unter „Land" zu verstehen ist. Handelt es sich noch um ein konkretes Land, wie es in den älteren Texten eindeutig der Fall ist, oder lassen sich in den späten Landverheißungstexten – ähnlich wie beim Opfer und beim König – Tendenzen einer Bedeutungsverschiebung erkennen, die in Richtung einer Metaphorisierung gehen? Frank-Lothar Hossfeld konnte zeigen, dass es bereits im Psalter (Ps 16; 73; 142) und in frühjüdischer Literatur ein Prozess der Metaphorisierung des Landes einsetzte.[14] Dieser Prozess wird in der christlichen Tradition verstärkt (vgl. Hebr 4,1–11; 6,13–20; 11,8–10). Nicht das Land, sondern die Gottesnähe steht hier an erster Stelle (vgl. Ez 11,16). Cornelis J. de Vos hat dem Thema eine umfassende Monographie gewidmet.[15] Darin heißt es: „Das Land wird des Öfteren durch andere, neu konzipierte ‚Räume' ersetzt, in denen sich eben diese Gottesnähe ereignen kann, ohne dass der Mensch im Land oder Tempel sein muss."[16] In diesem Sinne hat sich Joseph Ratzinger / Benedikt XVI. in einem Beitrag unter dem Titel: „Gnade und Berufung ohne Reue. Anmerkungen zum Traktat ‚De Iudaeis'" geäußert. So wie die Zerstörung des Zweiten Tempels innerhalb des Judentums als endgültig angesehen wurde, so hat der christliche Glaube der alttestamentlichen Landverheißung einen neuen Sinn gegeben. Demnach sei, so der Papa emeritus, für die katholische Kirche „eine theologisch verstandene Landnahme im Sinne eines neuen politischen Messianismus unannehmbar".[17] Davon unberührt bleibt jedoch die von der Kirche vertretene Position, dass dem Volk der

---

[14] Frank-Lothar Hossfeld, *Die Metaphorisierung der Beziehung Israels zum Land im Frühjudentum und im Christentum*, in: Ferdinand Hahn u. a. (Hg.), *Zion. Ort der Begegnung*. FS Laurentius Klein, Bodenheim 1993, 19–33.
[15] Cornelis J. de Vos, *Heiliges Land und Nähe Gottes. Wandlungen alttestamentlicher Landvorstellungen in frühjüdischen und neutestamentlichen Schriften*, Göttingen 2012.
[16] Cornelis J. de Vos, *Die Bedeutung des Landes Israel in den jüdischen Schriften der hellenistisch-römischen Zeit*, in: JBTh 23 (2008) 75–99, hier 98.
[17] Joseph Ratzinger / Benedikt XVI., *Gnade und Berufung ohne Reue. Anmerkungen zum Traktat „De Iudaeis"*, in: IKaZ 47 (2018) 387–406, hier 401.

Juden wie jedem anderen Volk ein naturrechtlicher Anspruch auf ein eigenes Land zuzuerkennen ist. Diese und weitere in dem Aufsatz vertretene Positionen haben eine lebhafte Diskussion hervorgerufen, an der sich auch einige der Autoren, die an diesem Band mitgewirkt haben, beteiligt haben.

Zur Diskussion stehen demnach folgende Alternativen: (1) Mit der im 20. Jahrhundert einsetzenden Heimkehr der Juden in das Land und der damit einhergehenden Entstehung des Staates Israel verwirklicht sich in der Geschichte jene Verheißung, mit der die Tora endet. Der Heimkehr der Juden in das Land käme eine genuin theologische Bedeutung zu. (2) Wie andere Institutionen (Staat, Königtum, Tempel, Opferkult) so ist auch die Landverheißung nach dem Exil nicht mehr in einem geschichtlich-konkreten, sondern in einem geistig-übertragenen Sinn zu verstehen (Land als Ort der Gottesgegenwart); dieses Verständnis findet sich bereits im hellenistischen Judentum (Philo) und wird im Christentum theologisch normativ, das heißt: Der Prozess der (endgültigen) Erlösung ist nicht mit einer Rückkehr Israels (und / oder eines an Jesus als den Messias glaubenden Messianischen Judentums) in Verbindung zu bringen. Der Rückkehr der Juden und der Entstehung des Staates Israel im 20. Jh. kommt keine genuin theologische Bedeutung zu, wenngleich sie in einem naturrechtlichen Sinn als Ausdruck des göttlichen Segens zu würdigen und anzuerkennen sind (Papst Benedikt XVI.). Wenn ich recht sehe, ist dies ein kontrovers diskutiertes Thema im pluralen Spektrum des Messianischen Judentums. Zwischen den beiden hier skizzierten Positionen gibt es Formen der Vermittlung, die hier jedoch nicht weiter diskutiert werden sollen. Abschließend sei daran erinnert, dass zwischen der Rückkehr in das Land der Verheißung und der Errichtung eines Staates zu unterscheiden ist.

4. „Un-Judentum" in der Botschaft Jesu?
Zur Jesus-Deutung von Joseph Klausner

Für das Gespräch zwischen messianischen Juden und christlichen Theologen kommt es meines Erachtens schlicht und ergreifend darauf an, zwei grundlegende Prinzipien der katholischen Bibelhermeneutik zu beherzigen: (1) die Einheit der Schrift, bestehend aus Altem und Neuem Testament; und damit zusammenhängend: (2) die Inspiration der Heiligen Schrift, und zwar – und das ist sehr wichtig! – aller ihrer Teile, sowohl des Alten als auch des Neuen Testaments.

Bei einigen Theologen hat man inzwischen den Eindruck, dass sie den ersten Artikel des Apostolischen Glaubensbekenntnisses durch die Lehre Markions ersetzt haben, wenn sie ihr Bekenntnis in die Worte fassen: „Ich glaube an den Gott der Liebe." Doch das Apostolische Glaubensbekenntnis beginnt nicht mit dem Satz: „Ich glaube an den Gott der Liebe", sondern: „Ich glaube an Gott, den Vater, den Allmächtigen, den Schöpfer des Himmels und der Erde." Und damit werden wir auf den Anfang der Bibel, auf Gen 1,1, verwiesen. Bereits Origenes hat darauf hingewiesen, dass man in der christlichen Glaubensunterweisung mit dem Alten Testament beginnen müsse. Um die Menschwerdung des göttlichen Wortes zu verstehen, müsse man zunächst die Schriftwerdung des göttlichen Wortes kennenlernen, wie sie im ersten Teil der Bibel erzählt und bezeugt wird.

Die Nichtbeachtung dieses Grundsatzes führt zu einer dekontextualisierten Christologie. Dass eine solche vom Judentum abgelehnt wird, ist nur allzu verständlich. Sie müsste auch von der christlichen Theologie abgelehnt werden. Diesen Gedanken möchte ich im letzten Teil dieses Beitrags anhand des Jesus-Buches des großen jüdischen Gelehrten Joseph Klausner erläutern.

Das im Jahre 1922 auf Hebräisch in Jerusalem erschienene Werk: „Jesus von Nazareth. Seine Zeit, sein Leben und seine Lehre" gehört meines Erachtens zu den nach wie vor bedeutendsten Auseinandersetzungen mit Jesus und seiner Lehre aus der Sicht eines jüdischen Gelehrten.[18] Joseph Klausner (1874–1958) stammte aus Litauen, wuchs in Odessa auf, studierte in Heidelberg, unter anderem bei Max Weber, war ein begeisterter Kulturzionist, wanderte 1919 nach Palästina aus und erhielt an der von ihm mitbegründeten Hebräischen Universität zunächst eine Professur für jüdische Literatur, später für die Epoche des Zweiten Tempels. Der Schriftsteller Amos Oz hat seinem Großonkel in seinem Roman *Judas* ein beeindruckendes Denkmal gesetzt. Die kritischen Reaktionen von jüdischer und

---

[18] Im Folgenden wird zitiert nach der deutschen Übersetzung der dritten, erweiterten Auflage von 1952: The Jewish Publishing House Ltd./Jerusalem – Jüdischer Verlag G.m.b.H., Berlin. Die Zahlen in Klammern beziehen sich auf die Seiten in dieser Ausgabe. Das Buch ist im Jahre 2021 im Suhrkamp Verlag – Jüdischer Verlag, mit einem Nachwort des Judaisten Christian WIESE versehen, neu aufgelegt worden.

christlicher Seite auf Klausners Jesus-Buch erinnern an vergleichbare Reaktionen auf das Anliegen messianischer Juden. In einem Vortrag, gehalten am 25. Mai 2017 in Berlin, beschreibt Amos Oz die Reaktionen auf das Buch seines Großonkels von jüdischer und christlicher Seite wie folgt: „Die Juden warfen Joseph Klausner vor, dass er sich überhaupt wieder mit Jesus befasste – nach all dem Bösen, das den Juden im Namen Jesu zugefügt worden war. Aber auch viele Christen waren aufgebracht. So aufgebracht, dass sie darauf bestanden, den anglikanischen Priester Herbert Danby (1889–1953) – den englischen Missionar, der Joseph Klausners Bücher ins Englische übersetzt hatte – zu entlassen; denn Klausner zeichnet den Erlöser als nonkonformistischen, rebellischen jüdischen Rabbi. Onkel Joseph aber lächelte unter seinem Schnurrbart und sagte sich: ‚Wenn Juden und Christen gleichermaßen unzufrieden sind, habe ich wahrscheinlich alles richtig gemacht.'"[19]

Klausner möchte zeigen, dass Jesus Jude war und blieb „bis zu seinem letzten Atemzug" (512), dass es aber zugleich gute Gründe gab, dass das jüdische Volk seine Lehre abgelehnt hat. Hätte das jüdische Volk Jesu Lehre übernommen, hätte es sich selbst zugrunde gerichtet und seine welthistorische Mission verfehlt, so Klausner.

Meine These lautet nun, dass Klausners Kritik an der Lehre Jesu berechtigt ist, wenn man sie vom Alten Testament ablöst. Da dies in der Geschichte des Christentums oft der Fall war und auch heute – trotz gegenteiliger Beteuerungen – immer wieder geschieht, hat Klausners Kritik nichts von ihrer Aktualität verloren. Ich kann mir vorstellen, dass dies sogar einer der Gründe für die Neuauflage des Buches ist. Hier besteht theologischer Klärungsbedarf. Wenn ich das Anliegen des Messianischen Judentums richtig verstehe, geht es ihm darum, Jesu Leben und Lehre (wieder) in das Gesamtgefüge der jüdischen Überlieferung, wie es zur Zeit Jesu in den „heiligen Schriften" bezeugt wird, einzuordnen und aus ihr heraus zu verstehen. Wenn das geschieht, so möchte ich im Folgenden zur Diskussion stellen, lösen sich die Vorwürfe, die Klausner gegenüber Jesus und seiner Lehre in gut nachvollziehbarer Weise erhebt, weitgehend auf.

---

[19] Amos Oz, *Jesus und Judas. Ein Zwischenruf*. Ins Deutsche übersetzt von Susanne Naumann. Mit einem Nachwort von Rabbiner Walter Homolka, Patmos Verlag. Zitation nach: https://shop.verlagsgruppe-patmos.de/media/pdf/978-3-8436-1051-3.pdf – Zugriff am 05.06.2022.

Klausners entscheidender Vorwurf gegenüber der Lehre Jesu lautet, dass dieser aufgrund von Zuspitzungen und Einseitigkeiten das politisch-gesellschaftliche Gefüge der jüdischen Religion auflöst, sie zu einer Religion für einige wenige Auserwählte macht und damit ihre Kraft, den ganz konkreten Alltag im Sinne der Gottesherrschaft zu gestalten, zugrunde richtet. Die problematische Entwicklung, die das Christentum genommen hat, hängt damit zusammen, dass die Keime zur Auflösung des Jüdischen bereits in der Person und Lehre Jesu angelegt waren. Das Christentum kann also den dunklen Seiten seiner Geschichte nicht dadurch entkommen, dass es sich zu Jesus und seiner Lehre bekehrt, wie unter Christen oft zu hören ist, da die Keime zur Auflösung des Judentums bereits in Jesus, seiner Person und seiner Botschaft, angelegt sind: „Ex nihilo nihil fit. Enthielte die Lehre Jesu nicht auch einen Gegensatz zum Judentum, so wäre es Paulus unmöglich gewesen, in ihrem Namen die Zeremonialgesetze abzuschaffen und die Schranken des nationalen Judentums zu durchbrechen. Paulus fand zweifellos bei Jesus manchen Anhaltspunkt für seine Tendenzen" (513). Das Eigenartige an Jesu Botschaft besteht nach Klausner darin, dass sich im Grunde alles, was er gelehrt hat, in der jüdischen Tradition findet, dass er es jedoch so zugespitzt und provokativ vorgetragen und an seine Person gebunden und dabei andere, wesentliche Aspekte des religiösen und gesellschaftlichen Lebens vollkommen ausgeblendet hat, dass das jüdische Volk seine Lehre ablehnen musste, wenn es sich selbst und seiner Berufung gegenüber nicht untreu werden wollte. Klausner erläutert dies am Verhältnis von Sittengesetz und Zeremonialgesetz. Jesus betont, vor allem in der Bergpredigt, das Sittengesetz gegenüber dem Zeremonialgesetz so stark, dass man den Eindruck gewinnen könnte, er würde die Zeremonialgesetze fast aufheben. „Aber eben nur ‚fast'. Die letzte Konsequenz aus seinen Worten zog Jesus nicht. Er selbst beobachtete die Zeremonialgesetze bis zum letzten Tage seines Lebens – wenn auch nicht gerade mit pharisäischer Genauigkeit und ganz besonderem Bedacht. Diese letzte Konsequenz der gänzlichen Aufhebung des Zeremonialgesetzes und der dadurch ermöglichten Christianisierung der unbeschnittenen *Heiden* zog ein anderer Pharisäer, *Saul von Tarsus*, nachdem er der *Apostel Paulus* geworden war. Doch hatte er Anhaltspunkte, um sich auf Jesus zu berufen, als er nun an die Vernichtung des von Simon-Petrus und Jakobus begründetet ‚Judenchristentums' ging" (515).

Dazu schreibt Klausner weiter: „Dieser Haltung Jesu konnte das Judentum nicht zustimmen: ihm bedeutet Religion mehr als nur Glauben und Ethik: Sie ist ihm *der Weg des Lebens*. Ein Volk kann sich nicht durch einen abstrakten Glauben und eine allgemeinmenschliche Ethik erhalten; es braucht eine praktische Religiosität, Formen, die die religiösen Ideen zum Ausdruck bringen und das Leben des Alltags mit der Heiligkeit der Religion durchdringen. Jesus ersetzte das alte Zeremonialgesetz weder durch ein neues (er hat wohl nur das kurze Gebet ‚Vater unser!' geschaffen), noch zeigte er neue Wege für das nationale Leben, obwohl er die alten verließ oder doch andeutungsweise sie zu verlassen aufforderte. Schon damit entwurzelte er das Volk aus seiner Nationalität, denn die rein sittlichen Gebote sind ja bei allen Völkern die gleichen" (516).

Mit anderen Worten: Jesus hat eine Lehre vertreten, die im Ansatz das Judentum als Lebensform zerstört und dabei eine Leerstelle hinterlassen, die das werdende Christentum mit fragwürdigen Anleihen aus dem Heidentum notdürftig aufgefüllt hat. Dass sich das Judentum in seinen Hauptströmungen diesem Prozess widersetzt hat, war richtig und die Garantie dafür, dass es im Meer der Völkerwelt nicht untergegangen ist.

Klausner führt nun eine Reihe von Beispielen aus den Evangelien an, die diese These bestätigen. Jesus hat grundlegende Institutionen des jüdischen Volkes wie zum Beispiel den Sabbat, die Familie, die Zivilgerichtsbarkeit, den Besitz und vieles andere mehr in einer Weise relativiert, dass dies von den führenden Vertretern des Judentums zu Recht als eine gefährliche Entwicklung wahrgenommen wurde. Den Grund dafür sieht Klausner kurioserweise in Jesu übertriebenem Judesein: „In all diesen Äußerungen war Jesus jüdischer als die Juden [...] Doch nichts ist dem nationalen Judentum gefährlicher als übertriebenes Judentum: es bedeutet den Ruin seiner nationalen Kultur, seines nationalen Staates und Lebens. Wo keine Notwendigkeit mehr besteht für Gesetze und irdische Gerechtigkeit, für nationale Politik und gewerbliche Arbeit, wo der Glaube an Gott und die Befolgung einer extremen und einseitigen Ethik allein zu genügen scheinen, da hören das nationale Leben und der nationale Staat gänzlich auf" (520).

Im Grunde, so Klausner, war Jesus ein Schwärmer. Das Faszinierende seiner Persönlichkeit bestand in dem eigenartigen Mit- und Nebeneinander von großer Milde und Barmherzigkeit auf der einen, und höchster Strenge und Schärfe im Zurechtweisen auf der anderen Seite (568). Derartige Extreme in einer Persönlichkeit in Verbindung mit einem außerordentlichen Selbstbewusstsein und einer tief empfundenen Verbindung zu Gott wecken oft „Erstaunen, Begeisterung und Bewunderung" (565), besonders bei einfachen Menschen. So war es auch bei Jesus. Es „steht zweifelsfrei fest", so Klausner, „dass sich in seiner ganzen Lehre keinerlei staatserhaltende sozial regulative Elemente finden. [...] Deshalb musste das Volk als Ganzes in Jesu sozialen Idealen eine sonderbare und sogar gefährliche Schwärmerei sehen, und seine Mehrheit [...] konnte *unter keinen Umständen* seine Lehre annehmen. Diese Lehre führte, obwohl sie vom Geiste des prophetischen und z.T. auch von dem des pharisäischen Judentums beeinflusst war, einerseits zur Verneinung aller praktischen und religiösen jüdischen Lebensnotwendigkeiten, und steigerte andererseits das geistige Judentum zu einem solchen Extrem, dass es geradezu in seinen eigenen Gengensatz dialektisch umschlug" (523).

Im Schlusskapitel seines Buches fragt Klausner: „Was bedeutet Jesus für die Juden?" (572–574). Für das jüdische Volk ist Jesus *„ein Lehrer hoher Sittlichkeit und ein Gleichnisredner ersten Ranges.* Er ist geradezu *der* Lehrer der Sittlichkeit, die für ihn im religiösen Bereiche alles bedeutete" (573). Doch ist sie „keine Ethik für die Völker und Ordnungen dieser Welt" (573). So „war etwas in ihm, aus dem sich *„Un-Judentum"* entwickelte" (573).

Fazit: Klausners großes Buch über Jesus von Nazareth geht aus von dem berühmten Satz Julius Wellhausens: „Jesus war kein Christ, sondern Jude" (572). Klausner modifiziert diesen Satz, indem er schreibt: „Jesus war kein Christ' – aber er *wurde* doch ein Christ. Seine Geschichte und seine Lehre sind heute getrennt von denen des Volkes Israel. Das jüdische Volk hat seine Lehre nicht angenommen, und seine Jünger und Anhänger haben bis auf den heutigen Tag die Juden und das Judentum verspottet und verfolgt" (572).

5. Joseph Ratzinger und Jacob Neusner: Zur Aktualität von
Klausners Kritik an Jesus und seiner Botschaft

Klausners Kritik an der Lehre Jesu hat nichts von ihrer Aktualität verloren. Sie ist berechtigt, wenn man Jesu Leben und Botschaft von den Schriften des Alten Testaments abtrennt. Nur in Verbindung mit ihnen und einer Auslegung, die sich der *Hermeneutik der kanonischen Dialogizität* verpflichtet weiß, ergibt die Botschaft von und über Jesus von Nazareth einen Sinn, genauer gesagt: jenen Sinn, den die Kirche als den für ihre Lehre wahren und verbindlichen Sinn anerkannt hat. Das Gespräch mit messianischen Juden kann die christliche Theologie daran erinnern, diese Einsichten wieder lebendig werden zu lassen, um nicht in die Falle einer dekontextualisierten Christologie zu tappen. Dass diese Gefahr nach wie vor besteht, soll abschließend anhand zweier Beispiele aus jüngerer Zeit veranschaulicht werden.

Wenn es ein Jesus-Bild gibt, das Joseph Ratzinger entschieden ablehnt, dann ist es das des religiösen und politischen Revolutionärs. Ein solches ist jedoch, selbst in theologischen Kreisen, verbreitet. Die radikale Botschaft des Nazareners habe etablierte religiöse und politische Ordnungen auf das Schärfste herausgefordert. Die Kirche, so ein verbreiteter Vorwurf, habe den Galiläer gezähmt und verbürgerlicht. Josef Klausner legt den Finger in eine Wunde, wenn er den Vorwurf erhebt, Jesu Botschaft trage den Keim einer Zerstörung der jüdischen Lebensform in sich. Genau diesen Vorwurf erneuert gut achtzig Jahre später der Rabbiner Jacob Neusner. Er wäre Jesus, wenn er vor zweitausend Jahren dabei gewesen wäre, nicht gefolgt. Die Bergpredigt, so Neusner, ist einseitig und lässt eine wesentliche Dimension des menschlichen Daseins außer Acht: „Die Bergpredigt, so wie ich sie verstehe, zielt nur auf *eine* Dimension meines Seins ab: auf die individuelle. Die beiden anderen Sphären des menschlichen Seins, die Gemeinschaft und die Familie, werden leider übergangen – und das, obgleich in der natürlichen Ordnung der Dinge doch zuerst das Dorf, dann die Familie und erst dann der einzelne kommt, der in den beiden ersten seinen Platz findet. Die beiden erstgenannten wichtigen Dimensionen des Lebens vermag ich in der Lehre, die Jesus vom Berg herab verkündet hat, nicht zu erkennen."[20] Jesu Bot-

---

[20] Jacob NEUSNER, *Ein Rabbi spricht mit Jesus. Ein jüdisch-christlicher Dialog,*

schaft, so Neusner, löst die natürlichen Bande der Familie auf und zerstört jene bewährten sozialen Lebensformen, die für die Existenz des Gottesvolkes essenziell sind: „Das heißt, dass ich, wenn ich auf ihn höre, Vater und Mutter, Brüder und Schwestern, Frau und Kinder im Stich lassen soll. Was aber wird dann aus Israel? Wenn alle tun, was er verlangt, löst die Familie sich auf, verfällt das Heim und geht zugrunde, was Dorf und Land, den Leib der Familie, zusammenhält. Muss ich, um Jesus zu folgen, gegen eines der Zehn Gebote verstoßen?"[21]

Wie radikale Bewegungen in der Geschichte des Christentum bis in die Gegenwart hinein zeigen, ist dieser Vorwurf nicht aus der Luft gegriffen. Kein Wunder, dass sich Joseph Ratzinger / Benedikt XVI. genötigt sieht, in seiner Jesus-Trilogie drauf einzugehen. Ihm ist klar, dass die Einwände von jüdischer Seite mit einem rhetorisch-emphatischen Verweis auf die Radikalität der Botschaft Jesu nicht entkräftet werden können. Von daher ist es verständlich, dass er dem Gespräch mit Rabbi Neusner in seinem Jesus-Buch breiten Raum einräumt. Er nimmt die Einwände des jüdischen Rabbiners sehr ernst: „Dieser ehrfürchtig und freimütig geführte Disput des gläubigen Juden mit Jesus, dem Sohn Abrahams, hat mir mehr als andere Auslegungen, die ich kenne, die Augen geöffnet für die Größe von Jesu Wort und für die Entscheidung, vor die uns das Evangelium stellt. So möchte ich in einem Abschnitt als Christ in das Gespräch des Rabbi mit Jesus mit eintreten, um von ihm her das authentisch Jüdische und das Geheimnis Jesu besser zu verstehen."[22] Der entscheidende Grund, weshalb Neusner Jesus nicht folgen, sondern beim „ewigen Israel" bleiben will, ist das „Ich", das Jesus seiner Botschaft hinzufügt: „Weil ich zutiefst davon überzeugt bin, dass es einen Unterschied gibt zwischen dem Gebot ‚Seid heilig, denn ich, der Herr, euer Gott, bin heilig' und dem Wort Jesu: ‚Wenn du vollkommen sein willst, geh, verkauf deinen Besitz, komm und folge mir nach.'"[23] Jacob Neusner, so Joseph Ratzinger / Benedikt XVI., hat sehr klar gesehen, dass hier der alles entscheidende Unterschied liegt. Jesus war eben nicht der

---

Freiburg i. Br. 2007, 56 (Titel der amerikanischen Originalausgabe: A Rabbi Talks with Jesus, 1993).
[21] Ebd., 59.
[22] Joseph RATZINGER / BENEDIKT XV., *Jesus von Nazareth. Erster Teil: Von der Taufe im Jordan bis zur Verklärung*, Freiburg i. Br. 2007, 99.
[23] Jacob NEUSNER, *Rabbi* (s. Anm. 20), 114.

liberale Rabbi, der einer verbreiteten Auslegung zufolge „eine engstirnige legalistische Praxis aufgebrochen und stattdessen eine großzügigere, freiheitlichere Sicht geschenkt habe, die einem vernünftigen, situationsgemäßen Handeln die Tür auftue. Als Beleg dafür dient der Satz: ‚Der Sabbat ist um des Menschen willen da und nicht der Mensch um des Sabbats willen' (Mk 2,27), worin man eine anthropozentrische Sicht der ganzen Wirklichkeit findet, aus der sich eine ‚liberale' Auslegung der Gebote von selbst ergeben würde. So hat man gerade aus den Sabbat-Streitigkeiten das Bild des liberalen Jesus abgeleitet. Seine Kritik am Judentum seiner Zeit sei die Kritik des freiheitlichen und vernünftig gesonnenen Menschen an einem verknöcherten Legalismus, der im Tiefsten Heuchelei bedeute und Religion zu einem knechtischen System von letztlich unvernünftigen Verpflichtungen erniedrige, das den Menschen an der Entfaltung seines Werkes und seiner Freiheit hindere. Dass dabei kein sehr freundliches Bild des Judentums entstehen konnte, versteht sich von selbst; die moderne Kritik – beginnend mit der Reformation – sah freilich das so gesehene ‚Jüdische' im Katholizismus wiedergekehrt."[24]

Vor dem Hintergrund der Kritik Neusners stellt Ratzinger die selbstkritische Frage: „War es gut, die große soziale Funktion des Sabbat zu gefährden, Israels heilige Ordnung aufzubrechen zugunsten einer Jüngergemeinschaft, die sozusagen allein von der Gestalt Jesu her definiert wird?"[25] Der Grund, so Ratzinger, liegt allein in der Person Jesu, die nicht aus sich, sondern aus Gott heraus spricht, weil sie der Christus, der Sohn des lebendigen Gottes ist (Mt 16,16). Was nun die soziale Funktion des Sabbat betrifft, so zeigt Ratzinger / Benedikt XVI., dass die jesuanische Kritik am Sabbatgebot in der Geschichte der Kirche nicht dazu geführt hat, den sozialen Gehalt des Sabbatgebotes zu zerstören. Vielmehr ist dieser durch Tod und Auferstehung Jesu in ein neues Licht gerückt und auf den ersten Tag der Woche übergegangen: „Dass die Kirche dabei auch die soziale Funktion des Sabbat – immer ausgerichtet auf den ‚Menschensohn' – neu übernommen hat, zeigte sich deutlich, als Konstatin bei seiner christlich inspirierten Rechtsreform mit diesem Tag auch Freiheiten für die Sklaven verband und also den Herrentag als einen Tag der

---

[24] Joseph RATZINGER / BENEDIKT XVI., *Jesus von Nazareth* (s. Anm. 22), 138.
[25] Ebd., 144.

Freiheit und der Ruhe in das christlich geformte Rechtssystem einführte. Ich finde es äußerst bedenklich, dass moderne Liturgiker diese soziale Funktion des Sonntags, die in der Kontinuität mit der Tora Israels steht, als konstantinische Verirrung wieder beiseiteschieben wollen."[26]

Ähnlich wie im Fall des Sabbatgebots, geht Joseph Ratzinger / Benedikt XVI. ausführlich auf das Elterngebot des Dekalogs, seine Auslegung durch Jesus und die daran geübte Kritik von Jacob Neusner ein. Das soll hier nicht mehr referiert werden. Die dabei leitende Hermeneutik ist „das rechte Ineinander von Altem und Neuem Testament."[27] Israels Glauben und Hoffen wird nicht verworfen, sondern universalisiert. Darin wird eine Dynamik aufgegriffen, die in den Schriften Israels selbst angelegt ist. Sie ist „an die Autorität Jesu und an seinen Anspruch als Sohn" gebunden. „Sie verliert ihr historisches Gewicht und ihren tragenden Grund, wenn man Jesus bloß als einen liberalen Reform-Rabbi abinterpretiert. Eine liberale Auslegung der Tora wäre eine bloß persönliche Meinung eines Lehrers – sie könnte nicht geschichtsbildend sein. Dabei würde im Übrigen auch die Tora, ihre Herkunft aus Gottes Willen, relativiert; für alles Gesagte bliebe nur eine menschliche Autorität: die Autorität eines Gelehrten. Daraus entsteht keine neue Gemeinschaft des Glaubens. Der Sprung in die Universalität, die dafür notwendige neue Freiheit, kann nur durch einen größeren Gehorsam ermöglicht werden. Er kann als geschichtsbildende Kraft nur wirksam werden, wenn die Autorität dieser neuen Auslegung nicht geringer ist als die des ursprünglichen Textes selbst: Es muss eine göttliche Autorität sein."[28]

Die hier vorausgesetzte biblische Hermeneutik ist für die Kirche ebenso wie für das Selbstverständnis des Messianischen Judentums konstitutiv. Jesus als der Messias Gottes hat die Tora nicht verworfen, sondern erfüllt: „Jesus steht in den Antithesen der Bergpredigt weder als Rebell noch als Liberaler vor uns, sondern als der prophetische Interpret der Tora, der sie nicht aufhebt, sondern erfüllt und sie gerade erfüllt, indem er der geschichtlich handelnden Vernunft den Raum ihrer Verantwortung zuweist. So wird auch die Christen-

---

[26] Ebd., 144f.
[27] Ebd., 154.
[28] Ebd., 152.

heit immer wieder Sozialordnungen, eine ‚christliche Soziallehre' neu ausarbeiten und formulieren müssen. Sie wird in je neuen Entwicklungen Vorgegebenes korrigieren. Sie findet in der inneren Struktur der Tora, in ihrer Fortentwicklung durch die prophetische Kritik und in der beides aufnehmenden Botschaft Jesu zugleich die Weite für die nötigen historischen Entwicklungen wie den festen Grund, der die Menschenwürde von der Gotteswürde her garantiert."[29]

6. Christologisch vermittelte Einheit von Altem und Neuem Testament

Noch kurz sei auf eine jüngere aktuelle Diskussion eingegangen, bei der ebenfalls der Grundsatz der kanonischen Dialogizität eine Schlüsselrolle spielt. Trennt man das Neue Testament vom Alten Testament ab, dann hätte das katholische Priesteramt keinerlei biblisches Fundament. Diese Position vertritt der Neutestamentler Martin Ebner, wenn er sich mit seiner Schrift „Braucht die katholische Kirche Priester? Eine Vergewisserung aus dem Neuen Testament" in einer kirchenpolitische Debatte zu Wort meldet. Er möchte denen, die in den aktuellen Diskussionen der Kirche in Deutschland die Meinung vertreten, das Priesteramt sei überflüssig, „Argumentationsstoff liefern, und zwar aus den Urdokumenten unseres christlichen Glaubens heraus, die im Neuen Testament als Kanon zusammengestellt wurden."[30] Dazu bemerkt der Alttestamentler Dieter Böhler lapidar: „Das Neue Testament ist kein Kanon, sondern allenfalls ein Kanonfragment. […] Abgelöst von Tora und Propheten besitzt ein Neues Testament keinerlei kanonische Autorität. ‚Eine Vergewisserung aus dem Neuen Testament' allein ist noch nicht biblisch, denn die Bibel ist weit mehr. Es herrschte bis in die Achtzigerjahre in der katholischen und evangelischen Theologie eine starke Tendenz, das Neue Testament und das Neue des Christentums dadurch hell erstrahlen zu lassen, dass man es vor einen möglichst schwarz gemalten Hintergrund des Alten Testaments und des Juden-

---

[29] Ebd., 160.
[30] Martin EBNER, *Braucht die katholische Kirche Priester? Eine Vergewisserung aus dem Neuen Testament,* Würzburg 2022, 12.

tums stellte."[31] Böhler weist die Position von Ebner im Detail zurück und gelangt zu dem Ergebnis: „Jesus bleibt in der Konzeption des Hebräerbriefes der einzige Priester der Kirche. Doch dass das dreistufige Amt der Bischöfe, Presbyter und Diakone als Darstellung von Jesu Priestertum ‚nach der Ordnung des Melchisedek' in Analogie zum biblischen Priestertum Aarons ausgeformt wird, ist nicht verwunderlich oder gar verfehlt, sondern eben einfach biblisch – wenn denn ‚Bibel' die ganze Bibel umfasst."[32]

In einem kleinen Kommentar zum Dekret über Dienst und Leben des Priesters *Presbyterorum Ordinis* hat Joseph Ratzinger diese Diskussion bereits vor einigen Jahren vorweggenommen. Dabei legt auch er den Finger in die Wunde einer Abtrennung des Neuen Testaments vom Alten, wie sie sich in einigen Richtungen der neutestamentlichen Exegese und der von ihnen beeinflussten Theologien eingenistet hat: „Die Auslegung des Neuen Testament selbst schien ganz nachdrücklich eine nicht-sakrale Sicht aller kirchlichen Dienste zu bestätigen. Es war keine Kontinuität zwischen den sakralen Ämtern des Alten Testaments und den neuen Diensten der werdenden Kirche zu sehen; noch weniger war ein Zusammenhang mit den heidnischen Vorstellungen vom Priestertum zu erkennen. Die Neuheit des Christlichen schien sich gerade in der Entsakralisierung der Ämter darzustellen. Nicht Sacerdotes (hiereis) hießen die Diener der christlichen Gemeinde, sondern Presbyter – Älteste. Es ist klar, dass in dieser Betrachtungsweise des Neuen Testaments der protestantische Ursprung der modernen Exegese wesentlich wirksam wurde, aber das änderte nichts an der Evidenz, die solcher Auslegung zuzukommen schien, im Gegenteil: Die Frage wurde brennend, ob nicht doch Luther gegen Trient Recht hatte."[33] Auch hier liegt, wie beim Erzhäretiker Markion, der Fehler in der Abspaltung des Neuen vom Alten Testament, „die ganze Problematik des Verhältnisses von Altem und Neuem Testament steht zur Debatte. Ist das Neue Testament wesentlich Bruch mit dem Alten oder wesentlich Erfüllung, in der alles verwandelnd aufgenommen und gerade im Erneuern be-

---

[31] Dieter BÖHLER, *Das kirchliche Amt ist biblisch. Zu Martin Ebners Buch „Braucht die Kirche Priester?"*, in: HerKorr (12/2022) 20–23, hier 20.
[32] Ebd., 23.
[33] Joseph RATZINGER, *Dienst und Leben des Priesters* (Erstveröffentlichung 1996), in: JRGS 7/2, 897–915, hier 898.

wahrt ist?"[34] Den letzten Abschnitt seines Beitrags stellt Ratzinger unter die Überschrift: „Die christologisch vermittelte Einheit von Altem und Neuem Testament". Darin weist er nicht nur die These eines radikalen Bruchs zwischen Altem und Neuem Testament zurück, sondern auch das Konzept eines radikalen Bruchs zwischen christlichem Glauben und allgemeiner Religionsgeschichte: „Daher ist eine Konzeption abzuweisen, die in Sachen Kult und Priestertum den völligen Bruch mit der vorchristlichen Heilsgeschichte voraussetzt und jeden Zusammenhang zwischen alttestamentlichem und neutestamentlichem Priestertum leugnet. So wäre das Neue Testament nicht Erfüllung, sondern Gegensatz zum Alten Bund; die innere Einheit der Heilsgeschichte wäre zerstört. Durch das Opfer Christi und seine Annahme in der Auferstehung ist der Kirche das ganze kultische und sazerdotale Erbe des Alten Bundes übergeben worden. […] Ja, das Priestertum der Kirche ist Fortsetzung und Aufnahme des alttestamentlichen Priestertums, das gerade in der radikalen und verwandelnden Neuheit seine wahre Erfüllung findet. Auch für das Verhältnis des Christentum zu den Weltreligionen ist diese Sicht wichtig. So sehr das Christentum neu beginnt, das von Gott herkommende Größere und ganz andere ist, so wenig ist es nur Negation des menschlichen Suchens."[35]

Die hier referierten Diskussionen zeigen, dass das Anliegen des Messianischen Judentums, den Bruch zu heilen, von hoher theologischer Relevanz und Dringlichkeit ist. Es ist damit zu rechnen, dass mit diesem berechtigten Anliegen vertraute Diskurskonstellationen, sei es im christlich-jüdischen Dialog, sei es in der Bestimmung des Verhältnisses von Altem und Neuem Testament, sei es im Verständnis von Person und Botschaft Jesu, aufgebrochen und heilsame Irritationen ausgelöst werden.

---

[34] Ebd., 913.
[35] Ebd., 914. Die gleiche Problematik wiederholte sich im Zusammenhang der Diskussion des Beitrags „Le sacerdoce catholique" von Papst emeritus BENEDIKT XVI., erschienen in dem von Cardinal Robert SARAH herausgegebenen Buch *Des profondeurs de nos coeurs,* Paris 2020. Vgl. dazu Ludger SCHWIENHORST-SCHÖNBERGER, *Der verleugnete Tempel,* in: HerKorr (3/2020) 46–49.

Christologie
Der jüdische Jesus

Jesus, Messias aus Israel und für Israel
Neutestamentliche Perspektiven
Michael Theobald

Für das Neue Testament, vom ersten bis zum letzten Buch, steht eines fest: das Bekenntnis zu Jesus von Nazareth als *Messias aus Israel*. Der Stammbaum Jesu in Mt 1,1–17 – Eingangsportal nicht allein des ersten Evangeliums[1], sondern des ganzen Neuen Testaments – proklamiert sowohl seine Abrahams- als auch seine Davidssohnschaft, damit die Erfüllung der Heilsverheißungen Gottes für Israel und die Völker, die durch den Messias Jesus am „Segen" Abrahams Anteil erhalten[2]. Die Offenbarung des Johannes – Schlussstein des Neuen Testaments – preist Jesus als den „Löwen aus dem Stamm Juda und Spross aus der Wurzel Davids"[3], der im Tod „gesiegt" hat und die Buchrolle in der Hand Gottes zu öffnen als einziger imstande ist (Offb 5,4; vgl. 3,7): Gott wird durch ihn sein Königtum über Israel und die Völker, ja über die ganze Schöpfung gegen alle Mächte und Gewalten dieser Erde heraufführen und einen „neuen Himmel und eine neue Erde" schaffen, das himmlische Jerusalem, die vollkommene Stadt.

Wenn Jesus Messias *aus Israel* ist, wie das Neue Testament einmütig bekennt[4], dann ist und bleibt er auch Messias *für Israel*. In dem Maße der zweite Teil dieses Satzes schon bald im Glaubensbewusstsein der Kirche in Vergessenheit geriet, verblasste im gleichen Zug auch der erste Teil und verlor seine Kraft. Gewiss ging die Kirche gegen die ständige Versuchung an, Jesus in gnostisch-dualistischer Manier als den himmlischen Erlöser aus seiner Verwurzelung

---

[1] Mt 1,1: „Buch des Ursprungs Jesu Christi, des Sohnes Davids, des Sohnes Abrahams" ist Überschrift zum Stammbaum 1,2–16, zugleich zum Prolog 1,2–4,16 und zum gesamten Evangelium: Matthias KONRADT, *Das Evangelium nach Matthäus* (NTD 1), Göttingen 2015, 26.
[2] Ähnlich Gal 3,1–29.
[3] Vgl. Gen 49,9 sowie Jes 11,1.10; außerdem TestJud 24,5; 4Esra 12,31f. etc.
[4] Für die Evangelien vgl. noch Mk 10,48; 11,9f.; 12,35–37; Lk 2,10f.; 4,16–30; Joh 4,22.25; für die Briefliteratur: Röm 1,3; 15,12 und 2Tim 2,8 sowie Hebr 7,14.

in Israel herauszureißen. Aber sie vergaß über ihrem Bekenntnis zur Menschwerdung des Sohnes Gottes weithin sein Jude-Sein und zog unter dem Eindruck, dass große Teile seines Volkes zum Evangelium Nein gesagt hatten, die Überzeugung in Zweifel: Selbst unter diesen Bedingungen ist und bleibt Jesus *Messias für Israel*. Ihr Bekenntnis zur Auferweckung und Erhöhung Jesu zum „Herrn" aller Völker verdunkelte sie mit der Behauptung der angeblichen Abwendung Gottes von seinem Volk und räumte diesem eine Zukunft nur noch in Gestalt einer Konversion *einzelner* zum neuen Volk Gottes ein. Seit der patristischen Theologie führt die Lehre von der Kirche als dem neuen Volk Gottes, auch wenn dies bis heute geleugnet wird[5], die Verwerfung Israels als Gottesvolk als dunklen Schatten mit sich bzw. degradiert das alte Gottesvolk zu einer Vorstufe der Kirche, die von dieser überholt worden sei wie der Alte durch den Neuen Bund. Das Zweite Vatikanische Konzil hat in seiner Erklärung Nostra Aetate Nr. 4 diese Jahrhunderte währende Einstellung in wesentlichen Punkten korrigiert und die Weichen für die Überwindung der sog. „Substitutionslehre" gestellt, aber diese Erklärung aus dem Jahr 1965 – das ist nach über 50 Jahren überdeutlich geworden – war nur ein Anfang, nicht weniger, aber auch nicht mehr[6].

Wenn die Kirche das *neue* Volk Gottes ist, wie Nostra Aetate und andere Konzilstexte sagen[7], wie steht es dann mit dem *gegenwärtigen* Volk der Juden? Nostra Aetate erklärt zwar, dass die Juden weder als „verworfen" noch als „verflucht" dargestellt werden dürfen, vermei-

---

[5] Michael THEOBALD, *Von der Karfreitagsfürbitte zur Revision der Formel vom „nie gekündigten Bund". Joseph Ratzingers „Anmerkungen zum Traktat* De Iudaeis", in: Angelika STROTMANN – Monika SCHRADER-BEWERMEIER (Hg.), *Grenzen überschreiten – Verbindendes entdecken – Neues wagen* (FS H. Frankemölle zum 80. Geburtstag) (SBB 77), Stuttgart 2019, 254–268.
[6] So bereits die Französische Bischofskonferenz in „Die Haltung der Christen gegenüber dem Judentum. Pastorale Handreichungen" vom 16. April 1973: „Man muss in der Stellungnahme des Konzils eher einen Beginn als eine Endphase sehen". Aber sie „stellt einen Bruch dar zur Haltung in der Vergangenheit. Sie ruft die Christen zu einer neuen Einstellung zum jüdischen Volk, nicht nur auf menschlicher Ebene, sondern auch auf der Ebene des Glaubens", in: Rolf RENDTORFF – Hans Hermann HENRIX (Hg.), *Die Kirchen und das Judentum. Dokumente von 1945–1985*, Paderborn/München ²1989, 150.
[7] NA 4,6; LG 9,1 u. ö. LG 9,3 stellt dem Israel der Wüstenzeit, das „secundum carnem" „Dei ecclesia" heißt, das „neue Israel" gegenüber. Vom *gegenwärtigen* Judentum als Volk Gottes spricht das Dokument nicht.

det es aber, von ihnen als *populus = Volk* zu reden[8]. Diese Leerstelle ist problematisch, solange nicht auf den Bahnen von Röm 11 der bleibende Gottesvolk-Status Israels ausdrücklich anerkannt wird[9], wozu die Konzilstexte sich aber nirgends bereitfinden. Sie enthalten unverbunden nebeneinander Elemente einer unbewältigten „Substitutionstheorie" und einer neuen Israel-Theologie, was untrügliches Zeichen dafür ist, dass die Problematik mit ihren dramatischen Folgen für die Ekklesiologie den meisten Konzilsvätern noch nicht bewusst war. In der Frage der Messianität Jesu ist bemerkenswert: Nostra Aetate erklärt zwar im Anschluss an Röm 9,4–5, dass „aus ihnen (sc. den Stammverwandten des Paulus) Christus dem Fleische nach stammt", Jesus also *Messias aus Israel* ist, aber das neutestamentlich notwendige Gegenstück – Jesus, *Messias für Israel* – findet keine Erwähnung. Auf Röm 11,11–32 weist eine Anmerkung zu einem Satz hin, der die eschatologische Hoffnung der Kirche in Gestalt eines konturenlosen Universalismus unter Aussparung der Christologie folgendermaßen zum Ausdruck bringt: „Mit den Propheten und mit demselben Apostel (sc. Paulus) erwartet die Kirche den Tag, der nur Gott bekannt ist, an dem alle Völker mit *einer* Stimme den Herrn anrufen und ihm ‚einträchtig dienen'" (Soph 3,9). Gegen Paulus lässt der Satz nichts über Israel, das hier unter „die Völker" subsumiert wird, verlauten, auch nichts über seinen Messias. Um der historischen Gerechtigkeit willen ist allerdings hinzuzufügen, dass die Wiederentdeckung von Röm 9–11 für den Neuentwurf einer messianischen Christologie und Ekklesiologie in den 60er Jahren noch ausstand und durch Nostra Aetate erst mitangestoßen wurde. Genannt seien aus der Konzilsgeneration, die sich hier bleibende Ver-

---

[8] Anders noch die Vorlage von Nostra Aetate vom Nov. 1964, wo vom „Volk der Juden" die Rede war. In der endgültigen Fassung sieht zwar Johannes OESTERREICHER, *Die viel kritisierte letzte Textfassung*, in: Johann Christoph HAMPE (Hg.), *Die Autorität der Freiheit*, 3. Bd., München 1967, 498–512, 500, nur eine sprachliche „Auswechslung […] ohne theologische Bedeutung". Aber die Leerstelle bleibt bedenklich: Im Unterschied zum ersten Entwurf von 1961 (in: HThK II Vat, Bd. III 637 f.) nennt der verabschiedete Text die Juden *post Christum* nirgends „Volk"!
[9] Roman SIEBENROCK beschönigt: „Alle Aussagen, die nach Substitution klingen, werden vermieden" (in: HThK II Vat, Bd. III 662).

dienste erworben haben, der Alttestamentler Norbert Lohfink und der Neutestamentler Franz Mußner[10].

Im Folgenden soll der spezifisch eschatologische Aspekt der Thematik – Jesus, *Messias für Israel* – an zwei korrespondierenden neutestamentlichen Konzeptionen erläutert werden, an Paulus und an Lukas. Abschließend sei die Relevanz einer futurischen Eschatologie für eine Israel-Theologie in Erinnerung gerufen.

1. „Es wird kommen der Retter aus Zion" (Röm 11,26)

Paulus hat der bleibenden Bedeutung Jesu als Messias für Israel in seinem letzten Schreiben Ausdruck verliehen, im Brief an die Römer[11], bereits im Präskript 1,1–7, in dem er sich mitsamt dem Evangelium seinen Adressaten vorstellt, und zuletzt in der *peroratio* 15,7–13, die dazu dient, am Ende der ausführlichen theologischen Entfaltung des Evangeliums dessen Gehalt abschließend auf den Punkt zu bringen[12]. Beide Texte, die nach Art einer *inclusio* das Schreiben rahmen, erweisen die Zentralität des Messias-Bekenntnisses. Höhepunkt des „Evangeliumsbriefs"[13] sind die Israel-Kapitel 9–11.

---

[10] Norbert LOHFINK, *Methodenprobleme zu einem christlichen „Traktat über die Juden"*, in: DERS., *Bibelauslegung im Wandel*, Frankfurt 1967, 214–237; DERS., Gottesvolk. Alttestamentliches zu einem Zentralbegriff im konziliaren Wortfeuerwerk, in: DERS., *Unsere großen Wörter. Das Alte Testament zu Themen dieser Jahre*, Freiburg i. Br. 1977, 111–126; Franz MUSSNER, *Traktat über die Juden* (1979), Göttingen 2009 (Neuauflage mit einem Vorwort von M. Theobald).

[11] Ausführlich zu den im Folgenden behandelten Passagen des Römerbriefs 1,3 f. und 15,7–13: Michael THEOBALD, *„Dem Juden zuerst und auch dem Heiden". Die paulinische Auslegung der Glaubensformel Röm 1,3f.*, in: DERS., *Studien zum Römerbrief* (WUNT 136), Tübingen 2001, 102–118; DERS., *„Geboren aus dem Samen Davids ..." (Röm 1,3). Wandlungen im paulinischen Christus-Bild?*, in: ZNW 102 (2011) 235–260; zu Röm 9–11: DERS., *Unterschiedliche Gottesbilder in Röm 9–11? Die Israel-Kapitel als Anfrage an die Einheit des theologischen Diskurses bei Paulus*, in: Udo Schnelle (Hg.), *The Letter to the Romans* (BETL 226), Leuven 2009, 135–177; DERS., *Gottes Barmherzigkeit und Gottes Zorn. Turbulenzen um das Gottesbild in Röm 9–11*, in: *Mitleid und Mitleiden*, JBTh Band 30 (2015), Neukirchen-Vluyn 2018, 159–182.

[12] Gerhard SASS, *Röm 15,7–13 – als Summe des Römerbriefs gelesen*, in: EvTh 53 (1993) 510–527.

[13] Heinrich SCHLIER, *Der Römerbrief* (HThK VI), Freiburg i. Br. 1977, 9.

(1) Der Kern des Präskripts 1,1–7 ist die Glaubensformel V. 3 f., die das Evangelium vom Sohn Gottes, das kundzutun Paulus sich berufen sieht, in zweifacher Hinsicht präzisiert: Eine erste Aussage hält die Herkunft Jesu als des davidischen Messias aus Israel fest (= A), eine überbietende zweite bekennt seine österliche Inthronisation als „Sohn Gottes in Vollmacht" und „Herr" (κύριος) aller Völker (= B). Diesen weiß sich der Jude Paulus aufgrund der universalen Hoheitsstellung des Auferweckten als „Apostel der Völker" verpflichtet, wie er unmittelbar anschließend seinen Adressaten in Rom ausführt:

¹ Paulus, Knecht des Messias Jesus,
berufener Apostel,
ausgesondert für das Evangelium Gottes [...]
³ von seinem *Sohn*,
der aus dem Samen Davids wurde *dem Fleisch nach* (= A),
⁴ der eingesetzt wurde als Sohn Gottes in Vollmacht *dem Geist der Heiligkeit nach* seit der Auferstehung der Toten (= B),
Jesus Messias, unser Herr (Ἰησοῦ Χριστοῦ τοῦ κυρίου ἡμῶν),
durch den wir Gnade und Apostelamt [...] unter allen Völkern empfangen haben ...

Röm 1,3 f. mit seinem Bekenntnis zur irdisch-fleischlichen Existenz Jesu und seiner vom Geist bestimmten Seinsweise wurde schon im 2. Jahrhundert zu einem Grundtext der sog. Zwei-Naturen-Lehre, die zur Abstraktion von der geschichtlich-konkreten Gestalt Jesu führte. Nachdem dieses dogmatische Lektüreraster sich in den Zeiten der Aufklärung aufgelöst hatte, gewann im 20. Jahrhundert ein Zweistufen-Modell[14] die Oberhand: Die erste Stufe, die irdische Herkunft Jesu „aus dem Samen Davids", wird von einer zweiten, seiner österlichen Herrschaftsstellung, abgelöst und überboten[15]. In

---

[14] Terminus und Auslegungsmodell gehen zurück auf Eduard SCHWEIZER, *Röm 1,3 f. und der Gegensatz von Fleisch und Geist vor und bei Paulus*, in: DERS., Neotestamentica. Deutsche und englische Aufsätze 1951–1963, Zürich/Stuttgart 1963, 180–189.

[15] Damit konnte eine Abwertung des irdischen Jesus zugunsten des österlich Verkündeten einhergehen – nicht zuletzt unter dem Eindruck einer irregeleiteten Deutung von 2Kor 5,16: „wenn wir auch Christus gekannt haben *dem Fleisch nach*, aber jetzt kennen wir (ihn) nicht mehr"; vgl. Rudolf BULTMANN, *Theologie des Neuen Testaments*, Tübingen ⁶1968, 293 f.: „Tod und Auferstehung Jesu ist [...] das Entscheidende, ja im Grunde das Einzige, was für Paulus an der Person und dem Schicksal Jesu wichtig ist, – einbegriffen ist dabei die Menschwerdung und das Erdenleben Jesu als Tatsache, d. h. in ihrem D a ß ; – in ihrem W i e nur

dem Maß die Forschung ernstnahm, dass das Bekenntnis im Lichte alttestamentlicher Prätexte zu lesen ist, wurde auch deutlich, wie die Erweiterung der ersten durch die zweite Zeile im Sinne der paulinischen Theologie zu lesen ist: Jesus, der „aus dem Samen Davids wurde", ist von Anfang an Messias Israels und bleibt es; an Ostern wurde er zum „Sohn Gottes in Vollmacht" inthronisiert entsprechend dem Gottesspruch von Psalm 2: „Mein Sohn bist du! Ich habe dich heute geboren! Erbitte von mir, dann will ich (dir) Völker als dein Erbland geben und als deinen Grundbesitz die Enden der Erde [...]" (Ps 2,7 f.). Die österliche Herrschaftsstellung Jesu löst weder seine irdische messianische Funktion ab noch relativiert sie diese, vielmehr ist sie nach dem Zeugnis der Schrift deren notwendige Konsequenz.

(2) In der *peroratio* 15,7–13 am Ende des Schreibens bekräftigt Paulus die bleibende messianische Bedeutung des irdischen Jesus, indem er dessen Rolle in Gottes Heilsplan unterstreicht. Eingebettet ist dieses Summarium in seine Mahnung an die Adressaten, die pagane Mehrheit und die jüdisch lebende Minderheit der römischen Ekklesien sollten sich gegenseitig „annehmen" – akzeptieren und tolerieren[16] –, wie sie dies beide auch vom Messias Jesus erfahren durften:

⁷ Darum nehmt einander an,
wie auch der Messias (ὁ Χριστός) euch angenommen hat zur Verherrlichung Gottes!
⁸ Denn ich erkläre:
(Der) Messias (Χριστόν) ist Diener der Beschneidung geworden *um der Wahrheit Gottes willen* (ὑπὲρ ἀληθείας θεοῦ),
(das heißt:) um die Verheißungen der Väter zu befestigen (= A),

---

insofern, als Jesus ein konkreter, bestimmter Mensch, ein Jude, war"; sein Jude-Sein wird freilich in seiner theologischen Relevanz von Bultmann kaum eigens entfaltet; ebd. 52 zu dem „sachlich mit ‚Messias' gleichbedeutend(en) [...] Titel ‚Davidsohn'": Paulus muss „ihn als geläufigen vorgefunden haben. Denn für ihn selbst hat der Titel zwar keine Bedeutung, er nimmt aber auf ihn Bezug Rm 1,3 und zwar in einem Satz, der sich offenbar an eine ihm überlieferte Formel anlehnt".

[16] Michael WOLTER, *Der Brief an die Römer* (Teilband 2: Röm 9–16) (EKK VI/2), Ostfildern – Göttingen 2019, 404: Paulus verlangt, „dass sie miteinander und unterschiedlich, wie sie sind, eine Gemeinschaft praktizieren, die ihrer Zusammengehörigkeit eine soziale Gestalt gibt. Paulus sagt nicht, woran er konkret denkt, doch wird man keinen Fehler machen, wenn man vermutet, dass er die gottesdienstliche Versammlung mit der dabei praktizierten Mahlgemeinschaft im Sinn hatte".

⁹aber die Völker verherrlichen Gott *um (seines) Erbarmens willen* (ὑπὲρ ἐλέους) (= B),
wie geschrieben ist:
Darum will ich dich bekennen unter den Völkern und deinem Namen lobsingen (Ps 18,50).
¹⁰Und wiederum sagt (die Schrift):
Ihr Völker, freut euch mit seinem Volk (Dtn 32,43^LXX) [...].

Dem Summarium zufolge ist der irdische Jesus Bevollmächtigter Gottes (= *diakonos*) für die Juden (= die Beschneidung)[17] geworden, um „die Wahrheit" Gottes, das heißt: seine Zuverlässigkeit und seine Treue[18] zu den einst den Vätern gegebenen Verheißungen, zu bekräftigen. Garant der Zuverlässigkeit Gottes ist Jesus schon durch seine Existenz als Messias. Diese Israel betreffende Erklärung (= A) wird in V. 9 (analog zum Präskript) durch eine zweite zu den Völkern erweitert (= B): Diese dürfen Gott um seines „Erbarmens" willen verherrlichen, das er ihnen – das ist mitzudenken – durch den österlich inthronisierten „Herrn aller" (10,12) in der Rechtfertigung der Sünder aus lauter Gnade zugewandt hat. Unvorstellbares wird wahr: „Heiden", die dem Volk Gottes oft genug feindlich gegenüberstehen und es bedrücken, vereinen sich mit den Juden in der Ekklesia im Gotteslob (V. 10). Die Termini ἀλήθεια und ἔλεος, welche jeweils den theologischen Kern der beiden Sätze des Summariums auf den Punkt bringen, treffen mit ihrer Polarität von „Treue" und „Erbarmen", der Bindung Gottes an sein Volk Israel und seiner Freiheit, alle Menschen in seine Liebe aufzunehmen, in die Mitte des paulinischen Gottesbildes[19].

(3) Was „Wahrheit" Gottes, das heißt: seine Zuverlässigkeit und Treue zu seinen einmal gegebenen Verheißungen an die Väter, bedeutet, expliziert Paulus in seinen Israel-Kapiteln, in denen er um Einsicht in den Grund für das Nein der vielen in seinem Volk zum

---

[17] Zur Terminologie: Anni HENTSCHEL, *Diakonia im Neuen Testament. Studien zur Semantik unter besonderer Berücksichtigung der Rolle der Frauen* (WUNT II/226), Tübingen 2007.
[18] ἀλήθεια ist hier vom biblischen אמת her zu verstehen, für das die LXX in 100 von 127 Vorkommen Ableitungen von ἀληθ- bietet: Hans WILDBERGER, Art. אמן *'mn fest, sicher*, in: Ernst JENNI (Hg.), *Theologisches Handwörterbuch zum Alten Testament*, Bd. 1, München 1971, 177–209, 201.
[19] Zur Entfaltung vgl. Michael THEOBALD, *Gottes Barmherzigkeit und Gottes Zorn. Turbulenzen um das Gottesbild in Röm 9–11*, in: Mitleid und Mitleiden, JBTh Band 30 (2015), Neukirchen-Vluyn 2018, 159–182.

Evangelium ringt. Am Ende seiner verschlungenen Denkwege gelangt er zu einer Einsicht, die ihm – wie er andeutet – im Gebet geschenkt wurde[20]: Bei der Parusie des Herrn wird „ganz Israel" – entsprechend dem Grundsatz von der Rechtfertigung der Sünder – selbst auch die „Rettung" allein aus Gnade erfahren (11,26a).

Untrügliches Zeichen für Gottes Treue ist der Argumentation des Paulus zufolge der sogenannte „Rest" der Juden (ὑπόλειμμα/ λεῖμμα: 9,27/11,5)[21]. Dieser ist „gemäß Gnadenwahl" (κατ' ἐκλογὴν χάριτος: 11,5) zum Glauben an den Messias Jesus gelangt, darunter er selbst, wie er in 11,1 f. erklärt: „Hat Gott sein Volk verstoßen? Keineswegs! Denn auch ich bin ein Israelit, ein Nachkomme Abrahams, aus dem Stamm Benjamin. Gott hat sein Volk nicht verstoßen, das er im Voraus erwählt hat" (vgl. 11,28b). Eine Kirche, die sich exklusiv heidenchristlich gebärdet und in ihrer Mitte an den Messias Jesus glaubende Juden nicht als solche anerkennt, wie das bereits ab dem 2. Jahrhundert die Regel war, kann sich auf Paulus nicht berufen. Für ihn ist im Gegenteil die Communio der heidenchristlichen Gemeinden mit der judenchristlichen in Jerusalem für wahres Ekklesia-Sein fundamental[22], die Dynamik weltweiter Mission kein Argument, die Jerusalem-Bindung der Ekklesia zu verleugnen.

Eine Bestätigung dessen bietet die Art und Weise, wie Paulus das „Mysterium" von der Rettung ganz Israels (11,26a) mit dem sich anschließenden Gotteswort aus der Schrift untermauert; kennzeichnend für das Mischzitat ist seine Zion-Zentrierung:

1 Es wird kommen *aus Sion* der Rettende,
2 er wird (die) Gottlosigkeiten von Jakob entfernen.
3 Und dies (ist) [die Einlösung der] von mir (kommenden) Setzung (διαθήκη),
4 wenn ich ihre Sünden hinwegnehme.

---

[20] Vgl. Röm 11,25 (μυστήριον) mit 10,1: Wenn Paulus in 10,1 um die „Rettung" Israels „bei Gott Fürbitte" einlegt, dann ist die Offenbarung des Mysteriums von dessen Rettung die Antwort auf diese Fürbitte.

[21] Mit dem „Rest"-Gedanken schließt Paulus an Jes 10,22 an; zur Verwendung im AT und Frühjudentum vgl. Hans WILDBERGER, Art. שאר š'r übrig sein, in: Ernst Jenni (Hg.), *Theologisches Handwörterbuch zum Alten Testament*, Bd. 2, München 1976, 844–855.

[22] Michael THEOBALD, Kirche nach dem Neuen Testament. Ein ekklesiologischer Entwurf in vierundzwanzig Thesen, in: ZThK 117 (2020) 377–408, 394f.401.

Auf die Herkunft Jesu als Messias *aus Israel* hat Paulus seine heidenchristlichen Adressaten in Rom bereits zu Beginn seiner Argumentation in 9,4f. verwiesen: „Sie sind Israeliten; […] ihnen gehören die Väter und ihnen entstammt *der Messias dem Fleisch nach* (ὁ Χριστὸς τὸ κατὰ σάρκα)". Jetzt, am Ende, schließt sich der Kreis mit seinem Bekenntnis zu Jesus als Messias *für Israel*. Gegen ein rein theo-zentrisches Verständnis der ersten sich an Jes 59,20 anlehnenden Zeile: „Es wird kommen aus Sion der Retter (ἥξει ἐκ Σιὼν ὁ ῥυόμενος)"[23], sprechen gewichtige Gründe: die *inclusio* mit 9,5, die Parallele 1 Thess 1,10[24] und vor allem die Gestaltung des Vierzeilers zu einem *Gottesspruch* („… das ist für sie der Bund von mir") mit der Konsequenz, dass der „Retter" aus Sion ein anderer sein muss als das Ich, das sein Kommen ansagt[25].

Die messianische Kontur der in diesem Spruch artikulierten Parusie-Erwartung ist deutlich: „Der Retter" wird kommen nicht zugunsten Einzelner, sondern zugunsten des *Kollektivs* Jakob. Von ihm wird er alle Gottlosigkeit entfernen, womit Gott seinen Bund mit den Vätern einlösen wird. Und „der Retter" wird kommen „vom Zion her", woher Israel von jeher Rettung erwartet[26], sei es nun vom irdischen oder vom himmlischen Jerusalem her; wahrscheinlich sieht Paulus beides in eins[27].

---

[23] Jes 59,20^LXX: καὶ ἥξει ἕνεκεν Σιὼν ὁ ῥυόμενος καὶ ἀποστρέψει ἀσεβείας ἀπὸ Ἰακώβ. καὶ αὕτη ἡ παρ' ἐμοῦ διαθήκη …; von Paulus mit Jes 27,9^LXX (… ὅταν ἀφέλωμαι αὐτοῦ τὴν ἁμαρτίαν) zu einem stilisierten Vierzeiler verknüpft (siehe oben). Für einen Bezug des ῥυόμενος auf Gott zuletzt Michael Wolter, Röm II (s. Anm. 16), 213–215; auf Christus Martin Karrer, *Paulus, Jesaja und Israel – Beobachtungen zu Röm 11,26f.*, in: Eberhard Bons u.a. (Hg.), *Die Septuaginta – Themen, Manuskripte, Wirkungen. Septuaginta-Konferenz Wuppertal 2018* (WUNT 444), Tübingen 2020, 703–727; vgl. auch Tobias Nicklas, *Paulus und die Errettung Israels: Röm 11,25–32 in der exegetischen Diskussion und im jüdisch-christlichen Dialog*, in: Early Christianity 2 (2011) 173–197.
[24] 1Thess 1,10: „und zu erwarten seinen Sohn aus den Himmeln, den er aus den Toten erweckt hat, Jesus, der uns rettet (τὸν ῥυόμενον ἡμᾶς) aus dem kommenden Zorn"; auf diese Parallele geht Michael Wolter, Röm II (s. Anm 16), merkwürdigerweise nicht ein.
[25] Im Einzelnen vgl. Michael Theobald, *Gottesbilder* (s. Anm. 11), 175f.; zur Stilisierung von Schriftzitaten zu Gottessprüchen in Röm 9–11 vgl. Hans Hübner, *Gottes Ich und Israel Zum Schriftgebrauch des Paulus in Römer 9–11* (FRLANT 136), Göttingen 1984.
[26] Ps 14(13),7; 50(49),2; 53(52),7; 4Esr 13,35; 4QFlor I 11–13 etc.
[27] In Röm 9,33 („Siehe, ich lege in Sion einen Stein des Anstoßes hin, einen

Entscheidend ist: Die Heilsinitiative geht 11,25–27 zufolge von Gott aus. „Ganz Israel" wird gerettet werden, wenn das Maß der Zeit erfüllt ist und der Messias Jesus offenbar wird. Dass Israel erst das Evangelium annehmen und zum Glauben gelangen muss, *damit der Retter kommt,* sagt Paulus gerade nicht. Die Prophetie der Errettung „ganz Israels" ergeht *unkonditioniert.* Wenn der Retter kommt, wird Gott „ihre Sünden hinwegnehmen" und Jakob die „Gerechtigkeit" zuwenden, die Frucht der Lebenshingabe des Messias ist. Die Bedingungslosigkeit dieser Zusage ist es, welche die Zukunftsvision des Paulus von der des Lukas unterscheidet, wie im Folgenden zu zeigen sein wird. Aber auch diese gründet in der Schrift, folgt nur einem anderen biblischen Denkmodell.

2. Kehrt um, damit „er den euch vorherbestimmten Messias Jesus sendet!" (Apg 3,20)

Die Frage nach der Zukunft Israels als des erwählten Gottesvolks spielt nicht nur für Paulus, sondern auch für Lukas eine entscheidende Rolle. Beide halten, so Christoph Schaefer in seiner Israel-Studie, in biblischer Tradition „an einer eschatologischen Hoffnung für Israel fest, rezipieren dabei jedoch Elemente (alttestamentlich-)biblischer Theologie in je spezifischer Weise. Dabei spielt für Lukas eine heilsgeschichtliche Sicht, die vor allem in der Tradition deuteronomistischer Geschichtserzählungen steht, eine wesentliche Rolle, insofern diese immer schon mit dem Ungehorsam Israels sowie mit Zorn und Strafe Gottes rechnen, stets aber auch den Ruf zur Umkehr enthält, welcher die heilvolle Zuwendung Gottes wieder ermöglicht. Paulus hingegen zeigt in Röm 11 bezüglich der Zukunft Israels eine

---

Felsen der Falle ..." [vgl. Jes 28,16 mit 8,14]) verbindet sich mit dem (irdischen) Sion der Heilstod Jesu, woran das Kommen des Retters „vom Sion" her kontextuell anknüpfen dürfte; zum „oberen (= himmlischen) Jerusalem" vgl. Gal 4,26. – Otfried Hofius, *Das Evangelium und Israel Erwägungen zu Römer 9–11,* in: Ders., *Paulusstudien* (WUNT 51), Tübingen ²1994, 175–202, 196: „Die Angabe, dass der ῥυόμενος ‚aus Zion' kommen wird, muss nicht notwendig auf das Erscheinen Christi vom himmlischen Jerusalem her gedeutet werden. Paulus kann sehr wohl an den irdischen Zion denken, auf dem sich Christus bei der Parusie offenbaren und von dem aus er sein Rettungswerk an Israel vollführen wird".

Sicht, die sich an der sog. ‚Gnadentheologie' priester(schrift)licher Tradition orientiert, insofern sie die bedingungslos gegebenen Verheißungen Gottes hervorhebt, der in seiner Allmacht die gegenwärtige Verstockung wie auch die eschatologische Annahme Israels verantwortet"[28]. Im lukanischen Doppelwerk[29] steht von Anfang an fest, dass Israel im Messias Jesus bleibende Zukunftsaussichten besitzt.

(1) In der sog. Vorgeschichte Lk 1 f., der Ouvertüre des Evangeliums, lässt Lukas das Thema programmatisch zunächst von Gabriel, dem Boten des Himmels, in der Geburtsankündigung Jesu Lk 1,30b–33 anstimmen:

[30b] Fürchte dich nicht, Maria; denn du hast Gnade gefunden bei Gott.
[31] Und siehe, du wirst schwanger werden
und einen Sohn gebären
und du wirst seinen Namen Jesus nennen.
[32] Dieser wird groß sein und Sohn des Höchsten genannt werden.
Und es wird ihm Gott, der Herr, den Thron seines Vaters David geben
[33] *und er wird herrschen über das Haus Jakob in die Ewigkeiten*
und seiner Herrschaft wird kein Ende sein.

Diese Geburtsankündigung mit ihrer Pointe: „er wird herrschen über das Haus Jakob in Ewigkeiten" darf nicht in Vergessenheit geraten, wenn das Doppelwerk erzählt, wie das Evangelium Jesu Christi, ausgehend von Galiläa und Judäa, sich in der Welt des Imperium Romanum verbreitet. Sie wird nicht dadurch widerrufen, dass Jesu Boten im Fortgang der erzählten Geschichte immer wieder vonseiten der Synagogen Ablehnung erfahren – bis zuletzt in Rom. Wie für Paulus (vgl. Röm 9,6) gilt genauso für Lukas: Das Wort Gottes fällt nicht hin, es hat Bestand[30].

---

[28] Christoph SCHAEFER, *Die Zukunft Israels bei Lukas. Biblisch-frühjüdische Zukunftsvorstellungen im lukanischen Doppelwerk im Vergleich zu Röm 9–11* (BZNW 190), Berlin 2012, 6 f.; vgl. seine Analyse der einschlägigen Texte des Doppelwerks ebd. 105–384 („Israels Zukunft im lukanischen Doppelwerk").
[29] Knut BACKHAUS, *Das lukanische Doppelwerk. Zur literarischen Basis frühchristlicher Geschichtsdeutung* (BZNW 240), Berlin 2022.
[30] Lk 1,32 f. lässt eine Reihe biblischer Verheißungen anklingen, neben Jes 9,6; Mi 4,7 und Dan 7,14 vor allem die des Propheten Natan, die Gott durch ihn David ausrichten lässt, 2Sam 7,8–16: „[...] [12] Wenn deine Tage erfüllt sind und du dich zu deinen Vätern legst, werde ich deinen leiblichen Sohn als deinen Nachfolger einsetzen und seinem Königtum Bestand verleihen. [13] Er wird für meinen Namen ein Haus bauen und ich werde seinem Königsthron ewigen

Entsprechend setzt das gleichfalls weithin aus der Schrift gewobene Benedictus des Zacharias (Lk 1,68–79) ein mit dem Lobpreis:

⁶⁸ Gepriesen sei der Herr, der Gott Israels!
Denn er hat sein Volk besucht und ihm Erlösung geschaffen;
⁶⁹ *er hat uns ein Horn der Rettung im Haus seines Knechtes David aufgerichtet.*
⁷⁰ So hat er verheißen von alters her durch den Mund seiner heiligen Propheten [...]³¹.

Schließlich wird die Geburt Jesu in Lk 2,11 von den himmlischen Boten den Hirten kundgetan mit den Worten:

Heute ist euch in der Stadt Davids der Retter geboren,
welcher (der) Messias ist, (der) Herr.

(2) Bleibt Jesus der Messias für Israel, auch wenn er von seinem Volk zurückgewiesen wird? Mitten im sog. „Reisebericht", der Erzählung von Jesu Wanderung von Galiläa nach Jerusalem (Lk 9,51–19,27), steht ein Jesus-Wort, das auf die Begegnung des wiederkommenden Menschensohns mit denen vorausblickt, die ihn in seinem irdischen Leben, zuletzt in Jerusalem, ablehnen werden (Lk 13,34f.)³²:

³⁴ Jerusalem, Jerusalem,
das die Propheten tötet
und die zu ihm Gesandten steinigt:
Wie oft wollte ich deine Kinder sammeln,

Bestand verleihen. [...] ¹⁵Nie wird sich meine Huld von ihm entfernen, wie ich sie von Saul entfernt habe, den ich vor dir entfernt habe. ¹⁶Dein Haus und dein Königtum werden vor dir auf ewig bestehen bleiben; dein Thron wird auf ewig Bestand haben". Die Zusage ewiger Herrschaft, jetzt auf den Messias Jesus bezogen, legitimiert Lukas danach zweifach: durch die Schrift und so, dass ein himmlischer Bote, Gabriel, sie für Jesus sozusagen von oben her ausdrücklich bestätigt.

³¹ Walter RADL, *Das Evangelium nach Lukas. Kommentar. Erster Teil: 1,1–9,50*, Freiburg i. Br. 2003, 95: „Diese Berufung auf das Wort der Propheten wiederholt Lukas fast deckungsgleich Apg 3,21. Sie hat ihre Gültigkeit auch für die Zukunft, bis zur Vollendung der Heilsgeschichte"; zu Apg 3,21 siehe unten unter (4). Ebd. 93 f. zu den reichen Schriftbezügen in der zitierten Eröffnung des Benedictus.

³² Zu diesem aus der Logienquelle stammenden Wort vgl. Michael THEOBALD, *Von der Henne und ihren Küken (Lk 13,34f. par. Mt 23,37–39). Ein Gerichtswort Jesu?*, in: Gerd HÄFNER – Ferdinand R. PROSTMEIER – Thomas SCHUMACHER (Hg.), *Altes und Neues hervorholen (Mt 13,52). Debatten zur Bibel in Theologie und Kirche* (FS Lorenz Oberlinner zum 80. Geb.) (SBS 254), Stuttgart 2022, 124–159.

wie eine Henne ihre Küken unter die Flügel sammelt,
und ihr habt nicht gewollt.
35a Siehe, euer Haus ist dabei, [von Gott] euch überlassen zu werden.

35b Ich sage euch aber (δέ):
Ihr werdet mich nicht mehr sehen,
bis es[33] (oder: er[34]) kommen wird (ἕως ἥξει),
dass ihr sagt (ὅτε εἴπητε):
Gepriesen, der kommt (ὁ ἐρχόμενος) im Namen des Herrn! (Ps 118,26)

Bei V. 34–35a handelt es sich um ein in sich stehendes Gerichtswort Jesu gegen Stadt und Tempel. Mit dem Nachwort V. 35b nimmt es eine Wende, von der auf den ersten Blick nicht klar ist, ob in Fortführung der Unheilsansage denen, die Jesus zu seinen Lebzeiten ablehnten, im Gericht ein „schreckliche(s) Wiedersehen" prophezeit[35] oder ihnen nicht doch eine Heilsperspektive eröffnet wird. Später, als Jesus sich vom Ölberg her Jerusalem nähert, begrüßt ihn die eigene Anhängerschaft mit eben dem Willkommensgruß aus Psalm 118, der in Lk 13,35 den „Kindern" Jerusalems bei ihrer gleichfalls in Jerusalem zu denkenden Begegnung mit dem Parusiechristus[36] in den Mund gelegt ist (19,37 f.). Das könnte darauf hindeuten, dass Lukas im Jubel der Anhängerschaft Jesu über sein Erscheinen am Ölberg eine Antizipation dessen sieht, was er in 13,35 für Jesu eschatologisches „Kommen" angesagt hat: Auch die sich ihm jetzt noch widersetzen, werden sich ihm einst öffnen. Sie werden „Jesus als ihren

---

[33] Zu ergänzen im Griechischen: „die Stunde" oder „der Tag".
[34] Wenn ἥξει 3. Pers. Mask. ist, spricht viel dafür, dass „der Menschensohn" gemeint ist: Harry T. FLEDDERMANN, Q. A Reconstruction and Commentary (BTSt 1), Leuven – Paris – Dudley 2005, 706.
[35] Dieter ZELLER, Entrückung zur Ankunft als Menschensohn (Lk 13,34f.; 11,29f.), in: DERS., Jesus – Logienquelle – Evangelien (SBAB.NT 53), Stuttgart 2012, 151–165, 154; Michael WOLTER, Das Lukasevangelium (HNT 5), Tübingen 2008, 499; auch bei der Parallele Mt 23,37–39 ist dies die gängige Auslegung: Ulrich LUZ, Das Evangelium nach Matthäus (Mt 18–25) (EKK I/3), Zürich – Neukirchen-Vluyn 1997, 384.
[36] Das Segenswort Ps 118,26 riefen die Priester beim Laubhüttenfest (mSuk 3,9) den in den Tempel Einziehenden zu; später wurde das Wort auch „messianisch" gedeutet: Midrasch Ps 118 §22 (244a), vgl. Andrew C. BRUNSON, Psalm 118 in the Gospel of John. An Intertextual Study on the New Exodus Pattern in the Theology of John (WUNT 2/158), Tübingen 2003, 22–101 („Psalm 118 in its Jewish Setting"). Zur Lokalisierung der Parusie des Messias vom Ölberg her vgl. Christoph SCHAEFER, Zukunft (s. Anm. 28), 198–204.

Messias begrüßen [...] – bei seiner Wiederkunft am Ende der Tage"[37]. Zumindest hält der Spruch die „Hoffnung" aufrecht, dass aus „Feinden" beim Wiedersehen „Freunde" werden[38].

(3) Die Eröffnungsszene der Apostelgeschichte zeigt mit dem letzten Wort des Auferweckten an die Seinen programmatisch die Richtung des Buches auf, hält trotz der Weisung zur weltweiten Mission aber die Israel-zentrierte Perspektive des Evangeliums weiter bei:

> [6] Als sie nun beisammen waren,
> fragten sie ihn:
> *Herr,*
> *stellst du in dieser Zeit das Reich für Israel wieder her*
> (εἰ ἐν τῷ χρόνῳ τούτῳ ἀποκαθιστάνεις τὴν βασιλείαν τῷ Ἰσραήλ)?
> [7] Er sagte zu ihnen:
> Euch steht es nicht zu,
> Zeiten und Fristen zu erfahren,
> die der Vater in seiner Macht festgesetzt hat.
> [8] Aber ihr werdet Kraft empfangen,
> wenn der Heilige Geist auf euch herabkommen wird;
> und ihr werdet meine Zeugen sein in Jerusalem und in ganz Judäa und Samarien und bis an die Grenzen der Erde.

Der lukanische Jesus korrigiert die Frage der Jünger, ob er „das Reich für Israel in dieser Zeit wiederherstellt (ἀποκαθιστάνεις)", nicht inhaltlich, vielmehr weist er auf die alleinige Hoheit des Vaters über

---

[37] Franz MUSSNER, *Die Stellung zum Judentum in der „Redenquelle" und in ihrer Verarbeitung bei Matthäus*, in: DERS., *Dieses Geschlecht wird nicht vergehen*, Freiburg i. Br. 1991, 87–100, 96 mit Anm. 34: „Das trifft sich mit der prophetischen Ansage des Paulus in Röm 11,26"; Helmut MERKEL, *Israel im lukanischen Werk*, in: NTS 40 (1994) 371–398, 382: Lk 13,34 f. lässt „hoffen, dass die Jerusalemer, die sich der Sammlung durch Jesus verweigern, bei der Parusie ihm mit dem Lobpreis huldigen ‚Benedictus qui venit in nomine Domini'". Zugunsten dieser Deutung spricht nicht nur die erwähnte Partikel δέ, mit der die Weissagung V. 35b dem voranstehenden Gerichtswort gegenübergestellt wird („Ich sage euch *aber*"), sondern der lukanische Kontext insgesamt: Christoph SCHAEFER, *Zukunft* (s. Anm. 28), 149; François BOVON, *Das Evangelium nach Lukas*, Bd. 2 (Lk 9,51–14,35) (EKK 3,2), Zürich – Neukirchen-Vluyn 1996, 460. „In der Apostelgeschichte bieten die Apostel Israel und seinen Führern, die ‚aus Unwissenheit' verantwortlich sind für das Verschwinden Jesu, eine letzte Gelegenheit zur Bekehrung an. Trotz der Verhärtung, die weiterbesteht, lässt Lukas ein letztes Angebot der Vergebung bis zum Ende seines Werkes offen".
[38] François BOVON, *Lk II* (s. Anm. 37), 460; ebd. 445: Der Spruch V. 35b eröffnet „eine rätselhafte Zukunft, von der wir nicht erfahren, ob sie dunkel oder hell sein wird".

die Zeitläufte hin und erklärt den Jüngern, was bis zum Ende der Zeit ihnen obliegt: Sie sollen Jesu „Zeugen sein [...] bis an die Grenzen der Erde". Die zentrifugale Kraft der vom Geist Gottes bestimmten Mission über Judäa und Samarien hinaus hebt die Rückbindung an das Zentrum, die heilige Stadt Jerusalem, nicht auf.

(4) Entsprechend der Inhaltsangabe der Apostelgeschichte, der *propositio* Apg 1,7, wird zunächst erzählt, wie Jerusalem mit der Verkündigung des Evangeliums durch die Boten Jesu eine neue Chance erhält, sich zu seinem Messias zu bekehren. Neben der Pfingstszene Apg 2,1–41 ist vor allem die Rede des Petrus auf dem Tempelplatz im Anschluss an die Heilung des von Geburt an Gelähmten an der Schönen Pforte von Bedeutung (Apg 3,12–26), weil sie die Begegnung Israels mit seinem Messias bei der Parusie – im Unterschied zur ersten Begegnung mit dem irdischen Jesus – als heilvoll vor Augen führt. Der Rückblick auf jene unheilvollen Tage mündet in deren heilsgeschichtliche Wertung (V. 17 f.) und einen erneuten Umkehr-Ruf (V. 19–21) ein:

[17] Nun, Brüder,
ich weiß,
ihr habt aus Unwissenheit gehandelt,
ebenso wie eure Anführer.
[18] Gott aber hat auf diese Weise erfüllt,
was er durch den Mund aller Propheten im Voraus verkündet hat:
dass sein Christus leiden werde.

[19] Also kehrt um und tut Buße,
auf dass eure Sünden getilgt werden,
[20] damit Zeiten (καιροί) des Aufatmens kommen vor dem Angesicht des Herrn
und er sende *den euch vorherbestimmten Messias Jesus*
(τὸν προκεχειρισμένον ὑμῖν χριστὸν Ἰησοῦν),
[21] den freilich der Himmel aufnehmen muss bis zu den *Zeiten der Wiederherstellung von allem*
(ἄχρι χρόνων ἀποκαταστάσεως πάντων),
wovon Gott gesprochen hat durch den Mund seiner heiligen Propheten von Ewigkeit[39].

---

[39] Zu dieser Wendung siehe oben Anm. 31; vielleicht handelt es sich um einen bewussten Rückbezug auf das Benedictus.

3,21 greift mit dem Thema der „Wiederherstellung", der Apokatastasis, 1,6 auf, qualifiziert diese in Verbindung mit V. 20 als eine Zeit des „Aufatmens" für Israel, was in der Sendung des bis dahin verborgenen Messias zu Israels Heil begründet sein dürfte. Die aus Lk 13,35b bekannte Vorstellung von der Abwesenheit des Messias bis zum Zeitpunkt seiner erneuten Sendung bei der Parusie ist leicht variiert, aber deutlich erkennbar[40]. Entscheidend ist, dass Jerusalem und mit ihm ganz Israel die Chance der Umkehr ergreifen, damit Gott den für das Volk „vorherbestimmten Messias" auch wirklich zu ihrem Heil sendet. Ergreifen sie die Chance, dann wird Israel am Ende der Zeiten gemeinsam mit den Bekehrten aus den Völkern in die Vollendung eingehen.

3. Die Zukunft Israels – ein Ausblick

Paulus und Lukas verbindet in ihrer Sicht Israels erstaunlich viel[41]: Beide sehen im Volk Gottes aufgrund seiner Geschichte seit Abraham den natürlichen Erstadressaten des Evangeliums (πρῶτον: Röm 1,16 par. Apg 3,26); beide verknüpfen das Nein der Majorität der Juden zu Jesus mit der nachfolgenden Mission unter den Heiden (Röm 11,25f.: vgl. Lk 21,24[42] mit 13,35); beide sehen in alldem den

---

[40] Kommt Lk 13,35b ohne Christustitel aus (wahrscheinlich steht im Hintergrund die Menschensohn-Vorstellung), so ist in Apg 3,20 vom „Messias" die Rede; handelt Lk 13,35b vom Entzogen-Sein Jesu, so ist dies in Apg 3,21 von der „Himmelfahrtserzählung" her aufgefüllt („den freilich der Himmel aufnehmen muss"). Den Bezug auf die Parusie in 3,21 bestreitet Gerhard LOHFINK, *Christologie und Geschichtsbild in Apg 3,19-21*, in: BZ.NF 13 (1969) 223-241, ohne triftige Gründe zu nennen.

[41] Vgl. die aufschlussreiche Übersicht bei Christoph SCHAEFER, *Zukunft* (s. Anm. 28), 11-16, aus der im Folgenden nur die wichtigsten Motive und Themen genannt seien; Daniel A. GLEICH, *Die lukanischen Paulusreden. Ein sprachlicher und inhaltlicher Vergleich zwischen dem paulinischen Redestoff in Apg 9-28 und dem Corpus Paulinum* (ABG 70), Leipzig 2021, der sich für „authentische Aussagen des Paulus" in der Apg interessiert (323), lässt die Parallelen in den übrigen Partien des Buches beiseite.

[42] Das Motiv der von Gott bestimmten „Vollzahl der [Heiden-]Völker (τὸ πλήρωμα τῶν ἐθνῶν)" als Ziel weltweiter Mission (Röm 11,25) als Zeitpunkt für die dann erfolgende „Errettung" Israels (Röm 11,25) bzw. Jerusalems kennt auch Lk 21,24: „und sie werden fallen durch die Schärfe des Schwertes und gefangen weggeführt unter alle Völker, und Jerusalem wird zertreten werden von den

Willen Gottes, ja dessen Vorherbestimmung am Werk und hoffen nach Vollendung der Völkermission auf Israels erneute Begegnung mit seinem Messias, dann im hellen Licht der Parusie. Beide wurzeln in der Schrift, folgen nur unterschiedlichen biblischen Denkmustern: Während Paulus mit der Priesterschrift von der Unerschütterlichkeit der Verheißungen Gottes ausgeht und so die Rettung Israels definitiv ansagt (vgl. Röm 11,29), konditioniert Lukas diese entsprechend seinem deuteronomistischen Geschichtsverständnis, gibt aber die Hoffnung auf den Messias für Israel nicht auf[43].

Die Bedeutung der beiden Konzeptionen erhellt aus einem Vergleich mit dem *Epheserbrief* und dem *Johannesevangelium*, die anders als Paulus und Lukas die spezifisch messianisch-eschatologische Perspektive zugunsten einer präsentischen bzw. individuellen, am Tod des je Einzelnen orientierten Eschatologie aufgegeben haben. Der *Epheserbrief* verdient deshalb höchste Wertschätzung, weil er die Heidenchristen Kleinasiens vor wachsender Israel-Vergessenheit warnt und ihnen klar macht, dass die Würde der Ekklesia in ihrer Teilhabe an den Prärogativen Israels gründet: „Erinnert euch, dass einst ihr, die Völker (τὰ ἔθνη) [...] ohne den Messias wart, ausgeschlossen vom Gemeinwesen Israels, und Fremde gegenüber den Setzungen der Verheißung, ohne Hoffnung und gottlos in der Welt. Jetzt aber seid ihr im Messias Jesus, die ihr einst fern wart, nahe gekommen durch das Blut des Messias" (Eph 2,11-13)[44]. Von der Zukunft Israels zu sprechen, legte sich dem Autor von der Zielsetzung seines Schreibens her indes nicht nahe. Doch seine präsentische Eschatologie hätte ihm dies auch kaum erlaubt. Wer davon ausgeht, dass die an Jesus Glaubenden in der Taufe schon mit ihm auferweckt und in die himmlischen Bereiche versetzt worden sind (Eph 2,5–7), erwartet von der Zukunft nur noch dies eine: Der schon erlangte Status wird im leiblichen Tod lediglich seine Bestätigung finden. Welche Hypothek eine präsentische Eschatologie für die Israel-Frage besitzt, zeigt deutlich das *Johannesevangelium*. Wie Paulus endet der

---

Völkern, *bis die Zeiten der Völker erfüllt sind* (ἄχρι οὗ πληρωθῶσιν καιροὶ ἐθνῶν)"; unmittelbar anschließend ergeht die Prophetie von der Wiederkunft des Menschensohns (Lk 21,25–28) – entsprechend Röm 11,26.

[43] Christoph SCHAEFER, *Zukunft* (s. Anm. 28), 6f.
[44] Im Einzelnen vgl. die Kommentierung von 2,11–22 in Michael THEOBALD, *Mit den Augen des Herzens sehen. Der Epheserbrief als Leitfaden für Spiritualität und Kirche*, Würzburg 2000, 81-98.

Autor des Buches nicht mit einer Schuldzuweisung an die Juden wegen ihres Neins zu Jesus, sondern lastet alle Verantwortung dafür Gott selbst auf. Am Ende der ersten Buchhälfte heißt es in unüberbietbarer Klarheit (Joh 12,37-40):

Obwohl er (sc. Jesus) so große Zeichen vor ihnen getan hatte,
glaubten sie nicht an ihn,
damit das Wort Jesajas, des Propheten, erfüllt würde,
das er gesprochen hat:
Herr,
wer hat geglaubt unserer Botschaft,
und der Arm des Herrn,
wem hat er sich enthüllt? (Jes 53,1)
*Deswegen konnten sie nicht glauben,
weil Jesaja wiederum gesprochen hat:*
Geblendet hat er ihre Augen
Und verhärtet hat er ihr Herz,
damit sie nicht sehen mit den Augen
und verstehen mit dem Herzen
und umkehren
und ich sie (dann) heilen werde (Jes 6,10)[45].

Auch Paulus zufolge war es Gott, der das Nein der Juden durch Verhärtung ihrer Herzen provoziert hat (Röm 11,8-10.25c). Aber der Apostel rückt diese Deutung in einen größeren Horizont und nimmt ihr damit ihre letzte Schärfe: Gott verhärtete das Herz der Juden, damit infolgedessen das Evangelium in die Völkerwelt gelangte; und wenn er sein Ziel erreicht hat und „die Vollzahl der Heiden hereingekommen ist", wird „die Verhärtung" von den zum Evangelium Nein sagenden Juden wieder genommen und „ganz Israel ge-

---

[45] Zum Zitat vgl. Walter GROSS, *Kann Gottes Prophet scheitern? Gott verstockt Israel (Jes 6,1-11)*, in: DERS. - Karl-Josef KUSCHEL, *„Ich schaffe Finsternis und Unheil!" Ist Gott verantwortlich für das Übel?*, Mainz 1992, 15-33. - Keine anderer ntl. Schriftsteller weist mit seiner Fassung des Jesaja-Zitats (vgl. sonst Mt 13,14; Mk 3,5; 4,12; Lk 8,10; 19,42; Apg 28,26; Röm 11,8) die Verantwortung für die Verhärtung von Herz und Sinnen der Juden angesichts des Evangeliums so eindeutig *Gott* zu wie der vierte Evangelist. Während Lukas am Ende der Apg das Nein eines Teils Israels zur Christusbotschaft (vgl. Apg 28,24) auf der Linie der Septuaginta als *„Selbst*verstockung" deutet (vgl. v. a. Apg 28,27), heißt es in Joh 12,40: *„Er* hat ihre Augen geblendet". Nach anderen denkbaren Antworten auf die Frage nach dem „Warum" des Neins Israels war dies wohl die letzte und eigentliche „Antwort", die der johanneische Kreis zu geben vermochte: der Rekurs auf den Willen Gottes.

rettet werden" (Röm 11,25 f.). Im Unterschied zu dieser grandiosen Zukunftsvision steht das Gottesrätsel der „Blendung" der Juden angesichts der Botschaft Jesu bei Johannes erschreckend isoliert da. Es erfährt keine „Auflösung", weil das präsentische Heilsverständnis des Evangeliums nur eine individuelle Eschatologie zulässt, die nachgetragenen Hinweise auf ein endzeitliches Gericht nach den Werken[46] lediglich die Einzelnen in den Blick nimmt und keine kollektive Perspektive auf der Linie einer Heilsgeschichte mit Israel eröffnet[47]. Wenn die Autoritäten Jerusalems von Pilatus die Auslieferung Jesu erwirken mit ihrem Eingeständnis: „Wir haben keinen König außer dem Kaiser" (Joh 19,15), dann geben sie nach johanneischer Darstellung mit ihrer Unterwerfung unter den Herrscher des Imperiums die messianische Hoffnung ihres Volkes und damit dessen Zukunft preis. Sie erwirken die Auslieferung Jesu in den Tod und befördern damit paradoxerweise die öffentliche Proklamation Jesu vor aller Welt als König am Kreuz, zu deren Anerkenntnis es dem vierten Evangelisten zufolge keine Alternative mehr gibt[48]: Als

---

[46] Vgl. Joh 5,28b.29; auch 12,48. Zum Nachtragscharakter dieser Passagen vgl. Michael THEOBALD, *Das Evangelium nach Johannes. Kapitel 1–12* (RNT), Regensburg 2009, 49–59.72–74.

[47] Zur individuellen Eschatologie des vierten Evangelisten im Kontext seiner Theologie des Todes vgl. Michael THEOBALD, *Futurische versus präsentische Eschatologie? Ein neuer Versuch zur Standortbestimmung der johanneischen Redaktion*, in: DERS., *Studien zum Corpus Iohanneum* (WUNT 267), Tübingen 2010, 534–573.

[48] Allerdings behandelt der Evangelist den Titel mit Reserve: (a) Das inchoative Bekenntnis, das Nathanael zu Jesus als „König Israels" ablegt, überbietet Jesus anschließend durch seinen Verweis auf den „Menschensohn" (vgl. Joh 1,50 f.; 9,35–38); (b) Jesus entzieht sich dem Ansinnen der galiläischen Volksmenge, ihn zum König zu erheben (Joh 6,15); (c) die Begrüßung Jesu in Jerusalem durch die Menge mit dem Ruf „König Israels" wird von der Episode des gemäß Sach 9,9 auf einem Eselsfüllen „sitzenden" Jesus konterkariert (Joh 12,14 f.); der Evangelist fügt hinzu, die Jünger Jesu hätten dies erst nach Jesu Tod verstanden (Joh 12,16); (d) im Dialog mit Pilatus verfremdet Jesus selbst den Königstitel, wenn er ihn nur im Sinne eines königlichen Zeugnisses für die „Wahrheit" gelten lässt (Joh 18,37) – entsprechend der platonischen Vorstellung, dass der Philosoph – Liebhaber der Weisheit – der wahre König sei, erst recht dann derjenige, der die Weisheit Gottes, die Wahrheit, in Person ist (14,6); vgl. Michael THEOBALD, *Gattungswandel in der johanneischen Passionserzählung. Die Verhöre Jesu durch Pilatus (Joh 18,33–38; 19,8–12) im Licht der Acta Isidori und anderer Prozessdialoge*, in: Joseph VERHEYDEN u. a. (Hg.), *Studies in the Gospel of John and its Christology* (BETL 265) (FS G. Van Belle 65. Geb.),

Gottes- und Menschensohn setzt Jesus allen messianischen Träumen ein Ende.

Für das Bekenntnis, dass Jesus nicht nur *Messias aus Israel*, sondern auch *für Israel* ist, bedarf es – das zeigt der voranstehende Vergleich der divergierenden neutestamentlichen Konzeptionen – einer messianisch konturierten Theologie der Zukunft. Wie diese aussehen könnte, ist aufgrund sich auftürmender Schwierigkeiten nicht ein-

---

Leuven 2014, 447–483, 479–481. – Der Korridor, in dem der Titel für Jesus im Neuen Testament begegnet, ist insgesamt sehr schmal: Ausgehend vom wohl historischen titulus crucis Mk 15,26 par. Mt 27,37; Lk 23,38; Joh 19,19 (Michael Theobald, *Der Prozess Jesu. Geschichte und Theologie der Passionserzählungen* (WUNT 486), Tübingen 2022, 603–609) begegnet er zum einen in der Verbindung „König *der Juden*" im Mund von Nicht-Juden – so bei Pilatus (Mk 15,2 par. Mt 27,11; Lk 23,3; Joh 18,33; Mk 15,9 par. Joh 18,39; Mk 15,12), den römischen Soldaten (Mk 15,18 par. Mt 27,29; Joh 19,3) und den Magiern aus dem Morgenland (Mt 2,2) –, zum anderen in der Verbindung „König *Israels*" im Mund von Juden – so bei Nathanael (Joh 1,49), der Jesus in Jerusalem begrüßenden Volksmenge (Joh 12,13; vgl. bereits 6,15) und den hohen Priestern, die den Gekreuzigten verspotten (Mk 15,32 par. Mt 27,42). Die wachsende Zurückhaltung des Neuen Testaments gegenüber dem Königstitel (in der Apg und im Corpus Paulinum fehlt er überhaupt) hängt mit der Gefahr seines politischen Missverständnisses im Kontext des römischen Imperiums zusammen, was sein christologischer Gebrauch in der Offb (1,5; 17,14; 19,16) mit ihrem explizit herrschaftskritischen Diskurs auf ihre Weise bestätigt. – Mark S. Kinzer, *Is Jesus of Nazareth still King of the Jews? New Testament Christology and the Jewish People*, in: James E. Patrick (Hg.), *King of the Jews? Messianic Judaism, Jewish Christians, and Thelogy Beyond Supersessionism*, Wien 2021, 43–55, der, gestützt auf das Neue Testament, eine „king-of-the-Jews-Christology" favorisiert, wird gegen die hier vertretene These einer neutestamentlicher Marginalität der Königstitulatur auf ihre Implikation im Messias-Bekenntnis verweisen, was für das Konzept der davidischen Messianität an sich zutrifft. Aber es zeichnet sich im Neuen Testament doch deutlich eine Entflechtung des Messiasbekenntnisses von der Königsvorstellung ab, wie schon folgende Beispiele zeigen: (a) Röm 1,3f. rezipiert für Jesu österliche Inthronisation nicht den βασιλεύς-Titel, sondern den des κύριος (mit erheblichen Konsequenzen für die Christologie); (b) Lukas, der den Messiastitel von der Salbung des getauften Jesus mit „heiligem Geist" her versteht, nähert ihn dem Prophetentitel an (vgl. Lk 1,35; 3,21f.; 4,1.18 [Jes 61,1]; 10,21; Apg 4,27; 10,38); (c) die alte Passionserzählung gibt dem Messias-Titel insofern eine neue Füllung, als sie den Weg Jesu in den Tod von den Psalmen des leidenden Gerechten bzw. leidenden und verfolgten David her deutet (vgl. Michael Theobald, *Prozess* 76–79; siehe des weiteren Anm. 50). Wenn Kinzer für eine „king-of-the-Jews-Christology" plädiert, weil nur diese wirklich den Israel-Bezug der Christologie garantiere, ist zu antworten: Für *alle* genannten Transformationen ist dieser Bezug fundamental.

fach zu sagen, sie zu entwickeln eine interdisziplinäre theologische Aufgabe, die dringend ansteht. Parusie-Vorstellungen, nicht nur die apokalyptische Spielart der paulinischen Naherwartung, unterliegen einem grundsätzlichen Mythologie-Verdacht und damit einem dramatischen Plausibilitätsverlust, der noch nicht ins allgemeine Glaubensbewusstsein Eingang gefunden hat. Derartige Vorstellungen (auch Gerichts-Szenarien und Gerichts-Aussagen des Neuen Testaments) sind zu deuten und zu übersetzen im Kontext eben einer messianischen Theologie der Zukunft. Hinzu kommt der schwerwiegende Befund, dass die Vision des Apostels einer Kirche aus Juden und Heiden von der Christenheit schon bald preisgegeben wurde. Konversionen von Juden, die oft genug erzwungen wurden, verstand man als Absage an deren Judentum, dem die Kirche kein Heimatrecht mehr geben wollte. So gesehen hat die Argumentation des Paulus in Röm 11 nur noch historischen Wert, denn ihre entscheidende Säule – der sog. judenchristliche „Rest" als Zeichen für Gottes Treue zu Israel – war schon bald weggebrochen. Der entsetzliche Zivilisationsbruch der Shoah im 20. Jahrhundert, dem der Antijudaismus der Christenheit in seinen verschiedenen Spielarten den Boden bereitete, machte den Kirchen allmählich die Notwendigkeit einer Israel-Theologie bewusst. Jetzt können Paulus und Lukas – freilich unter völlig veränderten Bedingungen und unter Absage an jeglichen Biblizismus – wieder zum Ferment einer theologischen Erneuerung werden. Johannes mag uns sagen, was Mission heute einzig noch sein kann: Zeugnis zu geben von Gottes Liebe in seinem Messias Jesus in Wort und in Tat oder wie die Bergpredigt es sagt: „Euer Licht soll vor den Menschen leuchten, damit sie eure guten Taten sehen und euren Vater im Himmel preisen" (Mt 5,16)[49].

Wenn nach allem, was geschah, Juden heute zum Glauben an den Messias Jesus gelangen, ist dies ein unerwartetes, die Kirche beschämendes und zugleich bereicherndes Geschenk, das ihr Ehrfurcht abverlangt. Es könnte sein und wäre zu wünschen, dass dies kleine Samenkorn zu einem Bewusstseinswandel der Kirche führt, in dessen Folge die vom Zweiten Vatikanum rezipierte Rede von Israel als der Wurzel der Kirche zu einer lebendigen Erfahrung in ihrer eige-

---

[49] Michael Theobald, „Wie mich der Vater gesandt hat, so sende ich euch" (Joh 20,21). Missionarische Gestalten im Johannesevangelium (2008), in: Ders., Studien zum Corpus Iohanneum (s. Anm. 47), 472–489.

nen Mitte wird. Das Bekenntnis zu Jesus als Messias aus Israel und für Israel, das die Christen in seiner bleibenden Polarität erst noch entdecken müssen, schließt vieles ein: die Wege des Judentums im Zeichen des ungekündigten und ewigen Bundes Gottes mit seinem Volk vorbehaltlos anzuerkennen; Jesus als Israels Messias nicht für den eigenen Glauben zu vereinnahmen; Respekt zu bekunden, wenn Juden Jesus nicht nur als ihren „Bruder", sondern sogar als Propheten ehren und in ihm den Gottesknecht wahrnehmen, der gelitten hat und geschunden wurde wie so unendlich viele seiner Schwestern und Brüder[50]; die ungewisse Zukunft des Staates Israel trotz aller menschlichen Abgründe aus Hass und Gewalt im Palästina-Konflikt nicht aus der messianischen Hoffnung zu entlassen; zu verinnerlichen, dass Heil und Rettung auch abseits der Kirche und ohne sie geschehen: „O Tiefe des Reichtums, der Weisheit und der Erkenntnis Gottes! Wie unergründlich sind seine Entscheidungen, wie unerforschlich seine Wege! [...]", erklärt Paulus am Ende seiner Israel-Kapitel und lädt damit in unnachahmlicher Weise zum Lobpreis des *Deus absconditus* ein, dessen Geheimnis alles menschliche Denken unendlich übersteigt (Röm 11,33–36; vgl. Eph 3,20f.).

---

[50] Mit Jesu Kreuz verbunden ist ein Wandel des Konzepts des „Messianischen"; Leiden und Verfolgt-Werden erhalten als „messianische Wehen" eigene Qualität. Erinnert sei hier auch an die kollektive Deutung der Gottesknechtslieder, insbesondere an Jes 52,13–53,12; vgl. Franz MUSSNER, *Traktat* (s. Anm. 10), 74–78 („Israel als Gottesknecht").

Zur Bewahrung der Identität bei Lukas und Paulus
Antwort auf Michael Theobald

Henk Bakker

Zunächst möchte ich meine Wertschätzung für Michael Theobalds schönen und gelehrten Beitrag über wichtige christologische Aspekte innerhalb des paulinischen und lukanischen Denkens zum Ausdruck bringen, insbesondere in Bezug auf die Frage, wie, wenn überhaupt, und warum Jesus für Paulus und Lukas der Messias für das jüdische Volk der damaligen Zeit war.

Lassen Sie mich kurz auf einige von Theobalds Argumenten eingehen und dann abschließend eine Richtung aufzeigen, in die sich unsere Diskussion, wie ich hoffe, bewegen wird. Theobald beginnt mit der Feststellung, dass der Hauptstrom der vielfältigen Gemeinschaften der frühen Kirche in der Tat der ständigen Versuchung widerstanden hat, gnostisch-dualistischen Interpretationen Jesu und der frühesten christlichen Traditionen zu erliegen[1]. Allerdings – Theobald gebraucht die Formulierung „Gewiss […] aber" – versäumte es der Hauptstrom der frühen orthodoxen Kirche insgesamt, das Judesein Jesu ernsthaft zu berücksichtigen. Ja, man respektierte die Menschwerdung, aber um den hohen Preis von Jesu jüdischer Identität (seines „Jude-Seins"). Und ich glaube, dass die Kirche seither unter einer neuen Form des Doketismus leidet, der nicht die Menschheit Jesu leugnet, nicht einmal seine Menschheit innerhalb seiner Gottheit, sondern unter einem Doketismus, der stolz darauf ist, die Menschwerdung Jesu zu akzeptieren, indem er sein Jude-Sein für nichtig erklärt. Jesus wurde demnach Mensch (und damit ethisches Vorbild, sogar *norma normans* für das, was Menschlichkeit und das Humane ausmacht), und sein Judesein habe er als etwas Zusätzliches auf sich genommen, nur um sein Volk wissen zu lassen, dass

---
[1] Loofs klassifiziert diese Versuchung als „die gefährlichste Krisis" in der frühchristlichen Zeit, s. Friedrich LOOFS, *Leitfaden zum Studium der Dogmengeschichte*, Tübingen ⁷1968, 98.

die jüdische Religion ohne ihre Rituale und Identitätsmarkierungen auskommen kann. Folglich wurden diese beiden Seiten Jesu (Mensch und Jude) gegeneinander ausgespielt, denn als „vollkommener Mensch" konnte er kritisch gegenüber den Seinen sein und sich moralisch von Israel distanzieren, da er nicht wirklich einer von ihnen war.[2] Ich komme später auf diese Anmaßung zurück und formuliere zunächst meine Hypothese, dass Jesus nach der Schrift nicht Mensch und Jude wurde, sondern Jude, und damit Mensch.

Theobald stellt ferner zutreffend fest, dass das jüdische Volk dogmatisch zur bloßen Vorstufe der Kirche degradiert wurde. Infolgedessen vergaß die Kirche ihre jüdischen Wurzeln und baute ihre Geschichte in die Luft[3], ein Irrtum, den ich als eine Form von ekklesiologischem Doketismus bezeichne, der die weltweiten Großkirchen daran hinderte, ihre eigene Geschichte kritisch zu betrachten und die verheerenden Auswirkungen dieses Verlustes wirklich zu evaluieren.[4]

Darüber hinaus findet Theobald Spuren der langen Bindung Israels an Gott als jüdisches Volk im Brief des Paulus an die Römer und in der Apostelgeschichte, dem Buch des Lukas über die frühesten Stationen der Kirche. In Röm 11,25–36 unterstreicht Paulus die eschatologische Zion-Zentriertheit seiner Perspektive und die bleibende Rolle der *She'erîth* in Israels Krisenzeiten, welche die Verheißung, dass „ganz Israel" gerettet werden wird, bedingungslos bestätigt. Paulus konnte das schiere Wunder dieser Gnade nur dadurch zum Ausdruck bringen, dass er sie durch Doxologie *(autō hē doxa)*, durch den Hinweis auf ein Geheimnis *(mystērion)* und durch den Ausdruck „Höhepunkt" bekräftigte. Außerdem scheint Lukas in Apg 3,19f. mit der Möglichkeit zu rechnen, dass dieses verheißene Ende dann und nur dann eintreten könnte, wenn die Autoritäten

---

[2] Dies war eine der Richtungen, die die deutsche liberale Schule im 19. Jahrhundert einschlug und gegen die sich Karl Barth im zweiten Jahrzehnt des 20. Jahrhunderts wandte. Jesus zeigte grundsätzliche moralische Richtlinien auf, von Mensch zu Mensch, und obwohl er einen hohen Maßstab anlegte, tun aufrechte Christen gut daran, ihm nachzufolgen.

[3] Vgl. Karl R. HAGENBACH, *Lehrbuch der Dogmengeschichte*, Leipzig ³1853, 36, mit Bezug auf Marcion, der sich von allem Jüdischen im Evangelium distanzierte und in der Konsequenz „das Christentum in die Luft" baute.

[4] Karl BARTH, *Kirchliche Dogmatik* IV/1, §62, 729: „Es gibt einen ekklesiologischen Doketismus ...".

Jerusalems Buße tun und sich bekehren würden. Dann würde die *apokatastasis pantōn* für Israel beginnen (die „Zeit des Aufatmens für Israel"), und Jesus würde wieder nach Israel gesandt werden, wie Petrus bekräftigte. Daher gehe ich davon aus, dass Lukas zufolge das vorausgesagte Geschick des Tempels, von dem Jesus sprach, nicht unbedingt hätte eintreten müssen.[5] Ich denke, dass dies der Grund dafür war, dass Jakobus, der Bruder Jesu, in den frühchristlichen Texten als Jude dargestellt wurde, der ständig Zutritt zum Tempel hatte, der unermüdlich für sein Volk betete und der von vielen wirklich geachtet wurde[6]. Ich bin der festen Überzeugung, dass Judenchristen in der Erwartung lebten, dass der Tempel („dieser Ort",[7] *ha-maqôm hazèh*) gerettet, wieder in Kraft gesetzt und dem Ewigen neu geweiht werden könnte.[8]

Theobald schließt mit dem Hinweis, dass die Worte „aus Israel" sicherlich „für Israel" implizieren. Israels Berufung bleibt in Gottes Vorsehung gut aufgehoben, auch wenn er sich allzu oft verbirgt *(Deus absconditus)*. Doch er war, ist und bleibt ganz gegenwärtig. Daher Theobalds Aufruf, das Unerwartete zu erwarten, die Bekehrung von Juden zu Jesus als demütige Erinnerung an ihre Gnade und unsere (heidnisch christliche) Arroganz zu betrachten und offen zu

---

[5] Der Autor, Lukas (der angeblich mehrere Quellen benutzte und eigene entwarf), verfasste sein Evangelium und die Apostelgeschichte im Rückblick auf seine Begegnungen mit einigen der Apostel und wahrscheinlich auch mit Paulus. Natürlich fügte er Erzählungen und Aussprüche ein, die nur seiner Sache dienten, um seinen Standpunkt zu verdeutlichen. Ich gehe davon aus, dass Lukas durch die Schilderung der frühchristlichen Geschichte und Entwicklung veranschaulichen will, wie sich das Evangelium zu seiner Zeit ausbreitet, wie sich die Gemeinden vervielfältigen und die Landes- und Nachbargrenzen überschreiten. Damit will er zeigen, dass das Reich Gottes nahe ist und das jüdische Land und sein Tempel schließlich gereinigt und umgestaltet werden. Diese Erwartung ist sicherlich mit allen möglichen Situationen, Ereignissen, Begebenheiten und Spekulationen in Einklang gebracht und angepasst worden sein. Die Annahme, dass der Untergang des Tempels „nicht hätte geschehen müssen", ist ein fester Bestandteil des frühchristlichen eschatologischen Denkens.

[6] Viele Priester bekehrten sich in den frühen Jahren der jungen Kirche zum christlichen Glauben, s. Apg 6,7: „[…] auch eine große Anzahl von den Priestern *[polys te ochlos tōn hierōn]* nahm gehorsam den Glauben an."

[7] Siehe z. B. Apg 6,13.14; 7,7; 21,28 (Hebr. *hammāqôm hazzeh*).

[8] Henk BAKKER, „Αὕτη ἡ ἀνάστασις ἡ πρώτη (Rev 20:5b): Making Sense of the Apocalypse's Prefinal Phase" (Festschrift Riemer Roukema, 2023).

sein, jüdische Menschen als ein Volk Gottes willkommen zu heißen, unabhängig von ihrer Haltung zum christlichen Glauben.

Ich stimme mit Theobalds Schlussfolgerungen überein, schlage aber vor, sie durch wesentliche Elemente einer Geist-Christologie zu ergänzen oder zu erweitern, die sowohl von Paulus als auch von Lukas angedeutet werden.[9] In ihren Texten ist der Geist die Fülle Gottes, welche die Identität des jüdischen Volkes[10] und ihre Verkörperung in dem *māshîach* Israels, der Jesus Christus heißt, begründet und bewahrt.

Folglich gab es Jesus, den idealen Menschen, das Vorbild für Menschlichkeit und Humanität, der (nur scheinbar, aber nicht in der Tiefe in seiner Person jüdisch) auf Distanz zu seinem eigenen Volk ging, gar nicht. Dies wird zwar auch im johanneischen Corpus bestätigt: Es gab und gibt von Ewigkeit her einen *logos* (Wort, Weisheit), aber keinen *logos asarkos*[11]. Das Wort wurde Fleisch, sagt Johannes in den ersten Zeilen seines Evangeliums (Joh 1,14), und dieses Wort wird in Joh 1,18 sofort als *monogenēs* identifiziert, dasselbe Prädikat, welches in der LXX für Isaak und die Tochter des Jiftach verwendet wird,[12] so dass ewiges Wort-Sein und Jüdisch-Sein offen-

---

[9] Vgl. Lk 1,35; 3,22; 10,21; Apg 10,38; Gal 4,4; Röm 1,4; 8,9.15; 15,16 1 Kor 12,3 (*kyrios Iēsous*) und 2 Kor 3,17 (*ho de kyrios to pneuma estin*). Vgl. Cornelis VAN DER KOOI, *This Incredibly Benevolent Force: The Holy Spirit in Reformed Theology and Spirituality*, Grand Rapids 2018; Henk BAKKER, *Jezus. Reconstructie en revisie*, Utrecht ³2021, 139–49. Siehe auch die Veröffentlichungen zur Geist-Christologie von Piet Schoonenberg, Harold Hunter, Robert Jenson, Myk Habets und David Coffey.

[10] Zum Geist und zur Entstehung, Bewahrung und Erhaltung der Identität siehe insbesondere in der Torah: Gen 1,2 (vgl. Job 33,4; Ps 33,6); Num 11,17.24.25.29; 27,18; Deut 34,9; bei den Propheten: Ri 6,34 (und andere Richter); 1 Sam 16,13; Jes 11,2; 42,1; 44,3; 59,21; 61,1; 63,10–11; Ez 36,27; 37,14; 39,29; Joel 2,28–29; Hag 2,6; Sach 12,10; in den Evangelien: Mt 3,11.16; 12,18; Lk 4,18; Joh 1,33; 14,17.26; in den Briefen: Röm 1,4; 8,14–16; 1 Kor 12,13; 2 Kor 3,3.6.17–18; Gal 4,6; und in den übrigen Büchern: Apg 2,4.17–18; 15,28.

[11] Anstatt *logos asarkos* (Hippolytus, *Contra Noëtum* 4,7.10.11f.) verwenden wir besser *logos presarkos;* vgl. David GRIFFIN, *The Word Became Flesh: A Rapprochement of Christian Natural Law and Radical Christological Ethics* (Australian College of Theology Monograph Series), Eugene 2016, 152: „*asarkos* is better substituted by *presarkos*, as ‚*presarkos*' provides the temporal aspect essential to a Christian theory of reality, and also implies the later *ensarkos*."

[12] Gen 22,2.12.16 (3x *monogenēs* [LXX]), und Ri 11,34 (*monogenēs* [LXX]).

bar zusammengehören.¹³ Die johanneische Sichtweise ist jedoch keineswegs adoptianistisch, denn Geist und Sohn haben die gleichen Eigenschaften und werden gleichermaßen verehrt. Beide werden Ratgeber *(paraklētos)* genannt.¹⁴ Auch in der christlichen Literatur der damaligen Zeit scheinen Züge einer vorkritischen Geist-Christologie aufweisbar zu sein (z. B. *Oden Salomos, 2 Clemens, Der Hirte des Hermas*).¹⁵

Da die Herabstufung – ja, die Verzerrung und die Vernichtung – von Identität vom Beginn des neuen Jahrtausends bis heute eine Strategie aller Arten von Extremismen, wie z. B. des Antisemitismus, zu sein scheint, würde ich die Identität des Logos keinesfalls zu vage halten. *Logos* und *Pneuma* gehören von Ewigkeit her darin verbunden, die Heilsgeschichte heraufzuführen, die mit der Schöpfung beginnt. Ihr folgt die Berufung des jüdischen Volkes Israel, insbesondere seines „Restes", der in seinem Messias Jesus Christus verkörpert ist, denn „das Heil kommt von den Juden" (Joh 4,22).

---

¹³ Joh 1,14.18. Dies ist das Gegenteil von Adoptianismus, denn die Gegenwart des Logos/der Weisheit im „Schoß des Vaters" (*ho ōn eis ton kolpon tou patros*) bestätigt und bekräftigt die Identität des *monogenēs* als (beider!) Sohn Israels und Sohn des Vaters.
¹⁴ Joh 14,16 (vgl. 1 Joh 2,1). Auch Paulus versteht den Geist und Christus so, dass sie unablässig für die Kirche eintreten (Röm 8,26.34).
¹⁵ *Oden Solomos* 19,1–5; 24,1–2; 36,1–7 (vgl. 12,12; 41,9.14–15), *2 Clemens* 9,5; 14,4, *Der Hirt des Hermas* 58,1–2; 59,5; 78,1; 89,1–2; 91,5. Siehe auch Theophilus von Antiochien, *Ad Autolycum* 2,10 (*Logos = pneuma*), und Tertullian, *Adversus Marcionem* III.16.5 („*Spiritus Creatoris qui est Christus*"). Vgl. Henk BAKKER, „Pneuma-Christology as Applied Christology: Intimacy and Immediacy in the *Odes of Solomon*", in: Gijsbert VAN DEN BRINK – Eveline VAN STAALDUINE-SULMAN – Maarten WISSE (eds.), *The Spirit is Moving: New Pathways in Pneumatology* (Studies in Reformed Theology 38), Leiden 2019, 93–108; und Henk BAKKER, „Kissing Hermas: Convertive Mystagogy in the *Shepherd*", in: Nienke Vos – Paul VAN GEEST (eds.), *Early Christian Mystagogy and the Body* (Annua Nuntia Lovaniensia 83), Leuven 2022, 21–47.

Das Judesein Jesu und seine Bedeutung für die Christologie

Helmut Hoping

Jesus von Nazareth wurde von einer jüdischen Frau geboren (Gal 4,4) und am achten Tag, wie es das Gesetz für jüdische Knaben vorsieht (Gen 17,9–14), beschnitten (Lk 2,21). Jesus war Jude, er lebte als Jude und starb als Jude. Zwar wurde das Judesein Jesu in Theologie und Kirche in der Regel nicht bestritten, seine theologische Bedeutung wurde aber erst im 20. Jahrhundert im Zuge der Wiederentdeckung des Jüdischen im Christentum voll erkannt.

Die ersten Anstöße zur Beschäftigung mit dem jüdischen Jesus kamen von jüdischen Gelehrten. Hier ist neben Abraham Geiger (1810–1874)[1] vor allem Joseph Klausner (1874–1958) mit seinem noch vor der nationalsozialistischen Machtergreifung erschienen Buch „Jesus von Nazareth: Seine Zeit, sein Leben und seine Lehre" (1930) zu nennen[2]. Unter den Jesusbüchern jüdischer Gelehrter, die nach der Shoah publiziert wurden, hat das Jesusbuch von David Flusser (1917–2000) im deutschsprachigen Raum wohl die größte Verbeitung erfahren[3].

Nach christlichem Bekenntnis ist Jesus nicht nur ein galiläischer Prophet oder Weisheitslehrer, sondern der menschgewordene Sohn Gottes. Thema des vorliegenden Beitrags sind die Identität des menschgewordenen Sohnes Gottes als beschnittener Jude, die Messianität Jesu, das Verhältnis des Volkes Israels zum Leib des gekreuzigten, auferweckten und erhöhten Messias Jesus sowie die Frage nach der Gültigkeit der Landverheißung.

---

[1] Vgl. dazu Susannah HESCHEL, *Der jüdische Jesus und das Christentum. Abraham Geigers Herausforderung an die christliche Theologie*, Berlin 2001.
[2] Vgl. Joseph KLAUSNER, *Jesus von Nazareth. Seine Zeit, sein Leben und seine Lehre*, hg. und mit einem Nachwort versehen von Christian Wiesen, Berlin 2021.
[3] Vgl. David FLUSSER, *Jesus* (1968), Reinbeck bei Hamburg ²²2000.

1. Der Sohn – Gottes Wort wurde jüdisches Fleisch

Zur nationalsozialistischen Ideologie gehörte die Bestreitung des wahren Judeseins Jesu. Alfred Rosenberg (1893–1946), Chef-Ideologe des deutschen Nationalsozialismus, verbreitete den Mythos vom arischen Jesus.[4] Kurz nach dem Ende der nationalsozialistischen Schreckensherrschaft und der Shoah erklärte Karl Barth (1886–1968), Jesus Christus und Israel seien „zwei nicht zu trennende Wirklichkeiten, nicht nur damals, sondern für die ganze Geschichte, ja für alle Ewigkeit". Die Meinung könne nicht die sein, „dass wir an Jesus Christus glauben, der nun eben *zufällig* ein Israelit war, der aber ebenso gut auch einem anderen Volk hätte entstammen können. Nein, hier muss man ganz streng denken. Denn Jesus Christus [...] war *notwendig Jude*. An dieser Tatsache ist nicht vorbeizusehen, sondern sie gehört zu der konkreten Wirklichkeit Gottes und seiner Offenbarung"[5]. Barth hat das Judesein Jesu ausgehend von der Theologie des Johannesprologs buchstabiert: „Das Wort wurde – nicht ‚Fleisch', Mensch, erniedrigter und leidender Mensch in irgendeiner Allgemeinheit, sondern *jüdisches* Fleisch"[6]; Gottes Wort wurde „messianischer Mensch"[7].

Jesus war ein beschnittener Jude aus Nazareth in Galiläa. Bis zur Vatikanischen Liturgiereform existierte im Römischen Ritus das Fest der Beschneidung des Herrn *(Circumcisio Domini)*. Warum es nach der Shoah abgeschafft wurde, ist nur schwer verständlich.[8] Einzelne Theologen haben sich in jüngster Zeit für die Wiedereinführung des Festes der Beschneidung des Herrn in die katholische Liturgie ausgesprochen.[9]

---

[4] Susannah HESCHEL, *The Aryan Jesus: Christian Theologians and the Bible in Nazi Germany*, Princeton 2008.
[5] Karl BARTH, *Dogmatik im Grundriß. Vorlesungen gehalten im Sommersemester 1946 an der Universität Bonn*, Zollikon – Zürich 1947, 84.
[6] Karl BARTH, *Die Kirchliche Dogmatik* IV/1 (Studienausgabe), Zürich 1986, 181.
[7] Jochen DENKER, *Das Wort wurde messianischer Mensch. Die Theologie Karl Barths und die Theologie des Johannesprologs*, Neukirchen-Vluyn 2002.
[8] Alex STOCK, *Poetische Dogmatik. Christologie: 1. Namen*, Paderborn – München – Wien – Zürich 1995.
[9] Christian RUTISHAUSER, *Das Fest der Beschneidung des Herrn – ein Plädoyer für dessen Rückgewinnung*, in: DERS., *Christlichen Glauben denken. Im Dialog mit der jüdischen Tradition* (Forum Christen und Juden 15), Münster 2016, 233–248;

Für das Volk der Juden ist die Beschneidung ein Zeichen des Bundes: „So soll mein Bund, dessen Zeichen ihr an eurem Fleisch tragt, ein ewiger Bund sein" (Gen 17,13). Der Apostel Paulus sieht in der Beschneidung Jesu die Verheißungen an die Väter Abraham, Isaak und Jakob/Israel bestätigt: „Christus ist um der Wahrhaftigkeit Gottes willen Diener der Beschneidung geworden, um die Verheißungen an die Väter zu bestätigten" (Röm 15,8). Antike und mittelalterliche Theologen haben die Beschneidung Jesu später vor allem als Zeichen der kulturellen Differenz zwischen Judentum und Christentum verstanden[10]. Die Forderung nach einem staatlichen Verbot der Beschneidung, wie sie vor einigen Jahren in Deutschland erhoben wurde, haben Juden als Angriff auf ihre Identität empfunden.[11]

Wenn Gottes Wort jüdisches Fleisch wurde, dann kann das Judesein Jesu christologisch nicht nebensächlich sein. Geboren wird auch nicht eine menschliche Natur, sondern ein konkreter Mensch, zu dem auch seine geschlechtliche Identität gehört.[12] Gottes Menschwerdung lässt sich deshalb auch nicht angemessen zur Sprache bringen, wenn man sagt, Gottes Wort habe menschliche Natur angenommen, sei Mensch geworden, aber nicht beschnittener Jude. Dies sei zwar historisch, aber nicht theologisch von Bedeutung.[13] Wer das Judesein Jesu theologisch für belanglos hält, so schon Pinchas Lapide gegenüber Karl Rahner, begeht „*Desinkarnation* – die Reduktion einer lebendigen Menschengestalt zu einer abstrakten, leiblosen Idee"[14].

Jan-Heiner TÜCK, *Beschneidung des Herrn. Warum Papst Franziskus eine Lücke in der katholischen Gedenkkultur schließen sollte*, in: IKaZ 48 (2019) 216–230; DERS. (Hg,), *Die Beschneidung Jesu. Was sie Juden und Christen heute bedeutet*, Freiburg – Basel – Wien 2020.

[10] Andrew S. JACOBS, *Christ Circumcised: A Study in Early Christian History and Difference*, Philadelphia 2012.

[11] Alfred BODENHEIMER, *Haut ab! Die Juden in der Beschneidungsdebatte*, Göttingen 2012.

[12] Helmut HOPING, *Ein Gottessohn, der nicht Mann sein soll. Der Knabe in der Krippe gerät in die Mühlen der Genderdebatte: Wie lässt sich Weihnachten geschlechtergerecht feiern?*, in: Frankfurter Allgemeine Zeitung (Feuilleton), 28. November 2020, 9.

[13] Vgl. Ingo U. DALFERTH, *Gott für uns. Die Bedeutung des christologischen Dogmas für die christliche Theologie*, in: *Denkwürdiges Geheimnis. Beiträge zur Gotteslehre*. Festschrift für Eberhard Jüngel, hg. von Ingolf U. DALFERTH u. a., Tübingen 2004, 74.

[14] Pinchas LAPIDE – Karl RAHNER, *Heil von den Juden? Ein Gespräch*, Mainz 1983, 62.

Das Judesein des menschgewordenen Gottessohnes muss zu einem zentralen Interpretament der Inkarnationstheologie werden. Die jüdische Identität Jesu macht eine *interpretatio iudaica* der Christologie des *vere Deus – vere homo* (Nizäa 325) notwendig.[15] Hans Hermann Henrix hat in diesem Zusammenhang von der Menschwerdung Gottes als Judewerdung gesprochen.[16] Was dies konkret bedeutet, ließe sich z. B. am Ideolekt der prophetischen Verkündigung und Gebetssprache Jesu zeigen. Die Inkarnation des Wortes Gottes darf aber nicht im Sinne einer Absorbierung des Göttlichen im Menschlichen verstanden werden. Selbst in seiner äußersten Kondeszendenz in dem Juden Jesus bleibt Gott der erhabene und ewige Gott.[17] Das „unverschmischt" (ἀσυγχύτως) der Formel des Konzils von Chalzedon (451) ist der „jüdische Stachel in der Christologie"[18].

Im Gespräch mit Jacob Neusner sagt Joseph Ratzinger/Benedikt XVI. in seinem vieldiskutierten Jesusbuch, Jesus habe „sich selbst als die Tora – als das Wort Gottes in Person"[19] verstanden. Dabei setzt Ratzinger das Verständnis von Tora als *Weisung, Lehre, Wort Gottes* und *Offenbarung* voraus, nicht die Engführung auf das Gesetz mit seinen einzelnen Bestimmungen.[20] Die Päpstliche Kommission für die religiösen Beziehungen zum Judentum nennt Jesus in ihrem Dokument zum 50-jährigen Jubiläum von „Nostra aetate" (1965) die „lebendige Tora Gottes"[21]. Begründet wird diese Bezeich-

---

[15] Vgl. Helmut HOPING, *Gottes Wort in jüdischem Fleisch. Jesus von Nazareth und der Gedanke der Inkarnation*, in: *Christologie zwischen Judentum und Christentum. Jesus der Jude aus Galiläa, und der christliche Erlöser*, hg. von Christian DANZ – Kathy EHRENSPERGER – Walter HOMOLKA, Tübingen 2020, 229–246, 239–245.
[16] Vgl. Hans Hermann HENRIX, *Menschwerdung Gottes konkret: Judewerdung*, in: *Wendung nach Jerusalem. Friedrich-Wilhelm Marquardts Theologie im Gespräch*, hg. von Hanna LEMING, Gütersloh 1999, 256–269.
[17] Helmut HOPING, *Jesus aus Galiläa. Messias und Gottes Sohn*, Freiburg – Basel – Wien 2019, 345 f.
[18] Joseph WOHLMUTH, *Die Tora spricht die Sprache der Menschen. Theologische Aufsätze und Meditationen zur Beziehung von Judentum und Christentum*, Paderborn-München-Wien-Zürich 2019, 182.
[19] Joseph RATZINGER/BENEDIKT XVI., *Jesus von Nazareth: Von der Taufe im Jordan bis zur Verklärung* [2007] (Gesammelte Schriften 6/1), Freiburg – Basel – Wien 2013, 223.
[20] Vgl. Jan-Heiner TÜCK, *Der Jude Jesus – ‚die Tora in Person'?*, in: *Christologie zwischen Judentum und Christentum* (s. Anm. 15), 183–207.
[21] KOMMISSION FÜR DIE RELIGIÖSEN BEZIEHUNGEN ZUM JUDENTUM, „*Denn un-*

nung damit, dass für die Juden in der Tora Gottes Wort gegenwärtig ist.

Die Rede von Jesus als „Tora in Person", die in der Theologie seit etwa zwanzig Jahren begegnet[22], ist nicht unwidersprochen geblieben, kann sie doch leicht als neue Form der Substitution – das Gesetz Christi verdrängt die Tora Mose – verstanden werden.[23] Doch Jesus tritt nicht an die Stelle der Weisung Gottes für Israel. Klaus Berger hat eingewandt, die Tora sei „kein Mensch" und könne „nicht ersetzt werden"[24]. Jesus ist nach christlichem Bekenntnis auch mehr als die authentische Auslegung der Tora – so der Einwand von Karl-Heinz Menke.[25]

Ein geeigneter Zugang zum Inkarnationsgedanken dürfte die Einwohnung Gottes *(Schekinah)* in seinem Volk und im Allerheiligsten des Tempels sein, mag eine Menschwerdung Gottes darüber auch hinausgehen.[26] Im Prolog des vierten Evangeliums wird das Wort, das im Anfang bei Gott war und „das Fleisch geworden ist und unter uns gezeltet hat" (Joh 1,14: ὁ λόγος σὰρξ ἐγένετο καὶ ἐσκήνωσεν ἐν ὑμῖν), mit dem Messias Jesus identifiziert, von dem es heißt, er sei der „Einziggezeugte (μονογενής), der Gott ist und am Herzen des Vaters ruht" (Joh 1,18).

---

widerruflich sind Gnade und Berufung, die Gott gewährt" (Röm 11,29). Reflexionen zu theologischen Fragestellungen in den katholisch-jüdischen Beziehungen aus Anlass des 50-jährigen Jubiläums von Nostra aetate *(Nr. 4) vom 10. Dezember 2015* (Verlautbarungen des Apostolischen Stuhls 203), Bonn 2015, Nr. 26.

[22] Vgl. Jacobus SCHONEVELD, *Die Tora in Person. Eine Lektüre des Prologs des Johannesevangeliums als Beitrag zu einer Christologie ohne Antijudaismus*, in: Kirche und Bibel 5 (1990) 40–52.

[23] Vgl. Eberhard JÜNGEL, *Der hypothetische Jesus. Anmerkungen zum Jesus-Buch des Papstes*, in: *Annäherungen an Jesus von Nazareth. Das Buch des Papstes in der Diskussion*, hg. von Jan-Heiner Tück, Ostfildern 2008, 94–103; Paul PETZEL, *„Ich sage nur ein höfliches Nein und gehe meine Wege". Zu Joseph Ratzingers/Benedikts XVI. Lektüre von Jacob Neusners Jesusbuch*, in: Orientierung 72 (2008) 167–174.

[24] Klaus BERGER, *Kant sowie ältere protestantische Systematik. Anfragen des Exegeten an Benedikt XVI.*, in: *Jesus von Nazareth kontrovers. Rückfragen an Joseph Ratzinger*, hg. von Karl LEHMANN, Berlin 2007, 27–40, 33.

[25] Karl-Heinz MENKE, *Jesus ist Gott der Sohn. Denkformen und Brennpunkte der Christologie*, Regensburg 2008.

[26] Vgl. Helmut HOPING, *Jesus aus Galiläa* (s. Anm. 17), 203–207; Jan-Heiner TÜCK, *Der Jude Jesus – ‚die Tora in Person'?* (s. Anm. 20), 203–207.

2. Yeshua HaMaschiach – Jesus Christus

Wenn sich Jesus selbst zu seiner Messianität bekannt hat, dann wohl erst gegen Ende seines Lebens. Die These vom „Messiasgeheimnis" (Mk 8,27–32), wonach Jesus seine Messianität wegen möglicher politischer Missverständnisse zunächst geheim gehalten habe, wurde vom William Wrede (1859–1906), Mitbegründer der religions-geschichtlichen Schule, in Frage gestellt.[27] Kurz vor seinem Tod korrigierte er seine Position in einem Brief vom 2. Januar 1905 an Adolf von Harnack (1851–1930): „Ich bin geneigter als früher zu glauben, daß Jesus selbst sich als zum Messias ausersehen betrachtet hat."[28]

Es besteht auch kein Grund daran zu zweifeln, dass sich Jesus spätestens gegenüber dem Sahnhedrin und Pilatus zu seiner Messianität (Mk 14,61 f.) bzw. Königswürde (Mk 15,2; Joh 18,33–38) bekannt hat.[29] Anders wäre auch der *titulus crucis* „Jesus von Nazareth König der Juden" (Mk 15,26; Joh 19,19–22), auf den der römische Statthalter Pilatus gegenüber dem Sanhedrin bestand, nicht zu erklären. Denn mit dem König der Juden konnte nach dem Ende des politischen Königtums in Israel nur der Messias Israels gemeint sein (PsSal 17,3 f.32).

Mose ben Maimon (1135–1204) zählt die Erwartung des Messias zu den Grundlehren des jüdischen Glaubens. In seinem Mishna-Kommentar zu *Sanhedrin* schreibt Maimonides: Die zwölfte der dreizehn Grundlehren „betrifft die Zeit des Messias: Das heißt, es ist zu glauben und für wahr zu halten, dass er kommen wird, dass er sich nicht verspätet: *Wenn er sich verzögert, harre seiner* (Hab 2,3). [...] Aus dieser Grundlehre geht der Grundsatz hervor, dass Israel nur einen König aus dem Hause David hat"[30]. Im jüdischen Morgengebet der orthodoxen Juden wird die Erwartung des Messias im *Jigdal*, dem Hymnus zur Eröffnung des Gebetsgottesdienstes, so formuliert: „Er wird am Ende der Tage seinen Gesalbten senden, um die zu befreien, die auf das Endziel seiner Erlösung hoffen. Tote wird Gott wieder-

---

[27] Vgl. William WREDE, *Das Messiasgeheimnis in den Evangelien. Zugleich ein Beitrag zum Verständnis des Markusevangeliums* (1901), Göttingen 1969.
[28] Zitiert nach Hans ROLLMANN – Werner ZAGER, *Unveröffentlichte Briefe William Wredes zur Problematisierung des messianischen Selbstverständnisses Jesu*, in: ZNThG 8/2 (2001) 274–322, 317.
[29] Helmut HOPING, *Jesus aus Galiläa* (s. Anm. 17), 106–108.
[30] Johann MAIER, *Judentum Reader. Studium der Religionen*, Göttingen 2007, 62.

beleben in der Fülle seiner Gnade. Gepriesen ist auf immerdar Sein gelobter Name."[31]

Auch wenn im Judentum über die Jahrhunderte die Erwartung des Messias lebendig geblieben ist[32], verblasste sie doch seit dem 19. Jahrhundert, vor allem im liberalen bzw. progressiven Judentum. „Der Messias kommt nicht. Abschied vom jüdischen Erlöser", so lautet der Titel eines von Walter Homolka, Juni Hoppe und Daniel Krochmalnik verfassten Buches, das vor kurzem im Verlag Herder erschienen ist.[33] Die Idee des Messias, so Homolka in seiner Einleitung, könne keine Brücke sein für das Gespräch zwischen Juden und Christen.

Homolka zitiert den jüdischen Naturwissenschaftler und Religionsphilosophen Jeschajahu Leibowitz (1903–1994), der in seinen Gesprächen über Gott und die Welt sagte: „Jeder Messias, der in der Gegenwart kommt, ist ein falscher Messias."[34] Leibowitz war ein orthodoxer Jude, der sein Judentum über die Befolgung der *Mizwot* der *Tora* definierte. Das Christentum kritisierte er als Religion ohne *Mizwot*. Leibowitz vertrat aber nicht einen Messianismus ohne Messias: „Natürlich, auch ich glaube daran, dass der Messias kommen wird" so Leibowitz, das Kommen des Messias bleibt aber „ein zukünftiges Kommen"[35].

Die Herkunft des Messias aus dem Geschlecht Davids bildet einen zentralen Bestandteil der neutestamentlichen Verkündigung. Die Kindheitsgeschichten im Matthäus- und Lukasevangelium geben als Ort der Geburt Jesu Bethlehem, die Stadt Davids an (Mt 2,1; Lk 2,11). Entscheidend für die Messianität Jesu ist aber, wie die Interpretation von Ps 110,1 in Mk 12,35–37 zeigt, nicht die Davidssohnschaft, da David – so die Lehre Jesu über den Messias – selbst Herr (κύριος) nennt. Daher muss der Messias mehr sein als „Davids Sohn", er ist der Menschensohn, der Sohn Gottes. Dass der Messias

---

[31] Ebd., 94.
[32] Nathan Peter Levinson, *Der Messias*, Stuttgart 2007.
[33] Vgl. Walter Homolka – Juni Hoppe – Daniel Krochmalnik, *Der Messias kommt nicht. Abschied vom jüdischen Erlöser*. Mit einem Nachwort von Magnus Striet, Freiburg – Basel – Wien 2022.
[34] Jeshajahu Leibowitz – Jeshajau Shashar, *Gespräche über Gott und die Welt*, hg. von Michael Shasahr, übersetzt von Matthias Schmidt, Frankfurt/M. 1990, 148.
[35] Ebd.

Jesus mehr ist als der „Sohn Davids" macht auch die Offenbarung des Johannes deutlich, an deren Ende Jesus, der auferstandene und erhöhte Herr von sich sagt: „Ich bin die Wurzel und der Stamm Davids, der helle Morgenstern" (Offb 22,16).

3. Das Volk Israel und der Leib Christi

Nach der Genealogie des Evangeliums nach Matthäus ist Jesus nicht nur der „Sohn Davids", sondern auch der „Sohn Abrahams" (Mt 1,1), und als Messias Israels doch mehr als Abraham, wie Isaac und Jakob, dem der Name Israel gegeben wurde, weil er mit Gott gestritten hat (Gen 32,29), mehr auch als Mose (Hebr. 3,1–5). Mark S. Kinzer nennt Jesus, den Sohn der Maria, daher „the representative and individual embodiment of the entire people of Israel"[36].

Im Juden Jesus von Nazareth hat der Gott Israels die Treue zu seinem Volk, das er sich als besonderes Eigentum erworben hat, bekräftigt. Jesus ist das Ja Gottes zu den Verheißungen an Israel, Gottes Amen: „Denn er ist das Ja (ναί) zu allem, was Gott verheißen hat. Darum ergeht auch durch ihn das Amen (ἀμήν) zu Gottes Lobpreis, vermittelt durch uns" (2 Kor 1,20). „Christus ist um der Wahrhaftigkeit Gottes willen Diener der Beschneidung geworden, um die Verheißungen an die Väter zu bestätigen" (Röm 15,8). Die christologische Bedeutung des Judeseins Jesu, die im ersten Abschnitt aufgezeigt wurde, schließt jede Form von *replacement theology* bzw. *supersessionism* aus. Wenn Jesus von Nazareth als *Tora* Gottes in Person der Messias Israels ist, der sein Leben für die vielen gegeben hat, dann kann Gott das Volk der Juden, das er sich zu seinem besonderen Eigentum erwählt hat, nicht verstoßen haben, womit auch seine Verheißungen an sein Volk in Kraft bleiben.

Die Erwählung Israels zum besonderen Eigentum Gottes ist also nicht ein „Perfektum", sondern besteht auch *post Christum natum* weiter. Denn Israel, so der Apostel Paulus, ist nicht verworfen, es hat die Sohnschaft, die Bundesschlüsse, die Weisung, den Gottesdienst und die Verheißungen (Röm 9,4). Durch ihre Erwählung sind die Juden von Gott geliebt, um der Väter willen (vgl. Röm 11,28b). „Denn un-

---

[36] Mark S. Kinzer, *Postmissionary Messianic Judaism. Redefining Christian Engagement with the Jewish People*, Grand Rapids 2005, 219.

widerruflich sind Gnade und Berufung, die Gott gewährt" (Röm 11,29). Gemeinsam haben Christen und Juden den Glauben an den einen Gott, den Gott Abrahams, Isaaks und Jakobs, der auch der Gott Jesu war. Jesus hat die *Tora*, die für ihn Weisung Gottes war, in die beiden Gebote der Gottes- und Nächstenliebe (vgl. Dtn 6,4 f.; Lev 19,18) zusammengefasst. Jesus bedeutet nicht das Ende des Gesetzes, seine Aufhebung, Jesus ist das Ziel (τέλος) des Gesetzes (Röm 10,4).

Im Neuen Testament wird die Kirche Christi nirgendwo das „neue Israel" genannt. Diese Selbstbezeichnung sollte die Kirche aufgeben, da mit ihr die Vorstellung einer Substitution Israels durch die Kirche verbunden ist. Festzuhalten ist dagegen an der Kirche als „messianisches Volk", denn die Kirche ist der Leib Christi, des Messias Jesus. In der Konstitution „Lumen gentium" (1964) über die Kirche heißt von denen, die an Jesus, den Christus aus Israel, glauben, sie seien das „messianische Volk", dessen „Haupt Christus" ist, „‚der hingegeben worden ist [*passivum divinum*, Vf.] wegen unserer Sünden und auferstanden ist um unserer Rechtfertigung willen' (Röm 4,25), und jetzt voll Herrlichkeit herrscht im Himmel, da er den Namen über alle Namen (Phil 2,6) erlangt hat". Das messianische Volk der Kirche Christi ist das „Volk der Erwerbung" (λαός εἰς περιποίησιν, 1 Petr 2,9). Die messianische Zeit ist die Zeit der Kirche, die vollendet wird am Ende der Zeiten, „wenn Christus, unser Leben (vgl. Kol 3,4), erscheinen wird und ‚die Schöpfung selbst von der Knechtschaft der Vergänglichkeit zur Freiheit der Herrlichkeit der Kinder Gottes befreit wird' (Röm 8,2)"[37].

Das Volk der Juden ist das messianische Gottesvolk durch Abstammung. Die Juden bleiben als die ersten Eigentümer der Heiligen Schrift den Christen gegenüber, um so Zeugnis zu geben von dem einen und einzigen Gott. Die Unterscheidung zwischen den Juden, denen Gott die *Tora* gegeben hat, und den *Gojim,* so Bruce Marshall, ist konstitutiv.[38] Man kann aber mit Recht von einem Gottesvolk aus Juden und Heiden sprechen, unabhängig von der Existenz konvertierter oder messianischer Juden, die Jesus als Messias

---

[37] LG 9.
[38] Vgl. Bruce D. MARSHALL, *Christ and the Cultures: The Jewish People and Christian Theology*, in: *The Cambridge Companion of Christian Doctrine*, hg. v. Colloin E. GUNTON, Cambridge 1997, 91 f.

anerkennen. Vom Sinaibund und dem neuen Bund in Christus Jesus ist der noachidische Bund Gottes mit allen Geschöpfen zu unterscheiden. Dieser ist Voraussetzung der besonderen Erwählung Israels und der Erwerbung der Kirche als Gottesvolk.

Wenn – wie Christen und messianische Juden glauben – zur Rechten des Vaters kein anderer ist als Jesus von Nazareth, der als Jude lebte, starb und von den Toten auferweckt wurde, dann kann der Leib des auferstandenen jüdischen Messias nicht halbiert sein, ihm gehören dann neben denen, die mit dem Auferstandenen durch Taufe und Glaube in seiner Kirche verbunden sind, auch jene an, die dem Fleische nach mit ihm als Kinder Abrahams und Saras verbunden sind. Dies hat Robert William Jenson (1930–2017), einer der bedeutendsten lutherischen Theologen des 20. Jahrhunderts, mit Recht unterstrichen.[39] Juden, für die der Messias erst noch kommt oder niemals kommen wird, weil er keine reale Person ist, sondern eine Personifikation messianischer Hoffnungen, werden der Existenz eines zweigeteilten Leibes des Messias Israels, der als Volk Gottes aus Synagoge und Kirche besteht, widersprechen. Messianische Juden, so Mark S. Kinzer, können sich dagegen als Glieder am Leib des gekreuzigten und auferstandenen *Jeshua HaMaschiach* verstehen.[40]

In Röm 11,25–27 spricht Paulus vom einem Geheimnis (μυστήριον) der endzeitliche Rettung von „ganz Israel" (πᾶς Ἰσραήλ). Von der Zionstradition des *Tenak* wäre beim Retter vom Zion an den Gott Israels und nicht an seinen Messias zu denken, doch Paulus identifiziert den Retter von Zion offensichtlich mit dem Messias Jesus. Auf dieser Basis hat Franz Mußner (1916–2016) seine Theorie vom Sonderweg Israels zum Heil entwickelt.[41]

Demgegenüber hat Klaus Wengst gefordert, den Anspruch, Jesus sei der Messias für Israel, aufzugeben.[42] Jesus sei der „Messias aus

---

[39] Vgl. Robert W. Jenson, *Toward a Christian Theology of Judaism*, in: *Jews and Christians*, hg. v. Carl E. Braaten and Robert W. Jenson, Grand Rapids 1997, 12 f.
[40] Vgl. Mark S. Kinzer, *Postmissionary Messianic Judaism* (s. Anm. 36), 263–302.
[41] Franz Mussner, *Die Kraft der Wurzel. Judentum – Jesus – Kirche*, Freiburg – Basel – Wien 1987, 39–54.
[42] Klaus Wengst, *Jesus zwischen Juden und Christen*, Stuttgart 1999, 14 f.

Israel für die Völker", nicht aber der „Messias Israels"[43]. Was „für die Kirche durch den Messias Jesus vermittelt da ist", so Wengst, gelte „für Israel schon vorher und gilt auch weiterhin ohne solche Vermittlung"[44]. Doch was bedeutet es, wenn der Messias Israels und der Messias aus Israel für die Völker *(gojim)* nicht identisch sind?

Wie das Christentum kennt auch das Judentum die Hoffnung, dass am Ende alle Gerechten gerettet werden. In seinem Buch „Wesen des Judentums" zitiert Leo Baeck (1873–1956) den für den jüdischen Heilsuniversalismus klassischen Satz: „Auch die Frommen, die nicht Israeliten sind, haben an der ewigen Seligkeit teil."[45] Nach Joseph Ratzinger ist es die gemeinsame Verantwortung von Juden und Christen, „die Wahrheit des einen Gotteswillens vor der Welt zu vertreten und den Menschen vor seine innere Wahrheit zu stellen, die zugleich sein Weg ist"[46]. Nach der Überzeugung von Christen und messianischen Juden führt der gemeinsame Weg zur ewigen Gemeinschaft mit Gott und seinem Messias Jesus.

4. Christlicher Zionismus? Eretz und Medinat Israel

Zu den Verheißungen an Abraham, Isaak und Jakob (Israel) gehört auch das Land der Verheißung (Gen 12,7; 26,3; 28,13), *Eretz Israel*.[47] Es scheint mir ganz unwahrscheinlich, dass Paulus zu den Verheißungen, von denen er sagt, dass sie wie Sohnschaft, Bundesschlüsse, Gesetz und Gottesdienst und die Väter den Juden gehören (Röm 9,4), nicht auch das Land der Verheißung zählt, mit Jerusalem als Wohnsitz des Gottes Israels. Auch wenn Paulus in Röm 9–11 nicht auf die Landverheißung eingeht, stellt er nirgendwo die Verbindung von Volk und Land in Frage, auch wenn er sich zur Zukunft des von Gott zu seinem besonderen Eigentum erwählten Volkes – außer zu

---

[43] Ebd., 76.
[44] Ebd., 81.
[45] Leo BAECK, *Das Wesen des Judentums*, Wiesbaden 1998, 98.
[46] Joseph RATZINGER, *Die Vielfalt der Religionen und der eine Bund*, Hagen 1998, 32.
[47] Vgl. Erich ZENGER, *„Deinen Nachkommen gebe ich dieses Land" (Gen 12,7). Überlegungen zum christlichen Umgang mit den Landverheißungen des Ersten Testaments*, in: *Zion – Ort der Begegnung*. FS Laurentius Klein, hg. von Ferdinand HAHN u. a., Bodenheim 1993, 141–161.

seiner eschatologischen Zukunft – nicht äußert. Wie die Zukunft des Volkes Israel im Einzelnen aussehen wird, bleibt Gott überlassen. Ich sehe aber im Neuen Testament keine Grundlage für Thomas Wrights These, dass Jesus als „climax of Israel's story"[48], die Landverheißung überholt habe.[49]

Israeltheologisch reicht es meiner Meinung nach nicht aus, die Gründung des modernen Staates Israel nach der Shoah ausschließlich naturrechtlich zu begründen. In seinem Beitrag zur Theologie des Judentums „Gnade und Berufung ohne Reue" (2018) erkärt der emeritierte Papst Benedikt XVI., „dass das Volk der Juden wie jedes Volk einen naturrechlichen Anspruch auf ein eigenes Land besitze", ein jüdischer Staat könne aber „nicht unmittelbar aus der Heiligen Schrift abegeleitet werden", auch wenn in ihm „in einem weiteren Sinne die Treue Gottes zum Volk Israel"[50] zum Ausdruck komme.[51] In der Wochenzeitung „Jüdische Allgemeine" hatte Rabbiner Arie Folger gefordert: „Ja, es ist Zeit, dass die Kirche einsieht, dass die Rückkehr nach Zion religiös bedeutend ist."[52]

Schon in der ein Jahr zuvor veröffentlichten Erklärung „Between Jerusalem and Rom" (1. Februar 2017) der europäischen Rabbinerkonferenz mit dem Rabbinischen Rat von Amerika heißt es, dass sich „Gottes ewiger Bund" mit Israel nicht nur darin zeigte, dass nach der Shoah jüdisches Leben in der Diaspora wieder erweckt wurde, sondern auch darin, dass viele Juden dem Ruf folgten, „nach Eretz Yisrael zurückzukehren, wo ein souveräner jüdischer Staat entstand". Wenn die Verheißung des Landes durch das Erscheinen des Messias Jesus nicht außer Kraft gesetzt wurde, dann wird man von christ-

---

[48] Nicholas Thomas WRIGHT, *The New Testament and the People of God*, Minnesota 1992, 401 f.
[49] Vgl. ebd., 246–257.
[50] Joseph RATZINGER/BENEDIKT XVI., *Gnade und Berufung ohne Reue. Anmerkungen zum Traktat „De Iudaeis"*, in: IKaZ 47 (2018) 387–504, 401.
[51] Vgl. Helmut HOPING, *Joseph Ratzinger/Benedikt XVI. über das Judentum. Bemerkungen aus aktuellem Anlass*, in: IKaZ 47 (2018) 618–631.
[52] Arie FOLGER, *Gefahr für den Dialog? Das jüngste Traktat von Benedikt XVI. zum katholischen Verständnis des Judentums wird heftig kritisiert. Eine Einordnung aus rabbinischer Sicht*, in: Jüdische Allgemeine, 19. Juli 2018; vgl. auch: DERS., *Brief an Papa emeritus Benedikt XVI/Joseph Ratzinger*, in: IKaZ 47 (2018) 614–617.

licher Seite die untrennbare Verbindung von Volk und Land Israel nicht in Frage stellen dürfen.[53]

Aus dieser Form des christlichen Zionismus folgt allerdings keineswegs eine „Groß-Israel-Theologie", zumal in den biblischen Schriften die Grenzen von *Eretz Israel* nicht genau definiert werden – in 1 Kön 5,5 heißt es von den Reichen Israels und Juda, sie würden sich „von Dan bis Beerscheba" (1 Kön 5,5) erstrecken. Ebenso wenig folgt aus der Gültgkeit der Landverheißung eine christlich-zionistische Endzeitlehre (Harmageddon/messianischer Millenarismus), wie sie sich vor allem evangelikalen Bereich aus dem traditionellen Chiliasmus und dem Dispensationalismus des 19. Jahrhunderts entwickelt hat.

Schlussbemerkung

Das Gespräch zwischen Juden, messianischen Juden und Christen ist besonders sensibel. Es fordert von allen Beteiligten Respekt vor dem Glauben der anderen sowie die Bereitschaft, sich wechselseitig als Kinder Abrahams anzuerkennen, seien es die Kinder Abrahams dem Fleische nach, Kinder Abrahams dem Fleische nach und im Glauben an den Messias Jesus oder die durch Christus aus den Völkern *(gojim)* hinzuerworben Kinder Abrahams. Soweit sich messianische Juden klar und deutlich distanzieren von einer Mission von Juden, die sich nicht zu *Yeshua HaMaschiach* bekennen, muss das Gespräch mit ihnen, wenn sie auch in Jesus nicht den Messias Israels erkennen können, nicht zu einer Entfremdung von uns Christen führen.

---

[53] Willehaed Paul ECKERT – Nathan Peter LEVINSON – Martin STÖHR (Hg.), *Jüdisches Volk, gelobtes Land. Die biblischen Landverheißungen als Problem des jüdischen Selbstverständnisses und der christlichen Theologie* (Abhandlungen zum christlich-jüdischen Dialog 3), München 1970; Martin STÖHR, (Hg.), *Zionismus. Beiträge zur Diskussion* (ACJD 9), München 1980.

Der jüdische Christus, sein Volk und die Torah

Antwort auf Helmut Hoping

Markus Bockmuehl

Im Mittelpunkt dieses Symposiums steht ein tragischer Nexus der christlichen Geschichte, ja eine Art tragische Doppelhelix. Damit ist nicht in erster Linie das Phänomen gemeint, dass der Siegeszug des Heidenchristentums den allmählichen Verlust und die Unterdrückung jüdischer Formen des Glaubens an Jesus nach sich zog, obwohl das traurig genug ist. Ich meine auch nicht die unvermeidliche Folge, dass sich Juden und Christen bald immer mehr voneinander entfernten – im Hinblick auf die Deutung der Torah und im praktischen Glaubensleben, hinsichtlich der Verheißung der kommenden Welt oder im Blick auf Erwählung, Identität und Zukunft des Gottesvolkes.

Nein, die tragische Doppelhelix ist diese: Juden und Christen mögen sich über die meisten ihrer Kernüberzeugungen uneinig gewesen sein, aber in diesem Punkt waren sie sich einig: Es ist unmöglich, gleichzeitig Jude und Christ zu sein. Für unsere Zwecke noch schärfer ausgedrückt: Ein Nachfolger Jesu kann kein Jude sein, und ein Jude kann kein Nachfolger von Jesus sein. Schon zu Beginn des zweiten Jahrhunderts betonte Ignatius von Antiochien, dass es „pervers sei, von Jesus Christus zu sprechen und das Judentum zu praktizieren".[1] In der Zwischenzeit wurde Rabbi Elieser Ben Hyrcanus von seinen Kollegen exkommuniziert, weil er mit Jakob von Kfar Sakhnin, einem messianischen Juden, eine halachische Meinung über Jesus erörtert hatte.[2]

Obwohl diese bipolare Position nie ganz unumstritten war, erlangte sie in beiden Gemeinschaften den Status der Orthodoxie. In der Tat scheint es wichtig zu sein, dass man anerkennt: Diese Über-

---

[1] *Magn* 10.3: ἄτοπόν ἐστιν, Ἰησοῦν Χριστὸν λαλεῖν καὶ ἰουδαΐζειν; vgl. 8.1–2; *Phld* 6.1.
[2] B. Abod. Zar. 16b–17a (פעם אחת הייתי מהלך בשוק העליון של ציפורי ומצאתי אחד ומתלמידי ישו הנוצרי ויעקב איש כפר סכניא שמו); cf. t. Ḥul. 2.7; Qoh. R. 1.8.3.

zeugung hat *auf beiden Seiten* typischerweise das begründet, was zu einer Position der ausdrücklichen Ablösung und Ersetzung des jüdischen Glaubens an Jesus wurde. In Form eines Venn-Diagramms ausgedrückt, war das, was sowohl vom Judentum als auch vom Christentum gemeinsam verdrängt und ersetzt wurde, jede Überschneidung zwischen ihnen. Man könnte sogar so weit gehen zu sagen, dass das Ergebnis darin bestand, messianische Judentümer jeglicher Art zu ersticken.

All dies stellt die Christologie eindeutig in den Mittelpunkt jeder jüdischen Art, an Jesus zu glauben. Und das ist der Punkt, an dem der Beitrag von Helmut Hoping zu diesem Band einen so wichtigen Ton anschlägt. Ich stimme im Wesentlichen mit seinen Kernthesen überein, dass (1.) der Sohn Gottes nicht zufällig jüdisches Fleisch wurde, sondern dass dies im Mittelpunkt seiner Inkarnation stand, dass (2.) Jesus, der Messias, Sohn Davids und auch mehr als Sohn Davids ist und dass (3.) die Kirche als Leib Christi das messianische Gottesvolk der heidnischen und jüdischen Jesus-Gläubigen ist.

Zu den wichtigsten Erkenntnissen gehört sicherlich die Anerkennung, dass wir eine *interpretatio Judaica* der Christologie brauchen (S. 203–205). Hoping stellt zu Recht fest, dass die historische und christologische Abwesenheit Israels eine notorische Lücke im christlichen Glaubensbekenntnis darstellt.[3] Genau diese Lücke muss geschlossen werden, wenn wir die wesentliche dogmatische Implikation verstehen wollen, dass das Wort jüdisches Fleisch wurde, starb und in seinem jüdischen Leib auferstand (S. 205, S. 213). Aus der Perspektive einer „systematischen Christologie" könnte man hier vielleicht weiter ausführen, was dies für den Messias Israels bedeuten kann oder muss, der aufgefahren ist und „zur Rechten des Vaters sitzt": Jesus Christus ist nicht nur Fleisch geworden und auferstanden als einer von Israel, sondern er hört auch nicht auf, dies zu sein als der in Herrlichkeit kommende Sohn.

Professor Hoping hat auch Recht, wenn er darauf besteht, dass wir uns nicht mit frommen, aber letztlich supersessionistischen Darstel-

---

[3] Gleichzeitig ist zu beachten, dass die unterschiedlichen Auffassungen des zweiten und dritten Jahrhunderts über den Platz Israels möglicherweise dazu führen, dass sein Fehlen im Glaubensbekenntnis das kleinere von zwei Übeln ist. Vgl. Nathan MACDONALD, „Israel and the Old Testament Story in Irenaeus's Presentation of the Rule of Faith", in: *Journal of Theological Interpretation*, 3 (2009) 281–298, hier 295–298.

lungen zufriedengeben dürfen, die es zulassen, dass der wesentlich jüdische Charakter der Christologie unter vagen und schlecht durchdachten Vorstellungen von „Jesus als die Torah in Person" subsumiert wird. Schon lange vor Joseph Ratzinger haben Gelehrte des 20. Jahrhunderts in Deutschland und anderswo für solche Klischees plädiert. Abgesehen davon, was genau mit Jesus als Torah gemeint sein könnte, ist es zweifellos problematisch, wenn damit eine Christologie gefördert wird, für die das Kommen Jesu bedeutet, dass Gottes Wort und Verheißung an Israel nun widerrufen und ersetzt werden.

Theologie des Landes

Das vorangegangene Thema steht in engem Zusammenhang mit der Verheißung, welche eine Theologie des Landes beinhaltet, und die Hoping auf subtile Weise in der Spannung zwischen Land *(Eretz Israel)* und Staat *(Medinat Israel)* ausbalanciert. Gleichzeitig würde ich seiner Kritik an meinem Kollegen und Freund N. T. Wright zustimmen. In dieser wie auch in einigen anderen Fragen unterscheidet sich Wrights Position offenbar kaum von bestimmten Arten der Substitutionstheologie, so sehr er auch auf einer Rhetorik der Kontinuität besteht.

Gleichzeitig schlage ich vor, dass zwei Aspekte von Hopings Ausführungen zu diesem Thema etwas mehr herausgearbeitet werden sollte, nicht zuletzt in Bezug auf eine systematische Christologie.

Erstens: Obwohl er die Rückkehr in das Land als religiös bedeutsam anerkennt, scheint es wichtig zu fragen, ob nach seiner Lesart eine christliche Theologie des Landes ihren inhaltlichen Schwerpunkt in der Praxis einer nichtchristlich-jüdischen Perspektive überlassen muss, sei sie nun antik oder aktuelle, politisch zionistisch oder anders ausgerichtet. Im Gegensatz zu einem breiten Strom der Forschung im 20. Jahrhundert neigen aktuelle Interpreten von Jesus, Matthäus oder sogar Paulus „innerhalb des Judentums" eher dazu, im Neuen Testament Hinweise auf eine christliche Theologie des Landes zu erkennen. Die Tatsache, dass das Land sowohl in christlichen als auch in jüdischen Texten eine Fülle von metaphorischen und symbolischen Bedeutungen hat, entkräftet keineswegs eine wörtliche Bedeutung, sondern setzt sie in wichtiger Hinsicht voraus. Matthäus und der matthäische Jesus vertreten eine eindrückliche

Theologie des Landes, sei es in Bezug auf die nördlichen Stämme oder das Zeugnis der Verfolgung in allen Städten Israels (z. B. 4,13–15; 10,6.23; 15,24). Ungeachtet regelmäßiger wissenschaftlicher Leugnungen spielt das irdische Jerusalem in Gegenwart und Zukunft auch für Lukas und die Apostelgeschichte, für Paulus und Jakobus sowie für Johannes von Patmos eine Rolle.

Eine Theologie des Landes hat einen zweiten und schwierigeren Aspekt, auf den die Autoren dieses Bandes widersprüchliche Antworten gegeben haben. Hoping hat Recht, wenn er sich gegen einen christlichen Zionismus wendet, der gemeinsame Sache mit einer Theologie und Politik des „Groß-Israel" macht. Und dennoch: Erfordert eine systematische Christologie, die vom messianischen Glauben geprägt ist, ausdrücklich theologische und vielleicht eschatologische Überzeugungen über die Rückkehr ins Land im 20. Jahrhundert? Das kann sehr wohl der Fall sein – aber es bedarf weiterer Diskussionen. An anderer Stelle in diesem Band spielt David Neuhaus[4] auf das Problem an, ob das messianische Judentum eine religiöse Bindung an den Zionismus – und insbesondere an den politischen Staat Israel als prinzipiell monokulturellen, monoethnischen „jüdischen Staat" – erfordert, anstatt z. B. messianische Araber als gleichberechtigte Partner und Beteiligte zu verstehen. Diese Frage trifft den Kern des Problems, und eine christliche Theologie des Landes kann dieser Herausforderung letztlich nicht ausweichen.

Drei Fragen

Drei abschließende konkrete Fragen müssen hier als weitere Antwort und Diskussion auf den Aufsatz von Helmut Hoping genügen:

1. Es ist richtig und wichtig, anzuerkennen, dass die christliche Beschäftigung mit einem jüdischen Messias die Mehrheit der Juden tatsächlich uninteressiert lässt. Trotz der Betonung des Messias und der Eschatologie in den letzten drei von Maimonides' *Dreizehn Glaubensgrundsätzen (ikkarim)* sind die meisten Juden heute – wie vielleicht während des größten Teils der jüdischen Geschichte – nicht besonders am Messianismus interessiert. Was bedeutet das Problem

---

[4] Vgl. S. 100–108.

einer solchen jüdischen Skepsis für die Möglichkeit eines zeitgenössischen innerjüdischen Dialogs über den Messias – sei es Jesus oder ein anderer Messias wie der Rebbe Schneerson von Chabad? Ist das messianische Judentum jeglicher Couleur jetzt zwangsläufig marginal und irrelevant?

2. Eine zweite Frage bezieht sich auf den suggestiven, beiläufigen Verweis auf Yeshayahu Leibowitz (1903–1994), einen scharfen Kritiker religiöser Interpretationen des Staates Israel. Hoping zitiert seinen Vorwurf, das Christentum sei ein Glaube ohne *Mitzvot* (S. 212–214). Messianische Juden werden dieser Ansicht meist nicht zustimmen, aber es ist schwer zu leugnen, dass die westliche liberale Theologie und der Kulturprotestantismus an dieser Front unzählige Geiseln hinterlassen haben, ob mit oder ohne Kant. Ausleger des Matthäus-Evangeliums könnten hier die Bedeutung der wiederholten Rede von den *Mitzvot* oder *Entolai* Jesu in diesem Text bemerken. Bei Paulus wurde lange Zeit (nach Ansicht vieler heute zu Unrecht!) angenommen, dass er eine andere Auffassung vertritt. Ob zu Recht oder zu Unrecht, dieser Vorwurf gegen das antinomische Christentum ist alles andere als trivial und in der Theologiegeschichte nicht unbegründet. Eine Version davon ist auch häufig von Muslimen zu hören. Eine „systematische" messianische Christologie kommt an der Frage nicht vorbei: Welchen Platz hat die Torah in den Kirchen des Messias?

3. Die Schlussfolgerung von Hoping schließlich fordert die messianischen Juden auf, die Judenmission aufzugeben, obwohl er an anderer Stelle (S. 208) zu Recht darauf hinweist, dass es Unsinn ist, Jesus als Messias nur für die Heiden zu betrachten. Gal 2,7.8 unterscheidet klar zwischen einer apostolischen Mission an die Heiden (die vom jüdischen Paulus mit heidnischer Unterstützung durchgeführt wird) und einer apostolischen Mission an das jüdische Volk, die (anscheinend ausschließlich) jüdischen Aposteln vorbehalten ist. In diesem letztgenannten Punkt scheint der Galaterbrief mit dem Matthäus-Evangelium übereinzustimmen: Passagen wie Mt 10,5–6.23 fassen diese messianische Einladung an Israel zusammen und deuten wohl auf ihre lange Verzögerung hin. In der Praxis sind heute *sowohl* das messianisch-jüdische Zeugnis gegenüber Israel *als auch* die Aufforderung, von einem solchen Zeugnis Abstand zu nehmen, äußerst problematisch. Unabhängig davon, wie man dieses Dilemma zu lösen hofft – welchen bibeltheologischen Sinn hat es für Heiden,

von jüdischen Jesusgläubigen zu verlangen, ihr jüdisches Zeugnis aufzugeben, nur um einem heidnisch-jüdischen Dialog nicht im Wege zu stehen?

Aus dem Englischen übersetzt von Johannes Cornides und Martin Rösch.

Post-substitutionstheoretische Messianologie
Der gegenwärtige und zukünftige jüdische König
Mark S. Kinzer

1. Die bleibende jüdische Identität Jesu

Das Jüdisch-Sein des *historischen* Jesus wird heute als selbstverständlich betrachtet. Doch die Realität und Bedeutung der bleibenden jüdischen Identität Jesu wird erst allmählich zum Gegenstand theologischer Reflexion. Zu Beginn dieses Jahrhunderts hat Robert Jenson auf ihre Bedeutung hingewiesen:

> Der auferstandene Jesus ist auch Fleisch, da er leibhaftig auferstanden ist, denn ein verkörpertes Geschöpf zu sein, bedeutet Fleisch zu sein. Nun ist Fleisch nie ein individueller Besitz; dass wir Fleisch sind, bedeutet unter anderem, dass wir Eltern und Vorfahren haben, die – zumindest bis wir zu Adam kommen – nicht jedermanns Eltern und Vorfahren sind. Das Wort, das im Fleisch gekommen ist, gehört zum Geschlecht Abrahams und Sarahs, und diese Tatsache gehört zu seiner Identität, zu dem, was die traditionelle Christologie die ‚eine Hypostase' des Wortes nennt, die Jesus ist ...[1]

Jenson beschreibt den auferstandenen Jesus als Träger jüdischen Fleisches und legt nahe, dass dies ein wesentliches Merkmal seiner verherrlichten Identität ist. Darüber hinaus schlägt er vor, dass diese Identität eine dauerhafte Verbindung mit denjenigen impliziert, welche dieselbe Abstammung haben, nämlich dem jüdischen Volk.

Im selben Jahr unterbreitete Bruce Marshall einen ähnlichen Vorschlag, allerdings in noch deutlicherer Sprache:

> In der Person des Logos macht sich Gott das Fleisch dieses bestimmten Juden, Jesus von Nazareth, zu eigen. Gottes Eigentum an diesem jüdischen Fleisch ist von Dauer. Am Ende, wenn alles Fleisch die Herrlichkeit des Herrn schauen wird, wird das Schauen Gottes, so die traditionelle christliche

---

[1] Robert W. JENSON, *Toward a Christian Theology of Judaism*, in: Carl E. Braaten und Robert W. JENSON (Hg.), *Jews and Christians, People of God*, Grand Rapids 2003, 12–13. Dieser Band enthält Beiträge zu einer 2001 abgehaltenen Konferenz. Jensons Text war bereits veröffentlicht worden in: *Pro Ecclesia* 9/1 (2000), 43–56.

Lehre, unausweichlich mit dem Schauen dieses Juden, der zur Rechten Gottes sitzt, verbunden sein. Indem er also seine eigene Inkarnation will, scheint es, dass Gott die Dauerhaftigkeit, ja die eschatologische Dauerhaftigkeit der Unterscheidung von Juden und Heiden will. Aber Jesus kann nicht ganz allein, isoliert von seinem Volk, ein Jude sein oder als solcher identifiziert werden (wie er es auch im Eschaton sein wird). Er ist ein Jude wie jeder andere nur aufgrund seiner Abstammung von Abraham und somit aufgrund seiner Beziehung zum jüdischen Volk als Ganzem. Und das legt nahe, dass Gott, der mit unübertrefflicher Intimität das besondere jüdische Fleisch Jesu besitzt, auch das jüdische Volk als Ganzes besitzt, gerade in seiner Unterscheidung von uns Heiden; er kann das eine nicht besitzen, ohne auch das andere zu besitzen.[2]

Marshalls Formulierung könnte nicht klarer sein: „Gottes Eigentum an diesem jüdischen Fleisch ist dauerhaft." Und da die jüdische Identität von Natur aus gemeinschaftlich ist, behält der auferstandene Jesus eine unverwechselbare Beziehung zum jüdischen Volk als Ganzem. Marshall leitet daraus die bemerkenswerte Behauptung ab, dass die jüdische Identität als solche in das *Eschaton* übergeht.

Weder Jenson noch Marshall haben die weitreichenden Auswirkungen dieser kühnen Behauptungen ausgelotet, und nur wenige prominente Theologen dieses Jahrhunderts haben sich auf diesem Weg weiter vorgewagt. Aber zwei neuere Werke – eines von Kayko Driedger Hesslein und das andere von Barbara Meyer – haben genau dies getan.[3] Beide befassen sich eingehend mit der jüdischen Identität des auferstandenen Jesus. Barbara Meyers Werk *Jesus the Jew in Christian Memory* ist von besonderem Interesse, da es den Auswirkungen der fortdauernden jüdischen Identität Jesu auf die Beziehung der Kirche zum jüdischen Volk mehr Aufmerksamkeit schenkt.

Wie Jenson und Marshall nimmt auch Meyer die Auferstehung Jesu und die traditionelle Christologie der ökumenischen Konzilien ernst und reflektiert das Judentum Jesu in diesem Kontext. Dabei räumt sie die Neuartigkeit eines solchen Unterfangens ein: „Jesus *war* ein Jude, und es ist richtig, wenn Christen sagen, dass Jesus Christus jüdisch *ist* und immer jüdisch *bleiben wird*. Dennoch stimmt die Erforschung des ‚historischen Jesus' nicht mit der Christologie

---

[2] Bruce D. MARSHALL, *Trinity and Truth*, Cambridge 2000, 178 (Hervorhebung M. Kinzer).
[3] Kayko Driedger HESSLEIN, *Dual Citizenship: Two Natures Christologies and the Jewish Jesus*, London 2015; Barbara U. MEYER, *Jesus the Jew in Christian Memory: Theological and Philosophical Explorations*, Cambridge 2020.

[des Konzils von Chalzedon] überein."⁴ „Hunderte von Büchern sind über den ‚historischen Jesus' geschrieben worden und nicht wenige über Jesus, den Juden, *in der Geschichte*. Christologien, die sich auf Jesus, den Juden, konzentrieren und das *Präsens* verwenden, sind seltener."⁵ Wie Jenson und Marshall ist die Autorin der Ansicht, dass das Jüdisch-Sein des auferstandenen Jesus seine fortdauernde Beziehung zum jüdischen Volk und damit auch zur sich wandelnden historischen Realität der jüdischen Identität impliziert. „Von Jesus im *Präsens* zu sprechen, scheint zu einer ausschließlich christlichen Bekenntnissprache zu gehören. Aber hier zeigt sich, dass die Christologie nicht nur mit dem *historischen* Judentum zu tun hat, sondern auch mit dem zeitgenössischen jüdischen Selbstverständnis sowie mit allem, was dazwischen lag – von der jüdischen Geschichte nach dem Zweiten Tempel bis zur Gegenwart."⁶ Da der auferstandene Jesus auch der Jesus der kommenden Welt *(olam haba)* ist, muss man darüber hinaus christologische Aussagen im Futur machen und mit den notwendigen Implikationen für die jüdische Identität rechnen: „Was bedeutet es, dass Jesus Christus Jude *sein wird*? ... Wir wissen nicht, wie Jüdisch-Sein am Ende der Zeiten zum Ausdruck kommen wird. Jüdisch-Sein wurde im ersten und im 21. Jahrhundert unterschiedlich ausgedrückt ... Was wir jedoch wissen, ist, dass dieses jüdische Selbstverständnis nicht von anderen jüdischen Leben abgekoppelt sein wird."⁷

Meyers Schlusssatz zum eben zitierten Absatz unterstreicht die zentrale These ihres gesamten Werkes: „Das bedeutet, dass auch das Anderssein Jesu für nichtjüdische Christen nicht aufgelöst werden wird."⁸ Wie sie in ihrer Einleitung schreibt, „ist mein Hauptargument, dass das Jüdisch-Sein Jesu Christi ein Anderssein hervorbringt, das dem nicht-jüdischen Christen neue intellektuelle, spirituelle und ethische Horizonte eröffnet."⁹ Sie stützt sich dabei auf die philosophische Erforschung des Andersseins im Werk von Levinas und den von ihm beeinflussten Autoren. Da die überwältigende Mehrheit der Christen Nicht-Juden sind, schafft die jüdische Identi-

---

⁴ MEYER, *Jesus the Jew* (s. Amn. 3), 5 (Hervorhebung Kinzer).
⁵ Ebd., 11.
⁶ Ebd., 66.
⁷ Ebd., 103.
⁸ Ebd.
⁹ Ebd., 11.

tät Jesu eine potenziell fruchtbare Distanz zwischen dem Meister und denjenigen, die in anderer Hinsicht durch Glauben und Taufe mit ihm verbunden sind. Und da seine jüdische Identität nur in Bezug auf das Leben des jüdischen Volkes im Laufe der Geschichte einen Inhalt hat, begründet sie auch eine potenziell fruchtbare Abhängigkeit seiner Jünger vom Leben und der Tradition einer Gemeinschaft, die außerhalb ihrer eigenen unmittelbaren soziokulturellen Identität liegt. Meyer verwendet den Begriff „Verletzlichkeit", um diese fruchtbare Abhängigkeit zu beschreiben: „Das Jüdisch-Sein Jesu ist der offensichtlichste Indikator für die Verletzlichkeit des Christentums. Mit Jesus, dem Juden, in seinem Herzen, kann der christliche Glaube nicht getrennt davon gelingen, sondern ist mit dem Judentum und den Juden verbunden. Nachdem sie die aggressive Ablehnung dieser Verbindung hinter sich gelassen haben, wird es Christen möglich, den Segen der Verbundenheit zu erfahren. Die Verwundbarkeit der christlichen Gemeinschaft wird durch die Bindung erhöht, aber auch ihre Vitalität. Ich würde so weit gehen, die Vitalität Christi selbst mit der christlichen Verbundenheit mit dem Volk Israel in Verbindung zu bringen."[10]

Aber was ist mit den *jüdischen* Jüngern Jesu? Meyer erkennt unsere Existenz und die Tatsache an, dass sich unsere Beziehung zum jüdischen Jesus von derjenigen der nicht-jüdischen Christen unterscheidet. Nachdem sie betont hat, dass „Christen den jüdischen Jesus niemals für sich vereinnahmen können", fügt sie eine einschränkende Fußnote hinzu: „abgesehen von Menschen mit jüdischem Familienhintergrund und christlichem Glauben, ob sie sich nun als christliche Juden oder als jüdische Christen verstehen".[11] Allerdings bejaht sie nie ausdrücklich die theologische Bedeutung dieses Unterschiedes und lässt offen, was genau sie damit meint.

Meyer hat die Diskussion weiter vorangetrieben als ihre Vorgänger. Aber es gibt noch mehr zu tun.

---

[10] Ebd., 178 f.
[11] Ebd., 73, Anmerkung 24.

2. Jesus als König der Juden bezeugen

Meyer lehrt an der Universität von Tel Aviv. Das jüdisch-christliche Gespräch nimmt einen zentralen Platz in ihrem Leben wie auch in ihrer Theologie ein. In den ersten Worten ihrer Danksagung bezeichnet sich die Autorin als „eine anti-missionarische christliche Theologin". Während sie jüdische Ansichten über Jesus diskutiert, besteht ihr primäres Publikum aus nicht-jüdischen Christen, und ihr Hauptziel besteht darin, dieses Publikum von seiner christologischen Abhängigkeit vom jüdischen Volk zu überzeugen. Jesus selbst sei in einem wesentlichen Aspekt seiner eigenen Identität vom jüdischen Volk abhängig, und folglich würden die Anhänger Jesu – die seine jüdische Identität nicht teilen – die Juden brauchen, um sie selbst zu sein, damit ihr auferstandener Meister weiterhin er selbst sein könne.

Meyers antimissionarische Position, ihre gegen die Substitutionstheologie gerichtete Intention und ihr heidenchristliches Publikum stehen im Einklang mit ihrem Zögern, sich mit einer Aussage zu befassen, die über die jüdische Identität Jesu hinausgeht – nämlich, dass er der *König* der Juden ist und für immer sein wird und damit auch der *Herr* über die jüdische Identität. Dies führt uns auch über die vorläufigen christologischen Sondierungen von Jenson und Marshall hinaus. Wenn Jesus der *König* der Juden ist, dann ist er in der Tat von ihnen abhängig, denn das Wort „König" (wie auch das Wort „Vater") impliziert Beziehungen; ein König ohne Untertanen ist kein König. Aber die Untertanen dieses besonderen Königs (der in einzigartiger Weise sowohl menschlich als auch göttlich ist) hängen noch mehr von *ihm* ab als er von *ihnen*. Der genaue Charakter dieser Abhängigkeit bleibt ein Geheimnis, denn die Gegenwart des auferstandenen Jesus ist von der Gemeinschaft, über die er herrscht, weitgehend unerkannt geblieben. Wenn aber dieser bestimmte Jude, der als König der Juden gekreuzigt wurde, tatsächlich von den Toten auferstanden ist und wenn er in seiner Auferstehung der König der Juden bleibt, und wenn er sowohl menschlich als auch göttlich ist, dann herrscht er wirklich über sie.

Ein explizites (wenn auch bruchstückhaftes) Zeugnis für den Auferstandenen durch Wort und Sakrament wurde in historischer Hinsicht nur im Leben der Kirche aufrechterhalten, einer Gemeinschaft, die größtenteils aus denen besteht, die nicht seine natürlichen Untertanen sind. Dies begründet eine verborgene Gegenseitigkeit zwischen dem jüdischen Volk und der Kirche, eine Gegenseitigkeit, die von Meyer geleugnet wird. Für sie ist Jesus zwar ein Jude, aber nicht eindeutig der *König* der Juden; auch sind für sie die Christen von den Juden abhängig, die Juden sind jedoch nicht durch dieselbe Verwundbarkeit gekennzeichnet, die durch diese Beziehung bestehen könnte. Wann immer Jesus von Mitgliedern einer der beiden Gemeinschaften als der König der Juden anerkannt wird, wird diese verborgene Gegenseitigkeit offenbar. Solche Menschen erkennen, dass sie sich an die Angehörigen einer anderen Gemeinschaft und Tradition wenden und von ihnen empfangen müssen, um ganz sie selbst zu sein. Nur wenige auf beiden Seiten bekennen derzeit Jesus als den auferstandenen König der Juden und erkennen die einander verbindende Gegenseitigkeit, welche dieses Bekenntnis zur Folge hat. Historische Scheuklappen (die von der Vorsehung zugelassen wurden) begrenzen noch immer die erkenntnistheoretischen Fähigkeiten dieser beiden miteinander verflochtenen Gemeinschaften, aber ihre gegenseitige Abhängigkeit bleibt eine ontologische Tatsache.

Als einer der Juden, auf die sich Meyer in ihrer Fußnote bezieht, und als einer, der Jesus als den König der Juden bekennt, schlage ich vor, dass jüdische Jünger Jesu dazu aufgerufen sind, diese gegenseitige Abhängigkeit zu verkörpern und zu bezeugen. Wie Meyer feststellt, schafft Jesus, der Jude, keine Distanz für uns in unserer Beziehung zu ihm. Seine jüdische Identität stützt unsere eigene jüdische Identität. Aber die historische Entfremdung der beiden Gemeinschaften, mit denen wir uns identifizieren, eröffnet eine andere Art von *Andersartigkeit* in unserem Leben. Sowohl unser jüdisches als auch unser christliches Umfeld stellen die jüdische Identität, die Jesus erneuert hat und nunmehr stärkt, ständig in Frage. Unsere frappierend umstrittene Präsenz in diesen beiden Welten ähnelt der des Königs der Juden. Das liegt daran, dass wir ihn und die lästige gemeinsame Gegenseitigkeit repräsentieren, die sein auferstandenes Judentum mit sich bringt. Würden wir seine vertraute Gegenwart als unser auferstandener königlicher Bruder nicht spüren, würden wir uns schnell in ein weniger uneindeutiges, jüdisches oder christliches, Lebensmuster zurückziehen.

3. Jesus als „König der Juden" in den Passionsberichten

Die ersten, die Jesu Identität als König der Juden bezeugten, waren selbst Juden und keine Heiden. Ihr Zeugnis ist uns in den Passionsberichten aller vier Evangelien überliefert, in denen dieser Titel eine herausragende Rolle spielt. Dennoch wurde, wie Wongi Park gezeigt hat, seine unterscheidende Bedeutung von Exegeten und Theologen bisher kaum beachtet, sondern zumeist als synonym mit „König von Israel" behandelt. Das hat laut Park zur Folge, dass Jesu Königtum (seine Autorität als *ho basileus*, „der König") seine Identität als [König] „der Juden" *(tōn Ioudaiōn)* überschattet, bzw. dass seine ethnische Identität als Judäer heruntergespielt wird.[12] Im Licht der durch die Überwindung der Substitutionstheologie möglich gewordenen Neuentdeckung der jüdischen Identität Jesu sollte dieses Thema wieder aufgegriffen werden.[13] Sagt uns dieser Titel, den alle vier Evangelien als Inschrift auf dem römischen Hinrichtungswerkzeug Jesu überliefern, etwas über seine bleibende Beziehung zu jenen, die seine jüdische Abstammung mit ihm teilen?

In den vier Passionsberichten wird die Formulierung nur von Nichtjuden, bzw. von Juden im Gespräch mit Nichtjuden (z. B. Joh 19,21) verwendet. Wenn hingegen in den Evangelien Juden auf die königliche Identität Jesu verweisen, nennen sie ihn „König *von Israel*" (Mk 15,32; Joh 1,49; 12,13). Dieses unterschiedliche Vokabular ergibt Sinn im Sprachgebrauch des ersten Jahrhunderts, da Juden damals – wie überhaupt in der vormodernen Epoche – die Selbstbezeichnung „Israel" in interner Kommunikation vorzogen.[14] Wenn sie dagegen zu Heiden (oder über Beziehung zwischen Juden und Heiden) sprachen oder schrieben, wurde der Name „Israel" tendenziell durch die Bezeichnung „die Juden" ersetzt. Wenn daher die Evangelien Personen erwähnen, die den Messias Israels als „König der Juden" bezeichnen, unterstreichen sie damit deren heidnische Identität.

---

[12] Wongi PARK, *The Politics of Race and Ethnicity in Matthew's Passion Narrative*, Cham 2019, 18: his „ethnoracial identity as an ethnic Judean is diminished and downplayed."
[13] Zum Begriff „post-supersessionistisch" siehe meinen zweiten Artikel in diesem Band: Mark S. KINZER, *Post-substitutionstheologische Eschatologie. Jesus auf dem Ölberg willkommen heißen* (S. 365–377).
[14] Cynthia M. BAKER, *Jew*, New Brunswick – New Jersey 2017.

Die Unterscheidung der beiden Titel „König von Israel" und „König der Juden" hat große theologische Bedeutung. In der nachneutestamentlichen christlichen Welt wurde der Begriff „Israel" in einer Weise verwendet, die ihn von seinem ausschließlichen Bezug auf das Volk löst, das seine genealogischen Ursprünge auf Abraham, Isaak und Jakob, Sara, Rebekka, Rachel und Lea zurückführt. Wenn Christen Jesus als „den König Israels" bejubeln, setzen sie Israel leicht mit der Kirche gleich und meinen damit nichts anderes als die Tatsache, dass Jesus über diejenigen herrscht, die in seinem Namen getauft wurden. Nichtjüdische Christen haben öfters beansprucht, Israel zu sein, jedoch nicht, „Juden" zu sein. Dieser Name ist im Neuen Testament eindeutig in Bedeutung und Bezug und blieb auch in den folgenden Jahrhunderten eindeutig.

Wenn Jesus also von Pilatus und den römischen Soldaten als „König der Juden" verspottet wird, haben wir keinen Zweifel, was der Titel bedeutet. Er wird als der rechtmäßige Herrscher des jüdischen Volkes geehrt und verspottet – eines Volkes, zu dem die nicht-jüdischen Sprecher in der Erzählung nicht gehören, eines Volkes, das in Bezug auf gemeinsame Vorfahren, eine gemeinsame Geschichte, eine gemeinsame Lebensweise und ein gemeinsames geographisches Zentrum identifiziert wird. Jesus wird mit einem Titel geehrt und verspottet, der unbestreitbar nationale, politische und territoriale Konnotationen hat – ein Titel, der sich hartnäckig einer Universalisierung und Spiritualisierung widersetzt.[15]

---

[15] In seinem Dialog mit Pilatus im Johannesevangelium erklärt Jesus, dass sein Königtum „nicht von diesem Kosmos" ist (Johannes 18,36). Das ist oft als Ablehnung einer „jüdischen" Auffassung von Messianität verstanden worden, in der der König eine besondere Beziehung zu einem bestimmten Volk oder einem bestimmten Territorium hat und über einen irdischen (und nicht einen rein himmlischen) Bereich herrscht. Aber das ist nicht das, was Johannes mit der Formulierung „dieser Kosmos" meint. Für Johannes entspricht der Ausdruck ungefähr dem rabbinischen Begriff *olam haseh* und bezieht sich auf das gegenwärtige Zeitalter und die Ordnung der Welt, die (für Johannes) der Macht dunkler Mächte unterworfen ist. Jesus kommt, um die Welt zu retten und ihr Leben zu geben (vgl. Joh 3,16–17; 4,42; 12,47). Um dies aber zu tun, muss er die Welt von der Macht dessen befreien, der gegenwärtig das Geschehen beherrscht (vgl. Joh 12,31). Jesus hat sein Königtum nicht so ausgeübt, wie es an den Königshöfen der antiken Welt öffentlich zur Schau gestellt wurde. Dennoch ist er als König der Juden gekreuzigt worden, und dieser Titel verbindet Jesus mit einem bestimmten Volk, einem Gebiet und einer politischen Institu-

Darüber hinaus ist das eigentliche Ziel des Spottes von Pilatus und den römischen Soldaten nicht Jesus, sondern jenes in ihren Augen verächtliche jüdische Volk, welches er repräsentiert. Wie Park feststellt, wird Jesus als jüdischer Untertan [des Kaisers] durch eine Parodie erniedrigt, welche das „Königsspiel" genannt wurde. Dieser antike Brauch, besiegte Könige nachzuäffen, ist aus Alexandrien bezeugt ... man lässt Jesus den unterworfenen König, sein Volk und das eroberte Land Judäa repräsentieren. Auf diese Weise inszeniert die römische Garnison die *Botschaft römischer Überlegenheit und judäischer Unterlegenheit*.[16] Parks Analyse konzentriert sich auf das Matthäusevangelium, aber das Thema tritt sogar noch deutlicher im Johannesevangelium hervor, das von einer angespannten Unterredung zwischen Pilatus und den jüdischen Hohepriestern berichtet:

Pilatus ließ auch eine Tafel anfertigen und oben am Kreuz befestigen; die Inschrift lautete: Jesus von Nazaret, der König der Juden. Diese Tafel lasen viele Juden, weil der Platz, wo Jesus gekreuzigt wurde, nahe bei der Stadt lag. Die Inschrift war hebräisch, lateinisch und griechisch abgefasst. Da sagten die Hohepriester der Juden zu Pilatus: Schreib nicht: Der König der Juden, sondern dass er gesagt hat: Ich bin der König der Juden. Pilatus antwortete: Was ich geschrieben habe, habe ich geschrieben. (Joh 19,19–22)

Die Hohepriester erheben keinen Einspruch gegen die Veröffentlichung der römischen Anklage, Jesus habe *behauptet*, der König der Juden zu sein. Andererseits erheben sie heftigen Einspruch gegen den Wortlaut der römischen Anklage, die Pilatus tatsächlich anbrachte – denn der Wortlaut impliziert, dass Jesus diesen Titel nicht nur beanspruchte, sondern ihn auch rechtmäßig *besaß*. Und das ist der Grund, warum er gekreuzigt wurde. Pilatus impliziert, dass die Juden, wenn sie ihn anblicken, wie er nackt am Kreuz hängt, ihren König sehen, ja sich selbst betrachten. Vierzig Jahre später wurde diese Metapher buchstäblich Realität: Rauch stieg vom niedergebrannten Jerusalem auf, und das Land war mit jüdischen Leichen übersät.

Das war die böswillige Absicht des Pilatus – den Evangelien zufolge, deren Leser alle wussten, dass Jerusalem selbst tatsächlich in der Gestalt ihres Königs gekreuzigt worden war. Aber die jüdischen

---

tion. Zwischen diesen beiden Aussagen besteht kein Widerspruch. Tatsächlich erklärt, wie wir sehen werden, die erste die Bedeutung der zweiten. Vgl. George R. BEASLEY-MURRAY, *John*, Waco/Texas 1987, 331.
[16] Vgl. PARK, *Politics of Race and Ethnicity* (s. Anm. 12), 124–25.

Autoren sahen eine tiefere Bedeutung des Titels, der Jesus mit jener Inschrift am Kreuz verliehen worden war. Pilatus beabsichtigte, die Herrlichkeit und überwältigende Kraft des römischen Imperiums der erniedrigenden Unterwerfung des jüdischen Königs und seines Reiches gegenüberzustellen. Die frühen Anhänger Jesu begrüßten diesen Kontrast und machten ihn zum Mittelpunkt ihrer Botschaft, so wie sie schließlich die brutale römische Hinrichtungsart zu einem schockierenden Symbol ihrer Bewegung machten.

4. Jüdisches Königtum als Dienstkönigtum

Wenn der auferstandene Jesus dieselbe Person ist wie der Gekreuzigte, wenn auch in eschatologisch verwandeltem Zustand, bleibt er auch der König der Juden. Dies stellt eine Beziehung gegenseitiger Abhängigkeit zwischen ihm und dem jüdischen Volk her.

Die Behauptung einer solchen gegenseitigen Abhängigkeit zwischen Jesus und dem jüdischen Volk würde bei Meyer und anderen christlichen Theologen, die sich im jüdisch-christlichen Dialog engagieren, wahrscheinlich Bedenken hervorrufen. Und das zu Recht. Es besteht hier die Gefahr, dass die Besonderheit der jüdischen Geschichte, der Identität und des jüdischen Diskurses vergeistigt und verchristlicht wird. Unter einem philosemitischen Deckmantel könnte ein religiöser Imperialismus lauern, der sich eine christliche Hegemonie über die „Teilwahrheiten" einer zweitrangigen religiösen Tradition anmaßt.

Ich habe bereits auf einen Schutz vor dieser Gefahr hingewiesen, nämlich auf die Abhängigkeit des Souveräns von seinen Untertanen. Sie sind zwar mehr von ihm abhängig als er von ihnen – er ist schließlich ihr Herrscher, und zwar sowohl göttlich als auch menschlich, aber er braucht sie wirklich, um er selbst zu sein, ein jüdischer König der Juden. Wie Meyer betont, schafft diese Nähe zwischen Jesus und dem jüdischen Volk eine heilsame Distanz zwischen Jesus und der Kirche aus den Völkern und begründet sogar die Abhängigkeit der Christen von einer Religionsgemeinschaft, die sozial außerhalb ihrer selbst steht. Das historische Versäumnis der Kirche, diese Abhängigkeit anzuerkennen, sollte sie demütig stimmen und dazu beitragen, sich vor der imperialistischen Versuchung zu hüten.

Die Wiedererlangung des Titels „König der Juden" in seinem narrativen Kontext bietet einen zusätzlichen Schutz vor dieser Versuchung. Wie oben dargelegt, richtet sich dieser Titel in der Passionsgeschichte als Spott des römischen Imperiums nicht in erster Linie gegen Jesus selbst, sondern gegen das jüdische Volk. Die römischen Behörden behandeln Jesus als Stellvertreter, als lebendes Abbild dieses von ihnen verachteten Volkes. Sie signalisieren damit ihre eigene Macht und Überlegenheit. Doch die Evangelien-Tradition stellt diesen Spott auf den Kopf und verwandelt ihn in ein Urteil über die römisch-kaiserliche Autorität und über die jüdischen Herrscher, die von den Römern vereinnahmt wurden. Pilatus sieht in Jesus ein Nichts und stellt ihn als passenden Repräsentanten des nationalen Nichts dar, zu dem er gehört. Die Evangelisten hingegen sehen Jesus als den auferstandenen Herrn und Messias, der stirbt und aufersteht, um sein Volk zu erlösen und zu verherrlichen. Mit der Kreuzigung will der römische Statthalter die Juden demütigen. Die Evangelisten deuten an, dass er dadurch das Gegenteil bewirkt.

Die synoptische Geschichte von der Bitte der Apostel Jakobus und Johannes (bzw. ihrer Mutter) nimmt die Passionsgeschichte vorweg und interpretiert sie auf genau diese Weise.

Da traten Jakobus und Johannes, die Söhne des Zebedäus, zu ihm und sagten: Meister, wir möchten, dass du uns eine Bitte erfüllst. Er antwortete: Was soll ich für euch tun? Sie sagten zu ihm: Lass in deiner Herrlichkeit einen von uns rechts und den andern links neben dir sitzen! Jesus erwiderte: Ihr wisst nicht, worum ihr bittet. Könnt ihr den Kelch trinken, den ich trinke, oder die Taufe auf euch nehmen, mit der ich getauft werde? Sie antworteten: Wir können es. Da sagte Jesus zu ihnen: Ihr werdet den Kelch trinken, den ich trinke, und die Taufe empfangen, mit der ich getauft werde. Doch den Platz zu meiner Rechten und zu meiner Linken habe nicht ich zu vergeben; dort werden die sitzen, für die es bestimmt ist. Als die zehn anderen Jünger das hörten, wurden sie sehr ärgerlich über Jakobus und Johannes. Da rief Jesus sie zu sich und sagte: Ihr wisst, dass die, die als Herrscher gelten, ihre Völker unterdrücken und ihre Großen ihre Macht gegen sie gebrauchen. Bei euch aber soll es nicht so sein, sondern wer bei euch groß sein will, der soll euer Diener sein, und wer bei euch der Erste sein will, soll der Sklave aller sein. Denn auch der Menschensohn ist nicht gekommen, um sich dienen zu lassen, sondern um zu dienen und sein Leben hinzugeben als Lösegeld für viele. (Mk 10,35–45; vgl. Mt 20,20–28)

Die Geschichte kontrastiert den Charakter wahrer Führung in Israel mit der Art und Weise, wie die Nicht-Juden (und beispielhaft die Römer) Autorität ausüben. Jakobus und Johannes, die nach Ehre, Reichtum und Macht dürsten, ahmen unabsichtlich die kaiserlichen

Despoten nach, die über die Juden herrschen, und nicht den Meister auf dem Weg nach Golgatha. Jesus ist der rechtmäßige König Israels, und das bedeutet, dass er nicht zu seinem eigenen Vorteil regiert, sondern zum Vorteil seiner Untertanen. Es bedeutet auch, so zu regieren, dass die Regierten in die Lage versetzt werden, zu verantwortungsbewussten Akteuren und nicht zu entmachteten Sklaven zu werden.

Diese Interpretation der Passionsgeschichte warnt uns davor, das jüdische Königtum Jesu nach dem Vorbild jener römischen Autoritäten zu verstehen, deren Verhalten er gemäß dieser Erzählung verurteilt hat. Die verborgene Herrschaft des auferstandenen Messias über Israel kann nur als die des dienenden Herrn betrachtet werden, der seinen Jüngern die Füße wäscht. Er ist der König, der seine Untertanen dazu befähigt, an seiner Herrschaft teilzuhaben. Eine solche Vision passt gut zu der kühnen rabbinischen Auffassung von Autorität, welche die Unabhängigkeit der Weisen sogar von Gott (oder zumindest von einer *bat kol*) behauptet, während sie gleichzeitig alle ihre unabhängigen Entscheidungen in die göttliche Offenbarung an Moses am Sinai einbezieht.[17] Wie die Herrschaft des in der rabbinischen Literatur dargestellten Gottes setzt auch die königliche Herrschaft des auferstandenen Messias die jüdische Handlungsfähigkeit frei. Wenn Jesus der lebende König der Juden ist, der das jüdische Volk seit seinem Tod und seiner Auferstehung regiert, dann hat seine verborgene messianische Regierung die Entstehung eben jener Tradition hervorgebracht oder zumindest gesegnet, die das Verhältnis zwischen göttlicher Souveränität und verantwortlichem menschlichem Handeln so kühn neugestaltet hat. Die Tatsache, dass seine messianische Herrschaft vor denen, die er regiert, verborgen ist, verstärkt nur den dienenden Charakter seiner Herrschaft.

Wenn wir einmal die Bedeutung des Titels „König der Juden" im Kontext der Passionsgeschichte verstanden haben, werden wir jede triumphalistische Lesart der jüdischen Geschichte zurückweisen, die von einem etablierten christlichen Bild von Jesus ausgeht und dieses dann einem vereinfachten oder spiritualisierten Bild der jüdischen Erfahrung überstülpt. Israel erhielt seinen Namen als Ergebnis eines Ringkampfes mit Gott, und das jüdische Volk hat nie aufgehört, zu ringen. Israels Kampf mit Gott ist kein Nullsummenspiel, denn der

---

[17] Siehe b. *Bava Metzia* 59b; *Exodus Rabba.* 28,6; 47,1.

Sieg des einen hängt vom Sieg des anderen ab. So regiert der Gott Israels, wie auch sein Gesalbter.

5. Jesus als der künftige König der Juden

Sich zu Jesus als dem gewesenen und gegenwärtigen König der Juden zu bekennen, bedeutet, den Glauben an ein Mysterium zu bekräftigen, an eine Wirklichkeit, die jetzt vor unseren Augen verborgen ist. Jesus als den künftigen (d. h. eschatologischen) König der Juden zu bekennen, bedeutet, auf die Offenbarung des Mysteriums zu hoffen.

Die Erwartung, dass sich die Juden am Ende der Zeiten „zum Christentum bekehren" werden, ist über lange Zeit ein fester Bestandteil der christlichen eschatologischen Vorstellung gewesen. Für christliche Theologen, die sich nach dem Holocaust von der sogenannten Substitutionstheologie abgewandt haben – wie z. B. Barbara Meyer – ist diese Erwartung ein Stolperstein geworden. Ihr Widerstand gegen dieses traditionelle Motiv ist durchaus berechtigt. Das triumphalistische christliche Denken hat die Offenbarung Jesu an die Juden am Ende der Zeiten als eine Negation der jüdischen historischen Erfahrung dargestellt. In einem solchen Schema ist der den Juden offenbarte Jesus der König der Nicht-Juden, und die jüdische „Bekehrung zum Christentum" bedeutet die Entjudung der Juden.[18]

Wenn Jesus der historische, gegenwärtige und zukünftige König der Juden ist, dann wird die eschatologische Enthüllung dieses Geheimnisses die historische Erfahrung *sowohl* des jüdischen Volkes *als auch* der Kirche herausfordern, züchtigen, läutern und vollenden. Sie wird die gegenseitige Abhängigkeit offenbaren, die beide beharrlich bestritten haben. Sie wird dies tun, indem sie der Kirche der Nicht-Juden offenbart, dass ihr Herr in erster Linie der König *der Juden* ist, und indem sie den Juden bekannt macht, dass der Name ihres Königs *Jeschua HaNotzri*, Jesus von Nazareth, war, ist und für immer sein wird.

---

[18] Zur Erörterung der eschatologischen „Bekehrung der Juden" siehe meinen zweiten Artikel in diesem Band: Mark S. KINZER, *Post-substitutionstheologische Eschatologie. Jesus auf dem Ölberg willkommen heißen.*

Im Kontext einer solchen eschatologischen König-der-Juden-Christologie legen die jüdischen Jünger Jesu nicht nur Zeugnis von der gegenseitigen Abhängigkeit von Israel und der Kirche ab. Wie Johannes der Täufer bezeugen wir den Kommenden, der als König der Juden beide Gemeinschaften herausfordert. Doch als eben dieser König ist er auch derjenige, der die Wahrheiten erfüllt, die von jeder der beiden Traditionen gehütet und geschätzt werden, und der die Sehnsucht eines jeden Herzens stillt. Möge er bald, schnell und zu unserer Zeit kommen!

Aus dem Englischen übersetzt von Johannes Cornides und Martin Rösch.

Der eschatologische König für das eine Volk aus Juden und Heiden
Antwort auf Mark S. Kinzer

Bernard Mallmann

Das „jüdische Fleisch", das für Karl Barth eine historisch entscheidende Kategorie Jesu ist,[1] ist für Mark Kinzer ebenso entscheidend für den verklärten Christus. Das jüdische Fleisch hat bleibende Bedeutung in der Verklärung. Mark Kinzer versieht die Rückfrage nach dem historischen Jesus mit einer eschatologischen Ausrichtung. Um seine These zu halten, muss Kinzer eine starke Kontinuität von Schöpfungsordnung und Erlösungsordnung annehmen. Hierin liegt bereits ein wichtiger Hinweis: Christliche Theologie, insbesondere eine Christologie hat mit den Gedanken von Kinzer den schmerzenden Stachel im eigenen Fleisch, nicht der markionitischen Versuchung zu erliegen, die Protologie von der Eschatologie abzukoppeln, sondern beide jeweils vom eigentlichen Zentrum der Christologie her zu denken,[2] und die kanonische Einheit von Altem und Neuem Testament zu bekräftigen.[3] Nur wenn die Zweieinheit der

---

[1] Vgl. Karl BARTH, *Kirchliche Dogmatik* IV/1: Die Lehre von der Versöhnung, Zürich – Zollikon 1953, 181: „Das Wort wurde – nicht ‚Fleisch', Mensch, erniedrigter und leidender Mensch in irgendeiner Allgemeinheit, sondern jüdisches Fleisch". Dazu Helmut HOPING, *Jesus aus Galiläa. Messias und Gottes Sohn*, Freiburg i. Br. 2019; Jan-Heiner TÜCK, *Beschneidung Jesu. Ein Zeichen gegen die latente Israelvergessenheit der Kirche*, in: DERS. (Hg.), *Beschneidung Jesu. Was sie Juden und Christen heute bedeutet*. Mit einem Geleitwort von Walter Kardinal Kasper, Freiburg i. Br. 2020, 27–61.
[2] Selbst das Johannesevangelium unterstreicht eine antimarkionitische und gnostische Lesart, wenn es schreibt: „mein Reich ist nicht *von* dieser Welt (ἐκ τοῦ κόσμου)" (Joh 18,36). Gnostische Schriften wie die Pilatus-Akten schreiben „mein Reich ist nicht *in* dieser Welt", was eine Trennung der Welt und des Reiches Christi impliziert. Vgl. dazu Igance de la POTTERIE S.J., *Die Passion nach Johannes. Der Text und sein Geist*, übers. von Hans Urs von BALTHASAR, Einsiedeln 1987, 71.
[3] Zur kanonischen Einheit von Altem und Neuem Testament siehe Bernard MALLMANN, *Dekanonisierung des Alten Testaments? Rückfragen an Notger*

christlichen Bibel in ihrem theologischen Sinn ernst genommen wird, gewinnt die These, dass Jesus nicht nur der König der Juden war, sondern auch als Erhöhter bleibend ist, an Plausibilität.

Was der Kreuzestitel Jesu historisch sagt,[4] verweist in der historischen Rückschau auf die Sendung Jesu. Wie der Königstitel ein gegenseitiger Beziehungsbegriff von König und Volk ist, so ist der Sendungsbegriff nur als Relation zu verstehen. Als Realsymbol des himmlischen Vaters versteht Jesus seine Sendung zuerst zu den „verlorenen Schafen aus dem Hauses Israel" (Mt 10,6); seine Sendung ist Ausdruck der Proexistenz Jesu, die ihren Ausgang in der Sendung „für das Volk Israel" hat und worin er seine Vollmacht als Messias zeigt.[5] Weil in ihm wahre Gottheit und wahre Menschheit zusammenkommen, kann er den Vater offenbaren, um seine Herde zu

---

Slenczka aus Sicht katholischer Theologie (SSthS 57), Würzburg 2021, besonders 304–507.

[4] Zur Historizität des Kreuzestitels siehe Martin HENGEL, *Jesus der Messias Israels*, in: DERS. – Anna Maria SCHWEMER (Hg.), *Der messianische Anspruch Jesu und die Anfänge der Christologie. Vier Studien* (WUNT 138), Tübingen 2001, 1–80, 48–60. Des Weiteren siehe Igance de la POTTERIE S.J., *Die Passion nach Johannes* (s. Anm. 2), 61–89; Klaus BERGER, *Wozu ist Jesus am Kreuz gestorben?*, Gütersloh 1998, 14–17.

[5] Vgl. Thomas SÖDING, „Für das Volk". *Die Sendung Jesu und die Hoffnung Israels*, in: Helmut HOPING – Jan-Heiner TÜCK (Hg.), *Streitfall Christologie. Vergewisserungen nach der Shoah* (QD 214), Freiburg i. Br. 2005, 73–124. Gerhard Lohfink zeigt, dass es gerade dem lukanischen Doppelwerk um nichts anderes geht, als um die Sammlung des Volkes Israel. Die einzelnen Zuhörergruppen, der Tempel und Einzelpersonen dienen als Repräsentanten des gesamten Volkes, dem die Botschaft und Lehre Jesu gilt. Hierbei ist eine Kontinuität der vorösterlichen Hörer Jesu zur nachösterlichen Gemeinde gegeben. Vgl. DERS., *Die Sammlung Israels. Untersuchung zur lukanischen Ekklesiologie* (SANT 39), München 1975. Die Kirche entsteht damit aus dem Volk Gottes. So führt Lukas die Kirche erst mit Apg 5 ein. Vgl. ebd. 56: „Die Kirche ist für Lukas nicht eine Größe, die am Pfingsttag einfachhin da ist, sondern eine Wirklichkeit, die erst noch entstehen muß und die erst in dem Augenblick wirklich entstanden ist, als sich ein großer Teil Israels um die Apostel und Jünger Jesu gesammelt hat." Mit der Stephanusperikope tritt dann die Scheidung zwischen dem gläubigen Israel als Kirche und dem ungläubigen Israel als Judentum zutage. Erst danach überträgt Lukas den Begriff des λαός auf die Kirche. So wie sich Gott im Alten Testament sein Volk geschaffen hat, so wird parallel dazu die Kirche aus den Heidenchristen von Gott neu geschaffen (vgl. Apg 18). Aber: „Im Sinne des Lukas muß man wohl sogar so formulieren: *das wahre Israel ist erst dann erreicht, wenn die Heiden in die Gemeinschaft des Gottesvolkes eingebracht worden sind. Das heißt aber: Es gibt nur einen* λαός, dieser ist zugleich der nach Pfingsten gesammelte λαός ἐξ Ἰουδαίων

sammeln. In der Sendung Jesu kommt daher nichts anders zum Ausdruck als die absolute Theozentrik seines Wesens, welche ihn als den Messias Gottes legitimiert. Eine Sendungschristologie hat als Kern die Theozentrik, indem seine Proexistenz nochmals doppelt gedeutet werden kann: Das *„für das Volk"* ist zusammenzudenken mit der Ausrichtung Jesu *„für Gott"*. Das *homoousios* der Gottheit muss jedoch auch dem *homoousios* der Menschheit nach gelten, wenn sein historisches Leben als offenbarendes Realsymbol verstanden werden soll. Nur in dieser doppelten Gleichwesentlichkeit kann seine Sendung als das Königtum für die Juden verstanden werden. Hierin hat es als *signum rememorativum, demonstrativum* und *prognosticum*[6] Bedeutung für das Judentum sowie für das Christentum. Mark Kinzer weist mit Jean-Marie Lustiger immer wieder darauf hin, dass Jesus als Jude das ganze Volk Israel verkörpert.[7] In seinem Leben als der verborgene und offenbarte König der Juden realisiert er die Berufung, die Israel gegeben und verheißen ist. Er verkörpert das Leben und die Verheißungsgeschichte, ohne dabei vom Willen Gottes, wie er Ausdruck in der Tora findet, abzufallen. Sein Königtum kann weiter als eine Art *recapitulatio* der Geschichte Israels gedeutet werden, das dem Königtum JHWHs entspricht, das er für sein Volk errichten möchte *(rememorativum)*. Als gegenwärtiges Zeichen *(demonstrativum)* verwirklicht sich die jesuanische Königsherrschaft darin, dass die partikulare Erwählung Israels immer einen universalen Auftrag in sich trägt. Wenn Jesus im Johannesevangelium bekennt, dass sein Reich nicht von dieser Welt ist (vgl. Joh 18,36), dann ist damit angedeutet, dass Altes *und* Neues Testament einen Verheißungsüberschuss in sich tragen, der noch auf die endgültige Erfüllung des Reiches Gottes wartet *(prognosticum)*. Die Offenbarung des Vaters in der Sendung des Sohnes ist jedoch nicht ein Handeln außerhalb der Erwählung und der Verheißung Israels, sondern kann, wenn der Sohn wirklich den Vater offenbart, nur in der Bundesgeschichte Israels gedacht werden. Der Sohn offenbart keinen zweiten Bund Gottes, der neben dem Bund mit dem erwählten Volk Bestand haben soll.

---

und der in der Folgezeit hinzukommende λαός ἐξ ἐθνῶν" (ebd. 60; Hervorhebung im Original).
[6] Zur Terminologie vgl. THOMAS V. AQUIN, ST III\u1d43, 60, 3, über die Vergangenheit, Gegenwart und Zukunft umgreifende Konzeption der Sakramente.
[7] Vgl. Mark S. KINZER, *Searching Her Own Mystery. Nostra Aetate, the Jewish People, and the Identity of the Church*, Eugene 2015, 12–16.

Jesus als König der Juden ist derjenige, der zutiefst in der Bundesgeschichte Israels verwurzelt ist und sich mit der Verheißung Gottes in seiner Sendung identifiziert: Jesus, der König der Juden, ist in seinem Leben die Konkretion der Bundesgeschichte Gottes mit den Menschen und die eschatologische Offenbarung, dass Gott seiner Verheißung treu ist und sie erfüllen wird.[8] Damit ist jeder Juden-Mission der theologische Grund entzogen. Die einzige Mission zum Judentum ist die Sendung des Sohnes zum Volk Gottes, das er sich auserwählt hat, um mit ihm seinen Bund zu schließen, einen Bund jedoch, in dem Israel und die Völker gesammelt sind.[9] Das Judentum glaubt an den Gott, für den der König der Juden in Wahrheit Zeugnis ablegen will. Darum kann es mit dem Judentum nur den Dialog um τὸν λόγον τοῦ θεοῦ geben, der als Inhalt seiner Sendung die Bestätigung des Bundes für Israel hat.

Jean-Marie Lustiger verdeutlicht dies am Königtum Jesu. Dabei erinnert er daran, dass die Königswürde Jesu nicht erst am Kreuz zugesprochen wird, sondern bereits in der Erzählung der „Huldigung der Sterndeuter" (Mt 2,1–12), die nach dem „neugeborenen König der Juden" fragen. Der ehemalige Pariser Kardinal, Jude und Katholik, liest die Perikope in der Logik der Gegenüberstellung von Jesus als König und Herodes als König. Jesus ist der eigentliche König Israels, nicht Herodes, der sich als vermeintlicher König Israels ausgibt und die Sendung Jesu nicht anerkennt. „Die Sünde des Herodes ist" – so Lustiger – „die Ablehnung der Erwählung Israels, um sich ihrer zu bemächtigen und sich an ihre Stelle zu setzen. Der von Gott geschenkte König ist sein Feind; Herodes ist der, der sich selbst zum König einsetzt und sich die Stelle Gottes über das Volk an-

---

[8] Mark S. Kinzer unterstreicht, dass Jesus nicht die Bundesgeschichte Israels ersetzt, sondern wirklich realisiert, was er an der Taufe Jesu im Jordan aufzeigt. Vgl. ebd., 95–99.

[9] Vgl. hierzu Christian RUTISHAUSER, *Christian Mission to the Jews Revisited: Exploring the Logic of the Vatican Document „The Gifts and Calling of God are Irrevocable"*, SCJR 14 (2019/1) 1–16. Siehe auch DERS., *„Ungekündigter Alter Bund" und „Heil für alle Völker in Christus" – Katholische Glaubenssätze im Widerspruch?*, in: DERS., *Christlichen Glauben denken. Im Dialog mit der jüdischen Tradition* (Forum Christen und Juden 15), Wien 2016, 93–109, 99: „Der eine Gott vom Berg Sinai lässt seinen jüdischen Messias zum Licht und Heil der Welt werden und ermöglicht es durch die Ausgießung des Heiligen Geistes den gottesfürchtigen Heiden, ebenfalls in den Bund mit Gott einzutreten. Es soll ein Bund in Christus, ein Volk aus Juden und Heiden entstehen".

maßt."[10] Die Sünde des Heidentums, in die auch das christliche Bekenntnis zurückfallen kann, ist die Verneinung der Erwählung Israels, in der Jesus nicht nur lebt, sondern zugleich Realsymbol dieser Erwählung ist. Der Glaube an Jesus als den Christus muss daher die Achtung vor der bleibenden und gegebenen Erwählung Israels einschließen. Jesus ist der von Gott eingesetzte und bestätigte König, der diese Erwählung lebt, öffnet und bestätigt. Für das Christentum kann das bedeuten, die Substitutionstheologie nicht nur selbstkritisch aufzuarbeiten, sondern auch „strukturelle Substitutionsgedanken"[11] in allen theologischen Traktaten zu revidieren und die bleibende Bedeutung des jüdischen Fleisches Jesu klar zu benennen.

Das Bekenntnis zu Jesus als dem „König der Juden" hat zudem *ekklesiologische* Konsequenzen. Nimmt man den Titel „König der Juden" theologisch ernst, dann hat Kirche den Auftrag, die Königsherrschaft Gottes kenotisch zu bezeugen. Eine Ekklesiologie ist damit kenotisch durchzubuchstabieren, indem sich die Kirche in die Sendung des Königtums Jesu einfügen lässt, in der die Königsherrschaft Gottes zum Durchbruch kommt.[12] Das zweite Vatikanische Konzil beschreibt in der Konstitution über die Kirche *Lumen gentium* 8 das Verhältnis der Kirche Jesu Christi zur katholischen Kirche mit ‚subsistit in – ist verwirklicht in'. Damit ist eine starre, vollständige Identifikation ausgeschlossen, wie sie noch in der Enzyklika *Mystici Corporis* Pius' XII. mit ‚est' festgeschrieben war, und der Kirchenbegriff geweitet. Der privative Begriff ‚subsistit in' weitet die Kirche Jesu Christi und entzieht sie einer usurpativen Vereinnahmung.[13] Analog dazu wird das Königtum Jesu auch in der Analogie dieser „einen einzigen komplexen Wirklichkeit" (vgl. LG 8) gedeutet werden müs-

---

[10] Jean-Marie LUSTIGER, *Die Verheißung. Vom Alten zum Neuen Bund*, Augsburg 2003, 47. Zur Deutung von Mt 2,1–12 siehe ebd. 46–54.
[11] R. Kendall SOULEN, *The God of Israel and Christian Theology*, Minneapolis 1996, 31–32.
[12] Vgl. Martin HENGEL, „Jesus der Messias Israels" (s. Anm. 4), 58: „Jesus ist für ihn [den Evangelisten Johannes; *Anm. d. Verf.*] dabei – viel mehr als bei Markus – nicht nur Menschensohn und Messias, sondern zugleich als solcher der wahre ‚König des Gottesvolkes Israel' [Joh 1,49; 12,13; vgl. auch 11,52], d.h., der vom Vater in die Welt gesandte gottgleiche Sohn. Die Königsherrschaft Gottes und die Christi fallen bei ihm daher zusammen: Sie sind identisch [Joh 3,35; 18,35 f.]".
[13] Vgl. Jan-Heiner TÜCK, *Römisches Monopol? Der Streit um die Einheit der Kirche* (Theologie kontrovers), Freiburg i. Br. 2008.

sen. Das Königtum Jesu wird nicht in einem sichtbaren Volk des Judentums oder des Christentums bestehen, sondern im Zusammensein beider Größen. Allerdings ist das Königtum Jesu als „eine einzige komplexe Wirklichkeit" selbst nochmals dahingehend zu relativieren, dass es sich nicht einzig auf das Judentum oder das Christentum oder auf beide Größen beschränken wird. LG 8 führt dazu die christologische „nicht unbedeutende Analogie" ein. Wie in Jesus Christus göttliche und menschliche Natur zusammenkommen, so darf als Kirche das Zusammensein von „irdischer Kirche und mit himmlischen Gaben beschenkte Kirche" aufgefasst werden. Das Königtum Jesu, „das nicht von dieser Welt ist" (Joh 18,36), ist auch geschichtlich „eine einzige komplexe Wirklichkeit", in der Judentum und Christentum zusammenkommen. Dies wird jedoch nur als ein Zusammenstehen im Sinne des „ungetrennt und unvermischt" zu deuten sein. Es ist die Wirklichkeit des Königs der Juden, „der die beiden Teile vereinigte und die trennende Wand der Feindschaft in seinem Fleisch niederriss" (Eph 2,14). Es bleibt damit aber noch die offene Frage, was die *ecclesia ex circumcisione* in ihrer Verbindung zur *ecclesia ex gentibus* genau besagt, und welchen ekklesiologischen Ort sie einnehmen kann, ohne das Judentum ekklesiologisch zu vereinnahmen.[14] Das Königtum Jesu, das nicht deckungsgleich mit der Kirche ist, ist in der Person Jesu als König der Juden das geistige Band zwischen Judentum und Christentum.[15]

---

[14] Vgl. Mark S. KINZER, *Postmissionary Messianic Judaism. Redefining Christian Engagement with the Jewish People*, Grand Rapids 2005, 151–179.

[15] Vgl. Mark S. KINZER, *Searching Her Own Mystery* (s. Anm. 7), 18: „Jesus himself – the Messiah of Israel and the individual embodiment of the Jewish people – is the fundamental spiritual bond linking the Church to the Jewish people". Siehe auch Christian RUTISHAUSER, „Katholische Glaubenssätze im Widerspruch?" (s. Anm. 9), 99–100: „Der jüdische Messias ist zur Brücke zwischen Juden und Heiden geworden, und so erkennen die neutestamentlichen Schriften Jesus in einer doppelten Funktion: Einerseits ist er der König der Juden, der den Heilsweg der Juden zur Fülle und zum Ziel bringt (Mt 5,18f.; Passionsgeschichten). […] Andererseits wird der jüdische Messianismus, ein Endzeitphänomen, im Neuen Testament in einem dialektischen Umschwung zur Christologie der Urkirche aus dem Heidentum und zum Ausgangspunkt des neuen Bundes für die Völker. So wird Jesus Christus als Inkarnation des jüdischen Heilswegs durch den geheimnisvollen Übergang von Juden zu Heiden, von Tod zu Auferstehung zum universalen Heil für alle Völker. Der jüdische Messianismus mutiert zur Christologie der Kirche. Was aus jüdischer Perspektive als Ende der Zeit und Erfüllung des Gesetzes erscheint, wird aus christ-

Entscheidend ist, in welchem Verhältnis das Königtum Jesu zum alttestamentlichen Königtum JHWHs steht. Wird hier von zwei verschiedenen Herrschaften gesprochen oder ist das Königtum Jesu in das Königtum JHWHs integriert oder wird letzteres sogar vom ersterem repräsentiert und geschichtlich konkretisiert? Für das rabbinische Judentum ist das Reich Gottes gegenwärtig im Beten des *Schma Jisrael*.[16] Der Beter öffnet sich für das Reich Gottes und konkretisiert es im Tun der Tora, wodurch JHWH in seinem Volk gegenwärtig wird. Aber dennoch bleibt die Erwartung, dass sich dieses Reich universalisieren und auf die gesamte Schöpfung ausstrecken wird. Das Königtum Jesu wird dahingehend zu lesen sein, dass es in einer einmaligen Weise das Königtum JHWHs verdeutlicht und zugleich endgültig eschatologisch universalisiert. Am Kreuz vollzieht Jesus konkret den Gehorsam gegenüber der Tora, indem sich hier die Gottes- und Nächstenliebe als Inhalt seiner Sendung offenbart. Durch seine Proexistenz am Kreuz für alle Menschen öffnet er das Reich Gottes für alle Menschen. Die βασιλεία Christi in Joh 18,36 darf allerdings nicht mit der βασιλεία τοῦ θεοῦ der synoptischen Tradition gleichgesetzt werden,[17] sondern weist eine eschatologisch-sakramentale Ausrichtung aus. Seine Herrschaft wird für die sein, die er in „Geist und Wahrheit" (vgl. Joh 4,23 f.) sammelt. Der johanneische Inkarnationsgedanke vollendet sich am Kreuz und ist das „in Christus" universalisierte Moment der Geschichte.

Der Glaube an Jesus als den König der Juden ist ein eschatologischer Glaube und als solcher ist er messianisch geprägt. Die entscheidende und bleibende Frage ist dann jedoch, ob eschatologisch gesehen das ganze Judentum Jesus als ihren König bekennen wird. Mark Kinzer zitiert dazu ein Wort von Robert W. Jenson:

„Can there be a present body of the risen Jew, Jesus of Nazareth, in which the lineage of Abraham and Sarah so vanishes into a congregation of gentiles as it does in the church? My final – and perhaps most radical – suggestion to

---

licher Perspektive zum Anfang und Ursprung einer neuen Bundesgeschichte für die Völker in der Kirche". Auch Rudolf PESCH, *Gott ist gegenwärtig. Die Versammlung des Volkes Gottes in Synagoge und Kirche*, Augsburg 2006, 96.
[16] Vgl. dazu Hanspeter ERNST, *Reich Gottes im rabbinischen Judentum. Gegenwärtig in Israel und zukünftig in der Welt*, in: BuK 62 (2007) 109–112.
[17] Vgl. Volker GÄCKLE, *Das Reich Gottes im Johannesevangelium*, in: DERS. (Hg.), *Das Reich Gottes im Neuen Testament. Auslegungen – Anfragen – Alternativen* (BTS 176), Göttingen 2018, 179–192.

Christian theology [...] is that [...] the embodiment of the risen Christ is whole only in the form of the church *and* an identifiable community of Abraham and Sarah's descendants. The church and the synagogue are together and only together the present availability to the world of the risen Jesus Christ."[18]

Judentum und Christentum warten gemeinsam auf das messianische Reich, das der kommende Messias heraufführt. Jesus als der König der Juden, der das Königtum JHWHs nicht nur vertritt, sondern inkarniert, öffnet als der dienende König das Reich für sein Volk. Das Bekenntnis, dass Jesu Herrschaft keine messianisch-irdische Theokratie meint, ist Ausdruck des strengen monotheistischen Glaubens Jesu, der die Grundlage jeder Christologie sein muss.[19] Der Glaube an Jesus, den König der Juden, ist der Glaube an den Gott der Verheißung: „Christusglaube ist konsequenter Gottesglaube."[20] In der Königsherrschaft, für die der Gottessohn einsteht, kommt es nicht zur Verbindung von Thron und Altar, ebenso wenig findet sie ihren Höhepunkt in der Vergöttlichung des politischen Herrschers. Für das johanneische Zeugnis von Jesus als den König der Juden ist er nicht nur ein Vorläufer und Künder dieses Gottesreiches, sondern er ist mit dieser Königsherrschaft verbunden, wie er und der Vater eins sind (vgl. Joh 10,30), so dass es die eine Herrschaft ist, die Vater und Sohn miteinander verbindet. Die Gottesherrschaft ist zwar nicht *von* dieser Welt, aber sie ist in der Welt, indem sie dort gegenwärtig wird. „In dem Maß, als die Menschen die Stimme des Hirten hören ([Joh] 10,3) oder, wie die Apokalypse sagt, ‚dem Lamme folgen, wohin immer es geht' ([Apk] 14,4), verwirklicht sich Christi Königtum in den Herzen der Seinen und sind sie ‚in der Wahrheit.'"[21] Das

---

[18] Robert W. JENSON, *Towards a Christian Theology of Judaism*, in: Carl E. BRAATEN – Robert W. JENSON (Hg.), *Jews and Christians: People of God*, Grand Rapids 2003, 1–13, 13 (Hervorhebung im Original). Vgl. auch Jürgen MOLTMANN, *Das Kommen Gottes. Eine christliche Eschatologie*, Sonderausgabe, Gütersloh 2016, 223: „Der gemeinsame Bezugspunkt der jüdischen und christlichen Hoffnungen ist die Ankunft des Messias in seinem messianischen Reich. Erst der *Parusiechristus* wird ‚ganz Israel' selig machen (Röm 11,26). Ganz Israels Annahme wird ‚Leben aus den Toten sein' (Röm 11,15 f.). Darum muß der Messias Israels der Auferstandene sein" (Hervorhebung im Original).
[19] Vgl. Christian RUTISHAUSER, *Katholische Glaubenssätze im Widerspruch?* (s. Anm. 9), 100.
[20] Thomas SÖDING, *„Für das Volk"* (s. Anm. 5), 102.
[21] Igance de la POTTERIE S.J., *Die Passion nach Johannes* (s. Anm. 2), 74–75. De la Potterie versteht jedoch das Sammeln der Schafe durch den Hirten Jesus als

Christentum ist damit in Solidarität zum Judentum gesetzt und die Kirche ist „zusammengebunden in einer messianischen Weggemeinschaft mit den Juden",[22] oder wie Jean-Marie Lustiger dies mit der „ungeschuldete[n] Gegenseitigkeit" ausdrückt.[23] Diese Dimension der „messianischen Weggemeinschaft" von Judentum und Christentum wird das Christkönigsfest, das das eschatologische Königtum Jesu liturgisch erinnert, verstärkt in den Blick nehmen müssen.[24] Wenn die liturgischen Texte davon sprechen, dass Christus der König der ganzen Schöpfung ist, zugleich auch Haupt der neuen Schöpfung, dann unterstreicht dies den relativen Charakter des Königtums Jesu auf die eschatologische Vollendung.[25] Die Christologie des Kö-

---

die Absetzung der Kirche von der Synagoge. Hier zeigt sich die Folge eines „structural supersessionism" (vgl. R. Kendall SOULEN, *The God of Israel and Christian Theology*, Minneapolis 1996, 31-32), indem hierbei das Erbe Israels in der theologischen Struktur der Überlegungen nicht gewürdigt wird.

[22] Erich ZENGER, *Das Erste Testament als Herausforderung christlicher Liturgie*, in: Georg STEINS (Hg.), *Leseordnung. Altes und Neues Testament in der Liturgie*, Stuttgart 1997, 11-28, 28. Christian Rutishauser bezeichnet das Verhältnis von Judentum und Christentum als „ein doppeltes Gottesvolk von einer dialogischen Existenz" (*Katholische Glaubenssätze im Widerspruch?* [s. Anm. 9], 109).

[23] Vgl. Jean-Marie LUSTIGER, *Verheißung* (s. Anm. 10), 113-116, hier 115-116: „Die Heiden müssen in Jesus die Israel geschenkte Gnade erkennen, weil sie daran Anteil haben, und Israel muß die Hoffnung empfangen, die in den Wundern angezeigt wird, die Gott bei den Heiden wirkt. So empfängt einer vom anderen das Zeugnis der ungeschuldeten Gnade, die ihm zuteil wird. Dieses gegenseitige Erkennen, diese ungeschuldete Gegenseitigkeit, das ist der Gegenstand unserer Hoffnung".

[24] Vgl. dazu Regina WILDGRUBER, *Sackgasse oder Spur messianischer Weggemeinschaft? Der Christkönigssonntag im Lesejahr B*, in: BL 82 (2009) 45-55. Zum Christkönigsfest siehe: Christoph JOOSTEN, *Das Christkönigsfest. Liturgie im Spannungsfeld zwischen Frömmigkeit und Politik* (PiLi 12), Tübingen – Basel 2002.

[25] Vgl. Maria NEUBRAND, *„Ein Volk aus Nichtjuden" (Apg 15,14). Die bleibende Erwählung Israels und die Erwählung aus den Völkern im lukanischen Doppelwerk*, in: Hubert FRANKENMÖLLE – Josef WOHLMUTH (Hg.), *Das Heil der Anderen. Problemfeld: „Judenmission"* (QD 238), Freiburg i. Br. 2010, 289-310, 308-310: „Die endgültige Errichtung der davidisch-messianischen Königsherrschaft gehört zur jüdisch-christlichen Zukunftshoffnung. Denn zwar ist nach dem neutestamentlichen Zeugnis Jesus durch seine Auferweckung und Erhöhung als davidischer Messias gültig bestätigt und in seine Herrschaft eingesetzt (vgl. Apg 2,29-36; Röm 1,3f.), doch steht bis zu seiner Wiederkehr die endgültige Errichtung der erhofften messianischen Herrschaft und mit ihr das Reich Gottes ‚bis an die Grenze der Erde' noch aus (vgl. Apg 1,6; 3,21)" (308).

nigs Jesu wird nur dort ihrer Brisanz als König der Juden gerecht, wenn dieses Königtum auf die Theozentrik der Vollendung hin gelesen wird. Die Königsherrschaft Gottes ist die Königsherrschaft Jesu, die der jüdische Messias Jesu endgültig errichtet hat,[26] und zu der die „messianische Weggemeinschaft" hin unterwegs ist.

---

[26] Vgl. Martin HENGEL, „Jesus der Messias Israels" (s. Anm. 4), 60: „Wer jeden messianischen Anspruch Jesu leugnet, kann die Hinrichtung Jesu so wenig historisch befriedigend klären wie die Entstehung der frühen Christologie und die massive Übertragung des Messiastitels auf den Auferstandenen, ein Titel, der so sehr mit seiner Person verbunden wurde, daß er rasch zum Eigennamen wurde und den Christen ca. zehn Jahre später ihren bis heute gültigen Namen gab".

Bilaterale Ekklesiologie

Verbunden in Verschiedenheit
Pluralität als Wesensmerkmal frühchristlicher Ekklesiologie

Thomas Schumacher

1. Einleitung und Problemaufriss

Die Einsicht, dass die Wurzeln des Christentums im Judentum zu suchen sind und dass sich dementsprechend die Ursprünge des Christentums nur vor ihrem jüdischen Hintergrund adäquat deuten und einordnen lassen, kann in der theologischen Reflexion inzwischen als Selbstverständlichkeit gelten. Desungeachtet erweist sich ein Nachvollzug der historischen Entwicklung des Herauslösungsprozesses des Christentums aus dem Judentum als höchst komplexe Aufgabe. Die mit dieser Frage verbundenen Problemstellungen werden mittlerweile unter dem Schlagwort „Parting of the ways" subsummiert und diskutiert, doch dass sich in diesem Bereich schon ein klarer Konsens hinsichtlich einer Beschreibung und Einordnung der fraglichen Prozesse etabliert hätte, kann kaum behauptet werden.

Wie immer diese Prozesse aber ausgesehen haben mögen, eine Konsequenz der Herauslösung des Christentums aus dem Judentum ist rückblickend unübersehbar: Wenn man nach der Wahrnehmung des Verhältnisses dieser beiden Religionen in der abendländischen Kirchen- und Theologiegeschichte fragt, dann ist eine binäre Gegenüberstellung das vorherrschende Deuteparadigma. Judentum und Christentum werden gängig als zwei eindeutig voneinander abgegrenzte monotheistische Religionssysteme betrachtet, die sich trotz eines gewissen verbindenden Grundbestandes in Überlieferung und Glaubensüberzeugungen doch fundamental voneinander unterscheiden, und zwar insbesondere in einer wesentlichen Hinsicht: Während ein Messiasbekenntnis im Blick auf die Person Jesu von Nazareth in der christlichen Tradition zum Bestand identitätsrelevanter Kernüberzeugungen zählt, kommt Jesus im jüdischen Kontext meistens eher die Rolle einer prophetischen Gestalt zu.[1] Das

---

[1] Zur jüdischen Jesus-Perspektive vgl. exemplarisch Walter HOMOLKA, *Der Jude*

Bekenntnis zu Jesus als dem Messias fungiert dieser klassischen Deutung zufolge als trennscharfer *identity marker*, sodass auf den Übergang zwischen Judentum und Christentum das Konzept einer Konversion, eines bewusst vollzogenen Religionswechsels also, anwendbar wird.

Dieses binäre Denkschema bestimmte die theologischen Reflexionen über Jahrhunderte hinweg und fand auch auf die Deutung der frühkirchlichen Entwicklungen Anwendung. Paradigmatisch lässt sich das anhand der Biographie des Paulus illustrieren, in die mit der verbreiteten Deutung seiner Durchbruchserfahrung vor Damaskus als Konversionsshift das Binaritätsmodell eingetragen wird. Es ist letztlich eine Absage an die jüdische Tradition und eine Zuwendung zum Christentum, die in der Christophanie des Paulus und seiner Hinwendung zu einer Christusbeziehung gesehen werden – eine Deutung, die in der katholischen Tradition Ausdruck und Nachhall in der Feier der *Bekehrung* Pauli gefunden hat und aus der sich eine Paulusrezeption speist, die auch in die Deutung seiner Schriften ein binäres Modell der Gegenüberstellung von Christentum und Judentum hineinträgt.

Wenn es nun aber darum geht, dem gegenwärtig erstarkenden und stärker ins theologische Bewusstsein rückenden Phänomen des messianischen Judentums konzeptionell gerecht zu werden, dann erweist sich das binäre Paradigma als gänzlich ungeeignet. Denn im Selbstverständnis der jüdisch-messianischen Strömung verbindet sich jüdische Identität mit dem Bekenntnis zur Messianität Jesu Christi – eine Konstellation, die das binäre Wahrnehmungsschema sprengt. Insofern ist diese Bewegung durchaus als theologische Herausforderung zu bewerten, die die Notwendigkeit impliziert, klassische Deutungsmuster auf den Prüfstand zu stellen.

Gewiss: Grundsätzliche Anfragen gegenüber einer christlichen Identitätskonstruktion, die über die Abgrenzung vom Judentum erfolgt, verbinden sich ideengeschichtlich bereits mit den Ansätzen der historischen Jesusforschung, die seit ihren Anfängen die hermeneutische Berücksichtigung des jüdischen Verstehenskontextes und der jüdischen Identität Jesu einfordert[2] und deren diesbezügliche Postu-

---

Jesus – Eine Heimholung. Mit einem Geleitwort von Jan-Heiner Tück, Freiburg i. Br. 2020.
[2] Vgl. hierzu bereits Hermann Samuel Reimarus: „Uebrigens war er ein ge-

late inzwischen gemeinhin affirmativ rezipiert werden. Damit wird trotz der christologischen Differenzen, die Christentum und nichtmessianisches Judentum voneinander scheiden, der historische Jesus selbst zum Bindeglied in die jüdische Tradition. Eine analoge Verhältnisbestimmung lässt sich inzwischen auch in der Paulusforschung ausmachen: Hier geht der Durchbruch wesentlich zurück auf die so genannte „New Perspective on Paul"[3], die Paulus auch nach der Damaskuserfahrung bleibend dem Judentum zurechnet und eine Konversionsdeutung grundsätzlich infrage stellt. Im Licht der einschlägigen Überlegungen und Erkenntnisse hat sich inzwischen, nicht zuletzt in der „Paul within Judaism"-Debatte[4], deutlich gezeigt, dass das ältere binäre Verstehensmodell nicht hinreichte, um die Textphänomene angemessen zu erklären, sondern vielmehr nicht selten eine verzerrende Auslegung neutestamentlicher Schriften und eine falsche Perspektive auf das Judentum im Gefolge hatte.

Zur Vermeidung entsprechender hermeneutischer Kurzschlüsse in der Textauslegung ist es daher von zentraler Bedeutung, bei der Auslegung der neutestamentlichen Schriften die Tatsache im Blick zu behalten, dass frühchristliche Identitätskonstruktionen als höchst plurale Gebilde zu begreifen sind – und diese Beobachtung dürfte

---

bohrner Jude und wollte es auch bleiben: er bezeuget er sey nicht kommen das Gesetz abzuschaffen, sondern zu erfüllen: er weiset nur, daß das hauptsächlichste im Gesetze nicht auf die äusserlichen Dinge ankäme" (ANONYM, *Von dem Zwecke Jesu und seiner Jünger. Noch ein Fragment des Wolfenbüttelschen Ungenannten*, hg. von Gotthold Ephraim Lessing, Braunschweig 1778, 19–20).

[3] Zur forschungsgeschichtlichen Einordnung vgl. exemplarisch Christian STRECKER, *Paulus aus einer „neuen Perspektive". Der Paradigmenwechsel in der jüngeren Paulusforschung*, in: KuI 11 (1996) 3–18; Michael WOLTER, *Eine neue paulinische Perspektive*, in: ZNT 14 (2004) 2–9; Michael BACHMANN (Hg.), *Lutherische und Neue Paulusperspektive. Beiträge zu einem Schlüsselproblem der gegenwärtigen exegetischen Diskussion* (WUNT 182), Tübingen 2005; Stefan SCHREIBER, *Paulus und die Tradition. Zur Hermeneutik der „Rechtfertigung" in neuer Perspektive*, in: ThRv 105 (2009) 92–102; Christine GERBER, *Blicke auf Paulus. Die New Perspective on Paul in der jüngeren Diskussion*, in: VF 55 (2010) 45–60.

[4] Vgl. exemplarisch Mark D. NANOS – Magnus ZETTERHOLM (Hg.), *Paul within Judaism: Restoring the First-Century Context to the Apostle*, Minneapolis (MN) 2015; John M. G. BARCLAY, *Paul, Judaism, and the Jewish People*, in: Stephen WESTERHOLM (Hg.), *The Blackwell Companion to Paul*, Chichester 2011, 188–201; Kathy EHRENSPERGER, *Die ‚Paul within Judaism'-Perspektive. Eine Übersicht*, in: EvTh 80 (2020) 455–464; Kathy EHRENSPERGER, *Paulus und die Völker – Aspekte der „Paul within Judaism"-Perspektive*, in: KuI 35 (2020) 118–131.

auch angesichts des messianischen Judentums von theologischem und exegetischem Interesse sein. Blickt man nun in das paulinische Schrifttum, also in die ältesten Texte einer vom Christusbekenntnis geprägten religiösen Tradition, so erweist sich rasch, dass die benannte Pluralität ein Grundzug der frühen Christusbewegung ist. Denn Paulus nimmt auch nach Damaskus ganz selbstverständlich eine jüdische Identität für sich in Anspruch und ist darin repräsentativ für andere christusgläubige Juden, während gemäß der paulinischen Tradition nichtjüdische Christusgläubige ihrerseits keine Konversion zum Judentum vollziehen, auch wenn sie sich in konversionsartiger Weise aus ihrer paganen Herkunftsreligiosität herauslösen.

Insofern ist die im exegetischen Diskurs etablierte stereotype Rede von „Judenchristen" und „Heidenchristen" als problematisch zu bewerten, da sie eine Parallelität des jeweiligen Eintretens in die Christusbeziehung und der daraus resultierenden Konsequenzen für die Herkunftsreligion und zugleich eine ekklesiologische Homogenität insinuiert. Begrifflich deutlich adäquater wäre es, von „christusgläubigen Juden" und „Christusgläubigen *aus* den Völkern" zu sprechen und damit die skizzierte Differenz bzw. die Pluralität innerhalb des frühen Christentums terminologisch zum Ausdruck zu bringen.[5] Und fraglos gilt es bei der Auslegung des paulinischen Schrifttums sehr genau im Blick zu behalten, dass Paulus sich primär an einen *nichtjüdischen* Adressatenkreis wendet und seine Positionen adressatenspezifisch formuliert. Es sind somit solche Textdeutungen zu ver-

---

[5] Diese Differenzierung dürfte auch für die Deutung des berühmten und im Kontext des messianischen Judentums immer wieder herangezogenen Mosaiks von der Eingangswand von Santa Sabina in Rom von Relevanz sein, auf dem die Personifikationen der *ekklesia ex circumcisione* und der *ekklesia ex gentibus* zueinander in Beziehung gesetzt sind; vgl. hierzu exemplarisch das Buchcover von Mark S. KINZER, *Searching Her Own Mystery: Nostra Aetate, the Jewish People, and the Identity of the Church. With a Foreword by Christoph Cardinal Schönborn*, Eugene (OR) 2015, sowie die Ausführungen zu dieser ikonographischen Konzeption bei Antoine LÉVY, *Wiederherstellung der Ecclesia ex Circumcisione?* im vorliegenden Sammelband. Denn wenn bei dieser Inschrift mittels der Präposition *ex* eine parallele Formulierung gewählt wird, dann spricht dies für einen Bruch den beide Ekklesien mit ihrer jeweiligen Herkunftsgröße, also Juden *(ex circumcisione)* und Völker *(ex gentibus)*. Darin aber spiegelt sich bereits eine markante Verschiebung gegenüber dem neutestamentlichen Befund, für den eine solche Parallelsetzung des jeweiligen religiösen Hintergrundes noch nicht zutrifft; vgl. hierzu auch Anm. 9 im vorliegenden Beitrag.

meiden, die unhinterfragt dieselben Maßstäbe, die er mit Blick auf nichtjüdische Christusgläubige formuliert, auf einen jüdischen Adressatenkreis übertragen. Insofern wird man auch im Blick auf das Neue Testament der frühchristlichen Pluralität weitaus stärker Rechnung zu tragen haben, als dies bisweilen geschieht.

2. Binnenchristliche Pluralität bei Paulus

Im Hinblick auf das paulinische Schrifttum lässt sich die besagte Pluralität in vielfältiger Weise erkennen; exemplarisch sei dies am Römerbrief illustriert, also an jenem Schreiben, das gemeinhin als Gesamtdarstellung der Theologie des Paulus bewertet wird. Bereits beim sogenannten Themavers dieses Schreibens, also in Röm 1,16–17, sticht die explizite Erwähnung von Juden und Nichtjuden als Adressaten des Evangeliums ins Auge, wobei der erstgenannten Gruppe, also den Juden, eine Vorrangstellung eingeräumt wird (Ἰουδαίῳ τε πρῶτον καὶ Ἕλληνι). Und diese Differenzierung scheint auch nach der Annahme des Evangeliums und einer positiven Zuwendung zu Jesus Christus weiterhin gegeben zu sein. In diesem Zusammenhang sei auch auf die Differenzierung zwischen διὰ πίστεως und ἐκ πίστεως in Röm 3,30 verwiesen (εἴπερ εἷς ὁ θεὸς ὃς δικαιώσει περιτομὴν ἐκ πίστεως καὶ ἀκροβυστίαν διὰ τῆς πίστεως), welche wohl weniger eine bloße sprachliche Varianz als eine gruppenspezifische – und insofern auch inhaltlich relevante – Unterscheidung darstellen dürfte.

In diese Richtung weist auch die Ölbaumparabel in Röm 11,16b–24, denn in diesem Textabschnitt findet sich die sprachliche Auffälligkeit, dass Paulus das Nomen „Zweige" (κλάδοι) gewissermaßen wie einen Ehrentitel und nur im Hinblick auf Juden verwendet, während er für Völkerchristen die etwas umständlich wirkende Formulierung „du, wilder Ölbaum seiend" (σὺ δὲ ἀγριέλαιος ὤν) benutzt.[6] Trotz des Glaubens an Christus, der christusgläubige Juden und Völkerchristen verbindet, werden beide Gruppierungen begrifflich klar

---

[6] Vgl. Thomas SCHUMACHER, *„Gott hat sein Volk nicht verstoßen!" (Röm 11,2). Anmerkungen zu den Substitutionsmotiven in Röm 9–11*, in: Stefan SCHREIBER – Thomas SCHUMACHER (Hg.), *Antijudaismen in der Exegese? Eine Diskussion 50 Jahre nach Nostra Aetate*, Freiburg i. Br. 2015, 232–277, bes. 255–257.261.

voneinander unterschieden. So entsteht der Eindruck, dass die jüdische Identität auch nach der Zuwendung zu Christus weiterhin gegeben ist, während für Nichtjuden das Eintreten in eine Christusrelation sehr viel stärker in der Kategorie einer Konversion gedacht zu werden scheint.

Dafür spricht zudem die Auffälligkeit, dass Paulus die Zuwendung von Juden zu Jesus Christus als ἐπίγνωσις (und eben nicht als γνῶσις), also als eine weiterführende, hinzutretende Erkenntnis qualifiziert, sodass die Christusbeziehung ganz offenbar nicht als Bruch mit der bisherigen jüdischen Identität gedeutet wird.[7] Den Vorgang einer Hinwendung von Nichtjuden zu Christus hingegen versteht Paulus deutlich stärker als Zäsur und Bruch mit den jeweiligen vergangenen religiösen bzw. weltanschaulichen Überzeugungen.

Gegen die Annahme, dass für Juden der Glaube an Christus nach paulinischer Überzeugung nicht als Bruch oder Konversion zu deuten ist, spricht auch nicht die Formulierung in Röm 10,4, wonach Christus τέλος νόμου ist: Diese Wendung wurde in der Auslegungsgeschichte zwar immer wieder so gedeutet, dass das Gesetz als *identity marker* des Judentums mit Christus zu einem Ende gekommen sei, doch wie das semantische Spektrum von τέλος und auch die neueren Auslegungen dieses Textabschnittes bezeugen, ist diese Deutung keineswegs zwingend; jedenfalls ließe diese sich nur schwer mit den positiven Aussagen zum Gesetz in Röm 7 und dem Gedanken aus Röm 3,31 in Einklang bringen, wonach die πίστις-Beziehung zu Christus „Gesetz aufrichtet" (νόμον ἱστάνομεν). Deutlich adäquater wäre es daher, τέλος in Röm 10,4 nicht mit „Ende", sondern mit „Ziel" oder „höchster Form" von Gesetz zu übertragen.[8]

---

[7] Vgl. Norbert BAUMERT, Ἐπίγνωσις *bei Paulus. „Eifer der Juden" – ohne „Erkenntnis"?*, in: Norbert BAUMERT (Hg.), *NOMOS und andere Vorarbeiten zur Reihe „Paulus neu gelesen"* (FzB 122), Würzburg 2010, 408–420; Maria-Irma SEEWANN, *Über die Zu-Erkenntnis (ἐπίγνωσις) der Juden. Bibeltheologische Überlegungen*, in: Norbert BAUMERT (Hg.), *NOMOS und andere Vorarbeiten zur Reihe „Paulus neu gelesen"* (FzB 122), Würzburg 2010, 421–426; Schumacher, Gott (s. Anm. 6), 271–272.

[8] Vgl. Hans-Peter RIERMEIER, *‚Höchste Stufe' von Gesetz ist Christus. Beobachtungen zur Semantik von τέλος (Röm 10,4)*, in: Norbert BAUMERT (Hg.), *NOMOS und andere Vorarbeiten zur Reihe „Paulus neu gelesen"* (FzB 122), Würzburg 2010, 385–398.

Es bleibt also festzuhalten, dass Paulus im Römerbrief klar zwischen dem heilsgeschichtlichen Status von Juden und Nichtjuden bzw. christusgläubigen Juden und Völkerchristen unterscheidet und somit von einer binnenchristlichen Pluralität ausgeht. Dazu sei schließlich auch noch auf ein Detail aus der Grußliste verwiesen, wo in Röm 16,4 von der Dankbarkeit der „Versammlungen aus den Völkern" (αἱ ἐκκλησίαι τῶν ἐθνῶν) gegenüber Priska und Aquila die Rede ist – eine Wendung, die auf dem Weg eines Analogieschlusses die Annahme der Existenz von Versammlungen (ἐκκλησίαι) *jüdischer* Christusgläubiger unmittelbar nahelegt und damit erneut die besagte binnenchristliche Pluralität erkennbar macht.[9]

3. Zur Problemlage des Galaterbriefs

Gegenüber diesem Befund scheinen im Galaterbrief nun aber einige markante Abweichungen zu bestehen, die sich in besonderer Weise in der Darstellung des antiochenischen Zwischenfalls verdichten (Gal 2,11–21). Sie werden zunächst in Gal 2,14 deutlich, wo Paulus der mehrheitlich vertretenen Deutung zufolge gegenüber Petrus formuliert, dass die Basis eines reibungsfreien Zusammenlebens von Völkerchristen und christusgläubigen Juden in der Gemeinde von Antiochien darin gründe, dass Petrus in seiner Funktion als Vertreter des jüdischen Flügels auf „heidnische" bzw. „pagane" und nicht mehr auf „jüdische Weise" lebe (ἐθνικῶς καὶ οὐχὶ Ἰουδαϊκῶς ζῇς). Demnach würde die christliche Einheit für christusgläubige Juden einen Bruch mit ihrer eigenen jüdischen Identität erfordern, sie wäre, wie

---

[9] Erwähnenswert ist diesem Zusammenhang gewiss die Auffälligkeit, dass sich im neutestamentlichen Sprachgebrauch noch keine parallele Formulierung wie etwa ἐκκλησία ἐκ περιτομῆς findet, sondern dass mit Blick auf christusgläubige Juden Wendungen wie οἱ ἐκ περιτομῆς πιστοί (Apg 10,45) oder ἐκκλησιῶν τοῦ θεοῦ τῶν οὐσῶν ἐν τῇ Ἰουδαίᾳ ἐν Χριστῷ Ἰησοῦ (1 Thess 2,14) gebildet wurden. Die in Santa Sabina bezeugte Parallelbildung *ekklesia ex circumcisione* dürfte somit wohl als sekundäre Angleichung an αἱ ἐκκλησίαι τῶν ἐθνῶν zu bewerten sein und setzt bereits die Eigenständigkeit einer christusgläubigen jüdischen ἐκκλησία neben dem nichtchristusgläubigen Judentum voraus. Die *ekklesia ex circumcisione* stellt gewissermassen das Pendant zur *ekklesia ex gentibus* dar. Höchst auffällig ist zudem, dass in Santa Sabina bei beiden Personifikationen der Singular bereits an die Stelle der Pluralbildungen des neutestamentlichen Sprachgebrauchs getreten ist.

Hans-Dieter Betz formuliert, mit einer „völligen Emanzipation [...] vom Judentum"[10] verbunden.

In dieser Fluchtlinie scheinen nun auch die Ausführungen von Gal 2,15–16 zu liegen. Denn wenn in Vers 15 aus jüdischer Perspektive formuliert wird: „Wir sind zwar von Geburt Juden und nicht Sünder wie die Heiden", und diese Aussage in Opposition zu Vers 16 gelesen wird, also: „Weil wir aber erkannt haben, dass der Mensch nicht durch Werke des Gesetzes gerecht wird, sondern durch den Glauben an Jesus Christus, sind auch wir dazu gekommen, an Christus Jesus zu glauben [...]"[11], dann scheinen jüdische Identität und Christusglaube geradezu in diametralem Gegensatz zueinander zu stehen. Die Aussage von Gal 2,15–16 wirkt gerade so, als wollte Paulus zwei gegensätzliche Heilswege miteinander kontrastieren, nämlich den jüdischen, der sich durch Toraobservanz auszeichnet, und den christlichen, dessen Spezifikum der Christusglaube darstellt. Das adversative δέ zu Beginn von Vers 16 (εἰδότες δὲ ὅτι) würde also die Zäsur zwischen Judentum und Christentum markieren bzw. die konversionale Dimension betonen. Dementsprechend hält Heinrich Schlier mit Blick auf das argumentative Gefüge von Gal 2,15–16 fest: „Was Paulus und die anderen Judenchristen jetzt wissen, ist demnach die Tatsache, daß sich die Gerechtigkeit Gottes überhaupt nicht in Leistungen, auch nicht in den von Gott geforderten Leistungen durchsetzt. Das ist ein Wissen, das den völligen Bruch mit dem Judentum voraussetzt."[12]

Diese Deutungsperspektiven erwecken den Eindruck, als wäre im Galaterbrief die Entstehung eines Einheitschristentums greifbar, welches nun auch von christusgläubigen Juden den Bruch mit ihrer Herkunftsreligion erwartet – ein hermeneutischer Zugang, der auch für die Bewertung der Gegnerfrage maßgeblich wird. Denn führt man sich vor Augen, dass Paulus mit diesem Schreiben auf frühchristliche Verkündiger reagiert, welche in die von ihm selbst gegründeten Gemeinden eingedrungen sind und von den völkerchristlichen Galatern eine Orientierung am jüdischen Gesetz verlangen, dann lässt dies der mehrheitlich vertretenen Meinung zufolge an jü-

---

[10] Hans Dieter BETZ, *Der Galaterbrief. Ein Kommentar zum Brief des Apostels Paulus an die Gemeinden in Galatien*, München 1988, 210.
[11] Zitiert nach der Fassung der Einheitsübersetzung von 1980.
[12] Heinrich SCHLIER, *Der Brief an die Galater* (KEK 7), Göttingen ⁵1971, 92.

dische Opponenten denken.[13] Sie hätten im Hinblick auf Völkerchristen also nicht die von Paulus propagierte, durch die Christusbeziehung eröffnete Rechtfertigung als gemeinschaftsermöglichendes Fundament bewertet, sondern die Orientierung am Judentum bzw. letztlich die Zugehörigkeit zu diesem als Voraussetzung einer ekklesiologischen Gemeinschaft angesehen. Mit Blick auf diesen situativen Hintergrund würde Paulus somit seinen eigenen Bruch mit der jüdischen Identität argumentativ ins Feld führen.

4. Der Galaterbrief unter der Lupe

Doch dieser Befund gibt nun in mehrerlei Hinsicht zu denken. Zunächst sei darauf verwiesen, dass die unter Rückgriff auf Gal 2,14 und Gal 2,15-16 skizzierte Position des Paulus – ähnlich übrigens wie die Forderung der Fremdmissionare nach einem toragemäßen Leben für Völkerchristen – der Tora bzw. der Toraobservanz eine sündenvergebende Dimension beimessen würde. So entsteht der Eindruck, als stünden sich mit dem Christusglauben und der Toraobservanz zwei konträre, einander wechselseitig ausschließende Heilswege gegenüber: der jüdische, im Gesetz gründende, und der sich davon abhebende christliche. Im Rahmen der neuen Paulusperspektive, vor allem ausgelöst durch die Arbeiten von Ed Parish Sanders, hat sich inzwischen jedoch die Erkenntnis durchgesetzt, dass eine solche Bewertung der Tora keinesfalls dem antiken Judentum entspricht.[14] Das Gesetz hat nicht die Funktion, den Sünder zu rechtfertigen und ihm Sündenvergebung zuzusprechen, sondern es

---

[13] Zur Diskussion vgl. Michael BACHMANN, Die „Opponenten" des Paulus im (heilsgeschichtlich profilierten) Galaterbrief. Alte und neue Zugänge, in: ZNW 112 (2021) 145-179.
[14] Vgl. hierzu bes. Ed Parish SANDERS, Paulus und das palästinische Judentum. Ein Vergleich zweier Religionsstrukturen. Autorisierte Übersetzung aus dem Amerikanischen von Jürgen Wehnert (StUNT 17), Göttingen 1985, 101-117.172-193.397-406 sowie auch Ed Parish SANDERS, Paul, the Law and the Jewish People, Philadelphia (PA) 1983. Zur gegenwärtigen Einschätzung von Sanders Ansatz vgl. die konzise Darstellung bei John M. G. BARCLAY, Paul, Judaism, and the Jewish People, in: Stephen WESTERHOLM (Hg.), The Blackwell Companion to Paul, Chichester 2011, 188-201, bes. 191-192. Zur Diskussion vgl. zudem Kathy EHRENSPERGER, Die ‚Paul within Judaism'-Perspektive. Eine Übersicht, in: EvTh 80 (2020) 455-464; Mark D. NANOS- Magnus ZETTERHOLM (Hg.), Paul within

ist dem Bund in einer positiven, schützenden Weise zu- bzw. nachgeordnet; ein Narrativ der „Werkgerechtigkeit" ist diesbezüglich also völlig fehl am Platz.

Hinzu kommen noch weitere Auffälligkeiten, insbesondere aus dem Bereich der handschriftlichen Textüberlieferung. Dies betrifft zunächst die Frage nach der Textkonstitution von Gal 2,14, denn im Unterschied zur bereits vorgestellten Textvariante ist in Papyrus 46 und einigen anderen Textzeugen lediglich davon die Rede, dass Petrus auf „nichtjüdische/pagane Weise" lebt (ἐθνικῶς ζῆς). Gemäß dieser kürzeren Lesart, also: εἰ σὺ Ἰουδαῖος ὑπάρχων ἐθνικῶς ζῆς, πῶς τὰ ἔθνη ἀναγκάζεις ἰουδαΐζειν, würde Paulus in Gal 2,14 die Frage formulieren: „Wenn Du, als Jude, auf nichtjüdische/pagane Weise lebst, wieso drängst Du dann die Völkerchristen, jüdische Verhaltensweisen zu übernehmen?" Und dabei muss man die Wendung ἐθνικῶς ζῆς keineswegs im Sinne einer Konversion lesen, sondern als Ausdruck einer Orientierung an völkerchristlichen Gepflogenheiten, weil der im Kontext verwendete Gegenbegriff, also ἰουδαΐζειν, seinerseits eine *nachahmende* Ausrichtung auf einen jüdischen Lebensstil bezeichnet, wie Dieter Sänger überzeugend herausgearbeitet hat.[15] Insofern dürfte Gal 2,14 kaum einen allgemein „heidnischen" Lebenswandel des Petrus thematisieren, sondern ἐθνικῶς ζῆς brächte ein sich an Völkerchristen orientierendes Verhalten zur Sprache. Und das lässt vor dem Hintergrund der antiochenischen Situation wohl am ehesten an die zwischen jüdischen und nichtjüdischen Christusgläubigen bestehende Gemeinschaft denken, die nicht mit einer „völligen Emanzipation […] vom Judentum"[16] verwechselt werden sollte.

Aber auch das syntaktische Gefüge von Gal 2,15-16 ist in textkritischer Hinsicht diskussionswürdig. So ist die für den vorher erwähnten adversativen Gegensatz zwischen Vers 15 und 16 sinntragende Partikel δέ textkritisch so unsicher, dass sie in der griechischen Textausgabe von Nestle-Aland zwar den Weg in den Haupttext gefunden hat, dort jedoch in eckige Klammern gesetzt ist. Sie fehlt

---

Judaism. Restoring the First-Century Context to the Apostle, Minneapolis (MN) 2015.
[15] Vgl. Dieter SÄNGER, Ἰουδαϊσμός – ἰουδαΐζειν – ἰουδαϊκῶς. *Sprachliche und semantische Überlegungen im Blick auf Gal 1,13f. und 2,14*, in: ZNW 108 (2017) 150-185.
[16] BETZ, *Galaterbrief* (s. Anm. 10), 210.

unter anderem in der Textüberlieferung von Papyrus 46 und Codex Alexandrinus, und selbst der Mehrheitstext tradiert diese Partikel nicht. Diese textkritische Unsicherheit wirft nun aber die Frage auf, ob es sich bei Gal 2,15–16 nicht um eine einzige, wenn auch lange Satzperiode handeln könnte. Oftmals wird diese Variante in der Kommentarliteratur deshalb ausgeschlossen, weil man in Vers 15 ein entsprechendes *Participium coniunctum*, also beispielsweise ὄντες oder etwas ähnliches, vermisst, das in Parallelität zum Partizip εἰδότες in Vers 16 stünde.[17] Da nun aber die Form ὄντες von Papyrus 46 überliefert wird – bedauerlicher Weise fehlt ein entsprechender Hinweis im textkritischen Apparat bei Nestle-Aland –, sollte man diese Möglichkeit aus den benannten Gründen nicht vorschnell ausschließen. Insofern würden diese beiden textkritischen Beobachtungen sogar den Schluss zulassen, dass sich für Paulus – und in diese Perspektive wäre Petrus explizit miteingeschlossen – jüdische Identität und Christusglaube gerade nicht wechselseitig ausschließen. Dann aber wäre hier die Aussage gemacht, dass jenes „Wissen" (εἰδότες), von dem in Gal 2,16 die Rede ist – also das Wissen darum, dass die Rechtfertigung des Sünders nicht der Befolgung der Tora entspringen kann – letztlich jedem Juden geläufig ist: „Wir, von Geburt Juden, [...] wissen, dass der Mensch nicht durch Werke des Gesetzes gerecht wird [...]." Und nach Papyrus 46 würde Paulus zudem betonen, dass er sich selbst und auch Petrus weiterhin als Juden ansieht (Ἰουδαῖοι ὄντες). Von einer „völligen Emanzipation [...] vom Judentum"[18] bzw. einer Konversion hin zum Christentum könnte folglich keine Rede sein.

Was bedeuten diese Überlegungen aber nun für die Gegnerfrage? Folgt man den bisherigen Ausführungen, dann erscheint die Annahme einer „Konversion" von Juden hin zu einem homogenen, völkerchristlich geprägten Christentum mehr als fraglich. Vielmehr bliebe die auch sonst in der paulinischen Tradition deutlich erkennbare Differenz zwischen christusgläubigen Juden und Völkerchristen auch im Galaterbrief als Grundsignatur gegeben. Damit aber ver-

---

[17] Vgl. exemplarisch Albrecht OEPKE, *Der Brief des Paulus an die Galater* (ThHK 9), Berlin ⁴1979, 90; Hans-Joachim ECKSTEIN, *Verheißung und Gesetz. Eine exegetische Untersuchung zu Galater 2,15–4,7* (WUNT 86), Tübingen 1996, 6.
[18] BETZ, *Galaterbrief* (s. Anm. 10), 210.

schiebt sich zugleich die Antwort auf die Gegnerfrage: Denn führt man sich vor Augen, dass in Gal 2,15–16 die jüdische Überzeugung formuliert wird, dass die Tora keine sündenvergebende Funktion hat, dann lässt dies kaum an jüdische Fremdmissionare denken.

Und dieser Eindruck führt abermals zu einer textkritischen Fragestellung im Kontext jener Passage, in der Paulus unmittelbar auf die Gegner Bezug nimmt (Gal 6,11–16). Diese werden in Gal 6,13, so jedenfalls nach dem *Novum Testamentum Graece*, als οἱ περιτεμνόμενοι, als „Beschnittene" bezeichnet, was fraglos an Juden bzw. christusgläubige Juden denken lässt. Dieser Aussage ist im Kontext der Gegneridentifizierung ein besonderes Gewicht beizumessen, doch auch hier ist der handschriftliche Befund keineswegs eindeutig.[19] Denn in – abermals! – Papyrus 46, im Codex Vaticanus sowie in einigen weiteren Majuskel- und Minuskelhandschriften wird anstelle eines Partizip Präsens die perfektische Partizipialbildung περιτετμημένοι überliefert, welche sich entweder als Medium oder als Passiv begreifen lässt. Geht man von Letzterem aus, dann wäre an dieser Stelle von denjenigen die Rede, „die beschnitten worden sind", was ebenfalls an Juden bzw. christusgläubige Juden denken ließe. Gegen diese Interpretation spricht aber sehr deutlich, dass die Verwendung von οἱ περιτετμημένοι als Bezeichnung für Juden oder das Judentum ausgesprochen ungewöhnlich wäre, ja, dass es sich dabei sogar um die einzige Textstelle im gesamten Neuen Testament handeln würde, an der eine Wortbildung des Verbs περιτέμνω im Sinne einer solchen Gruppenbezeichnung verwendet würde. Hätte also dieser Gedanke ausgedrückt werden sollen, so wäre viel eher mit der breit bezeugten Nominalbildung περιτομή bzw. der geprägten Wendung οἱ ἐκ περιτομῆς zu rechnen gewesen. Folglich kommt für diese Lesart doch eher die mediale Deutung infrage. Dann aber wären mit οἱ περιτετμημένοι jene gemeint, „die sich haben beschneiden lassen", was den Gedanken an Menschen insinuiert, die selbst eine bewusste Entscheidung für die Beschneidung getroffen haben. Dies aber lässt weniger an die in aller Regel im Kindesalter beschnittenen jüdischen Knaben, sondern sehr viel eher an nichtjüdische Christusgläubige denken, die sich offenbar infolge

---

[19] Vgl. zum folgenden auch Thomas SCHUMACHER, *Juden oder Nichtjuden, das ist hier die Frage. Zur Identifizierung der Gegner im Galaterbrief*, in: ZNW 113 (2022) 69–98.

einer Orientierung am Judentum zu einem solchen Schritt veranlasst sahen. Am ehesten könnte man diese Gruppe als „judaisierende Völkerchristen" qualifizieren.

Eine solche Gegneridentifizierung würde sich nun schlüssig zu den bisherigen Überlegungen zu Gal 2,14 und Gal 2,15–16 verhalten. Denn die besagten Textstellen erscheinen nun als Korrektur einer fehlgeleiteten und höchst „unjüdischen" Torarezeption. Wenn die galatischen Gegner nämlich die Beschneidung samt anderen jüdischen Praktiken fordern, dann scheinen sie diesem Schritt – entgegen der jüdischen Tradition – eine sündenvergebende Dimension beigemessen zu haben. Und genau auf diesen Kategorienfehler würde Paulus zum Ende des biografischen Teils, der sogenannten *narratio*, abheben, wenn er aus der Perspektive christusgläubiger Juden formuliert: „Wir, als gebürtige Juden, wissen, dass man durch die Tora keine Sündenvergebung erlangt."

Im Blick auf den präsentierten handschriftlichen Befund ist nun höchst auffällig, dass alle hervorgehobenen Textvarianten von Papyrus 46 überliefert werden und dass sich dadurch in dieser Handschrift ein in sich konsistentes Gesamtbild ergibt – übrigens auch über die hier diskutierten Textstellen hinaus. Bei dieser Handschrift handelt es sich um den ältesten und fraglos wertvollsten Textzeugen des Galaterbriefs. Und neben dieses äußere Kriterium tritt nun ein inneres, demzufolge sich hinsichtlich der Entstehung der handschriftlichen Varianten bzw. deren Abhängigkeit voneinander die Textvarianten von Papyrus 46 kaum als sekundär plausibilisieren lassen. Denn wenn in dieser Handschrift bzw. in der damit zusammenhängenden handschriftlichen Tradition eine binnenchristliche Pluralität von christusgläubigen Juden und Völkerchristen erkennbar ist, dann lassen sich durch die frühchristlichen Entwicklungen, wie sie im Kontext der *Parting of the Ways*-Debatte reflektiert werden – also einer zunehmenden Marginalisierung der jüdischen Strömung innerhalb des frühen Christentums, in deren Gefolge sich ein gesamtchristliches Textverständnis immer eindeutiger nahelegt – die entsprechenden Varianten als sekundär verständlich machen. Eine gegenläufige Begründung lässt sich jedenfalls kaum als stichhaltig erweisen, wie der immer wieder begegnende Hinweis auf mögliche Abschreibfehler illustriert.[20]

---

[20] Ein ganz ähnlicher Befund lässt sich bei dieser Handschrift übrigens auch im

Damit dürfte aber deutlich geworden sein, wie stark Paulus in seinem Blick auf das frühe Christentum den Gedanken einer binnenchristlichen Pluralität gewichtet. Er differenziert deutlich zwischen Juden und Nichtjuden bzw. christusgläubigen Juden und Völkerchristen und reagiert ungeachtet aller bestehenden Kontakte und aller Verbundenheit in abwehrender Weise auf Angleichungstendenzen im Bereich religiöser Identität. Im Galaterbrief bekräftigt er jedenfalls die nichtjüdischen Christusgläubigen darin, ihren eigenen religionssoziologischen Status wertzuschätzen und sich nicht in einer imitierenden Weise am jüdischen Lebensstil zu orientieren.

5. Ein Seitenblick auf den Jakobusbrief

Im Lichte dieser Textbeobachtungen und Überlegungen mag nun ein Seitenblick auf den Jakobusbrief von vertiefendem Interesse sein. Dieses Schreiben wurde oftmals in eine inhaltliche Gegensätzlichkeit zum paulinischen Schrifttum gestellt, die ihren deutlichsten Niederschlag in den hermeneutischen und kanonrelevanten Grundanfragen Martin Luthers fand. Sie spiegeln sich in dem über den Jakobusbrief geäußerten Verdikt von der „strohernen Epistel" (WA, DB 6,10) ebenso wider wie in dem Vorhaben, mit diesem Schreiben „den Ofen zu heizen" (WA, TR 5,382). Im Hintergrund dieser negativen Bewertung steht bekanntermaßen die im Jakobusbrief geäußerte Einschätzung, dass Glaube ohne Werke nutzlos sei und dass auch Abraham nicht aufgrund seines Glaubens, seiner πίστις, sondern wegen seiner Werke von Gott als Gerechter angesehen wurde – eine Einschätzung, die nach Luthers Ansicht in diametralem Gegensatz zu der als reformatorischer *articulus stantis et cadentis Ecclesiae* bewerteten Annahme einer Rechtfertigung allein aus dem Glauben stand.

Angesichts dieser Gemengelage wird man sich die unterschiedlichen Adressatenkreise von paulinischem Schrifttum und Jakobusbrief vor Augen führen müssen. Während Paulus sich nämlich pri-

---

Bereich der historischen Semantik ausmachen, wie beispielsweise an der von Papyrus 46 überlieferten Textvariante zu Eph 1,15 deutlich wird. Zum Einfluss von historisch-semantischen Entwicklungen auf die Textüberlieferung vgl. Thomas SCHUMACHER, *Historische Semantik und Textüberlieferung. Anmerkungen zu einem vernachlässigten Wechselverhältnis in der neutestamentlichen Exegese*, in: FNT 33 (2020) 133–159.

mär an einen paganen Adressatenkreis richtet und mit Blick auf Nichtjuden die Frage nach deren Annahme vonseiten Gottes sowie den Themenkomplex von Sündenvergebung und Konstituierung einer in Christus gründenden Gottesbeziehung erörtert, gilt dies nicht in gleicher Weise für den Jakobusbrief. Zwar hat man dieses Schreiben über lange Zeit hinweg als einen Text bewertet, der an einen gesamtchristlichen Adressatenkreis gerichtet ist, doch mittlerweile mehren sich die Stimmen, die den Jakobusbrief als einen binnenjüdischen Text bewerten.[21] Auffällig ist nämlich die Adressierung an die „zwölf Stämme in der Zerstreuung", die zugleich als christusgläubig qualifiziert werden. Wenn man dies nicht in einem substitutionstheologischen Sinn interpretieren möchte, dann liegen die Konsequenzen für die Adressatenfrage klar auf der Hand. Dementsprechend hat auch Karl-Wilhelm Niebuhr konstatiert, dass im Jakobusbrief „überhaupt jeglicher Hinweis auf Nichtjuden [...] völlig fehlt"[22]. Vor diesem Hintergrund spricht er in einem forschungsgeschichtlichen Überblick von einer „New Perspective on James"[23]

---

[21] Vgl. Karl-Wilhelm NIEBUHR, *Der Jakobusbrief im Licht frühjüdischer Diasporabriefe*, in: NTS 44 (1998) 420–443, 423: „[D]ie Verwendung der Metapher ‚zwölf Stämme' ohne Bindung an die Zugehörigkeit zum Zwölf-Stamme-Volk [ist] in neutestamentlicher Zeit m. W. nirgends belegt!" Vgl. hierzu auch Manabu TSUJI, *Glaube zwischen Vollkommenheit und Verweltlichung. Eine Untersuchung zur literarischen Gestalt und zur inhaltlichen Kohärenz des Jakobusbriefes* (WUNT II/93), Tübingen 1997, bes. 47–49; Richard BAUCKHAM, *James. Wisdom of James, Disciple of Jesus the Sage*, London – New York 1999, bes. 11–25; Peter H. DAVIDS, *Palestinian Traditions in the Epistle of James*, in: Bruce D. CHILTON – Craig A. EVANS (Hg.), *James the Just and Christian Origins* (NovTSup 98), Leiden – Boston – Köln 1999, 33–57; Scot MCKNIGHT, *A Parting within the Way: Jesus and James on Israel and Purity*, in: Bruce D. CHILTON – Craig A. EVANS (Hg.), James the Just and Christian Origins (NovTSup 98), Leiden – Boston – Köln 1999, 83–129; Karl-Wilhelm NIEBUHR, *Tora ohne Tempel. Paulus und der Jakobusbrief im Zusammenhang frühjüdischer Torarezeption für die Diaspora*, in: Karl-Wilhelm NIEBUHR, Tora und Weisheit. Studien zur frühjüdischen Literatur (WUNT 466), Tübingen 2021, 175–207, bes. 204–206.
[22] Karl-Wilhelm NIEBUHR, *Glaube im Stresstest. Πίστις im Jakobusbrief*, in: Jörg FREY – Benjamin SCHLIESSER – Nadine UEBERSCHAER (Hg.), *Glaube. Das Verständnis des Glaubens im frühen Christentum und in seiner jüdischen und hellenistisch-römischen Umwelt* (WUNT 373), Tübingen 2017, 473–501, 498.
[23] Karl-Wilhelm NIEBUHR, *A New Perspective on James? Neuere Forschungen zum Jakobusbrief*, in: ThLZ 129 (2004) 1019–1044.

und markiert damit die klassische Bewertung als ein antipaulinisches Schriftstück als radikal fraglich.

Doch was bedeutet dies nun für die hier entfalteten Überlegungen? Liest man den Jakobusbrief als einen vom Herrenbruder (die anderen vier als Verfasser in Erwägung gezogenen Jakobusse kommen als Autor kaum infrage, wie die neuere Jakobusforschung schon fast einhellig festhält) verfassten oder in seiner Tradition stehenden Brief, dann verschiebt sich grundsätzlich die Stoßrichtung dieses Schreibens. Ins Auge sticht nämlich, dass im Jakobusbrief die jüdische Traditionsbasis als Selbstverständlichkeit vorausgesetzt und zugleich ein deutlicher Fokus auf die Rezeption der Jesustradition gerichtet wird. Es geht diesem Schreiben nicht um die Frage der Rechtfertigung oder der Voraussetzungen für ein Eintreten in eine Gottesbeziehung, wie Paulus sie mit Blick auf die Völker diskutiert, sondern vielmehr darum, wie die jesuanische Ethik im Rahmen jüdischer Identität zu leben ist.

Führt man sich diese argumentative Grundausrichtung des Jakobusbriefs vor Augen, so sticht umso markanter hervor, mit welcher Intensität und Nachdrücklichkeit in diesem Schreiben auf der Aussage insistiert wird, dass die Gottes- und Christusbeziehung im Glauben ohne die handlungspraktische Konkretisierung in Werken tot ist und ins Leere läuft. Dies ist nun aber aus einer jüdischen Perspektive, für die ein Leben nach der Tora in selbstverständlicher Weise religiös motivierte Handlungen als Folge und Ausdruck der Gottesbeziehung impliziert, durchaus augenfällig – ist damit doch ein Gedanke formuliert, der im Adressatenkontext fast als Banalität bezeichnet werden kann. Hinzu kommt, dass dieser Grundgedanke in einer gewissen Anlehnung an paulinische Begrifflichkeiten und Motive formuliert scheint.

Wie aber kommt es dazu, dass ein Grundzug jüdischer Religiosität in einem an jüdische Adressaten gerichteten Schreiben derart intensiv hervorgehoben wird? Eine mögliche Erklärung dafür könnte darin liegen, dass der betreffende Grundgedanke im Adressatenkontext fraglich geworden ist. Führt man sich nun die Diasporasituation der Adressaten vor Augen und bedenkt in diesem Zusammenhang die Entstehung völkerchristlicher Gemeinden in deren unmittelbarem Umfeld sowie die Tatsache, dass nach paulinischem Verständnis von Völkerchristen keine Toraobservanz eingefordert werden soll, dann legt sich folgender Verdacht nahe: Die gesetzesfreie Glau-

benspraxis von Völkerchristen mag auf christusgläubige Juden eine
gewisse Faszination ausgeübt haben, die dazu geführt haben mochte, die in der eigenen jüdischen Religiosität festgeschriebene Hinordnung auf die Tora grundsätzlich infragezustellen. Vor einem solchen
Hintergrund wäre das Insistieren des Briefverfassers auf einen handlungspraktisch realisierten, im Gesetz gründenden Glaubensvollzug
verständlich, ja, von daher würde auch auf manche Passagen und
Formulierungen dieses Schreibens ein anderes Licht fallen, etwa auf
die Betonung der Tora als vollkommenes Gesetz der Freiheit. Damit
würde der Jakobusbrief versuchen, gewissen Adaptationstendenzen
an einen spezifisch völkerchristlichen Glaubensstil unter christusgläubigen Juden entgegenzusteuern.

6. Fazit

Folgt man diesen Überlegungen, so stellt sich die Situation in den
galatischen Gemeinden bzw. im Einflussbereich der dort wirkenden
judaisierenden Völkerchristen zum einen und in den Adressatengemeinden des Jakobusbriefs zum anderen gewissermaßen als einander spiegelbildlich entgegengesetzt dar: Die galatischen Fremdmissionare unterliegen dem Kategorienfehler, dass sie der Tora
sündenvergebende Bedeutung zuweisen, und vertreten dementsprechend ein an Völkerchristen gerichtetes Postulat der Anpassung an
einen jüdischen Lebensstil. Genau gegen diese Tendenzen reagiert
Paulus im Galaterbrief, indem er seine Adressatengemeinden über
ihren soteriologischen Status beruhigt, sie im Hinblick auf ihre Gottesbeziehung christusgläubigen Juden als gleichrangig zur Seite stellt
und auf dieser Basis einen das Judentum imitierenden Lebensstil im
Blick auf Völkerchristen als Fehlorientierung zurückweist. Der Jakobusbrief hingegen problematisiert eine gegenläufige Tendenz, wenn
er einem jüdischen Adressatenkreis die Orientierung an der Tora
und einem in Werken konkretisierten Glauben als bleibend relevante religiöse Ausrichtung nahelegt. Auch die Zielgruppe des Jakobusbriefs wird indirekt vor einer Imitation eines Lebensstils gewarnt,
der nicht dem eigenen religionssoziologischen Status entspricht.
Und auch hier scheint ein Missverständnis vorzuliegen, und zwar
dergestalt, dass der paulinischen πίστις-Theologie fälschlicherweise

die Implikation zugeschrieben wird, von einer handlungspraktischen Konkretisierung des Glaubensvollzugs zu befreien.

Führt man diese beiden Linien zusammen, so geben sie nicht nur ein beredtes Zeugnis von der Tatsache, dass es angesichts bestehender Gemeinschaft zwischen christusgläubigen Juden und Völkerchristen offenbar zu Angleichungstendenzen zwischen beiden Gruppierungen kam – sie formulieren zugleich auch ein deutliches Statement zugunsten einer Beibehaltung binnenchristlicher Pluralität der beiden Grundströmungen des frühen Christentums. Das verdeutlicht aber – um abschließend den Bogen noch einmal auf die Strömung des messianischen Judentums zurückzulenken – die gewissermaßen neutestamentlich fundierte Eigenständigkeit dieser Bewegung. Das frühe Christentum war keine homogene Strömung und wollte es offensichtlich auch nicht sein. Im Lichte dieses Maßstabs sollten die christlichen Kirchen und Denominationen auch das gegenwärtige Phänomen des messianischen Judentums betrachten.

Verbunden in Verschiedenheit
Antwort auf Thomas Schumacher
Markus Tiwald

Danke, Thomas, für deinen sehr überzeugenden und faszinierenden Beitrag! Es hat mir sehr gut gefallen, wie du auf die Pluralität im frühen Judentum, aber auch in den Anfängen des Christentums hingewiesen hast.[1] Du hast vollkommen Recht, dass das binäre Paradigma einer Gegenüberstellung von ‚Judentum' und ‚Christentum' (beide Begriffe in Anführungszeichen!) zumindest für das erste Jahrhundert n. Chr. tatsächlich anachronistisch ist. Auch Deine Exegese von Röm 10,4 bezüglich der Formulierung τέλος γὰρ νόμου Χριστὸς εἰς δικαιοσύνην παντὶ τῷ πιστεύοντι hat mich voll überzeugt. Die *New Revised Standard Version* übersetzt zwar: *Denn Christus ist das Ende des Gesetzes, damit jeder, der glaubt, gerecht werde*[2], aber es müsste wohl die „Erfüllung" des Gesetzes heißen, nicht das „Ende", wie Du, Thomas, überzeugend dargelegt hast. Dankenswerterweise hat die revidierte deutsche Einheitsübersetzung von 2016 die Übersetzung „Ende des Gesetzes" (vgl. die frühere Version der Einheitsübersetzung) mit „Erfüllung des Gesetzes" korrigiert.

Es gibt nur wenige Punkte, zu denen ich einige Anmerkungen machen könnte. Mir ist aufgefallen, dass Du mehrfach davon sprichst, dass die Torah keine soteriologische Relevanz mehr habe, z. B., Seite 258: „[…] dass in Gal 2,15–16 die jüdische Überzeugung formuliert wird, dass die Torah keine sündenvergebende Funktion hat […]"[3] Wie Du in Deinem Beitrag gezeigt hast, folgst Du hier Ed

---

[1] Zur Vielgestaltigkeit des frühen Judentums vgl. TIWALD, *Frühjudentum* (ausführliche Literaturhinweise am Schluss dieses Beitrags), 28–30. In dieser Epoche gab es kein „normatives Judentum"; vgl. STEMBERGER, *Einleitung*, 15, and NEUSNER, *Formation*, 42.
[2] NRSV: „For Christ is the *end* of the law […]" – allerdings hat das englische Wort „end" auch die Bedeutung „Ziel" (Anm. d. Übers.).
[3] So lautete die Formulierung im Manuskript des Vortrags, den Thomas Schumacher auf der Konferenz gehalten hat. Im Anschluss an unsere dortige Diskussion hat er dankenswerterweise umformuliert, „dass die Tora keine sündenvergebende Funktion hat".

Parish Sanders. Sanders' Veröffentlichungen waren in der Tat bahnbrechend und notwendig für die siebziger und achtziger Jahre des letzten Jahrhunderts, insbesondere für die Entwicklung der *New Perspective on Paul*.[4] Sanders hat vollkommen Recht, dass das Judentum nie eine legalistische und engstirnige Religion der „Werke des Gesetzes" war. Die Darstellung der Pharisäer als eine rein legalistische Bewegung ist sicherlich eine Art Karikatur, die christliche Exegeten dieser Gruppe anachronistisch auferlegt haben. Sanders hat zu Recht gezeigt, dass dies ein völlig falscher Zugang zum Judentum ist, der lediglich auf einer negativen christlichen Voreingenommenheit gegenüber den Juden beruht. Nichtsdestotrotz wurden Sanders' Werke vor fast einem halben Jahrhundert geschrieben und sind daher in einigen anderen Punkten nicht mehr aktuell. Zum Beispiel betrachtet Sanders die *Torah* auf eine sehr statische Weise. Man könnte sagen: Auch wenn Sanders' Verdienste groß waren, ging er nicht weit *genug*. Heute wissen wir, dass die *Torah* im frühen Judentum nicht in erster Linie als ein Kompendium von Geboten – das, was Paulus die „Werke des Gesetzes" ἔργα νόμου nennt (vgl. Gal 2,16; Röm 3,20-21.28; 4,6) – betrachtet wurde, sondern als das lebenspendende Gesetz der Natur.[5]

Schon im Buch der Sprüche, bei Jesus Sirach und im Buch der Weisheit wird die Torah als Personifikation der Weisheit Gottes dargestellt. Spr 8,22-31 und Sir 24 schildern, dass die Torah bereits *vor den Zeiten, im Anfang* (Sir 24,9) bei der Erschaffung dieser Welt gegenwärtig war. Später fand diese präexistente Weisheit Gottes ihre Wohnung im heiligen Zelt in Zion und wurde zum βίβλος διαθήκης θεοῦ ὑψίστου νόμον ὃν ἐνετείλατο ἡμῖν Μωυσῆς, *Buch des Bundes des Höchsten Gottes, das Gesetz, das Mose uns geboten hat* (Sir 24,23).[6] In Anbetracht der Tatsache, dass die Torah im Moment der Schöpfung vorhanden war, könnte die Torah später als das Naturgesetz, die allgemeine Ordnung, die den gesamten Kosmos durchdringt, interpretiert werden. Diese Interpretationsrichtung gab es bereits in Qumran. So kommt der Qumran-Experte Heinz-Josef Fabry zu dem Schluss, dass die Torah in Qumran ein breites Bedeutungsspektrum hatte, „der sich unter der Hand wegbewegt von einem Gesetz-

---

[4] „A new Perspective on Paul", vgl. SANDERS, *Paul, passim*.
[5] Zum Folgenden vgl. TIWALD, *Frühjudentum*, 296-304.
[6] Vgl. NAJMAN, Torah, 1317.

buch mit gesatztem Recht zu einer Größe, die alle Konturen sprengt, die sich vom Buch weg transzendiert in den göttlichen, vielleicht sogar in den kosmischen Bereich hinein. In Qumran sah man überall, besser: in allem und hinter allem die Tora. Diese Totalität ist wohl am besten zu verstehen, wenn man die Tora als die von Gott der Welt eingestiftete kosmische Ordnung akzeptiert [...]"[7] Vor allem in *Musar leMevin* („Unterweisung eines Schülers")[8] findet sich dieses Konzept – die Auslegung der Torah als kosmologische Ordnung der Natur – explizit. Das Dokument wurde in sechs Abschriften in Qumran gefunden, so dass wir auf die hohe Bedeutung schließen können, die dieses Dokument für die Qumraniten hatte. Musar leMevin erwähnt den רז נהיה *(raṣ nihjeh)*, das „Geheimnis des Werdens". Dieser formelhafte Ausdruck[9] stellt die gesamte Ordnung der Natur dar, aus der wir das ethisch richtige Verhalten ableiten können. Dies entspricht eindeutig der ‚Torah' in ihrer Gesamtheit, die von der Ordnung der Natur bis zu den ethischen Anweisungen für den Menschen reicht.[10] Die richtige Auslegung dieses „Geheimnisses" wird nach Ansicht der Qumraniten nur dem Lehrer der Gerechtigkeit gegeben. Nach 1QH[a] XII, 27–28 dankt der Lehrer der Gerechtigkeit Gott mit den Worten: „Denn du hast mir Einsicht in die Geheimnisse deines Wunders gegeben, und in deinem wunderbaren Rat hast du mich gefestigt."

Auch im Diaspora-Judentum war die Auffassung von der Torah als Naturordnung weit verbreitet. So spricht der Aristeasbrief, der im zweiten Jahrhundert v. Chr. in Ägypten geschrieben wurde, vom λόγος φυσικός, dem „Gesetz der Natur" (§ 143). Später erklärt Philo von Alexandrien[11] in VitMos 2,37: „Die Erschaffung der Welt ist der Anfang des Gesetzes" (κοσμοποιία γὰρ ἡ τῶν νόμων ἐστὶν

---

[7] FABRY, Umgang, 322.
[8] Zu *Musar LeMevin* vgl. KAMPEN, *Wisdom*, 43. Früher wurde die Handschrift als *4QInstruction* bezeichnet, aber zum Text gehört auch ein Fragment aus Höhle 1 (1Q26), sowie 4Q415–418, 4Q423; vgl. GOFF, 4 *QInstruction*, 1 f.
[9] LANGE, *Weisheit*, 58 („geradezu formelhaft verfestigt").
[10] LANGE, *Weisheit*, 60: „[...] eine Welt- und Schöpfungsordnung, die ethische und historische Komponenten enthält und sich dereinst im Eschaton erfüllt. Es beginnen sich also im Begriff רז נהיה die ethisch-sittlichen Elemente der weisheitlichen Urordnung mit der Vorstellung einer prädestinatianischen, auf das Eschaton zulaufenden Geschichtsordnung zu vereinigen."
[11] Zu Philos Sicht des Gesetzes vgl. TIWALD, *Frühjudentum*, 167–169.

ἀρχή). Folgerichtig spricht er in Abr 5 f. vom ἄγραφος νομοθεσία – dem ungeschriebenen Gesetz der Natur und interpretiert damit die sinaitische Torah als eine nachträglich ausgewortete Formulierung des ungeschriebenen Gesetzes der Natur. Anders als bei den Qumraniten ist für Philo die Ordnung der Natur kein Mysterium, sondern kann mit der menschlichen Vernunft verstanden werden. Die Gesetze Gottes sind λογικοὶ νόμοι, „vernünftige Gesetze" (Abr 5). Auch die Patriarchen konnten, lange vor der Verkündigung der Torah auf dem Berg Sinai, nach der *Torah* im Sinne der mit der menschlichen Vernunft erfassbaren Ordnung der Natur leben. So ist die sinaitische Torah nach Abr 5 nur eine „Erinnerung" an das Naturgesetz: τοὺς τεθέντας νόμους μηδὲν ἄλλ' ἢ ὑπομνήματα εἶναι („die geschriebenen Gesetze sind nichts weiter als eine Erinnerung"). Dies korrespondiert mit Röm 1,20: *Seit der Erschaffung der Welt* (ἀπὸ κτίσεως κόσμου) *ist seine ewige Macht und göttliche Natur, obwohl unsichtbar, durch die Dinge, die er gemacht hat* (τοῖς ποιήμασιν – die Werke der Schöpfung Gottes), *verstanden und gesehen worden.*

Nach diesen Überlegungen kann ich dem Argument nicht zustimmen, dass die Torah nach frühjüdischem Denken keine soteriologische Bedeutung hatte. Sicherlich stimme ich mit Sanders und mit Dir, Thomas (und auch mit dem Apostel Paulus), überein, dass das jüdische Gesetz keine Personen mechanisch erlöst, indem man einen Katalog von „Werken des Gesetzes" abarbeitet (vgl. Gal 2,16; Röm 3,20–21.28; 4,6). Aber nach frühjüdischem Denken enthält die Torah sehr wohl den lebendigen Willen Gottes – und dieser hat immer auch eine soteriologische Funktion.

Infolge dieser Überlegungen würde ich auch zur Vorsicht raten bezüglich der Meinung, die paulinische Völkermission sei „gesetzesfrei" gewesen (Zitat von den Seiten 262–263 Deines Vortrags: „[...] dass nach paulinischem Verständnis von Völkerchristen keine Toraobservanz eingefordert werden soll", und auf derselben Seite: „gesetzesfreie Glaubenspraxis von Völkerchristen")[12]. Ich habe an anderer Stelle argumentiert, dass wir besser zwischen der Torah als Naturgesetz und der Torah als Kompendium ritueller Gebote unter-

---

[12] Diese Sichtweise begegnet in der wissenschaftlichen Literatur häufig; siehe TIWALD, *Gesetz*, 334–347.

scheiden sollten.¹³ Eine ethische Interpretation der rituellen Aspekte der Torah findet sich bereits im Aristeasbrief, in den Büchern des Philo und auch in den Briefen des Apostels Paulus. Der Aristeasbrief § 143 unterstreicht, dass πρὸς τὸν φυσικὸν λόγον („nach dem Gesetz der Natur") nichts unrein sei.¹⁴ Nur weil die rituell unreinen Tiere ein unmoralisches Leben führten, sei es verboten, sie zu essen:

> „Indem er sie als unrein bezeichnete, gab er [sc. Gott] durch sie ein Zeichen dafür, dass jene, für die das Gesetz bestimmt war, in ihrem Herzen Gerechtigkeit üben und niemanden im Vertrauen auf ihre eigene Kraft tyrannisieren oder berauben, sondern ihren Lebensweg in Übereinstimmung mit der Gerechtigkeit lenken sollten, so wie die bereits erwähnten zahmen Vögel [sc. die rituell reinen Vögel] verschiedene Arten von Hülsenfrüchten verzehren, die auf der Erde wachsen, und auch nicht ihre Artgenossen bis zur Vernichtung unterdrücken."¹⁵

Nach demselben Muster spricht auch Philo in Migr 89–93 über die so genannten „radikalen Allegoristen"¹⁶, liberale Juden, die nur eine ethische Auslegung der Torah akzeptieren. So wird beispielsweise die Beschneidung allegorisch als „Sinnbild für das Hinausschneiden der Vergnügungen und aller Leidenschaften" (Migr. 92) und der Sabbat als Tag der philosophischen Kontemplation interpretiert. Philo kritisiert einerseits, dass diese liberalen Juden die rituellen Aspekte der Torah vernachlässigen – z. B. die leibliche Beschneidung oder die Einhaltung der Sabbatruhe. Andererseits unterstreicht er selbst, dass die wahre Bedeutung der Torah in moralisch korrektem Verhalten besteht. In *De Specialibus Legibus* 2,63 kommt Philo zu dem Schluss, dass die gesamte Torah aus zwei κεφάλαια – Hauptgeboten – besteht, die er als „das Verhalten gegenüber Gott nach den Regeln der Frömmigkeit und Heiligkeit und das Verhalten gegenüber den Menschen nach den Regeln der Menschlichkeit und Gerechtigkeit" bezeichnet. Der Apostel Paulus verwendet denselben Wortstamm, wenn er in Röm 13,9 unterstreicht, dass alle Gebote *zusammengefasst* (ἀνακεφαλαιοῦται: als Hauptgebot zusammengefasst) *in diesem*

---

¹³ TIWALD, *Frühjudentum*, 296–304.
¹⁴ Vgl. SIEGERT, Interpretation, 151.
¹⁵ Brief des Aristeas, nach dem englischen Text der R. H. CHARLES, *The Apocrypha and Pseudepigrapha of the Old Testament in English*, Oxford 1913, 7–35 (hier 22).
¹⁶ Zu den „radikalen Allegoristen" vgl. DOERING, *Schabbat*, 347 f.

Spruch sind, nämlich: Du sollst deinen Nächsten lieben wie dich selbst. [...] Die Liebe also ist die Erfüllung des Gesetzes.

Daraus können wir schließen: In einigen Kreisen des frühen Judentums wurde die Torah als der lebendige Wille Gottes angesehen, der die ganze Natur durchdringt und zu einer moralisch korrekten Lebensweise führt. Paulus übernahm nach seiner Bekehrung die liberale Auffassung, dass die Torah durch das Gebot der Liebe erfüllt werden könne. Wenn Paulus die „Werke des Gesetzes" ablehnt, so bezieht sich dies nur auf rituelle Reinheitsnormen, nicht aber auf die Torah als Liebesgebot.[17] Er folgt damit einem Interpretationsmuster, das sich bereits in der Argumentation der „radikalen Allegoristen" zeigt. Auch wenn die völlige Vernachlässigung der rituellen Gebote für manche andere Juden zu liberal war, so war sie dennoch eine Möglichkeit in der breiten Palette von Torah-Interpretationen und vielfältigen Theologien des frühen Judentums. Der Idee folgend, dass das Doppelgebot der Liebe die Erfüllung der Torah ist, hat Paulus die Torah gewiss *nicht* außer Kraft gesetzt, und seine Mission war nicht „gesetzesfrei".

Literatur

DOERING, L., *Schabbat. Sabbathalacha und -praxis im antiken Judentum und Urchristentum*, Tübingen 1999.

FABRY, H.-J., „Der Umgang mit der kanonisierten Tora in Qumran", in: E. ZENGER (Hg.), *Die Tora als Kanon für Juden und Christen* (HBS 10), Freiburg i. Br. 1996, 293–327.

GOFF, M. J., *The Worldly and Heavenly Wisdom of 4 QInstruction* (StTDJ 50), Leiden 2003.

KAMPEN, J., *Wisdom Literature* (Eerdmans Commentaries on the Dead Sea Scrolls), Cambridge 2011.

LANGE, A., *Weisheit und Prädestination. Weisheitliche Urordnung und Prädestination in den Textfunden von Qumran* (STDJ 18), Leiden 1995.

NAJMAN, H., Art. „Torah and Tradition", in: J. J. COLLINS/D. C. HARLOW (Hg.), *The Eerdmans Dictionary of Early Judaism*, Grand Rapids 2010, 1316–1317.

NEUSNER, J., „The Formation of Rabbinic Judaism: Yavneh (Jamnia) from A.D. 70 to 100", in: W. HAASE (Hg.), ANRW II 19/2, Berlin 1979, 3–42.

---

[17] Vgl. die ausführliche Argumentation in TIWALD, *Gesetz*, 304–308; ders., *Frühjudentum*, 296–304.

SANDERS, E. P., *Paul and Palestinian Judaism*, Minneapolis, MN 1977.
SIEGERT, F., „Early Jewish Interpretation in a Hellenistic Style", in: M. SÆBØ (Hg.), *Hebrew Bible/Old Testament. The History of Its Interpretation*, Göttingen 1996, 130–198.
STEMBERGER, G., *Einleitung in Talmud und Midrasch*, München ⁸1992.
TIWALD, M., Art. „Gesetz", in: L. BORMANN (Hg.), *Neues Testament. Zentrale Themen*, Neukirchen-Vluyn 2014, 295–314.
TIWALD, M., *Das Frühjudentum und die Anfänge des Christentums* (BWANT 208), Kohlhammer 2016.
TIWALD, M., „‚Wir richten das Gesetz auf‘, νόμον ἱστάνομεν (Röm 3,31): Die bleibende Gültigkeit der Tora im Christentum", in: G. BRAULIK / A. SIQUANS / J.-H. TÜCK (Hg.): *Dein Wort ist meinem Fuß eine Leuchte*, Festschrift für Ludger Schwienhorst-Schönberger, Freiburg i. Br. 2022, 334–347.

Aus dem Englischen übersetzt von Johannes Cornides und Martin Rösch.

Das Judenchristentum wertschätzen
Lehren aus der „Trennung der Wege"

Etienne Vetö

1. Einleitung

Eine Beurteilung des heutigen messianischen Judentums und des Judenchristentums kann von einer Analyse der Realität der jüdischen Jünger von Jeschua/Jesus und ihres Verschwindens in den ersten Jahrhunderten n. Chr. sehr profitieren. Drei Aspekte sollen angesprochen werden. Der erste betrifft die Chronologie und die Ursachen ihres Verschwindens. Es geht um die Frage, ob sie eine lebensfähige Realität sind: Je länger sie existierten und wuchsen, desto mehr Grund gibt es zu der Annahme, dass sie auch künftig existieren und eine Rolle spielen können. Ebenso kann die Analyse der Hindernisse, die der jüdisch-christlichen Existenz in den ersten Jahrhunderten n. Chr. im Wege standen, helfen zu beurteilen, ob die heutige Situation günstiger ist und/oder ob einige dieser Hindernisse bearbeitet und beseitigt werden können. Der dritte Aspekt wird darin bestehen, den weiteren Rahmen des Untergangs der jüdischen Christusbekenner zu betrachten. Ich werde plädieren, dass er eng mit der „Trennung der Wege" verwoben ist, dem Prozess, der Judentum und Christentum als zwei unterschiedliche und antagonistische religiöse Traditionen hervorbrachte. Ihr Verschwinden ist das Ergebnis und das Symptom der Schwierigkeit sowohl des Volkes Israel als auch der entstehenden christlichen *ekklesia*, ihre Identität und Mission als „Volk Gottes" zu leben, das Juden und Heiden zusammenführt. Das ist es, was wirklich auf dem Spiel steht, und die historische und theologische Bedeutung des Judenchristentums kann außerhalb dieses Kontextes nicht vollständig erfasst werden.

Eine der Schwierigkeiten dieses Ansatzes besteht darin, dass er sich an der Grenze zwischen Geschichte und Theologie bewegt. Die letzte Frage zum Beispiel kann nicht allein durch historische Überlegungen beantwortet werden. Dieser Beitrag erhebt daher nicht den Anspruch, eine vollständige Untersuchung oder Lösung für das Thema zu bieten, um das es hier geht. Außerdem bin ich kein Historiker, so dass die historischen Aspekte nie aus erster Hand stammen werden. Im Laufe meiner Recherchen habe ich jedoch festgestellt, dass die Synthese großer Mengen historischer Forschung mit dem Blick eines „Außenstehenden" und geleitet von theologischen Fragen zu neuen Erkenntnissen führen kann. Ich hoffe, dass die historischen Aspekte ihre Solidität behalten, und dass ich eine übermäßige Vermischung von Geschichte und Theologie vermieden habe.

Ein Großteil der verwendeten Terminologie ist anfechtbar und umstritten. Obwohl viele den Ausdruck „Trennung des Weges bzw. der Wege" kritisieren[1] – und ich werde manchmal auf andere mögliche Formulierungen verweisen –, ist dies immer noch die am häufigsten verwendete Terminologie für den Prozess, der zur Existenz der verwandten, aber unterschiedlichen Religionen des rabbinischen Judentums und des Christentums führte. Wegen der fließenden religiösen und chronologischen „Grenzen", die wir betrachten werden, werde ich mit einer gewissen Flexibilität „jüdische Jünger von Jeschua/Jesus" hauptsächlich für die ersten Generationen verwenden, während ich „Judenchristen" für die späteren Generationen bevorzuge. Wie wir sehen werden, unterscheiden sich letztere stärker von anderen Strömungen des Judentums, und einige sind ethnisch nicht jüdisch. Manchmal, wenn die historische Periode oder die Unterscheidung zwischen Juden und Nicht-Juden nicht relevant ist, werde ich einfach den Ausdruck „Christus-Bekenner" verwenden. Ich werde beide Namen und Bezeichnungen verwenden: Jesus/Christus und Jeschua/Messias, da es sich um Juden handelt, die Aramäisch und/oder Griechisch sprechen.

Obwohl, wie wir sehen werden, der Prozess „chaotischer" ist, als man bis vor einigen Jahrzehnten annahm, ist es dennoch ein Prozess; daher habe ich die Studie in vier historische Etappen oder Situationen unterteilt: die jüdische *ekklesia* (Paragraph 2), die gemischte jüdisch-nichtjüdische *ekklesia* (3), die „Trennung der Wege" (4-5), sowie Judentum und Christentum (6). Ich werde mich auf den dritten dieser Aspekte konzentrieren, um die Ursachen der Trennung zu analysie-

---

[1] Siehe A. REINHARTZ, „Slip Slidin' Away, Rethinking the ,Parting of the Ways'", in: K. u. M. ZETTERHOLM – A. RUNESSON – C. WASSEN (Hg.), *Negotiating Identities: conflict, conversion, and consolidation in early Judaism and Christianity (200 BCE-600 CE)*, Boulder – Lanham – London – New York 2022, 103-128, 113.

ren. Der letzte Abschnitt (7) wird einige Schlussfolgerungen aus der vorliegenden Studie für eine mögliche (Wieder-)Vereinigung der Wege ziehen, die jüdische Gläubige an Jeschua/Jesus-Gläubige einbeziehen würde.

2. Die jüdische *ekklesia*

In diesem Abschnitt werde ich einiges kurz zusammenfassen. Die erste Phase dessen, was schließlich zum „Christentum" wird, war eine messianische Bewegung innerhalb der jüdischen Welt. Nach einer umfangreichen Untersuchung von Wissenschaftlern, insbesondere aus dem Bereich der „jüdischen Jesus-Forschung"[2], ist es recht plausibel zu behaupten, dass Jesus als Torah-praktizierender Jude lebte und starb. Das heißt, dass Jesus Gewandquasten trug, die *Kaschrut* (Speisegebote) und den Schabbat einhielt.[3] Es war eine Zeit großer religiöser Dynamik und Kreativität, in der Sadduzäer, Pharisäer, Essener und Galiläer koexistierten, interagierten und konkurrierten. Jesu Lehre und Praxis fügte sich in die Debatten der damaligen Zeit ein. So bekannte er sich zum Beispiel in Übereinstimmung mit den Pharisäern und im Gegensatz zu den Sadduzäern zur Existenz von Engeln und Dämonen und zur Auferstehung der Toten, während er sich in Übereinstimmung mit den Sadduzäern weigerte, die zusätzlichen Reinheitsvorschriften der Pharisäer bezüglich des Händewaschens oder der Lebensmittel zu befolgen.

Zudem waren alle seine Jünger Juden. Da sie mit Jesus lebten und seiner Lehre folgten, waren auch sie gesetzestreu, nahmen am Leben der Synagoge und am Tempelkult teil, auch wenn sie nach dem Leiden und der Auferstehung Jesu auch das „Mahl des Herrn" in ihren Häusern feierten, wahrscheinlich nach dem Ausgang des Schabbat. Sie waren eine religiöse Strömung innerhalb der vielfältigen Traditionen des jüdischen Volkes und erhielten in den aramäischsprachigen Milieus Namen wie „Nazarener" (Apg 24,5), bzw. in den grie-

---

[2] Z. B. D. Flusser, J. Neusner, D. Boyarin, A. Reinhartz, A. J. Levine, G. Boccaccini.
[3] Zu den *Kaschrut* siehe u. a. Daniel BOYARIN, *The Jewish Gospels: The Story of the Jewish Christ*, New York 2012, 106–128; zum Sabbat s. David FLUSSER, *Jesus*, New York 1969, 48–52; Daniel BOYARIN, *The Jewish Gospel*, 52–69.

chischsprachigen „Christen" (Apg 11,26); sie selbst benutzten wahrscheinlich meist den Namen „der Weg" (Apg 19,9).

Jesus hatte nicht die Absicht, eine neue Religion einzuführen oder ein anderes Volk als das jüdische zu bilden. Er ernannte jedoch Leiter, die Zwölf. Sie waren Juden, und ihre Zahl deutet darauf hin, dass sie sowohl die zwölf Stämme Israels repräsentieren als auch deren vollständige Wiedervereinigung symbolisieren sollten. Sie sind also in der Geschichte und der Hoffnung des Volkes Israel verankert. Es ist allerdings möglich, dass Jesus die Lenker des Volkes zu seiner Zeit, d. h. die Ältesten, Priester, Schriftgelehrten und vielleicht die Pharisäer, ersetzen wollte. Dies ist die überzeugendste Interpretation des Gleichnisses vom Weinberg (dem Volk Israel), welcher neuen Pächtern (den Aposteln?) anvertraut wird (Mt 21,33–46 par). Vielleicht ist hier schon die Saat für spätere Spannungen und Spaltungen gesät.

3. Die gemischte jüdisch-nichtjüdische *ekklesia*

Eine zweite „Stufe" der Entwicklung der *ekklesia* der an Jesus Glaubenden entsteht mit dem Eintritt der ersten Nicht-Juden. Wenn wir der Apostelgeschichte folgen, geschieht dies recht spät: Der erste Nicht-Jude, der zum Glauben an Jesus kommt, ist wahrscheinlich Kornelius (Apg 10,1–11,18). Diejenigen, die sich nach Pfingsten anschließen, sind Juden aus vielen Ländern und Proselyten, die sich vollständig dem jüdischen Volk angeschlossen haben (Apg 2,5.9–11.14.22). Die frühe *ekklesia* setzt sich aus „Hellenisten" und „Hebräern" zusammen (Apg 6,1), die alle Juden sind. Der erste Schritt heraus aus dem jüdischen Volk geschieht mit den Samaritern (Apg 8,5–25), die keine Heiden sind. Der äthiopische Eunuch ist wohl ein Proselyt, denn er liest die Propheten und ist in Jerusalem gewesen, um Gott anzubeten (Apg 8,27 f.).[4]

Die Öffnung für die Heiden ist jedoch kein Irrtum oder gar ein Zufall. Sie entspricht sowohl dem Auftrag, den der auferstandene Herr den Elf gegeben hat, „alle Völker zu Jüngern zu machen" (Mt 28,19), als auch der Art und Weise, wie die Vorsehung die Verfolgung der *ekklesia* in Jerusalem nutzt. Es tauchen jedoch Fragen und

---

[4] S. J.-P. LÉMONON, *Les débuts du Christianisme: de 30 à 135*, Paris 2003, 127 n 14.

Spannungen auf: Sollen die Heiden beschnitten werden? Sollen sie die *Kaschrut* einhalten? Wie kann es ein gemeinsames Gebet und gemeinsame Mahlzeiten mit jüdischen und heidnischen Christusbekennern geben? Wir befinden uns in einer Zeit, in der viele Heiden zu Proselyten oder Gottesfürchtigen werden, und die „Nazarener" haben diesbezüglich die gleichen Fragen wie andere jüdische Gruppierungen.[5] Der Wendepunkt, auch in der Struktur der Apostelgeschichte, ist die Versammlung von Jerusalem, die beschließt, dass die Heiden die Torah nicht zu beachten brauchen, d.h., dass sie keine Juden werden müssen.

Die Regeln für die nicht-jüdischen Gläubigen lauten, *Götzenopferfleisch, Blut, Ersticktes und Unzucht zu meiden* ... (Apg 15,29). Diese Regeln werden entweder als Ausdruck der „noachidischen Gebote" verstanden (vgl. Bab. Talmud, *Sanhedrin* 56b) oder (wahrscheinlicher) als Regeln für die *gerim*, die in der Gemeinschaft Israels lebenden Fremden (Lev 17 f.).[6]

Von den jüdischen Mitgliedern der *ekklesia* wird nichts Spezielles verlangt. Daraus geht hervor, dass sie die Torah weiterhin einhalten sollen.[7] Würden sie die *Kaschrut* nicht praktizieren oder die rituelle

---

[5] P. FREDRIKSEN, *Paul, the Pagans' Apostle*, New Haven – London 2017, 96–98.

[6] Einige Manuskripte der Apostelgeschichte (westliche Handschriftengruppe) fügen hinzu: „Und was du nicht willst, dass man dir tu', das füg' auch keinem andern zu", eine negativ formulierte Version der Goldenen Regel, die an einen berühmten Ausspruch erinnert, mit dem Hillel der Ältere die gesamte Torah zusammenfasst (TB, *Schabbat* 31a). Dies würde bedeuten, dass die Heiden, die in den Neuen Bund eintreten, durch die Torah verpflichtet sind, mit besonderen Bestimmungen, welche ihrem Status als „messianisch erneuerte Heiden" entsprechen. Sie sind nicht nur an die noachidischen Regeln oder an die Regeln für die *gerim* gebunden, sondern sie sind in eine neue Dimension eingetreten, als Mitglieder eines Bundes, der in einer besonderen Weise auch die „messianisch erneuerten Juden" verpflichtet.

[7] Ich stimme nicht mit A. Lévy überein, wenn er sagt, dass es keine Anzeichen dafür gibt, dass die frühen jüdischen Jünger Jesu die Torah beachteten, weil „there is no material record of an official attempt at imposing the observance of *mitzvot* on Jewish disciples" (*Jewish Church, A Catholic Approach to Messianic Judaism*, Washington DC 2021, 184). Dass Juden die Torah einhalten sollten, war so offensichtlich, dass wir eher eine „ausdrücklich verkündete" Regel benötigen würden, die besagt hätte, dass jüdische Mitglieder der *ekklesia* nicht an die *mitzvot* gebunden waren (wie sie im 1. Jh. n. Chr., noch vor den schriftlichen rabbinischen Kodifikationen, verstanden wurden), um zu dem Schluss zu kommen, dass sie dies nicht taten. Das wäre eine so bedeutsame Änderung, dass es

Reinheit nicht beachten, hätten z. B. die in Gal 2 geschilderte Debatte zwischen Paulus und Petrus oder die Vision des Petrus in Apg 10 keinen Sinn. Selbst der letztgenannte Text sollte nicht als göttliches Gebot verstanden werden, sich nicht mehr an die *Kaschrut* zu halten. Es geht um Menschen, nicht um Lebensmittel, wenn wir dem Schluss folgen, den Petrus zieht: *... mir ... hat Gott gezeigt, dass man keinen Menschen unheilig oder unrein nennen darf* (Apg 10,28). Es ist ein göttlicher Eingriff, der die Heiden sozusagen rein „macht", vielleicht durch ihren Glauben an Jesus, der sie vom Götzendienst befreit. Konkret geht es um die Möglichkeit, gemeinsame Mahlzeiten einzunehmen, was in der Tat eine Rückkehr zu dem bedeutet, was die Torah – im Gegensatz zu den pharisäischen Praktiken – erlaubt.[8]

Diese zweite Phase der Bewegung der Jeschua/Christus-Gläubigen ist also die einer „gemischten" Gemeinschaft aus Torah-praktizierenden jüdischen Jeschua/Christus-Gläubigen und die Torah nicht praktizierenden nicht-jüdischen Jeschua/Christus-Gläubigen, die minimale Praktiken befolgen, welche es ihnen erlauben, Tischgemeinschaft mit den jüdischen Mitgliedern zu haben. Sie ist immer noch eine jüdische Bewegung, auch wenn sie Nicht-Juden aufnahm, denn die Jeschua bekennenden Juden verankerten sie in der jüdischen Welt und bildeten eine Brücke zwischen den Nicht-Juden und dem ganzen Volk Israel. Historisch gesehen sind viele Bibelwissenschaftler der Ansicht, dass die Apostelgeschichte ein „idealisiertes" Bild der frühen *ekklesia* zeichnet, in der alle alles gemeinsam haben und in vollkommener Harmonie leben (Apg 2,42–47) – und in welcher Juden und nicht-jüdische Jesus-Gläubige in Eintracht leben. Gemeinsame Mahlzeiten – und damit die Feier des Abendmahls – waren wahrscheinlich noch vielschichtig. Die „Jerusalemer Synode" eröffnete auf kreative Weise einen Weg, der mit Gefahren und Instabilitäten verbunden war. Theologisch gesehen ist der in Apg 15 vorgeschlagene Weg jedoch der einer „gemischten" oder

---

einer mindestens so ausführlichen Debatte und Entscheidung bedurft hätte, wie das, was in bezüglich der nichtjüdischen Gläubigen in Apg 15 berichtet wird.
[8] Vgl. D. ARTIGES, *La singularité d'Israël, Un défi pour l'unité des chrétiens*, unveröffentlichte Dissertation, Institut d'Études Théologiques, Brüssel 2018, 200–204. Dieselbe Interpretation von Gal 2,11–14, wonach sich diese Stelle auf Menschen bezieht, mit denen eine gemeinsame Mahlzeit möglich ist, und nicht auf *Kaschrut*, findet sich bei M. Kinzer, *Post-Missionary Messianic Judaism*, Grand Rapids 2005, 82–85.

„dualen" *ekklesia*, welche Juden und Heiden vereint, die ihre jeweilige Identität beibehalten.

4. Die chronologische, soziale und geografische Komplexität der „Trennung der Wege"

Diese reale, aber instabile Situation löst sich in einer dritten Phase der Existenz der frühen Jeschua/Christus bekennenden Gemeinschaft auf, in dem Prozess der „Trennung der Wege", in welchem sich Judentum und Christentum zu zwei unterschiedlichen Traditionen herauskristallisieren. Tatsächlich handelt es sich nicht um einen klar umrissenen „Moment", sondern um eine lange und unübersichtliche Entwicklung, und es gibt keinen wirklichen Konsens darüber, welches Datum zu nennen wäre. Während Gemeinschaften von Judenchristen in Syrien noch im 4. und vielleicht sogar bis zum 6. Jahrhundert n. Chr. existierten, finden sich bereits Ende des ersten Jhdts. auf römischen Friedhöfen Gräber mit unterschiedlichen Symbolen, die entweder auf den Glauben an Christus oder auf die Zugehörigkeit zum jüdischen Volk hinweisen. Ich werde argumentieren, dass es in der Tat eine Vielzahl von Daten zu berücksichtigen gibt, weil die „Trennung" in unterschiedlichen Rhythmen stattfindet, je nachdem, wer beteiligt ist und in welchen Regionen sie abläuft.[9]

So hängt beispielsweise viel vom sozialen Niveau, der Bildung und der Verantwortung der Menschen in der Gesellschaft und in den religiösen Institutionen ab. Die Gebildeteren und die in den Institutionen Engagierteren, Bischöfe, Theologen und Rabbiner werden die ersten sein, welche die Unterschiede hervorheben und sie als unvereinbar betrachten. Wir haben bereits Texte aus dem frühen 2. Jhdt. n. Chr. von Ignatius von Antiochien, in denen er seine Gläubigen ermahnt, nicht zu „judaisieren"; er ist auch einer der ersten Autoren, der ausführlich vom „Christentum" spricht.[10] Der Begriff der „Häresie", in der späteren christlichen Welt als Ausschlusskrite-

---

[9] „Our sources suggest that the parting of the ways was an uneven and messy process, occurring in different times in different places and for different reasons" (A. Reinhartz, „Slip Slidin' Away" [s. Anm. 1], 115).
[10] J. Lieu, „,The parting of the Ways', Theological Construct or Historical Reality?", *Journal for the Study of the New Testament*, 17 (1995) 101–119, bes. 114.

rium auf Grundlage des Glaubensinhalts gebraucht, soll nach Ansicht von Daniel Boyarin schon Mitte des zweiten Jahrhunderts n. Chr. hauptsächlich von Justin dem Märtyrer (ca. 100 bis 165 n. Chr.) geprägt worden sein. Er behauptet, dass jene, die nicht glauben, dass Gott einen Logos hat, Häretiker seien. Dies ist jedoch keine Beschreibung einer Glaubensunterscheidung zwischen „Synagoge" und „Kirche" des 2. Jahrhunderts, denn viele Juden, die Jesus nicht folgten, glaubten an eine göttliche *Memra*, während einige Christusbekenner dies nicht taten (nicht alle hatten z. B. Zugang zum vierten Evangelium). Dies war eine nicht trennende theologische Meinungsverschiedenheit innerhalb der jüdischen Welt, die sich bei Justin zu einem kristallisierenden Faktor des gegenseitigen Ausschlusses zwischen den so entstehenden Traditionen entwickelte. Ein paralleles Phänomen sehen wir bei der Idee der *minut* (Häresie) in der rabbinischen Literatur.[11] Während er sich tatsächlich erst in späteren Texten entwickelt, erscheint der Begriff in der rabbinischen Literatur in Dokumenten aus dem 3. Jhdt.[12] Wahrscheinlich geht es dabei weniger um Christusbekenner und ihren Glauben als man früher annahm, sondern vielmehr um die allgemeine Abwendung von Menschen von der synagogalen Praxis.[13] Die Gründe hierfür sind vielfältig, aber der Begriff funktioniert auf die gleiche ausschließende Weise wie der Begriff der Häresie. Die Vorsteher der Gemeinden und die Gelehrten profilieren sich als Grenzwächter und ziehen gleichzeitig die Grenzen.

Das einfache Volk hingegen braucht viel mehr Zeit, um sich klar abzugrenzen. Wenn Ignatius gegen die „Judaisierer" wettert, heißt das, dass es sie gibt. Justin selbst schreibt, dass Mitglieder des jüdischen Volkes, die an Jesus glauben, weiterhin das mosaische Gesetz befolgen können, solange sie verstehen, dass es nicht heilsbringend ist, und nicht versuchen, nicht-jüdische Mitglieder der *ekklesia* dazu zu bringen, dasselbe zu tun. Auf der anderen Seite argumentiert er, dass er nicht der Meinung ist, dass die „Heiden, die an Chris-

---

[11] D. BOYARIN, *Border Lines: The Partition of Judaeo-Christianity*, Philadelphia 2004, 41.
[12] *Tosefta Bereshit* 3,25; s. D. Boyarin, *Border Lines* (s. Anm. 11), 43.
[13] S. A. SCHREMER, *Brothers Estranged: Heresy, Christianity and Jewish Identity in Late Antiquity*, Oxford 2010.

tus glauben"[14], das Gesetz befolgen sollten, auch wenn diejenigen, die es tun, trotzdem gerettet werden. Offenbar befasst sich Justin mit konkreten Situationen in der Mitte des zweiten Jahrhunderts n. Chr., wahrscheinlich in Rom. Die Grenzen, die gerade errichtet werden, sind für das einfache Volk noch recht durchlässig.

Weitere zu berücksichtigende Faktoren sind Kultur und Geografie. Aus den Quellen geht hervor, dass die „Trennung" im westlichen Teil des römischen Reiches schneller vonstattenging – wie die Beispiele der römischen Friedhöfe und von Justin dem Märtyrer bezeugen. In den Zonen der semitischen Kultur, wie in der aramäischsprachigen syrischen Provinz des Reiches oder außerhalb des Reiches, in Mesopotamien, verlief der Prozess dagegen viel langsamer. Situationen, mit denen Justin im 2. Jhdt. n. Chr. konfrontiert wird, werden noch Mitte des 4. Jhdts. von Johannes Chrysostomus in Antiochia aufgegriffen, der anlässlich jüdischer Feste eine Reihe von Predigten gegen das Judaisieren hält.[15] Obwohl er sich mehr um die Heidenchristen sorgt, die in die Synagoge gehen, als um die Ausübung des Gesetzes durch die Judenchristen, zeigt dies, dass Überschneidungen zwischen den Gemeinschaften und Traditionen immer noch lebendig sind. In der Tat gibt es in Syrien mögliche Spuren jüdisch-christlicher Praktiken bis ins 6. Jhdt. n. Chr.[16]

Diese verschiedenen Umstände zeigen, dass die „Trennung der Wege" ein komplexer Prozess ist, langwierig und unübersichtlich, mit fließenden Grenzen zwischen religiösen Praktiken und Gemeinschaften. Man kann noch eine weitere Komplexität hinzufügen, nämlich die der verschiedenen Arten, Judenchristen zu sein. Es gibt mindestens drei erkennbare Hauptströmungen, die Nazarener, die Ebioniten und die Elkasaïten, mit unterschiedlichen Auffassungen

---

[14] Justin der Märtyrer, *Dialog mit dem Juden Trypho*, 47,2; vgl. D. ARTIGES, *La singularité d'Israël* (s. Anm. 8), 251–255.

[15] Johannes Chrysostomus, „Acht Reden gegen Juden"; s. P. VAN DER HORST, „Jews and Christians in Antioch at the End of the IVth Century", in: S. E. PORTER – B. W. R. PEARSON (Hg.), *Christian-Jewish Relations Through the Centuries*, Sheffield 2000, 228–238; interessanterweise zeigt van der Horst, dass ein zeitgenössisches Dokument aus dem 4. Jh. n. Chr., die *Apostolische Konstitution* von Antiochien, eine andere Lösung für dieselbe Situation vorschlägt: synagogale Gebete in kirchliche Liturgien zu integrieren.

[16] S. PINES, *The Jewish Christians of the Early Centuries of Christianity According to a New Source*, Jerusalem 1996, 211–310.

von der Person Jesu, von der Heiligen Schrift und von der Beziehung zu den Heiden oder zu den Rabbinen.[17] Der letztgenannte Punkt ist von Bedeutung, da einige von ihnen Nichtjuden aufnahmen: Sie waren nicht alle ethnisch jüdisch, obwohl sie auf unterschiedliche Weise das mosaische Gesetz befolgten und obwohl ihre religiös-kulturellen Paradigmen semitisch waren.[18] Aus diesem Grund ist die treffendste Metapher nicht die einer Trennung der Wege oder gar von „Trennungen" der Wege[19], sondern die eines Sich-Kreuzens matschiger Wege.[20]

Wenn man darauf besteht, eine Chronologie aufzustellen – ein in der Tat gefährliches Unterfangen –, würde ich behaupten, dass der Wendepunkt, der das „Judentum" und das „Christentum" als identifizierbare Traditionen und Gemeinschaften hervorbrachte, in Rom in der ersten Hälfte des 2. Jhdts. n. Chr. für die Elite und die religiösen Führer erreicht wurde, während er für das einfache Volk wahrscheinlich näher am Ende des zweiten Jahrhunderts lag. Im griechischen Teil des Reiches geschah dies Ende des 2. Jhdts. für die Führer und Anfang des 3. für das Volk. Und in Antiochia und außerhalb des Römischen Reiches, in Mesopotamien, erstreckt sich der Prozess bis in das 3. bzw. 4. Jhdt., in einigen Gebieten sogar noch später.

5. Gründe für die Trennung

So komplex wie der Prozess selbst war, so vielfältig waren auch die Gründe, die ihm zugrunde lagen: Sie betreffen sowohl den Inhalt des Glaubens, die Praxis und den Gottesdienst, als auch Konkurrenz

---

[17] Einige Forscher gehen davon aus, dass die Ebioniten von den Rabbinen über eine viel längerer Zeit als andere Bewegungen als *posche Israel*, als Abtrünnige Israels, betrachtet wurden – nicht nur als christliche Häretiker. (s. M. SIMON, *Verus Israel*, Paris 1964, 299 f.).
[18] S. D. ARTIGES, *La singularité d'Israël* (s. Anm. 8), 258–277; Simon, *Verus Israel* (s. Anm. 17), 280; M. SIMON, A. BENOIT, *Le Judaïsme et le christianisme antiques*, Paris 1968, 266–277; S.-C. MIMOUNI, *Les chrétiens d'origine juive dans l'antiquité*, Paris 2004.
[19] J. DUNN, *The Partings of the Ways Between Judaism and Christianity and their Significance for the Character of Christianity*, London 2006.
[20] J. LIEU, „‚The parting of the Ways', Theological Construct or Historical Reality?", in: *Journal for the Study of the New Testament*, 17 (1995), 119.

zwischen Autoritäten, die Spannungen zwischen Juden und Heiden und die Auswirkungen der Gesetze und Kriege des römischen Reiches. Die klassischen Darstellungen der Trennung von Judentum und Christentum, insbesondere auf christlicher Seite, betonen die lehrmäßigen Unterschiede, die sich langsam zu unüberbrückbaren Gegensätzen verdichten. Beispielsweise unterstreicht J. Dunn, wie sich die lehrmäßigen Spannungen wahrscheinlich auf die vier Hauptsäulen dessen konzentrierten, was er als „jüdischen Glauben" im 1. Jhdt. n. Chr. bezeichnet, und zu einer Reihe von Gegensätzen führten, die sich in der folgenden chronologischen Reihenfolge entwickelten: die Bedeutung und Gültigkeit des Tempels und der Tempelopfer, die Einhaltung der Torah, die Erwählung Israels und die Beziehung zwischen Juden und Heiden sowie der Glaube an die Göttlichkeit Jesu und seine (Un-)Vereinbarkeit mit dem Glauben an den einen Gott.[21] Sicherlich waren Fragen der Lehre ein bedeutendes Element. Allerdings müsste man die Art und Weise, wie Dunn diese Punkte darstellt, und seine Chronologie nuancieren. Wird der Tempel bereits in der Rede des Stephanus (Apg 7) in Frage gestellt,[22] oder erst mit und wegen seiner Zerstörung? Gibt es ein Problem mit der Gesetzes-/Torah-Befolgung als solcher, oder geht es – genauer – um den Grund dafür, d. h. darum, ob diese für die Erlösung notwendig ist oder einfach eine Frage der Treue gegenüber Gottes Gebot?[23] Außerdem: War es nicht eher die Art und Weise, wie das Gesetz befolgt wurde – zum Beispiel die Einhaltung des Schabbats –, als die theologische Bedeutung des Gesetzes, die zum Konflikt führen konnte?[24] Oder wiederum die charismatisch-ekstatische Dimension des Gottesdienstes der jüdischen Jünger?[25] In der jüdischen Welt

---

[21] J. DUNN, *Partings* (s. Anm. 19), 318–338.
[22] Ebd. 126.
[23] J.-P. LEMENON, *Les judeo-chrétiens: des témoins oubliés?*, Paris 2006, 8.
[24] Der gegenwärtige Konsens über die Gründe, weshalb die Mitglieder der johanneischen Gemeinde befürchteten, aus den Synagogen *(apo synagogos)* ausgeschlossen zu werden, bezieht sich nicht auf ihren Glauben an Jesus, sondern vielmehr auf die Art und Weise, wie sie den Schabbat hielten. (s. J. S. KLOPPENBORG, „Disaffiliation in associations and the ἀποσυναγωγός of John", *HTS Teologiese Studies / Theological Studies* 67(1) (2011) Art. #962, 16 Seiten. DOI: 10.4102/hts.v67i1.962; DE BOER, „Expulsion from the synagogue, J. L. Martyn's *History and Theology in the Fourth Gospel* Revisited", NTS 66 [2020] 367–391).
[25] A. J. LEVINE, *The Misunderstood Jew*, San Francisco 2006, 109.

sind die konkrete Einhaltung und die Formen der Anbetung oft eher ein trennender Faktor als der Glaubensinhalt. Und schließlich: Ist die Vorstellung eines göttlichen Messias und einer gewissen Pluralität in Gott oder eines leidenden Messias dem jüdischen Denken dieser Zeit so fremd?[26] Glaubensbezogene Unterscheidungen, insbesondere nach „jüdisch" und „christlich", sind teilweise eine Rückprojektion. Dieselbe Synagoge konnte leicht von Christus-Bekennern und Nicht-Christus-Bekennern besucht werden, welche innerhalb der hebräischen oder hellenistischen Kultur miteinander verbunden waren.[27] Wie wir bereits gesehen haben, entwickelte sich der Begriff der Häresie wahrscheinlich im 2. bis 3. Jhdt. n. Chr. unter dem Druck der Kirchenführer und Rabbiner.

Ein weiterer Aspekt, der vielleicht vor allem in der ersten Periode von Bedeutung war, waren Leitungskonflikte. Wir haben gesehen, dass die jüdischen Jünger Jesu ihre eigenen Autoritäten hatten, die Apostel, und diejenigen, die von ihnen eingesetzt wurden: die Ältesten, die Aufseher oder *episkopoi* (die allmählich zu den führenden Persönlichkeiten wurden), die Diakone. Parallel dazu wurde die Klasse der Rabbiner eingeführt. Die neuere Forschung geht davon aus, dass diese eine gewisse Zeit brauchten, um sich durchzusetzen,[28] aber als ihre Autorität wuchs, bedeutete dies, dass es zwei Arten von religiösen Führern gab, die um ihre Herde konkurrierten: Älteste, die sich zu Christus bekannten, und Rabbiner. Die Einrichtung von Institutionen kam sicherlich vor der Fixierung der Lehre. Während der Begriff der Häresie in der Mitte des 2. Jh. n. Chr. aufkam, begegnen wir lehrmäßigen oder dogmatischen Entscheidungen erst ab dem 4. Jahrhundert, für das Christentum jedenfalls mit dem Konzil von Nizäa (325 n. Chr.). Ebenso gibt es in der Gelehrtenwelt eine heftige Debatte darüber, wann die „Synode von Yavneh" statt-

---

[26] U. a. D. BOYARIN, *The Jewish Gospels* (s. Anm. 3.), 25–51; P. FREDRIKSEN, *Paul, the Pagans' Apostle* (s. Anm. 5), 111–117. The main difficulty with the affirmation of the Messiahship of Jesus was probably not the question of his divinity and of the One God, but the discrepancy between the fruit of the Passion and Resurrection and the Messianic promises of the prophets (s. A. J. Levine, *A Misunderstood Jew* [s. Anm. 25], 56–61).
[27] S. D. BOYARIN, *The Jewish Gospels* (s. Anm. 3), 1–24.
[28] S. N. B. DOHRMANN, „Jews in the West: From Herod to Constantine the Great", in: M. TILLY – B. VISOTZKY (Hg.), *Judaism*, Bd. I: *History*, Stuttgart 2021, 100–104.

fand oder ob sie eine Rekonstruktion durch spätere Rabbiner war, aber viele denken, dass sie ebenfalls eine Situation des 4. Jhdt. n. Chr. widerspiegelt.[29] In der Tat waren es die Autoritäten und Institutionen, die, indem sie auf die Einheit ihrer Herde und ihre eigene Kontrolle über sie drängten, das Bedürfnis verspürten, Unterscheidungen zu artikulieren, und entscheidend zur Etablierung von zwei klar getrennten Glaubensrichtungen, von zwei „Religionen" beitrugen. Wie bei vielen Spaltungen in der Gesellschaft und in religiösen Institutionen, spielten Leitungskonflikte eine große Rolle.

Eine dritte wichtige Ursache für Spannungen und Spaltungen ist die Beziehung von Juden und Nicht-Juden. S. Cohen vermutet, dass dies das Hauptproblem war.[30] Die ersten beiden Aspekte, die wir betrachtet haben, der Glaubensinhalt und die Konkurrenz um die Führung, sind Spannungen, die sich zum Teil innerhalb der jüdischen Welt entwickelten, zwischen Judenchristen und Juden, die keine Jeschua/Christus-Bekenner waren, obwohl beide sicherlich durch die Entwicklungen, die der Zustrom von Nicht-Juden mit sich brachte, verschärft wurden. Dieser Zustrom muss jedoch für sich selbst betrachtet werden. Wie wir gesehen haben, scheint die in Apg 15 gefundene Lösung nicht stabil gewesen zu sein. Schon in Justins Bericht über die verschiedenen Positionen, auf die er stößt, finden wir Gegensätze: Es gibt jüdische Jünger Jesu, die den Heiden immer noch die Einhaltung des mosaischen Gesetzes auferlegen wollen; es gibt heidnische Christus-Gläubige, die mit jüdischen Christus-Bekennern nichts zu tun haben wollen und „sich weigern, mit solchen Leuten den Tisch zu teilen oder zu reden".[31] A. J. Levine unterstreicht, dass es möglich gewesen sei, gemeinsam zu leben und zum eucharistischen Mahl zusammenzukommen, solange man glaubte, dass der Messias bald wiederkommen würde, aber als die frühe *ekklesia* verstand, dass die Parusie für eine fernere Zukunft bestimmt war, wurden die täglichen Differenzen in Bezug auf das Essen oder die Einhaltung des Schabbats oder die Aussicht auf Misch-

---

[29] D. Boyarin, „A Tale of Two Synods, Nicaea, Yavneh and Rabbinic Ecclesiology", in: *Exemplaria* 12(1) (2000) 21–62.
[30] S. Cohen, „The ways that parted: Jews, Christians and Jewish-Christians, ca 100–150 CE", in: J. Schwartz (Hg.), *Jews and Christians in the First and Second Centuries: The Interbellum 70–132 CE*, Leyden 2017, 310.
[31] Justin der Märtyrer, *Dialog mit dem Juden Trypho*, 47,2.

ehen zwischen Juden und Heiden viel dorniger.[32] Die in Apg 15 angebotene zweigleisige Lösung scheiterte. Die erste Gemeinde schien vor der Wahl zu stehen, entweder zu einer Bewegung für Juden und Proselyten zurückzukehren oder eine heidnische Bewegung zu werden. Zwei Faktoren trugen dazu bei, dass man sich für die letztere Option entschied: das wachsende zahlenmäßige Ungleichgewicht zwischen Juden und Heiden unter den Christus-Bekennern[33] und die geistliche und kulturelle Schwächung der Judenchristen, nachdem sie mit der Zerstörung des Tempels und der Verbannung der Juden aus Jerusalem ihren Schwerpunkt und Bezugspunkt verloren hatten.

Dies führte zu einer Marginalisierung der Judenchristen gegenüber den Heiden und zu einer Umkehrung der Frage, die in Apg 15 gestellt worden war: Es ging nicht mehr darum, wie die nicht-jüdischen Christus-Bekenner, sondern wie die Judenchristen leben sollten. Die sich zu Christus bekennenden Juden, die in der Phase der gemischten jüdisch-heidnischen *ekklesia* Brücken zwischen Juden und Heiden waren, wurden zu einer kleinen, unbeachteten Größe zwischen zwei Realitäten, die sich zunehmend gegeneinander definierten. Das kulturelle Umfeld hatte seine Bedeutung: Wir haben oben gesehen, dass die Regionen, in denen die jüdisch-christliche Präsenz am längsten andauerte, die aramäischsprachigen waren. Dies waren die Regionen, in denen Judenchristen aufgrund kultureller Ähnlichkeiten auch in einer mehrheitlich nicht-jüdischen Kirche leichter akzeptiert werden konnten.

Der letzte Grund für die Trennung der Wege, den wir betrachten wollen, ist der Druck des römischen Reiches, das von einer Spaltung profitierte, zu deren Entstehung es maßgeblich beigetragen hatte. Nach dem großen Brand von Rom (64 n. Chr.) wollte Nero die recht gut integrierte jüdische Gemeinschaft nicht gegen sich aufbringen,

---

[32] „To circumcise or not to circumcise; to keep kosher or to eat pork and shrimp; to have one church for both Jews and Gentiles or to have separate tables, beliefs, and practices … The church was fighting for its life", A. J. LEVINE, *A Misunderstood Jew* (s. Anm. 25), 74; vgl. 70–84.
[33] Beispielsweise wurden mit der Vertreibung der Juden aus Rom unter Claudius (ca. 49 n. Chr.) die Heiden zur Mehrheit in den Gemeinden, die sich zu Christus bekannten (s. J. DUNN, The *Parting of the Ways* (s. Anm 19), 33 f.). Dies bereitete den Weg dafür, dass Rom einer der frühesten Orte ist, an dem Judentum und Christentum unterschieden werden, wie wir oben gesehen haben.

aber die charismatischen und ekstatischen Jünger Jesu in dieser Gemeinschaft und die heidnischen Mitglieder waren leicht als Sündenbock zu missbrauchen und wurden folglich beschuldigt. Diejenigen, die nicht beschuldigt wurden, neigten dazu, sich von denen zu distanzieren, die beschuldigt wurden. Ein weiterer Keil, der zwischen die verschiedenen Strömungen des Judentums getrieben wurde, war der *fiscus judaicus*, eine Steuer, die ab 73 n. Chr. nach der Zerstörung des Tempels und dem ersten jüdisch-römischen Krieg von den Juden erhoben wurde. Obwohl diese Steuer alle Juden betraf, wurde sie von den Torah-observanten Juden eigetrieben: Dies veranlasste nicht-jüdische Mitglieder der *ekklesia*, sich von den Juden zu distanzieren, und jüdische Jünger Jesu, auf Observanz der Torah zu verzichten. Das gleiche Phänomen, Verfolgungen zu vermeiden, wiederholte sich, als die Juden, einschließlich der Judenchristen, 135 n. Chr. aus Jerusalem vertrieben wurden. Die Zerstörung des Tempels und die Vertreibung der Juden aus Jerusalem hatten einen großen Einfluss auf die Trennung der Wege. Diese folgenschweren Ereignisse erschütterten die jüdische Welt in ihren Grundfesten und ebneten den Weg für neue Interpretationen der uralten Traditionen, die in der Torah und bei den Propheten zu finden waren, und für neue Führungspositionen der Ältesten und Bischöfe einerseits und der Rabbinen andererseits. Als darüber hinaus das römische Reich im 2. und 3. Jahrhundert n. Chr. mit einer systematischeren Verfolgung der Christen begann, hatten Juden, die zu dieser Zeit akzeptiert und geschützt waren, ein klares Interesse daran, sich so weit wie möglich von den Christen zu distanzieren. Außerdem waren die Juden sehr daran interessiert, ein ihnen gewährtes Ausnahme-Recht aufrechtzuerhalten, wonach sie dem römischen Imperium keine göttliche Verehrung entgegenbringen mussten. Sie waren besorgt, dass dieses Recht in Frage gestellt werden könnte, wenn eine große Zahl von sich zu Christus bekennenden Heiden es als Erben der Offenbarung des einen Gottes ebenso beanspruchen würde. Eine einfache Lösung bestand darin, ihre religiösen Unterschiede zu betonen. Schließlich wird das Christentum im Jahr 313 als eigene Religion anerkannt von einem Weltreich, das bei dessen Etablierung eine bedeutende Rolle spielt.

6. Judentum und Christentum: Antagonismus zwischen zwei Religionen oder die „Wege, die sich nie getrennt haben"?

Ab dem 4. Jahrhundert n. Chr. kann man wirklich von zwei verschiedenen Religionen sprechen. Diese können jedoch als einander immer mehr antagonistisch gegenüberstehend und paradoxerweise zugleich als weiterhin eng miteinander verbunden gesehen werden. Der Antagonismus beginnt recht früh mit der Vorstellung, die bei einigen Autoren bereits im 2. Jhdt. n. Chr. zu finden ist, die christliche *ekklesia* habe das jüdische Volk ersetzt[34], und die Juden seien des unerhörten Verbrechens schuldig, den Messias getötet zu haben[35], was zu den berüchtigten Anschuldigungen des „Gottesmordes" führen wird.[36] Diese Anklagen wurden nie vom katholischen Lehramt übernommen, aber sie sind jahrhundertelang die Mehrheitsmeinung gewesen. Die rabbinische Literatur ist in Bezug auf das Christentum und auf Jesus recht nüchtern, aber es gibt bissige Texte, die letzteren in der Scheol unter der Latrine des hohepriesterlichen Palastes darstellen.[37] Die Praktiken beider Traditionen werden sozusagen gegen die jeweils andere eingeführt. Auf christlicher Seite geschieht dies ausdrücklich auf dem ersten Konzil von Nicäa (325) mit dem Beschluss, bei der Festlegung des Osterdatums nicht dem jüdischen Brauch zu folgen, und auf dem zweiten Konzil von Nicäa (787) mit dem Verbot für Konvertiten vom Judentum zum Christentum, weiterhin das mosaische Gesetz zu befolgen, was Jahrhunderte später auf dem Konzil von Florenz (1442) durch die Kanones bestätigt wurde, die das „Judaisieren" verboten.

Das Judentum zieht es vor, das Christentum in seinen Texten so weit wie möglich zu ignorieren, aber es ist interessant zu sehen, wie z.B. die *de facto* (vor allem seit ihrer Untersagung durch römisches Gesetz im 2. Jhdt. n. Chr.) nicht mehr von allen geübte Praxis der Beschneidung zu einem hauptsächlichen Unterscheidungsmerkmal des Judentums wurde, nachdem sie von den meisten Christen unterlassen wurde.[38] Der Ursprung der *kippa* ist schwer zu bestimmen,

---

[34] Vgl. *Barnabasbrief*, 4,6 f.; Justin der Märtyrer, *Dialog mit dem Juden Trypho*, 11.
[35] Melito von Sardes, *Passah-Homilie*, 92.
[36] Johannes Chrysostomos, *Acht Reden gegen die Juden*, 7.
[37] BT *Gittin* 56b–57a.
[38] S. COHEN, *The Beginnings of Jewishness, Boundaries, Varieties, Uncertainties*, Berkeley – Los Angeles – London 2001, 39–49.

aber es ist sehr wahrscheinlich, dass sie jünger ist als die ähnliche Kopfbedeckung der christlichen Äbte und Bischöfe.

Paradoxerweise zeugt diese „Selbstdefinition" beider Traditionen durch „das, was nicht wie die jeweils andere ist", von einer dauerhaften und tiefgreifenden Beziehung zwischen ihnen. Die rabbinische Literatur greift patristische bildhafte Ausdrucksweisen auf – zum Beispiel bei der Darstellung von Isaak, der ein Kreuz trägt.[39] Israel Yuval hat überzeugend gezeigt, wie die jüdische Liturgie zutiefst vom christlichen Gottesdienst beeinflusst wurde, indem sie ihn ablehnte, aber auch indem sie einige Themen aufnahm, die auf sie „abfärbten" – zum Beispiel in der Pessach-Haggada.[40]

Obwohl sich die beiden Traditionen aus eigenem Antrieb und unter dem Einfluss vieler Faktoren weiterentwickelten, blieben sie immer in Kontakt, und einige Autoren und Epochen zeigen sehr deutliche gegenseitige Einflüsse.[41] Dies hat einige Gelehrte veranlasst, andere Metaphern als die der „Trennung der Wege" vorzuschlagen, wie die beiden Geschwister, die von der gleichen „Mutter" abstammen.[42] Zumindest muss man den Begriff der Trennung der Wege komplexer gestalten, so wie es Daniel Boyarin tut, wenn er darauf besteht, dass sie in gewisser Weise kontinuierliche Straßen mit nicht wahrnehmbaren Grenzen darstellten und immer noch darstellen,[43] oder wie die Denker, die von den „Wegen, die sich nie getrennt haben" sprechen.[44]

---

[39] *Genesis Rabbah* 56:3 (hg. v. Theodor ALBECK, 598), zitiert v. M. NIEHOFF „Origen as a Key in Genesis Rabbah", in: K. GRIBETZ (Hg.), *Genesis Rabbah in Text and Context*, Tübingen 2016, 139.

[40] I. YUVAL, *Two Nations in Your Womb*, Berkeley 2008 (besonders 62–67).

[41] Siehe M. IDEL, *Hasidism: Between Ecstasy and Magic*, Albany, NY 1995, oder S. MAGID, *Hasidism Incarnate: Hasidism, Christianity, and the Construction of Modern Judaism*, Redwood Cit 2014, über Kabbalah (jüdisch und christlich) und Chassidismus; s. auch meinen aktuellen Beitrag „Spirit", in: *Encyclopedia of Jewish Christian Relations*, 2022, https://www.degruyter.com/database/EJCRO/entry/ejcro.13901391/html.

[42] Vgl. A. L. SEGAL, *Rebecca's Children: Judaism and Christianity in the Roman World*, Cambridge 1986; S. auch die bei A. REINHARTZ, „Slip Sliding Away" (s. Anm. 1), 103–120 untersuchten Metaphern.

[43] S. D. BOYARIN, *Dying for God, Martyrdom and the Making of Christianity and Judaism*, Stanford, CA 1999, 9.

[44] A. H. BECKER – A. Y. REED (Hg.), *The Ways that Never Parted: Jews and Christians in Late Antiquity and the Early Middle Ages*, Tübingen 2003.

7. Schlussfolgerungen: Von der „Trennung der Wege" zur „(Wieder-) Vereinigung der Wege"?

In Anlehnung an die drei Aspekte, die in der Einleitung dieses Beitrags hervorgehoben wurden, werde ich drei Schlussfolgerungen ziehen.

Beginnen wir mit dem dritten, entscheidendsten Aspekt. Unsere Studie hat, denke ich, bestätigt, dass wir mit zwei verschiedenen, aber untrennbar miteinander verbundenen Fragen konfrontiert sind, welche nicht unabhängig voneinander verstanden werden können: jener des Verschwindens von Juden, die sich zu Jeschua/Christus bekennen und eine jüdische Identität bewahren, und dem breiteren Prozess der Spaltung des Volkes Gottes. Juden, die sich zu Jesus Christus bekannten, waren die ersten Opfer dieses Prozesses und der Indikator dafür, dass sich die Wege trennten, weil sie allmählich zwischen den beiden aufkommenden Traditionen hin- und hergerissen wurden. Daraus folgt für Gegenwart und Zukunft, dass man sich nicht ausschließlich auf das Thema der sich zu Christus bekennenden Juden konzentrieren kann: Wenn sie einen Platz im Universum der Jünger Jesu einnehmen sollen und die Zeit dafür reif ist, können sie dauerhaft nur als Teil eines Prozesses existieren, der Juden und Nichtjuden, das ganze Volk Israel und die ganze Christenheit zusammenbringt. Was auf dem Spiel steht, ist breiter und tiefer als die Frage der jüdischen Jünger Jesu, denn die Trennung der Wege betrifft das ganze „Volk Gottes", ganz Israel, und die Gesamtheit der Heiden, die nach dem neuen Testament in das auserwählte Volk eingepfropft worden sind. Das ganze Volk Gottes ist verwundet, in seinen beiden Lungenflügeln oder Zweigen. Es geht um die Wiederherstellung – oder besser gesagt das schlussendliche Erreichen – der Einheit, die Gott für das ganze Volk Gottes aus Juden und Heiden will.

Diese gegenseitige Abhängigkeit hat jedoch auch eine positive Dynamik: Die „jüdische Christenheit" kann nicht außerhalb des breiteren Prozesses der Vereinigung bestehen, aber dieser Prozess kann nicht ohne jüdische Jünger Jesu geschehen. Sie sind die Brücke, die die Wege überspannen kann; sie werden die erste Frucht und das erste Zeichen dafür sein, dass sich die Wege vereinen können, und sie sind es bereits. Und sie sind unverzichtbar für die Ganzheit der Kirche und des Volkes Gottes, die zu einer Zeit und auf eine Weise zustande kommen wird, die nur Er kennt.

Damit können wir uns nun den ersten beiden Themen zuwenden, die in der Einleitung angesprochen wurden, nämlich der Chronologie und den Gründen für das Verschwinden der jüdischen Christusbekenner, wobei wir wissen, dass dies in einem umfassenderen Prozess geschieht.

Die oben dargelegte Chronologie zeigt, dass das, was zu den beiden unterschiedlichen Religionen Judentum und Christentum wurde, einst eine Einheit war, und zwar für eine Zeit, die ein, zwei, in einigen Orten und Teilen der Gesellschaft sogar drei Jahrhunderte umfasste. Juden, die an Jesus glaubten, konnten auf vielfältige Weise ihre Identität bewahren und sich als Teil des jüdischen Volkes betrachten. Das bedeutet, dass diese zusammengesetzte Einheit möglich ist. Und selbst wenn sie sich in unterschiedlichen Traditionen herauskristallisiert hat, haben diese durch die Jahrhunderte hindurch eine tiefe Beziehung aufrechterhalten. In gewisser Weise kann man dies als Zeichen einer tiefgreifenden, strukturellen, wenn auch tief verborgenen und sehr komplexen Tendenz zur Einheit des gesamten „Volkes Gottes", bestehend aus Juden und Heiden, verstehen. Es ist auch vergleichbar mit der Glut der zusammengesetzten jüdisch-christlichen Identität, die unter der Asche begraben liegt und bereit ist, wiederbelebt zu werden, wenn der richtige Wind weht.

Natürlich bedeutet die bloße Tatsache, dass eine Realität existiert hat und existieren kann, nicht, dass sie auch in einer neuen Form wieder existieren wird oder gar sollte. Man kann sich fragen, ob in der Trennung der Wege und im Verschwinden des Judenchristentums nicht ein gewisses Maß an Notwendigkeit oder zumindest an Unvermeidbarkeit steckt.[45] Paulus betont, dass die „Verstockung Israels" es den Heiden ermöglicht, in den (neuen) Bund einzutreten (Röm 11,25); das mag daran liegen, dass Paulus die Schwierigkeiten der Juden erkennt, zu akzeptieren, dass Heiden beitreten, ohne Juden zu werden. Man könnte auch sagen, dass diese Verhärtung ein Schutz des Volkes Israel vor einer Kirche war, die immer mehr darauf bedacht war, das jüdische Volk zu „verschlucken" und es in eine un-

---

[45] A. Lévy unterstreicht zu Recht, dass das Nachdenken über eine Rolle der Judenchristen heute und in der Zukunft keinen Sinn macht, wenn deren Untergang in der Vergangenheit dem Wesen der Kirche entsprach und damit gewissermaßen notwendig war (*Jewish Church* [s. Anm. 7], 183).

bestimmte Form der Universalität zu integrieren.[46] A. J. Levine ist der Ansicht, dass die Trennung der Wege die einzige realistische Lösung war, damit sich das Evangelium in der ganzen Menschheit ausbreiten und das auserwählte Volk seine Identität bewahren konnte: Wäre die Kirche eine jüdische Sekte geblieben, hätte sie ihre universelle Mission nicht erfüllen können. Hätte das Judentum seine partikularistischen Praktiken aufgegeben, wäre es aus der Geschichte verschwunden. Die Tatsache, dass sich beiden Bewegungen schließlich trennten, ermöglichte die Bewahrung beider.[47] Das Verschwinden der Judenchristen, die ihre Identität beibehielten, war kein reiner Zufall der Geschichte. Paulus bezeichnet es als Notwendigkeit im Zusammenhang einer heilsgeschichtlichen Etappe. Ebenso ist die Trennung der Wege nur dann unvermeidlich, wenn das in Apg 15 vorgeschlagene Gleichgewicht einer zweipoligen Situation innerhalb der *ekklesia*/des *am Elohim* nicht hält. Umgekehrt scheint Apg 15, auch wenn dies eine eigene eingehende Studie erfordern würde, der grundlegende ekklesiologische Vorschlag des Neuen Testaments zu sein, derjenige, der den Verheißungen des *Tanach* am besten entspricht und der seine eigene Notwendigkeit hat. Wir befinden uns vielleicht im richtigen Moment der Heilsgeschichte, um ihn endlich zu verwirklichen.

Das bedeutet nicht, dass es einfach sein wird. Das war es noch nie. Aber wann und wo auch immer es geschehen mag, und es geschieht bereits, wird es wirklich eine Frucht und ein sicheres Zeichen des messianischen Zeitalters sein. Wenn die Trennung ein langer, chaotischer und vielseitiger Prozess war, so wird das Gleiche für die Vereinigung der Wege gelten. Sie wird „Grauzonen", in denen die Grenzen fließend sind, provisorische Lösungen, das Ausprobieren verschiedener Arten, Judenchristen zu sein, und die Vorstellung von verschiedenen Möglichkeiten der Annäherung von Juden und

---

[46] Vgl. P. Nanos, *Reading Romans Within Judaism*, Eugene, OR 2018, 221; „Jewish-Christian Dialogue and the Identity of the Church", in: S. J. Żurek (Hg.), *Dialog Chrześcijańsko-Żydowski – Dialog Międzyreligijny czy Ekumeniczny? Christian-Jewish Dialogue – Interreligious or Ecumenical Dialogue?*, Lublin 2021, 33 f.
[47] Vgl. A. J. Levine, *A Misunderstood Jew* (s. Anm. 25), 84. Das orthodox-jüdische Dokument *To Do the Will of Our Father in Heaven* (2015) besteht ebenfalls darauf, dass die Entwicklung des Christentums notwendig war, damit das Erkennen des Gottes Israels sich unter allen Völkern ausbreiten konnte (§ 3).

Christen sowie von Juden und Heiden mit sich bringen. Das 21. Jahrhundert als eine Zeit der fließenden Identitäten und Zugehörigkeiten ist in gewisser Weise eine günstige Zeit für diesen Prozess.

Außerdem können wir nach achtzehnhundert Jahren der Trennung nicht „zurückgehen". Wir können die lange Geschichte des Antagonismus und der Konstruktion spezifischer Identitäten nicht einfach wegwünschen. Die Wunden der Geschichte verlangen nach Buße und *tikkun olam*. Um nur ein Beispiel zu nennen: Die Kirche sollte sich nicht nur an das gesamte jüdische Volk wenden, wenn sie ihre Fehler der Vergangenheit bekennt, sondern vor allem an die jüdischen Jesusgläubigen, die gezwungen waren, auf die Einhaltung der Tora zu verzichten und sich von ihrem Volk zu trennen. Ebenso kann man verstehen, dass das rabbinische Mainstream-Judentum eine starke Ablehnung gegenüber dem messianischen Judentum und dem Judenchristentum hat – selbst in einer Zeit, in der andere traditionelle Grenzen, etwa zwischen Judentum und Buddhismus, durchlässiger werden. Der Name Jesu wird seit Jahrhunderten mit Verfolgung in Verbindung gebracht, und seit Jahrhunderten ist das jüdische Volk mit einem scheinbar unbändigen Drang der Kirche konfrontiert, es zu verschlingen. Der Aufbau von Vertrauen ist ein langwieriger Prozess und wird einen klaren und entschiedenen Verzicht auf missionarische Aktivitäten erfordern. Das bedeutet auch, dass wir die jüdische Identität und Lebensweise ganz klar respektieren und verteidigen müssen. Jüdische Jünger Jesu, die nicht bekehrt wurden, sondern ihren eigenen Glaubensweg gehen und die, mehr noch, ihre jüdische Identität und Lebensweise beibehalten, befinden sich in der paradoxen Situation, dass sie der Hauptstreitpunkt, aber auch mögliche Zeugen dafür sind, dass die Kirchen diese Fragen ernst nehmen.

Die Tiefe und Realität der Geschichte ernst zu nehmen, bedeutet aber auch, den Reichtum zu begrüßen, den jede Tradition im Laufe der Jahrhunderte entwickelt hat. Für Christen (und messianische Juden) bedeutet dies, anzuerkennen, dass, wenn Gott sein Volk weiterhin begleitet, viele Aspekte der rabbinischen Tradition vom Heiligen Geist inspiriert sind. Für das rabbinische Judentum (und die messianischen Juden) kann dasselbe von der christlichen Tradition gesagt werden, auch wenn sie nach und nach die semitische Welt verlassen hat und griechisch-lateinisch geworden ist und sich dann für die immense Vielfalt der Zivilisationen der Völker geöffnet hat.

All dies gehört zu den Gaben des Geistes und sollte als solche begrüßt werden.

In diesem langen, chaotischen, aber hoffnungsvollen und hoffnungsspendenden Prozess kann es hilfreich sein, wenn wir als dritten Aspekt dieser Schlussfolgerung die Ursachen für die Trennung der Wege und das Verschwinden der jüdischen Jünger Jesu berücksichtigen, die in dieser Abhandlung ans Licht gebracht worden sind. Wie die Trennung eine Vielzahl von Faktoren hat, so auch der Weg zur Einheit.

Die Lehre zählt, ist aber nicht der einzige Aspekt. Das Gottesbild, die Identität Jesu, das Verständnis der Erwählung und der Rolle des Gesetzes, des Landes Israel und des Tempels: Diese Fragen sind Teil des Dialogs und der Debatte, die zwischen Juden und Christen, zwischen der Kirche und den jüdischen Jesusgläubigen, zwischen den jüdischen Gläubigen und der weiteren jüdischen Welt geführt werden müssen. Es gibt jedoch noch viele andere Fragen, mit denen wir uns auseinandersetzen müssen, und auch wenn sie ein komplizierteres Bild ergeben, so können sie doch auch Wege für unerwartete Durchbrüche bieten, wenn Fragen der Lehre im Weg stehen. Ein wichtiger Aspekt, den es zu berücksichtigen gilt, ist die Praxis und die Einhaltung der Vorschriften. In der Observanz und dem mystischen Leben gibt es möglicherweise Punkte der Konvergenz zwischen messianischen Juden und dem rabbinischen Judentum, zwischen Chassidismus und charismatischem Christentum, die es zu erforschen gilt und die nicht an lehrmäßige Unterschiede oder Gegensätze gebunden sind.

Ebenso ist es an der Zeit für einen prophetischen Aufschrei gegen kleinliche Konkurrenz und Machtkämpfe zwischen den Führern und Gläubigen aller Kirchen und jüdischen Institutionen. Die Worte, die Gott Ezechiel zu verkünden auftrug, sind immer noch aktuell: *Weissage wider die Hirten Israels; weissage und sprich zu ihnen: Zu den Hirten – so spricht Gott der Herr: Weh euch, ihr Hirten Israels, die ihr euch selbst geweidet habt! Sollten nicht die Hirten die Schafe weiden?* (Ez 34,1–2). Was wird die Schafe wirklich weiden, wenn nicht die Wiederherstellung der Einheit?

Darüber hinaus sind heute wie in der Spätantike die sozialen und politischen Kräfte zu berücksichtigen. Die geopolitische Situation der heutigen Zeit ist sehr verschieden von der damaligen, und es gibt keine Realität, die ähnlich wie das Römische Reich direkt von einem Antagonismus zwischen Juden und Christen profitieren würde. Viele kirchliche Institutionen und ein großer Teil des rabbinischen Judentums sind mit der „westlichen Welt" verbunden – auch in Israel – und würden in der Tat so viel Einheit wie möglich zwischen Juden und Christen schätzen, die dieselbe Auffassung von der Würde des Menschen als Ebenbild Gottes und viele ähnliche ethische Grundsätze teilen. Es besteht jedoch die Gefahr, dass das Wachstum des Christentums in der südlichen Hemisphäre und im Osten, wo historisch gesehen wenig Kontakt zum Judentum besteht, zu einem geringeren Interesse an und geringerer Affinität zu Juden führen wird. Auch drängt der israelisch-palästinensische Konflikt viele Christen, vor allem im Nahen Osten, dazu, das jüdische Volk abzulehnen. Doch diese Kräfte sind noch im Entstehen und nicht in Stein gemeißelt – sie können und sollten angesprochen werden.

Schließlich haben wir gesehen, dass die Spannungen zwischen Juden und Heiden ein entscheidender Faktor für die Trennung der Wege waren. Es ist eine offensichtliche Schwierigkeit: Warum sollten Juden den Bund mit anderen „teilen" wollen? Warum sollten Heiden adoptierte oder eingepfropfte Mitglieder eines Bundes werden wollen, der mit den Juden geschlossen wurde? Ich glaube, dass dies der Wille Gottes ist, wie er in der Heiligen Schrift zum Ausdruck kommt, aber die Verzerrungen müssen korrigiert werden, damit diese Aussicht wirklich eine „gute Nachricht" für Juden und Heiden ist. Lassen Sie mich noch einmal betonen, dass das Christentum eine Theologie und eine Praxis entwickeln muss, die eine starke Konzeption der beständigen Erwählung Israels *qua* Israel aufrechterhält. Auch das Judentum muss sich ernsthaft damit auseinandersetzen, was es für das Volk Israel bedeutet, ein *Segen für alle Geschlechter der Erde* (Gen 12,3) und ein *Licht für die Völker* (Jes 42,6; 49,6) zu sein. Beide Traditionen werden auch eine Theologie der Erwählung entwickeln müssen, die eine echte Auszeichnung für Israel mit einer völligen Gleichwertigkeit von Juden und Nichtjuden zusammenhält.

All dies zusammengenommen wird nicht die messianische Heilung und Fülle aller Glieder des Gottesvolkes bewirken: Das können nur Gott und der Messias tun. Aber wir können hoffen, dass es den Weg ebnen wird.

Aus dem Englischen übersetzt von Johannes Cornides und Martin Rösch.

Antwort auf Etienne Vetö

Mariusz Rosik

Seit mehreren Jahrzehnten stößt das Problem des „Parting of the ways" auf ein zunehmendes Interesse der Forscher. Dutzende von Büchern und Hunderte von Artikeln sind zu diesem Thema geschrieben worden. Fast alle zeigen, dass die Trennung von Kirche und Synagoge (Christentum und Judentum) kein einmaliger Akt war, sondern ein lang andauernder, vielschichtiger und facettenreicher Prozess.[1] Die Judenchristen spielten in diesem Prozess eine bedeutende, ich würde sogar sagen, eine entscheidende Rolle. Sie waren es, die für Jesus von Nazareth als den von den Juden erwarteten Messias eintraten, und gleichzeitig öffneten sie den hellenistischen und römischen Kulturen, die nicht mit dem Judentum verbunden waren, die Tür zum neuen Glauben.

In diesem kurzen Beitrag möchte ich die Bedeutung des Begriffs „Parting of the ways" präzisieren, die Rolle der Judenchristen in diesem Prozess herausstellen und den Wert der hilfreichen Reflexionen von Etienne Vetö zu dem uns interessierenden Thema würdigen.

Was bedeutet „parting of the ways"?

Es ist notwendig, den Fachbegriff „Parting of the ways" genauer zu definieren. Dieser Begriff verweist uns auf das Modell zur Beschreibung des Prozesses, nach dem sich aus dem biblischen Judentum zwei Religionen entwickelt haben: Das Christentum und das rabbinische Judentum (in dieser chronologischen Reihenfolge). Mit anderen Worten, aus einem „Weg" sind zwei verschiedene „Wege" entstanden. Obwohl die Gültigkeit der oben genannten Ansicht nicht

---

[1] Nach Analyse der für die Beziehungen zwischen der Kirche und Vertretern des Judentums relevanten Texte des Neuen Testaments kommt Meeks zu dem simplen Schluss, dass „the parting of the ways keineswegs einheitlich [war]"; W. A. MEEKS, *In Search of the Early Christians. Selected Essays*, New Haven – London 2001, 132.

bestritten werden kann, sollte man sich der Tatsache bewusst sein, dass das Judentum des ersten Jahrhunderts nicht nur einen Weg darstellte. Abgesehen von den Gruppen innerhalb des Judentums, wie sie traditionell in Handbüchern aufgezählt werden (Pharisäer, Sadduzäer, Essener, Zeloten mit dem radikalen Flügel der Sikarier, Herodianer, Schriftgelehrte, Anhänger Johannes des Täufers, die manchmal als Täufer bezeichnet werden, und möglicherweise auch die Samaritaner als Erben der mosaischen Religion), gab es auch Strömungen, die mit der apokalyptischen Literatur und der mystischen Strömung verbunden waren, das normale *am-ha'aretz*, d. h. Hirten, die das Gesetz nicht kannten, und die ärmsten Menschen von Eretz Israel.[2] Die verschiedenen Erscheinungsweisen des Judentums in der Diaspora sollten ebenfalls in die Liste aufgenommen werden, zum Beispiel die ägyptischen *Therapeutae*.[3] Daher ziehen es viele Autoren vor, von „Judentümern" im ersten Jahrhundert zu sprechen.[4] Die Arten, das Judentum zu praktizieren, waren sehr unterschiedlich und manchmal weit voneinander entfernt. Aus ihnen entwickelten sich zwei getrennte Religionen, das Christentum und das rabbinische Judentum. Beide betonten den „Weg", d. h. die Art und Weise, die Verbindung mit Gott zu pflegen, und beide sahen sich selbst als den „Weg". Die Rabbiner entwickelten die *halakha*, d. h. die Art und Weise der Auslegung und Anwendung des Gesetzes im Alltag.[5] In ähnlicher Weise wurde das Christentum als „Weg" ange-

---

[2] Andrzej MROZEK, „Chrześcijaństwo jako herezja judaizmu", in: *The Polish Journal of the Arts and Culture* 5 (2013), 9-25, hier 10. Der Autor verwendet den Begriff „Häresie" in demselben Sinne, in dem er in den Schriften der jüdischen Historiker des ersten Jahrhunderts und im Neuen Testament verwendet wurde: Josephus und Philo benutzten den Begriff *hairesis*, um nicht nur philosophische Schulen, sondern auch religiöse Gruppen innerhalb des Judentums wie die Essener, die Sadduzäer und die Pharisäer zu bezeichnen. Die Bedeutung des Begriffs *hairesis* im Neuen Testament kommt derjenigen nahe, die wir in hellenistischen Texten und im Judentum finden – vgl. ebd., 12.
[3] Torrey SELAND, „Once More – The Hellenists, Hebrews, and Stephen: Conflicts and Conflict-Management in Acts 6-7", in: *Recruitment, Conquest, and Conflict: Strategies in Judaism, Early Christianity, and the Greco-Roman World*, hg. v. Peder BORGEN – Vernon K. ROBBINS – David B. GOWLER (Emory Studies in Early Christianity), Atlanta 1998, 179-200.
[4] Bruce CHILTON – Jacob NEUSNER, *Judaism in the New Testament: Practices and Beliefs*, London – New York 1995, xviii.
[5] Analog betrachteten auch die Bewohner von Qumran ihre Gemeinschaft als „den Weg" (1QS 4.22; 8.10, 18, 21; 9.5).

sehen (Apg 9,2), und Christus selbst erklärte, er sei „der Weg", der zu Gott führt (Joh 14,6). Da der Prozess der Trennung zwischen den beiden Religionsgemeinschaften an verschiedenen Orten und zu verschiedenen Zeiten stattfand und durch verschiedene Faktoren motiviert war, ziehen es viele Autoren vor, von Trennungen (Plural) von Judentum und Christentum zu sprechen.

Die Frage, die noch einer eingehenden Betrachtung bedarf, ist die Komplexität des Bildes des Christentums, das in den ersten drei Jahrhunderten im gesamten Römischen Reich nicht homogen war. Neben Judenchristen und Ethnochristen gab es Gemeinschaften wie die Ebioniten, die Elkasaiten oder die Nazarener.[6] Auch die Anhänger von Markion oder Montanus beanspruchten den Namen Christen; sie wurden aus der Kirchengemeinschaft ausgeschlossen, was aber nicht bedeutete, dass die Juden sie nicht als Christen ansahen. Angesichts dieser unterschiedlichen Erscheinungsweisen der Kirche in den ersten Jahrhunderten vertritt u. a. R. Kraft die Ansicht, man solle besser von „Christentümern" als von einem einzigen Christentum jener Zeit sprechen. Auf jeden Fall ist es klar, dass das einfache Bild des Zerreißens einer Leinwand des Judentums in zwei Teile (wie das Zerreißen des Vorhangs im Tempel im Moment des Todes Jesu) nicht ausreicht, um den sehr komplexen Prozess der Entstehung der beiden Religionen auszudrücken.[7]

---

[6] Zu diesen Gruppen siehe Karl BAUS, *Von der Urgemeinde zur frühchristlichen Grosskirche*, Handbuch der Kirchengeschichte, 1, Freiburg – Basel – Wien 1963; Matt JACKSON-MCCABE, „Ebionites and Nazoraeans: Christians or Jews?", in: *Partings: How Judaism and Christianity Became Two*, hg. v. Hershel SHANKS, Washington 2013, 187–205; Petri LUOMANEN, „Ebionites and Nazarenes", in: *Jewish Christianity Reconsidered: Rethinking of Ancient Groups and Texts*, hg. v. Matt JACKSON-MCCABE, Minneapolis 2007, 81–118; Simon C. MIMOUNI, „Réflexions sur le judéo-christianisme", in: *Christianity, Judaism and Other Greco-Roman Cults: Studies for Morton Smith at Sixty*, Bd. 2: *Early Christianity*, hg. v. Jacob NEUSNER, Leiden 1975, 53–76; Richard BAUCKHAM, „The Origin of the Ebionites", in: *The Image of Judaeo-Christians in Ancient Jewish and Christian Literature*, hg. v. Peter J. TOMSON – Doris LAMBERS-PETRY (WUNT 158), Tübingen 2003, 162–81; Joseph VERHEYDEN, „Epiphanius on the Ebionites", in: *The Image of Judaeo-Christians*, ebd., 182–208.

[7] Mariusz ROSIK, *Church and Synagogue (30–313 AD): Parting of the Ways* (European Studies in Theology, Philosophy and History of Religions), Berlin u. a. 2019; als PDF: http://www.mariuszrosik.pl/church-and-synagogue-30-3 13-ad-parting-of-the-ways/, 466.

Mariusz Rosik

Die Rolle der Judenchristen im Prozess des „Parting of the Ways"

Die Trennung zwischen Kirche und Synagoge beruht auf zwei unbestreitbaren Tatsachen: ihrem evolutionären Charakter[8] und der Rolle der dem Judentum entstammenden Christen[9]. Diese beiden Themen bilden das Rückgrat der Spannungen, der Konflikte und schließlich sogar der gegenseitigen Missgunst und Feindseligkeit, die für die Geschichte von Kirche und Synagoge in den ersten drei Jahrhunderten in hohem Maße charakteristisch waren. Spannungen, Konflikte und Missgunst entstanden um die Person Christi und die Interpretation seiner Rolle in der Heilsgeschichte sowie um die Konsequenzen (theologisch, liturgisch und sozial), die sich aus dieser Interpretation ergaben.[10]

Grundsätzlich betrifft der Prozess der Entstehung des rabbinischen Judentums und des Christentums als getrennte Religionen hauptsächlich die Judenchristen. Es ist schwierig, von einem „Parting of the Ways" der Heidenchristen und der nichtchristlichen Juden zu sprechen, da ihre Wege nie verbunden waren. Selbst die am stärksten hellenisierten Juden in der Diaspora (wie Philo von Alexandria) gehörten jüdischen Gemeinden an, die sich am Sabbat in Synagogen versammelten und ihre Identität als diejenigen, die sich von „den Griechen" unterschieden, sorgfältig schützten. Heiden, die als „Gottesfürchtige" bekannt waren, konnten nicht in vollem Um-

---

[8] M. GOODMAN, „Modelling the ‚Parting of the Ways'", in: A. H. BECKER – A. Y. REED (Hg.), *The Ways That Never Parted: Jews and Christians in Late Antiquity and the Early Middle Ages* (Text and Studies in the Ancient Judaism 95), Tübingen 2003, 122; W. CHROSTOWSKI, „Żydzi i religia żydowska a Maryja Matka Jezusa", *Salvatoris Mater* 2 (2000) 219; A. S. JACOBS, „The Lion and the Lamb. Reconsidering Jewish-Christian Relations in Antiquity", in: A. H. BECKER – A. Y. REED (Hg.), *The Ways That Never Parted: Jews and Christians in Late Antiquity and the Early Middle Ages* (Text and Studies in the Ancient Judaism 95), Tübingen 2003, 98; D. J. HARRINGTON, *L'emergere graduale della Chiesa e la „separazione (‚the parting of the ways') tra ebraismo e cristianesimo"*, in: P. A. CUNNINGHAM – J. SIEVERS – M. C. BOYS – H. H. HENRIX – J. SVARTVIK (Hg.), *Gesù Cristo e il popolo ebraico: Interrogativi per la teologia di oggi*, Roma 2012, 149–150.
[9] J. G. D. DUNN, *Christianity in Making*, Bd. 2: *Beginning from Jerusalem*, Grand Rapids 2009, 133–138.
[10] M. C. BOYS, „Doing Justice to Judaism: The Challenge to Christianity", in: *Journal of Ecumenical Studies* 49 (2014) 107–108; P. LANDESMANN, *Anti-Judaism on the Way from Judaism to Christianity* (= Wiener Vorlesungen: Forschungen 5), Frankfurt/M. u. a. 2012, 51–54.

fang am Leben der jüdischen Gemeinden teilnehmen, es sei denn, sie wurden Proselyten. Andererseits gibt es keinen Hinweis darauf, dass eine nicht christusgläubige jüdische Gemeinde Ethnochristen mit offenen Armen empfangen hätte, insbesondere wenn diese sich weigerten, sich beschneiden zu lassen. Es bestand also keine Notwendigkeit für ein "Parting of the Ways" zwischen den Christen, die von heidnischen Religionen abstammten, und den Juden, die Christus nicht anerkennten.[11]

Zweifellos begannen das rabbinische Judentum und das Christentum an verschiedenen Orten und zu verschiedenen Zeiten als getrennte Religionen zu existieren. Es scheint, dass die Trennung frühestens in Rom Realität wurde, als Nero die Anhänger Christi beschuldigte, im Jahr 64 den Brand gelegt zu haben, ohne sie mit den Juden zu identifizieren[12]. Die römischen Behörden unterschieden die beiden religiösen Gruppen bereits zu Beginn des zweiten Jahrhunderts. Dies zeigt sich in der Frage des *Fiscus Iudaicus*, der zu dieser Zeit nicht von Christen eingehoben wurde, und auch bezüglich der Verfolgung. Die den Juden von Vespasian nach der Zerstörung des Tempels in Jerusalem auferlegte Steuer wurde von seinem Sohn Domitian (81–96) beibehalten und betraf sowohl diejenigen, die „nach jüdischer Art lebten", als auch diejenigen, die ihre jüdischen Wurzeln abgelehnt hatten.[13] Zur ersten Gruppe gehörten nicht nur die Anhänger Christi, die vom Judentum abstammten (auch wenn sie als diejenigen galten, die ihre jüdische Identität tat-

---

[11] Vgl. M. ROSIK, *Church and Synagogue* (s. Anm. 7), 465–66.
[12] „Die Trennung von Christen und Juden muss also in der Hauptstadt des Imperiums besonders früh angefangen haben, wenn innerhalb einer Generation seit dem Tod Jesu weder einfache Leute noch Funktionäre Schwierigkeiten hatten, die Anhänger der beiden ‚Aberglauben' (wie sie von führenden römischen Schriftstellern geringschätzig genannt wurden) zu unterscheiden", M. H. WILLIAMS, „Jews and Christians at Rome: An Early Parting of the Ways", in: SHANKS (Hg.), *Partings* (s. Anm. 6), 152.
[13] M. HEEMSTRA, „How Rome's Administration of *Fiscus Judaicus* Accelerated the Parting of the Ways between Judaism and Christianity: Rereading 1 Peter, Revelation, the Letter to the Hebrews, and the Gospel of John in their Roman and Jewish Context" (Dissertation), Groningen 2009, 14. Einigen Autoren zufolge galt die Steuer für alle Juden zwischen drei und sechzig Jahren; vgl. Martin GOODMAN, „Diaspora Reactions to the Destruction of the Temple", in: J. D. G. DUNN (Hg.), *Jews and Christians: The Parting of the Ways AD 70 to 135*, Grand Rapids 1999, 27–38, hier 30.

sächlich abgelehnt hatten), sondern wahrscheinlich auch Christen heidnischer Abstammung. Seit der Zeit des Nachfolgers von Domitian, Nerva (96), waren die Christen von der Zahlung des *Fiscus Iudaicus* befreit. Die Verfolgung der Christen erstreckte sich nicht auf die Juden und *vice versa*. Nach dem Aufstand von Bar Kokhba (132–135) richtete sich die ganze Schärfe der kaiserlichen Politik gegen die Juden (Rabbi Akiba wurde ein berühmter jüdischer Märtyrer), und dieses Mal wurden die Anhänger Christi nicht behelligt. Andererseits verfolgte Bar Kokhba selbst die Judenchristen mit der Begründung, dass sie nicht in ihm, sondern in Jesus den Messias erkannten.[14] In Palästina sahen sich Juden und Christen nach der Gründung der Akademie in Yavneh um das Jahr 90 als zwei völlig getrennte Religionsgemeinschaften.[15] Sowohl der Jerusalemer Talmud als auch der babylonische Talmud bestätigen, dass der „Segen" der *minim* aus dem Gebet der „Achtzehn Segnungen" zu dieser Zeit entstanden ist.[16]

Drei Alternativen

Das Thema der internen Spannungen in den christlichen Gemeinden im ersten Jahrhundert betraf zweifellos die jüdischen Anhänger Christi am stärksten. Sie mussten sich entscheiden,
(1) ob sie sich den Gemeinden anschließen sollten, in denen eine immer größere Gruppe aus Heidenchristen bestand, oder

---

[14] R. BAUCKHAM, „Jews and Christians in the land of Israel at the time of the Bar Kochba war, with special reference to the Apocalypse of Peter", in: G. N. STANTON – G. G. STROUMSA (Hg.), *Tolerance and Intolerance in Early Judaism and Christianity*, Cambridge 1998, 228–38, hier 228–31.
[15] Daniel Boyarin von der University of California, Berkeley, ist der Ansicht, dass die Forscher den „Yavneh-Effekt" falsch interpretieren: „Alle Institutionen des rabbinischen Judentums werden in den rabbinischen Erzählungen auf einen Ursprung namens Yavneh projiziert. So gesehen ist Yavneh die Wirkung, nicht die Ursache"; Daniel BOYARIN, *Border Lines: The Partition of Judaeo-Christianity*, Philadelphia 2004, 48.
[16] Wer dieses Gebet vortrug und als Häretiker galt, verfluchte sich selbst [Anm. d. Übers.]; vgl. William HORBURY, „The Benediction of the Minim and Early Jewish–Christian Controversy", *Journal of Theological Studies* 33 (1982) 19–61, hier 19–20; Jacob MANN, „Genizah Fragments of the Palestinian Order of Service", *Hebrew Union College Annual* 2 (1925) 269–338, hier 306.

(2) versuchen sollten, innerhalb der jüdischen Gemeinden zu bleiben, die Christus nicht annahmen, oder ob sie
(3) sich bemühen sollten, eigene religiöse Strukturen zu entwickeln, die nur aus Judenchristen bestehen.

Die erste Möglichkeit, die in den Schriften des Neuen Testaments am häufigsten erwähnt wird, führte mit der Zeit dazu, dass die Christusgläubigen Juden ihre jüdische Identität verloren. Die zweite Möglichkeit hat sich nicht bewährt: Die Christusgläubigen Juden wurden vom offiziellen (rabbinischen) Judentum zu Abtrünnigen erklärt und aus der Synagoge ausgeschlossen.[17] Die Anhänger der dritten Möglichkeit, die sich zu judenchristlichen (mit Ebioniten, Nazarenern bzw. Elkasaiten verwandten) Gemeinschaften zusammenschlossen, mussten einen Mittelweg zwischen den Christen heidnischer Abstammung und jenen Juden finden, die den Glauben an Jesus als Messias ablehnten[18]. Gemeinschaften dieser Art überlebten nicht lange, selbst wenn es ihnen gelang, kohärente religiöse Strukturen zu bilden.

Die theologischen und historischen Analysen haben viele Nuancen in dieser Frage ans Licht gebracht. Es stellte sich heraus, dass es Judenchristen gab, die sich fast vollständig vom Einhalten des mosaischen Gesetzes (wie Beschneidung, Sabbatfeier, Einhaltung der religiösen Speisevorschriften der *Kaschrut*) verabschiedet hatten, und solche, die im Glauben an Christus weiterhin die jüdischen Bräuche befolgten. In dieser Hinsicht spielten auch die aus dem Heidentum stammenden Judaisierer eine wichtige Rolle. Obwohl sie aus einer heidnischen Umgebung in die christliche Gemeinschaft eintraten, entdeckten sie zugleich mit dem neuen Glauben das Judentum und neigten ihm zu, manchmal sogar mehr als manche Judenchristen. Darüber hinaus zeichneten sich verschiedene Gemeinschaften, deren Mitglieder Judenchristen und/oder Judaisierer waren, durch eine mehr oder weniger starke Bindung an jüdische Tradition, Bräuche und Regeln aus.

Außerdem verschwanden sie nicht so schnell von der religiösen Bühne der antiken Welt, wie es in der Forschung bis vor kurzem

---

[17] Mirosław WRÓBEL, „*Birkat ha-Minim* and the Process of Separation between Judaism and Christianity", *The Polish Journal of Biblical Research* 5/2 (2006) 99–120; Frédéric MANNS, *John and Jamnia: How the Break Occured Between Jews and Christians c. 80–100 A.D.*, Jerusalem 1988.
[18] Stanley JONES, *Pseudoclementina Elchasaiticaque inter Judaeochristiana: Collected Studies* (OLA 203), Leuven 2012.

weithin angenommen wurde. Wissenschaftler, die sich mit dem Thema des „Parting of the Ways" beschäftigten, konzentrierten sich im Wesentlichen auf die Beziehungen zwischen christlichen und jüdischen Gemeinschaften im Mittelmeerraum und damit auf die Gebiete, in denen die griechisch-hellenistische und die römische Kultur dominierten. Die Entwicklung des Christentums fand jedoch nicht nur westlich von Palästina statt. Die Anhänger Christi brachten die „gute Nachricht" ebenso schnell in den Osten, in Regionen, in denen die semitische Mentalität vorherrschte. Dort, vor allem in Syrien, entwickelten judenchristliche Gemeinschaften ihre Aktivitäten über einen viel längeren Zeitraum als in Europa; einige von ihnen überlebten sogar bis Anfang des vierten Jahrhunderts, wie Etienne Vetö festgestellt hat.[19]

Etienne Vetö über das „Parting of the Ways"

Unter den vielen Vorzügen von Etienne Vetös Beitrag möchte ich drei hervorheben:
(1) Der erste scheint am grundlegendsten zu sein: Die Arbeit zeigt, dass die Forschung zum „Parting of the Ways" einen bedeutenden Beitrag zur Begründung und genaueren Definition der Identität der gegenwärtigen messianisch-jüdischen Gemeinden leisten kann. Langfristig könnte sich herausstellen, dass die heutigen messianisch-jüdischen Gemeinden zu einem wichtigen Umfeld für den christlich-jüdischen Dialog werden können.
(2) Der zweite Punkt betrifft die Terminologie. Aus methodischer Sicht stoßen die jüngsten Forschungsstudien über die Entstehung zweier getrennter Religionen aus dem biblischen Judentum auf einige terminologische Schwierigkeiten. Sowohl in akademischen als auch in populärwissenschaftlichen Arbeiten werden die Begriffe „Judenchristentum", „judenchristlich", „Judaisierer", „jüdisches Christentum" oder „christliches Judentum" in mehrdeutiger Weise verwendet. Die Bedeutung dieser Begriffe vari-

---

[19] Annette YOSHIKO REED, „‚Jewish Christianity' after the ‚Parting of the Ways': Approaches to Historiography and Self-Definition in the Pseudo-Clementines", in: A. H. BECKER – A. Y. REED (Hg.), *The Ways That Never Parted* (s. Anm. 8), 189–231.

iert stark in ihrem Gebrauch durch einzelne Autoren. In einigen Werken wird der Begriff „Judenchristen" verwendet, um die getauften Juden zu bezeichnen, die sich der Kirche angeschlossen haben, andere verwenden ihn, um Christen zu beschreiben, die aus heidnischen Religionen gekommen waren (Ethno-Christen) und dazu neigten, jüdische Praktiken zu befolgen. Im letzteren Fall gibt es keine klare Grenze zwischen „Judenchristen" und „Judaisierern".

Vetö verwendet den Ausdruck „jüdische Jünger Jeschuas/Jesu" hauptsächlich zur Bezeichnung der ersten Generationen, während er „Judenchristen" für die späteren Generationen bevorzugt. Er fügt hinzu, dass „letztere sich stärker von anderen Strömungen des Judentums unterscheiden und einige von ihnen ethnisch nicht jüdisch sind". Ich denke, dass die Akzeptanz einer solchen Terminologie die gesamte Debatte über das „Parting of the Ways" erheblich erleichtern würde.

(3) Ein dritter und ebenso wichtiger Wert von Vetös Beitrag besteht darin, dass er versucht, die Frage des „Parting of the Ways" mit den Augen eines Judenchristen zu betrachten. In der heutigen Forschung wird der Prozess der Trennung von Kirche und Synagoge entweder aus der Perspektive des Christentums[20] oder des rabbinischen Judentums[21] dargestellt. Es scheint, dass die moderne Forschung diese wichtigste Perspektive ein wenig aus den Augen verloren hat: die der jüdischen Jünger Christi (der ersten Generation) und die der Judenchristen (der späteren Generationen). Diese Beobachtung scheint ein wichtiger Hinweis für den zeitgenössischen christlich-jüdischen Dialog zu sein: Damit dieser Dialog wirklich fruchtbar wird, ist es vor allem notwendig, die Stimme der gegenwärtigen messianisch-jüdischen Gemeinschaften zu hören.[22]

Aus dem Englischen übersetzt von Johannes Cornides und Martin Rösch.

---

[20] John G. GAGER, „The Parting of the Ways; A View from the Perspective of Early Christianity: ‚A Christian Perspective'", in: E. FISHER (Hg.), *Interwoven Destinies: Jews and Christians Through the Ages*, New York 1993, 62–73, bes. 70–73.
[21] Martha HIMMELFARB, „The Parting of the Ways Reconsidered: Diversity in Judaism and Jewish-Christian Relations in the Roman Empire. ‚A Jewish Perspective'", in: FISHER (Hg.), *Destinies* (s. Anm. 20), 47–61.
[22] Vgl. Mariusz ROSIK, *Church and Synagogue* (s. Anm. 7), 550 f.

Abkehr vom Substitutionsdenken und Wiederentdeckung der *ecclesia ex circumcisione*
Ekklesiologische Reflexionen angesichts des messianischen Judentums

Ursula Schumacher

1. Hinführung

Die messianisch-jüdische Bewegung stellt eine Herausforderung dar – auch für die katholische Theologie, und dies nicht nur angesichts der Tatsache, dass prominente Positionierungen messianisch-jüdischer Theologie von ihrer Seite her den Dialog mit der katholischen Theologie suchen, sondern nicht zuletzt auch deswegen, weil sie diesen Dialog dabei als Implikat *katholisch-theologischer* Selbstverständigungsbemühungen bewerten. Die in solchen Positionierungen mit gutem Recht und guten Gründen aufgeworfene Fragestellung, die im Folgenden als theologische Anregung und Herausforderung aufgegriffen werden soll, lässt sich wie folgt umreißen: Gemäß *Nostra Aetate* 4 und der späteren lehramtlichen Auslegung, v. a. durch Papst Johannes Paul II., gilt für das Verhältnis zwischen Judentum und Christentum, dass „das Volk des Neuen Bundes mit dem Stamm Abrahams geistlich verbunden ist" (NA 4), dass „alle Christgläubigen als Söhne Abrahams dem Glauben nach in der Berufung eben dieses Patriarchen eingeschlossen sind" (NA 4) und dass die Kirche „genährt wird von der Wurzel des guten Ölbaums" (NA 4) – ekklesiologisch formuliert: dass also die Beziehung zum Judentum für die Kirche Jesu Christi von einer bleibend fundierenden und intrinsisch-wesenhaften, nicht nur äußerlichen oder vergangenen, heilsgeschichtlich bereits abgegoltenen Bedeutung ist.

Nimmt man diese Verhältnisbestimmung in ihren soteriologischen Implikationen ernst, dann legt sich die inzwischen in Lehramt und Theologie auch immer formulierte Konsequenz nahe, dass Israel und Kirche heilsgeschichtlich nicht als zwei voneinander getrennte Größen zu betrachten sind. Die Bewegung der Christusnachfolge mit ihrer – im Gefolge der mehrheitlichen Nichtanerkennung der Messianität Jesu durch das Judentum seiner Zeit stattfindenden – Öffnung für Nichtjuden ist also nicht als eigenständiger Heilsweg neben Israel zu bewerten,[1] sondern vielmehr als ein Hineingenommenwerden der Völker in die Beziehung zum Gott des erstgewählten Volkes und als Beginn der Erfüllung der Völkerwallfahrtsverheißung, die in personalisierter Deutung als Zuwendung zu Jesus Christus verstanden werden kann.[2] Gewiss hat die antijudaistische Schuldgeschichte des Christentums diese Verhältnisbestimmung zwischen Judentum und Christentum pervertiert und verdunkelt; umso wichtiger ist es aber, sie ekklesiologisch in aller Klarheit zu formulieren und zu affirmieren. Um es daher noch einmal ganz ausdrücklich festzuhalten: Eine solche Interpretation der heilsgeschichtlichen Abläufe impliziert ein Verständnis der Kirche als Gemeinschaft, deren Erwählung durch Gott nicht nur Israel nicht ersetzt hat und deren Verwiesensein auf Israel auch nicht nur den Charakter einer chronologischen Vorgängigkeit oder äußerlichen Wegbereitung besitzt. Vielmehr ist die Kirche in einer bleibenden inneren Verbindung zu Israel zu denken.

Eine derartige Verhältnisbestimmung von Israel und Kirche impliziert nun aber massive Konsequenzen für ekklesiologische Reflexionen – in den Worten Mark Kinzers: „If the Body of Christ is an eschatologically renewed and expanded form of genealogical-Israel, rather than a separate entity created by God *ex nihilo* and only prefigured by the Israel of the old covenant, then one would expect that the presence of Jews in her midst would be an essential component of her identity".[3]

---

[1] Deutlich festgehalten in dem Dokument „Denn unwiderruflich sind Gnade und Berufung, die Gott gewährt. Reflexionen zu theologischen Fragestellungen in den katholisch-jüdischen Beziehungen aus Anlass des 50jährigen Jubiläums von ,Nostra Aetate' (Nr. 4)", Päpstliche Kommission für die religiösen Beziehungen zum Judentum, 10. Dezember 2015, Nr. 25.35.
[2] Vgl. dazu exemplarisch Thomas SCHUMACHER, *Jüdischer König und Weltenherrscher. Christologische und heilsgeschichtliche Perspektiven in der großen Inklusion des Matthäusevangeliums. Zugleich ein Beitrag zur Rezeption des Motivs der Völkerwallfahrt*, in: DERS., Markus LAU – Karl Matthias SCHMIDT (Hg.), *Sprachbilder und Bildsprache. Studien zur Kontextualisierung biblischer Texte*. FS Max Küchler (= Novum Testamentum et Orbis Antiquus/Studien zur Umwelt des Neuen Testaments 121), Göttingen 2019, 201–225.
[3] Mark S. KINZER, *Searching Her Own Mystery. Nostra Aetate, the Jewish People and the Identity of the Church*, Eugene 2015, 57 f.

Und diese ekklesiologischen Konsequenzen einer erneuerten Israeltheologie erschöpfen sich auch nicht in punktuellen Adaptationen, sondern sind vielmehr als eine fundierende Perspektive zu bewerten, deren Nachhall die gesamte Ekklesiologie durchziehen muss (und nicht nur sie[4]): Sein und Verheißungen, Vollzüge und Gottesbeziehung des Judentums besitzen für die Kirche prägende, wesenhafte, identitätsbestimmende Relevanz; Kirche steht „in einem theologischen Dauerbezug zu Israel",[5] kann also „ihre eigene Wirklichkeit nicht anders als im Modus einer verwiesenen Identität"[6] denken und aussagen. Oder noch einmal anders formuliert: „[T]he entire Church, beyond any specific Church tradition, is ontologically related to Israel. Everything that the Catholic Church has, including the rich variety of her ecclesial traditions, she originally received from the Jewish nation and its spiritual legacy".[7]

Es bedarf nun freilich nicht der Existenz des messianischen Judentums, um diese grundlegende israeltheologische Einsicht zu affirmieren. Das Phänomen messianischen Judentums bedingt wohl aber eine gewisse Verschärfung der skizzierten ekklesiologischen Herausforderung, und es bedarf diesbezüglich zweifelsohne einer bisher von katholisch-theologischer Seite noch kaum geleisteten ekklesiologischen Reflexion – dies bereits deswegen, weil jede Form eines ausdrücklichen Christusbekenntnisses ekklesiologische Relevanz besitzt. Im Falle des messianischen Judentums kommen aber noch zwei spezifische Aspekte hinzu, die in besonderer Weise Relevanz, ja, Brisanz für die israeltheologischen Bezüge der Ekklesiologie besitzen: Zum einen manifestiert und konkretisiert sich gerade hier die Verbindung zwischen Judentum und Christentum in einer besonders dichten Weise. Dies gilt nun naturgemäß auch für zum Christentum konvertierte Menschen jüdischer Abstammung; das

---

[4] Mark Kinzer formuliert dies in aller Deutlichkeit und völlig zu Recht: „The affirmations of Nostra Aetate 4 reverberate throughout the entire system of Catholic theology – Christology, ecclesiology, sacramental teaching, and all that remains", Mark S. KINZER, *Searching* (s. Anm. 3), 9.
[5] Gregor M. HOFF, *Ekklesiologie* (= Gegenwärtig Glauben denken 6), Paderborn u. a. 2011, 51.
[6] Ebd.
[7] Antoine LÉVY, *Jewish Church. A Catholic Approach to Messianic Judaism*, Lanham u. a. 2021, 241. Vgl. auch „Denn unwiderruflich sind ..." (s. Anm. 1), Nr. 28.33 f.

messianische Judentum konfrontiert eine christliche Ekklesiologie aber zum anderen auch insofern besonders intensiv mit der Frage nach einer Verhältnisbestimmung von Judentum und Christentum, als eine messianisch-jüdische Perspektive das Christusbekenntnis nicht zum Anlass einer äußerlich-institutionellen Konversion zu einer christlichen Kirche nimmt, sondern es vielmehr auch durch die äußerliche Gestaltungsweise seines Glaubenslebens als Spielart einer *jüdischen* Identität bewertet. Gerade damit stellt es für die theologische Selbstvergewisserung der Kirche eine Herausforderung dar.

Gewiss ließen sich gegenüber einer solchen Relevanzzuschreibung auch Anfragen formulieren. So könnte beispielsweise das gegenwärtige höchst heterogene und zahlenmäßig eher marginale Phänomen messianischen Judentums als ein punktuelles und kontingentes Ereignis relativiert werden, dem nicht der Status einer grundlegenden und wesenhaften Bedeutung für die Kirche zugeschrieben werden darf. Einer solchen Relativierung gegenüber müsste aber doch wohl zu bedenken gegeben werden, dass eine ekklesiologische Relevanz der Existenz eines christusgläubigen Judentums keineswegs derart einfach von der Hand zu weisen ist – wenigstens dann nicht, wenn man den biblischen Befund ernst nimmt, wonach Jesus sich primär zu Israel gesandt wusste, und eine heilsgeschichtliche Relevanz der ersten, jüdischen Gefolgschaft Jesu nicht damit als erledigt ansehen will, dass die Völkermission in die Wege geleitet und die Jesusbewegung für Nichtjuden geöffnet wurde. Von grundlegender Bedeutung ist hier natürlich die Frage nach der Bewertung der Gestalt Jesu Christi, konkreter: die Frage, ob Jesus Christus in irgendeiner Relevanz für Israel zu sehen ist. Wenn man Letzteres auf der Basis von Jesu eigenem Selbstverständnis und dem gesamten neutestamentlichen Befund[8] nicht einfach pauschal ausschließen will, dann muss wohl jede Form von Judenchristentum, auch das messianische Judentum, als Realisierung des Willens Jesu und als heilsgeschichtlich relevant bewertet werden. Es sei allerdings in aller Deutlichkeit festgehalten, dass eine solche Positionierung keinesfalls wieder in substitutionstheologische Denkmuster zurückfallen darf: Wenn eine Relevanz Jesu für Israel angenommen wird, kann damit dezidert nicht die Annahme gemeint sein, dass Jesus Israel in eine ausdrück-

---

[8] Vgl. dazu exemplarisch den Beitrag von Michael Theobald im vorliegenden Sammelband (S. 175–196).

liche Gottesbeziehung erst hineinführen müsste, wie es bei den Völkerchristen der Fall ist. Jeglicher Relativierung der bleibenden heilsgeschichtlichen Bedeutung Israels und der soteriologischen Vollwertigkeit seiner Gottesbeziehung muss theologisch entschieden widersprochen werden – ebenso wie folglich auch jeder Legitimierung judenmissionarischer Aktivitäten. Mark Kinzer hat diesbezüglich mit der Konzeption eines „postmissionarischen" messianischen Judentums[9] Maßstäbe markiert, die auch für eine christliche Israeltheologie in der Begegnung und Auseinandersetzung mit dem messianischen Judentum maßgebend bleiben müssen. Nimmt man diese israeltheologische Fundierung ernst und verbindet eine theologische Würdigung des messianischen Judentums mit einer klaren Absage an jede Form von Substitutionsdenken und Judenmission, dann dürften damit auch Sorgen zu entkräften sein, die im Dialog mit dem messianischen Judentum die Gefahr einer Verwischung der dezidierten kirchlichen Ablehnung judenmissionarischer Aktivitäten sehen.

Eine Relativierung der Bedeutung des Phänomens messianischen Judentums könnte aber auch bei der Infragestellung des *Jüdischseins* messianischer Juden ansetzen.[10] Ist messianischem Judentum seines Christusbekenntnisses wegen pauschal der Ehrentitel einer Zugehörigkeit zu „Israel" abzusprechen, wie es von jüdischen Stimmen immer wieder formuliert wird? Dies ist eine Frage, die eine nichtjüdische Perspektive keinesfalls zu entscheiden sich anmaßen darf; sie ist insofern aber recht diffizil, als hier – bedenkt man die Selbsteinschätzung wenigstens eines Teils des messianischen Judentums – offenbar eine binnenjüdische Meinungsdifferenz in der Bewertung einer Identitätsproblematik vorliegt. Ohnehin könnte christusgläubigen Juden nur *Judaism*, aber nicht *Jewishness* abgesprochen werden – nur die Zugehörigkeit zu einer religiösen Gemeinschaft, nicht das Judesein als solches. Vielleicht mag aber die Anfrage zu denken geben, ob hier nicht unter anderem Vorzeichen die für das Christentum lange Zeit prägende Grundannahme greift, dass sich Judentum und Christen-

---

[9] Mark S. KINZER, *Postmissionary Messianic Judaism. Redefining Christian engagement with the Jewish people*, Grand Rapids 2005.
[10] Andeutungsweise geschieht eine solche Relativierung etwa in der Formulierung von Hans H. Henrix: „Die Wurzel der Kirche ist das biblische Israel, dessen fortlaufende Kontinuität vor allem im heutigen Judentum zu sehen ist", Hans H. HENRIX, *Messianisches Judentum heute. Eine überraschende Wirklichkeit und Irritation im christlich-jüdischen Verhältnis*, in: StZ 229 (2011) 519–530, hier: 527.

tum nur in einer reziproken Exklusion, in einem binär-kontradiktorischen Denkschema zueinander bestimmen lassen. Und liegt es nicht eher an der christlichen Schuldgeschichte als in der Sache selbst begründet, dass von jüdischer Seite ein Messiasbekenntnis zu Jesus Christus nicht (oder nur in seltenen Ausnahmen) als Teil einer legitimen innerjüdischen Meinungsvielfalt angesehen werden kann?

Es bleibt also dabei, dass die Existenz messianischen Judentums der christlichen Theologie und konkret der Ekklesiologie zu denken geben muss. Die damit aufgeworfenen Fragen sollen im Folgenden aus der Perspektive einer katholischen Dogmatikerin ohne jüdische Wurzeln angegangen werden, wobei die anschließenden Überlegungen ihre denkerischen Anregungen stark den israeltheologisch sensiblen Stimmen im ekklesiologischen Diskurs und stärker noch den vorliegenden ekklesiologischen Reflexionen judenchristlicher theologischer Autoren verdanken. In Orientierung an diesen wertvollen ekklesiologischen Ansätzen sollen im Folgenden aus katholisch-ekklesiologischer Perspektive einige skizzenhafte Überlegungen im Angesicht messianischen Judentums entfaltet werden.

Ekklesiologisch sind damit indirekte und direkte Konsequenzen verbunden:

(1) Indirekte Konsequenzen ergeben sich dadurch, dass das messianische Judentum – die Biographien und Glaubenspositionierungen jüdischer Menschen also, die Jesus als Messias anerkennen, ohne daraus jedoch die Konsequenz einer äußerlich-institutionellen Konversion zum Christentum abzuleiten – noch einmal in besonderer Dringlichkeit die israeltheologischen Fragen auf die Agenda christlicher bzw. konkret katholischer Ekklesiologie setzt. Die Existenz christusgläubiger Juden (auch *in* einer institutionellen Kirchenzugehörigkeit, aber wohl stärker noch *außerhalb* derselben) fungiert gewissermaßen als wirksamer Antriebsfaktor zu einer weiteren, noch stärkeren Bewusstmachung der Verwiesenheit der Kirche auf Israel und der Notwendigkeit einer Vertiefung entsprechender ekklesiologischer Reflexionen. Das ist nicht wenig, und es ist ein bedeutender Dienst, den christusgläubige Juden und konkret die Strömung des messianischen Judentums der Kirche erweisen – und wohl auch dem Judentum. Richard Harvey formuliert dies klar als Auftrag, der messianischen Juden gegeben ist: „Sie sollen die bleibende Erwählung Israels (des jüdischen Volks) bezeugen, sie sollen Partner sein mit den Völkern in dem ‚einen neuen Menschen', der die Kirche ist,

und schließlich als ein eschatologisches Zeichen für die bleibenden Absichten sichtbar sein, die Gott mit seinem Volk hat".[11]

(2) Es sind aber auch direkte ekklesiologische Konsequenzen zu bedenken, insofern auch die Gegebenheit des messianischen Judentums selbst einer ekklesiologischen Reflexion bedarf und insofern das messianische Judentum auch die Frage nach einer theologischen Auseinandersetzung mit der Bedeutung christusgläubiger Juden in einer institutionellen Kirchenanbindung neu akzentuiert. Beide Aspekte berühren einander naturgemäß, sind andererseits aber nicht einfach deckungsgleich und haben nicht einfach dieselben ekklesiologischen Konsequenzen.

Die folgenden Überlegungen werden stark ausschnitthaft bleiben. Weder können die christologischen Grundlagen noch die sakramentalen Konkretisierungen der ekklesiologischen Fragen adressiert werden; und es geht im Folgenden auch nicht um Probleme konkretorganisationaler Einbindung messianischen Judentums in kirchliche Strukturen. Es geht um die zunächst im Voraus zur institutionellen ekklesiologischen Ausgestaltung angesiedelte Frage nach einer theologischen Deutung der Kirche Jesu Christi und um die diesbezüglich zu notierenden Konsequenzen aus einer ekklesiologischen Reflexion des messianischen Judentums. Und dazu sollen im Folgenden drei Thesen entfaltet werden:

These 1: Eine ekklesiologische Berücksichtigung des Phänomens des messianischen Judentums impliziert grundlegende Konsequenzen und einigen Weiterführungs- bzw. Revisionsbedarf für die theologische Rede von der Kirche (Kap. 2).

These 2: Dabei stellt sich ekklesiologisch die Frage, wie sich eine übergreifende Bedeutung des Partikularen konzipieren lässt (Kap. 3).

These 3: Die Beziehung der Kirche zum christusgläubigen Judentum ist so grundlegend, dass sie in der Kategorie einer *ökumenischen* Relation nicht adäquat bzw. nur unter der Gefahr grundlegender Missverständnisse beschrieben werden kann (Kap. 4).

---

[11] Richard HARVEY, *Messianisches Judentum im deutschen Kontext. Gedanken eines Beobachters*, in: Ulrich LAEPPLE (Hg.), *Messianische Juden – eine Provokation*, Göttingen 2016, 127–139, hier: 133.

2. Ekklesiologische Anstöße und Weiterführungen

2.1 Überwindung substitutionstheologischer Residuen in der Ekklesiologie

Das Substitutionsdenken ist – Jahrzehnten einer inzwischen eindeutigen theologischen Ablehnung dieser Denkfigur im Gefolge von *Nostra Aetate* zum Trotz – bedauerlich zählebig, und es existieren fraglos subkutane Reste dieser alten Israeltheologie fort, auch wenn sich in den neueren Texten israelsensible Formulierungsweisen immer stärker durchsetzen. So ist die Rede von der Kirche als „neuem Israel" aus der jüngeren ekklesiologischen Literatur weitgehend verschwunden (wenn auch vermutlich nicht vollständig). Es gibt jedoch andere ekklesiologische Positionierungen, die ebenfalls als Überbleibsel und fortlaufende Nachwirkung eines Substitutionsdenkens bewertet und entsprechend hinterfragt werden müssen. Dies lässt sich beispielsweise durch einen Blick auf die Volk-Gottes-Ekklesiologie illustrieren, die ja nicht formuliert werden dürfte, ohne auch die Aussage einzuschließen, dass zunächst, primär und fortdauernd *Israel* das Volk Gottes ist und dass die Kirche an dieser Erwählung nur partizipiert. Die Rede vom „neuen eschatologischen Volk Gottes, eben [...] der Kirche"[12] ist daher, wenn eine entsprechende Klarstellung im unmittelbaren Kontext fehlt, als problematisch zu bewerten. Auch Beispiele für eine implizit substitutionstheologische Rezeption von Bibelstellen ließen sich vermutlich nach wie vor auffinden, dort etwa, wo die Kirche unter Berufung auf Jes 11,10.12 als „signum levatum in nationes", „Feldzeichen für die Völker" bewertet wird, ohne zu berücksichtigen, dass hier vom alttestamentlichen Kontext her zunächst an eine individuelle Rettergestalt mit göttlicher Bevollmächtigung gedacht ist, den Spross der Wurzel Isais.

In gewisser Weise ist aber wohl schon die Tatsache als Folge eines Substitutionsdenkens zu qualifizieren, dass trotz einer stark angewachsenen israeltheologischen Sensibilität auch in der katholischen Ekklesiologie dem Bewusstsein einer lediglich partizipierenden, nicht absolut zu setzenden Erwählung der Kirche noch nicht durchgehend Rechnung getragen wird. Vermutlich wirkt hier auch das in

---

[12] Georg KRAUS, *Die Kirche. Gemeinschaft des Heils. Ekklesiologie im Geist des Zweiten Vatikanischen Konzils*, Regensburg 2012, 51, vgl. ebd. 148.150.

der Auslegung von *Lumen Gentium* (LG 14-16) häufig verwendete Modell konzentrischer Kreise kontraproduktiv nach – und zwar deswegen umso mehr, als es genau wie das Denkmodell des Hineingenommenseins der Völker in die Beziehung zum Gott Israels eine räumlich-bildhafte Konnotation besitzt: Auf die Christusbeziehung angewendet, besitzt das Modell konzentrischer Kreise, in dem das Judentum als zentrumsnächster Kreis im Bereich nichtchristlicher Religionen angesehen wird, gewiss seine Berechtigung – es wirkt aber irreführend, wenn Zentrumsnähe nicht als Bild für die Christusbeziehung, sondern für heilsgeschichtliche Relevanz oder für die Intensität einer Gottesbeziehung gedeutet wird. Die Existenz christusgläubiger Juden und konkret des messianischen Judentums stellt fraglos einen – im Diskurs immer wieder auch klar verbalisierten – Aufruf an die katholische Ekklesiologie dar, derartige Nachwirkungen eines Substitutionsdenkens zu eliminieren.

2.2 Kritische Hinterfragung einer Spielart kirchlicher Selbstzentriertheit

Die vorher formulierte Bestimmung des Verhältnisses von Kirche und Israel formuliert eine grundlegende Relativität von Kirche: Schon von ihrem Ursprung her ist Kirche relativ zu Israel, dem ersterwählten Volk, und insofern dezentriert. Mit der Marginalisierung und dem Wegbrechen einer wahrnehmbaren judenchristlichen Gruppierung in der Kirche entfiel jedoch auch die stete Erinnerung an die Gnade Gottes, sein Beziehungsangebot für die Völker geöffnet zu haben.[13] Diese Entwicklung hin zu einer rein völkerchristlichen Kirche leistete somit zumindest einen Beitrag zur Herausbildung eines ekklesiologischen Triumphalismus, der im Zuge kirchengeschichtlicher Abläufe ein demütiges Bewusstsein der Gratuität und Relativität der eigenen Erwählung nicht selten deutlich in den Hintergrund treten ließ.

Hier kann die ekklesiologische Wahrnehmung der Existenz christusgläubiger Juden und insbesondere des messianischen Judentums,

---

[13] Vgl. etwa Johannes CORNIDES, *The Cost to the Church of Losing the Jews. Christian Doctrine as a History of Forgetting*, in: James Earle PATRICK (Hg.), *Jesus, King of the Jews? Messianic Judaism, Jewish Christians, and Theology Beyond Supersessionism*, Wien 2021, 33–42, hier: 36.

das seine Christusbeziehung jenseits institutioneller kirchlicher Integration lebt, als gedanklicher Anstoß dazu fungieren, die Gnadenhaftigkeit der Berufung und Entstehung von Kirche wieder stärker bewusst zu machen[14] – oder anders formuliert: die heilsgeschichtliche Tatsache anzuerkennen, dass die Mitglieder der *ecclesia ex gentibus* bis heute nichts anderes sind als die Zweige aus dem wilden Ölbaum, die vom edlen Ölbaum bzw. von dessen Wurzel ihre Fruchtbarkeit erhalten (Röm 11,17–24), oder die Hunde, die vom Tisch ihres Herrn essen, was die Kinder hinunterfallen lassen (Mt 15,27). In der systematischen Theologie ist immer wieder die Rede von der „Relativität" der Kirche; damit sind meist primär bedeutende ekklesiologische Grunddimensionen wie das Verwiesen- und Hingeordnetsein der Kirche auf Jesus Christus und auf das Reich Gottes im Blick.[15] Hier wäre noch stärker auch jene grundlegende Relativierung hervorzuheben, der gemäß die *ekklesia ex gentibus* überhaupt nur in der und durch die Erwählung Israels mitberufen ist – eine Relativierung, die auch mit der kirchengeschichtlich erfolgten Trennung von Judentum und Christentum nicht als erledigt angesehen werden kann und im Verlauf der Kirchengeschichte nicht einfach in eine Form der Absolutheit übergegangen ist, auch wenn die Zahlenverhältnisse diese Fehlannahme nahelegen.

2.3 Israeltheologische Weiterführung der Ekklesiologie am Beispiel der notae ecclesiae

Schließlich sei anhand eines exemplarischen Themenfelds eine knappe Skizze entworfen, wie ekklesiologisch angesichts der eingangs gestellten Herausforderung weitergedacht werden könnte bzw. sollte: Es geht um die *notae ecclesiae*, die Wesensmerkmale der Kirche. Israelsensible ekklesiologische Reflexionen haben gefordert, die Verwie-

---

[14] Vgl. Peter Hirschberg, *Messianische Juden: Gefahr oder Chance für den christlich-jüdischen Dialog?*, in: Ulrich Laepple, *Juden* (s. Anm. 11), 71–108, hier: 99.
[15] Vgl. exemplarisch Jürgen Werbick, *Den Glauben verantworten. Eine Fundamentaltheologie*, Freiburg i. Br. ⁴2010, 831–834; Siegfried Wiedenhofer, *Ekklesiologie*, in: Theodor Schneider (Hg.), *Handbuch der Dogmatik*, Bd. 2, Düsseldorf 2000, 47–154, hier: 101.

senheit der Kirche auf Israel unter die *notae ecclesiae* aufzunehmen.[16] Will man hingegen an der vom Glaubensbekenntnis vorgegebenen Vierzahl der *notae ecclesiae* festhalten, dann wäre stattdessen auch die Option denkbar, die vier Wesensmerkmale der Kirche israeltheologisch auszudeuten – eine Option, die auch insofern als ekklesiologisch fruchtbar angesehen werden kann, als sich damit differenziertere Möglichkeiten zur Reflexion christusgläubiger Juden bzw. konkret des messianischen Judentums als eines Teils der Kirche Jesu Christi eröffnen. In diese Richtung sollen im Folgenden einige skizzenhafte Überlegungen angestellt werden.

(1) Die Einheit als Wesensmerkmal der Kirche referiert auf die Verbundenheit der zum Leib Christi geeinten Glieder – unbenommen aller Verschiedenheit, die zwischen den einzelnen Gliedern des Leibes besteht. Diese Einheit gründet in der Christusbeziehung. Und sie müsste daher jedenfalls grundsätzlich gedeutet werden als eine Gemeinschaft von Christusgläubigen aus Israel und aus den Völkern, die als solche zudem darauf zurückgeht, dass erst in Christus die Völker heilsgeschichtlich überhaupt in die einende Beziehung zum Gott Israels hineingerufen sind. Die für die Kirche prägende Einheit in Verschiedenheit, die u. a. christusgläubige Juden und Nichtjuden verbindet, steht somit auch in einer tiefen und unauslöschlichen Verbindung zu Israel, insofern die Christusbeziehung Anteil an Verheißungen Israels gibt.

(2) Gott ist der eigentlich und in sich Heilige. Die Heiligkeit der Kirche, die zweite *nota ecclesiae*, verdankt sich der Gegenwart Gottes in ihr und dem Auftrag der Kirche, Gott in der Welt erkennbar und spürbar werden zu lassen. Diese sakramentale Funktion der Kirche ist aber wiederum nur in der dauerhaften Rückbindung an das ersterwählte Volk zu konzipieren, da die Kirche als heilig auch nur insofern angesehen werden kann, als sie Anteil erhalten hat an der Gottesbeziehung *Israels*. Christusgläubige Juden und die Strömung des messianischen Judentums ganz konkret können daher als besondere Ausdrucksgestalt dieses Heiligkeit konstituierenden Gottesbezugs der Kirche betrachtet werden: Es ist nicht irgendein Gott, den die Kirche in der Welt erkennbar werden lassen soll, sondern der Gott Abrahams, Isaaks und Jakobs. Und die Tatsache, dass die

---

[16] Vgl. etwa Franz MUSSNER, *Traktat über die Juden*, München ²1988, 175; Antoine Lévy, *Church* (s. Anm. 7), 241.

Kirche diese für ihre Heiligkeit fundierende Relativität auf Israel hin nicht nur vergessen hat, sondern sogar durch antijudaistische Haltungen und Handlungen schuldig geworden ist, muss auf konkret-geschichtlicher Ebene als eine grundlegende Dimension der Sündenverfallenheit der zur Heiligkeit berufenen Kirche angesehen werden.

(3) Wenn von der Katholizität als dem dritten Wesensmerkmal der Kirche die Rede ist, geht es um „Fülle" und „Vollkommenheit",[17] darum, „dass sich die Kirche in einer Allumfassendheit und Ganzheit, in einer Universalität und Totalität verwirklicht",[18] und letztlich um einen umfassenden Geltungsanspruch, der in der Überzeugung gründet, dass ausnahmslos alle Menschen zum Heil und in die Gottesgemeinschaft gerufen sind. Auch diese Grunddimension von Kirchlichkeit steht in einem Bezug zu Israel und konkret zur Existenz christusgläubiger Juden bzw. zum messianischen Judentum, denn die Sendung in alle Welt und zu allen Völkern ist ihrem Wesen nach eben nicht ohne ihren tragenden Ursprung in der Erwählung Israels zu denken und zu verstehen. Aber mehr noch: Gerade, wenn mit Katholizität auch die Dimension „zeitlicher Kontinuität in bleibender Ursprungstreue"[19] gemeint ist, stellt die Beziehung zu christusgläubigen Juden einen Teilaspekt kirchlicher Ganzheit dar: In biblischer Perspektive ist die *ecclesia ex gentibus*, wie schon die Näherbestimmung impliziert, keine absolute Größe, sondern vielmehr in einer grundlegenden Bezogenheit auf die *ecclesia ex circumcisione* zu sehen – und zwar so fundamental, dass die völkerchristliche Kirche ohne die judenchristliche Kirche für sich eine Vollverwirklichung ihrer Katholizität nicht als gegeben ansehen kann.

(4) Die Rede von der Apostolizität der Kirche, der vierten *nota ecclesiae*, schließlich bringt zum Ausdruck, dass die Kirche in besonderer Weise rückgebunden ist an ihren Ursprung und dass „die Geltung dieses Ursprungszeugnisses [...] zum Maßstab und zur Legitimation der weiteren Kirchengeschichte"[20] wird. Das „Ursprungszeugnis" der Kirche ist nun aber fraglos jüdisch geprägt, und

---

[17] Siegfried WIEDENHOFER, *Ekklesiologie* (s. Anm. 15), 125.
[18] Georg KRAUS, *Kirche* (s. Anm. 12), 411.
[19] Ebd. 419.
[20] Siegfried WIEDENHOFER, *Ekklesiologie* (s. Anm. 15), 131; vgl. Georg KRAUS, *Kirche* (s. Anm. 12), 68.429; Wolfgang BEINERT, Art. Apostolizität der Kirche, in: LThK³ 1, 881 f., hier: 881.

die Existenz christusgläubiger Juden und konkret des messianischen Judentums kann folglich in besonderer Weise als Verlebendigung und Repräsentation der apostolischen Dimension der Kirche gedacht werden. Gegenüber dieser Auffassung könnte vielleicht die Frage aufgeworfen werden, ob hier nicht ein kontingentes Datum – das Jüdischsein der ersten Jesusjünger – theologisch überhöht wird. Dagegen spricht aber bereits ein kursorischer Blick auf die Bedeutung der Berufung des Zwölferkreises, also der „Urapostel":[21] Einer exegetischen Grundannahme zufolge beruft Jesus die zwölf Apostel ja stellvertretend für die zwölf Stämme Israels und als Zeichen dafür, dass seine Sammlungsbewegung auf *ganz Israel* abzielt.[22] Und so ist die Apostolizität der Kirche von ihrem Ursprung her ganz spezifisch mit einer jüdischen Dimension verbunden; eine theologische Einsicht, deren rememorative und anamnetische Zielperspektive völlig verdunkelt wird, wenn man die ekklesiologische Relevanz der Apostel lediglich in der Funktion von Glaubenszeugen und Leitungsfiguren sieht. Man mag hier wiederum einwenden, dass die Völkerkirche auf ihrem Weg durch die Zeit und unter der Einwirkung des Hl. Geistes eigene Formen entwickelt hat, ihren apostolischen Ursprung präsent zu halten – ein berechtigter Einwand, der aber wohl nur um den Preis einer subkutan fortlaufenden Substitutionstheologie so verstanden werden dürfte, als wäre damit eine *Verdrängung* der spezifisch jüdischen Dimension der kirchlichen Apostolizität impliziert. Vielmehr müsste, wenn jeder Rest einer Ersatztheologie aus dieser Überlegung getilgt werden soll, das völkerchristliche apostolische Amt wohl in seiner fundierenden Rückbindung an die ursprüngliche jüdische Dimension von Apostolizität gedeutet werden, die in der Sendung des Paulus in den Bereich der Völkerkirche hinein übertragen wird – und als deren besondere Wiedervergegenwärtigung christusgläubige Juden bzw. das messianische Judentum angesehen werden können.[23]

---

[21] Georg KRAUS, *Kirche* (s. Anm. 12), 432.
[22] Vgl. exemplarisch Matthias KONRADT, *Israel, Kirche und die Völker im Matthäusevangelium* (= WUNT 215), Tübingen 2007, 82 f.; Matthias KONRADT, *Das Evangelium nach Matthäus*, Göttingen 2015, 160.
[23] Vgl. dazu Jean-Miguel GARRIGUES, *The Jewishness of the Apostles and Its Implications for the Apostolic Church*, in: Mark S. KINZER, *Searching* (s. Anm. 3), 198–215, bes. 202–204.

3. Sakramentalität und Stellvertretung als ekklesiologische Kategorien

Von Anfang an war es ein Ärgernis, dass Gott bei der Erlösung der Welt nach jüdischer und nach christlicher Auffassung den Weg über das Konkrete nimmt – über die Konkretheit eines einzelnen Volkes, das Gott aus der Völkerwelt heraus erwählt und absondert, und über die Konkretheit eines Menschenlebens, in dem Gott selbst sich mitteilt. Es ist ein Grundzug des göttlichen In-Beziehung-Tretens zum Menschen, dass dieses sich über individuelle Beziehungen aufbaut und dass Gott durch solche einzelnen Beziehungen sein Heil und ein umfassendes Beziehungsangebot in die Welt hineinträgt. Ja, man mag darin sogar das Charakteristikum einer geschichtlich und nicht kosmisch konzipierten Gestalt von Religiosität sehen, insofern Partikularität und Individualität Grunddimensionen von Geschichtlichkeit sind. Und dieses *universale concretissimum*, wie Hans Urs von Balthasar es mit christologischer Stoßrichtung formuliert hat, sowie die ersten klaren Konkretisierungen eines heilsgeschichtlichen Wirkens Gottes in der Welt tragen nun eben jüdische Züge. Dieses Datum mag als ein Ärgernis, gar als ein Rezeptionshindernis wahrgenommen werden – es ist der Theologie von der jüdisch-christlichen Offenbarungsgeschichte her jedoch unhintergehbar zur Reflexion aufgegeben.

Zur Ausdeutung dieser scheinbaren Aporie des Konkreten wurden theologische Reflexionskategorien wie die der Sakramentalität – d. h.: der mit Wirkpotenzial verbundenen Zeichenhaftigkeit einer leiblich-konkreten Entität – und der Stellvertretung[24] herangezogen. Ekklesiologisch kann dafür nicht zuletzt auf das II. Vaticanum referiert werden, das in der Kirchenkonstitution *Lumen Gentium* formuliert:

So ist denn dieses messianische Volk, obwohl es tatsächlich nicht alle Menschen umfaßt und gar oft als kleine Herde erscheint, für das ganze Menschengeschlecht die unzerstörbare Keimzelle der Einheit, der Hoffnung und des Heils. Von Christus als Gemeinschaft des Lebens, der Liebe und der Wahrheit gestiftet, wird es von ihm auch als Werkzeug der Erlösung angenommen

---

[24] „... direkte Proportionalität von Einheit und Verschiedenheit zwischen einer vertretenden und einer vertretenen Wirklichkeit", Karl-Heinz MENKE, *Stellvertretung. Schlüsselbegriff christlichen Lebens und theologische Grundkategorie* (= SlgHor, N.F. 29), Einsiedeln 1991, 20.

und als Licht der Welt und Salz der Erde (vgl. Mt 5,13-16) in alle Welt gesandt (LG 9).

Im Folgenden soll nun aber nicht primär die Sakraments- bzw. Stellvertreteraufgabe der Kirche für die Welt, sondern deren konstituierendes Grundgefüge, also: die Beziehung zu Israel, im Blick sein und die Frage nach darin wiederum gegebenen Sakramentalitäts- bzw. sogar Stellvertretungsrelationen gefragt werden.

Im Alten Testament wird die Kategorie der Stellvertretung primär von Einzelpersonen angenommen,[25] vor dem Hintergrund eines zunehmend hervortretenden „universalistischen Zug[es] in der Religion Israels"[26] lässt sie sich aber vielleicht auch von Israel als Ganzem denken. Zum Mindesten kann von einer fruchtbaren Zeichenhaftigkeit – oder anders: einer sakramentalen Offenheit – der Erwählung Israels ausgegangen werden: „Die ausländischen Nationen sind [...], schon bevor Israel als solches existiert, in dessen Erwählung eingeschrieben".[27] Israel ist ein Segen für die Völker (Gen 12,3), ein „Werkzeug [...], damit die anderen Menschen Ihn kennenlernen können",[28] und Israels Berufung ist ein „Anfang [...], der sich darin vollenden soll, daß das erwählte Volk auch die Völker zur Verehrung des wahren Gottes einladen wird".[29] Israel kann so in einer Zeichen- bzw. sogar Repräsentationsaufgabe unter den Völkern gedacht werden, bis diese selbst sich dem Gott Israels zuwenden; es soll ein wirksames, d.h.: glaub-würdiges Zeichen für die Beziehung zu seinem Gott sein und hält ermöglichend eine Stelle offen, an der auch andere Israel in der Verehrung seines Gottes zur Seite treten sollen. Nimmt man dies aber an, dann ist nicht davon auszugehen, dass mit der Entstehung der Kirche diese heilsgeschichtliche Aufgabe

---

[25] Ebd., 30-33.
[26] Joseph RATZINGER, Glaube – Wahrheit – Toleranz. Das Christentum und die Weltreligionen, Freiburg i. Br. – Basel – Wien 2003, 123.
[27] Michael P. MAIER, Völkerwallfahrt im Jesajabuch (= BZAW 474), Berlin – Boston 2016, 4.
[28] Ebd., 6.
[29] Richard SCHAEFFLER, Philosophische Einübung in die Theologie, Bd. 3: Philosophische Einübung in die Ekklesiologie und Christologie (= Scientia & Religio 1/3), Freiburg i. Br. – München 2004, 137. Vgl. exemplarisch auch Hans W. WOLFF, Zur Hermeneutik des Alten Testaments, in: Claus WESTERMANN (Hg.), Probleme alttestamentlicher Hermeneutik. Aufsätze zum Verstehen des Alten Testaments (Theologische Bücherei 11,3), München 1968, 140-180, hier: 153.

Israels an ein Ende gekommen ist: In der alttestamentlichen Idee einer Völkerwallfahrt zum Zion kann ja die Hoffnung mitschwingen, dass eines Tages alle Völker in Repräsentation der gesamten Menschheit den Gott Israels anbeten – eine Verheißung, deren Telos bislang aber ganz offensichtlich noch nicht eingetreten ist, sodass die Zeichenhaftigkeit bzw. Stellvertretung der Erwählung Israels fortdauert. Eine analoge Deutung kirchlicher Sakramentalität wäre daher gewissermaßen als die Verlängerung der Sakramentalität Israels unter den spezifischen Bedingungen der universalen Sendung und weltumspannend einladenden Offenheit der Kirche anzusehen.

Umgekehrt kann aber wohl auch der Gedanke vertreten werden, dass die Kirche als Leib Christi – bzw. ursprünglich und vordringlich: die judenchristliche Strömung in ihr – dem göttlichen Willen gemäß in einem heilsgeschichtlichen Dienst am Judentum stehen soll. Dass Gott „aus seiner freien Wahl einigen, die wie ein Rest aussehen, eine Zu-Erkenntnis schenkte, und diese Christus angenommen haben, ist für ‚Ganz-Israel' ein Zeichen, daß Gott auch die übrigen nicht verstoßen hat";[30] das Heil, das Gott durch die Gemeinschaft der in einer Christusbeziehung Stehenden erwachsen lassen will, ist kein Heil gegen Israel oder an Israel vorbei, sondern für Israel. In besonderer Weise sind wohl christusgläubige Juden dazu berufen, für nicht christusgläubige Juden Zeichen zu sein bzw. Stellvertretung zu übernehmen in einer ausdrücklichen Christusbeziehung – und zwar durch einen Lebensstil, der erkennbar werden lässt, dass hier eine Beziehung zum *Gott Israels* besteht. Diese zunächst genuin judenchristliche Aufgabe mag durch die Zeit hindurch treuhänderisch auch dem Völkerchristentum anvertraut worden sein – das hier allerdings zutiefst versagt hat und nicht als Zeichen, sondern „als Hindernis [...], als Schatten da[stand] zwischen Gott und seinem Volk und Land Israel".[31]

Damit könnte aber von einer gewissen Reziprozität des Zeichen- bzw. Stellvertretungsdienstes die Rede sein: Wie Israel eine Zeichen-(bzw. Stellvertretungs-)aufgabe für die Völker hat und die Völker ge-

---

[30] Maria-Irma SEEWANN, *Über die Zu-Erkenntnis (ἐπίγνωσις) der Juden. Bibeltheologische Überlegungen*, in: Norbert BAUMERT (Hg.), *NOMOS und andere Vorarbeiten zur Reihe „Paulus neu gelesen"* (= Forschung zur Bibel 122), Würzburg 2010, 421–426, hier: 424.
[31] Ebd., 425.

wissermaßen nur *in* Israel zu Gott finden können, so können Christen (jüdische und nichtjüdische Christusgläubige) für Israel Zeichen sein bzw. Stellvertretung übernehmen in einer ausdrücklichen Christusbeziehung. Auch Mark Kinzer konzipiert der Sache nach eine reziproke Stellvertretungsrelation, wenn er davon ausgeht, dass einerseits das sakramentale Leben des Judentums nach der Marginalisierung des Judenchristentums in der Kirche in einer stellvertretenden Weise für die Kirche wirksam ist,[32] während Gott andererseits die Verehrung Jesu Christi, des Messias Israels, durch die Kirche als stellvertretend für eine entsprechende Praxis in Israel annimmt.[33] Einfacher formuliert: Israel führt stellvertretend für die Kirche ein sakramentales Leben und die Kirche verehrt stellvertretend für Israel den jüdischen Messias Jesus Christus. Sowohl für die Gottesbeziehung Israels als auch für die Christusbeziehung der Kirche kann theologisch mithin angenommen werden, dass sie eine verborgene Wirkkraft zu entfalten und dem Heilswillen Gottes gemäß als Zeichen und Werkzeug für eine ihre eigene individuelle Gegebenheit übersteigende Heilswirklichkeit zu fungieren vermag – in einer verborgenen Weise, die auf die noch ausstehende Vollverwirklichung hingeordnet ist und bis zum Zeitpunkt von deren Eintreten eine abgeschwächte Realisierungsform derselben darstellt. Damit ist eine verborgene gegenseitige Verwiesenheit ebenso ausgesagt wie die Hoffnung, dass beide Formen religiösen Lebens für die jeweils andere das Potenzial einer korrigierenden und heilenden Wirkung zu entfalten vermögen.[34]

Gewiss bedürfte es weitergehender Reflexionen zu der Frage, ob es jeweils die Kategorie der wirksamen Zeichenhaftigkeit bzw. Sakramentalität oder die der Stellvertretung ist, die hinsichtlich der einzelnen Beziehungen des Füreinander-Seins die je angemessene theologische Deutung ermöglicht. Diese Frage ist komplex und nicht pauschal zu entscheiden. Biblisch und lehramtlich dürfte die Kategorie der Sakramentalität wohl als besser fundiert anzusehen sein, und hinsichtlich einer ekklesiologischen Verwendung der Kategorie der

---

[32] Vgl. Mark S. KINZER, *Searching* (s. Anm. 3), 168.
[33] Vgl. ebd., 170.
[34] Vgl. Mark S. KINZER, *Finding Our Way Through Nicaea. The Deity of Yeshua, Bilateral Ecclesiology, and Redemptive Encounter with the Living God*, in: Kesher 24 (2019) 29–52, hier: 34.

Stellvertretung bleibt gewiss weiterer Klärungsbedarf. Grundlegend ist für beide Denkfiguren aber die Verbindung einer theozentrischen Grunddimension mit einer anthropologischen Komponente: Es ist Gott, der einer von ihm eröffneten Beziehungsrealität sakramentale Bedeutung und Wirkung einstiftet, und es ist auch Gott, der einer endlich-kontingenten Entität die ihre eigenen Gegebenheiten übersteigende Wirkkraft einer Stellvertretungsaufgabe mitteilt. Beide Denkfiguren bezeichnen also eine nur von Gottes Machtfülle her zu erklärende Beteiligung von Menschen an Gottes Heilswirken.

Wie immer man diese reziproke Sakramentalität bzw. Stellvertretung theologisch aber ausdeutet, eines ist damit in jedem Fall impliziert: Christusgläubige Juden bzw. Angehörige der Strömung des messianischen Judentums bilden in einer eigenartigen Weise den Nukleus dieses Geschehens. Dies lässt sich deswegen formulieren, weil sich in ihnen die beiden Dienste überschneiden: Sie stehen zum einen zeichenhaft bzw. stellvertretend für die Völker in einer Beziehung zum Gott Israels und sie stehen zum anderen zeichenhaft bzw. stellvertretend für Israel in einer Beziehung zum Messias Jesus Christus. Wenigstens partiell ist damit auch die Möglichkeit einer proleptischen, zeichenhaften Annäherung an die vorher erwähnte heilsgeschichtliche Vollform einer Verbindung von Judentum und Christentum gegeben, die freilich nicht in der Einzelexistenz jüdischer Christusgläubiger, sondern erst durch eine breite communionale, geistgewirkte sowie äußere und innere Gegebenheiten zur Deckung bringende Vereinigung in Vollgestalt erreicht werden kann.

4. Eine Frage der Ökumene?

All diese Überlegungen führen nun aber zu einer grundlegenden Folgefrage, die sich angesichts einer ekklesiologischen Befassung mit dem Phänomen des messianischen Judentums in aller Deutlichkeit stellt: Wie ist die gegenwärtige Beziehung zwischen der sich selbst als Teil des Judentums betrachtenden messianischen Strömung und der institutionell verfassten katholischen Kirche zu bewerten? Zielten die bisherigen Überlegungen primär auf die Kirche Jesu Christi als eine geistlich verborgene und innergeschichtlich immer wieder auch verdunkelte Größe ab, so stellt sich – nicht zuletzt angesichts des Selbstverständnisses der katholischen Kirche

(LG 8) – ekklesiologisch ja doch unabweisbar die Frage nach Möglichkeiten einer äußerlich-institutionellen Sichtbarwerdung der fundamental prägenden Bezogenheit der *ecclesia ex gentibus* auf die *ecclesia ex circumcisione*. Diese Problemstellung soll hier in Gestalt einer ganz konkreten Frage diskutiert werden: Handelt es sich bei der Bezogenheit der *ecclesia ex gentibus* auf die *ecclesia ex circumcisione* um eine Frage *ökumenischer* Theologie, wie es in der Diskussion immer wieder formuliert wird? Auf der Basis der bisherigen Überlegungen erscheint dies in gewisser Weise nicht nur nachvollziehbar, sondern sogar höchst überzeugend, insofern Differenzen zwischen verschiedenen äußeren Formen gelebter Christusbeziehung eben gemeinhin als Frage der Ökumene behandelt werden und insofern auch das Anliegen fraglos seine ekklesiologische Berechtigung hat, die *ecclesia ex circumcisione* in Gestalt des christusgläubigen Judentums innerkirchlich neu erkennbar und gegenwärtig werden zu lassen. Dies ist ekklesiologisch bereits insofern notwendig, als natürlich die institutionelle, äußere Realisierungsform von Kirche daran zu bemessen ist, inwieweit sie in einem Entsprechungs- bzw. in einem adäquaten Abbildungsverhältnis zu der in ihr innerlich und verborgen anwesenden Gnadenrealität steht. Wenn es zutrifft, dass die Kirche ihrem innersten Wesen nach auf Israel bezogen ist und sich ohnehin in einer grundsätzlich nicht zu nivellierenden Binnenpluralität[35] aus einem juden- und einem völkerchristlichen Zweig – also, wie Mark Kinzer es formuliert, in einer „bilateralen Ekklesiologie"[36] – konstituiert, dann müsste sogar postuliert werden, dass es einen äußerlich greifbaren und institutionell maßgeblichen Nachhall dieser inneren Wesensdimension von Kirche gäbe. Und damit erschiene auch das Anliegen gerechtfertigt, diesem Gestaltungsanliegen auf dem Weg ökumenischer Bemühungen zu entsprechen zu suchen.

Andererseits lassen sich gegenüber einer Einordnung der Beziehung zwischen *ecclesia ex circumcisione* und *ecclesia ex gentibus* als ökumenischer Relation m. E. aber auch recht grundlegende Anfragen

---

[35] Deutlich formuliert dies das Dokument „Denn unwiderruflich sind ..." (s. Anm. 1): „Es ist und bleibt eine qualitative Bestimmung der Kirche des Neuen Bundes, dass sie Kirche aus Juden und Heiden ist, auch wenn das quantitative Verhältnis von Juden- und Heidenchristen zunächst einen anderen Eindruck erwecken mag" (Nr. 43). Zur biblischen Grundlage dieser Überzeugung vgl. den Beitrag von Thomas Schumacher im vorliegenden Sammelband.
[36] Eingehend entfaltet in Mark S. KINZER, *Judaism* (s. Anm. 9).

formulieren, und zwar in zweierlei Hinsicht: Zum einen geht es hier ekklesiologisch betrachtet wohl um noch mehr und um noch Tieferes, als es bei ökumenischen Relationen der Fall ist, und zum anderen dürfte die ökumenische Betrachtungsweise wenigstens gegenwärtig auch mit einer ernstzunehmenden Gefahr verbunden sein. Beide Aspekte seien im Folgenden ein wenig genauer erläutert.

(1) Zum einen wäre zu fragen: Ist nicht die Beziehung zum christusgläubigen bzw. messianischen Judentum so grundlegend für die Kirche, dass damit eher eine Grunddimension jeder Ekklesiologie als eine Frage der Ökumene aufgeworfen ist? Diese Formulierung möchte keineswegs ökumenischen Bemühungen die ekklesiologische Relevanz absprechen. Aber es ist ekklesiologisch wenigstens nicht ausgeschlossen, ökumenische Bestrebungen als ein nachgeordnetes Problem anzusehen, dessen Aufgreifen gewissermaßen erst als Folgefrage zu einer unabhängig davon bereits konstituierten vollen Kirchlichkeit der eigenen Konfession auf die theologische Agenda kommt – und das wäre hinsichtlich der Beziehung zum judenchristlichen Lungenflügel der Kirche gemäß den bisherigen Überlegungen fraglos zu wenig: Es geht hier vielmehr um das Wesen der Kirche selbst. Hinzu kommt außerdem, dass die Rede von einer „ökumenischen" Beziehung begrifflich nicht vollkommen klarstellt, welche Zielsetzung damit verbunden ist – konkret: welches Maß an Binnendifferenzierung die auf dem Weg ökumenischer Annäherungs- und Verständigungsbemühungen zu erreichende Gemeinschaft aufweisen soll. Gewiss hat die Geschichte der ökumenischen Bewegung in größerer Klarheit erkennen lassen, dass eine Einheitskirche, in der die Verschiedenheit unterschiedlicher christlicher Glaubensformen und -stile verwischt wird, gar nicht als besonders erstrebenswert anzusehen ist. Auch hier ist jedoch im Blick auf das Verhältnis zwischen der *ecclesia ex circumcisione* und der *ecclesia ex gentibus* noch eine besondere Präzisierung der Zielbestimmung jeder möglichen Annäherung festzuhalten: Keinesfalls darf es (erneut) geschehen, dass eine judenchristliche Strömung von der Völkerkirche einfach absorbiert wird und in ihr auf- und damit untergeht. Die *ecclesia ex circumcisione* muss in der Kirche erkennbar und unterschieden bleiben; eine anzustrebende „Einheit" müsste definitiv also eine auf der äußerlich-institutionellen Ebene mit klaren Unterscheidungsmarkern verbundene Einheit sein – eine Formulierung, die in dieser Deutlichkeit wohl nicht gleichermaßen hinsichtlich der mit öku-

menischen Bemühungen üblicherweise verbundenen Zielsetzungen festgehalten werden kann und die dementsprechend eine weitere grundlegende Divergenz zwischen der üblicherweise so benannten völkerchristlichen „Ökumene" einerseits und der Beziehung zwischen der *ecclesia ex circumcisione* und der *ecclesia ex gentibus* andererseits markiert. Diese letztere Beziehung als eine Frage der Ökumene zu bewerten, stünde daher immer in der Gefahr, die genannten fundamentalen Differenzen begrifflich zu überblenden und damit zu nivellieren, da der Ökumenebegriff nicht imstande ist, sie terminologisch abzubilden. Die Verwendung der Kategorie einer „ökumenischen" Beziehung im Blick auf das Verhältnis zwischen der *ecclesia ex circumcisione* und der *ecclesia ex gentibus* verursacht also, auch wenn sie nicht völlig falsch ist, doch mehr Unklarheit und Fehlverständnis, als sie vermeidet – was hinreichend sein dürfte, um die Sinnhaftigkeit dieser Begriffsverwendung zu hinterfragen.

(2) Diesem Problem einer begrifflichen Verunklarung könnte nun freilich durch eine terminologische Nachschärfung begegnet werden; so wäre es etwa denkbar und sinnvoll, hinsichtlich der Beziehungen zwischen der *ecclesia ex circumcisione* und der *ecclesia ex gentibus* von „Proto-Ökumene" bzw. einer „proto-ökumenischen" Relation zu sprechen und auf diese Weise das mit der Verwendung des Ökumenebegriffs einhergehende Missverstehenspotenzial zu vermeiden oder wenigstens zu reduzieren. Es verbliebe allerdings dennoch eine Gefahr, die nicht in der Begriffsverwendung, sondern in der Sache selbst liegt – also in der institutionellen Einbindung messianischer Juden in die Kirche: die Gefahr der Vereinnahmung von etwas Unverfügbarem, das als *solches* im Bewusstsein bleiben sollte. Die Fragen, die sich diesbezüglich stellen, sind näherhin die Folgenden: Würde nicht durch eine institutionelle Einbindung messianischen Judentums in die Kirche eine binnenjüdische Kluft verstärkt? Und vor allem: Kann nicht das Streben nach einer institutionellen Integration in gewisser Weise wiederum zum Ausdruck eines Erledigungs-, Einordnungs-, Domestizierungswunsches werden – bis hin zur Möglichkeit eines problematischen Gefälles hin zum Konversionszwang und zur Gefahr einer institutionellen Verdunkelung der gnadenhaften Unverfügbarkeit des Hineingenommenseins in eine Beziehung zum Gott Israels? Oder anders gefragt: Kann zum gegenwärtigen Zeitpunkt und angesichts der faktisch gegebenen Verbreitung, Tiefe, Selbstverständlichkeit und Verwurzelung israeltheologischer Sensibilität in

der Kirche (und das bedeutet natürlich: in all ihren Schichten und Strömungen) wirklich ausgeschlossen werden, dass es bei einer institutionellen Integration erneut zur Absorption des Judenchristentums und damit zur Wiederholung einer früheren, fatalen Verfehlung käme? Diese Frage ließe sich erst dann guten Gewissens bejahen, wenn sich in stabiler und weiter Verbreitung ein Kirchenbild etabliert hätte, demzufolge das christusgläubige Judentum zu betrachten ist als sakramentales Zeichen für die konstitutive Rückbindung der Kirche an das erstwählte Volk und als unhintergehbarer Bestandteil einer binnenchristlichen Diversität, die keiner Vereinheitlichungstendenz geopfert werden darf. Solange das nicht der Fall ist, droht erneut Verdeckung, Unterdrückung und Tilgung jüdischer Identität in der Kirche – und das bedeutet, dass im Blick auf das Verhältnis von *ecclesia ex circumcisione* und *ecclesia ex gentibus* die klassische Zielsetzung ökumenischer Bemühungen, die innere und äußere Dimensionen von Kirchlichkeit umfassende Annäherung bzw. Vereinigung getrennter Kirchen, derzeit als problematisch zu bewerten ist.

Mit diesen Vorbehalten soll freilich weder impliziert werden, dass auf institutionell-kirchlicher Ebene keine Verbindung zum messianischen Judentum gesucht werden dürfe, noch dass die skizzierte Problematik als eine wesentliche (statt nur kontingente, also einem bestimmten nichtnotwendigen Umstand geschuldete) anzusehen sei – und vor allem nicht, dass die messianisch-jüdische Gemeinde eine amorphe, institutionell unsichtbare Größe bleiben solle. *Rebus sic stantibus* ist aber wohl festzuhalten, dass sich gegenüber einer institutionellen *Integration* des messianischen Judentums in die Kirche Bedenken formulieren lassen. Hier ist als Konsequenz aus der Geschichte schuldhafter Selbstverabsolutierung der *ecclesia ex gentibus* erst noch ein Weg zurückzulegen, bis diesbezüglich eine Realisierung der ekklesiologisch an sich wichtigen und grundlegenden Angleichung der äußeren Verfasstheit der Kirche an ihre innere Realität erfolgen kann. Ein diesbezüglicher ekklesiologischer Verzicht bzw. eine vorläufige Sistierung entsprechender Bestrebungen könnte sich wohl auch als Ausdruck einer Bußhaltung verstehen – wenn und genau insoweit als die Kirche sich weiterhin bemüht, ihre Verwiesenheit auf Israel theologisch wieder ins Bewusstsein zu rufen und die Nachwirkungen von Substitutionstheologie und Antijudaismus zu überwinden.

5. Fazit

Es ist deutlich geworden, dass die Befassung mit dem Phänomen des messianischen Judentums einige ekklesiologische Gedankengänge anstößt – teils wegen der Frage nach der Bedeutung von jüdischen Christusgläubigen in der und für die Kirche, teils aber auch deswegen, weil die Auseinandersetzung mit dem messianischen Judentum auch eine Stärkung der israeltheologischen Reflexion der Kirche nochmals dezidiert einfordert. Hinsichtlich des zuletzt genannten Anliegens liegt fraglos eine Reihe wertvoller theologischer Ansätze bereits vor, denen jedoch noch eine breitere ekklesiologische Rezeption zuteilwerden müsste. Trotzdem wird beim Nachdenken über diese Frage immer wieder eines deutlich, nämlich dass die theologischen und insbesondere die ekklesiologischen Begriffskategorien nicht so zur Verfügung stehen, dass sie das Mysterium der für die Kirche konstitutiven, aber andererseits keineswegs kirchlich zu vereinnahmenden Beziehung zu Israel und zu christusgläubigen Juden gut auszudrücken vermöchten: Die Kategorie „ökumenisch" trifft, wie gesehen, auf das Verhältnis zwischen messianischen Juden und der Völkerkirche höchstens in einer nicht unproblematischen, begrifflich unklaren Weise zu. Und im Blick auf die Beziehung zwischen Judentum und Christentum verbietet sich eine übergreifende Rede von „Ekklesiologie" oder „Kirche" (obwohl gewisse Gründe für die Berechtigung einer solchen Bezeichnung durchaus angeführt werden könnten) ebenso wie eine nivellierende Verwendung des Volk-Gottes-Begriffs – es kann schließlich nicht nur eine ausgrenzende, sondern auch eine vereinnahmende Spielart der Substitutionstheologie geben, die Israels fortdauernde heilsgeschichtliche Dignität zwar nicht leugnen will, sie aber zu domestizieren und zu integrieren sucht. Dieser Befund muss aber, bedenkt man die reflexionsleitende und erkenntnisformende Bedeutung von Begriffen, als sprechender Ausdruck einer unbefriedigenden Reflexionssituation und eines mangelnden theologischen Problembewusstseins bewertet werden. Und auch wenn die angezeigte terminologische Problematik eine präzise Rede von den Beziehungen zwischen Israel, *ecclesia ex circumcisione* und *ecclesia ex gentibus* nicht per se verunmöglicht, erschwert sie doch eine knappe und allgemeinverständliche Kategorisierung und dürfte damit immer wieder neu zu Missverständnissen und Fehldeutungen beitragen. In jedem Fall dokumentiert diese Beobachtung, dass hier noch einiges an ekklesiologischer Denkarbeit zu leisten ist.

Die Wiederentdeckung der *Kirche aus den Völkern* angesichts des messianischen Judentums

Antwort auf Ursula Schumacher

James Earle Patrick

Die gegenwärtige Realität des messianischen Judentums als kollektiver Ausdruck des jüdischen Glaubens an Jesus, sei es innerhalb oder außerhalb der institutionellen Kirchen, hat die Aufmerksamkeit der Theologen erneut auf die zweiseitige Zusammensetzung und ethnische Komplementarität der Kirche als *ecclesia ex circumcisione* und *ecclesia ex gentibus* gelenkt – berufen aus den Juden und aus den Nationen, um im Messias vereint zu sein (Röm 10,11-13; Eph 2,18). Ursula Schumachers anregende Überlegungen aus dogmatischer Sicht befassen sich mit den Auswirkungen des Nizänischen Glaubensbekenntnisses auf die theologische Rede der Kirche von sich selbst als „Volk Gottes" und als die „eine, heilige, katholische und apostolische Kirche". Sie macht einige faszinierende Vorschläge zur sakramentalen und repräsentativen Rolle der an Jesus glaubenden Juden sowohl gegenüber der „Fülle der Völker" als auch gegenüber „ganz Israel". Und sie stellt zu Recht die Übertragbarkeit der ökumenischen Beziehungen als Modell für den Umgang der Kirche mit dem messianisch-jüdischen Phänomen in Frage. Alle drei Punkte verdienen eine ausführliche Auseinandersetzung aus verschiedenen Blickwinkeln, aber in dieser Antwort wird jeder Punkt (in umgekehrter Reihenfolge) speziell im Hinblick auf seine Auswirkungen auf die *ecclesia ex gentibus* betrachtet.

Die meisten Gläubigen aus den Völkern erkennen dies nicht als ihre eigene Identität an, die in Bezug auf die jüdischen Jesusgläubigen definiert wird, und nehmen stattdessen an, dass sie selbst die ethnisch neutrale „Kirche" repräsentieren, die über und gegen Israel existiert.[1] Das Wissen um ihren eigenen Status als erlöste Angehörige eines der nichtjüdischen Völker, die ihre eigenen Verheißungen

---

[1] Eine klare Beschreibung dieser problematischen Sichtweise s. Caroline John-

von Gott in der Heiligen Schrift haben, wird mehr nichtjüdischen Gläubigen helfen, die ergänzende Identität der Jesusgläubigen und deren Beziehung zu Israel anzunehmen.

Eine Vorfrage zur Vermeidung potenziell anachronistischer Interpretationen bezieht sich darauf, wie wir *ethnê* im Neuen Testament übersetzen. Angesichts der starken Prägung neutestamentlicher Autoren durch die Schrift sollten wir bis zum Beweis des Gegenteils davon ausgehen, dass das Wort bei ihnen, wie in der Septuaginta (und wie *goyim* in der hebräischen Bibel), die Bedeutung „Völker" oder „Vertreter der Völker" hat. Paulus hat den Begriff nie für einen einzelnen „Nichtjuden" verwendet, sondern stattdessen den singulären „Juden/Judäer" dem „Griechen" gegenübergestellt (Röm 2,9f.; 10,12; Gal 3,28; Kol 3,11). Für spätere rabbinische Autoren war dies nicht mehr der Fall, da sie *goy* (Nichtjude) für einen einzelnen „Götzendiener" unabhängig von seiner spezifischen ethnischen Identität verwendeten.[2] Dennoch sah Paulus seine apostolische Aufgabe immer im Hinblick auf mehrere „Völker" (Röm 1,5; 9,25; 15,26f.; 16,26), und Petrus spricht Kornelius und sein Haus nicht als allgemeine „Nichtjuden" an, sondern als Angehörige bestimmter Völker: „[...] dass ihm (Gott) in jedem Volk willkommen ist, wer ihn fürchtet und tut, was recht ist" (Apg 10,35).

Beginnend mit Ursula Schumachers drittem Thema, der Ökumene, hat die christliche Geschichte im Laufe der Jahrhunderte eine

---

son HODGE, *If Sons, Then Heirs: A Study of Kinship and Ethnicity in the Letters of Paul*, Oxford 2007), 47.

[2] Mt 18,17 gebraucht *ethnikos* für eine Einzelperson aus den Völkern, die Pluralform in 5,47; 6,7 (ebenso 3 Joh 1,7). Vgl. Terrence L. DONALDSON, „Gentile Christianity" as a Category in the Study of Christian Origins, in: HTR 106 (2013) 433–458 (hier 449–451); James M. SCOTT, *Paul and the Nations: The Old Testament and Jewish Background of Paul's Mission to the Nations with Special Reference to the Destination of Galatians* (WUNT 84), Tübingen 1995, 121–134, bes. 123. Ishay ROSEN-ZVI – Adi OPHIR, *Paul and the Invention of the Gentiles*, in: JQR 105 (2015) 1–41, schlagen vor, dass Paulus selbst den Übergang von der biblischen Bedeutung „Volk" zum individualisierten „Goj" der Mischna systematisiert hat. Dennoch kann man für Paulus genauso argumentieren, wie dies für frühere Autoren des zweiten Tempels zulässig ist, dass „selbst in den persönlichsten Verwendungen des Begriffs die biblische Bedeutung erhalten bleibt" (ebd., 10, Anm. 33). Für Paulus waren die Unterschiede zwischen den Völkern theologisch weniger wichtig als ihre gemeinsame komplementäre Beziehung zu Israel, daher seine regelmäßigen Verweise auf die „Völker" als Kategorie.

Vielzahl von Spaltungen in Bezug auf das lehrmäßige Bekenntnis und die institutionelle Struktur hervorgebracht, was zu zahlreichen konfessionellen Unterschieden geführt hat, die nicht einfach um der Einheit willen „übermalt" werden können bzw. sollten. Die biblische Unterscheidung „jüdisch" – „aus den Völkern" ist jedoch grundlegender als eine Form der Kirchenspaltung, auch wenn sie während eines Großteils der christlichen Geschichte in erster Linie als ein Unterschied im religiösen Glauben und in der religiösen Praxis angesehen wurde.[3] Im Gegensatz zu dieser Sicht ist diese Unterscheidung jedoch im Kern eine „ethnische". In einer Plenardiskussion über das Wesen des Judentums auf dem Wiener Symposium haben mehrere Teilnehmer, unter anderen Etienne Vetö, Anhaltspunkte für eine Begriffsbestimmung gegeben: Jüdisch-Sein ist mehr genealogisch als biologisch, mehr heilsgeschichtlich als ontologisch, zusammen mit Kultur und Glauben zu verstehen, und jüdische Menschen haben verschiedene Kombinationen dieser Realitäten. Die Definition jüdischer Identität, wie unabgeschlossen sie auch sein mag, hat direkte Auswirkungen auf die Definition des „Nicht-Jüdisch-Seins", und diese Unterscheidung bestimmt insbesondere, was es bedeutet, sich Gott in unserer gottgegebenen Identität zu nähern, nicht nur als Individuen, sondern auch innerhalb von Gemeinschaften. Der Gläubige gehört entweder zu Abrahams genealogischen Nachkommen durch den Bund oder zu den Gruppen, für die diese Nachkommen zum Segen bestimmt sind – „alle Sippen der Erde" (Gen 12,3), „alle Völker der Erde" (Gen 18,18).[4]

---

[3] Daher in gewissem Umfang die historische Unterscheidung „zwischen religiösem Anti-Judaismus und rassistischem Antisemitismus", welche das Dokument der Church of England von 2019 zu christlich-jüdischen Beziehungen, *God's Unfailing Word* (https://www.chpublishing.co.uk/books/9780715111 611/gods-unfailing-word), auf S. 19 vornimmt. Diese Unterscheidung korrespondiert mit Rabbi Lord Sacks' erster „Mutation" des Antisemitismus-Virus – einer auf Glauben basierten Judeophobie – zum „dämonischen Anti-Judaismus", welcher schlussendlich die jüdische Abwehr gegen die christliche Botschaft auf direkten satanischen Einfluss zurückführte. Jonathan SACKS, *Future Tense: A Vision for Jews and Judaism in the Global Culture*, London 2009, 92–98.
[4] Vgl. dazu Kendall Soulen: „Für Christen, die daran gewöhnt sind, sich selbst im Sinne des Paradigmas Kirche–Welt zu sehen, sind die Worte des Paulus [in Röm 11,13a.18] zutiefst *de-zentrierend*. Heidenchristen werden mit der Entdeckung wachgerüttelt, dass sie Heidenchristen *sind* – und nicht nur waren –, mit der Entdeckung, dass sie von Gottes Treue zu *einem anderen Volk* abhängig

Unsere neue gemeinsame Identität im Messias befähigt uns, einander in Einheit anzunehmen, trotz unserer fortbestehenden Verschiedenheit, die dadurch nicht ausgelöscht wird. Die Tatsache, dass Gott unsere verkörperte und gesellschaftliche Identität immer noch wertschätzt, hat umfassendere theologische und praktische Auswirkungen auf die Unterscheidungen und Beziehungen zwischen Mann/Frau, Eltern/Kind und sogar Herr/Knecht, die in den paulinischen Hausordnungen („Haustafeln" – Eph 5,22–6,9; Kol 3,18–4,1; Röm 14,1–15,13 für die Beziehung zwischen Juden und Nichtjuden) sowie in den situationsbedingten Antithesen (Röm 10,12; 1 Kor 12,13; Gal 3,28; Kol 3,11) deutlich werden. Auch wenn es „weder Jude noch Grieche" gibt, hebt dies die physischen und sozialen Unterschiede nicht auf. Vielmehr wird betont, dass diese keine Voraussetzung für die Taufe und die Teilhabe am Messias sind, auch wenn sie es für die Beschneidung waren. Die geschlechtliche, soziale und ethnische Differenzierung bleibt für die Gläubigen bestehen, so wie ein Leib viele Glieder hat, die zwar unterschiedlich sind, aber alle den gleichen Wert haben, weil sie zu diesem Leib gehören. „Einmal in dieser Gemeinschaft angekommen, muss die getaufte Person natürlich immer noch mit ihrem oder seinem kulturellen, wirtschaftlichen und geschlechtsspezifischen Status sowie mit dem unterschiedlichen Status der anderen zurechtkommen."[5]

Einige Exegeten meinen, dass diese Unterschiede im Eschaton endgültig aufgehoben sein würden, doch die biblischen Bilder des kommenden Zeitalters enthalten immer noch einige solcher Unterscheidungen, vor allem die Pilgerfahrt der Völker zum Messias in der Stadt Jerusalem (Mich 4,1–8; Offb 21,22–27). Selbst wenn Jesus die Auferstandenen als diejenigen beschreibt, die „weder heiraten noch sich verheiraten lassen", geht dieser doppelte Ausdruck von einer weiterhin bestehenden Unterscheidung zwischen Mann und

---

sind – und nicht nur waren." R. Kendall SOULEN, *They are Israelites: The Priority of the Present Tense for Jewish-Christian Relations*, in: Florian WILK – J. Ross WAGNER – Frank SCHLERITT (Hg.), *Between Gospel and Election: explorations in the interpretation of Romans 9–11* (WUNT 257), Tübingen 2010, 497–504, hier 502 (Hervorhebung im Original). Dieser Artikel bezieht sich auf Kapitel 7 von R. Kendall SOULEN, *Irrevocable: The Name of God and the Unity of the Christian Bible*, Minneapolis, MN 2022, 135–144.
[5] Troy W. MARTIN, *The Covenant of Circumcision (Genesis 17:9–14) and the Situational Antitheses in Galatians 3:28*, in: JBL 122 (2003) 111–125, hier 121.

Frau aus. Der Grund dafür, dass in diesem Zeitalter nicht geheiratet wird, liegt nicht in der Abschaffung der Geschlechtsunterschiede, sondern darin, dass „sie nicht mehr sterben können" und sich daher nicht mehr fortpflanzen müssen (Lk 20,34–36). Weit davon entfernt, die ethnische Identität als überholt abzutun, bezeichnet Paulus die körperlichen und gesellschaftlichen Merkmale des Gläubigen als „Gabe Gottes", weshalb er anweist: „Im Übrigen soll jeder so leben, wie der Herr es ihm zugemessen, wie Gottes Ruf ihn getroffen hat" (1 Kor 7,7.17–27). Dies gilt besonders für die Unterscheidung zwischen Juden und Nicht-Juden in Bezug auf die Beschneidung, auch unter Gläubigen (1 Kor 7,18).[6] So war Paulus bereit, öffentlich den bleibenden Wert der Beschneidung, der Torah und der Überlieferungen der Ältesten für jüdische Gläubige zu bekräftigen (Apg 16,1–3; 21,21.24), solange diese Ausdrucksformen jüdischer Identität die Tischgemeinschaft mit nicht-jüdischen Gläubigen nicht beeinträchtigten (Gal 2,11–14). Inwieweit nicht-jüdische Ethnien ebenso berücksichtigt werden sollten, hängt von Unterordnung unter den Messias und praktischer Einheit innerhalb des Leibes ab (Röm 15,10).[7]

In seinem eigenen Bestreben, die gemeinschaftliche jüdische Identität zu betonen, hat Kinzer angedeutet, dass dem lukanischen Doppelwerk zufolge die ethnischen Merkmale für die jüdischen Gläubigen besonders wichtig sind, während die Nicht-Juden nur als Einzelpersonen angesprochen werden: „Es wird keine ‚gemeinschaftliche' nicht-jüdische Antwort von jedem der ‚Völker' gesucht oder verlangt."[8] In der Predigt des Paulus in Athen, einer von zwei nieder-

---

[6] Paula FREDRIKSEN, *Paul, the Pagans' Apostle*, New Haven 2017, 113–117, s. auch 73–89.

[7] Paulus versuchte, die Grenzen dessen zu definieren, was als Ausdrucksform nicht-jüdischer Identität im Messias akzeptabel sei (1 Kor 5,1; 12,2; 1 Thess 4,3), wie von Caroline Johnson HODGE untersucht wurde: *The Question of Identity, Gentiles as Gentiles – but also Not – in Pauline Communities*, in: Mark D. NANOS – Magnus ZETTERHOLM (Hg.), *Paul Within Judaism: Restoring the First-Century Context to the Apostle*, Minneapolis 2015, 153–173, hier 156, 164–167.

[8] Mark S. KINZER, *Jerusalem Crucified, Jerusalem Risen: The Resurrected Messiah, the Jewish People, and the Land of Promise*, Eugene 2018, 140f. Ähnlich Paula FREDRIKSEN, *Paul* (s. Anm. 6), 114: „Paulus hält […] die Unterscheidung zwischen Israel und den Völkern aufrecht, […] [aber er] hebt die Unterscheidungen zwischen den ‚Völkern' selbst und unter ihnen auf." Dabei zitiert er Rosen-Zvi und Ophirs Artikel von 2011 and 2015. Hodge zeigt ganz gegenteilig auf:

geschriebenen Reden in der Apostelgeschichte vor einer nicht-jüdischen Zuhörerschaft[9], betont dieser allerdings, dass der Schöpfer mit Absicht „aus einem einzigen Menschen das ganze Menschengeschlecht erschaffen (hat), damit es die ganze Erde bewohne. Er hat für sie bestimmte Zeiten und die Grenzen ihrer Wohnsitze festgesetzt" (Apg 17,26). Jedes Volk hat eine eigene, von Gott gegebene Identität, „geschaffen" und erhalten von dem Gott ihres „einen" Vaters Noah, und zwar zu dem ausdrücklichen Zweck, dass sie gemeinsam ihren Schöpfer „suchen" und „finden", um eine einzigartige Beziehung zu ihm zu haben. Das Gleiche impliziert in Eph 1,12–14 die Parallele zwischen „uns", den jüdischen Gläubigen, und „euch", den Gläubigen aus den Völker, von denen jeder den Heiligen Geist als Unterpfand des „Erbes" und des „Eigentums" im kommenden Zeitalter empfängt. Mit diesen Worten assoziiert ein jüdisches Publikum unausweichlich das verheißene Land, und analog auch für andere Völker ihr eigenes Land durch den Messias, wie es die Propheten erwarteten (Mi 4,3 f.; Sach 8,20–23; 14,16 f.).[10] Die Einbeziehung der gläubigen Völker in das verheißene Erbe Abrahams als „Erben der Welt" (Röm 4,13.16) erfolgt daher jeweils in ihrem eigenen ethnischen Gebiet, dessen Grenzen vom Messias festgelegt werden (vgl. Jes 2,4; 16,4 f.; 19,19–24).[11]

Wenn wir dies auf die Frage der Ökumene anwenden, müssen wir folglich fragen, wie die Vielzahl der institutionellen Kirchen ihre lokalen Ausdrucksformen im Sinne der biblischen Vision der „Vollzahl der Heiden" (vgl. Röm 11,25) neu verstehen können, in

---

„[…] die totalisierende Sprache (des Paulus) ent-ethnisiert diese Völker nicht, sondern konstruiert und betont strategisch eine bestimmte Facette ihrer Identität, nämlich die Tatsache, dass sie keine Juden sind" (*If Sons, Then Heirs* [s. Anm. 1], 49).

[9] Mark S. KINZER, *Jerusalem Crucified* (s. Anm. 8), 130 f.
[10] Das göttliche „Erbe" in Eph 1,18 vermittelt die andere Dimension des Begriffs, die auch in Dtn 32,8 f. zum Ausdruck kommt. Darüber hinaus schließt „Hoheit und Gewalt, Macht und Herrschaft" (Eph 1,21; vgl. 3,10; 6,12 – „Weltherrscher") die gegenwärtigen regionalen Autoritäten ein (vgl. Kol 1,16), deren Bereiche von der multinationalen *ekklesia* „in den kommenden Zeiten" (2,7) geerbt werden sollen. Vgl. Ernst R. WENDLAND, *Contextualising the potentates, principalities and powers in the Epistle to the Ephesians*, Neot 33 (1999) 199–223, hier 201, Anm. 5; 218.
[11] Vgl. Denys N. MCDONALD, *„Ex-Pagan Pagans?" Paul, Philo, and Gentile Ethnic Reconfiguration*, in: JSNT 45 (2022), 23–50, hier 34 f.

der Erkenntnis, dass alle Strukturen, die auf dem ursprünglichen Fundament aufgebaut sind, bei der Parusie durch dasselbe Feuer geprüft werden (1 Kor 3,10–13). Die neutestamentlichen Briefe richten sich an Gemeinden, die eher durch ihre Stadt oder Region definiert sind (1 Kor 1,2) als durch ihr spezifisches theologisches Erbe (1 Kor 1,10–13). Möglicherweise sind „Völker" und ähnliche ethnosprachliche Begriffe immer noch der von Gott gewollte Ausdruck der Vielfalt innerhalb des eschatologischen Leibes des Messias, auf den wir in unseren Bemühungen um kirchliche Einheit in Vielfalt hinarbeiten sollten (Offb 5,9 f.; 7,9 f.).

Zweitens kann bzgl. der Idee einer sakramentalen oder repräsentativen Funktion, die auf die „Vollzahl der Heiden" hinweist, davon ausgegangen werden, dass dies Israel als Ganzem zukommt, nicht nur den jüdischen Jesusgläubigen. Dtn 32,8 scheint Gottes Aufteilung der Menschheit in siebzig Völker beim Turmbau zu Babel (Gen 10; 11,1–9) als prophetische Vorbereitung auf die repräsentative und erlösende Rolle Israels zu interpretieren.[12] Jakob hatte siebzig direkte Nachkommen, als Gott ihn aus dem verheißenen Land nach Ägypten führte und ihn *de facto* „zu den Völkern" schickte (Gen 46,4.8–27). Dies findet seinen Widerhall in der Prophezeiung Sacharjas, dass „zehn Männer aus allen Sprachen der Völker einen jüdischen Mann beim Zipfel seines Gewandes ergreifen werden", um zum Herrn nach Jerusalem hinaufzuziehen (Sach 8,23; vgl. 8,13). Israel wies also in seiner ursprünglichen Formation auf Gottes Bestimmung für alle Völker hin, und es hat weiterhin diese sakramentale Rolle als Gottes auserwähltes Mittel der Gnade für alle Völker inne. Doch diese Rolle findet nur ihre Erfüllung durch die Erlösung Israels, weshalb sich Paulus als erlöster Jude mit dem missionarischen Ruf an sein Volk zu erkennen gab (Apg 13,45–47). Wenn die jüdischen Jesusgläubigen ein „Rest" sind, der stellvertretend für die Berufung seines Volkes steht, kann der gläubige Rest eines jeden nicht-jüdischen Volkes ebenfalls die Bestimmung seines eigenen Volkes verkörpern und erfüllen, indem er bei der *Aliyah* (wörtl. „Aufstieg"; Heimkehr von Juden aus der Diaspora nach Israel) hilft

---

[12] Die masoretische Variante von Dtn 32,8, „Söhne Israels", entspricht wohl sinngemäß der Lesart „Söhne Gottes" an dieser Stelle in den Schriftrollen vom Toten Meer (4QDtj; vgl. 32,5 f., 19–20), welche der Übersetzung „Engel" in der Septuaginta zugrunde liegt.

(Jes 11,10–12; 49,22 f.; 66,18–20) und so „das Gewand eines Juden ergreift", der nach Jerusalem zurückkehrt.[13]

Die Frage nach der sakramentalen oder repräsentativen Funktion der Kirche kann also in ihren Bestandteilen gesehen werden – und nicht nur in der gegenseitigen Bedeutung von Kirche und Israel füreinander, wie Kinzer dies untersucht hat.[14] Die jüdischen Jesusgläubigen sind sowohl der „Rest" Israels als auch die Erstlinge der Erlösung ihres Volkes (Röm 11,16; Eph 1,12; Jak 1,18; Offb 14,4),[15] und ihre gegenwärtige repräsentative Rolle in Schwachheit und Unehre wird, wie jene ihres Herrn, in Autorität und Ehre umgewandelt werden, wenn er offenbar wird (Mt 19,27–30; Lk 22,28–30).[16] Nichtjüdische Gläubige fungieren in genau derselben Weise in Bezug auf ihre eigenen Völker als Erstlinge (vgl. z. B. 2 Thess 2,13; Röm 16,5; 1 Kor 16,15), welche die Verheißung in sich tragen, dass auch sie als königliche Priester auf der Erde herrschen werden (Offb 5,9 f.; 20,4–6), jeder für sein jeweiliges Volk. Auf diese Weise wird die Kirche in ihrer Fülle die gesamte Menschheit vor dem Thron in einer sakramentalen und fürbittenden Funktion vertreten und ihre ganze Vielfalt vereinen und vollenden (Offb 7,4–10; 1 Kor 6,2; Eph 3,10).[17]

---

[13] Die Geldsammlung des Paulus unter den Gemeinden der Völker (vgl. Röm 15,25–28; 2 Kor 8–9 usw.) würde eine entsprechende eschatologische Erfüllung von Schriftstellen wie Jes 60,5.11 darstellen.
[14] Mark S. KINZER, *Searching Her Own Mystery:* Nostra Aetate, *the Jewish People and the Identity of the Church*, Eugene 2015, 168–170.
[15] Dan G. JOHNSON, *The Structure and Meaning of Romans 11*, in: CBQ 46 (1984), 91–103, hier 98 f.
[16] Vgl. David L. TURNER, *His Glorious Throne: Israel and the Gentiles in Mission and Judgment in the Gospel of Matthew*, in: Anders RUNESSON – Daniel M. GURTNER (Hg.), *Matthew Within Judaism: Israel and the Nations in the First Gospel* (ECIL 27), Atlanta 2020, 135–168, insbes. 149–153. Angesichts der Parallelen zwischen der Sendung zu den Stämmen Israels und zu den Völkern (Mt 10,5 f.; 28,19 f.), sowie zwischen dem Gericht über Israel und jenem über alle Völker nach der Inthronisation des Menschensohnes (Mt 19,28; 25,31–46), beide analysiert in Turners Artikel (158–165), liegt es nahe, auch zwischen der Herrschaft der zwölf Jünger und der „Inbesitznahme des Königtums" durch die Gerechten unter den Völkern (Mt 19,28; 25,34) bewusste Parallelen in Mt zu sehen.
[17] Anders J. Albert HARRILL, *Ethnic Fluidity in Ephesians*, NTS 60 (2014) 379–402, der in der Ekklesiologie der „einen neuen Menschheit" im Epheserbrief einen Fall der römischen Standardmethode zur Schaffung einer neuen gemischten (transnationalen) Ethnizität sieht. Im Gegenteil: Obwohl die Gläubigen aus den Völkern aufgefordert werden, anders zu denken und zu handeln als ihre

Wenn Ursula Schuhmacher schließlich von der „apostolischen" Natur der Kirche, der vierten *nota ecclesiae*, spricht, betont sie zu Recht den jüdischen Charakter der ursprünglichen apostolischen Dimension der Kirche, da die zwölf Apostel die zwölf Stämme Israels repräsentieren sollten. Sie wirft dann die Frage nach einer davon unterschiedenen, geistgeleiteten völkerchristlichen Apostolizität in der Kirche aus den Völkern auf, warnt aber vor einem latenten Substitutionsgedanken, wenn nicht auch die Kontinuität mit dem grundlegenden und bleibenden jüdischen Charakter der Apostolizität anerkannt wird. Um dies zu untermauern, lohnt es sich meiner Ansicht nach zu betrachten, wie das Lukasevangelium die Zwölf (Lk 6,13; 9,1) und die Siebzig (Lk 10,1) gegenüberstellt. Beide Gruppen sind in der Symbolik ihrer Anzahl „gesandt" als Vertreter des erlösten Volkes Israel (vgl. Ex 1,2–5), „Apostel" des Herrn, um seine Erlösung zunächst den Stämmen Israels und dann allen siebzig Völkern zu bringen, „in alle Städte und Ortschaften, in die er selbst gehen wollte" (Lk 10,1; Jes 49,3.5 f.).[18] Schon vor der einzigartigen Berufung des Paulus als „Völkerapostel" repräsentierten die Siebzig die gemeinsame Berufung Israels, zu den Völkern zu gehen (Mt 28,19). Daher kann kein Volk der *ecclesia ex gentibus* für sich in Anspruch nehmen, den Segen des Evangeliums unvermittelt und direkt von Jesus, dem „Apostel und Hohepriester unseres Bekenntnisses" (Hebr 3,1), empfangen zu haben. Die Apostel Israels wurden in seinem Auftrag ausgesandt und mit Recht „mit den Worten Gottes betraut" (Röm 3,2), so dass jedes Volk dem jüdischen Volk individuell dafür zu Dank verpflichtet ist, dass es seinen geistlichen Reichtum mit der Welt teilt (vgl. Röm 15,25–27).

Herkunftsgesellschaft (vgl. Eph 4,17–19), bleiben sie doch solche „aus den Völkern" (Eph 2,11; 3,1.6). In Eph 4,8 steht für den Akt der gemeinsamen Grundlegung der Kirche (vgl. Eph 2,20; 4,11) das Bild des siegreichen göttlichen Königs, der in einer Prozession zunächst die israelitischen Stämme und dann die Herrscher aller anderen Völker anführt (vgl. Ps 68,18.24–32).

[18] Theoretisch könnte man die Siebzig so interpretieren, dass sie die verstreuten Kinder Israels unter allen siebzig Völkern bezeichnen, die vom Messias gesammelt werden sollen (Joh 7,33–35; 10,16 [= Ez 37,22–24]; 11,51 f.; 12,20–23), und nicht die Völker selbst (vgl. Apg 11,19). Da aber die Sammlung der Verbannten Israels nicht nur mit der Sammlung aller Völker einhergeht, sondern auch durch sie bewirkt wird (vgl. Jes 56,8; 65,18–20), hat der Messias selbst vermutlich beides gemeint.

Daher ist es richtig, die Kirche/*ekklesia* kollektiv als das „eschatologische Volk Gottes" zu betrachten, aber nur in ihrer endzeitlichen Fülle, wenn sowohl „die Fülle der Völker" als auch „ganz Israel" eingeschlossen sind (Röm 11,25 f.). Einerseits wird die *ekklesia* aus allen Völkern „eingepfropft", um an der göttlichen Erwählung Israels als „Volk Gottes" teilzuhaben (1 Petr 2,10). Andererseits erfüllt die *ekklesia* aus Israel ihre ursprüngliche Bestimmung nur dadurch, dass sie allen Völkern das Heil bringt (vgl. Röm 11,30–32), die ihrerseits ebenfalls zum „Volk Gottes" werden (Jes 19,23–25).

Mit dieser kurzen Bewertung und Weiterführung einiger Vorschläge aus dem Beitrag von Ursula Schumacher für eine Ekklesiologie der *ecclesia ex gentibus* möchte ich vor allem die Qualität ihrer eigenen Überlegungen zur Bedeutung der *ecclesia ex circumcisione* für die christliche Theologie anerkennen.

Aus dem Englischen übersetzt von Johannes Cornides und Martin Rösch.

Wiederherstellung der *ecclesia ex circumcisione*?

Antoine Lévy OP

Was für einen Unterschied ein Fragezeichen macht! Ich wurde gebeten, über die Wiederherstellung der *ecclesia ex circumcisione* zu schreiben. Meine einzige Bitte war, ein Fragezeichen an das Ende des Titels meines Beitrags zu setzen. In der Tat ist es alles andere als selbstverständlich, dass diese Formulierung Sinn macht. Um über die Wiederherstellung einer Größe sprechen zu können, muss man nicht nur sicher sein zu wissen, über welche Entität man spricht; man muss auch sicher sein, dass eine solche Größe zu irgendeinem Zeitpunkt existiert hat.

Bekanntlich findet man den Ausdruck *ecclesia ex circumcisione* auf einem Mosaik aus dem frühen 5. Jahrhundert in der Basilika Santa Sabina in Rom. Sie wird als verschleierte Frau mit einem Buch in der Hand personifiziert, eine Darstellung, die symmetrisch einer anderen Frau gegenübergestellt wird, die ebenfalls ein Buch hält und die Insignien einer römischen Matrone trägt. Letztere wird im Folgenden als *ecclesia ex gentibus* bezeichnet. Beide Figuren sind Teil einer Widmungsinschrift, die an einen Priester namens Petrus von Illyrien, den Gründer von Santa Sabina, erinnert.

Bild: Antoine Lévy

Offensichtlich erinnern die beiden *ecclesiae* an die beiden Quellen, aus denen die eine Kirche Christi hervorgegangen ist. Dennoch handelt es sich um eine Komposition der sakralen Kunst des 5. Jahrhunderts. Daher ist die Frage berechtigt, ob diese spätantike künstlerische Darstellung wirklich von einer ursprünglichen – wenn auch verlorenen – kirchlichen Einheit spricht, die wiederhergestellt werden müsste, damit die Kirche ihrer Identität und Berufung treu bleiben kann. Meines Erachtens ist hier sowohl begriffliche als auch historische Präzision von entscheidender Bedeutung. Ich möchte die folgenden Überlegungen damit beginnen, einige Bedeutungen des Wortes „Wiederherstellung" aufzulisten, und dabei die theologischen Bezüge, mit denen diese Bedeutungen korrelieren, im Blick behalten. Dann werde ich das historische Substrat der *ecclesia ex circumcisione* untersuchen. Schließlich werde ich mich bemühen, eine neue Lesart der Botschaft des Mosaiks von Santa Sabina vorzuschlagen.

1. Wiederherstellung – welche Wiederherstellung?

Wenn ich mich auf das *Oxford English Dictionary* (OED) beziehe, bin ich geneigt, dem Begriff der Wiederherstellung drei Hauptbedeutungen zuzuschreiben. Lassen Sie mich diese kurz erläutern.

Die erste ist diejenige, die uns in den Sinn kommt, wenn wir ein Syntagma wie „die Wiederherstellung der *ecclesia ex circumcisione*" hören. Ich zitiere das OED: Die „Wiederherstellung eines früheren Zustands oder einer früheren Stellung; die Tatsache, dass eine Person zurückgebracht oder wieder eingesetzt wird".[1] Man kann sagen, dass diese Bedeutung auch die „Rückgabe von etwas Verlorenem oder Gestohlenem" einschließt. In der hebräischen Bibel werden beide Handlungen mit demselben wichtigen Verb *lehashiv* ausgedrückt. In Jer 16,15 heißt es zum Beispiel: *So wahr der Herr lebt, der die Söhne Israels aus dem Land des Nordens und aus allen Ländern, in die er sie verbannt hat, heraufgeführt hat. Denn ich will sie wieder in ihr Land bringen*[2], *das ich ihren Vätern gegeben habe*. Gott selbst wird das Volk in das Land zurückführen, das Abraham versprochen wurde. In Gen 20 spricht Gott im Traum zu Abimelech, dem König von Gerar, der Abrahams Frau mit sich genommen hat: *So gib nun dem Manne sein Weib wieder*[3], *denn er ist ein Prophet, und er wird für dich*

---

[1] *Oxford English Dictionary* online (https://public.oed.com/about/), s. v. „restoration": „The action of restoring a person to a former state or position; the fact of being restored or reinstated".
[2] עַל־אַדְמָתָם וַהֲשִׁבֹתִים; Vulgata: *reducam eos in terram suam*.
[3] הָשֵׁב אֵשֶׁת־הָאִישׁ, Vulg.: *redde uxorem viro suo*.

beten, und du wirst leben. Was wir vor Augen haben, ist ein konkreter Punkt in Raum und Zeit, zu dem wir zurückkehren wollen. In der Sprache, die wir sprechen, kann dieser Punkt mit einer bestimmten sozialen Ordnung identifiziert werden. Wie wir im OED nachlesen können, bezeichnet „die Wiederherstellung" („*the* restauration") als selbsterklärendes Substantiv die Wiederherstellung der Monarchie in England mit der Rückkehr Karls II. im Jahr 1660 und in Frankreich die der Bourbonen im Jahr 1814. In der protestantischen Welt entwickelte sich mit der lehrmäßigen Konstellation, die als „Restaurationismus" bezeichnet wird, ein ähnliches Muster. Die klassische Reformation begnügt sich damit, die Kirche wieder auf die Beine zu stellen, was sie mit einem gesunden christlichen Glauben identifiziert. Der Restaurationismus hingegen – eine geistliche Haltung, die bei den frühen Täufern und in verschiedenen Formen bei den Pfingstlern und Mormonen zu finden ist – stellt die ursprüngliche apostolische Kirche als ekklesiologisches Modell und Ideal vor. Um den gegenwärtigen Zustand des Verfalls der Kirche zu beheben, sollten wahre Christen danach streben, die erste apostolische Gemeinschaft wiederzuentdecken und ihre Lebensweise nachzuahmen.

Die zweite Hauptbedeutung von „Wiederherstellung", die man im OED findet, hat mit medizinischer Kunst zu tun, zunächst in einem technischen, dann in einem viel weiteren Sinne: die „Rückführung eines Bruchs oder einer Verrenkung, anatomische Wiederherstellung", also die „Wiederherstellung der Gesundheit, des Bewusstseins oder der Vitalität einer Person bzw. der körperlichen Kraft". Hier findet in der hebräischen Bibel ein völliger Wechsel des semantischen Registers statt, wahrscheinlich weil es bei der Handlung nicht mehr darum geht, von der Gegenwart zu einem Punkt in der Vergangenheit zurückzukehren, sondern darum, dass ein Punkt in der Vergangenheit irgendwie im gegenwärtigen Kontext wieder auftaucht. Wie dem auch sei, es ist ein Substantiv, *arukha*, das diese Bedeutung im Hebräischen ausdrückt. In Jer 30,17 heißt es: *Denn ich will dich gesund machen*[4], *und ich will dich von deinen Wunden heilen, spricht der Herr.* Das gleiche semantische Register findet man in Passagen des Neuen Testaments, die von Jesu Wunderheilungen berichten. Als Jesus zum Beispiel in Mk 3,5 den Mann mit der vertrockneten Hand heilt, liest man: *Und er [...] sagte zu dem Mann: Streck*

---

[4] כִּי אַעֲלֶה אֲרֻכָה לָךְ, *obducam enim cicatricem tibi.*

Wiederherstellung der *ecclesia ex circumcisione*?

deine Hand aus! Er streckte sie aus und seine Hand wurde wiederhergestellt.[5] Ich werde auf das griechische Verb zurückkommen, das hier verwendet wird, ἀποκαθίστημι, wörtlich „wiederherstellen oder wieder in den früheren Stand setzen".

Mit dieser zweiten Bedeutung würde ich eine weitere, sozusagen „technische" Bedeutung von Wiederherstellung verbinden. Hier verlagert sich der Gebrauch des Wortes einfach vom Bereich der Medizin auf den der Bautechnik. So wie ein Arzt Organe wiederherstellt, so stellt ein Baumeister Häuser oder Mauern wieder her, die beschädigt wurden. Das OED spricht von „dem Vorgang des Wiederaufbaus oder der Rekonstruktion; dem Prozess der Durchführung von Änderungen und Reparaturen mit dem Ziel, ein Gebäude in seiner ursprünglichen Form wiederherzustellen [...]". In der hebräischen Bibel ist es das gleiche Substantiv, *arukha*, das diese Bedeutung von Wiederherstellung wiedergibt. Es erinnert unmittelbar an die Wiederherstellung des Tempels nach dem Babylonischen Exil, z.B. 2 Chr 24,13: [...] *die Handwerker arbeiteten, und das Ausbesserungswerk ging unter ihren Händen voran*[6], *und sie bauten das Haus Gottes nach seinen Angaben wieder auf und stärkten es.* Die gleiche Formel wird Neh 4,1 auf die Erneuerung der Mauern Jerusalems angewandt, als die persischen Beamten hörten, dass die Brüche in der Mauer geschlossen wurden.[7] Dieses Verständnis von Wiederherstellung als Ausbesserung der Schäden, die dem Tempel oder den Mauern der Stadt zugefügt wurden, findet ein bemerkenswertes Echo in der jüdischen Tradition, vor allem in der lurianischen *Kabbalah*. Ich denke dabei an den Begriff *tikkun olam*, die Aufgabe, die Risse zu reparieren, die auf Gottes ursprünglichen Schöpfungsakt folgten. Man könnte sagen, dass *tikkun olam* das Prinzip ist, das der gesamten Sphäre der *mitzvot* oder religiösen Rituale im Judentum Sinn und Zweck verleiht.

Kommen wir schließlich zur dritten Bedeutung von „Wiederherstellung". Das OED spricht recht vage von „Wiederherstellung, Rückgabe, Erneuerung". Die Wahrheit ist, dass keine Definition diese Bedeutung des Wortes „Wiederherstellung" leicht erfassen kann. Diese

---

[5] ἀποκατεστάθη ἡ χείρ αὐτοῦ, *restituta est manus illi.*
[6] וַתַּעַל אֲרוּכָה לַמְּלָאכָה בְּיָדָם, *obducebatur parietum cicatrix per manus eorum.*
[7] כִּי־עָלְתָה אֲרוּכָה לְחֹמוֹת יְרוּשָׁלִָם, Vulgata: *quod obducta esset cicatrix muri Hierusalem.*

Verwendung bezieht sich auf den Begriff *apokatastasis*, den wir bereits erwähnt haben. Für die Stoiker bezeichnete *apokatastasis* einen radikalen Neubeginn der Dinge nach einem allgemeinen Weltenbrand, in einer endlosen Reihe von kosmischen Zyklen. Abgesehen von diesem vornietzscheanischen Konzept der ewigen Wiederkehr begegnet man genau dieser Vorstellung eines radikalen Neuanfangs im Neuen Testament. In Mt 17,11 verkündet Jesus: *Elia kommt und wird alles wiederherstellen* (Ἡλίας μὲν ἔρχεται πρῶτον, καὶ ἀποκαταστήσει πάντα). Auch in der Apostelgeschichte wird *apokatastasis* eindeutig mit dem Ende der Geschichte gleichgesetzt. Petrus fordert seine jüdischen Mitbürger zur Umkehr auf, damit Gott *Jesus sendet, den für euch bestimmten Christus, den der Himmel aufnehmen muss, bis zur Zeit der Wiederherstellung aller Dinge* (ἄχρι χρόνων ἀποκαταστάσεως πάντων), *von der Gott durch den Mund seiner heiligen Propheten von alters her geredet hat* (Apg 3,21). Bekanntlich wurde *apokatastasis* als spezifische Lehre über das Ende der Zeit später mit den angeblichen Ansichten des Origenes über die universelle Erlösung, einschließlich der Erlösung der Dämonen, in Verbindung gebracht. Diese Lehre wurde auf dem zweiten Konzil von Konstantinopel im Jahr 553 formell verurteilt.

Nachdem wir nun die verschiedenen Bedeutungen von „Wiederherstellung" mehr oder weniger geklärt haben, können wir untersuchen, welche dieser Bedeutungen – wenn überhaupt – mit dem Begriff der *ecclesia ex circumcisione* in Verbindung gebracht werden könnten oder sollten. Dazu müssen wir zunächst die Gestalt der Kirche in der apostolischen Zeit untersuchen.

2. Das Heil kommt von den Juden *(Joh 4,22):*
ekklesiologische Implikationen

Bevor man der Tatsache, dass die Kirche von einem Juden und seinen jüdischen Jüngern gegründet wurde, irgendeine theologische Bedeutung beimisst, muss man betonen, dass es sich dabei um eine historische Tatsache handelt, ebenso wie bei der Beteiligung einer relativ großen Zahl von so genannten Juden an den ersten Jüngergemeinschaften Jesu. Die Frage, die wir hier stellen, ist, ob diese Fakten es rechtfertigen, von der frühen Existenz einer *ecclesia ex circumcisione* zu sprechen. Wir wissen bereits, dass diese *ecclesia ex cir-*

cumcisione, falls sie jemals existierte, niemals mit der einzig wahren Kirche identisch gewesen sein kann. Natürlich waren die Jünger vor dem Beschluss des Konzils von Jerusalem, Nicht-Juden gleichberechtigt mit den Juden aufzunehmen (vgl. Apg 15), Juden, und diese Juden bildeten die eine und einzige Kirche. Doch bildeten diese Juden die eine und einzige Kirche, weil sie Juden waren, oder weil sie Jünger Jesu waren? Dass letzteres zutrifft, wurde mit dem Beschluss des Konzils von Jerusalem deutlich. Nach diesem Beschluss wurde das Kriterium für die Mitgliedschaft in der einen und wahren Kirche mit der Nachfolge durch den Glauben, im Gegensatz zur ethnischen Zugehörigkeit, identifiziert. Doch haben die jüdischen Jünger innerhalb dieser einen und wahren Kirche jemals eine Untereinheit gebildet, die man als *ecclesia ex circumcisione* bezeichnen könnte, so wie wir heute von einer lateinischen Kirche oder einer melkitischen Kirche innerhalb der katholischen Kirche sprechen?

Die ursprüngliche Gemeinschaft der Jünger in Jerusalem, die mit der Leitung von Jakobus, dem Bruder Jesu, verbunden war, ist oft als Ur- und Vorbild einer *ecclesia ex circumcisione* angesehen worden. Zweifelsohne hatte diese Gemeinschaft in der frühen Kirche eine besondere Stellung. Die *Säulen der Kirche* waren dort angesiedelt, wie Paulus in seinem Brief an die Galater erinnert (Gal 2,9). Doch mit der Gruppe der Apostel war mehr verbunden als nur das Dienstalter. Es ist sicher kein Zufall, dass die Apostel Juden waren und dass die Jakobusgemeinde in Jerusalem gegründet wurde. Die Gemeinde in Jerusalem legte Zeugnis ab von den Wurzeln der ganzen Kirche, d. h. von der Erfüllung der Verheißungen an Abraham und damit von dem lebendigen Erbe der Geschichte Israels. Die Aufnahme von Nicht-Juden in die Kirche konnte die Berufung der Jakobusgemeinde nur verstärken, als autorisierte Vermittlerin zwischen der in alle Welt getragenen Heilsbotschaft und dem zwei Jahrtausende alten jüdischen Schoß zu dienen, aus dem sie geboren wurde.

Es ist hinreichend belegt, dass die Jakobusgemeinde trotz der Kluft, die durch die immer massivere Ablehnung der Messias-Würde Jesu im jüdischen Volk entstanden war, mit dem fortbestehenden Leben des jüdischen Volkes verbunden war. Ethnisch gesehen muss die Gemeinde aufgrund der Zusammensetzung der örtlichen Bevölkerung weiterhin überwiegend jüdisch gewesen sein. Dies gilt auch in religiöser Hinsicht. Die Apostelgeschichte berichtet von häufigen Besuchen des Tempels durch die Jünger (Apg 5,12). Hegesippus schildert Jakobus als einen durch und durch Torah-observanten Juden. Doch machten diese ethnischen und religiösen Bindungen an das jüdische Volk die Gemeinschaft des Jakobus zu einer Kirche in der Kirche, zu einer kirchlichen Einheit, die sich von Natur aus von allen anderen kirchlichen Einheiten innerhalb der universalen Kirche unterscheiden würde? Heutzutage gründen die so genannten *ecclesiae sui juris* ihre Mitgliedschaft auf die Zustimmung zu bestimmten Bräuchen, Riten und Praktiken. Was jedoch eine *ecclesia ex circumcisione* ausmacht – was eine Kirche sozusagen jüdisch macht –, kann niemals etwas anderes sein als das Jüdisch-Sein selbst oder die göttliche Erwählung einer bestimmten Nation unter allen Völkern der Erde. Mit welcher Begründung hätte nun die Kirchengemeinschaft, welche die entscheidende Gleichheit von jüdischen und nicht-jüdischen Jüngern Christi verkündet hatte, nicht-jüdische Jünger daran hindern können, sich ihr anzuschließen? Oder wie hätte sie von diesen Nicht-Juden die Konversion verlangen können, nachdem sie bekräftigt hatte, dass sie als Nicht-Juden Teil der Kirche waren? Wie hoch auch immer der Prozentsatz der Juden in der Jerusalemer Gemeinde sein mag, die formale Aufnahme nicht-jüdischer Mitglieder *qua* Nicht-Juden hätte sie *ipso facto* zu einem standardisierten lokalen Segment der Universalkirche gemacht – was sie wahrscheinlich auch tat –, welches später als Diözese bezeichnet wurde.

Ich persönlich glaube nicht an die strukturelle „Andersartigkeit" der Kirche des Jakobus, eine „Andersartigkeit" innerhalb der Weltkirche, die die Kehrseite einer fast nahtlosen Kontinuität mit den religiösen Institutionen Israels gewesen wäre. Jakobus war zwar der so genannte „Bruder Christi". Aber das hätte ihn kaum zu einem Priester im jüdischen Sinne des Wortes gemacht, da Jesus selbst kein *kohen* war. Eine *metathesis*, eine radikale Veränderung, die das Wesen des Priestertums betrifft und mit dem Glauben an Jesus einhergeht (Hebr 7,12), muss in der Gemeinde des Jakobus stattgefunden haben. Es ist kein Zufall, dass der von Hegesippus beschriebene Jakobus, der sich an die Torah hielt, von seinen jüdischen Mitbürgern gesteinigt wurde. Die Jakobus-Gemeinde mag in den Anfängen der Kirche im Zentrum der christlichen Welt gestanden haben, aber sie war immer an der äußersten Peripherie der jüdischen religiösen Orthodoxie angesiedelt.

Es ist nicht schwer, das Dilemma zu verstehen, mit dem die frühe Kirche zu kämpfen hatte. Zwar war man sich allgemein der Bedeutung einer fortdauernden jüdischen Präsenz bewusst, die die Verbindung der Kirche mit dem Erbe Israels aufrechterhalten würde, doch hätte die konkrete Bewahrung dieser jüdischen Präsenz ein gewisses Maß an Trennung zwischen Juden und Nicht-Juden mit sich gebracht, etwas, das die Leitung als unvereinbar mit der von Paulus verfochtenen Einheit des ganzen Leibes Christi ansah – mit diesem großen Geheimnis, demzufolge *die Heiden Miterben sind, zu demselben Leib gehören* (Eph 3,6). Die Unmöglichkeit, dieses Dilemma zu lösen, führte innerhalb weniger Generationen zum Zerfall einer lebendigen jüdischen Präsenz in der Kirche. Da die jüdischen Jünger nicht in der Lage waren, eine eigenständige Lebensform zu bewahren, und dazu ermutigt wurden, sich in eine immer größer werdende Gemeinschaft nicht-jüdischer Jünger einzugliedern, war dieser Zerfall nur ein vorhersehbares Ergebnis der fortdauernden politischen Linie der Leitung.

Dementsprechend ist es – zumindest für mich – klar, dass die „Wiederherstellung" der *ecclesia ex circumcisione* nicht im ersten Sinne des Begriffs verstanden werden kann, nämlich als „Wiedereinsetzung einer Person in eine frühere Stellung". Ein jüdisch-messianischer Restaurationismus in der Linie des täuferischen oder mormonischen Restaurationismus macht weder historisch noch theologisch Sinn. Zu keinem Zeitpunkt in der Vergangenheit, nicht einmal in den Anfängen der Kirche, hat es eine autonome *ecclesia ex circumcisione* gegeben, die formell und institutionell definiert war, sei es in Bezug auf Raum, Zeit, Praxis oder Gesetze. Es hat keinen Sinn, die Kirche zu beschuldigen, etwas vergessen zu haben, das nie existiert hat, und ebenso wenig, für die Wiederherstellung einer Art von Gemeinschaft einzutreten, die sich nie zu einer Kirche herauskristallisiert hat, weil sie von Anfang an zum Zerfall verurteilt war.

Wenn nun die erste Bedeutung von „Wiederherstellung", die im OED zu finden ist, nicht zur Bezeichnung der Suche nach einer *ecclesia ex circumcisione* passt, kann dann eine der anderen Bedeutungen, die wir zuvor aufgeführt haben, theologisch sinnvoller sein? Ich glaube ja, und ich möchte dies anhand einer neuen Lesart des Mosaiks von Santa Sabina zeigen.

3. *Apokatastasis* in Santa Sabina

In einem erhellenden Artikel hat Fredric Schlatter – hier lobt ein Dominikaner einen Jesuiten! – gezeigt, dass das auf der Wand von Santa Sabina dargestellte Thema kaum mehr als einen Ursprung haben kann.[8] In seinem Artikel geht es hauptsächlich um ein anderes Mosaik, das in der Apsis von Santa Pudenziana erhalten ist, ein Mosaik, das etwa zehn bis zwanzig Jahre älter ist als das in Santa Sabina. Das Thema der beiden Mosaike ist identisch, obwohl die Inschrift unter den beiden weiblichen Figuren von Santa Sabina in Santa Pudenziana fehlt. In dieser Basilika halten zwei Frauen, die symmetrisch zu beiden Seiten Christi stehen, Lorbeerzweige über den Köpfen der Apostel.

Bild: Antoine Lévy

Man erkennt sofort die Allegorien der beiden Kirchen, von denen die eine aus der Synagoge und die andere aus der nicht-jüdischen Welt stammt. Laut Schlatter war dieses Thema für die damalige Zeit ein Novum – es folgt weder einer etablierten ikonographischen Tradition noch einer nennenswerten patristischen Interpretationslinie. Schlatter findet das Thema jedoch wiederholt in den Kommentaren des Hieronymus zu den Propheten, die nicht lange vor dem Bau von Santa Pudenziana und der Entstehung der Mosaiken in Umlauf waren. Für Hieronymus entstammt die Kirche Christi, d.h. die Kirche seiner Zeit im Gegensatz zu ihrem antiken Vorbild, das er mit dem unbefleckten Glauben Israels in Verbindung bringt, zweierlei Quellen, der Synagoge und dem Heidentum. Er sieht die beiden Kirchen-

---

[8] Fredric W. SCHLATTER SJ, „The Two Women in the Mosaic of Santa Pudenziana", in: *Zeitschrift für frühchristliche Studien*, 3/1 (1995) 1-24.

typen oft, manchmal mit Hilfe akrobatischer Gedankenverbindungen, durch biblische Frauenpaare allegorisch dargestellt: z. B. die beiden Frauen beim Gericht Salomos (Brief 74 an Rufinus), die Prostituierte und die Ehebrecherin, die der Prophet Hosea auf Geheiß Gottes heiraten soll (Hos 2,1-4; 3,1), usw.

Schlatters Erkenntnis folgend glaube ich, die einzige (in seinem Artikel nicht erwähnte) Stelle in Hieronymus' Kommentaren gefunden zu haben, in der die Begriffe *ecclesia ex circumcisione* und *ecclesia ex gentibus* ausdrücklich bestätigt und einander gegenübergestellt werden. In diesem Abschnitt kommentiert Hieronymus die Eingangsworte des Buches Haggai, wo der Prophet berichtet, dass *im zweiten Jahr des Königs Darius, am ersten Tag des sechsten Monats* (Hag 1,1), die Verbannten in Babylon die Nachricht erhielten, dass die Zeit des Wiederaufbaus des Tempels in Jerusalem gekommen war. Hieronymus geht auf die Symbolik der Zahlen ein: Der sechste Monat der Herrschaft des Darius steht für den sechsten Tag der Schöpfung Gottes, während das zweite Jahr für die Zahl zwei steht, welche die Wiederherstellung *(reparatio)* der Welt sowie die *subolis*, die Zeugung eines Kindes durch zwei Elternteile, symbolisiert: „*Materia mundi [...] duplicem numerum diligit*" – die Materie, aus der die Welt besteht, schätzt die Zahl zwei. Hieronymus will betonen, dass der Zeitpunkt des Wiederaufbaus des Tempels unter Darius etwas über die endgültige Wiederherstellung, die *reparatio* am Ende der Weltzeit, wie wir sie kennen, d.h. mit ihrer Abfolge von Generationen, aussagt. Diese kosmische *reparatio* muss unmittelbar vor der *parousia* stattfinden, die Hieronymus implizit mit dem siebten Tag der Schöpfung identifiziert. Indem er mit der Zahl zwei und der Zahl zwölf spielt, betrachtet Hieronymus die Art und Weise, in der die *ecclesia Christi* gebaut wurde oder erbaut ist – das ist die Ambivalenz des lateinischen Perfekts *aedificata est*. Hier stößt man auf die Formel, die an der Wand von Santa Sabina wiederkehrt: *quia tam ex circumcisione quam ex Gentibus, Christi Ecclesia prima quae eversa fuerat, aedificata est* / „da die Urkirche Christi, die umgestürzte, sowohl aus der Beschneidung als auch aus den Heiden wiederaufgebaut [wörtlich: erbaut] wird".[9]

---

[9] HIERONYMUS, *Commentarium in Haggeum*. Patrologia Latina, hg. v. J.-P. Migne, Bd. 25, Sp. 1401 bc.

Für Hieronymus symbolisiert der Wiederaufbau des Tempels unter Darius den historischen Beginn der christlichen Kirche. Mit der Gründung der Kirche hätten die jüdischen und nicht-jüdischen Jünger etwas Ähnliches getan wie die Juden unter Darius: den Tempel Gottes wieder aufgebaut, einen Tempel, diesmal nicht von den Babyloniern verwüstet, sondern von den Juden durch ihre Ablehnung Christi. Darüber hinaus erkennt Hieronymus in dieser Wiederherstellung der *ecclesia Christi* das eschatologische Geschehen, das sich vor der *parousia* entfalten muss, wie dieser sehr kompakte Abschnitt zeigt. Wir haben es also mit drei ineinandergreifenden Ereignisreihen zu tun:

| Die Juden bauten den Tempel unter Darius nach ihrer Rückkehr aus dem Exil wieder auf (Hag 1,1 ff.). | In der apostolischen Zeit bauten Juden und Heiden die Kirche wieder auf, die durch die Untreue der Juden beschädigt worden war. | Gemeinsam werden Juden und Heiden die Kirche Christi wieder in ihren vollkommenen Zustand versetzen, bevor die Parusie eintritt. |

Im Lichte des Kommentars des Hieronymus erhält das ikonographische Programm der Mosaiken in Santa Sabina eine recht plausible Erklärung. Wie die Widmungsinschrift, in die jene eingebettet sind, vermuten lässt, hat diese Begründung eine sehr persönliche Dimension. Einige Gelehrte vermuten, dass die Vorfahren des Petrus von Illyrien jüdisch waren.[10] Andernfalls würde die Bemerkung, dass er „von Kindheit an in den Hallen des Christentums aufgewachsen" sei, wie es in der Inschrift heißt, kaum Sinn machen. Eine These des Hieronymus, der ebenso wie Petrus aus Illyrien stammte, bildet die Grundlage der Inschrift an den Wänden von Santa Sabina, illustriert durch diese Mosaiken, wie um zu sagen: „Seht, wie Hieronymus, der Ruhm meines Landes, dessen Autorität in der ganzen Kirche anerkannt ist, die wahre *ecclesia Christi* wahrnimmt. Diese Kirche stammt von Heiden, aber auch von Juden, die wie ich, sei es auf Grund ihrer Lebensumstände, Jesus als Messias anerkannt haben. Es ist also keine Schande, Priester mit jüdischem Hintergrund zu sein."

---

[10] Siehe z. B. Geri PARLBY, „Images of Conflict: The Art of Anti-Judaism in Fifth Century Rome", in: S. Prickett (Hg.), *The Edinburgh Companion to the Bible and the Arts*, Edinburgh University Press, 2014, 149–160.

Wiederherstellung der *ecclesia ex circumcisione*?

Meines Erachtens vermittelt diese etwas anekdotische Hypothese eine faszinierende theologische Botschaft. Die Passage aus den Schriften des Hieronymus, auf die sich die Inschrift des Petrus bezieht, vereint nämlich zwei der zusätzlichen Bedeutungen des Wortes „Wiederherstellung", die man im OED findet. Zum einen geht es um die Wiederherstellung des Tempels, um das Ausbessern dessen, was beschädigt worden ist. Zweitens gibt es die Vorstellung vom Ende der Zeiten, der endgültigen Wiederherstellung aller Dinge, die mit dem Begriff der *apokatastasis* korreliert. Wenn man also die Mosaiken von Santa Sabina betrachtet, kann man viel mehr als einen historischen Bezug auf einen Punkt in der Vergangenheit erkennen, der mit den ersten Anfängen der Kirche identifiziert wird. Das Mosaik verweist auf die Gegenwart – es gibt immer noch Menschen wie Petrus, Menschen mit jüdischem Hintergrund, die sich der Kirche anschließen, und diese Menschen tragen, gleichberechtigt mit den Nicht-Juden, zur Erbauung des Hauses Gottes bei. Man könnte sagen, dass diese Menschen reparieren, was infolge der jüdischen Ablehnung der Messias-Würde Jesu beschädigt wurde. Sie füllen den „leeren Raum", der das innere Gleichgewicht der Kirche gestört hat. Schließlich weist das Mosaik auf das Ende der Zeiten hin: Es wird eine Zeit kommen, zu der die *ecclesia Christi* in ihrem vollkommenen Zustand wiederhergestellt sein wird. Dieser wird zusammenfallen mit entsprechenden Zuströmen von Juden und Nicht-Juden – dorthin, wo das Herz ihres Miteinanders liegt.

Lassen Sie mich mit einigen Überlegungen zum Wesen dieser apokatastischen Wiederherstellung schließen. Was ich am Begriff der Apokatastasis interessant finde, ist, dass er von einer Rückkehr zum Ursprung erzählt, die sich von einer bloßen Wiederholung grundlegend unterscheidet. Das Ende der Geschichte wird eine Rückkehr zu ihrem Anfang sein, aber wenn diese Rückkehr in einer bloßen Wiederholung des Anfangs bestünde, würde die Geschichte den Sinn und die Bedeutung verlieren, die sie durch die jüdischchristliche Offenbarung erhalten hat. Aus dieser Perspektive kann die Geschichte nicht die ewige Wiederkehr des Gleichen sein, wie in den kosmischen Zyklen, von denen die stoischen Philosophen sprachen. Geschichte ist ein Prozess, der von Punkt A zu Punkt B führt. Die Apokatastasis, die das Ende dieses Prozesses markiert, führt zwar zu dem Punkt zurück, an dem alles begann, aber im Modus eines radikalen Neuanfangs. Reinheit in ihrer authentischsten

Form steht nicht am Anfang der Geschichte, sondern an ihrem Ende – sie bringt nicht die einfache Auslöschung der Sünde mit sich, sondern sie verkündet den endgültigen Sieg Christi über sie.

Eine formell definierte, fest etablierte *ecclesia ex circumcisione* hat es nie gegeben, nicht einmal in den frühesten apostolischen Zeiten. Dennoch war die apostolische Kirche mit der Jakobus-Gemeinde in Jerusalem und dem Vorrang, der der jüdischen Komponente der universalen Kirche eingeräumt wurde, ein Vorbote einer *ecclesia ex circumcisione*. Um nicht gegen ihre eigene Entscheidung zu verstoßen, Nicht-Juden gleichberechtigt mit Juden aufzunehmen, konnte sich die apostolische Kirche nicht dazu durchringen, eine ausschließlich jüdische Körperschaft in ihrer Mitte einzurichten. Ihre Lehre wie auch ihre Geschichte sprechen jedoch von einer universalen Kirche, die sich aufgrund des lebendigen Zeugnisses der jüdischen Jünger Christi ihrer Wurzeln im fortdauernden Leben Israels durch und durch bewusst ist. Die gesamte Entwicklung der katholischen Kirche wie auch der orthodoxen Kirchen im Laufe ihrer fast 2000-jährigen Geschichte zeigt eine starke, zuweilen unbarmherzige Tendenz, diese ursprüngliche, aus der apostolischen Zeit stammende Botschaft zu vergessen. Zwar haben Menschen wie Petrus von Illyrien über die Jahrhunderte hinweg auf mehr oder weniger explizite Weise versucht, die Kirche dazu anzuspornen, sich an diese alte Botschaft zu erinnern. Sie taten, was sie konnten, um die Risse zu beheben, die den Tempel Gottes, diese *prima ecclesia Christi*, wie Hieronymus sie nennen würde, entstellten.

Heute jedoch, rund 80 Jahre nach der Shoah und der Gründung des Staates Israel, steht die Kirche an einem Scheideweg: In der apostolischen Zeit hat die Leitung der Kirche die gigantische Aufgabe übernommen, die revolutionäre Mission, das Erbe Israels für die nicht-jüdische Welt zu öffnen. An dem Punkt in der Geschichte, an dem wir uns befinden, sind wir am anderen Ende dieses Prozesses angelangt. Es ist nicht mehr die nicht-jüdische Welt, für die eine überwiegend jüdische Kirche Raum schaffen muss. Im Gegenteil, es sind Teile der jüdischen Welt, denen eine überwiegend nicht-jüdische Kirche eine Heimat bieten sollte – das heißt für diejenigen, die Paulus in seinem Brief an die Römer (11,5) den „Rest" Israels nennt, die kleine, aber wachsende Zahl von Juden, die sich zu Jesus als dem wahren Messias Israels bekennen. In der apostolischen Zeit lehnte die Kirchenleitung eine Unterscheidung zwischen jüdischen und nicht-jüdischen Jüngern Christi ab, die als nachteilig für letztere angesehen worden wäre und damit die Gemeinschaft aller Gläubigen in dem einen lebendigen Leib Christi beeinträchtigt hätte. Wenn wir heute die Lehren aus einer Geschichte ziehen, die seit der Zeit der Apostel nichts weniger als tragisch und sündhaft war, verstehen wir, dass die vollkommene Verwirklichung der Gemeinschaft in dem einen lebendigen Leib Christi eine Unterscheidung ohne Trennung, eine Unterscheidung in einer nicht von Neid befleckten Liebe zwischen jüdischen und nicht-jüdischen Jüngern Christi erfordert. Die Kirche Christi, die sich in eine überwiegend nicht-jüdische Größe verwandelt hat, muss in sich selbst die Großzügigkeit finden, den jüdischen Jüngern das zurückzugeben, was sie im Laufe der Geschichte eigentlich nie genossen haben, nämlich eine etablierte Biosphäre, die die Einzigartigkeit des Volkes Israel inmitten der universalen Kirche bewahrt. Darum geht es bei der Wiederherstellung der *ecclesia ex circumcisione* in ihrem authentischsten, d.h. apokatastischen Sinn. Wie Paulus in seinem Brief an die Römer schreibt: *Denn wenn ihre Verwerfung die Versöhnung der Welt ist, was wird ihre Annahme anderes sein als das Leben aus den Toten?* (Röm 11,15) Bis dahin werden wir, die jüdischen Jünger Jeschuas, mit Hilfe unserer nicht-jüdischen Freunde unsere Bemühungen fortsetzen, „die Risse im Tempel auszubessern", so wie Petrus von Illyrien es auf seine Weise mit der Widmungsinschrift an den Wänden von Santa Sabina getan hat.

Aus dem Englischen übersetzt von Johannes Cornides und Martin Rösch.

Die Kirche aus Juden und Heiden
Antwort auf Antoine Lévy
David Rudolph

„Die Kirche ist nur dann die Braut Christi, wenn sie die Kirche von Juden und Heiden ist. [... D]ie Existenz, der Aufbau und das Wachstum der Kirche werden mit der gemeinsamen Existenz, dem Aufbau und dem Wachstum von Juden und Heiden identifiziert."[1] Nicht wenige Theologen würden heute Markus Barths Theologoumenon widersprechen und es als Widerspruch zur Lehre des Paulus im Galaterbrief betrachten, „es gibt nicht mehr Juden und Griechen, [...] denn ihr alle seid einer in Christus Jesus" (Gal 3,28). Die Vorstellung, dass die Kirche letztlich aus zwei Gruppen besteht, mag primitiv klingen, vor allem, wenn man sich die Kirche als ein *tertium genus* vorstellt, das „seine Mutterreligion, das Judentum, abgelöst und hinter sich gelassen hat."[2] Wenn wir jedoch für einen Moment die ererbte Substitutionstheologie beiseite lassen und Paulus innerhalb des Judentums lesen, können wir überzeugende Argumente dafür vorbringen, dass Barths Einschätzung richtig ist. Paulus, der „beschnittene Apostel"[3], betrachtete die Kirche als eine Größe mit zwei Seiten, die aus Juden und Heiden bestand, die allerdings Juden und Heiden blieben, wie ich im Folgenden zu zeigen versuche.

Die *Ecclesia ex circumcisione* und die zwei apostolischen Berufungen

In seinem Aufsatz „Wiederherstellung der *Ecclesia ex circumcisione*?" problematisiert Antoine Lévy die Idee einer „autonomen *Ecclesia ex circumcisione*, die [in der apostolischen Zeit; *Anm. d. Verf.*] formell

---

[1] Markus BARTH, *Israel and the Church: Contributions for a Dialogue Vital for Peace*, Richmond 1969, 90–91.
[2] William D. DAVIES, „My Odysseey in New Testament Interpretation", in: Bible Review 5/2 (1989) 17–18.
[3] Heinrich GRAETZ, *History of the Jews II*, Philadelphia 1893, 367.

und institutionell definiert war". Dennoch räumt er in seinem ursprünglichen Beitrag auf dem Symposium ein, dass es in einem weiteren Sinne „eine *Ecclesia ex circumcisione* gab, zu deren Dienst Petrus berufen worden war, und eine *Ecclesia ex gentibus*, die Gemeinschaft, die der Aufsicht des Paulus anvertraut war (Gal 2,7–8)". Paulus schreibt an dieser Stelle:

Im Gegenteil, sie sahen, dass mir das Evangelium für die Unbeschnittenen anvertraut ist wie dem Petrus für die Beschnittenen – denn Gott, der Petrus die Kraft zum Apostoldienst unter den Beschnittenen gegeben hat, gab sie mir zum Dienst unter den Völkern.[4]

Diese beiden apostolischen Berufungen[5] werden in dem Mosaik aus dem fünften Jahrhundert in der Basilika von Santa Sabina gewürdigt. Das Original zeigt die Figur des Petrus über der *Ecclesia ex circumcisione* und die des Paulus über der *Ecclesia ex gentibus*[6] und verbindet so die beiden Kirchen (der Beschneidung und der Völker) mit den beiden Missionen (der petrinischen und paulinischen).[7]

Die zweifache Natur der Kirche in der paulinischen Theologie

In Übereinstimmung mit Galater 2,7–8 enthält das Corpus paulinum eine Vielzahl von Begriffen und Bildern, die den zweifachen Charakter der Kirche und ihre Konturen beschreiben. So betont Paulus im Brief an die Römer, dass Juden und Heiden unterschiedliche

---

[4] Gal 2,7–8. Es ist die Beschreibung in V. 9 zu beachten, dass die Mission des Petrus in Verbindung mit dem Dienst von Jakobus und Johannes in Jerusalem steht.
[5] Vgl. Röm 1,1; 1 Kor 1,1.
[6] Patricia KRUPINSKI, „*Synagoga* under Erasure: *Ecclesia* and Text in Santa Sabina", in: Art Journal 1/9 (2016) 116–120, 120, Abb. 5. Siehe Giovanni Ciampinis Zeichnung des Mosaiks mit der Inschrift in Santa Sabina aus dem siebzehnten Jahrhundert und die Figuren darüber in: Vetera Monimenta 1 (Rom, 1690): ch. XXI, 191, tab. XLVIII. Die Unterschiede zwischen dem Mosaik in Santa Sabina (422–432) und dem Apsismosaik in Santa Pudenziana (TAQ 417), einschließlich der umgekehrten Platzierung von Petrus und Paulus, sind beschrieben in Fredric W. SCHLATTER, „The Two Women in the Mosaic of Santa Pudenziana", in: JECS 3/1 (1995) 1–20, 4–5. Das hier abgedruckte Bild einer Zeichnung von Ciampini ist in Frederic W. Schlatter, "Two Women", 13 zu finden, das der Avery Library, Columbia University, zugeschrieben wird. Bild siehe S. 354.
[7] Patricia KRUPINSKI, „*Synagoga* under Erasure" (s. Anm. 6), 120–121.

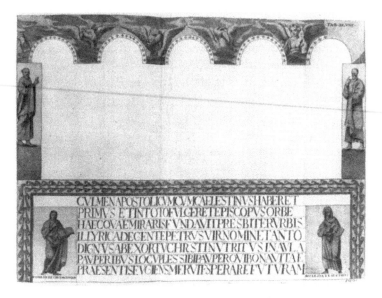

G. Ciampini, Basilika von Santa Sabina

Berufungen haben (Röm 11,28–29). Der Heidenapostel teilt die Welt (einschließlich der Kirche) in zwei Gruppen ein: Juden und Heiden (Röm 11,13).[8] Juden sind „die Beschnittenen" im Unterschied zu „den Unbeschnittenen" (Röm 3,30; 4,9.12). Juden sind „natürliche Zweige" im Gegensatz zu „den wilden Olivenzweigen" (Röm 11,21.24). Juden sind „Israeliten" im Gegensatz zu „den Völkern" (Röm 9,4; vgl. Röm 10,1; 11,11.25–26).[9]

In 1 Kor 7,17–20 bezieht sich Paulus auf die beschnittenen und unbeschnittenen Mitglieder seiner Gemeinde. Seine „Regel in allen Gemeinden" (V. 17) ist, dass die Beschnittenen „berufen" sind, beschnitten zu bleiben und nicht unbeschnitten zu werden. Die „Beschneidung" ist eine Metonymie für jüdische Identität und Lebens-

---

[8] Vgl. Gal 2,15. Siehe David RUDLOPH, „To the Jew First: Paul's Vision for the Priority of Isreal in the Life of the Church", in: Kesher: A Journal of Messianic Judaism 37 (2020) 11–25.
[9] David RUDOPH, „Zionism in Pauline Literature: Does Paul eliminate particularity for Israel and the land in his portrayal of salvation available for all the world?", in: Gerald MCDERMOTT (Hg.), *The New Christian Zionism: Fresh Perspectives on Israel and the Land*, Downers Grove 2016, 182–194.

weise.[10] Paulus sagt, „wenn einer jüdisch ist, soll er jüdisch bleiben – hör nicht auf jüdisch zu sein (das meint, sich nicht zu assimilieren)."[11] In ähnlicher Weise erklärt er, dass die Unbeschnittenen „berufen" sind, unbeschnitten zu bleiben und nicht beschnitten zu werden. Mit anderen Worten: „Wenn ihr Heiden seid, bleibt Heiden. Hört nicht auf, Heiden zu sein." Das ist die Regel des Paulus, nicht nur in Korinth, sondern in allen seinen Gemeinden.

In Eph 2–3 hebt der Verfasser auf mindestens drei Arten hervor, dass die jüdische und heidnische Identität in der Kirche fortbestehen.[12] Eine davon ist die Verwendung „des Pluralpronomens und des Verbs in der zweiten Person, um die *Heiden* im Gegensatz zu den Juden zu identifizieren (Eph 2,11.12.13.17.19; siehe auch 3,1)."[13] Er verwendet auch die erste Person Plural und *amphoteroi*

---

[10] Paulus bestätigt, dass die Beschneidung mit der Treue zum Bund und der Einhaltung der Tora verbunden ist, wenn er in Röm 2,25 schreibt, „die Beschneidung [ist] nämlich nützlich, wenn du das Gesetz befolgst; übertrittst du jedoch das Gesetz, so bist du trotz deiner Beschneidung zum Unbeschnittenen geworden." Dasselbe sagt er noch deutlicher in Gal 5,3: „Ich bezeuge wiederum jedem Menschen, der sich beschneiden lässt: Er ist verpflichtet, das ganze Gesetz zu halten." Pauls' Formulierung in 1 Kor 7,18 – „Wenn einer als Beschnittener berufen wurde, soll er beschnitten bleiben" – verweist auf die Makkabäerzeit, als einige hellenistische Juden ihre jüdische Identität ablehnten, was sogar so weit ging, dass sie ihren Körper chirurgisch so veränderten, dass sie eine Vorhaut zu haben schienen. In 1 Makk 1,11–15 werden Juden, die die Zeichen der Beschneidung entfernten, als diejenigen, die „vom heiligen Bund abgefallen sind", bezeichnet.

[11] Vgl. David RUDOLPH, „Paul's ‚Rule in All the Churches' (1 Cor 7,17–24) and Torah-Defined Ecclesiological Varietation", in: SCJR 5 (2010) 1–23; J. Brian TUCKER, *‚Remain in Your Calling': Paul and the Continuation of Social Identities in 1 Corinthians*, Eugene 2011, 62–135.

[12] Siehe dazu David RUDOLPH, „Describing the Church in Relation to Israel: The Language of George Lindbeck and Ephesians 2–3", in: Jonathan KAPLAN – Jennifer M. ROSNER – David RUDOLPH (Hg.), *Convenant and the People of God: Essays Presented to Mark S. Kinzer in Honor of His Seventieth Birthday*, Eugene 2023, 219–232; vgl. Andrew RILLERA, „Tertium Genus or Dyadic Unity? Investigating Sociopolitical Salvation in Ephesians", in: BR 66 (2021) 31–51; Willian S. CAMPBELL, „Unity and Diversity in the Church: Transformed Identities and the Peace of Christ in Ephesians", in: DERS., *Unity and Diversity in Christ: Interpreting Paul in Context. Collected Essays*, Eugene 2013, 127–145.

[13] Mark S. KINZER, *Searching Her Own Mystery: Nostra Aetate, the Jewish People, and the Identity of the Church*, Eugene 2015, 67.

(„beide"), um sich auf Juden und Heiden im Messias zu beziehen, die Juden und Heiden bleiben:

> ... und er versöhnte *die beiden* durch das Kreuz mit Gott in einem einzigen Leib. Er hat in seiner Person die Feindschaft getötet (Eph 2,16).
>
> ... denn durch ihn haben *wir beide* in dem einen Geist Zugang zum Vater (Eph 2,18).[14]

Das Verb in Eph 2,18 steht im Präsens, was darauf hindeutet, dass sowohl messianische Juden als auch heidnische Gläubige *(amphoteroi)* in ihrer jeweiligen Identität in dieser neuen Körperschaft fortbestehen.

Eine zweite Art und Weise, wie der Verfasser den zweifachen Charakter der Kirche hervorhebt, ist die Verwendung der Präfixe *syn-/sym-* in Eph 2,19–22, die mit „mit", „zusammen mit" übersetzt werden können. Lionel Windsor erklärt die Bedeutung dieser Präfixe:

> Wie mehrere Ausleger festgestellt haben, weist die Verwendung von drei *Syn*-Komposita auf eine heilsgeschichtliche Einheit in der Vielfalt hin. Die heidnischen Gläubigen sind „Mitbürger (συμπολῖται) der Heiligen" (V. 19), jeder Bau wird „zusammengefügt" (συναρμολογουμένη, V. 21), und die Heiden werden „zusammengebaut" (συνοικοδομεῖσθε) in Gottes Wohnung (V. 22). Diese Betonung der Zusammengehörigkeit bedeutet nicht, dass die Heiden zu Israel *geworden* sind; es ist vielmehr eine Behauptung, dass sie gleichberechtigte Teilhaber an Gottes Segen *mit* Israel geworden sind. Es gibt hier eine Parallele zu den Versen 5–6, in denen drei *Syn*-Komposita verwendet werden, um die Beziehung der Gläubigen zu Christus zu beschreiben. Die Gläubigen sind mit Christus „lebendig gemacht" (συνεζωοποίησεν), mit Christus „auferweckt" (συνήγειρεν) und mit Christus „zusammengesetzt" (συνεκάθισεν) (V. 5–6). Diese Behauptung, dass die Gläubigen am auferstandenen Christus Anteil haben, ist natürlich bemerkenswert, soll aber nicht bedeuten, dass die Gläubigen Christus *geworden* sind. In ähnlicher Weise wird in den V. 19–22 behauptet, dass die heidnischen Gläubigen an den Vorteilen Israels teilhaben. Dies ist zwar ebenfalls eine bemerkenswerte Behauptung, bedeutet aber nicht, dass die Gläubigen Israel *geworden* sind. In den Worten von Paula Fredriksen können heidnische Christusgläubige als „ehemalige heidnische Heiden"[15] verstanden werden. In einem Sinne sind sie nicht mehr „Heiden", weil sie in das Volk Gottes an der Seite Israels hinein

---

[14] Vgl. Eph 2,14.
[15] Paula FREDRIKSEN, „Why Should a ‚Law-Free' Mission Mean a ‚Law-Free' Apostle?", in: JBL 134 (2015) 637–50.

verwandelt wurden (vgl. 4,17); in einem anderen Sinne haben sie jedoch eine ausgeprägte „heidnische" Identität, wenn auch eine, die in Christus vollständig verwandelt wurde (vgl. 3,1.6).[16]

Die Präfixe *syn-/sym-* kommen auch in Eph 3,6 vor, zusammen mit *sys-*, um heidnische Messiasanhänger zu beschreiben, die sich dem Gemeinwesen Israels als Heiden anschließen. Mark Kinzer übersetzt 3,6 mit „die Heiden sind *Mit-erben, Mit-glieder des Leibes* und *Mitteilhaber* der Verheißung im Messias Jesus durch die gute Nachricht geworden."[17] In diesem Abschnitt wie auch in Eph 2,19, 21 und 22 verweist das Präfix „Mit" auf die Bezugsgröße Israel. Mit anderen Worten: Das Präfix „Mit" verdeutlicht, dass die heidnischen Gläubigen eng mit Israel verbunden sind, ohne Israel zu ersetzen.

Der Verfasser des Epheserbriefs hätte diese Vorsilben nicht verwenden müssen. Er hätte schreiben können, dass heidnische Gläubige Bürger, Erben, Glieder des Leibes und Empfänger der Verheißung im Messias Jesus werden. Er wollte jedoch betonen, dass alle diese Segnungen in Verbindung mit dem jüdischen Volk verwirklicht werden. Anders ausgedrückt, wie Windsor es so schön formuliert: „Sie waren einst Heiden *gegen* Israel; jetzt sind sie Heiden, die *an der Seite Israels gesegnet* sind."[18]

Schließlich verwendet der Epheserbrief die Symbolik der Ehe, um das zweifache Wesen der Kirche zu beschreiben. In Anlehnung an *l'vasar echad* („ein Fleisch") in Gen 2,24 stellt der Verfasser den Messias so dar, dass er „beide Gruppen zu einer einzigen gemacht hat […], um in sich selbst einen neuen Menschen aus zwei zu schaffen"

---

[16] Lionel WINDSOR, *Reading Ephesians and Colossians after Supersessionism: Christ's Mission through Israel to the Nations*, Eugene 2017, 150-151. Vgl. Carl B. HOCH, „The Significance of the Syn-Compounds for Jew-Gentile Relationships in the Body of Christ", in: JETS 25 (1982) 175-83; Matthew THIESSEN, „The Construction of Gentiles in the Letter to the Ephesians", in: Isaac W. OLIVER – Gabriele BOCCACCINI – Joshua SCOTT (Hg.) *The Early Reception of Paul the Second Temple Jew: Text, Narrative and Reception History*, London 2019, 13-25; Lionel WINDSOR, „Plural Constructions and Post-supersessionist Possibilities in Ephesians 2:19-22", gehaltener Vortrag beim jährlichen Treffen der SBL, Theological Interpretation of Scripture Seminar, San Diego, 23 November 2019, 1-17.
[17] Mark S. KINZER, *Searching Her Own Mystery* (s. Anm 13), 80.
[18] Lionel WINDSOR, *Reading Ephesians and Colossians after Supersessionism* (s. Anm. 16), 226.

(2,14-15; vgl. 5,31-32). Die hochzeitliche Sprache im Kontext der Präfixe *syn-/sym-/sys-* weist auf eine Beziehung der gegenseitigen Abhängigkeit zwischen Juden und Heiden hin. Barth erklärt:

> Wenn also in Eph 2,15 Christus als Schöpfer bezeichnet wird und eine Person erschafft, dann muss der Begriff „ein neuer Mensch" eine von Christus verschiedene Person meinen. Es kann keine andere Person gemeint sein als die „Braut Christi". Diese Braut wird zwar nie ausdrücklich als die neue Eva bezeichnet, aber in 5,23-32 wird sie als die Kirche identifiziert. [...] Unter den Büchern des Neuen Testaments nennt nur der Epheserbrief Gottes Bundespartner „einen neuen Menschen" und betont, dass dieser Mensch aus zwei Personen besteht, nämlich aus Juden und Heiden. [....] Vor allem die Verbindung „der beiden" zu „einem neuen" Ganzen offenbart, dass keiner von beiden ohne den anderen das Heil, den Frieden, das Leben besitzen kann. Die Juden brauchen die Heiden, die Heiden brauchen die Juden.[19]

Die zweifache Natur der Kirche wird von mehreren Kirchenvätern in ihren Auslegungen von Epheser 2,14-15 hervorgehoben.[20] Epiphanius schreibt zum Beispiel:

> Wenn er beide zu einem gemacht hat und nicht das eine beendet hat, um das andere zu begründen, dann hat er das eine (den Juden) nicht in etwas anderes verwandelt. Er hat auch nicht das Zweite vom Ersten getrennt gehalten, sondern er hat die beiden zu einem einzigen zusammengefügt (Pan. 42.12.3)[21]

Augustinus betrachtete die Beziehung zwischen den „zwei Kirchen" (der Beschneidung und der Heiden) als grundlegend. Sie waren die „zwei Mauern" der *ecclesia*:

> Ist der Herr nicht zu diesem Zweck gekommen: um die Kirche zu gründen [...] und um eine Mauer aus der Beschneidung zu errichten, an die eine andere Mauer aus den heidnisch Unbeschnittenen angeschlossen werden sollte – damit er selbst der Eckstein der beiden Mauern sei, die aus verschie-

---

[19] Markus BARTH, *Ephesians 1-3*, Garden City 1974, 309-311. „Die Vision der Kirche als ‚zwei, die vereint sind' stellt alle unsere ererbten Ansichten über die Kirche in Frage, ob katholisch, orthodox oder protestantisch. [...] In die Verfassung der Kirche ist etwas Dialogisches eingebaut, wie es auch in der ewigen ‚Bestimmtheit' der Trinität der Fall ist. Es gibt den Dialog des Bräutigams mit der Braut (Eph 5,22-33) und es gibt den Dialog der ‚zwei, die vereint sind', von Jude und Heide, bereits auf der Erde." (Peter HOCKEN, *The Challenges of the Pentecostal, Charismatic and Messianic Jewish Movements: The Tensions of the Spirit*, Burlington 2009, 105-106).
[20] Siehe William RADER, *The Church and Racial Hostility: A History of Interpretation of Ephesians 2:11-22*, Tübingen 1978, 5-53.
[21] Zitiert nach William RADER, *The Church and Racial Hostility* (s. Anm. 20), 27.

denen Richtungen kommen? [...] Wenn du die Heilige Schrift genau betrachtest, wirst du an vielen Stellen auf die beiden Kirchen verwiesen. Denn der Eckstein dient genau dazu: aus zwei Mauern eine zu machen. (Serm 137,6)[22]

Für Augustinus war die Kirche ein „Ecke":

Warum ist die Kirche eine Ecke? Weil er Juden und Heiden zu sich gerufen hat. Wie zwei Mauern, die von verschiedenen Richtungen kommen (*de diverso*) und sich begegnen, hat er sie durch die Gnade seines Friedens in sich vereint: „Denn er ist unser Friede, der beide Teile vereinigt hat". (Serm. 89,4)[23]

Die Substitution und die Wiederherstellung der *Ecclesia ex circumcisione*

Zur Zeit des Augustinus gab es Gemeinschaften von messianischen Juden, die die Tora befolgten.[24] Im Gegensatz zur apostolischen Zeit gab es jedoch nur wenig gegenseitiges Wohlwollen zwischen Jesusgläubigen Juden und Heiden. Nach dem Ersten Konzil von Nizäa (325 n. Chr.) und während des gesamten Mittelalters verlangten die heidenchristlichen Führer von den jüdischen Gläubigen, ihre jüdische Identität und Praxis aufzugeben, wenn sie als Brüder und Schwestern im Herrn aufgenommen werden wollten.[25] Das Zweite

---

[22] Zitiert nach William RADER, *The Church and Racial Hostility* (s. Anm. 20), 46. Vgl. ORIGENES, *Fr. Matt.* 428. Es würde den Rahmen dieses Aufsatzes sprengen, auf die Spannung zwischen Augustins Vision von den „zwei Mauern" der Kirche und seiner Ansicht einzugehen, dass jüdische Thora-Gläubige Ketzer seien (AUGUSTINUS, *Bapt.* 7,1,1; *Cresc.* 1,31,35; *epist.* 116,16,1). Siehe Etienne JODAR, „Law-Observance Among Jewish Christians: Benefiting from Augustine's View", in: *Kesher: A Journal of Messianic Judaism* 41 (2022) 81–91.
[23] Zitiert nach William RADER, *The Church and Racial Hostility* (s. Anm. 20), 47. Vgl. AUGUSTINUS, *Adv. Jud.* 8.11; *Serm.* 88.10; *Serm. Caes. Eccl.* 1.4; *Faust.* 12.24; 22:89; 32:12. Siehe Paula FREDRIKSEN, *Augustine and the Jews: A Christian Defense of Jews and Judaism*, New York 2008, 255–257.
[24] AUGUSTINUS, *Bapt.* 7,1,1; *Cresc.* 1,31,36; *Faust.* 19,7. Siehe Annette Yoshiko REED, *Jewish-Christianity and the History of Judaism: Collected Essays*, Tübingen 2018, 56; Edwin K. BROADHEAD, *Jewish Ways of Following Jesus: Redrawing the Religious Map of Antiquity*, Tübingen 2010, 181.186.
[25] Die Kirche von Konstantinopel verlangte beispielsweise von den Juden das folgende Glaubensbekenntnis, um getauft zu werden: „Ich schwöre ab von allen Bräuchen, Riten, Gesetzlichkeiten, ungesäuerten Broten und Lammopfern der Hebräer und allen anderen Festen der Hebräer, Opfern, Gebeten, Verleumdungen, Läuterungen, Heiligungen und Sühnungen, und Fasten und Neumonden

Konzil von Nicäa (787 n. Chr.) verbot im Kanon 8 jüdischen Jesusgläubigen, weiterhin als Juden zu leben, wenn sie getauft werden wollten.[26] All dies führte zur Unterdrückung der jüdischen Präsenz in der Kirche, eine bedauerliche Tatsache, die in vielen Teilen der Kirche auch heute noch besteht.

Kann die *Ecclesia ex circumcisione* wiederhergestellt werden? Lévy beantwortet diese Frage unter Verwendung einer relativ engen Definition der *Ecclesia ex circumcisione* – einer autonomen Kirche, die institutionell definiert und fest etabliert ist. Die *Ecclesia ex circumcisione* ist also nicht etwas, das „wiederhergestellt" werden kann. Sie ist vielmehr etwas, das es zu erkunden gilt: der Aufbau einer „etablierte[n] Biosphäre, die die Einzigartigkeit des Volkes Israel inmitten der universalen Kirche bewahrt". Im Gegensatz dazu habe ich eine umfassendere Definition der *Ecclesia ex circumcision* verwendet – die Gemeinschaft der jüdischen Nachfolger Jesu, wie sie durch die Mission des Petrus an die Beschnittenen symbolisiert wird (Gal 2,7–9). Aus dieser Perspektive ist die *Ecclesia ex circumcisione* der jüdische Flügel des Leibes des Messias,[27] das, was Paulus den „Rest" Israels nennt (Röm 11,5). Ursprünglich bestand sie aus den „beschnittenen" Gläubigen in Jerusalem und der Diaspora, die in die Nachfolge ihres jüdischen Messias traten und sich an Paulus' Gebot hielten, sich nicht zu assimilieren (Apg 15; 16,3; 21,17–26; 24,14; 1 Kor 7,17–24).[28] Im augustinischen Sinne war die Kirche der Beschneidung

---

und Sabbaten und Aberglauben und Hymnen und Gesängen und Observanzen und Synagogen und Speisen und Getränken der Hebräer; mit einem Wort, ich lehne alles Jüdische ab, jedes Gesetz, jeden Ritus und jede Sitte" (Assemani, Cod. Lit. 1,105). Siehe James PARKES, „Appendix 3: Professions of Faith Extracted from Jews on Baptism", in: *The Conflict of the Church and the Synagogue: A Study in the Origins of Antisemitism*, New York 1985, 397.

[26] „Bekehrt sich einer von [den Hebräern] jedoch aus aufrichtigem Glauben und von Herzen, legt aus ganzem Herzen ein Bekenntnis ab und deckt ferner die Gewohnheiten und Zustände auf, die bei ihnen herrschen, so dass auch andere überführt und zurechtgewiesen werden können, nimmt man ihn auf und tauft ihn mitsamt seinen Kindern; man stelle sicher, dass sie die hebräische Lebensweise aufgegeben haben. Andernfalls werden sie nicht aufgenommen" (Josef WOHLMUTH [Hg.], *Conciliorum oecumenicorum decreta*, Konzilien des ersten Jahrtausends Bd. I, ³2002, 145–146).

[27] Siehe Jean-Marie LUSTIGER, *The Promise*, Grand Rapids 2002, 127.

[28] Richard BAUCKHAM, „James and the Jerusalem Community", in: Oskar SKARSAUNE – Reidar HVALVIK (Hg.), *Jewish Believers in Jesus: The Early Centuries*, Peabody 2007, 55–95; Reidar HVALVIK, „Named Jewish Believers Connected with

eine der „zwei Mauern" der Kirche, die von der Zeit der Apostel bis zum fünften Jahrhundert existierte. Die *Ecclesia ex circumcisione* verschwand dann (so scheint es) für mehr als tausend Jahre, hauptsächlich aufgrund der heidenchristlichen Substitutionstheorie, und ist heute auf wundersame Weise in Form einer weltweiten Gemeinschaft jüdischer Jünger Jesu wiederhergestellt worden.[29]

Meines Erachtens führt die Wiederherstellung der *Ecclesia ex circumcisione* direkt zur Wiederherstellung des „einen neuen Menschen", der aus Juden und Heiden im Messias entsteht, die aber Juden und Heiden bleiben (Eph 2,14–15). Die Wiederherstellung der *Ecclesia ex circumcisione* in der Moderne beinhaltet die Neukonzeption der Kirche als eine zweifache Gemeinschaft, wie sie Barth beschreibt, die sich durch gegenseitige Abhängigkeit, gegenseitigen Segen und gegenseitige Demut auszeichnet. Dazu gehört, dass Heidenchristen die jüdischen Gläubigen als ihre Bundespartner,[30] und sich selbst als *Mit*-erben, *Mit*-glieder des Leibes und *Mit*-teilhaber der Verheißung *an der Seite* Israels betrachten. Wie R. Kendall Soulen es ausdrückt, beinhaltet die Wiederherstellung „eine Rückgewinnung des grundlegenden Charakters der Kirche als Tischgemeinschaft derer, die anders sind – und es auch bleiben. [...] Die Kirche betrifft den Juden als Juden und den Heiden als Heiden, nicht

---

the Pauline Mission", in: *Jewish Believers in Jesus*, 154–78; Philip S. ALEXANDER, „Jewish Believers in Early Rabbinic Literature (2d to 5th Centuries)", in: *Jewish Believers in Jesus*, 659–709; Edwin K. BROADHEAD, *Jewish Ways of Following Jesus* (s. Anm 24), 80–187.284–300.

[29] David RUDOLPH, „Messianic Judaism in Antiquity and in the Modern Era", in: DERS., *Introduction to Messianic Judaism: Its Ecclesial Context and Biblical Foundations*, Grand Rapids 2013, 21–26. Siehe www.yachad-beyeshua.org.

[30] „[...] ein solcher kirchlicher Körper ist nicht einfach eine weitere nationale Kirche oder ein weiterer Ritus. In der Tat gibt es einen Sinn, in dem ein solches jüdisches kirchliches Umfeld der komplementäre Partner der gesamten Kirche der Nationen ist, trotz des drastischen Größenunterschieds, der die eine von den anderen unterscheidet. Eine solche Einsicht ist bereits in einer verblüffenden Aussage impliziert in dem oben erwähnten Vatikan-Dokument von 2015: ‚Es ist und bleibt eine qualitative Bestimmung der Kirche des Neuen Bundes, dass sie Kirche aus Juden und Heiden ist, auch wenn das quantitative Verhältnis von Juden- und Heidenchristen zunächst einen anderen Eindruck erwecken mag' (*Denn unwiderruflich sind Gnade und Berufung*, Nr. 43" (Mark S. KINZER, „A Messianic Jewish Approach to Jewish Catholicism: Responding to Antoine Lévy's Jewish Church", in: Pro Ecclesia 31/3 [2022] 286).

nur anfänglich oder für den Zeitraum von einigen Generationen, sondern im Wesentlichen und zu allen Zeiten."[31]

Aus dem Englischen übersetzt von Johannes Cornides und Martin Rösch.

---

[31] R. Kendall SOULEN, *The God of Israel and Christian Theology*, Minneapolis 1996, 169–70.

Eschatologie
Das Land und das Volk Israel

Post-substitutionstheoretische Eschatologie
Jesus auf dem Ölberg willkommen heißen
Mark S. Kinzer

Mein erster Beitrag in diesem Band stellte eine „post-substitutionstheoretische[1] Christologie" vor und beleuchtete deren ekklesiologische Konsequenzen für die jüdischen Jünger Jesu.[2] Er schloss mit einer kurzen Diskussion der eschatologischen „Bekehrung der Juden".

Die meisten Versuche, eine post-substitutionstheoretische Theologie zu erarbeiten, haben den Ereignissen, die der Parusie des Messias unmittelbar vorausgehen bzw. der charakteristischen Rolle Israels (der Abstammung nach) in dem darauffolgenden neuen Zeitalter wenig Aufmerksamkeit gewidmet. Dieses sumpfige Gebiet, bewohnt von apokalyptischen Schwärmern ohne Interesse an theologischer Reflexion oder Beziehungen zu realen Juden, betritt man aus guten Gründen mit Vorsicht. Doch ordentlich trockengelegt und bearbeitet kann dieses Land, ähnlich wie für die Messianologie, auch für die Eschatologie gute post-substitutionstheoretische Früchte hervorbringen.

Dies habe ich in meinem 2018 erschienenen Buch *Jerusalem Crucified, Jerusalem Risen*[3] versucht. Einige Ergebnisse dieser Studie, die sich auf die Rolle des jüdischen Volkes und des verheißenen Landes in der Endzeitvision des Lukasevangeliums und der Apostelgeschichte konzentrierten, werde ich in diesem Artikel zusammenfassen. Wie schon in *Jerusalem Crucified* werde ich neben der lukanischen Lehre auch Ereignisse der Neuzeit in Betracht ziehen, welche man im Licht dieser Lehre verstehen kann. Mein Ziel ist es,

---

[1] Im englischen Original verwendet der Autor „post-supersessionist". Der schwer übersetzbare Begriff wird hier mit „substitutionstheoretisch" wiedergegeben.
[2] Mark S. KINZER, *Überwindung der Substitutionstheorie und Messianologie. Der gegenwärtige und künftige jüdische König* (221–234).
[3] Mark S. KINZER, *Jerusalem Crucified, Jerusalem Risen. The Resurrected Messiah, the Jewish People, and the Land of Promise*, Eugene 2018.

in diesen Ereignissen das komplexe Wirken der göttlichen Vorsehung zu erkennen, unter besonderer Berücksichtigung jener Zeichen, die von eschatologischer Bedeutung sein könnten.

Post-Substitutionstheorie und Nicht-Substitutionstheorie

Ich möchte jedoch zunächst einige Worte zum Begriff „post-substitutionstheoretisch" sagen. Kayko Driedger Hesslein bevorzugt den Begriff „nicht-substitutionstheoretisch" und argumentiert, dass die Vorsilbe „post" impliziert, dass die Substitutionstheorie etwas ist, das in der Vergangenheit stattgefunden hat und abgeschlossen und in der Gegenwart kein Thema mehr ist.[4] Aber so funktioniert die Vorsilbe im zeitgenössischen englischsprachigen Diskurs ganz und gar nicht. Wenn wir von post-modernen Empfindungen sprechen, meinen wir nicht, dass modernistische Perspektiven veraltet und nicht existent sind. Dasselbe gilt für die Begriffe „post-liberal", „post-konservativ", „post-kritisch" und „post-missionarisch".[5] Alle diese Begriffe gehen davon aus, dass die ältere intellektuelle Haltung (X), die durch „post-X" überwunden wird, weiterhin existiert und Einfluss ausübt.

Ich ziehe den Begriff „post-substitutionstheoretisch" dem Begriff „nicht-substitutionstheoretisch" vor, denn letzterer suggeriert eine bloße Negation der Substitutionstheorie. Nicht-substitutionstheoretisch könnte leicht als anti-substitutionstheoretisch verstanden werden. Und in der Tat hatten die ersten Angriffe auf die Substitutionstheorie einen solchen reaktiven Charakter.[6] Insbesondere lehn-

---

[4] Kayko Driedger HESSLEIN, *Dual Citizenship: Two-Natures Christologies and the Jewish Jesus*, London 2015, 11, Fußnote 14.
[5] Zum Begriff „post-liberal", siehe George A. LINDBECK, *The Nature of Doctrine: Religion und Theologie in einem postliberalen Zeitalter*, Philadelphia 1984; zum Begriff „post-konservativ" siehe Kevin J. VANHOOZER, *The Drama of Doctrine: A Canonical Linguistic Approach to Christian Theology*, Louisville 2005; zum Begriff „post-kritisch" siehe Peter OCHS, *The Return to Scripture in Judaism and Christianity: Essays in Postcritical Scriptural Interpretation*, New York 1993; zum Begriff „post-missionarisch" siehe Mark S. KINZER, *Postmissionary Messianic Judaism: Redefining Christian Engagement with the Jewish People*, Grand Rapids 2005.
[6] Siehe Rosemary RUETHER, *Faith and Fratricide: The Theological Roots of Anti-Semitism*, New York 1974; Michael G. AZAR, „*Supersessionism*": *The Political Origin of a Theological Neologism*, in: SCJR 16/1 (2021), 1–25.

ten diese frühen Vorstöße hin zu einer einer nicht-substitutionstheoretischen Theologie oft die hohe Christologie der ökumenischen Glaubensbekenntnisse als von Natur aus dem Judentum feindlich gesinnt ab und versuchten auf der Grundlage dieser Ablehnung ein neues theologisches Paradigma aufzubauen.

Im Gegensatz dazu deutet die Vorsilbe „post" auf eine nicht-reaktive Haltung hin, die aus X gelernt hat, aber nun versucht, darüber hinaus zu gehen. So akzeptieren post-kritische Ansätze zur Schrift die Gültigkeit der historisch-kritischen Wissenschaft und profitieren von ihren Errungenschaften, während sie gleichzeitig eine kanonische Lesart annehmen, die einen anderen Blickwinkel auf dieselben Texte bietet. Im Einklang mit dieser Verwendung des Präfixes wäre eine post-substitutionstheoretische Theologie eine Theologie, die den Reichtum der christlich-theologischen Tradition schätzt und darauf abzielt, ihre Fehler zu korrigieren, indem sie auf bisher ungenutzte Ressourcen innerhalb der Tradition zurückgreift. Insbesondere wird eine post-substitutionstheoretische Theologie – im Gegensatz zu frühen Bemühungen, der Substitutionstheorie entgegenzuwirken – die hohe Christologie der ökumenischen Glaubensbekenntnisse eher als Gewinn denn als Belastung betrachten.

Eschatologie und die Bekehrung der Juden

Diejenigen, die die Substitutionstheorie hinter sich lassen wollen, sind zu Recht beunruhigt über das triumphalistische Konzept einer eschatologischen „Bekehrung der Juden". In meinem ersten Beitrag für diesen Band habe ich eine Perspektive auf dieses traditionelle christliche Motiv vorgelegt, die versucht, eine hohe Christologie mit einer post-substitutionstheoretischen Perspektive auf die historische Berufung des jüdischen Volkes als Bundesvolk zu verbinden – eine Perspektive, welche die christliche Kirche zu ihrer eigenen eschatologischen „Bekehrung" aufruft.

Traditionelle Quellen haben ihre Hoffnungen auf eine eschatologische „Bekehrung der Juden" meist auf eine Lesart von Röm 11 gestützt. In *Jerusalem Crucified, Jerusalem Risen* schlage ich eine Auslegung des Lukasevangeliums und der Apostelgeschichte vor, die einen breiteren Erzählrahmen für die Betrachtung der historischen Reise des jüdischen Volkes und seiner eschatologischen Begegnung mit dem „für [sie] bestimmten Christus" (vgl. Apg 3,20) bietet.[7] Es handelt sich um eine Lesart, welche die universelle Bedeutung Jesu als Erlöser bekräftigt und gleichzeitig die Bundesintegrität des jüdischen Lebens unterstützt. Sie wirft auch neue Fragen im Blick auf die theologische Bedeutung der Stadt Jerusalem und des Landes Israel auf.

Meine Untersuchung dieses Motivs lässt sich anhand von vier Schlüsseltexten aus dem Lukasevangelium und der Apostelgeschichte zusammenfassen. Der erste ist Lk 13,33–35:

> Doch heute und morgen und am folgenden Tag muss ich weiterwandern; denn ein Prophet darf nicht außerhalb Jerusalems umkommen. Jerusalem, Jerusalem, du tötest die Propheten und steinigst die Boten, die zu dir gesandt sind. Wie oft wollte ich deine Kinder sammeln, so wie eine Henne ihre Küken unter ihre Flügel nimmt; aber ihr habt nicht gewollt. Siehe, euer Haus wird euch selbst überlassen. Ich sage euch: Ihr werdet mich nicht mehr sehen, bis die Zeit kommt, in der ihr ruft: Gepriesen sei er, der kommt im Namen des Herrn! Siehe, euer Haus wird euch selbst überlassen. Ich sage euch: Ihr werdet mich nicht mehr sehen, bis die Zeit kommt, in der ihr ruft: Gepriesen sei er, der kommt im Namen des Herrn!

Noch in Galiläa nimmt Jesus hier seine Verhaftung und Hinrichtung in Jerusalem vorweg und stellt dieses Ereignis als Fortsetzung der feindseligen Reaktion Jerusalems auf eine lange Reihe von prophetischen Boten dar. Dann nimmt er eine prophetische Redeweise an und spricht in der ersten Person im Namen des Gottes Israels, der sich nach Jerusalems Gehorsam gesehnt hat, aber immer wieder enttäuscht wurde. Aus Trauer über den Widerstand seiner Kinder wird Gott die Stadt und den Tempel verlassen und sie den feindlichen Armeen schutzlos ausliefern, so wie bei der Zerstörung des ersten Tempels durch die Babylonier: „Siehe, euer Haus wird euch selbst überlassen". Dennoch endet die Botschaft wie bei den Propheten Jesaja, Jeremia und Ezechiel in hoffnungsvollerem Ton mit einer bedingten Verheißung einer von Gott bewirkten Rückkehr nach Zion nach dem von Gott bewirkten Weggang im Jahr 70 n. Chr.: „Du (d. h. Jerusalem) wirst mich nicht sehen, bis die Zeit kommt, in der du sagst: ‚Gesegnet ist der, der kommt im Namen des Herrn!'" Gott wird in Herrlichkeit nach Jerusalem kommen, aber erst, nachdem Jerusalem den Gesandten Gottes willkommen geheißen hat.

---

[7] Mark S. KINZER, *Jerusalem Crucified* (s. Anm. 3).

Im zweiten Text (Lk 19) steigt Jesus vom Ölberg herab und reitet nach Jerusalem (Verse 29–37). Wie in den anderen Evangelien wird er von der Menge mit den Worten von Psalm 118 bejubelt, die bereits in der bedingten Verheißung von Lukas 13 erwähnt wurden: „Gesegnet sei der König, der kommt im Namen des Herrn!" (Vers 38) Im Gegensatz zu den anderen Evangelien sagt Lukas jedoch ausdrücklich, dass es sich bei der Menge, die diese Worte spricht, um die ganze Schar der Jünger (Lk 19,37) handelt, die ihn auf seiner Reise begleiten, und *nicht* um die Einwohner Jerusalems oder ihre Führer. Die Bedingung der Verheißung aus Lk 13 ist nicht erfüllt, denn diese Worte waren an das Volk und die führenden Kreise der Hauptstadt gerichtet. Der Einzug Jesu in Jerusalem in Lk 19 erfüllt also nicht die Heilsverheißungen Gottes an Israel, sondern dient nur als prophetisches Zeichen, das auf eine noch nicht verwirklichte Hoffnung hinweist.

Im dritten Text spricht der auferstandene Jesus vor seiner Himmelfahrt mit seinen Aposteln. Sie fragen ihn: „Herr, stellst du in dieser Zeit [chronos] das Reich für Israel wieder her [apo-kathistáneis]?" (Apg 1,6). Das hier verwendete Verb *(apo-kathistemi)* war unter den griechisch sprechenden Juden ein Fachbegriff, der sich auf die Wiederherstellung der Souveränität Israels in seinem eigenen Land bezog.[8] Jesus sagt ihnen, dass die Frage nicht beantwortet werden kann, weil der Zeitpunkt dieser Wiederherstellung nicht ihre Angelegenheit ist (Vers 7). Im Gegensatz zu den traditionellen Auslegungen korrigiert Jesus jedoch nicht die zugrunde liegende Annahme, die zu ihrer Frage führt, nämlich die Erwartung, dass Jesus sich letztendlich in Herrlichkeit vor Israel offenbaren und als ihr König über sie herrschen wird (vgl. Lk 1,32–33). Nachdem er diese Worte gesagt hat, fährt Jesus vom Ölberg zum Himmel auf (Verse 9 und 12), und zwei Engelsgestalten erscheinen und sagen: „Ihr Männer von Galiläa, was steht ihr da und schaut zum Himmel empor? Dieser Jesus, der von euch fort in den Himmel aufgenommen wurde, wird ebenso wiederkommen, wie ihr ihn habt zum Himmel hingehen sehen" (Vers 11). Hier haben wir eine Anspielung auf die eschatologische Prophezeiung des Sacharja:

Da versammle ich alle Völker zum Krieg gegen Jerusalem. [...] [D]ann wird der HERR hinausziehen und gegen diese Völker kämpfen, wie am Tag seines

---

[8] Ebd. 135, Fußnote 4.

Kämpfens, am Tag der Schlacht. Seine Füße werden an jenem Tag auf dem Ölberg stehen, der im Osten gegenüber von Jerusalem liegt. Der Ölberg wird sich von seiner Mitte her spalten nach Osten und nach Westen zu einem sehr großen Tal. [...] Dann wird der HERR, mein Gott, kommen, alle Heiligen mit dir. (Sacharja 14,2–5)

Mit anderen Worten: Was sich am Palmsonntag (Lk 19) als prophetisches Zeichen ereignete – der Abstieg Jesu vom Ölberg und sein Einzug in Jerusalem –, wird sich am Ende des Zeitalters als messianische Vollendung ereignen. Im Lichte der Botschaft von Lk 13 und Lk 19 bedeutet dies, dass die Stadt Jerusalem und ihre führenden Kreise an jenem Tag den kommenden Messias mit den Worten begrüßen werden, die am Palmsonntag nur von den Jüngern ausgerufen wurden: „Gesegnet sei der König, der kommt im Namen des Herrn."

Was in Apg 1 implizit bleibt, wird in unserem vierten Text, Apg 3,17–21, explizit. Hier spricht Petrus zu einer jüdischen Menschenmenge im Jerusalemer Tempel, nachdem er einen lahmen Bettler geheilt hat:

Nun, Brüder, ich weiß, ihr habt aus Unwissenheit gehandelt, ebenso wie eure Anführer. Gott aber hat auf diese Weise erfüllt, was er durch den Mund aller Propheten im Voraus verkündet hat: dass sein Christus leiden werde. Also kehrt um und tut Buße, damit eure Sünden getilgt werden und der Herr (ADONAI) Zeiten des Aufatmens kommen lässt und Jesus sendet als den für euch bestimmten Christus! Ihn muss freilich der Himmel aufnehmen bis zu den Zeiten [chronoi] der Wiederherstellung [apokatastasis] von allem, die Gott von jeher durch den Mund seiner heiligen Propheten verkündet hat. (Apg 3,17–21)

Petrus interpretiert hier für den Leser die im ersten Kapitel der Apostelgeschichte geschilderte Szene. Der Himmel „empfing" Jesus, als er vom Ölberg auffuhr, aber Gott wird ihn nach Jerusalem (über den Ölberg) „zurücksenden", denn er ist der „für euch bestimmte Christus" (d. h. für Jerusalem und das jüdische Volk). Der Zweck seiner Rückkehr nach Jerusalem wird darin bestehen, das Königreich für Israel „wiederherzustellen" – eine Formulierung aus Apg 1,6, die hier in Apg 3 als Kurzformel für all die Dinge interpretiert wird, die Gott „durch den Mund aller Propheten im Voraus verkündet hat."[9] Dies wird jedoch erst geschehen, wenn Jerusalem und seine führenden

---

[9] Ebd. 35, Fußnote 3. Das Substantiv *apokatastasis* in Apg 3,21 ist verwandt mit dem Verb *apokathistemi* in Apg 1,6.

Kreise Buße tun und umkehren, d. h. die negative Reaktion auf Jesus umkehren, die aus Unwissenheit am Palmsonntag und in der Folgezeit erfolgt ist. Mit anderen Worten: Jerusalem wird den Messias sehen, der für es bestimmt ist, wenn es sagt: „Gesegnet ist derjenige, der kommt im Namen des Herrn!"

Diese ineinandergreifenden Texte zeichnen ein Bild von Israels zentraler Rolle im göttlichen Plan, eine Rolle, die in krassem Gegensatz zum traditionellen Motiv der eschatologischen „Bekehrung der Juden" steht. In letzterem verdrängt die Kirche die Juden als Dreh- und Angelpunkt der Geschichte, und die endzeitliche „Bekehrung" verstärkt diese Verdrängung nur noch. Bei Lukas und in der Apostelgeschichte hingegen behält das jüdische Volk – und seine Hauptstadt – einen privilegierten Platz als Zentrum von Gottes Anliegen. Die Geschichte wartet in anhaltender Spannung darauf, dass sie mit dem Einen vereint werden, der für sie bestimmt ist. Die eschatologische Versöhnung Israels mit seinem König bestätigt den Status des Bundes, den Israel nie verwirkt hat.[10] Wenn die positive Antwort des jüdischen Volkes auf den Messias eine notwendige und hinreichende Bedingung für seine Wiederkunft ist, dann ist Israel das Scharnier, an dem sich Gottes Pläne für die Welt drehen.

Eschatologie und die Stadt Jerusalem

In der eschatologischen Vision von Röm 11 ist viel von Israel, aber wenig von Jerusalem die Rede. Für Lukas und die Apostelgeschichte hingegen stehen die Stadt Jerusalem und ihre führenden Kreise für das jüdische Volk als Ganzes, und das Gericht oder die Erlösung des einen ist das Gericht oder die Erlösung des anderen. Aus diesem Grund spielt der Ölberg in diesen Büchern eine so zentrale Rolle.

---

[10] Die rabbinische Tradition bezeugt ebenfalls das Motiv, dass das Kommen des Messias von der Reue Israels abhängt. Der vielleicht anschaulichste Text in dieser Hinsicht ist b. *Sanhedrin* 98a, der von der Begegnung des Rabbi Josua ben Levi mit dem Messias vor den Toren Roms berichtet. Im Mittelpunkt der Geschichte steht ein messianischer *Midrasch* zu Ps 95,7 („Ach, würdet ihr doch heute auf seine Stimme hören!"), der nahelegt, dass der Messias an dem „Tag" kommen wird, an dem Israel als Ganzes „auf seine Stimme hört". Siehe Dale C. ALLISON, Jr., *Matt. 23:39 = Luke 13:35b as a Conditional Prophecy*, in: JSNT 18 (1983), 75–84.

Der Messias ist für Jerusalem (und damit für ganz Israel) bestimmt, und er muss nach Jerusalem zurückkehren. Das wird er jedoch nur tun, wenn Jerusalem bereit ist, ihn mit offenen Armen zu empfangen. Wie am Palmsonntag muss die Begrüßungsfeier am Ölberg beginnen. Diese Gegend war der irdische Ort für seine Auffahrt in den Himmel und wird auch der Ort sein, an dem er wiederkommt, um triumphal in die Stadt einzuziehen.

Wir wissen nicht, wie sich dies bei der Wiederkunft Jesu verwirklichen wird. Die eschatologische Symbolik der Schrift ist absichtlich schwer fassbar und entzieht sich buchstabengläubigen hermeneutischen Zugriffen, die versuchen, die Offenlegung von Informationen zu erzwingen, die die Schrift nur ungern preisgeben will. Wir können nie genau wissen, wie sich prophetische Texte erfüllen werden, bis die angekündigte Erfüllung vor unseren Augen steht. Aber eines ist unmissverständlich klar: Lukas und die Apostelgeschichte sehen die Stadt Jerusalem und das Land Israel als eng mit der Geschichte und dem Schicksal des jüdischen Volkes verbunden an. Jesus kehrt zum Volk Israel zurück, indem er nach Jerusalem zurückkehrt. Wenn er sich in der Stadt niederlässt, wird er sein Königtum in ihr aufrichten.

Trotz traditionell gegenteiliger Ansichten wird diese These durch die geografische Struktur von Lukas und der Apostelgeschichte gestützt.[11] Alle Kommentatoren weisen auf die zentrale Rolle Jerusalems im Lukasevangelium hin, das in der Stadt beginnt, in der Stadt endet und das Zwischendrama in Form der ausgedehnten *Reise* Jesu *in die* Stadt schildert. Die Apostelgeschichte beginnt ebenfalls in Jerusalem, aber von da an bewegt sie sich immer weiter nach außen und endet in Rom, der Hauptstadt des Reiches. Kommentatoren haben diese geografische Struktur traditionell so verstanden, dass sie eine substitutionstheoretische Botschaft vermittelt: Jerusalem – und das Volk Israel, das diese Stadt repräsentiert – sei die Vergangenheit, aber Rom – und die Kirche der Völker, welche diese Stadt repräsentiert – sei jetzt die Gegenwart und Zukunft.

Aber diese Lesart der geografischen Struktur der Apostelgeschichte lässt ein entscheidendes Merkmal außer Acht: Jedes Mal, wenn die Geschichte einen weiteren Schritt nach außen macht, schließt sie diesen Abschnitt der Geschichte mit der Rückkehr nach

---

[11] Mark S. KINZER, *Jerusalem Crucified* (s. Anm. 3), 44–53.

Jerusalem ab. Paulus begegnet Jesus auf der Straße nach Damaskus *und kehrt dann nach Jerusalem zurück* (9,26-29). Petrus verkündet dem Kornelius Jesus in Cäsarea *und kehrt dann nach Jerusalem zurück* (11,2). In Antiochia entsteht eine Gemeinde, die in der Zeit der Hungersnot *Hilfe nach Jerusalem schickt* (11,27-30). Paulus und Barnabas reisen von Antiochia nach Kleinasien *und kehren danach nach Jerusalem* zum Konzil *zurück* (15,2). Von Jerusalem aus reist Paulus mit Silas nach Griechenland *und kehrt dann wieder nach Jerusalem zurück* (18,22).[12] Paulus unternimmt seine letzte Reise als freier Mann *und kehrt dann nach Jerusalem zurück*, wo er verhaftet wird (21,17-23,11).

Für jemanden, der die dynamische Ebbe und Flut der Erzählung spürt, wobei sich die Ebbe kontinuierlich nach außen ausbreitet, aber immer wieder in ihr Zentrum zurückfließt, ist das Ende des Buches ein Schock. Die Flut wurde in der Mitte ihrer Bewegung gestoppt. Was ist hier die Botschaft? Da das Lukasevangelium und die Apostelgeschichte wahrscheinlich beide nach 70 n.Chr. geschrieben wurden, wussten die ursprünglichen Leser, dass Jerusalem nicht lange nach Paulus' Einzug in die heidnische Hauptstadt von Rom zerstört werden würde. Infolgedessen befinden sich Israel – und die Jesus-Gemeinschaft, die untrennbar mit Israel verbunden ist – im Exil, und Rom – das neue Babylon – symbolisiert dieses Exil. Aber die Geschichte Israels endet nicht mit dem Exil, sondern mit der Rückkehr und Wiederherstellung. Der Sinn dieser geografischen Struktur besteht also darin, eine prophetische Hoffnung für Israel zu vermitteln: Die Geschichte ist nicht zu Ende, sondern wird erst dann ihren Abschluss finden, wenn die Flut zu ihrer Quelle zurückfließt, zu dem Ort, an dem sie begann: Jerusalem, der Stadt des großen Königs.

Das eschatologische Szenario in Röm 11 ist vage und könnte so interpretiert werden, dass es eine positive Antwort auf Jesus von einer großen Anzahl einzelner Juden in der ganzen Welt erwartet, ohne einen bestimmten geografischen Schwerpunkt. Die Erzählungen des Lukas und der Apostelgeschichte skizzieren hingegen einen breiten eschatologischen Rahmen, dessen Konturen klar und deutlich zu erkennen sind. Das jüdische Volk wird wieder eine nationale Präsenz im

---

[12] Apg 18,22; Howard MARSHALL, *Acts*, Grand Rapids 1980, 301 f. versteht die Notiz in Apg 18,22, Paulus sei *hinaufgezogen* und habe *die Gemeinde gegrüßt* als Hinweis darauf, dass jede der Missionsreisen des Paulus mit einem Besuch in Jerusalem endete.

Land Israel haben, und diese Präsenz wird sich in der Stadt Jerusalem konzentrieren. Die führenden Kreise dieser Stadt werden auch diejenigen des Volkes sein. Ihre Reaktion auf Jesus wird die Reaktion „ganz Israels" in der ganzen Welt repräsentieren und verkörpern.

Bei Lukas und in der Apostelgeschichte spielt sich das Drama der eschatologischen Versöhnung Jesu mit dem jüdischen Volk auf der Bühne des Landes Israel ab, wobei Jerusalem im Rampenlicht steht. Was bedeutet das für unsere theologische Interpretation der modernen Geschichte?

Die göttliche Vorsehung in der modernen Geschichte erkennen

Wie bereits erwähnt, können wir nie mit Sicherheit wissen, wie sich prophetische Texte erfüllen werden, bis die Erfüllung vor unseren Augen liegt. Aber in einigen Fällen könnte die Erfüllung eher ein längerer Prozess als ein singuläres Ereignis sein. In solchen Fällen wird das Erkennen der Erfüllung durch die Jünger Jesu ebenfalls ein längerer Prozess sein. Aus dieser Perspektive könnte dieser Band als ein frühes Stadium innerhalb eines potentiell längeren Unterscheidungs- und Erkenntnisprozesses betrachtet werden.

In *Jerusalem Crucified, Jerusalem Risen* habe ich auf zwei moderne historische Entwicklungen hingewiesen, deren Gleichzeitigkeit und formale Ähnlichkeit auffallend sind: die Bewegung zur Schaffung einer autonomen jüdischen Präsenz im Land Israel und die Bewegung zur Schaffung einer gemeinschaftlich organisierten jüdischen Präsenz im Leib Jesu, des Messias.[13] Beide begannen im frühen bis mittleren neunzehnten Jahrhundert, nahmen Ende des neunzehnten und Anfang des zwanzigsten Jahrhunderts an Fahrt auf und kristallisierten sich in der Mitte des zwanzigsten Jahrhunderts institutionell heraus. Bei beiden handelte es sich um Versuche, die in den jüdischen Kriegen mit Rom am Ende des ersten und zu Beginn des zweiten Jahrhunderts verloren gegangenen Realitäten wiederherzustellen. In beiden Fällen gab es verzerrte Extreme, die alles, was zwischen der biblischen und der modernen Epoche in das jüdische (oder christliche) Leben eingegriffen hatte, als wertlos abtaten. Aber beide haben auch Visionen von Exil und Rückkehr hervorgebracht,

---

[13] Mark S. KINZER, *Jerusalem Crucified* (s. Anm. 3), 240–270.

in denen letztere nicht nur das Exil aufhob, sondern auch den geistigen Reichtum, den das Volk während des Exils unter den Völkern angesammelt hatte, nach Jerusalem brachte. Natürlich stehen diese beiden Bewegungen hinsichtlich ihres Einflusses auf das Weltgeschehen in keinem Verhältnis zueinander. Die eine hat weltweite Aufmerksamkeit erlangt, während die andere relativ im Dunkeln geblieben ist. Dennoch sind die Parallelen zwischen ihnen verblüffend.

Keine historische Persönlichkeit zeigt die Verbindung zwischen diesen beiden Entwicklungen deutlicher als Joseph Rabinowitz (1837-99). In den entscheidenden Gründungsjahren des Zionismus – den 1880er Jahren – geriet Rabinowitz in die intellektuelle Reifung, welche durch die neue Bewegung ausgelöst worden war. Im Jahr 1882 reiste er nach Palästina, um zu untersuchen, ob die kollektive Einwanderung in das Land eine Lösung für die Leiden des jüdischen Volkes sein könnte. Als er die Heilige Stadt vom Ölberg aus betrachtete, war Rabinowitz plötzlich davon überzeugt, dass *Jeschua Achinu* (Jesus, unser Bruder) der Messias sei und dass nur er Israel retten könne.[14] Er kehrte nach Kischinew (Chisinau) in Bessarabien (Moldawien) zurück und versuchte, eine Gruppe jüdischer Jünger Jesu zu sammeln, die er Israeliten des Neuen Bundes nannte. Diese Gemeinschaft würde ihre Söhne beschneiden, den Sabbat und die jüdischen Feiertage einhalten und ihre Autonomie als jüdische Gemeinschaft bewahren. Da es Rabinowitz nicht gelang, die Genehmigung der Regierung zu erhalten, überlebte seine Gruppe in Kischinew seinen Tod im Jahr 1899 nicht. Dennoch verschaffte er sich mit seinem Programm international Gehör.[15] Ihm

---

[14] Kai KJAER-HANSEN, *Joseph Rabinowitz and the Messianic Movement: The Herzl of Jewish Christianity*, Grand Rapids 1995, 11-22.

[15] Rabinowitz reiste nach Deutschland, Ungarn, England, Schottland und in die Vereinigten Staaten und erregte überall Aufmerksamkeit (Kai KJAER-HANSEN, *Joseph Rabinowitz* [s. Anm. 14], 75-90, 171-178). Der große russische Philosoph Wladimir Solowjow, der 1885 über Rabinowitz schrieb, machte ihn sogar zum Thema eines Aufsatzes. Er forderte die russische Regierung auf, der im Entstehen begriffenen Gemeinde von Chisinau den Rechtsstatus zu gewähren, und schrieb: „[O]n what grounds and interest does our government remove independence from the Jewish commune which attained Christ by its own lawful path, receiving its Messiah on its and His own personal native soil, the soil of a historical, three-thousand-year-long tradition." (Vladimir SOLOVJOV, *The Burning Bush: Writings on Jews and Judaism*, übersetzt von Gregory Yuri Glazov, Notre Dame 2016, 343.

folgten andere gleichgesinnte jüdische Jünger Jesu wie Isaac Lichtenstein in Ungarn, Mark John Lévy in den Vereinigten Staaten und Paul Levertoff in Großbritannien. Kai Kjaer-Hansens Biografie über Rabinowitz bezeichnet ihn im Untertitel als den Herzl des Judenchristentums, und der Name weist sowohl auf seine Bedeutung innerhalb des Judenchristentums als auch auf die Verbindung zwischen dieser Bewegung und dem zionistischen Unternehmen hin.

Jede dieser beiden Bewegungen schafft Bedingungen im jüdischen Volk, die ein Szenario ermöglichen, wie es in der prophetischen Lehre des Lukas und der Apostelgeschichte vorausgesagt wird. Es gibt keinen Hinweis darauf, dass sich dieses Szenario im nächsten Jahr oder im nächsten Jahrzehnt vollenden wird. Vielleicht befinden wir uns in den Anfängen eines längeren Prozesses, oder wir sind Zeugen vorwegnehmender Zeichen, die auf eine Ära in ferner Zukunft hinweisen. Angesichts der Botschaft des Lukas und der Apostelgeschichte wäre es jedoch voreilig, eine dieser historischen Entwicklungen als theologisch unbedeutend abzutun.

Eschatologische Zeichen in post-substitutionstheoretischer Perspektive

Die erstaunliche doppelte Auferstehung eines jüdischen Gemeinwesens im Land Israel und eines jüdischen Ausdrucks des Leibes des Messias in der Neuzeit fordert Christen heraus, grundlegende theologische Annahmen zu überdenken. Diese historischen Phänomene sind keine Nebenschauplätze, die den Weg für einen erzählerischen Höhepunkt bereiten, dessen Inhalt nichts mit ihnen zu tun hat. Die Rückkehr des Messias ist dieser Höhepunkt, und der wiederkehrende Messias ist der König *der Juden*. Er kommt über den Ölberg in seine eigene Stadt, und seine Rückkehr hängt davon ab, ob er dort von den führenden jüdischen Kreisen und den Einwohnern willkommen geheißen wird. Ja, dies ist eine Geschichte über alle Völker und die ganze Schöpfung und eine Geschichte über die Kirche, die ihre Erstlingsfrucht ist. Aber sie ist nur deshalb eine universelle Geschichte, weil sie zuerst eine Geschichte über ein bestimmtes Land und Volk ist, nämlich Israel, den „Stein, den die Bauleute verworfen haben" (vgl. Ps 118,22). Wenn die eschatologische „Bekehrung der Juden" eine Umkehrung der Verwerfung des Steins, der Jesus ist, bedeutet, so bedeutet die eschatologische „Bekehrung der Christen" eine Umkehrung der Verwerfung des Steins, der Israel ist. Und jede dieser beiden Umkehrungen erfordert eine Neubewertung des Steins, der die *ecclesia ex circumcisione* ist.

Es handelt sich um eine post-substitutionstheoretische Eschatologie, die die Christologie eher bereichert als verarmt. Aber sie bewirkt diese Bereicherung durch ihre Integration mit der Ekklesiologie *und* der „Israelologie". Richtig verstanden, wird eine solche Eschatologie keine neuen christlichen Evangelisationskampagnen unter den Juden hervorbringen. Das jüdische Volk hat seine eigene heilige historische Berufung, die Christen eher unterstützen als untergraben sollten. So wie das Verbergen des Antlitzes des Messias vor Israel ein göttlicher Akt der Vorsehung war, wird auch die Offenbarung seines Antlitzes eine Angelegenheit souveräner göttlicher Initiative sein (vgl. Röm 11,25f.). Wie Papst Benedikt schrieb, „behält Israel seine eigene Sendung. Es steht in den Händen Gottes, der es zur rechten Zeit ‚als Ganzes' retten wird, wenn die Zahl der Heiden voll ist."[16]

Wie jedoch bereits erwähnt, wird die richtige Zeit wahrscheinlich eher ein längerer Zeitraum als ein einzelner Moment sein. Hat dieser Zeitraum bereits begonnen? Oder ist er nicht zumindest aus der Ferne durch proleptische Zeichen sichtbar? Mit Blick auf diese Möglichkeit kommen mir andere Worte von Kardinal Ratzinger in den Sinn. Bei einem privaten Treffen mit einer Gruppe messianischer Juden im Jahr 1997 soll der Präfekt der Glaubenskongregation geäußert haben: „Wenn Sie diejenigen sind, für die Sie sich ausgeben, ist dies ein eschatologisches Zeichen."

Angesichts der eschatologischen Lehre des Lukasevangeliums und der Apostelgeschichte würde ich vorschlagen, dass die Wiederansiedlung des jüdischen Volkes im Land Israel und die Entstehung des Judenchristentums und des messianischen Judentums in der Tat ein doppeltes eschatologisches Zeichen ist, welches eine konzentrierte theologische Aufmerksamkeit erfordert. Schauen wir auf den Ölberg, und vielleicht werden wir dort, wie Joseph Rabinowitz, unserem Bruder begegnen.

Aus dem Englischen übersetzt von Johannes Cornides und Martin Rösch.

---

[16] Joseph RATZINGER, *Jesus von Nazareth. Zweiter Teil. Vom Einzug in Jerusalem bis zur Auferstehung*, Freiburg i. Br. 2011, 60.

Jerusalem und die Sendung zu den Völkern
Antwort auf Mark S. Kinzer

Piotr Oktaba OP

Ich bin Mark S. Kinzer dankbar, dass er dieses Gespräch über Jerusalem als eschatologisches Zeichen eröffnet hat. Es ist in dieser Diskussion von entscheidender Bedeutung, wie wir die Eschatologie verstehen. Mark S. Kinzer bezieht sich auf Joseph Ratzinger, was eine gewisse Nähe zu dessen Denken zeigt. Wir sollen verstehen, dass sich Gottes eschatologischer Plan schon jetzt, direkt vor unseren Augen, entfaltet. Dieser Vorgang geschieht durch konkrete Zeichen, die im Licht der Heiligen Schrift zu interpretieren sind. Darüber hinaus sind wir aufgefordert, an diesem Entfaltungs- und Interpretationsvorgang teilzunehmen, ungeachtet unserer Begrenztheit und Unvollkommenheit. Wir befinden uns auf einem Weg, und nur das zweite Kommen des Herrn wird uns zur Fülle unseres Ziels führen.

Jerusalem muss als ein solches eschatologisches Zeichen betrachtet werden, ein Zeichen auf unserem Weg zur endgültigen Erfüllung. Ich denke dabei nicht nur an das Jerusalem, das vor langer Zeit bestand. Ich spreche auch nicht von dem Jerusalem, das einmal sein wird, dem „Neuen Jerusalem", das die endgültige Verwirklichung der Verheißungen Gottes ist (vgl. Offb 3,12; 21,2). Das gegenwärtige Jerusalem ist eine eschatologische Gabe Gottes an uns. Doch in Jerusalem – wie auch anderswo – bleibt zu entschlüsseln, was unsere Teilnahme an diesem Entfaltungsprozess – oder deren Fehlen – bestimmen soll. Wie sollen wir also die Zeichen des andauernden eschatologischen Erscheinung Gottes deuten, wenn wir an das heutige Jerusalem denken?

Ich glaube, dass die Heilige Schrift uns einen Schlüssel für die Beantwortung dieser Frage bietet. Meiner Meinung nach liefert sie ein Kriterium, um die eschatologische Bedeutung in Bezug auf Jerusalem zu erkennen.

Mark S. Kinzer konzentriert sich auf die Rolle, die Jerusalem in den lukanischen Schriften spielt. Zusammengenommen bieten das Lukasevangelium und die Apostelgeschichte ein kohärentes Bild davon, wie sich die apostolische Verkündigung „in Jerusalem und in ganz Judäa und in Samarien und bis an die Grenzen der Erde" (Apg 1,8) entfaltete. Jerusalem wird nicht einfach als der Ausgangspunkt der christlichen Mission dargestellt. Apg 15 ist von zentraler Bedeutung für die Struktur des Buches und stellt Jerusalem als den Ort dar, an dem sich die zur Verkündigung des Evangeliums Gesandten wieder treffen. Auf dem Konzil von Jerusalem geht es nicht nur um die Frage, wie das Evangelium unter den Heiden verkündet werden soll. Es geht auch um die grundlegenden Prinzipien, die die gesamte Gemeinschaft der Jünger Jesu prägen werden.

Kinzers Exegese ist ausgewogen und sorgfältig. Dies gibt uns einen zusätzlichen Grund, über die Schlussfolgerungen seiner Untersuchung nachzudenken. Meiner Meinung nach ist es schwierig, ein vollständiges Bild von der Rolle und Funktion Jerusalems allein auf der Grundlage der lukanischen Schriften zu zeichnen. Ich schlage vor, die paulinische Perspektive mit der des Lukas zu verbinden. Der Bericht des Lukas schildert die Sicht der heidnischen Konvertiten und ergänzt damit das, was Paulus, „der Hebräer von Hebräern" (Phil 3,5), zu sagen hat. Paulus schreibt über dasselbe Konzil, das in Jerusalem stattfand (Gal 2), und stellt die Grundsätze heraus, die den Kern seiner Mission zu den Heiden bilden. In diesem Kontext legt er seine Position in Bezug auf das Geheimnis Israels dar.

Der vorliegende Band befasst sich mit dem Entstehen und der Entwicklung messianisch-jüdischer Gemeinden weltweit. Viele sehen dieses Phänomen als ein göttliches Zeichen. Sie neigen dazu, sich auf folgende Aussagen des hl. Paulus in seinem Brief an die Römer zu berufen: „Denn ich will euch, Brüder und Schwestern, nicht in Unkenntnis über dieses Geheimnis lassen, damit ihr euch nicht selbst für klug haltet: Verstockung liegt auf einem Teil Israels, bis die Vollzahl der Heiden hereingekommen ist" (Röm 11,25). Diese spezifische Lesart sieht im Erscheinen der messianischen Juden die Erfüllung der Erwartung einer neuen Ära, einer Ära, in der Israels „Blindheit" endlich geheilt wird.

Ich möchte auf gesamten Brief, der hier zitiert wurde, aufmerksam machen. Paulus schreibt in einer Zeit, in der der Eintritt der „Vollzahl der Heiden" in die Kirche gerade erst begonnen hat und noch lange nicht abgeschlossen ist. Wenn man diesen Text im Licht der heutigen Zeit liest, kann angenommen werden, dass sich die Situation geändert hat. Man könnte meinen, dass die Verkündigung des Evangeliums alle Völker der Erde erreicht hat. Inwieweit ist jedoch diese Annahme zutreffend?

Ich möchte ganz andere „Zeichen der Zeit" zu bedenken geben. Ich komme aus der kriegsgebeutelten Ukraine. Ich lebe in Kiew, einer Stadt, die vor kurzem von feindlichen Kräften eingekreist wurde. Die feindlichen Soldaten stammen zum großen Teil aus überwiegend buddhistischen und muslimischen Ethnien und Nationen, die alle unter dem Kommando eines Landes stehen, das sich gerne als christlich bezeichnet. Eine Hauptstadt, die für ihre alten christlichen Kirchen berühmt ist, stand kurz davor, von Truppen geplündert zu werden, die sich aus nichtchristlichen Soldaten zusammensetzten, die von einem vorgeblich christlichen Staat entsandt worden waren. Man fragt sich, ob die uralte „Sendung der Kirche zu den Völkern" in diesem Fall erfolgreich war. Wenn ich mich nicht irre, ist Pinchas Goldschmidt, Moskaus Oberrabbiner, das einzige Oberhaupt einer in Russland etablierten religiösen Gemeinschaft, der gegen diese Aggression Stellung bezogen hat. Geht es bei dieser ganzen Diskussion wirklich um die „Verhärtung Israels"? Geht es nicht vielmehr um das Versagen der Kirche, die ihr seit dem Jerusalemer Konzil anvertraute „Sendung zu den Völkern" richtig zu erfüllen?

Ich möchte fragen: Wie kommt es, dass wir noch so weit von dem Punkt entfernt sind, dass die Fülle der Völker in die Kirche eintreten wird? Es scheint, als ob der von Paulus angedachte Lauf der Geschichte an einem bestimmten Punkt stehen geblieben wäre. Die Kirche wie auch die Synagoge scheinen von dem von ihm beschriebenen Weg abgekommen zu sein.

Eine Reihe von Texten, sowohl von Lukas als auch von Paulus selbst, berichten von dem entscheidenden Erlebnis des Paulus auf dem Weg nach Damaskus. Noch mehr Informationen können wir in christlichen Kommentaren finden. Doch inwieweit verschaffen uns all diese Quellen Zugang zum Kern der Erfahrung des Paulus? Wenigstens partiell muss das grundlegende paulinische Verständnis von Gott und der Beziehung Gottes zu seinem Volk Israel vor und nach Damaskus identisch geblieben sein. Andernfalls hätte diese Reihe von Ereignissen nicht das Gefühl tiefer Stimmigkeit hervorgebracht, die Paulus für den Rest seines Lebens leitete.

Es gibt wahrscheinlich einen biblischen Grundsatz, den Paulus schon vor seiner Bekehrung kannte und den er nach seiner Bekehrung besonders hervorgehoben hatte. Ich denke dabei an den

Grundsatz der Unparteilichkeit Gottes. Es gibt keine Möglichkeit, dass unsere menschlichen Überlegungen vor Gott bestehen können. Ich glaube, die Bekehrung des Paulus ging mit einer grundlegenden Neubewertung der Unparteilichkeit Gottes einher.

Paulus bezieht sich auf diesen Grundsatz, wenn er seine Sendung zu den Heiden rechtfertigt:

Aber auch von denen, die Ansehen genießen – was sie früher waren, kümmert mich nicht, Gott schaut nicht auf die Person –, auch von den Angesehenen wurde mir nichts auferlegt. (Gal 2,6)

Der Galaterbrief soll die Kultur seiner Adressaten ansprechen. Die Bedeutung des Prinzips der Unparteilichkeit Gottes erscheint uns hier vielleicht nicht so offensichtlich. Dennoch geht aus diesem Abschnitt klar hervor, dass Paulus diesen Grundsatz als das entscheidende Argument für die anstehende Frage anführt.

Ich möchte hier nicht die paulinische Haltung gegenüber denjenigen diskutieren, die er als „Angesehene" bezeichnet. Ich möchte lediglich darauf hinweisen, dass für Paulus die Stellung der Letzteren in der Kirche nicht von ihren Leistungen in der Vergangenheit abhängt, sondern von der Erwählung Gottes. Und was Gottes Erwählung bestimmt, ist seine Unparteilichkeit.

Wie wir wissen, bestand die Jerusalemer Gemeinde ausschließlich aus jüdischen Jüngern. Paulus denkt dabei an diejenigen aus Israel, die an der Spitze der Gemeinde standen. Er schreibt, dass Gott seine Unparteilichkeit erwiesen hat, als er sie erwählte und einsetzte, unabhängig davon, wer sie waren. Diese Haltung bezeugt meines Erachtens das grundsätzliche Verständnis des Paulus von der Kirche Jesu Christi. Gott hat die Erwählung Israels durch seinen Messias bestätigt und gleichzeitig gezeigt, dass seine Erwählung nicht in menschlichen Überlegungen gründet. Jede Anerkennung rein menschlicher Leistungen muss endgültig beiseite gelassen werden.

Aus der Sicht des Paulus bietet der Grundsatz der Unparteilichkeit Gottes eine neue Grundlage für die Erwählung Israels und seine Einzigartigkeit unter den Völkern. Ich würde es wagen, die Erfahrung des Paulus auf dem Weg nach Damaskus und den Beginn seiner Mission zu den Völkern auf dieser Grundlage zu interpretieren. Leider bräuchte es hierzu weitere Ausführungen, um vollständig darzustellen, was ich dabei im Sinn habe.

Wenn wir jetzt von Lukas sprechen, kann man mit Fug und Recht behaupten, dass er dieses Thema weitgehend aus der Sicht dessen ausgearbeitet hat, der aus den Völkern herausgerufen wurde. In der Apostelgeschichte spielen die Ereignisse im Haus des Kornelius eine zentrale Rolle. Dort lesen wir Folgendes:

Da begann Petrus zu reden und sagte: Wahrhaftig, jetzt begreife ich, dass Gott nicht auf die Person sieht, sondern dass ihm in jedem Volk willkommen ist, wer ihn fürchtet und tut, was recht ist. (Apg 10,34–35)

In Apg 10 wird ausführlich beschrieben, wie sich die Haltung des Petrus gegenüber den Völkern infolge einer neuen Offenbarung verändert hat. In diesem Zusammenhang taucht immer wieder der Grundsatz der Unparteilichkeit Gottes auf. Der Gott Israels, der keine Rücksicht auf Einzelne nimmt, erweist nicht nur Petrus, sondern auch Kornelius seine Gnade; diese Offenbarung löst eine grundlegende Verhaltensänderung in Petrus aus. Dies ist ein symmetrisches Echo auf das, was Paulus über die Apostel aus Israel schreibt, „die Ansehen genießen", und zwar nach demselben Prinzip (Gal 2,6). Ebenso wie bei den Heiden hält Gott auch bei den Israeliten keine äußeren Kriterien für wichtig. Diese Erkenntnis steht in engem Zusammenhang mit dem Gesinnungswandel, der sich bei Paulus vollzieht.

Der Gott, der keine Rücksicht auf menschliche Vorzüge und gesellschaftliche Stellung nimmt, ist der Gott, der neue Bande zwischen Menschen und unter Völkern knüpft. Daraus folgen Missionen von einem Volk zu einem anderen Volk. Gleichzeitig ist das Prinzip, das solche Missionen rechtfertigt, nicht mehr in der privilegierten Stellung eines bestimmten Volkes zu suchen, sondern in der Entscheidung Gottes.

Nach Lukas, dem aus den Heiden herausgerufenen Jünger, ist es Petrus, der aus Israel herausgerufen wurde und den Auftrag erhält, den Heiden einen Gott zu verkünden, der keine Parteilichkeit zeigt. Mit anderen Worten: Nur das auserwählte Volk ist berechtigt, den Völkern zu verkünden, dass auch sie in die auserwählte Familie Gottes eintreten können. Nach Paulus, dem aus Israel herausgerufenen Jünger, gründet dagegen das messianische Israel selbst als Gottes besonderer Besitz im Prinzip der Unparteilichkeit Gottes. Dass Israel für immer Gottes Volk ist, wird durch den Segen bestätigt, den Gott für die Sendung zu den Völkern gegeben hat.

Die Episode, in der berichtet wird, wie Paulus Titus nach Jerusalem brachte, untermauert dieses Konzept der Völkermission:

Vierzehn Jahre später ging ich wieder nach Jerusalem hinauf, zusammen mit Barnabas; ich nahm auch Titus mit. Ich ging hinauf aufgrund einer Offenbarung, legte der Gemeinde und im Besonderen den Angesehenen das Evangelium vor, das ich unter den Völkern verkünde; ich wollte sicher sein, dass ich nicht ins Leere laufe oder gelaufen bin. Doch nicht einmal mein Begleiter Titus, der Grieche ist, wurde gezwungen, sich beschneiden zu lassen. (Gal 2,1–3)

Die Anwesenheit von Titus war wahrscheinlich nicht nur dem Wunsch geschuldet, ein Beispiel für einen christlich Bekehrten aus den Völkern in Jerusalem zu präsentieren. Für Paulus war Titus ein enger Mitarbeiter, ein Mitstreiter in der Heidenmission. Titus war Grieche, was aus rein menschlicher Sicht als förderlich für den Fortgang der Mission unter den Griechen angesehen werden konnte: „Die Juden sollen zu den Juden gehen, die Griechen zu den Griechen". Doch hätte Paulus ausschließlich in diesem Sinne gedacht, hätte er nicht so gehandelt, wie er es tat. Schließlich hat er selbst nie einen Hehl daraus gemacht, dass er Jude ist, ganz im Gegenteil.

Meiner Meinung nach sind das Denken und Auftreten des Paulus viel leichter zu verstehen, wenn man sie in einer anderen Weise liest. Wenn man seine Briefe betrachtet, kann man nicht bezweifeln, dass Paulus sich für die Einheit zwischen Juden und Nicht-Juden in allen Gemeinden einsetzte. Diese Betonung der Einheit muss sich auf die Art und Weise ausgewirkt haben, wie die Missionsteams zusammengesetzt wurden. Ein Predigerteam, das sich aus Juden und Heiden zusammensetzte, die in Harmonie miteinander lebten, sollten zu den Völkern gesandt werden. Dies war ein Modell für die Mission, das Paulus im Sinn gehabt haben könnte, als er und Titus dieses Thema mit den Aposteln in Jerusalem diskutierten.

Eine weitere Bestätigung dieses Missionskonzepts sehe ich in einem Abschnitt der Apostelgeschichte, der sich auf die Gemeinde in Jerusalem bezieht. Der Abschnitt berichtet von einem Brief, den die apostolische Gemeinde in Jerusalem an die Jünger aus den Völkern schickte. Man kann die Bedeutung des Briefanfangs nicht hoch genug einschätzen: „Die Apostel und die Ältesten, eure Brüder, grüßen die Brüder aus dem Heidentum in Antiochia, in Syrien und Kilikien." (Apg 15,23) Um den Kern dieser Ansprache zusammenzufassen: „Wir sind eure Brüder, die älteren Brüder, und ihr, die ihr aus den Völkern seid, ihr seid unsere Brüder." Ein neues Zeichen für die Verwirklichung von Gottes eschatologischem Plan ist es, diejenigen „Brüder" zu nennen, die bisher keine Brüder waren. Alle sind willkommen in einem Haus, das sie gemeinsam haben werden. Dieser Vorgang geht auf die Ereignisse im Haus des Kornelius zurück, aber er musste in Jerusalem bestätigt werden. Die aus Israel herausgerufene Gemeinde musste diese Annahme bekunden, sonst hätten sich diejenigen, die ausgeschlossen waren, niemals vorstellen können, dass ihnen der Zugang zu den Verheißungen an Israel gewährt würde. Das Verständnis von Jerusalem als eschatologischem Zeichen hat hier seine Grundlage.

Die Erwählung Israels beauftragt dieses Volk, einen Gott zu verkünden, der nicht auf rein menschliche Überlegenheit und gesellschaftliche Positionen schaut. Ganz konkret kommt Israel zur Erfüllung seiner Erwählung, wenn es sich den Völkern zuwendet, wie wir es bei Paulus sehen. Umgekehrt entdecken schließlich die Völker ihren Gott, wenn sie den Vorrang der Erwählung Israels erkennen, wie wir es bei Lukas sehen. Die Mission der Kirche unter den Heiden kann nicht ohne Israel geschehen, aber Israel kann auch nicht es selbst sein, ohne über sich selbst hinauszugehen.

Ich vertraue darauf, dass sich dieser Prozess mit dem Auftreten messianischer Juden entfaltet. Die Völker in der Kirche brauchen messianische Juden, und messianische Juden brauchen die Völker. Was damals in Jerusalem auf dem ersten Apostelkonzil geschah, muss sich wechselseitig nochmals wiederholen, damit ein gemeinsamer Segen auf das Zeugnis beider Teile der Kirche kommt.

Mark S. Kinzer schreibt über den Vorgang, der die Juden zu der Erkenntnis bringt, dass der gekreuzigte Jesus ihr Bruder ist. Vor einer ähnlichen Herausforderung stehen die Völker. Sie sind aufgefordert, in Jesus, dem König der Juden, ihren Bruder zu erkennen. Nur so wird die teilweise Verhärtung des Herzens Israels und der Völker Heilung finden.

Aus dem Englischen übersetzt von Johannes Cornides und Martin Rösch.

Plädoyer für ein katholisch-theologisches Bekenntnis zu Israel[1]

Gavin D'Costa

Einleitung

Katholische Theologie steht an einem Scheideweg, oder manche würden sagen, an einer Klippe. Auf dem Zweiten Vatikanischen Konzil wurde in *Lumen Gentium* 16 (1964) und *Nostra Aetate* 4 (1965) betont, dass der von Gott mit seinem Volk, dem jüdischen Volk, geschlossene Bund unwiderruflich ist. Dies sagt Paulus in Röm 11,29 über das biblische Judentum.[2] 1980 ging Papst Johannes Paul II. einen Schritt weiter und identifizierte das biblische Judentum von *Nostra Aetate* nicht nur mit den der Kirche eigenen Wurzeln, sondern auch mit dem nachbiblischen rabbinischen Judentum. Auch wenn diese Identifizierung interessante Probleme aufwirft, wird das heutige Judentum als in einer Bundesbeziehung mit Gott stehend betrachtet, denn die Gaben, Verheißungen und Berufungen, die Gott den Juden gemacht hat, sind unwiderruflich. Dies wirft eine schwierige Frage für den Katholizismus auf: Sind damit alle Formen des Judentums abgedeckt? Liberales, reformiertes, konservatives, orthodoxes, atheistisches und säkulares Judentum und natürlich das messianische Judentum – der Schwerpunkt dieses Bandes? Um der Argumentation willen gehe ich davon aus, dass die Verheißungen von Gott dem „jüdischen Volk" gegeben wurden, womit sowohl eth-

---

[1] Eine vollständige Fassung dieser Ausführungen findet sich in meiner Monographie *Catholic Doctrines on the Jewish People after Vatican II*, Oxford – New York 2019, Kapitel 3 f. Ein Teil des Materials dieses Papiers basiert auf Gavin D'Costa, „Catholic Zionism: The Jewish state is a sign of God's fidelity", *First Things* (Jan 2020), 17–20. Siehe auch die Bandbreite der katholischen Ansichten zu diesem Thema in Gavin D'Costa – Faydra Shapiro (Hg.), *Contemporary Catholic Approaches to the People, Land, and State of Israel*, Washington, DC 2022.
[2] Ich skizziere das Konzil und seine Lehren in: *Vatican II: Catholic Doctrines on Jews and Muslims*, Oxford 2014.

nische als auch religiöse Juden gemeint, und somit alle oben genannten Gruppen eingeschlossen sind – und noch mehr.[3]

Was bedeutet dies in Bezug auf diese spezifischen Verheißungen und Gaben? Genauer gesagt, was bedeutet das für die Landverheißung an das jüdische Volk, die das, was die Katholiken das Alte Testament nennen, durchzieht?[4] Ist diese Gabe noch gültig?

Die Behandlung dieser Frage in einem angespannten Nahen Osten ist schwierig: Muslime, katholische Christen aus dem Nahen Osten und andere christliche Kirchen und natürlich das jüdische Volk – alle haben ein Interesse an dieser Frage, und alle sind den Katholiken wichtig. In Anbetracht der politischen Lage mag es gerechtfertigt sein, dieser theologischen Frage derzeit auszuweichen. Jede Antwort könnte neue Antagonismen provozieren. Aber die Theologie sollte sich nicht der Politik unterordnen, sondern der Offenbarung Gottes. Was, wenn überhaupt etwas, sagt die Offenbarung einem Katholiken zu dieser Frage?

Die Offenbarung Gottes verlangt auch Gerechtigkeit und Frieden. Daher möchte ich darum bitten, bei der Lektüre des Folgenden davon auszugehen, dass ich das Grundsatzabkommen des Heiligen Stuhls mit der PLO aus dem Jahr 2000 und die Anerkennung eines palästinensischen Staates durch den Heiligen Stuhl im Jahr 2015 voll unterstütze. Der Heilige Stuhl stützt sich auf den UN-Teilungsplan von 1947 als Ausgangspunkt sowohl für Israel als auch für Palästina.[5] Diese politischen und diplomatischen Vereinbarungen werden vom Kardinalstaatssekretär getroffen und beruhen auf dem Völkerrecht, wie es vom Heiligen Stuhl ausgelegt wird, sowie auf den Interessen des Heiligen Stuhls. Es sind nicht immer theologisch begründete Entscheidungen.

Ich vertrete den theologischen Standpunkt einer „weichen Substitutionstheorie", womit ich ausdrücken möchte, dass Jesus Christus der Messias und die Erfüllung der Israel gegebenen Verheißungen

---

[3] Siehe die Pew-Umfrage von 2013, die einem ähnlichen Ansatz folgt wie meine Studie: https://www.pewresearch.org/religion/2013/10/01/sidebar-who-is-a-jew/. Die katholische Kirche hat diesen Punkt in ihren Lehren bisher nicht formell berücksichtigt.
[4] Zugegeben, es handelt sich um unterschiedliche Texte in Bezug auf Inhalt, Anordnung, Bedeutung und hermeneutische Lesestrategien.
[5] George Emile IRANI, *The Papacy and the Middle East: The Role of the Holy See in the Arab-Israeli Conflict, 1962–1984*, Notre Dame, IN 1986.

Plädoyer für ein katholisch-theologisches Bekenntnis zu Israel

ist, dass jedoch den gottgegebenen Status des Bundes mit dem jüdischen Volk oder die ihm gegebenen Verheißungen nicht aufhebt.[6] Diese beiden Ansprüche in Einklang zu bringen, ist Teil der Gratwanderung des nachkonziliaren Katholizismus.

Plädoyer für eine theologische Anerkennung Israels, mit Einschränkungen

Meine Argumentation umfasst vier Schritte. Ich vereinfache natürlich. Erstens: Was sagt das Alte Testament über die Landverheißung? Zweitens, was sagt das Neue Testament über die Landverheißung? Drittens: Wie hängen diese Überlegungen mit der Gründung Israels 1948 zusammen? In dieser kurzen Präsentation werde ich nur das Skelett einer positiven Antwort skizzieren, die ausführlicher besprochen werden müsste. Viertens werde ich die Ansprüche messianischer Juden untersuchen.

Schritt eins: Das Alte Testament ist reich an verschiedenen Themen im Zusammenhang mit dem Land. 70% der Verweise auf den Bund sind ausdrücklich mit der Verheißung des Landes verbunden. Inmitten dieser Komplexität gibt es drei unbestreitbare Elemente. Das erste ist Gottes Verheißung des Landes an Abraham und seine Nachkommen (Gen 12; 15; 17). Das jüdische Volk ist nicht wegen des Landes auserwählt. Schlüsselfiguren wie Mose betreten das Land nie. Sie sind deshalb kaum weniger jüdisch. Das Volk existierte zuerst. Die Grenzen des Landes werden unterschiedlich gezogen. Gen 15,18–21 stellt das größte Gebiet dar. Engere, aber unterschiedliche Grenzen werden in Ex 23,29; Num 34,1–15; Dtn 1,7; 7,22, 11,24; Jos 1,2–4 und Ez 47,13–20 beschrieben; dazu 1 Kön 4,7–25 als zeitweilige Erfüllung der Verheißungen. In der Wissenschaft ist umstritten, ob es sich bei diesen biblischen Texten um von Gott „festgelegte" Grenzen handelt oder um Gebiete, die mit dem historischen Kontext

---

[6] Ich stimme David NOVAK, *Talking with Christians: Musings of a Jewish Theologian*, Grand Rapids, MI 2005, 164, zu, der argumentiert, dass das eigentliche Problem die „harte" und nicht die „weiche" Substitutionstheorie ist, denn der Christ könnte kein Christ sein, wenn er nicht zumindest eine weiche Substitutionstheorie hätte.

und den bestehenden politischen Bedingungen zusammenhängen, um dem Volk eine Heimat zu bieten.

Was die Grenzen betrifft, so sei an Genesis 13,5-13 erinnert. Zwischen Lots und Abrams Knechten kommt es zu einem Streit über das Land. Abram bietet Lot die erste Wahl des Landes an, damit der Streit gütlich beigelegt werden kann. Lot wählt den besten Teil, und Abram ist zufrieden. Frieden und Gerechtigkeit sind wiederhergestellt – auf Abrams Kosten. Ähnlich mit Isaak und den Leuten Abimelechs (Gen 26,12-33), wobei es sich hier um nicht verwandte Nachbarn handelt.

Zweitens verlangt die Landgabe an Israel durch Gott auch von seinem Volk eine moralische und kultische Reinheit (vgl. Lev 18,24-8; Num 35,34; Dtn 28,15-68 und Jos 24,14-24). Ein Aspekt der moralischen Reinheit erfordert eine gerechte Behandlung des Fremden. Die Sorge um den Fremden im Land kommt 36 mal vor, oft mit der kontextuellen Erklärung, warum dies so wichtig ist: *Ihr wisst doch, wie es einem Fremden zumute ist; denn ihr selbst seid im Land Ägypten Fremde gewesen* (Ex 23,9). Ich möchte klarstellen, dass ich die Palästinenser im modernen Kontext nicht als „Fremde" im Land betrachte, sondern lediglich auf die Bedeutung dieses Themas hinweisen möchte. Die biblische Erzählung zeigt, dass das Volk immer wieder dieser hohen Berufung nicht entspricht. Zum Volk zu werden, ist ein Prozess, der viel Durcheinander mit sich bringt und keinen einfachen linearen Verlauf hat. Als Katholiken sollten wir ein gewisses Mitgefühl haben, da wir nach *Lumen Gentium* dazu berufen sind, die „unbefleckte Braut des unbefleckten Lammes" zu sein. Das Versagen der Katholiken, diesem hohen Standard gerecht zu werden, bedeutet nicht, dass wir den Ruf, die Berufung und die Gabe verurteilen. Wenigstens dasselbe sollte für Israel gelten.

Drittens: Damit das bedingungslose Geschenk und der Prozess, Gottes Volk zu werden, nicht zum Anlass für Selbstzufriedenheit werden, enthält Lev 18,28 eine deutliche Warnung an Israel bezüglich des von ihm bewohnten Landes: *Wird es etwa euch, wenn ihr es verunreinigt, nicht ebenso ausspeien, wie es die Nation vor euch ausgespien hat?* Hier liegt der Schlüssel dafür, warum Katholiken die moderne Rückkehr des jüdischen Volkes nicht als *Erfüllung* der biblischen Prophezeiungen über die Endzeit ansehen können. Das setzt ein Urteil voraus, das nur Gott fällen kann. Dieses Statement leugnet in keiner Weise die Verheißung, sondern impliziert Offenheit für einen noch ausstehenden Gehalt der Verheißung in der Heilsgeschichte.

Ich habe eine ganze Reihe von Themen nicht berührt: die Vernichtung der Bewohner des Landes (der *Cherem*), den Ort des Tempels, die Rolle Jerusalems. Meine vorläufige Schlussfolgerung, die von einer Reihe katholischer Exegeten unterstützt wird, ist, dass die Landverheißung, die Israel gegeben wurde, im Mittelpunkt der Verheißungen und Gaben Gottes an sein Volk steht.[7]

Ist es möglich, eine substitutionstheoretische Lesart des Alten Testaments zu vermeiden und gleichzeitig das christologische Zentrum der Kirche im Neuen Testament zu bewahren? Jan-Heiner Tück geht in seinem in diesem Band abgedruckten Vortrag ebenfalls auf dieses Thema ein.

Zweiter Schritt: Im Neuen Testament wird die Kirche nie als das „neue Israel" bezeichnet. An den 80 Stellen, an denen „Israel" verwendet wird, bezieht sich dieser Name gewöhnlich auf das jüdische Volk oder sein Gemeinwesen oder direkt auf das Land. Drei Themen des Neuen Testaments sind hier von Bedeutung:

Erstens: Jesus ist dem Land und dem jüdischen Volk völlig verpflichtet. Sowohl am Anfang als auch am Ende seines Dienstes richtet Jesus sein Wirken auf das Land aus. Die Kindheitsevangelien erneuern das Exil des Volkes in Ägypten, gefolgt von der Rückkehr der Heiligen Familie aus Ägypten in das Land (siehe Mt 2,13-23). Während seiner Mission verlässt Jesus nie das Land. Er kümmert sich nur um Israel, sein Volk (Mt 15,22-28). Der Weg „bis an die Enden der Erde" wird der Kirche überlassen, die sich nach der Auferstehung um ihn versammelt. Dies entspricht den Erwartungen an die Ankunft des jüdischen Messias, der ein Licht für die Völker sein wird. Jesus wird Israel, das Volk und das Land, zu einem *Licht für die Völker* machen (vgl. Jes 49,6; 60,1-3; Lk 2,23), so dass alle den Gott Israels anbeten werden.

Zweitens konzentrieren sich viele der Lehren Jesu auf das Land. Zum Beispiel: „Selig sind die Sanftmütigen, denn sie werden das

---

[7] Siehe zum Beispiel die Päpstliche Bibelkommission, *Das jüdische Volk und seine Heilige Schrift in der christlichen Bibel* (Verlautbarungen des Apostolischen Stuhls 152, hg. vom Sekretariat der Deutschen Bischofskonferenz), 24. Mai 2001, Paragraphen 33, 37, 48, 54 and 65.

Erdreich besitzen" (Mt 5,5; Lutherbibel). Viele Bibelwissenschaftler sind der Meinung, dass es besser heißt: „Selig sind die Sanftmütigen, denn sie werden das *Land erben*." (EÜ) Matthäus stützt sich auf Psalm 37,11. In diesem Psalm bezieht sich das hebräische *eretz* auf das Land Israel, nicht auf die „Welt". Vier weitere Verse in Psalm 37 wiederholen die Formulierung „das Land erben" mit dem Land Israel als klarem Bezugspunkt. Dies würde bedeuten, dass seine jüdischen Jünger bei der Erneuerung aller Dinge schließlich das Land „erben" würden (Mt 19,27–30).

Drittens: Nach der Auferstehung, in Apg 1,6, bejaht Jesus die Frage nach der Wiederherstellung des „Königreichs für Israel". Aber er warnt die Jünger auch, dass es ihnen nicht zusteht, den Zeitpunkt dieses Ereignisses zu kennen. Es ist die Initiative des Vaters. Jeder jüdische Zuhörer – und alle Jünger waren in der Erzählung Juden – würde wissen, dass sich dieser Hinweis auf das Land bezieht. Mark Kinzers Buch *Jerusalem Crucified. Jerusalem Risen* bietet eine eingehende exegetische Lektüre des Neuen Testaments zu diesem Thema und zeigt, dass die Apostelgeschichte und das Lukasevangelium die Bedeutung des Landes in den Mittelpunkt stellen.[8]

Viertens: Der Fokus auf das Land ist nicht auf Jesus allein beschränkt. Paulus zitiert die Gabe des Landes in Apg 13,19 als Teil seiner Erinnerung an Gottes mächtige Taten, die in Jesus Christus gipfelten (aber nicht endeten). Es ist derselbe Paulus, der in Röm 9,4 von den Verheißungen spricht, die (im Präsens) „den Israeliten gehören", und in Röm 11,29 sagt, dass diese „Gaben" unwiderruflich sind. Für jeden jüdischen Leser ist es klar, dass eine dieser Gaben das Land ist. Es ist schließlich der sekundäre Schwerpunkt der Gabe des Bundes, nach dem primären: der Schaffung eines Volkes. All diese und viele andere Passagen weisen auf eines hin: Die frühen Nachfolger Jesu wussten, dass das Land im Mittelpunkt des Evangeliums stand, sowohl in seiner Verheißung für das jüdische Volk als auch in seiner Beziehung zu einer messianischen Wiederherstellung.

Aber das Neue Testament ist komplex, da es das Alte messianisch umgestaltet. Wenn die Landverheißung nicht der „Ersatztheologie" zugeschlagen wird, müssen wir uns fragen, ob die Rückführung des Volkes in das „Land Israel" (Mt 2,20) als eschatologisches Zeichen für

---

[8] Mark S. KINZER, *Jerusalem Crucified, Jerusalem Risen: The Resurrected Messiah, the Jewish People, and the Land of Promise*, Eugene 2018.

die Wiederkunft Jesu betrachtet werden sollte. Es ist schwer zu leugnen, dass dies der Fall sein könnte; nur Gott weiß es. Damit weiche ich der Frage nicht aus, sondern beantworte sie, indem ich daran erinnere, dass wir die Stunde nicht wissen können und, wie Jesus uns sagt, bei der Unterscheidung der Zeichen sorgfältig bleiben müssen. Die Gründung Israels im Jahr 1948 ist ein Zeichen, das genau solch eine Unterscheidung erfordert, worauf ich gleich zurückkommen werde.

Wie steht es schließlich mit den neutestamentlichen Verweisen, die sich von der Besonderheit des Landes zu entfernen scheinen und das Reich Gottes universalisieren? Zum Beispiel, die Verortung des transgeographischen Tempels im auferstandenen Leib Christi? Jesus sagt, dass er den Tempel, der sein auferstandener Leib ist, wiederaufbauen wird (Joh 2,19). Diese universalistische Bewegung im Neuen Testament, die zum kosmischen Christus führt, bleibt im Partikularen verankert, dem historischen Jesus von Nazareth. Das Partikulare ist das Tor zum Universalen. Das Universale entmaterialisiert oder zerstört das Partikulare nicht. So wie Jesus Christus der Skandal des Partikularen ist, so sind es auch das Land und das jüdische Volk, von denen er geprägt wird.

Als die Päpstliche Bibelkommission (PBC) diese Frage im Jahr 2001 untersuchte, erkannte sie an, dass es für Christen unterschiedliche Traditionen hinsichtlich der Bedeutung des Landes im Neuen Testament gibt. Der Abschnitt, der sich mit dem Neuen Testament befasst, endet allerdings mit den Worten: „Dabei darf freilich nicht in Vergessenheit geraten, dass Israel von Gott ein konkretes Land verheißen worden ist, und dass es dieses Land auch tatsächlich zum Erbe erhalten hat" (Nr. 57). Ich schlage einen Weg vor, wie wir das christologisch ernst nehmen können, ohne die Landverheißung zu entpartikularisieren oder in eine relativistische Position abzugleiten (dass sowohl das Judentum als auch das Christentum auf ihre jeweils eigene Weise wahr sind – ein unmöglicher Standpunkt).

Meine bisherigen versuchsweisen Schlussfolgerungen sind: (a) dass die Verheißungen an das jüdische Volk in Bezug auf das Land als intakt gelesen werden können – und dies entspricht den Absichten des Konzils, dass die Unwiderruflichkeit der Verheißungen Gottes nicht geleugnet werden soll; (b) dass diese Verheißungen in Jesus Christus neu gestaltet werden, aber nicht in einer Weise, die die Landverheißung an das jüdische Volk entmaterialisiert; (c) dass die Landverheißung an das jüdische Volk sehr wohl mit der Eschatologie verbunden sein kann, was aber eine offene Frage ist.

Trifft irgendetwas davon auf Israel 1948 und danach zu? Auch wenn das soeben Gesagte alles wahr und wertvoll ist, ist es wichtig, die Zeichen der Zeit richtig zu deuten und die Herausforderung anzunehmen.

Dritter Schritt: Das moderne Israel: Drei Einschränkungen bezüglich des Begriffs „modernes Israel". Ich bezeichne hiermit das jüdische Volk, das im Land lebt, und nicht die Form des Nationalstaates oder eine bestimmte politische Partei, die diesen Staat regiert, oder Entscheidungen der jeweiligen Regierung. Es versteht sich von selbst, dass für die Sicherheit des jüdischen Volkes in diesem Land eine Form der Staatsführung erforderlich ist, aber ich betrachte die *Form der Staatsführung* als einen kontingenten Faktor, im Unterschied zu der an das jüdische Volk ergangenen Verheißung. Zweitens halte ich mich an die von den Vereinten Nationen festgelegten Grenzen von 1947, welche durch die katholische Kirche anerkannt worden sind, wenn ich von „Israel" und „Palästina" spreche. Drittens stellt der Anspruch der Palästinenser auf ihr Heimatland ein äußerst schwieriges Problem dar, was im Folgenden nicht außer Acht gelassen werden sollte. Die Unterstützung des modernen Israel durch die Kirche kann nicht in Frage stellen, dass die Kirche das Bemühen um Gerechtigkeit für das palästinensische Volk unterstützt. Die beiden Ansprüche miteinander in Einklang zu bringen, ist keine leichte Aufgabe – was zu erwarten ist, wenn so viel Blut und Tränen vergossen worden sind.

Meine einzige Frage ist nun, ob sich die biblischen Verheißungen auf Israel ab 1948 beziehen könnten – in Bezug auf Menschen und Land, nicht zur Unterstützung einer Regierung oder einer bestimmten Regierungsform.

Erstens: Wenn es – was sicherlich der Fall ist – eine Rückführung von Juden in das Land gibt, dann könnte dies ein Handeln der Vorsehung Gottes sein. Eine weitere Frage drängt sich auf: Könnte das moderne Israel der Beginn der Endzeit sein? Kann dies in Betracht gezogen werden, wenn so viel Dunkelheit und Tragödie die frühen Tage Israels umgibt, wenn Mord, Zerstörung und Enteignung ebenfalls Teil dieser Geschichte sind? Es scheint, dass die erste Aussage bejaht werden sollte und kann, insbesondere angesichts der wegweisenden Worte von Papst Johannes Paul II. Während seines Pastoralbesuchs in Brasilien im Jahr 1991 traf der Papst mit jüdischen Führern in Brasilia zusammen. In seiner Rede zitiert er aus Ezechiel 34,13 und gebraucht das Alte Testament, um die moderne Geschichte zu lesen, wobei er eine Passage verwendet, die für die Landverheißung von zentraler Bedeutung ist:

Mögen unsere jüdischen Brüder und Schwestern, die aus den Völkern herausgeführt und aus den fremden Ländern gesammelt wurden, in ihr eigenes Land, in das Land ihrer Vorfahren, zurückgebracht werden, damit sie dort in Frieden und Sicherheit auf den Bergen Israels leben können, behütet durch den Schutz Gottes, ihres wahren Hirten.[9]

Dass diese Sammlung auf die Initiative säkularer Zionisten mit Unterstützung evangelikaler britischer Christen zurückgeht, scheint keine Rolle zu spielen. Dass der Papst diese Versammlung biblisch interpretiert, spielt jedoch eine Rolle.

Aber die Aussage, dass Gott sein Volk behütet, ist logisch gesehen etwas anderes als die Frage, ob das moderne Israel der Beginn der Endzeit ist, ein Zeichen für die endgültige Erfüllung von Gottes heilsgeschichtlichem Handeln. Wenn man die Lehren Jesu beachtet, muss man zurückhaltend sein, wenn es darum geht, dies zuversichtlich zu behaupten. Ein genauer Blick auf die biblischen Verheißungen verstärkt die Zurückhaltung: Das Volk kann, wie uns das Buch Levitikus erklärt, „ausgespuckt" werden. Das ist schon einmal geschehen. Wir können Gottes Hand nicht zwingen oder voreilig erklären, dass dies *die* Erfüllung der Schrift ist. Dies ist von entscheidender Bedeutung. Bitte beachten Sie, dass ich dies nicht ausschließe, sondern für eine überlegte Zurückhaltung plädiere, die der Wahrheit der uns gegebenen Offenbarung angemessen ist. Zusammenfassend lässt sich sagen, dass die Wiederansiedlung des jüdischen Volkes im Land und seine Bewahrung als Volk zutiefst biblisch ist und nicht ignoriert werden kann.

---

[9] https://www.vatican.va/content/john-paul-ii/it/speeches/1991/october/documents/hf_jp-ii_spe_19911015_brasile-comunita-ebraica.html. In der Ezechiel-Stelle (Ez 34,13) heißt es: *Ich werde sie aus den Völkern herausführen, ich werde sie aus den Ländern sammeln und ich werde sie in ihr Land bringen. Ich führe sie in den Bergen Israels auf die Weide, in den Tälern und an allen bewohnten Orten des Landes.*

Zweitens: Gerechtigkeit für die Palästinenser ist nicht verhandelbar. Gerechtigkeit für alle spielt sowohl im Alten als auch im Neuen Testament eine herausragende Rolle. Gerechtigkeit ist ein zentrales Anliegen der katholischen Soziallehre und gründet auf der Offenbarung, nicht auf der Tagespolitik. Die katholische Kirche hat eine lange Geschichte der Unterstützung der Völker in Palästina, und das muss so bleiben. Die Anliegen der amerikanischen und europäischen Kirchen können nicht gegen jene der Kirchen des Nahen Ostens ausgespielt werden. Sowohl die Palästinenser als auch die Juden haben ein Anliegen – beide Seiten stellen eine Forderung, die sich auf die biblische Wahrheit bezieht – die eine in Bezug auf die Landverheißung, die andere in Bezug auf das Walten von Gerechtigkeit. Beide Ansprüche richten sich an die Kirche.

Papst Franziskus sagte in seiner Rede anlässlich eines Friedensgebetes im Beisein von Mahmoud Abbas und Shimon Peres im Vatikan im Jahr 2014: „Um Frieden zu schaffen, braucht es Mut, sehr viel mehr, als um Krieg zu führen. Es braucht Mut, um Ja zu sagen zur Begegnung und Nein zur Auseinandersetzung; Ja zum Dialog und Nein zur Gewalt [...]".[10] Ob das Ergebnis des Gesprächs eine Zwei-Staaten-Lösung, ein Ein-Staat-Abkommen im Sinne einer binationalen Föderation oder eines der vielen anderen Modelle sein wird, ist eine Ermessensentscheidung, die am besten von den beteiligten Parteien selbst getroffen wird.

Drittens bejahen Katholiken keine „Nationalstaaten" *per se* als von Gott gegeben, obwohl das Verhältnis der katholischen Kirche zu den verschiedenen politischen Staaten sehr komplex und vielfältig ist.[11] Formen von christlichem Zionismus sind oft als die Unterstützung eines von Gott geschaffenen Nationalstaates dargestellt worden.[12] Einige christliche Zionisten wie Pat Robertson sagen in der Tat: „Wer sich gegen Israel stellt, stellt sich gegen Gott." Damit werden auf problematische Weise das Volk, das Land und der moderne Nationalstaat Israel als untrennbar miteinander ver-

---

[10] 8. Juni 2014: https://www.vatican.va/content/francesco/de/speeches/2014/june/documents/papa-francesco_20140608_invocazione-pace.html.
[11] Paul Christopher MANUEL, Lawrence C. REARDON – Clyde WILCOX (Hg.), *The Catholic Church and the Nation-State: Comparative Perspectives*, Washington, DC 2006.
[12] See Samuel GOLDMAN, *God's Country. Christian Zionism in America*, Philadelphia 2018.

schmolzen. Es gibt zwei ernsthafte Einwände gegen diese Art der Auslegung, einen historischen und einen theologischen.

Historisch gesehen hatte der Zionismus nie eine einheitliche Auffassung vom Nationalstaat. Dmitry Shumskys Buch *Beyond the Nation State*[13] zeigt, wie sich die führenden zionistischen Persönlichkeiten den künftigen jüdischen Staat in Palästina entweder als binationalen Staat oder als Teil eines größeren multinationalen Rahmens vorgestellt haben. Dies galt für Leon Pinsker, Vladimir Jabotinsky, Theodor Herzl, Ahad Ha'am und David Ben-Gurion. Nach 1948 schrieben die Historiker eine andere, teleologischere Geschichte – und der Zionismus setzte sich in seinen vielen Mutationen fort. Auch unter den heutigen jüdischen Zionisten gibt es viele, die dem Handeln des jüdischen Nationalstaates sehr kritisch gegenüberstehen. Es steht außer Frage, dass es eine Form der Regierung für die Menschen in dem Land geben muss, aber das bedeutet nicht, dass die gottgegebene Form der gegenwärtige Nationalstaat ist.

Theologisch hat der emeritierte Papst Benedikt 2018 weise zu unserem Thema geschrieben:

Die Frage, wie man das zionistische Projekt beurteilen solle, war auch in der katholischen Kirche umstritten. Dass eine theologisch verstandene Landnahme im Sinne eines *neuen politischen Messianismus* unannehmbar sei, war allerdings von Anfang an die herrschende Position. Nach der Errichtung des Landes Israel 1948 bildete sich eine theologische Lehre heraus, die schließlich die politische Anerkennung des Staates Israel durch den Vatikan ermöglichte. Ihr Kern besteht in der Überzeugung, dass ein im strengen Sinn theologisch verstandener Staat, ein jüdischer Glaubensstaat, der sich als die theologische und politische *Erfüllung* der Verheißungen ansehen würde, nach christlichem Glauben innerhalb unserer Geschichte nicht denkbar ist und im Widerspruch zum christlichen Verständnis der Verheißungen stünde.[14]

Es gibt gute Gründe für die Ablehnung durch den emeritierten Papst Benedikt, wenn man genau beachtet, was er ablehnt. Wohlgemerkt, er lehnt nicht die Möglichkeit ab, die Papst Johannes Paul II. oben bekräftigt hat: dass der Staat Israel im Jahr 1948 und danach Gottes Liebe und Fürsorge für sein Volk widerspiegelt. Nach der Shoah

---

[13] Dimitry SHUMSKY, *Beyond the Nation-State: The Zionist Political Imagination from Pinsker to Ben-Gurion*, New Haven, CT 2019.
[14] Joseph RATZINGER – BENEDIKT XVI., „Gnade und Berufung ohne Reue. Anmerkungen zum Traktat »De Iudaeis«", in: IKaZ 47 (2018) 387-406 (hier 401, Hervorhebungen von Autor).

konnte es endlich in das Land der Verheißung zurückkehren. Was er ablehnt, ist eine bestimmte jüdische Sicht des Landes: eine, die besagt, dass ein jüdischer Glaubensstaat die theologische und politische Erfüllung der Verheißungen ist. Es gibt viele Gründe, warum man eine solche Auffassung ablehnen sollte. Aus katholischer Sicht ereignet sich die theologische Erfüllung der Geschichte mit Jesus Christus. Selbst wenn die Rückkehr des jüdischen Volkes in das Land Teil des katholischen Bewusstseins würde, wie ich es gefordert habe, würde dies nicht die Erfüllung der Verheißungen bedeuten, wie sie das zeitgenössische Judentum versteht. Denn diese Erfüllung schließt für das rabbinische Judentum die Behauptung aus, Jesus von Nazareth sei der Messias, der Christus. Es ist nicht klar, warum es „nicht denkbar" sei, dass ein solcher jüdischer Staat im Lande die Wiederkehr des jüdischen Messias, Jesus Christus, vorwegnehmen könnte, nicht jedoch das erste Kommen des Messias, das sich ja schon ereignet hat. Es gibt jedoch noch viele andere Vorstellungen von dem Land, das den Juden innerhalb und außerhalb Israels gehört, und es ist nicht klar, ob die von Benedikt dargelegte spezielle Vorstellung alle diese Möglichkeiten ausschöpft. Aber der emeritierte Papst Benedikt hat in diesem wichtigen Essay nicht weiter nach anderen möglichen Konfigurationen gesucht, die von der katholischen Theologie unterstützt werden könnten. Ich habe oben eine vorgeschlagen. Er scheint diese Position anzuerkennen, denn fast unmittelbar nach dem eben zitierten Abschnitt fährt er fort:

Der Vatikan [...] hat den Staat Israel als einen modernen Rechtsstaat anerkannt und sieht in ihm eine rechtmäßige Heimat des jüdischen Volkes, deren Begründung freilich nicht unmittelbar aus der Heiligen Schrift abgeleitet werden kann, aber dennoch in einem weiteren Sinn *die Treue Gottes zum Volk Israel ausdrücken darf*.[15]

Der letzte Satz steht in einer kreativen Spannung zum ersten. Wie kann der Staat Israel die „Treue Gottes zu seinem Volk" zum Ausdruck bringen, ohne dass diese Behauptung irgendwie aus der Heiligen Schrift abgeleitet werden kann? Vielleicht löst sich die Spannung durch die Einsicht, dass die Rede von einem Ereignis im Jahr 1948 als Erfüllung nur eine mittelbare Ableitung aus der Heiligen Schrift sein kann? Die Heilige Schrift nennt keine Daten für die Wiederherstellung Israels im Land und ist in diesem Sinne indirekt, aber was

---

[15] Ebd. (Hervorhebung von Autor).

direkt gesagt werden kann, ist genau das, was Papst Johannes Paul II. bekräftigt hat: Der Staat Israel „ist Ausdruck der Treue Gottes zum Volk Israel". Und wenn so viel gesagt werden kann, dann kann es nicht sein, dass der Staat Israel aus dieser Bekräftigung ausgenommen wird. Ich habe also einen Weg vorgeschlagen, wie wir das Volk auf dem Land theologisch bejahen können, ohne eine bestimmte jüdische Auffassung von der Bedeutung des Staates zu übernehmen. Letzteres geschieht nicht aus Respektlosigkeit, sondern aufgrund eines authentisch katholischen Respekts, wonach Katholiken zuhören müssen, was Juden zu sagen haben, und nur auf der Grundlage der katholischen Lehre zustimmen oder widersprechen können. Wenn wir also, wie ich es getan habe, den Staat vom Volk und vom Land unterscheiden, könnte es dann Sinn ergeben, von Gottes Treue zum Volk Israel zu sprechen? Ich glaube ja – und Papst em. Benedikt auch.

Der Ausweg aus dieser echten Spannung besteht sicherlich darin, Volk und Land (die in der Bibel indirekt bestätigt werden) vom Nationalstaat (der nicht biblisch bestätigt wird) zu entkoppeln. Zugegeben: eine Art Bestätigung der Notwendigkeit einer Regierung für das menschliche Zusammenleben ist einzuräumen, aber ohne dass diese einen theologischen Status hätte. Die katholische Theologie kann sich nicht dazu äußern, welche Form des Regierens die beste ist, obwohl sie in der Lage ist, auf der Grundlage ihrer Soziallehre verschiedene Formen zu kritisieren.

Vierter Schritt: Messianische Juden? Bevor ich zum Schluss komme, möchte ich mich nun dem Status der messianischen Juden in Bezug auf die von mir gezogene Schlussfolgerung zuwenden.

Ich würde drei Arten von „messianischen Juden" unterscheiden, obwohl dies kaum eine umfassende Klassifizierung ist: (a) diejenigen, die sich nicht so sehr mit den nichtjüdischen Kirchen befassen, da diese jüdische Nachfolger Jesu ausgeschlossen und ihnen Schaden zugefügt und sich schwer gegen das jüdische Volk versündigt haben;[16] (b) diejenigen, die sich um eine bilaterale Ekklesiologie mit nichtjüdischen Nachfolgern Jesu bemühen, um eine Brücke zu schlagen und Solidarität sowohl mit nichtjüdischen Nachfolgern Jesu als

---

[16] Vgl. Daniel C. GRUBER, *The Separation of Church and Faith, vol. 1: Copernicus and the Jews*, Hanover, NH 2016.

auch mit dem jüdischen Volk zu finden (z. B. Mark Kinzer[17]); und (c) die jüdischen Nachfolger Christi, die Teil der katholischen Kirche wurden und in diesem Band auf verschiedene Weise vertreten sind, insbesondere Antoine Lévy, der dieser Frage die größte Aufmerksamkeit gewidmet hat.[18] Alle drei Gruppen sind Erben der Verheißung, und meiner Ansicht nach erheben alle drei Gruppen zu Recht Ansprüche auf Israel, Kinzer stärker als ich, und Lévy stärker als ich, aber weniger stark als Kinzer.[19]

Dies führt zu zwei wichtigen Punkten, mit denen ich schließen möchte. Wenn die vorgebrachten Argumente für Katholiken überzeugend sind, dann sind nichtjüdische Katholiken und jüdische Katholiken auf unterschiedliche Weise von ihnen betroffen. Für nichtjüdische Katholiken ist die kritische Unterstützung Israels als ein aus der Offenbarung abgeleitetes theologisches Datum sehr wichtig. Für jüdische Katholiken gilt dasselbe, während sie selbst einen Anspruch auf das Recht auf Rückkehr (*Alija*) in das von Gott verheißene Land haben. Dies bezieht sich auf die wichtige Entscheidung des Obersten Gerichtshofs Israels in Bezug auf Oswald Rufeisen, den katholischen Mönch, der auch als Bruder Daniel bekannt ist, der in eine jüdische Familie hineingeboren wurde, Juden bei der Flucht vor den Nazis half und in Yad Vashem geehrt wurde, und der zum Katholizismus konvertierte. Nachdem er in Israel gelebt hatte, beantragte er die *Alija*, die ihm jedoch mit der Begründung verweigert wurde, er sei zu einer anderen Religion konvertiert.[20] Dieses Thema wurde von Antoine Lévy in einem Gastkommentar

---

[17] Siehe Mark S. KINZER, *Postmissionary Messianic Judaism: Redefining Christian Engagement with the Jewish People*, Grand Rapids, MI 2005.
[18] Im Folgenden beziehe ich mich hauptsächlich auf Antoine LÉVY, *Jewish Church. A Catholic Approach to Messianic Judaism*, Lanham, MD 2021.
[19] Mark S. KINZER, *Jerusalem Crucified* (s. Anm. 8); und Antoine LÉVY, „Tractatus Theologico-Politicus: Palestinian Suffering and the Official Catholic Teaching on the State of Israel", in: D'COSTA – SHAPIRO (Hg.), *Contemporary Catholic Approaches* (s. Anm. 1), 191–218.
[20] Das Urteil des Obersten Gerichtshofs im vollen Wortlaut: https://openscholar.huji.ac.il/sites/default/files/hebrewlaw/files/rsvvld_rvpyzn_ngd_shrh pnym_bgts_ms_72-62.pdf. Englische Zusammenfassung unter: https://archive.jewishagency.org/education/israel/achievements/oswald-rufeisen-brother-daniel-case/.

in der *Times of Israel* wieder aufgegriffen.[21] Gewiss ist das Denken über jüdische Identität im Fluss, und der Oberste Gerichtshof hat in jüngster Zeit den einfachen Weg einer breiteren Definition, wer ein Jude ist, eingeschlagen.

Nach dem Fall Rufeisen weitete der Oberste Gerichtshof 1989 im berühmten Fall Beresford das Urteil auch auf messianische Juden aus.[22] Dieses Urteil wurde jedoch 2008 in Bezug auf messianische Juden aufgehoben, und 2021 gab es weitere wichtige Entwicklungen, als Reformjuden und konservative Juden als „Juden" und nicht als „Konvertiten" anerkannt wurden.[23] Es könnte durchaus sein, dass sich bald auch katholische Juden für die *Alija* qualifizieren können.

Der zweite Punkt, den ich ansprechen möchte, ist, dass vom Standpunkt der katholischen Ekklesiologie aus die Position von Antoine Lévy (man könnte sagen, offensichtlich) kohärenter und attraktiver ist, da sie die Frage ernst nimmt, was die „Einheit" der jüdischen und nichtjüdischen *ecclesiae* ausmacht, während es Kinzers bilateraler Ekklesiologie nicht gelingt, „Einheit" in einer Weise zu definieren, die für das katholische Empfinden sinnvoll wäre. Da Kinzer nicht von den gleichen Prämissen ausgeht wie Lévy, ist die Diskussion darüber, wie es mit der „Einheit" oder der bilateralen Ekklesiologie weitergehen soll, natürlich etwas festgefahren. Dies ist jedoch für die Debatte über das Land nicht wichtig und kann für den Moment beiseitegelassen werden.

Schluss

Persönlich muss ich gestehen, dass ich bis zum Beginn meiner Forschungen vor etwa vierzehn Jahren ein entschiedener Unterstützer der Palästinenser war und Israel als eine kolonialistische Macht ohne Legitimität in der Region betrachtete. Die Theologie hat mich dazu gebracht, meine Sichtweise zu überdenken und zu ändern, ohne je-

---

[21] https://blogs.timesofisrael.com/im-a-catholic-friar-and-also-a-jew-the-law-of-return-should-work-for-me/.
[22] Linda ALEXANDER, *The Unpromised Land: The Struggle of Messianic Jews*, Baltimore 1994.
[23] https://www.bloomberg.com/opinion/articles/2021-03-02/israel-expands-its-right-of-return-and-sparks-a-debate.

doch meine Unterstützung für das palästinensische Volk zu untergraben.

Katholiken sind aufgerufen, sich in erster Linie an der Offenbarung zu orientieren. Wenn die katholische Kirche die Frage des Landes nicht anspricht, wird sie nicht auf die Offenbarung achten. Ihr Schweigen sollte nicht das frühere Schweigen in der Frage des jüdischen Volkes wiederholen.

Aus dem Englischen übersetzt von Johannes Cornides und Martin Rösch.

Antwort auf Gavin D'Costa

Jennifer M. Rosner

Es ist mir eine Ehre, meinem Freund und Kollegen Gavin D'Costa zu antworten, dessen präzise und innovative Arbeit zu diesem Thema gebührende Beachtung verdient. D'Costas Perspektive ist nuanciert und im besten Sinne provokativ, insbesondere seine ausgewogene und unparteiische Einschätzung des Landes und seiner fortdauernden theologischen Bedeutung. Im Folgenden möchte ich in vier Punkten auf D'Costas Argumente für eine katholische theologische Bejahung Israels eingehen.

Dankbarkeit und Wertschätzung

Zunächst möchte ich ein einfaches Wort der Dankbarkeit für D'Costas wichtige und konstruktive Arbeit und Überlegungen zu diesen Themen sagen. Was ich an D'Costas Perspektive am überzeugendsten finde, ist sein Wille, den biblischen Text ernst zu nehmen, und – im Rahmen dieser Selbstverpflichtung – seine Bereitschaft, nüchtern mit der theologischen Bedeutung des modernen Staates Israel zu rechnen, wobei er sich eine gewisse Zurückhaltung bewahrt, dabei zu viel vorauszusetzen.

D'Costas Arbeit zeichnet sich durch eine Zurückhaltung aus, die Theologie als Geisel der Politik (wie er es ausdrückt) zu nehmen. Dieser Aspekt von D'Costas Arbeit ist ehrlich, hoffnungsvoll und erfrischend förderlich für ein konstruktives Engagement. D'Costas Arbeit hat einen prophetischen und drängenden Klang, da er das „frühere Schweigen der katholischen Kirche zum jüdischen Volk" mit Nachdruck anspricht und die Katholiken beschwört, diesen Fehler nicht zu wiederholen. In dieser Hinsicht gibt es eine starke Resonanz zwischen D'Costas Perspektive und der von Mark Kinzer, da beide versuchen, „eine Reihe von theologischen Parametern bereitzustellen, innerhalb derer Verfechter der Rechten, der Linken und der Mitte alle ihren Standpunkt einnehmen können".[1] Mehr dazu in Punkt vier unten.

Über „moralische und kultische Reinheit"

In seiner Erörterung des Landes im Alten Testament erwähnt D'Costa Gottes Forderung nach moralischer und kultischer Reinheit des Volkes Israel, und er erwähnt mehrfach die Tatsache, dass Gott das Volk aufgrund seines Versagens in dieser Hinsicht aus dem Land geworfen hat (und sehr wohl noch einmal werfen könnte). Dieser eindringliche Faden der biblischen Erzählung belebt und „nährt" weitgehend die Landtheologie von Denkern wie Walter Brueggemann und Gary Burge; für sie dient die Politik des modernen Nationalstaates *nur* dazu, jegliche Berufung auf die Kontinuität zwischen biblischen Verheißungen und dem gegenwärtigen Besitz des Landes in Frage zu stellen. Burge stellt unmissverständlich fest: „Wenn Israel einen biblischen Anspruch auf das Heilige Land erhebt, dann muss es sich an die biblischen Standards der nationalen Gerechtigkeit halten."[2]

An dieser Stelle möchte ich unsere Aufmerksamkeit auf eine wichtige Beobachtung von Kinzer lenken, nämlich dass es „zwei verschiedene Stränge der prophetischen Lehre über Israels Rückkehr aus dem Exil" gibt. Der deuteronomistische Strang, der ausschließlich von Burge und anderen hervorgehoben wird, „verlangt Israels Buße als Voraussetzung für seine nationale Wiederherstellung". Der Hauptton, der in den prophetischen Texten erklingt, erzählt jedoch eine andere Geschichte.

In Ezechiel 36 zum Beispiel stellt Gott Israel „um [s]eines heiligen Namens willen" wieder her und „nicht euretwegen, Haus Israel" (Verse 21-23.32). Gott handelt nicht, weil Israel eine Bedingung des Bundes erfüllt hat, sondern weil Gottes Name unwiderruflich

---

[1] Mark S. KINZER, *Jerusalem Crucified, Jerusalem Risen: The Resurrected Messiah, the Jewish People, and the Land of Promise*, Eugene, OR, 2018, 264.
[2] Gary BURGE, *Whose Land? Whose Promise? What Christians Are Not Being Told About Israel and the Palestinians*, Cleveland 2003, 13: „If Israel makes a biblical claim to the Holy Land, then Israel must adhere to biblical standards of national righteousness"; siehe auch Walter BRUEGGEMANN, *Chosen? Reading the Bible Amid the Israeli-Palestinian Conflict*, Atlanta, 2015.

mit Israel verbunden ist und weil Israels verwüsteter Zustand Gottes Namen entehrt. Dieser Akt der göttlichen Wiederherstellung beinhaltet *zunächst* eine Rückkehr in das Land (Vers 24) und *dann* eine innere Veränderung, die Israel befähigt, Gottes Satzungen und Ordnungen zu befolgen (Verse 25–27) und in einer erneuerten Bundesbeziehung zu bleiben (Vers 28). Hier ist Israels Umkehr (Vers 31) ein *Ergebnis* von Gottes Wiederherstellungswerk und nicht seine *Bedingung*. Außerdem *folgt* Israels Buße der Rückkehr in das Land und geht ihr nicht voraus. Ein ähnliches eschatologisches Szenario erscheint in Jesaja 40–66.[3]

Die Anerkennung *beider* Stränge im Alten Testament ermöglicht eine viel kreativere Lesart des modernen Staates Israel aus biblischer Sicht. Auch hier finde ich D'Costas Zurückhaltung, wenn es darum geht, eindeutige Schlussfolgerungen zu ziehen, sehr weise; aber diese Zurückhaltung muss in beide Richtungen gehen. So wie wir nicht sicher sein können, dass der moderne Staat Israel direkt eine Art göttliche Billigung gewährleistet, so können wir auch nicht die Möglichkeit ausschließen, dass er Teil und Gabe von Gottes Treue zum Volk Israel ist und Gottes unverbrüchliche Selbstverpflichtung zur Heiligung seines Bundesvolkes widerspiegelt.

Umgestaltung und „sanfte Substitutionstheorie"

D'Costa beschreibt seine Position als eine Form der „weichen Substitutionstheorie"[4], wobei „Jesus Christus der Messias und die Erfüllung der Verheißungen an Israel ist", allerdings in einer Weise, die „den gottgegebenen Status des Bundes mit dem jüdischen Volk oder die ihm gegebenen Verheißungen nicht auslöscht". Seine Überlegungen zum Land ergeben sich aus dieser Position, so dass Gottes Verheißungen „in Jesus Christus neugestaltet werden, aber nicht in

---

[3] Mark S. KINZER, *Jerusalem Crucified* (s. Anm. 1), 253 f. In Jes 44,22 heißt es: „Ich habe weggewischt deine Vergehen wie eine Wolke / und deine Sünden wie Nebel. Kehr um zu mir; denn ich habe dich erlöst". Kinzer stellt fest, dass „hier die Demonstration der göttlichen Vergebung und Erlösung als Motiv für Israels Reue dient und nicht als deren Ergebnis" (ebd., 254, Anm. 36).
[4] Diskussion und Kritik des Begriffs „soft supersessionism" in: R. Kendall SOULEN, *Irrevocable: The Name of God and the Unity of the Christian Bible*, Minneapolis 2022, 175, Anm. 2.

einer Weise, die die Landverheißung an das jüdische Volk entmaterialisiert". D'Costa räumt ein, dass es „Teil der Gratwanderung des nachkonziliaren Katholizismus" ist, diese Verpflichtungen in Spannung zu halten. Nichtsdestotrotz ist mehr Klarheit darüber notwendig, *wie* beide Seiten dieses theologischen Rätsels gleichzeitig aufrechterhalten werden können, da diese besondere Ausprägung der „weichen Substitutionstheorie" den Kern des Problems zu bilden scheint.

Wie sieht es aus, wenn Gott seine Verheißungen an das jüdische Volk, insbesondere in Bezug auf das Land, aufrechterhält *und* wenn eben diese Verheißungen in Jesus Christus neugestaltet werden? Es ist ziemlich klar, wie wir eine der beiden Seiten dieser Spannung vollständig aufrechterhalten können; es gibt Positionen, die Jesus so deuten, dass er Gottes Landverheißungen lediglich untermauert, oder aber, dass er sie alle zusammen im Handumdrehen im Sinne einer Universalisierung und Spiritualisierung von Gottes Bund mit Israel abschafft. Die Konturen dieser beiden Extreme sind leicht zu erkennen; schwieriger ist es, genau herauszuarbeiten, wie die beiden in einer Art kreativer und prophetischer (um nicht zu sagen biblisch fundierter) Spannung gehalten werden können. Diese Frage ist eng mit der Spannung zwischen Erfüllung und Substitutionstheorie verbunden, ein Thema, das D'Costa an anderer Stelle behandelt hat.[5]

Abkopplung des Volkes und des Landes Israel vom modernen Staat Israel

Einer der hilfreichsten theologischen Schachzüge, die D'Costa macht (wiederum ähnlich wie Kinzer), ist die Entkopplung des *Volkes* und des *Landes* Israel vom modernen *Staat* Israel. Dieser Schritt schafft den dringend benötigten Freiraum, um über Gottes Treue zu seinem Bund zu diskutieren und darüber nachzudenken, was das in unserer Zeit, inmitten der gegenwärtigen menschlichen Geschichte, bedeutet. D'Costa kritisiert den klassischen christlichen Zionismus genau in diesem Punkt: Als theologische Position vereine er „auf problematische Weise das Volk, das Land und den modernen Nationalstaat

---

[5] Gavin D'Costa, *Catholic Doctrines on the Jewish People After Vatican II,* Oxford 2019, insbes. 21–26.

Israel als untrennbar miteinander". Mit anderen Worten: Um der Rückkehr des jüdischen Volkes in seine biblische Heimat eine tiefe theologische Bedeutung beizumessen, ist es nicht erforderlich, den modernen Staat Israel als die gegenwärtige Form der politischen Verwaltung dieser Heimat durch die Menschen unerschütterlich und unkritisch zu unterstützen.

Die Entkopplung von Land und Volk vom Staat hat zwei Seiten: Sie erlaubt uns, mit D'Costa zu erklären, dass „die Sammlung des jüdischen Volkes und seine Bewahrung als Volk zutiefst biblisch ist und nicht ignoriert werden kann". Und doch erlaubt es uns gleichzeitig, den modernen Staat Israel wie jeden anderen modernen Nationalstaat zu betrachten; er ist nicht mit einer besonderen göttlichen Sanktion ausgestattet, und er kann nicht gegen legitime Kritik und Tadel immun sein. Diese Entkopplung impliziert, dass Antizionismus zwar in einigen Fällen eine Form von Antisemitismus sein *kann*, aber nicht unbedingt ist. Wie die große Bandbreite jüdischer Ansichten über das zionistische Unternehmen zeigt, kann die Kritik am modernen Staat Israel tatsächlich dazu dienen, die Grundwerte zu verteidigen, die seit jeher das Herzstück des Judentums bilden. Hier finde ich die Worte von David Neuhaus äußerst treffend:

Kritik an der zionistischen Ideologie, an der Politik und den Praktiken des Staates Israel, an seinen militärischen oder staatlichen Organen und das Handeln gegen sie sind nicht per se Antisemitismus. Es ist wahr, dass hier eine feine Linie gezogen werden muss, um zu verhindern, dass legitime Kritik zu rassistischer Hetze wird, aber die Linie muss gezogen werden. [...] Letztendlich kann dies nur dann kohärent und mit moralischer Integrität geschehen, wenn der Kampf gegen alle Formen von Rassismus, Ungerechtigkeit und Menschenrechtsverletzungen ein Bewusstsein sowohl für die schädlichen Spuren des fortbestehenden Antisemitismus als auch für die unzähligen Formen anti-palästinensischer und anti-arabischer Ressentiments, der Islamophobie und der brutalen Beschönigung der Besatzung und Diskriminierung im heutigen Israel-Palästina beinhaltet.[6]

---

[6] David M. NEUHAUS, „Antisemitism and the Question of Palestine", in: *Cornerstone* 84 (2022) 15. Für eine Kritik des Begriffs Besatzung aus völkerrechtlicher Sicht s. Eugene KONTOROVICH, „Pompeo Busts the ‚Occupation Myth'", in: *Wall Street Journal*, 19. November 2019: https://www.wsj.com/articles/pom peo-busts-the-occupation-myth-11574207220 (23. Oktober 2022); Abraham BELL – Eugene KONTOROVICH, „Palestine, *Uti Possidetis Juris*, and the Borders of Israel", in: *Arizona Law Review*, 58/3 (2016), 633–92: https://arizona lawreview.org/palestine-uti-possidetis-juris-and-the-borders-of-israel/ (10/2022).

Ich möchte mit einer weiteren wichtigen Feststellung von Neuhaus schließen. Er schreibt:

Die Theologie ist eine Disziplin, die zutiefst von der Situation des Theologen geprägt ist. Eine Untersuchung der Disziplin zeigt, wie sehr der sozio-politische Kontext, die intellektuelle Ausbildung und die persönlichen Verpflichtungen des Theologen seine oder ihre Perspektiven beeinflussen.[7]

Diese wichtige Erkenntnis ist für das vorliegende Thema besonders relevant, da jeder von uns eine einzigartige (und oft belastete) Reihe von Identitätsmerkmalen, Überzeugungen, Erfahrungen und Perspektiven in unser Theologisieren einbringt.

Ich betrachte es als ein großes Geschenk, D'Costa, Kinzer und Neuhaus (neben anderen!) als Dialogpartner zu diesem Thema zu haben, denn ihre gegensätzlichen Ansichten verhindern, dass wir unsere Theologie in gemütlichen, abgeschotteten Echokammern formulieren, in denen unsere Ansichten nicht angemessen in Frage gestellt oder kritisiert werden. Möge unsere Diskussion über dieses Thema niemals losgelöst sein von einem wachen Bewusstsein für die tägliche Lebenswirklichkeit der verschiedenen Völker, die dieses Land ihr Zuhause nennen, und mögen wir inmitten unserer unterschiedlichen Positionen „in einem gemeinsamen Gebet für den Frieden und das Wohlergehen aller, die dort leben, vereint sein".[8]

Aus dem Englischen übersetzt von Johannes Cornides und Martin Rösch.

---

[7] David NEUHAUS SJ, *A Catholic Perspective on the People, Land, and State of Israel*, in: *Contemporary Catholic Approaches to the People, Land, and State of Israel*, Gavin D'COSTA – Faydra SHAPIRO (Hg.), Washington DC, 2022, 169–190, hier 169.

[8] David NEUHAUS SJ, „People of Israel, Land of Israel, State of Israel", in: *Civiltà Cattolica* (englische Ausg.), 04.10.2020, art. 5, 1020, verfügbar unter: https://www.laciviltacattolica.com/people-of-israel-land-of-israel-state-of-israel/.

Parusie, Land und 1000jähriges Friedensreich
Muss die Domestizierung des Chiliasmus durch Augustinus revidiert werden?

Jan-Heiner Tück

So vielgestaltig die messianisch-jüdische Bewegung in sich ist, so vielgestaltig sind auch die eschatologischen Vorstellungen, die sich in der Bewegung ausgebildet haben. Für die Mehrheit der messianischen Juden in den USA sind prämillenaristische Vorstellungen leitend, die von evangelikalen Endzeitvorstellungen beeinflusst sind und eine Nähe zum *dispensationalism* aufweisen (Arnold Fruchtenbaum).[1] In einer literalen Schriftauslegung geht man von einer bestimmten Abfolge der Endzeitereignisse aus: Entrückung, Trübsal, Parusie Christi und 1000jähriges Friedensreich, Freilassung Satans, allgemeine Totenerweckung, duales Gericht und Vollendung.[2] Zugleich schreibt man den messianischen Juden als dem heiligen Rest Israels eine besondere Rolle in diesem Szenario zu. In einer gewissen Nähe dazu werden in der jüdisch-messianischen Bewegung auch postmillenaristische Vorstellungen (David H. Stern, Daniel C. Juster) vertreten, gleichzeitig gibt es amillenaristische oder agnostische Positionen (Rich Nichol, Baruch Maoz), die eine Chronologie der endzeitlichen Ereignisse vermeiden und die eschatologische Hoffnung auf Jesus Christus hin ausrichten. Wie auch immer die nähere Ausgestaltung der Eschatologie aussieht, alle Varianten kommen darin überein, dass sie dem Land Israel und der Stadt Jerusalem theologische Bedeutung beimessen und den Zionismus unterstützen. Die Rückkehr vieler Juden nach Israel, die Gründung des Staates 1948 drei Jahre nach der Shoah, aber auch die wachsende Zahl Jesus-gläu-

---

[1] Arnold FRUCHTENBAUM, *Israelogy. The Missing Link in Systematic Theology*, Tustin 1993; DERS., *Eschatology nd Messianic Jews. A theological Perspective*, in: Dan COHN-SHERBOK (Hg.), *Voices of Messianic Judaism*, Baltimore 2001, 211–219.
[2] Vgl. Richard HARVEY, *Mapping Messianic Jewish Theology. A Contructive Approach*, London 2009, 232–261.

biger Juden seit den späten 1960er Jahren werden als Zeichen gedeutet, die auf die baldige Parusie verweisen. Ja, die gläubige Antwort eines Teils Israels wird als Voraussetzung für die Parusie betrachtet, welche zugleich das Reich für Israel wiederherstellen wird (Mark Kinzer).[3]

Das fordert die christliche Eschatologie, wie sie im Bereich der katholischen Kirche mehrheitlich vertreten wird, heraus. In ihr werden der biblischen Landverheißung und der Stadt Jerusalem – von wenigen jüngeren Ausnahmen abgesehen[4] – keine Bedeutung beigemessen. Diese *israel-theologische Leerstelle* in der Eschatologie ist signifikant. Schon die Parusie-Erwartung ist in der katholischen Kirche weithin verblasst. Man steht dem Szenario der Wiederkunft, wie es in den synoptischen Apokalypsen (Mk 13,26f.; Mt 24,30f.; Lk 21,27) und den neutestamentlichen Briefen (1 Thess 4,15f.; 2 Thess 2,1.8; Kol 3,1; 1 Tim 6,14; 1 Petr 4,13; Jak 5,7) dargestellt wird, eher skeptisch gegenüber. Unter modernen Bedingungen ist die Parusie-Erwartung einer Gestalt der Vollendungshoffnung gewichen, die weithin individualisiert und spiritualisiert ist. Karl Rahner, der wiederholt davor gewarnt hat, apokalyptische Vorstellungen als vorweggenommene Reportage der Endzeitereignisse zu lesen, hat diesen Wandel der Parusie-Erwartung in das Wort gebracht, dass Christus „wiederkommt', insofern alle bei ihm ankommen"[5]. Auch andere katholische Theologen wie Walter Kasper[6], Medard Kehl[7] oder Joseph

---

[3] Mark S. KINZER – Russell L. RESNIK, *Besorah. The Resurrection of Jerusalem and the Healing of a Fractured Gospel*, Oregon 2021, 89: „The return of Jesus will initiate the restoration of Israel's kingdom [...] the return of Jesus will occur only after, and as a consequence of, the faithful response by his own flesh and blood to his words and person." Im Hintergrund stehen Texte wie Lk 21, 24; Apg 1, 6–7 und 3, 19–21.

[4] Vgl. die Arbeiten von Helmut Hoping, Rudolf Pesch, Christian Rutishauser SJ und Gavin d'Costa.

[5] Karl RAHNER, *Kirche und Parusie Christi*, in: DERS., *Schriften zur Theologie*, Bd. VI, Einsiedeln – Zürich – Köln 1965, 348–367, hier 348. Vgl. DERS., Art. *Parusie*, in: LThK² 8 (1963) 123–124, hier 124: „der wiederkehrt, insofern durch seine Tat alle bei ihm zu ihrer Vollendung in Heil oder Verlorenheit ankommen".

[6] Walter KASPER, *Die Hoffnung auf die endgültige Ankunft Jesu Christi in Herrlichkeit*, in: IKaZ 14 (1985) 1–14.

[7] Vgl. Medard KEHL, *„Bis du kommst in Herrlichkeit". Neuere theologische Deutungen der Parusie Christi*, in: Josef PFAMMATER – Eduard CHRISTEN (Hg.), *Hoffnung über den Tod hinaus*, Zürich 1990, 95–137.

Ratzinger[8] lehnen die Vorstellung ab, das Christus an einem futurischen Punkt X der Zeitachse an einem bestimmten Ort in Herrlichkeit kommen werde, und betonen die Inkommensurabilität von Zeit und Vollendung. An Christus, dem auferweckten Gekreuzigten, sei abzulesen, was zu erwarten ist, alles andere sei verzichtbare zeitbedingte, apokalyptische Einkleidung. In der Universaleschatologie wird das Parusie-Motiv auf den Gehalt konzentriert, dass die Geschichte der Welt nicht durch menschliche Bemühungen, sondern nur durch Gott und seinen Christus vollendet werden könne. Der Verweis auf Gott als Vollender steht hier gegen säkularisierte Chiliasmen, die ein „Reich Gottes ohne Gott" (Ernst Boch)[9] errichten wollen.

Hier setzen die Erwartungen in der messianisch-jüdischen Bewegung deutliche Gegenakzente. Dem Verblassen der Parusie-Erwartung in der Kirche halten sie die Hoffnung entgegen, dass der Messias als König der Juden kommen wird. Der Individualisierung und Spiritualisierung setzen sie kollektiv-geschichtliche Erwartungen entgegen, die Israel und die Völker betreffen. Und der abstrakten Hoffnung, dass Christus kommt, indem wir bei ihm ankommen, geben sie eine konkrete Note, indem sie die Parusie an die Topographie Jerusalems binden. Jesus wird als König der Juden vom Ölberg her wiederkommen (vgl. Sach 14,4; Apg 1,6–12). Messianisch-jüdische Eschatologie konfrontiert katholische Theologie so mit einem überwunden geglaubten Segment der eigenen Überlieferung: einem subtilen Chiliasmus, der in der frühen Kirche von manchen Theologen vertreten wurde. Das wirft die Frage auf, ob die Domestizierung des Chiliasmus, die Augustinus in seinem Werk *De civitate Dei* vorgenommen hat, als er die Zeit der Kirche mit dem 1000jährigen Reich identifizierte, nicht zu überprüfen und möglicherweise revisionsbedürftig ist.

Um diese Frage zu behandeln, möchte ich in einem ersten Schritt an Stimmen der patristischen Theologie erinnern, die ein messianisches Friedensreich erwarten und damit israeltheologische Bezüge verbunden haben. In einem zweiten Schritt gehe ich auf die ekklesiologische Domestizierung des Chiliasmus durch Augustinus ein, der in seiner Schrift *De civitate Dei* das 1000jährige Friedensreich

---

[8] Joseph RATZINGER, *Eschatologie – Tod und ewiges Leben*, Regensburg 2006.
[9] Ernst BLOCH, *Das Prinzip Hoffnung*, Frankfurt/M. 1959, 1413.

Christi mit der Zeit der Kirche ineinsgesetzt hat – eine Weichenstellung, welche katholische Theologie bis heute prägt. In einem dritten Schritt möchte ich mit der Parusie Christi, dem Land Israel und dem Chiliasmus drei produktive Irritationen behandeln, die sich aus dem Gespräch mit der messianisch-jüdischen Theologie ergeben.

1. Stimmen der patristischen Theologie zum 1000jährigen Reich Christi

Die Zerstörung Jerusalems im Jahre 70 n. Chr. und die Vertreibung der Juden aus Judäa nach dem Bar-Kochba-Aufstand 132–135 n. Chr. waren eine tiefe historische Zäsur, die theologisch verarbeitet werden musste. Die Entstehung des rabbinischen Judentums kann als die Antwort auf die Beendigung des Tempelkultes gedeutet werden. Gleichzeitig gab die Zerstörung Jerusalems und die Vertreibung der Juden aus Palästina in judenchristlichen Kreisen der Hoffnung Auftrieb, dass schon bald das messianische Friedensreich errichtet werde. In der kleinasiatischen Theologie wird diese Hoffnung literarisch greifbar bei Kerinth, der das messianische Zwischenreich mit der konkreten Erwartung verknüpft, die Leiber der Gerechten würden sich in Jerusalem sinnlichen Vergnügungen hingeben und der Opferkult werde in Jerusalem wieder aufgenommen.[10] Der eschatologische Sensualismus mag befremdlich sein, bedeutsam aber ist, dass die Erwartung einer 1000jährigen „freudigen Hochzeitsfeier" topographisch an die Stadt Jerusalem gebunden wird. Bei Papias von Hierapolis wird dieser irdische Chiliasmus[11] fortgeschrieben und mit der Erwartung an eine paradiesische Fruchtbarkeit verknüpft. Auch Justin der Märtyrer schreibt der Zerstörung Jerusalems und der Zerstreuung der Juden geschichtstheologische Bedeutung zu. Er erblickt in diesen historischen Vorgängen die Voraussetzung dafür, dass die Christen das „neue Jerusalem" als Erbe übernehmen kön-

---

[10] EUSEBIUS VON CAESAREA, *Kirchengeschichte*, München ⁶2012, 178 und 341.
[11] Ebd., 188–191; IRENÄUS VON LYON, *Adversus haereses – Gegen die Häresien* (FC 8/5), übersetzt und eingeleitet von Norbert Brox, Freiburg i. Br. 2001, V, 33,3–4. Vgl. Stefan HEID, *Chiliasmus und Antichrist-Mythos. Eine frühchristliche Kontroverse um das Heilige Land* (Hereditas 6), Bonn 1993.

nen. In seinem Dialog mit dem Juden Tryphon wirbt er dafür, dass die Juden sich zu Christus bekehren und mit der Taufe die geistige Beschneidung empfangen, damit auch sie Anteil am Erbe des neuen Jerusalem erhalten. Justin nimmt an, dass mit der Parusie Christi die Christen das Land Israel von der römischen Okkupation befreien können. Er geht von einem tausendjährigen Reich „in dem wieder aufgebauten, geschmückten und vergrößerten Jerusalem"[12] aus. Hier werden die Christen zusammen mit den Gerechten des Alten Bundes leben, Ackerbau treiben und sich durch Zeugung weiter vermehren. Justin macht den Juden den Anspruch auf die Heilige Stadt streitig, dieser sei auf die Christen als das „wahre Israel"[13] übergegangen.

Diejenigen, welche Christus verfolgt haben und verfolgen und ohne Reue sind, werden nichts auf dem heiligen Berge erben. Dagegen werden die Heiden, wenn sie an ihn [sc. Christus] glauben und ihre Sünden bereuen, mit den Patriarchen, den Propheten und allen Gerechten aus dem Stamme Jakobs erben. Auch wenn sie nicht den Sabbat feiern, sich nicht beschneiden lassen, nicht die Festtage beobachten, werden sie gleichwohl das heilige Erbe Gottes erlangen.[14]

Stefan Heid kommentiert: „Die Juden sind aus ihrem Land vertrieben – die Christen erheben Anspruch darauf!"[15] Die Kontinuität der Heilsgeschichte wird durch den Chiliasmus abgesichert, insofern Gott hier seine einst gegebenen Verheißungen erfüllt. Damit ist ein Kontrapunkt gegen Markion gesetzt, der zwischen dem dunklen bösen Schöpfergott und dem guten Erlösergott unterscheidet und die Schriften des später so genannten Alten Testaments ebenso wie die Apokalypse des Johannes aus seinem Kanon der heiligen Schriften ausscheidet. Markion sieht im Chiliasmus eine überholte jüdische Vorstellung, die nach Zerstörung und Vertreibung der Juden aus Jerusalem auf einen kriegerischen Messias setzt, der die Stadt zurückerobert und ihren Wiederaufbau ermöglicht. Der Chiliasmus ist für

---

[12] JUSTIN, Dial. 80,5 (BKV, Bd. 33, 134).
[13] Vgl. JUSTIN, Dial. 11, 5; 123, 9 und 135, 3 (BKV, Bd. 33, 14; 145; 158).
[14] JUSTIN, Dial. 26, 1 (BKV, Bd. 33, 38).
[15] Vgl. HEID, Chiliasmus und Antichrist-Mythos (s. Anm. 11), 232. Justin „wendet gegenüber der messianischen Hoffnung der Juden ein: Die baldige Resurrektion Israels wird euch nicht zugute kommen, wenn ihr euch nicht zu Christus bekehrt" (ebd. 47).

ihn ein Rückfall in eine vorchristliche Hoffnungsgestalt, die so tut, als ob Christus nicht schon gekommen wäre.

Tertullian[16] widerspricht ihm, kommt Markions Kritik aber durch eine Abmilderung des Realismus entgegen und verzichtet auf eine grob sinnliche Ausmalung der chiliastischen Hoffnung. Auch Laktanz[17] und Irenäus von Lyon halten an der Erwartung eines tausendjährigen Friedensreiches fest. Irenäus, der sich in seinem Werk *Adversus haereses* kritisch mit den gnostischen Strömungen, aber auch mit Markion auseinandersetzt, verteidigt nicht nur die Einheit von Schöpfer- und Erlösergott, sondern auch die Kontinuität der Heilsgeschichte. Bemerkenswert ist, dass er im Rahmen seiner heilspädagogischen Theologie die Idee einer Rekapitulation entwickelt, in die er den Chiliasmus als eine Zwischenphase der Eingewöhnung in die endgültige Vollendung integriert. Im fünften Buch von *Adversus haereses*, das sich eschatologischen Fragen widmet, findet sich die folgende Passage:

> Durch dieses Reich gewöhnen sich alle, die dessen würdig sind, ganz allmählich daran, Gott zu fassen. Man muss aber von ihnen sagen, dass *zuerst* die Gerechten in dieser Welt, die erneuert wird, bei der Erscheinung des Herrn *(ad apparitionem Domini)* auferstehen und das verheißene Erbe bekommen, das Gott den Vätern verheißen hat, und darin herrschen. *Danach* kommt das Gericht über alle *(omnium iudicium)*. Denn es ist gerecht, wenn sie [sc. die Gerechten] die Früchte ihres Duldens in derselben Welt erhalten, in der sie sich auch geplagt haben und leiden mussten, auf alle erdenkliche Art in der Geduld erprobt *(probati per sufferentiam)*, und wenn sie in derselben Welt lebendig gemacht werden, in der sie wegen ihrer Liebe zu Gott auch getötet wurden, und wenn sie in derselben Welt herrschen, in der sie auch Versklavung ausgehalten haben. Denn Gott ist an allem reich, und alles ist sein Eigentum. Folglich muss eben diese Welt in ihren ursprünglichen Zustand zurückversetzt werden und ungehindert den Gerechten dienen.[18]

---

[16] Tertullian, *Adversus Marcionem – Gegen Markion* (FC 63/2), übersetzt und eingeleitet von Volker Lukas, Freiburg i. Br. 2016, 472 f. (3,V 25): „Denn wir bekennen sehr wohl, dass uns auf Erden ein Königreich verheißen ist, aber noch vor unserer Entrückung in den Himmel und in einer anderen Verfassung *(alio statu)*, nämlich nach unserer Auferstehung; es wird tausend Jahre lange Bestand haben in der Stadt, welche ein Werk Gottes ist – in dem Jerusalem, welches vom Himmel herabgekommen sein wird (Offb 21, 2)."
[17] Laktanz, *inst*. VII, 19–26 (übers. und komment. von Stefan Freund [TK 31], Berlin – New York 2009, 166–191).
[18] Irenäus von Lyon, *Adversus haereses* (s. Anm. 11), 236 f.

In dieser Passage finden sich entscheidende Elemente des chiliastischen Szenarios. Mit der Parusie Christi werden zunächst die Gerechten leiblich auferstehen. Die Betonung der *resurrectio carnalis* hat eine antignostische Stoßrichtung. Sie werden das verheißene Erbe erhalten. Die Treue zu den alttestamentlichen Verheißungen, die der Erneuerung dieser Erde gelten, verbietet eine Spiritualisierung der christlichen Hoffnung. Die Rede von den „Früchten des Duldens" weist überdies darauf hin, dass Irenäus Märtyrer im Blick hat, die wegen ihres Glaubens getötet wurden. Das entspricht der Situation der Christen in der Zeit vor der konstantinischen Wende, die immer wieder religionspolitischem Druck und Verfolgungen ausgesetzt waren. Das Argument zielt auf eine Kontinuität der Topographie: Die Märtyrer sollen in genau derselben Welt ihren Lohn erhalten, in der sie auch gelitten haben. Die Früchte genießen und erneut vom Weinstock dieser Erde trinken, das können sie aber nur, wenn sie wahrhaft auferstanden sind. Ein überhimmlischer Ort, an dem kein Wein wachsen kann, ist damit ebenso abgewiesen wie die gnostische Vorstellung einer leiblosen Auferstehung. Nach der Auferstehung der Gerechten und ihrer tausendjährigen Herrschaft mit Christus erfolgt schließlich das allgemeine Gericht mit dualem Ausgang von Himmel oder Hölle.

Irenäus verweist als Zeugen für den Chiliasmus neben der mündlichen Überlieferung von Presbytern auf die Autorität von Papias von Hierapolis, der als „Hörer des Johannes" und „Hausgenosse des Polykarp" ausgewiesen wird, aber auch auf das Zeugnis der Propheten, die auf das Friedensreich vorausdeuten. Jesajas Vision, dass Wolf und Lamm zusammen weiden, dass der Säugling seine Hand in die Höhle von Nattern strecken wird, ohne dass diese ihm etwas antun, werden aufgeboten (vgl. Jes 11,6-9; 65,25). Beide Zitate weisen mit dem Berg Zion einen Jerusalem-Bezug auf. Neben Frieden wird es nach Irenäus Wohlstand in Fülle geben, an Weizen und Wein, aber auch an Kräutern wird kein Mangel sein. Das wird plastisch vor Augen geführt. Im Hintergrund steht das antimarkionitische Argument von der Einheit der Heilsgeschichte. Die im Alten Bund gegebenen Verheißungen werden im Neuen Bund eingelöst. Gott ist treu und steht zu seinen Zusagen. Nach der Zerstörung Jerusalems und der Vertreibung der Juden aus dem Heiligen Land wird es zu einer wirklichen Restitution kommen (vgl. Ez 28,25 f.; Jes 65,18-22). Ausdrücklich weist Irenäus eine allegorische Interpretation der prophetischen Verheißungen zurück.[19] Damit gibt er der Eschatologie eine antispiritualistische Note, die Hans Urs von Balthasar als „wohltuend"[20] bezeichnet hat. Nach dem Ende des chiliastischen Interregnums wird die neue Erde und der neue Himmel kommen, so dass das ewige Hochzeitsmahl des Herrn mit den Gerechten stattfinden kann.

In der alexandrinischen Theologie stößt der Chiliasmus auf Vorbehalte. Die Deutung der Bibel wird hier als zu buchstäblich, zu „jüdisch" abgewiesen. Origenes vertritt ausdrücklich eine „Entterritorrialisierung" der eschatologischen Erwartungen und deutet biblische Verweise auf Jerusalem oder den Berg Zion geistlich als Fingerzeig auf die Vollendung im Himmel. Damit setzt er sich ab von Chiliasten, „die sich das himmlische Jerusalem, das unser aller Mutter ist (Gal 4,26), zu Unrecht sinnlich vorstellen und die Prophetenworte auf das Maß irgendeiner Stadt zurückführen."[21] Die Stellen bei Jesaja, die auf ein Friedensreich verweisen (vgl. Jes 55; 65), liest er geistlich. Die christliche Hoffnung richte sich nicht auf Israel oder Jerusalem, sondern auf die ewige Heimat im Himmel.[22]

Im Westen verlor der Chiliasmus nach der konstantinischen Wende an Bedeutung. Mit der reichsrechtlichen Anerkennung des Christentums durch Kaiser Theodosius war die Deutung Roms als „Hure Babylon" und des Kaisers als „Antichrist" obsolet geworden. Ambrosius spart den Millenarismus aus, Hieronymus verwirft ihn, Augustinus domestiziert ihn.

2. Die ekklesiologische Domestizierung des Chiliasmus durch Augustinus

Nach Augustinus hat das 1000jährige Reich mit der Zeit der Kirche bereits begonnen. Bevor ich auf seine Darlegungen näher eingehe, möchte ich drei Dinge vorwegschicken:

---

[19] Vgl. *Adv. haer.* V, 35, 2 (s. Anm. 11): „Und nichts (davon) darf man allegorisch deuten, sondern es ist alles sicher, wahr und real, zum Genuss der gerechten Menschen von Gott geschaffen."
[20] Hans Urs von Balthasar, *Herrlichkeit. Eine theologische Ästhetik*, Einsiedeln 1963, Bd. II/1, 92.
[21] *In Lev. hom.* 11, 3 (GCS Orig. 6, 454, 9–11).
[22] Vgl. Origenes, *princ.*, II, 11, 2.

(1) Augustinus wendet sich gegen eine Entjudaisierung des Christentums und verteidigt das Alte Testament. Im Disput mit den Manichäern, die an den „grauenvollen" Opfern und „lächerlichen" Geschichten des Alten Testaments Anstoß nehmen und diese daher aus dem Kanon entfernen, verteidigt Augustinus die Einheit der heiligen Schrift in der Zweiheit von Altem und Neuem Testament. Das Erbe Israels wird von ihm beibehalten, allerdings bibelhermeneutisch von Christus her auf Christus hin gelesen. Den Juden aber bleibt nach Augustinus der wahre Sinn ihrer eigenen Schriften verschlossen, weil sie diese *secundum carnem* lesen.[23]

(2) Augustinus verteidigt mit der Inkarnation auch die jüdische Herkunft Jesu. Die Manichäer vertreten eine doketische Christologie, die Jesus lediglich einen Scheinleib zuspricht.[24] Demgegenüber betont Augustinus, dass Jesus in Betlehem von Maria, einer *virgo israelitica*, geboren und am achten Tag beschnitten wurde (Lk 2,21). Im Streit mit dem Manichäer Faustus verweist er darauf, dass Christus „dem Fleisch nach" ein Nachkomme Davids ist (vgl. Röm 1,3). Die Juden selbst aber haben nach Augustinus ihren Messias verkannt, abgelehnt und gekreuzigt, das geschah aus Verblendung und Verstockung.[25]

(3) Augustinus lehrt, dass die Kirche das „novus Israel" ist, und vertritt die heilsökonomische Form der Substitutionstheologie. Zugleich schreibt er den Juden aber auch eine bleibende heilsgeschichtliche Rolle zu! Er vergleicht sie mit Kain, der seinen Bruder Abel ermordet hat.[26] Wie Kain sein Mal nicht als Straf-, sondern als Schutzzeichen trägt, so bleiben auch die Juden in der fortlaufenden Geschichte durch Gott geschützt, indem sie sich von den anderen Völkern durch Distinktionsmerkmale wie Beschneidung, Sabbatgebot und die Reinheitsvorschriften unterscheiden. Die in alle Länder zerstreuten Söhne und Töchter des Volkes Israel sind, ohne es zu wissen, Zeugen der Wahrheit, indem sie das Gesetz und die Propheten präsent halten, die sich in Christus erfüllt haben.

Die Juden, die ihn dem Tod überliefert haben und nicht an ihn glauben wollten, dass er sterben und auferstehen müsse, dienen uns, von den Römern

---

[23] AUGUSTINUS, doct. chr. 3. 5, 9.
[24] AUGUSTINUS, c. Faust 3, 1.
[25] AUGUSTINUS, c. Faust. 16, 21; Io ev. tr. 4, 4.
[26] Vgl. Lisa A. UNTERSEHER, *The Mark of Cain and the Jews. Augustine's Theology of Jews and Judaism*, 2014.

noch unheilvoller heimgesucht und aus ihrem Reiche, wo ohnehin bereits Ausländer über sie herrschten, mit der Wurzel ausgerottet und über alle Länder zerstreut, *sie dienen uns, sage ich, durch ihre Schriften zum Zeugnis, das die Weissagungen über Christus nicht ein Machwerk der Christen sind.* ... Und also, da sie unseren Schriften nicht glauben, erfüllen sich an ihnen ihre eigenen, die sie mit blinden Augen lesen. Höchstens von den Weissagungen über Christus, die unter dem Namen der Sibylle gehen, oder von etwaigen sonstigen, die mit dem jüdischen Volk nichts zu tun haben, könnte man vielleicht sagen, die Christen hätten sie gefälscht. Uns allerdings genügen die Weissagungen, die sich aus den Schrifttexten unserer Gegner hervorholen lassen, und eben wegen dieses Zeugnisses, das sie uns wider Willen leisten dadurch, dass sie die Texte besitzen und bewahren, sind sie selbst über alle Völker hin verstreut, soweit sich die Kirche erstreckt. Das steht nun fest; denn es ist darüber eine Weissagung enthalten in den Psalmen, die auch sie lesen; dort heißt es: „Töte sie nicht, damit sie nicht dereinst sein Gesetz vergessen; zerstreue sie in deiner Kraft."[27]

Augustinus liefert nun in seinem Werk *De Civitate Dei* eine theologische Widerlegung des Chiliasmus. Er bezieht die Vorstellung des innergeschichtlichen Friedensreiches auf die Zeit der Kirche zwischen Himmelfahrt und Parusie. Mit dieser *ekklesiologischen* Deutung stellt er einerseits den Chiliasmus ruhig, der in der Geschichte mit der Errichtung eines 1000jährigen Friedensreiches ein heilsgeschichtliches Novum erwartet. Andererseits vertritt Augustinus keinen ekklesiologischen Triumphalismus, denn er betont, dass die Kirche unter den Bedingungen der Geschichte ein *corpus permixtum* ist, in dem Gerechte und Sünder bis zum Gericht zusammenleben. Grundsätzlich aber hat Christus schon über die Macht des Bösen gesiegt und mit den Gläubigen in der Kirche seine Herrschaft aufgerichtet.[28]

Näher entwickelt Augustinus seine Lehre von den beiden *civitates*, welche den Lauf der Geschichte bestimmen: *civitas Dei* und *civitas terrena*. Ursprung und Ziel sind geschichtstranszendent. Die Geschichte dazwischen ist ein Interim, das mit Kain und Abel beginnt, sich in unterschiedlichen Perioden der Geschichte Israels fortsetzt und mit Christus in die Zeit der Kirche einmündet. Aber auch die Zeit der Kirche steht unter dem Vorzeichen der Pilgerschaft in der Fremde *(peregrinatio)*. Darauf folgen Gericht und Vollendung in der *civitas caelestis*. Augustins Gedanken von den beiden Bürgerschaften

---

[27] AUGUSTINUS, civ. 18, 46; vgl. c. Faust. 12, 23. Vgl. Paula FREDRIKSEN, *Augustin and the Jews. A Christian Defense of Jews and Judaism*, Yale 2010.
[28] Vgl. AUGUSTINUS, civ. 20, 6–9.

sollte man weder politisch engführen noch idealistisch missverstehen. Eine theokratische Deutung, die mit Augustins Gottesstaat „das geistige Fundament für das Heilige Römische Reich des Mittelalters"[29] gelegt sieht, ist ebenso verfehlt wie eine idealistische Interpretation, die in der *civitas Dei* eine rein unsichtbare, verborgene Größe zu erkennen glaubt (Adolf von Harnack, Heinrich Scholz u. a.). *Civitas Dei* ist vielmehr das Volk aus den Völkern, das Gott sich in der Welt sammelt, die Gemeinschaft der Kirche, die aufgrund ihrer Sakramente auch eine sichtbar-institutionelle Struktur hat. In der Unterscheidung der beiden Bürgerschaften geht es um die Frage: Was sind die letzten Bestimmungen, die Menschen bei ihrem Handeln in der Geschichte leiten? Auf der einen Seite gibt es die Haltung der Abwendung von Gott und der Hinwendung zu sich selbst – das ist die Maxime, auf der das Verhalten der Engel und Menschen basiert, die in der *civitas terrena* zusammengeschlossen sind. Auf der anderen Seite gibt es die Haltung der Zuwendung zu Gott und der Abwendung von selbstzentriertem Denken – das ist die Maxime, auf der das Verhalten der Engel und Menschen basiert, die in der *civitas Dei* zusammengeschlossen sind. Das Drama der Geschichte besteht nun darin, dass die beiden *civitates* nebeneinander herlaufen und der Mensch aufgerufen ist, sich von der *civitas terrena* ab- und der *civitas Dei* zuzuwenden.

Die *civitas Dei* findet ihre sichtbare Gestalt in der Kirche, ist aber nicht deckungsgleich mit ihr. Augustinus weiß aus dem Konflikt mit den Donatisten, wie problematisch es ist, eine von Sündern freie Kirche zu fordern. Kirche ist für Augustinus ein *corpus permixtum*, in der Sünder und Gerechte bis zum Jüngsten Tag gemeinsam unterwegs sind, wie es das Gleichnis vom Weizen und Unkraut verdeutlicht (Mt 13,34–40). Die Frage ist, wann die Ernte stattfinden wird, in der das Unkraut vom Weizen getrennt wird. In der Geschichte, wie die Chiliasten behaupten, oder im Zusammenhang mit der Vollendung der Geschichte im Jüngsten Gericht? Augustinus optiert klar für letzteres, wie dem XX. Buch über das Jüngste Gericht zu entnehmen ist, in dem er einen Kommentar zur Rede vom tausendjährigen Friedensreich in der Apokalypse des Johannes vorlegt (vgl. Offb 20,1–6; vgl. Ps 90,4; Dan 9). Augustinus kritisiert die Vorstellung,

---

[29] Jacob TAUBES, *Abendländische Eschatologie. Mit einem Anhang*, München 1991, 79.

dass nach sechstausend Jahren Geschichte eine tausendjährige Sabbatruhe für die Heiligen einsetze, welche der ersten Auferstehung gewürdigt werden. Die Idee der Chiliasten, dass diese Sabbatruhe mit leiblichen Tafelfreuden und Schwelgereien verbunden sei, hält Augustinus für eine „lächerliche Fabel" und vertritt selbst eine geistliche Deutung. Er versteht die Rede von der ersten Auferstehung so, dass der Übergang vom Tod zum Leben bereits jetzt auf geistliche Weise erfolgt (vgl. Röm 7,22, Eph 3,16). Wer diesen Übergang im Glauben und durch die Taufe vollzieht, wird vor dem zweiten Tod, der Verdammnis, bewahrt werden. Die zweite Auferstehung aber meint die Auferstehung der Leiber im Zusammenhang mit dem Jüngsten Gericht am Ende der Weltzeit. Das Szenario der Apokalypse deutet Augustinus so, dass die Fesselung des Satans stattgefunden und die Kirche bereits mit Christus zu herrschen begonnen hat. Im dramatischen Finale wird der Satan noch einmal kurz freigelassen, um die verführten Völker zum Krieg gegen die Kirche zu versammeln. Die Erwählten aber, so ist Augustinus überzeugt, werden trotz der Drangsal nicht vom Glauben abfallen, sondern sich im Leiden bewähren und durch den Ansturm von außen in ihrer Heiligkeit gestärkt werden (XX, 8). Das Gericht, das die Scheidung zwischen Weizen und Unkraut vollziehen wird, bringt die eschatologische Transformation: Die Kirche als *corpus permixtum*, das Gerechte und Sünder gleichermaßen versammelt, wird in die wahre *civitas Dei* der Heiligen überführt werden (XX, 9). Der Teufel wird „in den Pfuhl des Feuers" geworfen, so dass die *civitas terrena* keine Wirkmacht mehr hat. Erst jetzt wird das Reich Christi ganz Wirklichkeit (XX, 14).

Die Bedeutung von *De civitate Dei* liegt darin, dass hier die Verheißung des Reiches Gottes mit einem konkreten geschichtlichen Träger, der Kirche, verbunden wird. Das „tausendjährige" Reich Christi ist in der Kirche bereits angebrochen, es muss nicht noch erwartet oder durch eine entsprechende Frömmigkeitspraxis herbeigeführt werden. Israel kommt in dieser Geschichtstheologie zunächst als Kirche vor der Kirche in den Blick. Nach Christus aber haben die zerstreuten Kinder des Hauses Israel immerhin noch die heilsgeschichtliche Bedeutung, die Wahrheit der Schriften auf der ganzen Welt präsent zu halten, die auf Christus verweisen. Am Ende wird ein Teil von ihnen zur Erkenntnis Christi gelangen und Eingang finden in die *civitas Dei*.

Kann man an der Domestizierung des Chiliasmus durch Augustinus festhalten – und gleichzeitig eine israeltheologisch sensible Eschatologie entwickeln, die die Renaissance des Chiliasmus in der messianisch-jüdischen Bewegung als Anstoß ernst nimmt?

3. Muss die Domestizierung des Chiliasmus revidiert werden? Parusie, Landverheißung und 1000jähriges Friedensreich als produktive Irritation

Die augustinische Zähmung des Chiliasmus ist von Thomas von Aquin[30] und den Reformatoren[31] übernommen worden. Sie prägt die amillenaristische Theologie der katholischen Kirche bis heute. Allerdings hat das Erbe Augustins eine gewisse Verkümmerung des *geschichtstheologischen Sensoriums* gebracht. Die Zeit der Kirche als Interim zwischen erstem und zweitem Kommen Christi kennt keine grundlegenden Krisen und Innovationen. Der Schock der Shoah, aber auch die Rückkehr vieler Juden nach Israel sowie das Aufkommen der jüdisch-messianischen Bewegung können im geschichtstheologischen Narrativ Augustins nicht näher gedeutet werden.

Nun hat die katholische Kirche auf der Basis von *Nostra Aetate* begonnen, antijüdische Hypotheken in Katechese, Liturgie und Theologie selbstkritisch aufzuarbeiten. Weder kann sie die Lehre aufrechterhalten, Gott habe sein erwähltes Volk verworfen, weil dieses den Messias verworfen habe – das wäre die punitive Spielart der Substitutionstheologie. Noch kann sie die Lehre von der Kirche als „neuem Israel" beibehalten – das würde die theologische Würde des nachbiblischen Judentums herabsetzen. Um die Abkehr vom Antijudaismus mit positiven Impulsen zu verbinden, ist in der Christologie die jüdische Identität Jesu neu betont und die heilsgeschichtliche Dignität Israels als „Augapfel Gottes" herausgestellt worden.[32]

---

[30] *S.th.* III, Suppl. q. 77, a. 1 ad 4; *S.c.G.* III, 27 und IV, 83. Hier wird die Drei-Reiche-Lehre des Joachim von Fiore zurückgewiesen.
[31] Vgl. *Conf. Aug.* 17 und *Conf. Helv. Post.* 11.
[32] Vgl. zur jüdischen Redimensionierung der Christologie: Helmut HOPING, *Jesus aus Galiläa – Messias und Gottes Sohn*, Freiburg i.Br. 2019; zur heilsgeschichtlichen Dignität Israels vgl. Walter KASPER, *Juden und Christen – das eine Volk Gottes*, Freiburg i.Br. 2020 sowie Jan-Heiner TÜCK, *Gottes Augapfel. Bruchstücke zu einer Theologie nach Auschwitz*, Freiburg i.Br. ²2016.

Trotzdem ist es bislang nicht gelungen, die strukturale Bedeutung Israels für die Geschichte der Kirche und die Eschatologie angemessen herauszuarbeiten. Hat dies mit der amillenaristischen Weichenstellung des Augustinus zu tun?

Die ekklesiologische Domestizierung des Chiliasmus hat dazu geführt, dass die katholische Kirche für triumphalistische Selbstbeschreibungen anfällig war, in der das Judentum lediglich als verblendete Synagoge Platz hatte, von der sich die Ekklesia leuchtend abhob. Der Verheißungsüberschuss der alttestamentlichen Prophetien (vgl. Jes 2; Mi 4 u. a.) wurde kaum noch wahrgenommen. Auch ist das eschatologische Sensorium der Kirche verkümmert, sie hat zur Parusie Christi und den eschatologischen Zeichen der Zeit kaum etwas zu sagen. Die abstrakte und individualistische Verkürzung der Eschatologie, wie sie in Rahners Umdeutung der Parusie zum Ausdruck kommt, steht quer zur Wiederkehr chiliastischer Vorstellungen in der messianisch-jüdischen Bewegung. Hier geht man davon aus, dass Gott seine Verheißungen zunächst an Israel, dann an den Völkern verwirklichen wird. Dabei spielt die Topographie Israels eine bedeutsame Rolle, ohne dass man eine Reportage der endzeitlichen Vorgänge bieten will. Die Spiritualisierung und „Entterritorialisierung" der Eschatologie in der Spur der augustinischen Geschichtstheologie wird hier produktiv irritiert!

Drei solcher produktiven Irritationen möchte ich abschließend kurz beleuchten:

Parusie Christi

Die Erwartung der frühen Christen, dass der Menschensohn auf den Wolken des Himmels wiederkommen werde, ist schon bald gedämpft worden und heute weithin erloschen. Das hängt nicht nur mit der weiterlaufenden Geschichte der Kirche zusammen, sondern auch mit tektonischen Verschiebungen in der Kosmologie.[33] Das geozentrische Weltbild, das die biblischen Autoren voraussetzen, ist durch die kopernikanische Wende in der Neuzeit überholt worden, ja selbst das heliozentrische Weltbild ist inzwischen durch die

---

[33] Vgl. Hans BLUMENBERG, *Die Genesis der kopernikanischen Welt*, 3 Bde., Frankfurt/M. 1981.

neuere Kosmologie, die von einem Multiversum mit einer Unzahl von Sonnensystemen ausgeht, obsolet geworden.[34] Hinzu kommt der eschatologische Vorbehalt, der die Endlichkeit und Perspektivengebundenheit der Theologie in Erinnerung ruft, wenn er davor warnt, eine allzu konkrete Vorstellung von Zeit, Ort und Umständen der Parusie auszumalen.[35]

Gleichwohl ist die Parusiehoffnung der Kirche, die im Apostolischen und Nizäno-konstantinopolitanischen Glaubensbekenntnis aufbewahrt ist, nie ganz verblasst. Der Christus, der kommen wird, zu richten die Lebenden und die Toten, ist kein anderer als der, der bereits gekommen ist. Dabei hat man *die jüdische Identität Jesu* lange vergessen oder geleugnet. Nimmt man ernst, dass Jesus von Nazareth nicht nur von einer jüdischen Mutter geboren und toragemäß am achten Tag beschnitten wurde (Lk 2,21), sondern bleibend als Jude und Messias Israels zu erkennen sein wird, dann lässt sich hier ein Anstoß der messianisch-jüdischen Bewegung aufgreifen. Diese fordert nicht nur die Erwartungsmüdigkeit vieler Christen heute heraus und widerspricht Stimmen der liberalen jüdischen Theologie, die meinen, behaupten zu sollen, dass der Messias von Juden gar nicht mehr erwartet werde.[36] Auch gibt die messianisch-jüdische Theologie der Parusiehoffnung eine israeltheologische Konkretion. Der erhöhte Christus mag in der Geschichte von der Mehrheit der Juden unerkannt geblieben sein, im Zusammenhang der Parusie wird er sich auch und zuerst als „König der Juden" offenbaren und dabei sein Reich endgültig aufrichten. Jüdische Messiaserwartung und christliche Parusiehoffnung laufen dann zusammen, wenn „ganz Israel" seinen Messias anerkennt (vgl. Röm 11,26).[37] Die heidenchristliche Kirche aber wird durch den Parusie-Christus ihrer Israelvergessenheit überführt. In einer Umkehr des Bildes von der verblendeten Synagoge, das an den Portalen mancher mittelalterlichen Kathedralen als Kontrastfigur zur strahlenden Ekklesia angebracht

---

[34] Tom SIEGFRIED, *The Number of the Heavens. A History of the Multiverse and the Quest to Understand the Cosmos*, Harvard 2019.
[35] Vgl. Christian STOLL, *Der eschatologische Vorbehalt. Zum dialektischen Ursprung einer theologischen Denkfigur*, in: IKaZ 45 (2016) 539–559.
[36] Vgl. Walter HOMOLKA – Juni HOPPE – Daniel KROCHMALNIK, *Der Messias kommt nicht. Abschied vom jüdischen Erlöser*, Freiburg i. Br. 2022.
[37] Vgl. dazu die weiterführenden Aussagen von Walter Kardinal KASPER in diesem Band.

ist, könnte man sagen: Die Binde wird der *ecclesia ex gentibus* von den Augen genommen, wenn sie Jesus als „König der Juden" erkennt und beschämt feststellen muss, dass sie in der Geschichte oft an den Brüdern und Schwestern Jesu schuldig geworden und die *ecclesia ex circumcisione* an den Rand gedrängt und ausgeschieden hat. Künstler wie Marc Chagall oder Dichter wie Paul Celan haben in der jüdischen Leidensgeschichte des 20. Jahrhunderts ein Bild der Passion Jesu gesehen.[38] Die wachsende Zahl Jesus-gläubiger Juden aber rückt nicht nur die *ecclesia ex circumcisione* neu ins Bewusstsein, sie kann auch als „eschatologisches Zeichen" gedeutet werden.

Das Land Israel

Die spirituelle Lesart der biblischen Landverheißung hat zu einer Entterritorialisierung und Enthistorisierung der Vollendungshoffnung geführt: „Unsere Heimat ist im Himmel" (Phil 3,20); „denn wir haben hier keine bleibende Stadt, sondern suchen die künftige" (Hebr 13,14). Wenn aber die Verheißung des Landes Teil des ungekündigten Bundes ist, den Gott mit Israel geschlossen hat, dann ist die katholische Theologie aufgerufen, neu über das Land nachzudenken.[39] Die Rückkehr der Juden in das Land ihrer Väter nach knapp 2000 Jahren der Diaspora ist ein denkwürdiger Vorgang; die Gründung des Staates Israels 1948 nach der Shoah ein deutungsbedürftiges Ereignis. Schalom Ben-Chorin hat in den Schrecken von Auschwitz den „Finger Gottes" am Werk gesehen, die Shoah als Strafgericht und die Gründung des Staates als „fleischliche Auferstehung Israels" gedeutet.[40] Christliche Theologie ist aus gutem Grund

---

[38] Vgl. die Gedichte *Tenebrae* und *Benedicta*. Dazu: Jan-Heiner Tück, *Gelobt seist du, Niemand. Paul Celans Dichtung – eine theologische Provokation*, Freiburg i. Br. ²2021, 170–193.

[39] Gavin d'Costa, *Catholic Doctrines on the Jewish People after Vatican II*, Oxford 2019, Kap. 3 und 4.

[40] Julius H. Schoeps (Hg.), *Auf der Suche nach einer jüdischen Theologie. Der Briefwechsel zwischen Schalom Ben-Chorin und Hans-Joachim Schoeps*, Frankfurt/M. 1989, 49 f. – Nach einer fast 2000jährigen Diaspora und Staatenlosigkeit des jüdischen Volkes hat die Einsammlung der Versprengten aus allen Ländern der Erde begonnen. Die hebräische Sprache, die Jahrhunderte lang nur noch im synagogalen Gottesdienst und in den Lehrgesprächen der Rabbiner verwendet wurde, aber ansonsten eine tote Sprache war, ist durch den Anstoß von Elieser

zurückhaltender, einschneidende Daten der jüdischen Geschichte mit christlichen Kategorien zu deuten. Benedikt XVI. hat im Blick auf die Gründung des Staates Israels vermerkt, dass die katholische Kirche den Staat Israel 1993 zwar als einen unabhängigen und souveränen Rechtsstaat anerkannt hat, „eine theologisch verstandene Landnahme im Sinne eines neuen politischen Messianismus"[41] aber abzulehnen ist. Das ist eine Orientierungsmarke. Eine religiöse Legitimation der Politik des Staates Israels oder sogar extremer Spielarten des Zionismus führt auf Abwege – allein schon deshalb, weil die Rechte der Palästinenser nicht minder zu achten sind.[42]

Zugleich hat Benedikt im Briefwechsel mit dem Wiener Oberrabbiner Arie Folger zugestanden, dass die Rückkehr vieler Juden nach Israel als „Zeichen der Treue Gottes" zu seinem erwählten Volk gedeutet werden könne.[43] Die Verwendung des Zeichenbegriffs lädt dazu ein, die Rückkehr vieler Juden in das Land ihrer Väter als sakramentale Wirklichkeit zu verstehen und dabei analog auf die dreifache Unterscheidung des Thomas von Aquin zurückzugreifen.[44]

Ben Jehuda (1858–1922) wieder zu einer lebendigen Sprache geworden. Obwohl sein Projekt einer Wiederbelebung der hebräischen Sprache von Seiten der orthodoxen Juden zunächst als Entheiligung der heiligen Sprache bekämpft wurde, hat es sich durchgesetzt. Palästina, das Mark Twain in seinem Reisetagebuch *The Innocents abroad. Or the New Pilgrim's Progress* (1869) noch als „hopless, dreary, heart-broken land" bezeichnet hat, dieses verödete Land ist seit der jüdischen Wiederbesiedlung – zwischen 1882 und 1940 zunächst durch Landkäufe (vgl. Jer 23,44), dann durch Wiederaufbau der Städte, schließlich durch Anpflanzung von Weinbergen und Obstplantagen (vgl. Am 9,14f.; Jes 17,10) – zu einer blühenden Landschaft (vgl. Ez 36,34f.) geworden. Die Gründung des Staates Israel konnte 1948 trotz der Vernichtungsandrohung der arabischen Staaten vollzogen werden. Selbst wenn man einer literalen Hermeneutik der biblischen Schriften mit Vorbehalten gegenübersteht, sind dies doch Vorgänge, die nach einer Deutung verlangen.

[41] Joseph RATZINGER – BENEDIKT XVI., *Gnade und Berufung ohne Reue. Anmerkungen zum Traktat „De Judaeis"*, in: IKaZ 47 (2018) 387–406, hier 401.

[42] Entschieden ist allerdings zu kritisieren, dass die Palästinensische Autonomiebehörde Landkarten publiziert hat, die „im Heiligen Land nur Platz für einen palästinensischen Staat vorsehen, nicht aber für einen jüdischen Staats namens Israel." (Briefliche Mitteilung vom 21. Juli 2022 von Pfarrer Martin Rösch, Schopfheim).

[43] BENEDIKT XVI., *Briefwechsel mit Rabbi Arie Folger*, in: IKaZ 47 (2018) 613.

[44] Vgl. *S. th.* III, q. 60 a. 3. Walter Kardinal KASPER hat zurecht betont, dass bei dieser Analogie im Sinne des IV. Laterankonzils die „größere Unähnlichkeit" *(maior dissimilitudo)* bei aller Ähnlichkeit zu beachten sei.

Als *signum rememorativum* erinnert die Sammlung der zerstreuten Kinder des Hauses Israels an die vielfältigen Landverheißungen des Alten Bundes. Als *signum demonstrativum* ist die Heimkehr der Exilierten in das Land zugleich anfängliche Einlösung der Verheißung und somit Zeichen der Bundestreue Gottes zu Israel. Schließlich lässt sich in diesem denkwürdigen historischen Vorgang auch ein *signum prognosticum* erkennen, wenn anders mit der anfänglichen Realisierung der Landverheißung auch ein eschatologischer Überschuss verbunden ist. Dieser Überschuss hat als Fluchtpunkt die himmlische Heimat (vgl. Hebr 4,1–11; 6,13–20; 11,8–10) und gibt der Spiritualisierung und Metaphorisierung des Landmotives, welche bereits im hellenistischen Judentum einsetzt und dann in der christlichen Tradition vorherrschend wird, eine klare Berechtigung. Die Rückkehr vieler Juden nach Israel und die Gründung eines eigenen Staates sind eine produktive Irritation für katholische Eschatologie, als sie darin ein „Zeichen der Treue Gottes" zu seinem erwählten Volk erblicken kann – ein Anstoß, ihren geschichtstheologischen Agnostizismus vorsichtig aufzubrechen.[45] Offene Fragen in der Debatte um das Land, die in der katholischen Theologie gerade erst begonnen hat, sind nach Gavin d'Costa die Grenzen Israels, die Form der Regierung und die politische Stellung der Palästinenser im Staat Israel.[46]

1000jähriges Friedensreich Christi?

Im Gegenzug zu chiliastischen Theologien, welche Offb 20 wörtlich auslegen und mit der Gründung des Staates Israels die Roadmap für die Ereignisse der Endzeit beginnen lassen, bewegen sich die eschatologischen Entwürfe im deutschsprachigen Raum in den amillenaristischen Bahnen des Augustinus. Paul Althaus, Walter Kreck und Wolfhart Pannenberg auf evangelischer Seite[47] und Karl Rahner, Joseph Ratzinger, Walter Kasper und Medard Kehl auf katholischer

---

[45] Ähnlich Benedikt XVI. in seinem Briefwechsel mit Rabbi Arie Folger (s. Anm. 41), 613.
[46] Gavin D'Costa, *Catholic Zionism. The Jewish State is a Sign of God's Fidelity*, in: First Things (Jan 2020).
[47] Paul Althaus, *Die letzten Dinge. Eschatologie*, Gütersloh ⁴1933, 318; Walter Kreck, *Die Zukunft des Gekommenen*, München 1961, 188; Wolfhart Pannenberg, *Systematische Theologie*, Bd. 3, Göttingen 1992.

Seite[48] erteilen dem Chiliasmus eine klare Absage. Allerdings sehen sie das berechtigte Moment des Chiliasmus darin, die geschichtsverändernde Kraft der christlichen Hoffnung gegen Weltflucht und Jenseitsvertröstung zur Geltung zu bringen. Eine positive Würdigung nimmt im Spektrum gegenwärtiger systematischer Theologie Jürgen Moltmann vor, der in seinem Buch *Das Kommen Gottes* zwischen „historischen Chiliasmus" und „eschatologischem Chiliasmus" unterscheidet. Den ersten lehnt er ab, weil er für eine religiöse Legitimation politischer Macht anfällig sei und leicht repressive Züge annehme. Den zweiten befürwortet er als „Bild der Hoffnung im Widerstand, im Leiden und in den Exilen dieser Welt"[49]. Der eschatologische Chiliasmus markiere einen Übergang zwischen der Geschichtszeit und der Neuen Schöpfung. Es handele sich um ein messianisches Reich von Juden und Christen. Bemerkenswert ist, dass Moltmann hier auch auf die Bedeutung des Landes zu sprechen kommt: „Werden die erwählten, ‚versiegelten' Christen zusammen mit den erwählten, ‚versiegelten' Juden zum messianischen Volk des messianischen Reiches zusammengefasst, dann ist es nicht abwegig an Jerusalem und das Land Israel zu denken: das ‚Zentralvolk' und das ‚Erstlingsland'."[50] Die Erwartung, dass es vor dem neuen Himmel und der neuen Erde ein Interim des Übergangs gibt, in dem Juden und Christen mit Christus das Reich des Friedens aufrichten, ist für die katholische Theologie eine produktive Irritation. Das augustinische Narrativ von der Zeit der Kirche als dem 1000jährigen Reich müsste sie partiell revidieren, wenn sie auf der Spur Moltmanns einen eschatologischen Chiliasmus vertreten möchte, der an die frühe Patristik vor Augustinus anschließt und mit den Erwartungen vieler messianischer Juden ins Gespräch kommt, dass Gott in der Geschichte neu zu wirken begonnen hat.

---

[48] Vgl. die Angaben in Anm. 5 bis 8.
[49] Jürgen MOLTMANN, *Das Kommen Gottes. Christliche Eschatologie*, München 1995, 218 mit Verweis auf Karl BARTH, *Das Wort Gottes und die Theologie*, München 1924, 140 f.: „Ohne Chiliasmus, und wenn es nur ein Quentchen wäre, keine Ethik, so wenig wie ohne die Idee einer moralischen Persönlichkeit. Wer von dieser *judaica opinio* etwa frohgemut ganz frei sein sollte, von dem wäre zu sagen, dass er das ethische Problem wirklich noch nicht oder wirklich nicht mehr sieht."
[50] Ebd., 224 mit Verweis auf Johann Tobias BECK, *Die Vollendung des Reiches Gottes. Separatabdruck aus der Christlichen Glaubenslehre*, Gütersloh 1887, 63–64.

Antwort auf Jan-Heiner Tück

Ulrich Laepple

Prof. Tück hat aus katholischer Perspektive Augustinus zum Ausgangspunkt seiner Überlegungen für die Eschatologie gemacht und ihn als Antipoden zur jüdischen eschatologischen Tradition vorgestellt. Da es von Augustinus nicht weit ist zu Martin Luther, dem Kirchenvater der Evangelischen, soll Augustins These mit einer evangelische Perspektive ergänzt werden. Das tue ich in drei Schritten, auf die ein vierter mit zwei Problemanzeigen folgt, die sich für mich aus Jan-Heiner Tücks Beitrag ergeben.

1. Von Augustinus zu Luther

(1) Luther war Mönch des Augustinerordens. Darum lebte er in und mit der augustinischen Tradition und Theologie. Diese großen Gestalten der Kirchengeschichte, Augustinus und Luther, hatten beide vor allem eines gemeinsam: eine tiefgreifende *persönliche Glaubenserfahrung*. Augustin schildert sein Bekehrungserlebnis eindrücklich in seinen Confessiones. Auch Martin Luther erzählt sein „Bekehrungserlebnis", das auf dem Hintergrund seiner Klostererfahrungen im Ringen um die Gewissheit des Glaubens zum Durchbruch des Vertrauens auf den gnädigen Gott führte.[1] Diese Erfahrung war entscheidend für seine spätere Rechtfertigungslehre: die Grundfrage *„Wie bekomme ich einen gnädigen Gott?"* fand ihre Antwort im „sola gratia" des Evangeliums.

(2) Auch wenn diese für Luther und die Reformation zentrale Frage in keiner ökumenischen Theologie fehlen sollte, ist sie als ein an die Bibel herangetragener hermeneutischer Schlüssel zu eng.[2]

---

[1] Vgl. die Vorrede zum 1. Band der Gesamtausgabe seiner lat. Schriften, 1545 (WA 54, 185).
[2] K. Barth hat diese anthropologische Verengung in der Theologie Luthers (v. a. des jungen Luther) kritisch gesehen als einen Versuch, „die Geschichte Jesu Christi mit der Geschichte des glaubenden Menschen und diese mit jener koinzidieren zu lassen". Karl BARTH, *Kirchliche Dogmatik* IV,1, Zürich 1953, 858.

Denn die theologische Konzentration auf die Existenzfrage nach dem gnädigen Gott steht in Gefahr, blind zu werden für die größeren Dimensionen der verheißungsgeschichtlichen Aussagelinien der Bibel, vor allem derjenigen, die Israel als dem erwählten Volk gelten. Die wunderbaren Auslegungen gerade alttestamentlicher Texte durch Luther haben auf dem Hintergrund dieser theologischen Hermeneutik, die die Botschaft Gottes an Israel spiritualisieren, ihre Grenze. So bezog er beispielsweise die Aussagen über den neuen Bund von Jer 31 in traditionell spiritualisierender Weise auf die Kirche und enterbte damit Israel seiner Vergangenheit und seiner Zukunft. Er konnte Erwählung und Rechtfertigung nicht mehr im Kontext Israels auslegen, wie es Paulus im Römerbrief tut, sondern beides nur auf den einzelnen Menschen und seinen Glauben beziehen.[3] Unter dieser Prämisse bezichtigte er das Judentum seiner Zeit immer wieder, im Weltlich-Irdischen verhaftet zu bleiben, weil es einen irdischen Messias erwarte und seine Hoffnung auf ein irdisches Reich im Land der Väter setze.

(3) Was ich mit dieser ersten Überlegung sagen will: Katholiken und Evangelische sitzen bei allen Unterschieden im Einzelnen hinsichtlich der Ent-Israelisierung, Spiritualisierung und Individualisierung der biblischen Botschaft zusammen mit der gesamten abendländischen theologischen Tradition in *einem* Boot.

2. Erneuerung der Kirche – mit Hilfe der Juden!

(1) Wie konnte man den verlorengegangen Bezug zur realen alttestamentlich-jüdischen – und das heißt: biblischen – Hoffnungsgeschichte wiedergewinnen und aus dem israelvergessenen abendländischen Boot aussteigen? *Nostra Aetate* ist mit seiner Kritik an der Substitutionstheologie 1965 beeindruckend in Führung gegangen. Für die evangelische Seite ist die notwendige tiefgreifende Wende nur dadurch möglich geworden, dass die Kirche in Umkehrbereitschaft und Demut Juden gebeten hatte, ihr dabei zu helfen,

---

[3] Vgl. dazu Berthold KLAPPERT, *Erwählung und Rechtfertigung. Martin Luther und die Juden*, in: DERS., *Miterben der Verheißung. Beiträge zum jüdisch-christlichen Dialog*, 2000, 105–147.

sich von der Bibel her zu erneuern. Was für eine Ironie der Geschichte: Christen bitten nach einer fast 2000-jährigen antijüdischen Geschichte Juden um Hilfe, ihre eigene, die christliche Botschaft, neu zu verstehen. Dass Juden dazu ihr Ja gegeben haben, ist das Wunder des christlich-jüdischen Dialogs gerade in Deutschland.

Dieser Dialog war fruchtbar, weil das Judentum durch Generationen hindurch biblische Wahrheiten bewahrt hat, die die Kirche seit dem 2. Jahrhundert sukzessive aus ihrem Glaubensbestand entfernt und verloren hatte.[4] Die Kirche konnte sie darum nur aus jüdischer Hand wiederbekommen. Aufgabe christlicher Theologie muss es darum sein, die im Judentum bewahrten biblischen Horizonte, die im Neuen Testament mit Jesus Christus, seiner Mitte, nicht widerrufen, sondern bestätigt werden, aus der Begegnung mit dem Judentum heraus neu zur Geltung zu bringen.

3. Rückkehr in das Land Israel – ein „Zeichen der Treue Gottes"?

Jan-Heiner Tück hat bei seinen Überlegungen zum Chiliasmus dem „Land Israel" besondere Aufmerksamkeit gewidmet. Zu Recht. Denn an der Frage des Landes entscheidet sich, ob wir die theologische Umkehr von unserer traditionell antijüdischen Theologie ernst meinen. Das geographische Land Israel ist keine Idee, auch kein theologisches Konstrukt. Es ist – selbst nach der Katastrophe des jüdischen Kriegs im 1. Jahrhunderts – ein im Judentum immer lebendig gewesenes Hoffnungsgut Israels geblieben, das im Zionismus des 20. Jahrhunderts und mit der Gründung des Staates Israels 1948 zu einer erneuten geschichtlich-politischen Tatsache geführt hat. Die Synodalerklärung der Evang. Kirche im Rheinland hat darum zu formulieren gewagt, sie bekenne sich zu der *„Einsicht, dass die fortdauernde Existenz des jüdischen Volkes, seine Heimkehr in das Land der Ver-*

---

[4] Als Beispiel sei auf den Weg hingewiesen, den die Evang. Kirche im Rheinland im Gespräch mit namhaften Vertretern des Judentums gegangen ist. Vgl. Berthold KLAPPERT – Helmut STARCK (Hg.), *Umkehr und Erneuerung. Erläuterungen zum Synodalbeschluss der Rheinischen Landessynode 1980 „Zur Erneuerung des Verhältnisses von Christen und Juden"*, Neukirchen 1980.

heißung und auch die Errichtung des Staates Israel Zeichen der Treue Gottes *gegenüber seinem Volk sind.*"[5]

Aber was bedeutet „Zeichen der Treue Gottes"? In späteren Kommentierungen wird präzisiert: es bedeute nicht *„eschatologisches Zeichen"*. Die Formulierung wolle nicht den Eindruck erwecken, als ob damit *„die Heimkehr Israels in sein Land und die Gründung des Staates Israels"* gleichsam auf der Weltenuhr Gottes ablesbar seien. Die Formulierung bestätige nur die Treue Gottes in der Kontinuität der Geschichte Israels. Sie wolle weder die israelische Politik verklären noch einer prophetisch-schwärmerischen Phantasie Vorschub leisten.[6]

4. Zwei Fragen im Anschluss an die produktiven Irritationen von Jan-Heiner Tück

1. Zur katholischen „Landtheologie": Jan-Heiner Tück nennt im Fazit seines Beitrags die „Rückkehr der Juden nach Palästina" einen „geschichtstheologisch denkwürdigen Vorgang" und ein „deutungsbedürftiges Ereignis". Das ist eine sehr vorsichtige Formulierung und klingt, als ob eine Festlegung vermieden werden solle. Es stelle sich „*die Frage*, ob die Verheißung des Landes nicht Teil des Bundes ist, der nie widerrufen ist [...]". Aber selbst diese vorsichtig gestellte Frage wird fast zurückgenommen mit der Bemerkung, dass der nicht-jüdischen Bevölkerung „dieselben Rechte" an der „heiligen Stadt Jerusalem" zugebilligt werden müssten. Wirklich „dieselben Rechte"? Sollte das Recht Zions an Jerusalem nicht von grundsätzlicherer Art sein als jedes andere „Recht". Denn es ist ja heiliges Bundesrecht! Eine solche Überzeugung schließt politische Regelungen zwischen konkurrierenden Konfliktparteien nach dem Maß menschlicher Gerechtigkeit nicht aus.

Ich habe mich gefragt, ob es eine speziell „katholische" Hemmung hinsichtlich einer israel-theologischen Bewertung des Landes gibt. *Nostra Aetate* hat 1965 zur „Frage des Landes" geschwiegen. Im Ge-

---

[5] Zit. nach Berthold KLAPPERT, *Zeichen der Treue Gottes* (s. Anm. 3), 73.
[6] Ebd., 81 ff.

gensatz dazu verlangte eine französische Bischofssynode 8 Jahre später mit erkennbarer Ungeduld einen gegenüber *Nostra Aetate* weiteren Schritt: *„Christen müssen auf die Interpretation Rücksicht nehmen, welche die Juden selbst von ihrer Sammlung um Jerusalem geben, die sie im Namen ihres Glaubens als einen Segen betrachten ... Wird die Sammlung der Zerstreuten des jüdischen Volkes ... letzten Endes trotz aller Dramen doch ein Weg von Gottes Gerechtigkeit für das jüdische Volk und, zu gleicher Zeit, für alle Völker der Erde sein? Wie können Christen gleichgültig bleiben angesichts dessen, was sich augenblicklich in diesem Land entscheidet?"*[7]

Hier wird in leidenschaftlicher Sprache die Solidarität mit Israel durch den Hinweis auf die eschatologische Bedeutung des Landes unterstrichen. Das, was sich „um Jerusalem" „augenblicklich" ereignet, wird in den Horizont der eschatologischen Vollendung gestellt.

2. Zum Messianischen Judentum: Jan-Heiner Tück nimmt in seinem Vortrag für die Thematik „Eschatologie und Land" das „Messianische Judentum" – im Wissen um seine Diversität – als Gesprächspartner kollektiv in Anspruch.

Meine Frage ist, ob sich das Gespräch mit der noch relativ neuen Bewegung des Messianischen Judentums wirklich eignet, um die abendländische israelvergessene Tradition gewissermaßen aus den Angeln zu heben. Im Messianischen Judentum ist – weltweit und auch in Israel selber – Vieles noch sehr im Fluss. Zweitens macht das Messianische Judentum seinem Namen nicht immer Ehre, weil es das Judentum oft nicht überzeugend repräsentiert, ja, sich manchmal von ihm scharf abgrenzen zu müssen meint. Es tritt nicht selten als ein jüdisch inkulturiertes Christentum evangelikaler Prägung in Erscheinung. Auch die Eschatologie der Messianischen Juden ist, wie Tück selber sagt, verwirrend unterschiedlich (S. 1). Von daher denke ich, kann und darf das Gespräch mit dem Messianischen Judentum das Gespräch mit dem nicht-messianischen Mehrheits-Judentum nicht ersetzen.

Nicht wenige Freunde des christlich-jüdischen Dialogs aus den Kirchen erhoffen sich von der Messianisch-Jüdischen Bewegung,

---

[7] Zit. aus: Thomas KREMERS – Görge K. HASSELHOFF – Bertold KLAPPERT, *Vom Judentum lernen. Impulse für eine Christologie im jüdischen Kontext*, Neunkirchen 2015, 129.

dass ihre Vertreter eine Theologie entwickeln, die im lebendigen Gespräch mit dem Judentum steht und darum sowohl „messianisch" als auch „jüdisch" ist. Ich sehe an Mark Kinzers Büchern, wie sich seine messianisch-jüdische Theologie im stetigen Gespräch mit Namen wie Buber, Rosenzweig, Heschel oder Wyschogrod und vielen anderen aus der rabbinischen Tradition entwickelt hat und dadurch bereichert wird.[8] Das gilt übrigens auch für die christliche Theologie: Prof. Tück weist zu Recht auf Jürgen Moltmanns Eschatologie hin, die ohne das Gespräch mit dem Judentum nicht denkbar wäre.[9] In noch deutlich höherem Maß ist Friedrich-Wilhelm Marquardts Eschatologie vom Gespräch mit dem Judentum bestimmt.[10]

Ich bitte, diese letzte Überlegung mit einem Zitat eines jüdischen Gelehrten unterstreichen zu dürfen, das den Versuch macht, biblische Eschatologie in Worte zu fassen. Die Sätze stammen von dem 2015 verstorbenen jüdischen Gelehrten Michael Wyschogrod. Er gebraucht dabei den Ausdruck „Jewish Messianism", um die totale Verwandlung der Welt – mit Israel als Mitte der Gegenwart Gottes – auszusagen:

„Jüdischer Messianismus ermöglicht es dem Juden, zu hoffen, wenn es sonst keine Hoffnung zu geben scheint ... Weil für die Zukunft eine Transformation aller menschlichen Bedingungen zu erwarten ist, wie es sie vorher niemals gegeben hat, kommt der Vergangenheit nur eine begrenzte Bedeutung als Richtschnur für die Zukunft zu. Die rettenden Taten Gottes werden unerwartet sein und werden vieles von unserer vorher vermeintlichen Weisheit revidieren. Sie werden einen neuen Himmel und eine neue Erde herbeiführen, in denen nicht nur der Leib Israels, sondern auch sein Herz beschnitten sein wird. Der Körper der Beschnittenheit Israels ist die dunkle, fleischlich-physische Gegenwart, durch die die Erlösung ihren Weg durch die Geschichte geht. Das Heil kommt darum von den Juden, weil das physische Fleisch Israels der Wohnort der göttlichen Gegenwart in der

---

[8] Vgl. Mark S. KINZER, *Jerusalem Crucified, Jerusalem Risen. The Ressurrected Messiah, the Jewish People, and the Land of Promise*, Eugene 2018.
[9] Jürgen MOLTMANN, *Das Kommen Gottes. Christliche Eschatologie*, München 1995. Vgl. dazu aber teilweise kritisch: Bertold KLAPPERT, *Worauf wir hoffen. Das Kommen Gottes und der Weg Jesu Christi. Mit einer Antwort von Jürgen Moltmann*, München 1997.
[10] Friedrich-Wilhelm MARQUARDT, *Was dürfen wir hoffen, wenn wir hoffen dürften. Eine Eschatologie*, 3 Bd., Gütersloh 1993–1996.

Welt ist. Im physischen Fleisch Israels liegt der Anker, den Gott in die Erde der Schöpfung hat einsinken lassen."[11]

Für die Messianisch-Jüdische Bewegung sollte es willkommen und lehrreich sein, dass sich wie in Wyschogrods eschatologischem „jüdischem Messianismus" mehr als nur Anknüpfungen zu einem innerjüdischen Gespräch ergeben. Das gilt trotz der unterschiedlichen Antworten in der Messiasfrage.[12]

Keine kirchlich-christliche Theologie sollte den Versuch unternehmen, dieses jüdisch-messianische und biblisch-eschatologische Wissen zu „domestizieren", weder auf augustinisch-katholische noch augustinisch-lutherische Weise. Wir müssen es als Kirche vielmehr neu gewinnen.[13]

---

[11] Michael WYSCHOGROD, *The Body of Faith. Judaism as Corporal Election*, New York 1983, 256 (Übersetzung Ulrich Laepple).
[12] Hier ist nochmals auf die Bücher von Mark Kinzer hinzuweisen, in denen dieses innerjüdische Gespräch beeindruckend geführt wird.
[13] Demgegenüber sollte die Frage eines Chiliasmus im engeren Sinn, wie sie v.a. in dispensationalistischen Konzeptionen vorgetragen wird, zweitrangig sein.

Die Autorinnen und Autoren

Bakker, Henk war 2013–2017 Professor für Geschichte, Identität und Theologien der Baptisten an der Vrije Universiteit Amsterdam und hat dort derzeit den James-McClendon-Lehrstuhl für baptistische und evangelikale Theologien inne.

Bockmuehl, Markus ist seit 2014 Professor für Exegese an der Universität Oxford und seit 2007 Fellow des Keble College, Oxford.

D'Costa, Gavin ist Professor e. m. für katholische Theologie an der Universität Bristol und am Angelicum in Rom. Nachdem er bei John Hick promoviert hatte, lehrte er an akademischen Einrichtungen in London, Bristol und Rom. Neben seiner Lehrtätigkeit ist er Berater für interreligiösen Dialog und Theologie für die katholische Kirche in England und Wales und die anglikanische Kirche.

Harvey, Richard ist Lehrbeauftragter am All Nations Christian College im Vereinigten Königreich, wo er zuvor akademischer Dekan war. Er war Gründungsmitglied der Londoner messianischen Gemeinde und ehemaliger Präsident der Internationalen Messianisch-Jüdischen Allianz.

Hoping, Helmut ist Professor für Dogmatik und Liturgiewissenschaft an der Albert-Ludwigs-Universität Freiburg, nachdem er von 1997 bis 2000 die Professur für Dogmatik an der Theologischen Fakultät der Universität Luzern innehatte.

Kasper, Walter war von 1964–1989 Professor für Dogmatik in Münster und Tübingen. Im Jahr 1989 erfolgte die Ernennung zum Bischof von Rottenburg-Stuttgart. Von 1999–2010 leitete er den Rat zur Förderung der Einheit der Christen. 2001 wurde Walter Kasper zum Kardinal kreiert.

Die Autorinnen und Autoren

Kinzer, Mark S. ist Moderator von Yachad BeYeshua. 2001 wurde er von der Union of Messianic Jewish Congregation zum Rabbi ordiniert. Er war Präsident des Messianic Jewish Theological Institute.

Laepple, Ulrich war nach pfarramtlichen Tätigkeiten Mitarbeiter im Ausschuss „Christen und Juden" der Landessynode der Evangelischen Kirche im Rheinland und Mitarbeiter in der Arbeitsgemeinschaft Missionarische Dienste im Diakonischen Werk der EKD.

Lévy OP, Antoine ist Professor an der Universität Helsinki/Universität von Ostfinnland. Neben mehreren Mitgliedschaften in theologischen Dialoggruppen ist er seit 2011 Mitglied der Dialoggruppe zwischen der katholischen Kirche und messianischen Juden.

Mallmann, Bernard ist Assistent (post doc) am Institut für Dogmatik und Dogmengeschichte der Katholisch-Theologischen Fakultät der Universität Wien.

Markus Tiwald ist seit 2019 Professor für neutestamentliche Exegese an der Universität Wien.

Neuhaus SJ, David war 2009–2017 Vikar des Lateinischen Patriarchen von Jerusalem für die Hebräisch sprechenden Katholiken. Seine akademischen Wirkungsstätten waren bisher die Bethlehem University, das Seminar des Lateinischen Patriarchats in Beit Jala und als wissenschaftlicher Mitarbeiter im Shalom-Hartman-Institute, Jerusalem.

Oktaba OP, Piotr lehrt Biblische Theologie am Superior Institute of Religious Studies of St Thomas Aquinas in Kiev.

Patrick, James Earle ist theologischer Koordinator von TJCII-Europa, Mitglied und ehemaliger Vorstand der Society for Old Testament Study, Sekretär der Love Never Fails Alliance im Vereinigten Königreich und stand der New Frontiers-Familie von Kirchen als Theologe zur Seite.

Rosik, Mariusz ist seit 2006 Professor an der Päpstlichen Fakultät für Theologie in Breslau. Er ist Mitglied der Studiorum Novi Testamenti Societas (Cambridge).

Rosner, Jennifer ist Assistenzprofessorin für Systematische Theologie am Fuller Theological Seminary und lehrt außerdem an The King's University, der Azusa Pacific University und dem Messianic Jewish Theological Institute.

Rucks, Hanna ist Pfarrerin der reformierten Kirche Bern-Jura-Solothurn (Schweiz). Gegenwärtig arbeitet Hanna Rucks neben ihrem Beruf an einem Drittmittelprojekt an der Universität Tübingen zum Thema der Integration von Konvertiten aus dem Islam in christlichen Gemeinden in Deutschland.

Rudolph, David lehrt Neues Testament und Jüdische Studien an The King's University (Southlake) und ist Direktor der *Messianic Jewish Studies*.

Rutishauser SJ, Christian ist Delegat für Schulen und Hochschulen der Zentraleuropäischen Provinz des Jesuitenordens. Seit 2004 ist er Delegationsmitglied der vatikanischen Kommission für die religiösen Beziehungen mit dem Judentum und seit 2014 in derselben Funktion ständiger Berater der Heiligen Stuhls.

Schönborn, Christoph ist Mitglied des Dominikanerordens. Er war Professor für Dogmatik und ostkirchliche Theologie in Fribourg in der Schweiz. 1991 erfolgte die Ernennung zum Weihbischof der Erzdiözese Wien, 1995 die Ernennung zum Erzbischof von Wien.

Schumacher, Thomas ist seit 2015 Professor für Exegese des Neuen Testaments an der Universität Freiburg i. Üe (Schweiz).

Schumacher, Ursula hat seit 2022 den Lehrstuhl für Dogmatik an der Universität Luzern inne. Von 2018 bis 2022 war sie Professorin für Katholische Theologie (Schwerpunkt: Dogmatik) an der Pädagogischen Hochschule Karlsruhe.

Die Autorinnen und Autoren

Schwienhorst-Schönberger, Ludger hatte von 2007–2022 den Lehrstuhl für Alttestamentliche Exegese an der Katholisch-Theologischen Fakultät der Universität Wien inne.

Soulen, R. Kendall ist Professor für Systematische Theologie und Vorstand des Instituts für Theologische Studien des Laney Doktoratsstudiengangs an der Emory Universität. Er ist Präsident von The Society for Post-Supersessionist Theology.

Theobald, Michael war von 1985–1989 Professor für Biblische Theologie an der FU Berlin und von 1989–2016 Professor für Neues Testament an der Eberhard Karls Universität Tübingen. Er ist Präsident von The Society for Post-Supersessionist Theology.

Tück, Jan-Heiner ist seit 2010 Professor für Dogmatik und Dogmengeschichte an der Universität Wien. Seit 2006 ist er Schriftleiter der Internationalen katholischen Zeitschrift Communio.

Vetö, Etienne ist seit 2014 außerordentlicher Professor an der Pontificia Università Gregoriana in Rom. Im Jahr 2017 wurde er zum Direktor des Centro Cardinal Bea für jüdische Studien ernannt.